DAVID REIFEN

Das Jugendgericht in Israel

Das Jugendgericht in Israel

von

David Reifen

Oberster Jugendrichter in Israel

mit einem Vorwort von

Haim H. Cohn

1974

Walter de Gruyter · Berlin · New York

יעוד ומטרה
בבית המשפט לנוער

Aus dem Hebräischen übersetzt von

Priv. Doz. Dr. Harry Máor

Gedruckt mit Unterstützung
der Deutschen Forschungsgemeinschaft

ISBN 3 11 003595 2

Printed in Germany.

Satz und Druck: Druckerei Chmielorz, 1 Berlin 44

Buchbinderarbeiten: Wübben & Co., 1 Berlin 42

VORWORT

Fritz Bauer hat in seinem Buch „Das Verbrechen und die Gesellschaft" darauf aufmerksam gemacht, daß die Sympathien, deren sich die Jugend als solche erfreut, auch der kriminellen Jugend zustatten kommt. Probleme des Jugendstrafrechts und der Jugendkriminalität erregen weit größeres Interesse als irgendwelche andere Fragen der Kriminologie. Die Pionierarbeiten des Jugendrichters Benjamin Lindsey („Die Revolution der modernen Jugend") haben diese Probleme der Jugendstrafrechtspflege nicht nur in den Vereinigten Staaten, sondern überall auf der Welt zum Gegenstand allgemeinen Interesses erhoben. Die „Psychologie des Jugendalters", wie Eduard Spranger sein erfolgreiches und weitverbreitetes Buch nannte, wurde als Rechtfertigungsgrund dafür angenommen, für jugendliche Kriminelle besondere Normen, besondere Prozeßwege und besondere Sanktionen einzuführen — fast als ob Faktoren der Jugendlichkeit, wie der Wachstumsprozeß, die Unerfahrenheit oder das Erwachen der Sexualität, kriminologischer Anerkennung als Verbrechensursachen bedürften. In Wirklichkeit aber scheint die Jugendkriminalität keineswegs durch die Jugendlichkeit der Täter bestimmt zu sein: die entscheidenden Triebkräfte auch der Jugendkriminalität dürften von denen der allgemeinen Kriminalität nicht grundsätzlich verschieden sein. Das frühe Lebensalter erhöht zwar in der Regel die Labilität der Menschen und bedeutet eine zusätzliche Gefährdung; aber der Kern der Kriminalität liegt anderswo. Trotzdem wird die Notwendigkeit einer besonderen Behandlung jugendlicher Krimineller nicht bestritten: der Grund dafür ist wahrscheinlich, daß die Jugend für erziehungsfähig und beeinflußbar gehalten wird, während man der Erziehungsfähigkeit Erwachsener außerordentlich skeptisch gegenübersteht.

Das vorliegende Buch ist ein guter Beweis dafür, wie ein Jugendrichter, der an seine Aufgabe mit Vertrauen und Menschenliebe herangeht, wirkungsvoll erzieherischen Einfluß auf jugendliche Kriminelle ausüben kann. Es handelt sich hier nicht, oder nicht in erster Linie, um Erziehung in einem schulpädagogischen Sinn, nicht um die Fortbildung des Intellekts oder selbst der moralischen Kontrollen, sondern um die rein praktische Überwindung von Schwierigkeiten, sei es in der Familie oder im Daseinskampf, um eine menschlich-soziale Einflußnahme, die dem Jugendlichen vor allem die Erkenntnis vermitteln soll, daß er im Leben nicht einsam und verlassen ist. Sprangers Forderung, „Wege zu finden, die den Jugendlichen vor der lebenszerstörenden Wirkung des Zusammenstoßes mit der unpersönlichen und liebefernen Rechtsordnung behüten", ist hier in weitem Maße zur Verwirklichung gekommen.

In Israel bestand, noch aus den Zeiten des Palästina-Mandats, die gewohnheitsrechtliche Tradition, daß Richter nur aus dem Stand der Rechtsanwälte ernannt werden: der juristisch (und nur juristisch) ausgebildete Berufsrichter monopolisierte das Richteramt, und weder Geschworene noch Schöffen noch andere Laienrichter wurden zur Rechtsprechung hinzugezogen. Aber als, kurz nach der Staatsgründung, die Ernennung eines Richters erwogen wurde, dem die Pflege des Jugendstrafrechts obliegen sollte, wurde die Ansicht laut, daß für dieses Amt eine sozialwissenschaftlich-psychologische Ausbildung wichtiger wäre als die juristische. Die juristischen, hauptsächlich prozessualrechtlichen, Grundlagen für das Jugendrichteramt kann sich jeder Sozialarbeiter oder Psychologe, der nicht gerade ein illiteratus ist, ohne Schwierigkeit durch Selbststudium aneignen; aber wo findet man den Juristen, der seine Rechtsgelehrsamkeit hinter Psychologie und Sozialwissenschaften zurücktreten lassen würde! So kam es, daß bei der Ernennung des ersten Jugendrichters in Israel die einstimmige Wahl auf David Reifen fiel, einen Nichtjuristen, dessen sozial- und fürsorgerechtliche Ausbildung und große Erfahrung als die für dieses Amt beste und wichtigste Qualifikation angesehen wurden. Wenigstens das Jugendgericht in Israel war nicht der Gefahr ausgesetzt, ein Heiligtum akademischer Begriffsjurisprudenz und die Arena formaler Rechtsgefechte zu werden: an diese neuartige Besetzung wurde die Hoffnung geknüpft, daß das Jugendgericht neuartige, sinnvolle, vielleicht bahnbrechende Wege in der Jugendstrafrechtspflege einschlagen würde.

Ich freue mich, daß dieses Buch unseres ersten Jugendrichters nun auch dem deutschsprachigen Leserpublikum zugänglich gemacht wird. Der Leser mag sich selber ein Urteil bilden, ob die Jugendstrafrechtspflege in Israel in gute und sachkundige Hände gelegt worden ist. Die Tatsache, daß in Israel, wie in allen anderen Ländern, die Jugendkriminalität in ständigem Anwachsen begriffen ist, kann nicht als Mißerfolg des Jugendgerichts gebucht werden: viele von den Jugendlichen, die vor dem Richter standen und unter seinen Einfluß gerieten, sind jedenfalls vor weiterer Kriminalität bewahrt worden. Und die verschiedenen Rechtsformen, die der israelische Gesetzgeber auf dem Gebiet des Jugendstrafrechts und des Jugendfürsorgerechts vorgenommen hat und die in diesem Buch im einzelnen zur Darstellung kommen, verdanken ihren Erfolg im wesentlichen der Umsicht, mit welcher das Jugendgericht die Bestimmungen zur praktischen Anwendung gebracht und das technische Durchführungspersonal angeleitet und überwacht hat.

Gerade weil die Probleme der Jugendkriminalität heute allen Ländern gemeinsam sind, und internationale Zusammenarbeit mehr und mehr gefördert und gefordert wird, ist die Erschließung von kompetenter und zuverlässiger Information über die anderswo gewonnenen Erfahrungen im Jugendstrafrecht und Jugendstrafprozeß von so entscheidender Bedeutung. Wenn auch die in dem jungen, kleinen, armen und befehdeten Staat Israel erzielten Ergebnisse einen Beitrag zu internationalem Fortschritt liefern können, so ist es das Verdienst des Verfassers, dessen Lebenswerk sich in diesen Seiten spiegelt.

The Supreme Court of Israel,
Jerusalem, Dezember 1972

Haim H. Cohn

INHALT

DRITTER TEIL

Die Bedeutung der Gesetze und des Verfahrens

Seite

VIERTER TEIL
Behandlungsmaßnahmen

FÜNFTER TEIL
Jugendgericht und Jugendgefährdung

LITERATURVERZEICHNIS

Alexander, F. & Staub, H. — The Criminal, The Judge and The Public, MacMillan, New York, 1931 (Deutsch: Der Verbrecher und seine Richter, 1926. Neudruck 1971 in: Psychoanalyse und Justiz, Hrsg. Tilmann Moser, Frkf., Suhrkamp)

— & Healy, W. — Roots of Crime, Knopf, New-York, 1935

Bach, W. — Kindliche Zeuginnen in Sittlichkeitsprozessen, Psychologische Praxis, Heft 21, 1957, S. Karper

Baker, H. E. — Legal System of Israel, Israel University Press, 1968

Bauer, F. — Das Verbrechen und die Gesellschaft, Ernst Reinhardt Verlag, 1957

Bauer, Burger-Prinz, Giese, Jager — Sexualität und Verbrechen, Fischer Bücherei, 1963

Bennett, Ivy — Delinquent and Neurotic Children, Tavistock Publications, 1960

Bettelheim, B. — The Children of the Dream, MacMillan, New York, 1969 (Deutsch: Die Kinder der Zukunft, dtv. 88 München 1973)

— Truants From Life, The Free Press, Glencoe 1955

— Love is not Enough, The Free Press, Glencoe 1950 (Deutsch: Liebe allein genügt nicht, Klett, Stuttgart 1971)

Bowlby, J. — Maternal Care and Mental Health, W. H. O., Geneve, 1951

— Forty-Four Juvenile Thieves, Bailliere, Tindall & Cox, 1947 (repr.)

Cavenagh, W. E. — Juvenile Courts, The Child and The Law, a Pelican Book, 1967

Children and Young Persons Act 1969, Chapter 54 — H.M.S.O., London, 1970 (repr.)

Child Welfare Act of Sweden — Ministry of Justice, Stockholm, 1965

Children and Families in Israel — Gordon and Breach, Science Publishers, Inc., 1970

Chouraqui, A. N. — Between East and West, Jewish Publication Society, Philadelphia, 1968

Cohen, J. — Juvenile Probation in Israel, Ministry of Social Welfare, Jerusalem, 1963

Eisenstadt, S. N. — The Absorption of Immigrants, Routledge and Kegan Paul, 1954

—	Israeli Society: Background, Development, Problems, The Magnus Press, Jerusalem, 1967 (Deutsch: Die israelische Gesellschaft, F. Enke Verlag, Stuttgart 1973)
Elkin, W. A.	English Juvenile Courts, Kegan Paul, London, 1938
Frankenstein C. (ed.)	Between Past and Future, The H. Szold Foundation, Jerusalem, 1953
Friedlander, K.	The Psychoanalytical Approach to Juvenile Del., Kegan Paul, Trench, Trubner & Co., 1947
Garrett, A.	Interviewing, its Principles and Methods, Family Welfare Association of America, 1942
Glickman, E.	Child Placement Through Clinically Oriented C. W., Columbia University Press, New York, 1957
Glueck, S. & E.	Delinquents in The Making, Harper & Brothers Publications, 1952
—	Delinquents and Nondelinquents in Perspective, Harvard University Press, 1968
Goitein, S. D.	Jews and Arabs, Schocken Books, Inc., 1964
Grunhut, M.	Juvenile Offenders Before The Courts, Oxford, At The Clarendon Press, 1956
Kahn, A. J.	A Court for Children, Columbia University, 1953
—	Planning Community Services for Children, Columbia University Press, 1963
Karpman, B.	The Sexual Offender and his Offences, Julian Press, Inc., New York, 1954
Konopka, G.	The Adolescent Girl in Conflict, Prentice-Hall, Inc., 1966
Landis, J. T.	500 Children with Adult Sexual Deviation, Psychiatric Quarterly Supplement, Part. 1, 1956
Mohr, Turner, Jerry	Pedophilia and Exhibitionism, University of Toronto Press, 1964
Mannheim, H.	Comparative Criminology, Volume 2, pp. 499—670, Routledge and Kegan Paul, 1965 (Deutsch: Kriminologie 2 Bd., dtv-Enke, WR 4139, 4140, München 1973/4
Morrison, S. A.	Middle East Survey, SEM Press LTD., 1954
Plaut, P.	Der Sexualverbrecher und seine Persönlichkeit, Enke Verlag, Stuttgart, 1960
Probation and Related Measures	United Nations, 1951
Radzinowicz, L.	Sexual Offences, MacMillan and Co., 1957
Redl, F. and Wineman, D.	Children Who Hate, The Free Press, Glencoe, 1951
— —	Controls From Within, The Free Press, Glencoe, 1952
Reifen, D.	Youth in Court (Hebrew), Mifaleh Tarbut Wechinuch LTD., Tel Aviv, 1961
—	Patterns and Motivations of Juvenile Del. Among Israeli Arabs, Ministry of Social Welfare, Jerusalem, 1964

— The Juvenile Court in Israel, Ministry of Justice, Jerusalem, 1964

— Ye'ud Umatara in the Juvenile Court (Hebrew), Mifaleh Tarbut Wechinuch LTD., Tel Aviv, 1969

— The Magistrate and The Welfare Worker, Centro Nazionale Difesa Soziale, Milano, 1962

— Observations on the Juvenile Court in Israel in: Report for U. N. Congress in Stockholm, 1965

— Sex Offences and the Protection of Children, The Canadian Journal of Corrections, April 1966

— New Ventures of Law Enforcement in Israel, Journal of C. L. and P. Science, Vol. 58, March 1967

Reiwald, P. Die Gesellschaft und ihre Verbrecher, Pan-Verlag, Zürich, 1948 (Neu herausgegeben mit Beiträgen von Herbert Jäger und Tilmann Moser, Suhrkamp-Taschenbuch 130, Frkft. 1973)

Rogers, C. R. Client-Centered Therapy, Houghton Mifflin Co., 1951

Rose, G. Schools for Young Offenders, Tavistock Publications, 1967

Rosenheim, M. K. (ed.) Justice for The Child, The Free Press, Glencoe, 1962

Sellin, Th. Culture Conflict and Crime, Social Science Research Council, New York, 1938

— (ed.) Juvenile Delinquency, The Annals of the Academy of P. Sc., 1949

Shaw, C. R. Delinquency Areas, University of Chicago Press, Chicago, 1929

— & McKay, H. D. Juvenile Delinquency and Urban Areas, University of Chicago Press, 1942

Simonsohn, B. (Hrsg.) Jugendkriminalität, Strafjustiz und Sozialpädagogik, Edition Suhrkamp, SV, 1969

Smilansky, Weintraub, Hanegbi (ed.) Child and Youth Welfare in Israel, The H. Szold Institute, Jerusalem, 1960

Special Police Departments for the Prevention of Juvenile Delinquency Interpol, Paris, 1960

Spiro, M. E. Children of the Kibbutz, Harvard University Press, 1958

Standards for Specialised Courts Dealing with Children Children's Bureau Publications, 1954

Standard Family Court Act National Probation and Parole Association, 1959

Standards for Juvenile and Family Courts Children's Bureau Publication, 1966

Stawsky, M. Hakfar Ha'arawi (Hebrew), Am Owed, 1946

Stott, D. H.	Delinquency and Human Nature, Carnegie United Kingdom Trust, 1950
The Annals of the American Academy of Political and Social Science	Philadelphia, March 1959
Tappan, P. W.	Juvenile Delinquency (pp. 167—489), McGraw-Hill Book Co. Inc., 1949
Teeters and Reinemann	The Challenge of Delinquency, Prentice-Hall, Inc., 1950
The Treatment of Offenders in Britain	Central Office of Information, 1960
The Prevention of Crime and the Treatment of Offenders in Israel	Report for Third U. N. Congress, Jerusalem, 1955
Veillard-Cybulsky, M.&H.	Les jeunes Delinquants dans le Monde, Delachaux et Niestle, Neuchatel, 1963
Veillard-Cybulsky, H.	La Protection Judiciaire De La Jeunesse Dans Le Monde, Assoc. Intern. Des Magistrates, Bruxelles, 1966
Watson, J. A. F.	The Child and the Magistrate, Jonathan Cape (rev. ed.) London, 1965
Wessel, R. (ed.)	A Case Work Approach to Sex Delinquents, Pennsylvania School of Social Work, 1947
Williams, G. L.	Criminal Law (pp. 641—674), Stevens & Sons, LTD; London, 1953
Wilnai, S.	Hamiutim Beisrael (Hebrew), Reuwen Mass Publications, 1959
Wise-Polier, J.	Back To What Woodshed?, Public Affairs Cte. Pamphlet 232, N. Y., 1956
—	A View From The Bench, National Council on Crime and Delinquency, 1964
—	The Rule of Law and the Role of Psychiatry, The John Hopkins Press, 1968
Wolfgang, M. E., Savitz, L. Johnston, N.	The Sociology of Crime and Delinquency, John Wiley & Sons, Inc., 1970 (sec. ed.)
Wolfgang, M. E. & Ferracuti, F.	The Subcultures of Violence, Tavistock Publications, 1967

EINFÜHRUNG

In diesem Buch soll der Leser mit den Augen eines Jugendrichters einiges über die Straffälligkeit Jugendlicher und Minderjähriger erfahren, die der Behandlung und Aufsicht bedürfen. Es ist möglich, daß die Lektüre bei vielen Lesern bestimmte Fragen im Zusammenhang mit dem einen oder anderen Phänomen wachrufen wird, die eine Antwort heischen; möglicherweise gibt es auch Leser, die in der Schilderung der Phänomene bereits ihre Erklärung sehen. In beiden Fällen könnte sich herausstellen, daß Vorurteile, die gar nicht so festgefahren sein und tief sitzen müssen, eine nicht unbeträchtliche Rolle spielen.

Im voraus sei gesagt: ich werde keine detaillierte Analyse der jugendlichen Straffälligkeit anstreben; es ist auch nicht meine Absicht, psychologische und soziologische Hypothesen und Erklärungen dieses Phänomens zu verifizieren oder zu falsifizieren.

Im Brennpunkt dieses Buches steht das Jugendgericht und die rechtliche und gesellschaftliche Bedeutung der vor einem solchen Gericht zur Sprache kommenden Dinge; das bunte Kaleidoskop komplexer persönlicher und gesellschaftlicher Probleme, das sich vor den Augen des Jugendrichters entfaltet; und die lebenswichtigen Maßnahmen, die zwecks geeigneter Behandlung minderjähriger Straftäter ergriffen werden müssen.

Es hat manchmal den Anschein, als läge bei dem einen oder anderen Jugendlichen keine besondere Problematik vor, doch stellt sich bei genauer Untersuchung eine ganz anders geartete Situation heraus. Das Jugendgericht muß mit einer großen Vielfalt von Situationen rechnen, die bei aller Wahrung des gerichtlichen Rahmens aus der rein richterlichen Beurteilung herausfallen. Diese Bemerkungen treffen auch auf Minderjährige zu, mit denen sich das Jugendgericht beschäftigen muß, weil sie als „gefährdet“ anzusehen sind. In solchen Fällen handelt es sich nicht um straffällig gewordene Jugendliche, sondern um Jugendliche, die auf Grund ihrer Lebensbedingungen in ihrer normalen Entwicklung seelisch oder körperlich, oder beides zusammen, gefährdet sind. Auch auf dieser Ebene muß sich das Gericht im Rahmen des Gesetzes und rechtlichen Verfahrens mit erzieherischen, gesellschaftlichen, individuellen und allgemeinen Problemen befassen. Die Bewegung zur Errichtung von Jugendgerichten auf der ganzen Welt nahm vor über siebzig Jahren ihren Anfang und erlebte besonders nach dem Ersten Weltkrieg eine sprunghafte Entwicklung. Nach einer so langen Zeit scheint es angebracht, ihre Grundlagen, oder einige ihrer Fundamente, aufs neue zu überprüfen, um so mehr, als im Verlauf der letzten dreißig bis vierzig Jahre auf dem Gebiete der Psychologie, Soziologie und der Dynamik des menschlichen Verhaltens so zahlreiche Erfahrungen gesammelt wurden. Es ist klar, daß die praktische Anwendung des Rechts und seiner Prozedur, die Verhütungsmaßnahmen, die das Jugendgericht ergreifen oder veranlassen kann, und vor allem die vom Jugendgericht wahrgenommene Behandlung, im Zusammenhang mit den reichen Erkenntnissen stehen müssen, die uns im Laufe der vergangenen Jahrzehnte zuteil geworden sind. Die Delinquenz der Jugend ist ein universales Problem. Sie kann in charakteristischer Weise in einem ausgedehnten und vielfältigen System abweichenden Verhaltens zum Ausdruck gelangen, das trotz aller umständebedingten, typischen Verschiedenartigkeit eine große Zahl gemeinsamer Merkmale aufweist. Es erübrigt sich zu betonen, daß in dem Maß, in dem ein bestimmtes Land auf einer höheren wirtschaftlichen Stufe steht, für gesellschaftliche Dinge wie Erziehung, Arbeitsbedingungen, Wohnverhältnisse, Hygieneeinrichtungen, Freizeitgestaltung u. dgl. eigene Normen entwickelt werden. In einem unentwickelten Land, in dem der industrielle und technologische Prozeß noch in den Anfängen steckt, herrschen andere Bedingungen. Aber in Ländern, in denen der ganzen Bevölkerung entwickelte soziale Einrichtungen offen stehen, wissen, wie sich gezeigt hat, gerade die bedürftigen Schichten nicht immer, was sie mit ihnen anfangen können. Damit läßt sich u. a. auch erklären, warum auch in einer Gesellschaft des Überflusses Rückständigkeit zu beobachten ist.

Man hat seit jeher den Standpunkt vertreten, daß kümmerliche soziale Bedingungen, gesellschaftliche und erzieherische Zurückgebliebenheit mehr oder weniger die Ursache für die Straffälligkeit der Jugend sind. Andererseits sind wir in den letzten Jahren Zeugen der Erscheinung geworden, daß die jugendliche Delinquenz innerhalb von gesellschaftlichen Schichten zunahm, die sich guter sozialer Bedingungen erfreuen und weder gesellschaftlich noch kulturell als zurückgeblieben anzusprechen sind. Läßt sich in solchen Fällen behaupten, daß es sich bei ihnen um ein Phänomen der Kriminalität handelt, das mit dem wirtschaftlichen Überfluß einhergeht? Dieses Phänomen hat unter jenen, die sich mit der Wissenschaft der Kriminologie befassen, große Ratlosigkeit hervorgerufen.

Es gehört zur Aufgabe eines Jugendrichters den allgemeinen gesellschaftlichen Veränderungen nachzuspüren, ja ist Teil seiner richterlichen Funktion. Der Richter steht außer vor rechtlichen Problemen immer vor einem großen Komplex individueller und gesellschaftlicher Probleme, zu denen er Stellung beziehen muß. Die gerichtliche Behandlung setzt praktisch von dem Augenblick an ein, in dem der jugendliche Straftäter verdächtig ist, gegen das Gesetz verstoßen zu haben. Ein solcher Jugendlicher sieht seine Vernehmung vor der Polizei im unmittelbaren Zusammenhang mit dem Gericht. Daher ist es äußerst wichtig, daß auch die Polizei das Problem der Jugenddelinquenz als ein gesellschaftliches Phänomen betrachten lernt und den besonderen Bedürfnissen Jugendlicher gerecht wird. Eine grobe Verhaltensweise gegenüber einem jugendlichen Rechtsbrecher, dessen Taten der Polizei zu schaffen machen, muß nicht unbedingt zu positiven Ergebnissen führen und kann außerdem auch die Tätigkeit des Jugendgerichts besonders erschweren. Das Jugendgericht muß vielmehr bemüht sein, dafür zu sorgen, daß der junge Straffällige noch bevor er vor Gericht kommt, korrekt behandelt wird, was zum Beispiel für die Natur des polizeilichen Gewahrsams, die Untersuchungshaft, den Transport Inhaftierter, die Trennung minderjähriger von erwachsenen Häftlingen usw. gilt. Das sind Dinge, denen der Jugendrichter nicht nur seine Aufmerksamkeit schenken muß, er ist sogar verpflichtet an der Errichtung solcher Institutionen mitzuwirken und ihre geeignete Durchführung zu fördern. Andererseits überdauert das Interesse des Jugendgerichts am Schicksal des jugendlichen Straftäters auch den Abschluß des Prozesses. Das zeigt sich zum Beispiel am Besuch der verschiedenartigen Erziehungsanstalten, der Aufrechterhaltung von Kontakten mit jenen, die der Bewährungsaufsicht unterstellt sind, oder an der Öffentlichkeitsarbeit für die Errichtung besonderer Erziehungsvorkehrungen, sei es auf dem Gebiet der Vorbeuge, sei es auf dem der Behandlung.

Manche sind der Ansicht, daß es Schuld der Eltern ist, wenn der Jugendliche versagt. Sie begründen das damit, daß sie sagen, die Gleichgültigkeit gegenüber den Kindern auf der einen Seite und die übertriebene Verwöhnung oder auch die starre Unnachgiebigkeit auf der anderen Seite würden zur Kriminalität der Kinder beitragen. Daraus erklärt sich die mitunter gehörte Forderung, daß man die Eltern moralisch und rechtlich für den Schaden verantwortlich machen müßte, den ihre Kinder durch ihre gesetzeswidrigen Handlungen der Öffentlichkeit und der Gesellschaft zufügen. Die gesetzliche Androhung von Strafe für die Eltern, sei es als eine Präventivmaßnahme, sei es als eine Möglichkeit mit dem Problem fertig zu werden, soll auf der Annahme gründen, daß die Eltern unmittelbar für die Ausführung gesetzeswidriger Handlungen verantwortlich seien und auf kriminelle Weise die Delinquenz ihrer Kinder verursachten. Läßt sich eine so umfassende Beschuldigung der Eltern rechtfertigen? Und wie verhält es sich mit Eltern, die alles in ihren Kräften Stehende taten, um ihre Kinder zu ordentlichen Mitbürgern zu erziehen, während diese aber dennoch vom geraden Wege abwichen? Wir kennen doch auch Jugendliche, die infolge eines organischen Schadens kriminell wurden oder weil sie im zarten Alter traumatisch wirkenden Erlebnissen ausgesetzt waren, die häufig ihre Entwicklung beeinflußten.

Kann man in solchen Situationen die Eltern für verantwortlich erklären? Ferner hat sich gezeigt, daß Eltern und Angehörige, die auf die Kinder dauernd einen schweren moralischen Druck ausüben, damit gerade eine negative Wirkung erzielen. Tatsächlich wird eine ernste Untersuchung eines großen Teils jugendlicher Rechtsbrecher gar bald dartun, daß man mit der Bestrafung ihrer Eltern noch keine Lösung der Probleme gefunden hat. Andererseits tun Eltern nicht immer alles, um ihre Kinder ordentlich zu erziehen. Und wenn ihnen böswillige Gleichgültigkeit und Vernachlässigung nachgewiesen werden kann, besteht natürlich die Möglichkeit die Frage ihrer Verantwortlichkeit für den eingetretenen Zustand zu erörtern.

Die Erfahrung lehrt, daß eine strenge Bestrafung des jungen Delinquenten keine Gewähr für die Abschreckung vor kriminellen Handlungen bietet und auch nichts zu seiner Rehabilitation beiträgt. Man darf sich zwar nicht verhehlen, daß die Strafe in gewissen Fällen und unter Berücksichtigung ihrer verschiedenartigen Formen eine erzieherische und wiederherstellende Aufgabe erfüllen kann, aber deshalb darf man eine „Zuchtrute" noch nicht als eine „Wünschelrute" ansehen. Auf dieser Ebene beobachten wir ein ambivalentes Verhalten, das sich einerseits durch einen Mangel an Bestimmtheit und andererseits als einen Mangel an Konsequenz kundgibt.

In gewisser Hinsicht befindet sich das Jugendgericht sowohl hinsichtlich der Durchführung pflegerischer Maßnahmen als auch der Einsetzung vorbeugender Maßnahmen in einer günstigen Position. Diese Aufgabe bildet einen integralen Teil der jugendlichen Rechtsprechung und sich ihr zu entziehen würde die Heilungsaussichten des jugendlichen Rechtsbrechers gefährden. Die Aufgabe des Jugendgerichts ragt über den engen Rahmen der Rechtsprechung hinaus, da es meistens soziale, erzieherische, gesellschaftliche und psychologische Probleme im richterlichen Rahmen zu beurteilen hat. Im Verlauf des Prozesses ereignen sich Dinge, die sonst verborgen bleiben, von denen jedoch möglicherweise Erlebnisse von therapeutischem Wert ausgehen können. Es kommt vor, daß der Richter die ersten Schritte tut oder den Minderjährigen und seine Eltern bis an die ersten Stufen eines Behandlungsprozesses heranführt, der dann im Bedarfsfall in eine sachkundige Behandlung durch Fachleute seine Fortsetzung findet. Der Jugendrichter gehört einem Team an, dessen Funktionen zwar genau umrissen, aber dennoch nicht beschränkt sind. Die anderen Mitglieder des Teams, die Bewährungshelfer, Anstaltsleiter, Lehrer und Psychologen, unterhalten je nach ihrer besonderen Aufgabe mit dem Minderjährigen einen ausgedehnteren Kontakt. Aber das Ziel ist das gleiche: Einsicht in die inneren Beweggründe und verschiedenen Faktoren, die Beurteilung der Umstände und der Hintergründe des abweichenden Verhaltens, um sowohl zum Vorteil des jugendlichen Delinquenten und Gefährdeten als auch der Gesellschaft den Prozeß seiner Behandlung und Wiederherstellung in Gang zu bringen.

An dieser Stelle möchte ich der Deutschen Forschungsgemeinschaft meinen aufrichtigen Dank für die Hilfe ausdrücken, die es ermöglichte, daß dieses Buch in deutscher Sprache erscheinen kann. Mein besonderer Dank gilt auch den Herren Dr. Ulrich Haase, Dr. Martin Gur-Guttmann, Rechtsanwalt Dr. Erwin Lichtenstein und Prof. Dr. Berthold Simonsohn, die dazu beigetragen haben, daß dieses Buch dem deutschsprachigen Leserkreis zur Verfügung steht.

David Reifen

ERSTER TEIL

Umrisse und Formen der Jugendjustiz

Du sollst nicht unrecht handeln im Gericht: du sollst den Geringen nicht vorziehen, aber auch den Großen nicht begünstigen, sondern du sollst deinen Nächsten recht richten.

3. Buch Mose, 19; 16

ERSTES KAPITEL

Die Funktion des Jugendgerichts

Ist es die Funktion des Jugendgerichts Recht zu sprechen oder nimmt es eine gesellschaftliche Tätigkeit wahr? In der Form eines „Entweder—Oder“ trägt die Darstellung eines komplexen und verzweigten Problems nicht wenig zur Verwirrung bei. Das ist auch bei unserem Problem der Fall. Ich möchte das Problem anders formulieren: Das Jugendgericht ist eine Institution, die auf rechtlicher Basis handelt. Sein Zweck besteht darin, Kinder und Jugendliche gewisser vom Gesetz des jeweiligen Staates festgelegter Altersstufen zur Verantwortung zu ziehen. Dabei sieht es seine Hauptaufgabe in der Rehabilitation dieser Jugendlichen mit Hilfe ihm zustehender gesetzlicher Maßnahmen.

Ich behaupte, daß wir in unserem Denken zwischen den Anweisungen des Gesetzes, die für Kinder gelten und der erzieherischen und gesellschaftlichen Handlung, die mit der Befolgung dieser Anweisungen vollzogen wird und den rechtlichen, für Erwachsene geltenden Bestimmungen unterscheiden müssen. Bei letzteren kommt es nicht zu einer so absoluten Kongruenz von Verurteilung und Rehabilitation wie bei der Rechtsprechung des Jugendgerichts. Nichtsdestoweniger ist es eine Tatsache, daß die Formen der Jugendgerichtsbarkeit noch weit über das richtige Maß hinaus von den Gepflogenheiten und Auffassungen geprägt werden, die bei den Gerichten für Erwachsene vorherrschen. Mit anderen Worten: Es genügt nicht, daß wir mildere Maßstäbe anlegen, wenn wir es mit Jugendlichen zu tun haben, man muß auch die Rechtsprechung des Jugendgerichts und seine Prozedur seinem Wesen entsprechend einrichten und entwickeln und von der rechtlichen und prozeduralen Bestimmung des Erwachsenengerichts trennen. Vergehen aller Arten, die von einem Jugendlichen begangen werden, haben eine andere Bedeutung und zeitigen oft ein anderes Ergebnis als jene, die von einem Erwachsenen begangen werden.

Nehmen wir zum Beispiel den Einbruch, der in jeder Rechtsprechung als schweres Verbrechen angesehen wird, als ein Verbrechen, das schwere Folgen zeitigt. Der jugendliche Straftäter empfindet gewöhnlich nicht, daß es sich dabei um ein schwereres Vergehen als bei einem Diebstahl handelt. Vielen jugendlichen Delinquenten fällt es schwer, das zu begreifen, besonders in Fällen, in denen es sich nur im definitorischen Sinn des Gesetzes um einen wirklichen Einbruch handelt. Ähnliches zeigt sich auf dem Gebiet sexueller Verfehlungen, insbesondere überall dort,wo es sich um unzüchtige vergehen handelt. Ein jugendlicher Rechtsbrecher, der bei einer unzüchtigen Entblößung, bei mutueller Onanie oder unzüchtigen Gesten und ähnlichen Dingen ertappt wird, handelte vielleicht lediglich aus Neugierde und es darf nicht unbedingt angenommen werden, daß seiner Tat eine zusätzliche Abscheulichkeit oder kriminelle Absicht zuzurechnen ist. Es ist möglich, daß das Verhalten des Jugendlichen vorübergehenden Beweggründen entstammt, die mit Wachstumsschwierigkeiten verknüpft sind und nicht auf eine abwegige Bedeutung in krimineller Hinsicht oder auf ein besonderes Manko seiner Persönlichkeit schließen lassen.

In den letzten Jahren hat sich eine Erkenntnis durchgesetzt, die besagt, daß das Jugendgericht auch als Institution tätig wird, die dem Mittel der Strafe das Mittel der Heilung vorausgehen läßt. Der folgende Abschnitt verdient diesbezüglich Interesse:

„Der Vorbeugungscharakter des Jugendgerichts hat zweifachen Wert: Erstens erwartet man von ihm als Repräsentanten des Gesetzes, das für Jugendliche gilt, daß es in gewissem Maß ganz allgemein dahingehend wirkt, daß Jugendliche von der Begehung von Verbrechen abgehalten werden. Zweitens erwartet man von ihm, daß es Mittel zur Behandlung jugendlicher Delinquenten und zu ihrer Resozialisierung als Individuen anzugeben versteht. Die Maßnahmen, die im kollektiven und individuellen Bereich dem Übel vorbeugen, ergänzen einander und gelten allgemein als die Hauptkriterien aller Gesetze, die zum Schutze der Gesellschaft und Individuen bestimmt sind, insbesondere jener Gesetze, die der Verhütung krimineller Vergehen gelten"*.

Manche bestreiten den informativen, allgemeinen wie individuellen Charakter der Gesetze, die sich mit Rechtsbrechern befassen. Sie wenden ein, daß dem Verbrechen und seiner Wiederholung kein Ende bereitet werde. Im Gegenteil, so behaupten sie, die beiden Phänomene seien in gewissen Ländern mit deutlich vermehrter Häufigkeit aufgetreten. Wir leugnen nicht, daß die ungerechtfertigte Strenge des Gesetzes die Abschreckungswirkung, die sie beabsichtigt, zunichte macht, dennoch bleibt die Tatsache bestehen, daß die vorbeugende Funktion des Gesetzes nicht die einzige Funktion ist,

* International Review of Criminal policy, Nr. 7—8, S. 77, Vereinigte Nationen, Januar—Juli 1955.

die auf dem Gebiet der Verbrechensprophylaxe allgemein und individuell zu beachten ist.

Was das Gesetz betrifft, so werden seine allgemeinen und individuellen prophylaktischen Resultate unter anderem von der Art der Durchführung des Gesetzes, von der Wirksamkeit der Einrichtungen der verschiedenen Behörden beeinflußt, die über die Ausführungsbestimmungen der Gesetze zu wachen haben, wie auch viel von der Unterstützung abhängt, die die Mitwirkenden in der Sache erfahren.

Die Aufgabe des Jugendgerichts ist in den meisten Ländern zweifacher Art. Rechtsprechung über Kinder und junge Menschen, die der Aufsicht und des Schutzes bedürfen. Es gibt Staaten, wie England, in denen das Jugendgericht auch Angelegenheiten der Vormundschaft und Adoption zu beurteilen hat. Anderswo, zum Beispiel in einigen Bundesländern der Vereinigten Staaten von Amerika kommen zu den hier erwähnten Dingen noch andere hinzu, etwa die Gewährung einer Heiratserlaubnis für jugendliche Ehewillige und dergleichen mehr.

Die Kompetenz des Jugendgerichts wird überall nach Altersstufen geregelt. Für die strafrechtliche Verantwortung junger Rechtsbrecher bestehen in den verschiedenen Ländern Altersgrenzen; in einem Land ist die Grenze hoch, 15 oder 18 Jahre, während sie in einem anderen Land so niedrig wie 7 oder 9 Jahre sein kann. Das hängt von der rechtlichen und gesellschaftlichen Einstellung des Landes gegenüber dem Jugendgericht ab. Diese große Diskrepanz der Ansichten und Auffassungen, die von der Öffentlichkeit vertreten werden, sind hauptsächlich auf geschichtliche und gesellschaftliche Unterschiede der verschiedenen Länder zurückzuführen, auf die Traditionen und Gepflogenheiten, die im Zusammenhang mit Verbrechen und Strafe stehen.

Was Kinder und Jugendliche betrifft, die vor dem Jugendgericht erscheinen, weil sie der Aufsicht und des Schutzes bedürfen, so ist die Altersgrenze bei ihnen etwas mehr nach oben verschoben. Diese Grenze ist in zahlreichen Staaten sehr unterschiedlich. Im allgemeinen ist das Alter 16, 18 oder 21 Jahre.

Die Kompetenzen des Jugendgerichts sind auch im Falle der verschiedenen Straftaten, deren Jugendliche angeklagt werden, sehr unterschiedlich. In einigen Ländern ist das Jugendgericht nur für leichte Vergehen zuständig, auch kommt es vor, daß schwerere Vergehen vor einem mit Schöffen besetzten Gericht verhandelt werden, während es in manchen Ländern bezüglich der Schwere des Vergehens, wie es vom Gesetz definiert ist, überhaupt keine Begrenzungen gibt.

Wenn das Jugendgericht sich passenderweise mit leichten Straftaten Jugendlicher befaßt, sollte es meiner Ansicht nach erst recht der Ort sein, an dem schwere Straftaten Jugendlicher zur Sprache kommen. Es ist darüber hinaus zu sagen, daß Jugendliche, die ernste Straftaten begehen, vielleicht noch mehr als andere der besonderen Einstellung bedürfen, die ihnen auf einem Jugendgericht zuteil wird. Der Einwand, daß ein schweres Vergehen nicht der Kompetenz des Jugendgerichts unterstehen sollte, ist absolut nicht stichhaltig und sogar paradox, denn er widerspricht auch der Grundauffassung, mit der die Einrichtung eines eigenen Jugendgerichts steht und fällt. Letztlich gibt es auch Jugendgerichte nach Art eines Tribunals. Teilweise sind sie nur aus Laien zusammengesetzt, zum Teil aus Laien und einem Berufsrichter, mitunter spricht auch ein Einzelrichter Recht. Es gibt Länder, die überhaupt kein Jugendgericht haben, sondern einer Verwaltungskommission die Pflicht der Rechtsprechung über Jugendliche und die Funktion der Aufsicht und Hilfe für schutzbedürftige Jugendliche übertragen. Manchmal wird eine solche Tätigkeit von Laien freiwillig geleistet, manchmal wird sie auch bezahlt. Es gibt Laien, die jahrelang an einem Jugendgericht tätig sind und dabei zahlreiche Erfahrungen sammeln. Vielfach besteht ein System der Rotation, nach dem sowohl Laien- als auch Berufsrichter für nur begrenzte Zeit zu Jugendrichtern ernannt werden. Meiner Ansicht nach kommt diesen verschiedenen Systemen eine unmittelbare Wirkung auf die Möglichkeit zu, das, was sich in einem so speziellen Rahmen ereignet, zu beurteilen und selbstverständlich muß man die Tätigkeit aller, die an einem Jugendgericht mitwirken, hoch veranschlagen.

In diesem Buch beschränke ich mich auf Jugendgerichte mit doppelter Gerichtskompetenz — der Kompetenz über jugendliche Rechtsbrecher Urteile zu fällen und der Kompetenz aufsichts- und schutzbedürftige Kinder und Jugendliche zu betreuen. Zu dieser Kategorie gehören Kinder, die keiner Kontrolle unterstehen, von ihren Eltern im Stich gelassene oder vernachlässigte Kinder, oder Kinder, bei denen aus verschiedenen anderen Gründen ein Einschreiten des Gerichts notwendig ist. In den skandinavischen Ländern, in denen Verwaltungskommissionen als Jugendgerichtsersatz tätig sind, liegt ebenfalls das System der doppelten Kompetenz vor.

Durch die Gruppe der jugendlichen Delinquenten wird die Frage aufgeworfen, ob das Jugendgericht für kriminelle oder zivile Angelegenheiten zuständig ist. Auf diesem Gebiet herrscht eine Vielfalt der Ansichten, die hier nicht im einzelnen aufgeführt oder analysiert werden soll. Ich werde aber auf sie in dem Kapitel über die verschiedenen Systeme der Jugendjustiz im Weltmaßstab zu sprechen kommen. Die meisten Jugendgerichte haben sich die Auffassung zu eigen gemacht, daß allen von ihnen Belangten eine individuelle Behandlung zuteil werde. Und nicht nur das. Das Jugendgericht schöpft sein Daseinsrecht als einer eigenen Einheit aus seiner Grundtendenz, die darauf abzielt Kinder und Jugendliche, die mit den Verhaltensnormen zusammenstoßen, die Gesetze brechen oder unter anormalen Lebensbedingungen leben, die ein Einschreiten des Gerichts notwendig machen, in den Schoß der Gesellschaft zurückzuführen. Die Hilfsbedürftigkeit der Jugendlichen hat ihre Grundlage in Verhaltensschwierigkeiten, in der Tatsache, daß sie vernachlässigt sind und lebenswichtige Bedürfnisse unerfüllt lassen müssen, Tatsachen, die sie zur Demonstration eines antisozialen Verhaltens gleichsam „zwingen". Man muß diese Grundursachen, die gelegentlich ineinander übergehen, eine nach der anderen, von Phase zu Phase, analysieren.

Was entscheidend allen Überlegungen zugrunde liegt ist, daß man für diese Kinder und Jugendlichen ein gesetzlich gültiges Rahmenwerk zu schaffen hat, wonach man ihnen ihren individuellen Bedürfnissen entsprechend eine Behandlung angedeihen lassen kann und sie nicht um ihrer Schwierigkeiten wegen bestraft.

Trotz des oben Gesagten ist die Tatsache von großer Bedeutung, daß in den meisten Gesetzgebungen (und vielleicht sogar in allen) Gesetze, die auf erwachsene Straftäter anzuwenden sind, auch auf jugendliche Straftäter angewandt werden. Es stimmt zwar, daß es dem Jugendrichter bei der Beurteilung der Schwere des Verbrechens gestattet ist die Minderjährigkeit des Straftäters als mildernden Umstand in Erwägung zu ziehen; dennoch bleibt der Maßstab, nach dem Maßnahmen ergriffen oder Strafen verhängt werden, derselbe, der vom Gesetzgeber den Straftaten Erwachsener zugrunde gelegt wurde. Diese Absicht stimmt nicht mit den Erkenntnissen der Beweggründe des kriminellen Verhaltens Jugendlicher überein, über die wir heute verfügen, und entspricht auch nicht den modernen Behandlungsverfahren, mit denen wir ihren Bedürfnissen gerecht zu werden suchen.

Bei der Behandlung jugendlicher Straftäter befindet sich das Jugendgericht in einer heiklen Lage. Es muß sich mit Minderjährigen befassen, die gegen das Gesetz verstießen und es ist daher seine Pflicht Maßnahmen zu ergreifen, die dazu angetan sind, den Jugendlichen von einer Wiederholung seiner Straftat abzuhalten. Gleichzeitig will das Jugendgericht die Gewähr bieten, daß nicht auch andere Jugendliche straffällig werden. Da das Jugendgericht es mit Minderjährigen zu tun hat, das heißt mit Menschen, die noch nicht zur Reife gelangt sind und sich noch in einem Wachstumsprozeß befinden — geistig wie körperlich — sieht es sich mehr als jedes andere Gericht genötigt, auf eine Vielfalt von Aspekten zu achten, die mit der Person des Straftäters in einem größeren Zusammenhang stehen als mit dem Verbrechen selbst. Mit anderen Worten, eben die Tatsache, daß sich das Jugendgericht mit Jugendlichen befaßt, die morgen erwachsene Staatsbürger sind, ist ein Faktor von höchster Bedeutung.

Zu bedenken ist ferner, daß Entwicklung und Wachstum dieser Jugendlichen mit dem komplexen sozialen Wandel der Gesellschaft unserer Zeit zusammenfallen. Das Leben ändert sich mit verwirrender Geschwindigkeit und beeinflußt unmittelbar die Lebensformen der Familien und natürlich auch der in ihnen aufwachsenden Kinder. Die rasche wirtschaftliche Entwicklung und Industrialisierung, die Wanderungsbewegung der Massen und die Urbanisierung, der Zerfall der Familie, die Wandlung in der Einstellung gegenüber den religiösen Werten, der Positionswechsel der Väter und Mütter im Familiensystem; jeder dieser Faktoren genügt, um die Kinder in Verwirrung zu bringen und die Grundlagen für ein von den traditionellen Formen abweichendes Verhalten zu legen.

Ob die Verhaltensweisen jugendlicher Straftäter nun durch die Umstände der Außenwelt oder die emotionale Entwicklung — oder beides — bedingt sind, oder was auch immer die Gründe dieser Verhaltensweisen sein mögen, das Jugendgericht muß ihnen seine Aufmerksamkeit widmen, wenn es dem Individuum und der Gesellschaft Gerechtigkeit widerfahren lassen will.

Es ist die Aufgabe des Jugendgerichts und der Jugendämter die geeigneten und besonderen Maßnahmen zu ergreifen, um den mit dem Gesetz in Konflikt geratenen Jugendlichen wieder auf den richtigen Weg zu bringen. Was den jugendlichen Rechtsbrecher betrifft, so ist es fast überall üblich, daß er für seine Taten Rechenschaft abzulegen hat, während das Gericht im Namen der Gesellschaft und für die Gesellschaft die entsprechenden Maßnahmen ergreifen muß. Innerhalb der Gesellschaft herrscht jedoch eine vorgefaßte Meinung über die Funktion des Gerichts. Nach dieser Meinung ist die Funktion dieser Institution sowohl bezüglich ihres Umfangs als auch ihres Zweckes begrenzt. Dementsprechend soll auch die Zeit, die dem jugendlichen Rechtsbrecher gewidmet wird, begrenzt sein. Im allgemeinen sollte das Jugendgericht mit dem Straftäter nur ein-, höchstens zweimal, zusammenkommen (außer bei Rückfalltätern) —, bei der Erhebung der Anklage und bei der Urteilsverkündung. Die faktische Zeit, die der Verhandlung gewidmet wird, ist natürlich von Fall zu Fall verschieden und hängt von den besonderen Umständen des Falles ab.

Das Jugendgericht oder sein Stellvertreter hat trotz der ihm zugestandenen beschränkten Funktionen die Möglichkeit auf den jugendlichen Rechtsbrecher einen gewissen Einfluß auszuüben. Darüber hinaus ist meiner Ansicht nach der Rahmen des Jugendgerichts besonders für eine Art der Behandlung geeignet, die keine andere Institution oder Anstalt zu leisten imstande ist. Die Beschränkungen und der äußere Druck wirken sich auf den Straftäter in der Form eines besonderen Erlebnisses aus. Das ist die Macht, mit der das Gericht ausgestattet gedacht wird. Dieses Machtansehen bringt jedoch nur dem Nutzen, der den Fall fachmännisch zu behandeln weiß. Das hängt in hohem Maß von den Beziehungen ab, die zwischen dem Gericht und dem jugendlichen Straftäter gestiftet werden.

Wir müssen uns, nebenbei gesagt, in diesem Zusammenhang davor hüten, von „Liberalismus" oder „Fortschrittlichkeit" zu sprechen. Auf diesem Gebiet herrscht eine übertriebene Sentimentalität. Diese Sentimentalität verbirgt oft ein verdrängtes oder unbewußtes Ressentiment, das sich schädlich auswirken kann. Zweifelsohne rufen hemmungsloses und kriminelles Verhalten in der Öffentlichkeit heftige Reaktionen und Emotionen hervor. Diese Reaktionen laufen gewöhnlich nach dem biblischen Vergeltungsgesetz des „Auge um Auge, Zahn um Zahn" ab. Das Gericht ist das Becken, in das diese Emotionen der Öffentlichkeit geschwemmt werden und vom Gericht erwartet man irgendeine Vergeltung. Diese so bestimmte Funktion kommt dem Bedürfnis der Gesellschaft entgegen, die, bewußt oder unbewußt, vom Jugendgericht erwartet, daß es sowohl den jugendlichen Straftäter individuell behandle und auf den rechten Weg führe als ihn auch bestrafe, weil er das Gesetz übertrat. Diese beiden Aspekte harmonisieren nicht immer miteinander. Im Zusammenhang mit diesem Problem können zahlreiche Konflikte entstehen. Wir gingen ja bei der Tätigkeit des Jugendgerichts oder seines Stellvertreters davon aus, daß es nicht mehr oder weniger schwere Strafmaßnahmen zu ergreifen hat. Wir meinen, daß die richterlichen Autoritäten auf die Resozialisation der jugendlichen Rechtsbrecher zusteuern und nicht der Ansicht sind, daß Gefängnisstrafen oder andere schwere Disziplinarmittel die besten Lösungen sind, die es überhaupt gibt. Vernachlässigen wir auch nicht die Tatsache, daß sich gerade wegen der starken Gefühlskomponente, die bei jeder Diskussion über jugendliche Straftäter ins Spiel kommt, allerlei versteckte Gefühle der Rache einschleichen. Erst das erklärt die immer wieder in der Öffentlichkeit laut werdende Forderung bei der Behandlung jugendlicher Straffälliger schwere Disziplinarmittel zu ergreifen.

Nachdem sich der Jugendrichter von vornherein zu der Ansicht versteht, daß es wirklich Fälle gibt, die mit Strafe geahndet werden müssen, muß er sich von der in der Öffentlichkeit verbreiteten Meinung über die dem jungen Delinquenten sozusagen „gebührende" Strafe freimachen. Er muß sich des negativen Resultats bewußt sein, das entsteht, wenn er sich über die Maßen von solchen Erwägungen leiten läßt. Vielerorts in der Welt ist es üblich, daß sich der Jugendrichter um das Schicksal des jugendlichen Straftäters auch nach seiner Verurteilung kümmert. Auf diesem Gebiet zeigt sich einer der charakteristischen Unterschiede, die zwischen einem Gericht für Jugendliche und einem Gericht für Erwachsene herrschen. Es ist auch kein Zufall, daß sich dieses Interesse häufig gerade auf solche Jugendlichen konzentriert, die für den Richter schwierige Fragen aufwarfen. Aus dieser Beobachtung lernen wir auch zu verstehen, daß die Ansicht, eine wirkliche oder sogar schwere Strafe, die über den Jugendlichen beizeiten verhängt wird, erhöhe die Chancen seiner Besserung, falsch ist. Zahlreiche Forschungsarbeiten beweisen überzeugend, daß eine schwere Strafe im allgemeinen nicht abschreckend ist. Im Gegenteil, die Erfahrung lehrt, daß eine schwere Strafe häufig den Widerstand des Jugendlichen gegen die gesellschaftliche Ordnung verstärkt und sogar die Aussichten seiner Wiedereinordnung in die normale Gesellschaft verkürzt. Mehr noch, es gibt Forschungsarbeiten, die darauf hinweisen, daß je früher ein Mensch mit Verbrechen beginnt und dabei von Polizei und Jugendgericht hart angefaßt wird, desto größer die Gefahr einer kriminellen Laufbahn ist.

Ein Jugendrichter kann sich diese Befunde nicht verhehlen und sie nötigen ihn manchmal milde Maßnahmen zu ergreifen, die in keinem Verhältnis zur Schwere des Deliktes oder den Erwartungen stehen, die von der Öffentlichkeit gelegt werden. Man darf gewöhnlich annehmen, daß ein jugendlicher Rechtsbrecher, der vor Gericht steht, mit innerer Spannung und Furcht die Folgen seiner Handlungen wahrnimmt. Er wird im allgemeinen von Schuldgefühlen heimgesucht und diese Gefühle bestimmen auch sein

Verhalten vor Gericht. Wenn eine solche Furcht besteht, so ist es für alle Beteiligten am besten die Situation dementsprechend zu handhaben. Unsere Erfahrung lehrt, daß selbst bewußte Rechtsbrecher vor dem Gericht nicht gefühllos bleiben. Es gibt Forscher, die der Ansicht sind, daß, wer sich mit dem Rechtsbrecher und seiner Tat befaßt, die Schuldgefühle abbauen soll, weil diese Gefühle im Seelenleben des Jugendlichen schädliche Folgen zeitigen können. Sie sind der Ansicht, daß sich das Gericht in die komplexe Situation einfühlen und eine milde oder permissive Haltung bekunden soll. Diese Auffassung bedarf einer genauen Prüfung.

Die klinische Erfahrung lehrt uns, daß eine permissive Haltung als solche von seiten einer kompetenten Institution wie eines Gerichts Schuldgefühle abbauen aber auch verstärken kann. Andererseits jedoch wird dieser Einstellung eine auflockernde Folge zuerkannt. Vieles hängt von der Persönlichkeitsstruktur des Straftäters ab. Die Folgeerscheinung gehört zu jenen Ungewißheiten, die sich bei Gericht einstellen und sich nicht sogleich abschätzen lassen. Ähnlich hypothetisch ist auch die a priori gefaßte Annahme, nach der man immer auf eine Erleichterung der Schuldgefühle hinarbeiten solle. Es obliege dem Jugendrichter Wohlwollen zu bekunden, wenn das die Umstände erlauben, ohne daß er sich von sentimentalen Erregungen leiten lasse und zur Nachsicht verpflichtet fühle. Wir müssen immer wieder betonen, daß einem Menschen, der sich in Nöten befindet, entgegenzukommen, für diesen nicht nur von Nutzen ist. Wenn die Umstände ein wohlwollendes Verhalten rechtfertigen und wenn man dem in Schwierigkeiten geratenen Menschen hilft wahrheitsgemäß seine inneren Vorgänge zu erkennen, dann macht das möglicherweise einen großen Unterschied aus. Es ist möglich, daß ihm eine solche Hilfe dazu dient seine Anpassung zu verbessern und sich über das Positive und Negative menschlicher Beziehungen klar zu werden. Bei allem guten Willen des Jugendrichters, dem jungen Menschen in seiner Bedrängnis zu helfen, muß er sich der im Straftäter wirksamen Dynamik und der von ihm betätigten unterschiedlichen Manipulationen bewußt bleiben, um die Oberhand zu behalten.

Jedes Jugendgericht glaubt an die Wirksamkeit seines Einflusses auf jugendliche Straftäter. Es sind gerade die feinen Einzelheiten des Zeremoniells vor Gericht und bei der Gerichtsverhandlung, sowie der Rahmen des Gesetzes selbst, die geeignet sind, die Delinquenten zu beeindrucken. Dennoch darf man sich auf diese Faktoren allein nicht verlassen. Es sind zusätzliche Praktiken erforderlich, die den jugendlichen Delinquenten dazu bewegen, seine Einstellung gegenüber sich selbst und der Gesellschaft, und sei es auch in noch so geringem Maß, zu ändern. Daraus folgt, daß wir an die heutzutage üblichen Gerichtsprozeduren anders herangehen müssen. Wir müssen es wieder lernen die Aufgabe zu schätzen, die das Gericht in einem therapeutischen Prozeß ausüben kann. Oberflächlich betrachtet stimmen alle überein, daß das Jugendgericht in der Lage sein müßte, der Behandlung komplizierter Persönlichkeitsprobleme nachzugehen. Doch ist das leider oft eine fromme Hoffnung und nicht die Realität.

Ohne die Grundlage zu gefährden, auf der seine Funktion beruht, muß das Jugendgericht dem Delinquenten das Gefühl vermitteln, daß er bei allen seinen Handlungen und Unterlassungen akzeptiert wird — trotz alledem. Geht man an die Sache mit ehrlicher Überzeugung heran, ohne sie mit Moral zu verbrämen, ohne Strafandrohung oder Verächtlichmachung, so besitzen wir damit ein wertvolles Mittel. Dieses Sympathiegefühl schließt keinesfalls Strafe aus, — wenn sie notwendig ist — und wird auch das Gericht nicht davon abhalten, das Verhalten des jugendlichen Straftäters mit dem gebotenen Ernst zu sehen. Im Gegenteil. Diesem Ernst kommt möglicherweise eine große Bedeutung zu, wenn es darum geht, daß der Jugendliche, der spürt, daß ihn das Gericht nicht ablehnt, seine Einstellung sich selbst und der Gesellschaft gegenüber ändert.

Jeder, der in einem Jugendgericht arbeitet, weiß sehr gut, daß die meisten Vergehen Bagatellsachen sind. Manchmal wundert man sich, ob solche Vergehen überhaupt vor einem Strafgericht verhandelt werden sollen. Die Öffentlichkeit weiß im allgemeinen nicht, daß die schweren Vergehen nicht so häufig sind, wie angenommen wird. Ich sage nicht, daß man die komplizierten Situationen und ernsten Probleme leicht nehmen darf, mit denen wir auf dem Jugendgericht konfrontiert werden, es hat aber auch keinen Sinn, die jugendliche Straftat allein vom Gesichtspunkt eines schweren Vergehens her zu betrachten und in diesem Sinn die verschiedenen Anweisungen innerhalb und außerhalb des Jugendgerichts zu exemplifizieren. Das hat besondere Bedeutung, weil es sich unmittelbar auf die Tätigkeiten des Jugendgerichts auswirkt. In Groß-Tel Aviv zum Beispiel wurden 1966 etwa 60 % aller jugendlichen Straftaten von 70 Jugendlichen begangen. Auch in späteren Jahren war es immer nur eine kleine Gruppe von Jugendlichen, die wirkliche Schwierigkeiten machten. Groß-Tel Aviv hat eine Einwohnerzahl von 750 000.

Einer der entscheidendsten Punkte, dem besondere Aufmerksamkeit gebührt, ist die Frage der Haft, der Inhaftierung bis zum Beginn des Prozesses und der Inhaftierung bis zum Abschluß des Prozesses. Wenn wir die endgültige Entscheidung auf wissenschaftliche Daten und das Material basieren, das uns Experten auf dem Gebieet von Persönlichkeitsproblemen liefern, dann haben wir eine wertvolle psychologische und psychiatrische Untersuchung vorzunehmen, aus der sich manchmal geeignete Konsequenzen ziehen lassen. Jedenfalls ist es heute vielerorts üblich, die jugendlichen Straftäter zum Zwecke von Untersuchungen zu inhaftieren. Diese Gepflogenheit kann sich jedoch negativ und verschärfend für das straffällige Verhalten auswirken. An manchen Orten pflegt man fast jeden jugendlichen Delinquenten auf diese Weise einzusperren. Die Haftdauer ist jedoch auf eine Periode von etwa drei bis vier Wochen begrenzt, was jedoch genügt, um eine ernste Verschlimmerung in der Lage des Jugendlichen herbeizuführen. Das gilt ganz besonders von Jugendlichen unter vierzehn Jahren.

Angesichts der Tatsache, daß viele der Vergehen Bagatellen und viele der jugendlichen Straftäter noch sehr jung sind, sollte man immer wieder die Frage der Inhaftierung überprüfen. In vielen Fällen bedeutet Haft praktisch eine Verschärfung der bestehenden Schwierigkeiten.

In der Haftanstalt befindet sich der Jugendliche im Zustand großer Spannung. Es tritt vermehrte Angst auf, sowohl weil er von seinem Zuhause entfernt ist, als auch weil er sich über das ihm Bevorstehende ängstigt. In der Haftanstalt kommt er schließlich mit erfahrenen Verbrechern zusammen, deren Einfluß auf die weniger erfahrenen Straftäter negativ und entscheidend ist. Ein solcher jugendlicher Delinquent wird möglicherweise der Schule fern bleiben und vielleicht überhaupt nicht mehr in sie zurückkehren wollen. Das gilt auch für den Arbeitsplatz. Die ganze Situation in der Haftanstalt ruft im Jugendlichen Gefühle des Zorns und Ressentiments gegen seine Eltern und die Gesellschaft wach. Das gilt besonders von jugendlichen Delinquenten, die gerade ihre erste Straftat begangen haben. Unter solchen Umständen zeigen sich diese Jugendlichen negativen Einflüsen zugänglich und sie geraten daher auf einen kriminellen Lebenspfad. Die Annahme, daß der Jugendliche in der Haftanstalt den Ernst seiner Lage spürt und ihn das von weiteren Straftaten abhalten wird, läßt sich nicht auf wissenschaftliches Material stützen. Die Einlieferung in eine Haftanstalt wird von den jugendlichen Delinquenten als Strafe betrachtet und sie reagieren dementsprechend darauf. Man kann nicht leugnen, daß die Einlieferung jugendlicher Straftäter in eine Haftanstalt, damit sie dort Reue zeigen, nicht nur keinen Nutzen bringt, sondern mitunter auch den Prozeß der Resozialisierung gefährden kann.

Es erhebt sich dennoch die Frage, wie sich das Gutachten von Psychologen und Psychiatern erlangen läßt, dessen das Gericht bedarf. Meiner Ansicht nach kann man die erforderlichen Untersuchungen im Verein mit den Gesundheitsdiensten vornehmen. Es ist nicht schwer mit Beratungsstellen für Kindererziehung, mit Krankenhäusern und anderen klinischen Einrichtungen übereinzukommen, daß sie Untersuchungen an jugendlichen Delinquenten vornehmen. Wir haben es hier dann mit einer diagnostischen Dienstleistung zu tun, die in einer Poliklinik — mit Ausnahme derer, die aus Sicherheitsgründen zu inhaftieren sind — für die ihrer Bedürftigen entwickelt werden sollte.

Dann wird sich vielleicht herausstellen, daß ein solches Gutachten richtiger und wirklichkeitsnäher ist, weil die Untersuchungen unter den Lebensbedingungen des Jugendlichen veranstaltet werden. Dieses Verfahren hat auch vom Finanzierungsstandpunkt aus große Vorteile.

Die letzte Entscheidung, wer in Haft genommen wird und wer nicht, liegt beim Richter, dessen übermäßige Inanspruchnahme von Haftbefehlen ihm eine große öffentliche Verantwortung auferlegt. Wenn der Richter die Erlassung eines Haftbefehls sorgfältig abwägt und sich der Gefahren einer Haft bewußt ist, trägt er schon dadurch wesentlich zur Verhütung von Verbrechen bei. In Israel werden jedenfalls nur wenige jugendliche Rechtsbrecher einer Haftanstalt überstellt. Die überwiegende Mehrheit der psychologischen und psychiatrischen Untersuchungen wird zur Zufriedenheit aller Beteiligten von den Kliniken vorgenommen.

Ein zusätzliches Problem bildet, wie sachverständig der Jugendrichter solche Fachberichte zu lesen versteht. Diese Frage stellt sich vornehmlich dort, wo die Jugendrichter Laien sind oder den Dienst turnusmäßig versehen.

Was wird also von einem Jugendrichter verlangt? Er muß es lernen, Differenzialdiagnosen und -prognosen, die sich in den Gutachten der Psychiater und Psychologen befinden, beurteilen und sich ihrer vielleicht sogar bedienen zu können. Er muß sich ferner auch theoretische und praktische Kenntnisse der Rhetorik aneignen, was in einem Jugendgericht sehr wichtig ist. Für diese Wichtigkeit spricht allein die Tatsache, daß man zu diesem Zweck in Frankreich, England und einigen Ländern der Vereinigten Staaten in den letzten Jahren Fortbildungsprogramme für Jugendrichter im Dienst eingerichtet hat. Diese Fortbildungskurse sollen ein zusätzliches Verständnis der Dynamik menschlichen Verhaltens und der Aspekte der verschiedenen Fürsorgeeinrichtungen vermitteln. Wir hoffen, daß solche Kenntnisse in Zukunft einen Teil der Grundanforderungen bilden werden, denen alle jene gewachsen sein müssen, die sich um das Amt eines Jugendrichters bewerben.

In Israel kommt es häufig vor, daß es das Jugendgericht mit einer Gruppe Jugendlicher zu tun hat, die sich gemeinsam an einer Straftat beteiligt hat. Man kann in solchen Fällen nicht immer von Banden sprechen, denn Banden haben ihre eigenen Charakteristika. Ein Jugendrichter, der sich mit einer Gruppe Jugendlicher befaßt, die sich gemeinsam an einer Straftat beteiligten, befindet sich oft in einer heiklen Lage. Zunächst will es scheinen, daß man um der Gerechtigkeit willen den gemeinsamen Tätern dieselbe Strafe geben und man das Urteil in Anwesenheit aller verkünden muß, so daß sich also alle vor Gericht einfinden müssen, nach der berühmten Regel, daß es nicht genügt, Gerechtigkeit ergehen zu lassen, sondern man es auch zeigen muß. Die Verlesung des Urteils vor allen Angeklagten trägt dazu bei, den einen oder anderen Straftäter, der den Richter im Verdacht hat, er könnte einen der Angeklagten bevorzugen oder auch benachteiligen, zu beschwichtigen. Solche Eindrücke beruhen auf Einbildung oder Entstellung der Vorgänge bei Gericht, sind jedoch nicht als gegenstandslos von der Hand zu weisen, da sie für die jugendlichen Delinquenten, die auf ihr Urteil warten, von Bedeutung sind. Junge Menschen sind auf diesem Gebiet sehr empfindlich und das Jugendgericht, das sich mit Bürgern der Zukunft befaßt, muß sich solcher Empfindungen bewußt sein.

Die Individualisierung im Jugendgericht ist andererseits ein überaus wichtiges Prinzip, das man nicht preisgeben darf. Daher ergibt sich für den Richter, daß er es gegebenenfalls vorziehen muß, einer Gruppe von Straftätern verschiedenartige Urteilssprüche zu verkünden. Das entscheidende Problem ist die Bedrängnis des einzelnen jugendlichen Delinquenten und seine Nöte und nicht unbedingt die Tatsache, daß das Vergehen gemeinsam begangen wurde. Und wenn es sich um Fälle handelt, in denen einige Delinquenten verwickelt waren und es wünschenswert ist, unterschiedliche Urteile zu fällen, dann sollen auch die Urteile einzeln verkündet werden, um die Betroffenen von ihren geheimen Befürchtungen zu befreien.

Es stimmt, daß diese Prozedur auch vom administrativen Standpunkt aus umständlicher ist und von dieser Seite sind auch Einwände zu gewärtigen. Doch wird jeder, der diese Dinge von der Nähe her beobachtet, zugeben, daß man nicht zulassen darf, daß administrative Erwägungen die Behandlungsprozedur des Jugendgerichts stören. Solche Prozeduren verstoßen mitunter gegen die gesetzlichen Bestimmungen und sie sind daher der Korrektur bedürftig.

Hier geht es darum, Prozeduren des Jugendgerichts nach Prinzipien zu entwickeln, die sich von jenen des Erwachsenengerichts unterscheiden.

Kinder und Jugendliche, die vor Gericht gebracht werden, weil sie der Pflege und Aufsicht bedürfen, bilden eine Einheit für sich und rechnen nicht zu den jugendlichen Straftätern. Die Aburteilung jugendlicher Rechtsbrecher, die damit einhergehenden Verfahrens- und Behandlungsweisen, sind strittiger Natur. Hingegen herrscht ein weitgehendes Einvernehmen in bezug auf Minderjährige, die vor Gericht gelangen, weil sie in gesellschaftlich und erzieherisch von den Normen abweichenden Familien aufwachsen. Es trifft zu, daß man solche Jugendliche mitunter „prä-delinquent" nennt — ein Hinweis darauf, daß ihre häuslichen Verhältnisse sie schließlich in die Kriminalität treiben werden. Dennoch muß man zwischen den beiden Gruppen unterscheiden, denn die Einmischung des Gerichts beruht in beiden Fällen auf einander völlig entgegengesetzten Faktoren.

Das Unterscheidungsprinzip läßt sich wie folgt zusammenfassen: Jugendliche Delinquenten sind jene, die gegen das Gesetz verstoßende Handlungen begingen und deshalb vor Gericht zur Rechenschaft gezogen werden. Andererseits ergreift das Jugendgericht Maßnahmen zur Beaufsichtigung und zum Schutze von Kindern, weil es ihnen an elementaren Lebensbedingungen fehlt und Vorbeugen besser als Strafen ist.

Eine weitere wichtige Unterscheidung hängt mit dem Altersfaktor zusammen. Das Gesetz hat in bezug auf jugendliche Straftäter eine Altersgrenze bestimmt, an der die Verantwortung für kriminelles Handeln beginnt. Demgegenüber besteht bei der Kategorie der Kinder und Jugendlichen, die der Aufsicht und des Schutzes bedürfen, keine Mindestaltersgrenze. Häusliche Bedingungen zwingen manchmal die Fürsorgeinstitutionen, sich an die Gerichte zu wenden, damit diese zugunsten von Neugeborenen oder doch sehr kleinen Kindern eingreifen. In einem solchen Fall ergibt sich manchmal die Notwendigkeit, daß die Gesellschaft im Auftrag des Gerichts die Pflege aller Kinder einer Familie übernimmt, da die zerstörte Familie eben den Anlaß für das gerichtliche Eingreifen bildet.

Zusammenfassend läßt sich sagen, daß das Jugendgericht keine Auswahl unter jenen treffen kann, die möglicherweise einmal vor Gericht stehen werden. Das ist Sache des Gesetzes und der Prozedur, die dem Gesetzgeber obliegen. Es ist aber Aufgabe des Jugendgerichts, eine Auswahl unter den ihm zu Gebote stehenden Behandlungsweisen zugunsten all derer zu treffen, die vor Gericht stehen. Das Jugendgericht wird innerhalb des gesetzlichen Rahmens tätig, der es nicht daran hindert, seine Pflichten in größerem Umfang zu erfüllen. Im Gegenteil. Es kann allen, die vor Gericht kommen, behilflich sein, ein Gefühl der Zugehörigkeit und der Gleichheit zu entwickeln, und das sind Dinge von höchster Wichtigkeit. Dem Jugendgericht obliegt es ferner, Maßnahmen zu entfalten, die erzieherisch und gesellschaftlich resozialisierend wirken; es ist in der Tat auch in der Lage, den Straftäter dazu zu bringen, daß er sein Verhältnis zu sich selbst und zur Gesellschaft ändert. Das Jugendgericht ist gerade dank seiner Struktur und der in ihr begründeten Dynamik fähig sowohl auf dem Gebiet der Behandlung, als auch dem der Vorbeuge seinen Beitrag zu leisten. Das ist die Herausforderung, mit der sich das Jugendgericht konfrontiert sieht und der es sich dauernd gewachsen zeigen muß.

Es erscheint angebracht, hier den Wortlaut der Resolution zu bringen, die 1958 auf der Internationalen Konferenz der Jugendrichter gefaßt wurde; und in der es u. a. heißt:

„Es ist von größter Bedeutung, daß das Amt des Jugendrichters nur in die Hände von Menschen gelegt wird, die auf richterlichem und sozialem Gebiet die nötige Ausbildung genossen haben. Eine derartige Ausbildung muß schon auf den Universitäten erworben werden. Die Jugendrichter sind sodann mit großer Sorgfalt auszusuchen. Bei Jugendrichtern gilt es den Sinn für das Humane und die Sorge um den Nächsten zu entwickeln. Insbesondere müssen sie in der Kunst des Interviews unterwiesen werden. Sie müssen auch alle die verschiedenen Institutionen kennenlernen, die sie bei ihrer Arbeit benötigen."

ZWEITES KAPITEL

Systeme der Jugendrechtsprechung

Es gibt je nach den örtlichen Bedingungen vielfältige Systeme der Jugendjustiz. Um das Wesen und die Funktion des Jugendgerichts wurde eine Art Ideologie geschaffen, die theoretisch und praktisch die überall bestehende moderne Tendenz reflektiert, die Urteilsfindung im Falle Minderjähriger auf anderen Ebenen als im Falle von Erwachsenen zu suchen. Diese Urteilsfindung muß die gesetzliche, prozedurale und pflegerische Seite gleichermaßen umfassen. Es braucht nicht betont zu werden, daß die auf diesem Gebiet üblichen Systeme auf der jeweiligen sozio-kulturellen Grundlage der Gesellschaft und ihrer Einstellung zur Delinquenz von Jugendlichen und Minderjährigen beruht, die der Dazwischenkunft des Gerichts bedürfen. Diese Systeme wandeln sich von Zeit zu Zeit im Einklang mit den Erfahrungen, die man machte und dem auf ihnen beruhenden gesellschaftlichen und rechtlichen Fortschritt.

Es verdient gesagt zu werden, daß auf diesem Gebiet mit Erfolg öffentliche Organisationen und besonders Frauenorganisationen tätig waren, die es sich zur Aufgabe gemacht hatten, die Lage Minderjähriger auf rechtlicher Ebene zu verändern. Sie verstanden gut, daß es mit der Errichtung besonderer Gerichte für Minderjährige auch zur Erlassung geeigneter Gesetze und Behandlungsmethoden für Minderjährige kommen müßte. Und tatsächlich gehen auf das Konto dieser Organisationen zahlreiche Verbesserungen. Sie kämpften zu ihrer Zeit mit Hingabe, um diesen Wandel durchzusetzen und heute ist ihr schwerer und anhaltender Kampf, die Rechte des Minderjährigen zu sichern, bis man es für richtig fand, aus juristischen und pflegerischen Gründen zwischen Minderjährigen und Erwachsenen zu unterscheiden, fast in Vergessenheit geraten. Unter dem Druck öffentlicher Organisationen kam es 1870 in Boston zu einem Bundesgesetz, das es untersagte, jugendliche Rechtsbrecher mit Erwachsenen zusammen abzuurteilen. Es war auch verboten, jugendliche Straftäter ins Gefängnis zu schicken.

Eines der Hindernisse, die den Initiatoren des Wandels zu schaffen machten, war der Widerstand der Gesetzgeber und der Öffentlichen Meinung, die unter dem Eindruck standen, daß die Kriminalität im Ansteigen begriffen sei. Viele behaupteten damals (und behaupten es auch heute noch), daß angesichts einer Verschärfung des Problems der jugendlichen Delinquenz, kein Grund zur Liberalisierung vorläge.

Einen Ausdruck der Sorge die damals herrschte, kann man in der Untersuchungskommission sehen, die 1816 in London eingesetzt wurde. In dem

Rechenschaftsbericht, den diese Kommission veröffentlichte — „Bericht der Kommission zur Erforschung der bestürzenden Zunahme der jugendlichen Straffälligkeit in der Hauptstadt"[1] — werden die folgenden Hauptfaktoren für die Entstehung der jugendlichen Delinquenz genannt: Abweichendes Verhalten der Eltern; mangelnde Erziehung der Kinder; Fehlen einer entsprechenden Arbeit für Kinder; die Entweihung des Sonntags und die gewohnheitsmäßig betriebenen Glücksspiele in den Städten. Außer diesen Hauptfaktoren führte die Kommission noch folgende wichtige Faktoren auf: die übermäßige Härte des Strafgesetzes; die Ineffizienz der Polizei; die strengen Disziplinarvorschriften in den Gefängnissen.

Wenn wir die Befunde dieser Kommission in unsere heutige Sprache übersetzen — sie wurden wie gesagt im Jahre 1816 festgestellt — können wir sagen, daß dieselben Hauptfaktoren für die jugendliche Delinquenz auch heute noch bestehen.

Trotz der Atmosphäre der Unschlüssigkeit und selbst des Widerstands, ließen sich die Reformwilligen nicht davon abbringen, nach neuen Wegen auf richterlicher und therapeutischer Ebene zu suchen, um so den Zauberkreis auf diesem Gebiet zu durchbrechen. Unter den neuen Ideen, die sich damals abzeichneten, fanden sich z. B. die folgenden Einsichten: man muß die Eltern Minderjähriger darin bestärken, aktiv an der Erziehung ihrer Kinder teilzunehmen; es soll ihnen ermöglicht werden, vor Gericht ihre Probleme zur Sprache zu bringen, damit sie und ihre Kinder im Gericht nicht nur die strafende, sondern auch die erzieherische Instanz sehen. Um ein freies Gespräch zu ermöglichen, forderte man die Beseitigung der für die Gerichte charakteristischen Formalitäten. Als weiterer Schritt kam die Forderung Jugendgerichtsverhandlungen hinter geschlossenen Türen zu führen und von der öffentlichen Bekanntgabe der Namen und Adressen und anderer Einzelheiten jugendlicher Straftäter abzusehen. Die Reformer wiesen auf den Schaden hin, der dem Minderjährigen zugefügt werden kann, wenn er zusammen mit einem Erwachsenen verurteilt wird, selbst wenn das Verbrechen gemeinsam begangen wurde. Man ging dabei von der als vernünftig akzeptierten Meinung aus, daß die erwachsenen Rechtsbrecher sicherlich die Minderjährigen ihren Zwecken gefügig machen und selbst bei Gericht noch negativ auf sie einwirken würden. So erhob sich die Forderung, nach Möglichkeit die beiden in eine Strafsache verwickelten Altersgruppen zu trennen.

Manche forderten auch, daß man das Auftreten von Rechtsanwälten nicht erlauben sollte, da diese vielleicht die Führung des Prozesses, in dem der Richter aktiver als gewöhnlich sein sollte, erschweren könnten. Die Anwesenheit eines Anwalts bei Gericht schaffe eine Situation, in der es zum Streitgespräch und manchmal zum Zweikampf — in der Interpretation von Gesetz und Prozedur — zwischen Ankläger und Verteidiger komme und die Intervention des Richters, oder auch des beschuldigten Jugendlichen, eingeschränkt werde. Diese Bedingungen könnten die mögliche persönliche Ein-

[1] Siehe: Young Offenders, Cambridge University Press, 1943, S. 2.

wirkung des Richters auf den Jugendlichen, ihn zu einer Änderung seines Weges anzuspornen, zunichte machen.

Das sind einige der Prinzipien, die die Reformer aufs Panier erhoben hatten und mehr oder weniger auch überall verwirklichen konnten.

Jedenfalls trat im Laufe der Jahre auf diesem Gebiet ein Wandel ein. Vorüber ging die sentimentale Periode, in der man glaubte, es genüge, sich dem jugendlichen Straftäter mit Verständnis und Duldsamkeit zu nähern, um ihn so zur Umkehr zu bewegen. Die Erfahrung lehrte, daß das Problem der jugendlichen Delinquenz zahlreiche Aspekte hatte und die Aussichten auf schnelle und leichte Lösungen gering waren. Die ersten Anzeichen einer Verschärfung der Lage zeigten sich bereits nach dem ersten Weltkrieg und sie nahmen nach dem zweiten Weltkrieg noch erheblich zu. Man kann mit größter Wahrscheinlichkeit annehmen, daß neben anderen Faktoren der Krieg und seine negativen Resultate einen großen Anteil an der Zunahme der Delinquenz unter den Jugendlichen hatte. Hinzu kommen noch die gewichtigen gesellschaftlichen Veränderungen im Laufe der letzten 20—30 Jahre, die in ihrem Gefolge auch eine Neubewertung auf dem Gebiet der Jugendgerichtsbarkeit mit sich brachten.

In den letzten Jahren hat man in einer Reihe von Ländern die Frage diskutiert, ob die Hypothesen, nach denen man vor 60—70 Jahren die Maßnahmen des Jugendgerichts zur Bekämpfung der Jugendkriminalität aufstellte, überhaupt noch richtig seien. Unter anderem wird heute die Ansicht vertreten, daß es vielleicht angebracht sei, die Verhandlungen öffentlich zu führen. Diese Ansicht wird mit zwei, einander radikal entgegenstehenden, Gründen vorgetragen. Der eine ist, daß nichtöffentliche Prozesse zu Ungerechtigkeiten führen könnten, weil die für ein Strafverfahren im allgemeinen übliche öffentliche Kontrolle fehle. Solange ein Prozeß hinter verschlossenen Türen verhandelt wird, ohne die Anwesenheit eines den Angeklagten vertretenden Rechtsanwalts, wie das in den meisten Fällen geschieht, in denen ein Jugendlicher als Straftäter oder Aufsichts- und Schutzbedürftiger vor Gericht gebracht wird, muß man die Befürchtung hegen, daß seine gesetzlichen Rechte nicht immer gewahrt werden. Es kommt vor, daß sich ein Richter sagt, weil es sich um einen Minderjährigen handelt, dessen Lage die Einmischung von außen erfordert, sei es doch noch am besten, wenn man Fragen des Rechts und der Prozedur nicht allzu pedantisch behandelt. Manchmal kommt eine solche Forderung von seiten der Eltern oder sogar von den Fürsorgebehörden, die sich nicht immer darüber Rechenschaft ablegen, daß es sich um die elementaren Rechte eines Minderjährigen handelt. Dabei muß man sich logischerweise doch sagen, daß einem Minderjährigen sogar Vorrechte eingeräumt werden müssen, weil eben sein Prozeß ohne Verteidiger und unter Ausschluß der Öffentlichkeit verhandelt wird. Auf dieser Ebene wird daher ein paradoxer Zustand geschaffen. Einerseits unterhält man ein eigens für Jugendliche bestimmtes Gericht, um ihnen Vorrechte einzuräumen, Rechte, die ihrer Situation als Minderjährige entsprechen, und andererseits erhebt sich die Befürchtung, daß dieser zu diesem Zweck geschaffene Rahmen ihnen diese Rechte wieder in geringerem oder größerem Maße entziehen kann.

Der andere Einwand auf diesem Gebiet ist völlig anderer Art. Man vertritt die Ansicht, daß die nichtöffentliche Prozeßverhandlung gegen einen Jugendlichen dem Jugendgericht eines der Abschreckungsmittel nimmt, die ihm noch verbleiben. Die Vertreter dieser Meinung behaupten, daß ein öffentlicher Prozeß und die Bekanntmachung der Namen der jugendlichen Straftäter ihre Zahl reduzieren würden. Sie glauben, daß sich jugendliche Rechtsbrecher vor ihren Freunden schämen würden, wenn man ihre Taten in der Öffentlichkeit erführe und daß sich diese Tatsache präventiv auswirke. In Wirklichkeit kann man sogleich auf eine Anzahl von Punkten hinweisen, die überzeugend dartun, daß die Veröffentlichung der Namen der Identität jugendlicher Straftäter nicht nur ihre Zahl nicht verringert, sondern auf der Stelle vervielfacht. Es finden sich mit großer Wahrscheinlichkeit Täter, die ihre Straftaten aus narzistischen Impulsen begehen, um sich in der Presse veröffentlicht zu sehen; es werden sich andere finden, solche, die an Minderwertigkeitsgefühlen leiden oder die im Kreise ihrer Kameraden nicht akzeptiert werden, die nun Strafhandlungen verüben, um sich selbst und anderen zu beweisen, daß mit ihnen „etwas los" ist, weil ja sogar die Presse von ihnen Notiz nimmt. Andere wollen sich aus den verschiedensten Gründen an ihren Eltern und Lehrern „rächen" und „es lohnt" sich ihnen, Straftaten zu begehen, damit die Sache an die Öffentlichkeit gelange, was allein ihnen Befriedigung gewähren kann. Und andere, die am Rande der Gesellschaft leben, werden den Wunsch haben, daß auch sie „wenigstens einmal" im Lichte der Öffentlichkeit stehen, eine geheime Sehnsucht, die sie zur Straftat motivieren kann.

Solche Erscheinungen sind im Alter des Heranwachsens häufig und es gewinnt weder der Einzelne noch die Gesellschaft etwas, wenn man vor ihnen die Augen verschließt.

Es muß vermerkt werden, daß sich gerade in den Vereinigten Staaten, wo die Wiege des Jugendgerichts stand und diese Einrichtung überhaupt zum ersten Mal gesetzlich in Kraft trat, die Stimmen mehren, die auf eine Änderung der bisher als unverbrüchlich geltenden Grundsätze drängen[2]. Es ist bekannt, daß es verschiedene Jugendgerichtssysteme gibt, von denen manche sich bis zur Identität gleichen, manche einander entgegengesetzt sind. Die Systeme unterscheiden zwischen den Kategorien von Minderjährigen, die unter die Zuständigkeit des Jugendgerichts fallen, das heißt Minderjährigen, die oberhalb einer bestimmten Altersgrenze für ihre Straftat verantwortlich gemacht werden können und unterhalb ihrer frei ausgehen. Außerdem handelt es sich dabei um Minderjährige, die überhaupt keine Straftat begingen, sondern der Aufsicht und Pflege bedürfen und auf die kompetente Dazwischenkunft eines Gerichts angewiesen sind. Wenngleich

[2] Siehe: Supreme Court Reporter, June 1, 1967, Vol. 87, Nr. 15, p. 1428 (Gault case).

es auch Jugendgerichte gibt, die noch zusätzliche Tatbestände zu verhandeln haben, gehören diese zwei Kategorien immer zu ihren Funktionen. Das gilt auch von den skandinavischen Ländern, die kein Jugendgericht, sondern eine mit solchen Angelegenheiten betraute öffentliche Kommission haben.

Im folgenden sollen die Systeme einiger Länder aufgeführt und auf die für sie charakteristischen Gemeinsamkeiten und Unterschiede hingewiesen werden.

A. SCHWEDEN

Die in Schweden gegenüber der Jugendkriminalität herrschende Einstellung und Handhabung der Gesetze erklärt sich zum großen Teil aus der Tatsache, daß Schweden praktisch weder Armut noch Arbeitslosigkeit kennt. Der Staat ist politisch gefestigt und innere politische oder soziale Spannungen gibt es nicht. Seit 170 Jahren führte das Land keinen Krieg mehr. Diese Stabilität prägt dem Charakter seiner Bürger und dem Phänomen der Kriminalität seinen Stempel auf.

1. Maßnahmen und Verfahren

Seit 1924 gibt es in Schweden keine Jugendgerichte mehr und ein jugendlicher Rechtsbrecher unter 15 Jahren wird überhaupt nicht vor Gericht gestellt. Rechtsbrecher, die weniger als 15 Jahre alt sind, werden zur Behandlung den „Kommissionen zur Wohlfahrt des Kindes" übergeben, die, falls sie es für notwendig erachten, auch Zwang anwenden dürfen. Die Einreihung von Vergehen der Unterfünfzehnjährigen in die Kriminalstatistik unterbleibt jedoch.

Die folgenden vier Bestimmungen regeln die strafrechtliche Behandlung jugendlicher Rechtsbrecher und Kinder, die der Aufsicht und des Schutzes bedürfen:

1. Kein gesetzliches Vorgehen gegen ein Kind, das noch nicht 15 Jahre alt ist. Die einzige in solchen Fällen mögliche gesetzliche Verfahrensweise ist den Kinderwohlfahrtskommissionen überlassen, Mordfälle eingeschlossen.

2. Jugendliche zwischen 15—18 Jahren können vor ein Gericht gestellt werden; aber wenn es wünschenswert erscheint, werden sie an die Kinderwohlfahrtskommissionen überstellt. Das ist die in den meisten Fällen übliche Praxis.

3. Jugendliche zwischen 18—21 Jahren werden vor Gericht gestellt, aber wenn es die Richter für angebracht halten, können auch sie vor die Kinderwohlfahrtskommissionen gestellt werden.

4. Die Kinderwohlfahrtskommissionen allein haben über alle Jugendlichen bis zu 21 Jahren zu befinden, die ein unregelmäßiges Leben führen, sich dem Müßiggang ergeben und vom Elternhaus her, oder durch eigene Verschuldung moralisch gefährdet sind. Die Kommissionen sind verpflichtet, alle Maßnahmen zu ergreifen, die der erzieherischen und sozialen Besserung dieser Jugendlichen dienlich sind.

In ganz Schweden, dessen Bevölkerung heute über acht Millionen zählt, sind über 800 „Kinderwohlfahrtskommissionen" eingerichtet worden. Jede Kommission besteht aus mindestens fünf Mitgliedern, darunter muß sich ein Geistlicher, ein Lehrer und ein Vertreter der örtlichen Fürsorge befinden. Wenn möglich, sollen der Kommission auch ein Rechtsanwalt und ein Arzt angehören. In Stockholm bestehen die Kommissionen aus neun Mitgliedern, unter denen mindestens eine Frau sein muß.

Welche Verfahrensweisen werden nun bei den oben genannten Altersstufen eingeschlagen?

a) Ein Kind unter fünfzehn Jahren, das von der Polizei eines Vergehens beschuldigt wird, wird von der Polizeibehörde verhört. In Stockholm ist bei der Untersuchung ein besonderer Polizeibeamter anwesend, der im Auftrag der Kinderwohlfahrtskommission handelt. Er ist eine Art „Liaisonoffizier" zwischen der Polizeibehörde und den Fürsorgebehörden. Dieses Arrangement hat große Vorteile, da die für die Behandlung des Kindes notwendigen Ämter bereits bei seinem Erscheinen vor der Polizei zur Stelle sind. Die Polizei protokolliert die Einzelheiten des Falles und wenn eine Hausdurchsuchung notwendig ist, hat sie das Recht dazu. Doch sogleich nach der Untersuchung übergibt die Polizei sämtliche Unterlagen der Kinderwohlfahrtskommission und hat von da an mit der ganzen Angelegenheit nichts mehr zu tun.

Die Kommission beginnt nun mit der Eruierung der Umstände. In Stockholm wird diese Untersuchung von einem Sozialarbeiter vorgenommen, was an kleinen Orten nicht immer möglich ist. Wenn es dem Sozialarbeiter richtig erscheint, wird das Kind Intelligenztesten und psychiatrischen Untersuchungen unterzogen. Schließlich werden alle Befunde der Kommission vorgelegt, die ihre Sitzungen im Wohlfahrtsministerium abhält. Es ist üblich, daß an den Sitzungen einige leitende Beamte der Abteilung teilnehmen. Über die schriftlichen Unterlagen hinaus erstattet der Sozialarbeiter über die Ergebnisse seiner Untersuchungen und seine Eindrücke mündlich Bericht. Nun wird über die zu ergreifenden Maßnahmen Beschluß gefaßt.

Das Kind selbst erscheint nicht vor der Kommission, die Mitglieder kennen es gar nicht persönlich. Diese Tatsache ist sehr bedeutungsvoll und man besteht nur in äußerst seltenen Fällen auf seinem persönlichen Erscheinen. Auch wenn das Kind seine Schuld bestreitet, die Kommission jedoch der Meinung ist, daß seine Einweisung in eine Erziehungsanstalt notwendig ist, kann sie sich für diese Maßnahme entscheiden. Das Kind muß gehorchen, obgleich die Eltern vor dem Gericht dagegen Berufung einlegen können. Die Eltern werden vom Sitzungstermin, an dem über ihr Kind verhandelt wird, benachrichtigt, treten jedoch im allgemeinen nicht vor der Kommission auf. Die Kommission hat allerdings das Recht, falls sie es für notwendig hält, die Eltern vorzuladen. Von diesem Recht wird aber selten Gebrauch gemacht.

Ist die Entscheidung ergangen, werden Kind und Eltern schriftlich oder durch den Sozialarbeiter davon benachrichtigt. Soll das Kind in eine Erziehungsanstalt gebracht werden, muß diese Maßnahme noch von der „Königlichen Sozialkommission“ bestätigt werden, die die Eignung des Kindes für die Anstaltsunterbringung erwägt. Ist sie anderer Meinung, werden die Unterlagen an die Kinderwohlfahrtskommission zurückgegeben und diese schlägt eine andere Maßnahme vor.

Man geht in Schweden von der Annahme aus, daß die Kommissionsmitglieder nur das Wohl des Kindes vor Augen haben. Das trifft auch in den Fällen zu, in denen emotionale Elemente abwesend sind. In kleinen Orten kann das anders aussehen. Dort können Einflüsse von Nachbarn, Vorurteile, Lokalpatriotismus, persönliche Beziehungen etc. auf die Erwägungen der Kommissionsmitglieder abfärben. Die Gefahr dieser Faktoren ist um so größer, als die Kommissionsmitglieder in bezug auf juristische und psychologische Angelegenheiten eigentlich keinen objektiven Maßstab haben.

Das Wichtigste und Interessanteste an dem geschilderten System ist, daß ein Kind unter fünfzehn Jahren nicht vor Gericht kommt. Alle, mit denen ich über das Problem der jugendlichen Delinquenz sprach, wiesen voller Stolz auf diese Tatsache hin. Doch bevor wir auf eine Analyse dieses Systems eingehen, lohnt es sich festzustellen, daß Schweden eine jugendliche Kriminalität, wie sie sich in England, den Vereinigten Staaten von Amerika oder Japan findet, nicht kennt. Möglicherweise spiegelt sich darin die Situation der Erwachsenenkriminalität. Meiner Ansicht nach werden die jugendlichen Rechtsbrecher in den Ländern mit ernster Kriminalität — Raub, Mord, Vergewaltigung, Aggression etc. — viel mehr Zeugen einer manifesten Gewalttätigkeit. Die „Atmosphäre des Verbrechens“ wirkt sich vielfach aus und es ist daher möglich, daß, wenn Schwerverbrechen in Schweden häufiger wären, man auch Jugendgerichte haben würde. Sie sind eben heute aus objektiven Gründen nicht erforderlich.

Im Jugendgericht oder in jeder anderen analogen Einrichtung, stellt sich die Problematik als „Gesellschaft contra Individuum“ dar. Das Dilemma wird nicht beseitigt, wenn man das Jugendgericht abschafft und an seiner Stelle eine andere Institution errichtet. So bleibt die Frage bestehen: Ist das delinquente Verhalten ein Ausdruck des Protestes gegen die Gesellschaft und wie muß die Gesellschaft darauf reagieren? Soll der Akzent auf den Schutz der Gesellschaft gesetzt werden oder bedarf das Individuum des Schutzes? Muß die Gesellschaft mit Hilfe einer ihrer Institutionen, sei es ein Gericht oder eine Kommission, die Verantwortung dem jugendlichen Rechtsbrecher auferlegen und in welchem Maß muß sie es tun? Ferner können wir fragen, warum ein jugendlicher Rechtsbrecher, der beispielsweise über 12 Jahre alt ist, davon befreit werden soll, den zuständigen Behörden Rechenschaft über seine Handlungen abzulegen? Schadet denn die richterliche Zuständigkeit der Entwicklung des jugendlichen Straftäters so sehr, daß man ihn lieber von ihr fernhält? Auf den ersten Blick scheint es, daß die Abschaffung von Jugendgerichten ein überaus humaner Schritt ist, aber wenn man es näher bedenkt, kommen einem doch Zweifel an der Richtigkeit des Schrittes. Wir wissen heute genügend darüber, daß der junge Straftäter nicht immer ein „Opfer der Gesellschaft" ist. Wir wissen, daß hier viele Faktoren mitwirken und es in zahlreichen Fällen schwierig ist, sich in dieser oder jener Richtung zu entscheiden. Es ist jedenfalls nicht wünschenswert, den Jugendlichen von der Verantwortung für seine Taten zu entbinden. Die moderne Erfahrung in der Sozialarbeit und Sozialpsychiatrie hat gezeigt, daß eine zu große Betonung der „Schutzbedürftigkeit" den Prozeß der Resozialisation nicht immer fördert.

Der jugendliche Straftäter, der nicht vor Gericht oder vor der Jugendkommission erscheinen muß, um über seine Handlungen Rechenschaft abzulegen, wird sozusagen „behütet", da man annimmt, daß er wirklich zum Rechtsbrecher wird, wenn man ihn vor Gericht stellt. Es wird allgemein zugestanden, daß das Jugendgericht einen besonderen Charakter tragen muß und Jugendliche in einem zu frühen Alter nicht strafrechtlich verantwortlich gemacht werden dürfen. Doch wenn wir die Sache näher betrachten, stimmt es denn wirklich, daß die Verhandlung vor dem Jugendgericht auf den Jugendlichen eine traumatische Wirkung ausübt? Und warum soll der Sozialarbeiter, der dem schwedischen Kind die Einstellung der Gesellschaft und ihre Forderungen verdolmetscht, für diese Aufgabe kompetenter als ein Jugendrichter sein? Meiner Ansicht nach soll man nicht darauf verzichten, im Gerichtssaal einen persönlichen Kontakt mit dem jungen Straftäter herzustellen. Das kann geschehen, wenn die allgemeine Atmosphäre dafür geschaffen wird, wenn es einen geeigneten fachlichen Rahmen dafür gibt und wenn sich nur ein einziger mit der Sache befaßt. Selbst wenn der Jugendliche vor der „Kinderwohlfahrtskommission" erscheinen müßte, stände er vor fünf oder neun Personen, ein Umstand, der von Anfang an jede Möglichkeit eines persönlichen Kontakts und einer unmittelbaren Einflußnahme ausschließt.

Ferner müßte meiner Ansicht nach die Entscheidung dem Jugendlichen durch die zuständige Behörde übermittelt werden. Ich sehe nicht, welchen erzieherischen Wert es haben soll, ihm diese Entscheidung durch zweite oder dritte Hand (den Sozialarbeiter) zukommen zu lassen und die briefliche Mitteilung erscheint mir vollends untauglich.

Die Behandlung von Straftätern im Alter von 15—18 Jahren ist anders, gleicht aber doch in einigen Punkten der der jüngeren Altersstufen. Ein solcher Jugendlicher wird, wenn möglich in Gegenwart des „Liaisonoffiziers", von der Polizei vernommen, die dann die Unterlagen an die Staatsanwaltschaft weiterleitet. Der Staatsanwalt ist nicht verpflichtet Anklage zu erheben, da er den Fall der Kinderwohlfahrtskommission übergeben kann. Er kann auch, wenn es ihn gut dünkt, die Anklage niederschlagen. Die Kommission entscheidet dann, ob sie sich selbst mit dem Jugendlichen befaßt, oder ihn vor Gericht stellt. In den meisten Fällen, in denen es sich um ein erstes Vergehen oder um eine Bagatellsache handelt, sieht sie von gerichtlichen Maßnahmen ab. Andererseits, wenn die Kommission beschließt, den

Jugendlichen unter Aufsicht zu stellen, oder ihn mit einer Verwarnung frei ausgehen zu lassen, kann das nur durch die Staatsanwaltschaft geschehen, die den Jugendlichen auf die Behörde bestellt, ihm davon Mitteilung macht und eine Unterredung mit ihm führt. (Wiederum, warum ist der Staatsanwalt dafür besser geeignet als das Gericht?) Wenn die Jugendkommission beschließt, ihn in ein Heim zu schicken und der Staatsanwalt diese Entscheidung nicht billigt, kann er den Fall vor das Gericht bringen.

Wenn nach reiflicher Überlegung entschieden wurde, daß der Jugendliche vor Gericht kommt, ordnet das Gericht eine erste Untersuchung seiner Lebensumstände an, seiner Vergangenheit, häuslichen Bedingungen etc. Die Unterlagen werden den Richtern vor der Schuldfeststellung zugänglich gemacht, was im Gegensatz zu angelsächsischem Rechtsbrauch steht.

Die Zusammensetzung des Gerichts hängt von der Art des Vergehens ab. Es können drei Richter sein oder ein Richter und sieben bis neun Schöffen.

Jugendliche Rechtsbrecher dieser Altersstufe werden, wenn sie vor Gericht kommen, praktisch nach einem Verfahren behandelt, das dem bei Prozessen gegen Erwachsene ähnlich ist. Ich meine freilich, daß gerade in diesem Alter eine eigene Behandlung notwendig ist. Die bei den Kinderwohlfahrtskommissionen übliche Prozedur ist für sie noch weniger geeignet als für die 12—15jährigen. Ich bin davon überzeugt, daß ein besonderes Jugendgericht mit einem einzigen kompetenten Richter, der auf dem Gebiet der Jugend- und Sozialarbeit Erfahrungen gesammelt hat, mehr Nutzen als Schaden bringt.

Bei der Altersgruppe der 18—21jährigen ist eine ähnliche Prozedur wie bei der vorhin genannten Altersgruppe üblich, außer, daß es hier keinen besonderen Staatsanwalt gibt und keine Notwendigkeit besteht, die Kinderwohlfahrtskommissionen von dem Fall zu verständigen. Der Staatsanwalt kann auch die Anklage nicht mehr niederschlagen. Jene Fälle, die auf Grund eines gegenseitigen Einvernehmens der Kommission zur Behandlung überlassen werden, werden von ihr auf die übliche Weise erledigt. Ihre Zahl ist nicht besonders groß.

2. Behandlungsmethoden

Die Kinderwohlfahrtskommissionen müssen, wie schon oben erwähnt, für die Bereitstellung geeigneter Maßnahmen zur Behandlung jugendlicher Straftäter und schutz- und aufsichtsbedürftiger Jugendlicher sorgen. Sie unterhalten daher ein ausgedehntes Netz von Erziehungseinrichtungen. Die in Schweden gegenüber den oben aufgeführten drei Altersgruppen Jugendlicher herrschende Einstellung ist überaus permissiv und die Gesetze tragen einen sichtbaren reformbewußten Charakter.

Es gibt in Schweden wenig Haftanstalten und der Jugendliche wartet daher die seine Zukunft bestimmende Entscheidung zu Hause ab. Wenn die vorgeschlagene Maßnahme die Unterbringung in einer Anstalt ist, dann vergehen viele Monate, bis die Sache alle Phasen der Rechtsprechung durchlaufen hat und es gibt Fälle, in denen diese Verhandlungen beträchtlich lange dauern. Wenn eine sofortige Unterbringung erforderlich ist, so kann das vor der endgültigen Bestätigung durch die Kommission oder das Gericht geschehen. Diese lange Verzögerung einer endgültigen Entscheidung bildet einen schweren Nachteil. Im Verlauf eines Jahres vergißt ein Jugendlicher die ganze Angelegenheit und wird sich dann energisch gegen den Beschluß auflehnen. Tatsächlich hat man in der letzten Zeit versucht, hier eine Änderung zu schaffen.

Ein Jugendlicher, der in eine Erziehungsanstalt geschickt werden soll, wird dorthin zunächst auf eine Probe- und Beobachtungszeit von drei Monaten gebracht. Auf Grund dieser Beobachtungen beschließen dann die „Königliche Sozialkommission" und die „Kinderkommission" über die endgültige Unterbringung. Wenn es erwünscht scheint, das Kind in eine andere Anstalt zu überführen, so geschieht das auf administrativem Weg, ohne daß die Angelegenheit mit den Jugendlichen selbst erörtert wird.

Die Aufenthaltsdauer des Jugendlichen im Erziehungsheim steht nicht von vornherein fest. Darüber befindet die Anstaltsleitung auf Grund der Eigenart jedes einzelnen Falles. Die Durchschnittsdauer beträgt zwei Jahre, doch werden viele vorher entlassen. Nach der Entlassung bleibt die Anstalt für den Jugendlichen bis zu seinem achtzehnten Lebensjahr oder, auf Grund einer Sonderentscheidung, bis zu seinem einundzwanzigsten Lebensjahr, verantwortlich.

Bei der Entlassung ordnet das Heim den Jugendlichen in eine Arbeit ein und bestellt ihm eine Aufsicht. Die örtlichen Beaufsichtiger sind meistens Menschen ohne fachliche Vorbildung, die im Auftrag der Königlichen Sozialkommission Inspektorenfunktion ausüben. Das Land ist in vier Bezirke mit vier Oberinspektoren eingeteilt. Heute unterstehen in jedem Bezirk etwa 300 Jugendliche der Beaufsichtigung. Eine gesetzliche Bestimmung macht jedem Jugendlichen, der aus einem Erziehungsheim entlassen wird, den Betrag von 1200 Kronen zwecks beruflicher Ausbildung zugänglich. Doch wird dieser Betrag nur dann bereitgestellt, wenn das Heim die Verantwortung für die Ausbildung selbst übernimmt.

Das System nichtfachlicher Inspektoren hat ohne Zweifel seine Vorteile und entwickelt überall im Lande die zivile Verantwortung. Dennoch darf bezweifelt werden, ob diese Inspektoren mit Jugendlichen fertig werden können, deren Delinquenz von einer tiefen persönlichen Problematik herrührt. Sie zu behandeln erfordert Fachkenntnisse.

Auf dem Gebiet der Behandlung von 15—18jährigen herrscht eine recht eigenartige Situation. Wenn der eine oder andere von ihnen aus dem oder jenem Grund nicht in ein Erziehungsheim aufgenommen werden kann, wird er in ein gewöhnliches Gefängnis geschickt. Tatsächlich lehrte die Erfahrung, daß in den letzten Jahren die Zahl der in ein wirkliches Gefängnis geschickten Jugendlichen dauernd stieg. Andererseits gibt es für die 18—21-jährigen besondere Jugendgefängnisse, die ihren jüngeren Kameraden nicht offenstehen. Die „Jugendgefängnisse" entsprechen den Borstalanstalten in

England. In besonderen Fällen können die Richter 18—21jährige in gewöhnliche Gefängnisse schicken.

Bevor er in das Gefängnis geschickt wird, kommt der Jugendliche auf zwei Monate in ein Auslesezentrum. Dort wird er im Hinblick auf seine Persönlichkeitsstruktur und Eignung für ein bestimmtes Resozialisierungsprogramm einer Reihe von Untersuchungen unterzogen.

Die meisten Jugendgefängnisse sind offene Anstalten. Nur nachts werden die Zimmer abgeschlossen. Und wenngleich heute viele wissen, daß man einen Jugendlichen nicht über eine letzte Widerstandsschranke hinaus erziehen kann, so hat man doch mittlerweile damit begonnen, in allen Jugendgefängnissen eine geschlossene Abteilung für jene Fälle einzurichten, die sich in einer „offenen" Anstalt auf die Dauer nicht halten lassen.

Die verbreitetste Behandlungsmaßnahme in Schweden besteht in der Urteilsaussetzung mit Bewährungsaufsicht. Es stehen dabei zwei Möglichkeiten zur Wahl:

1. Die Strafe wird durch Urteilsspruch bestimmt, gleichzeitig ergeht die Anordnung, den Vollzug bedingt aufzuschieben.

2. Das Gericht kann den Jugendlichen schuldig sprechen, aber die Festsetzung der Strafe wird bedingt aufgeschoben.

Bei der Urteilsaussetzung wird eine Aufsichtsperiode von nicht über drei Jahren festgesetzt. Wenn das Verhalten des Jugendlichen zufriedenstellend ist, kann er nach sechs Monaten aus der Aufsicht entlassen werden. Die Aufsichtsbedingungen können sich auf die Beschäftigungsweise, den Wohnort, die Enthaltsamkeit von Alkohol, Behandlung im Krankenhaus und Entschädigungszahlungen für verursachten Schaden erstrecken. Das Gericht ernennt einen Inspektor, der der „Kinderwohlfahrtskommission" angehören kann oder sich freiwillig für eine solche Tätigkeit meldet. Die Tätigkeit wird mit einer geringen Bezahlung vergütet. Wenn der Jugendliche die Aufsichtsbedingungen übertritt, kann er das ihm gewährte Recht verlieren und für sein Vergehen bestraft werden.

Man hält diesem System viele Vorzüge zugute. Es übt häufig eine präventive Wirkung aus. Jedermann gibt zu, daß, je mehr Straftäter ihre Behandlung außerhalb der Gefängnisse erhalten, desto größer die Vorteile für die Gesellschaft und das Individuum sind.

Im Januar 1961 trat ein neues Gesetz in Kraft, das keine grundsätzlichen Änderungen brachte, aber doch wesentliche Verbesserungen einführte. So empfiehlt das neue Gesetz zum Beispiel, daß sich unter den Kommissionsmitgliedern ein Jurist befinde, und wenn der Kommission kein Jurist angehört, muß sie sich im Bedarfsfall juristischen Rat holen. Diese juristische Gutachtertätigkeit wird honoriert. Auch kann ein Jugendlicher, der in eine Angelegenheit verwickelt ist, von nun an fordern, daß seine Einwände von der Kommission angehört werden, er kann auch Zeugen zur Unterstützung seiner Behauptungen beibringen und darf zu seiner Verteidigung einen Anwalt nehmen. Eine weitere Neuerung liegt darin, daß der Vorsitzende der Kommission nun das Recht erhält, in dringenden Fällen von der Zusammenkunft des Plenums, der Kommission allein seine Entscheidung trifft. Es handelt sich dabei hauptsächlich um Haftangelegenheiten und dringende Unterbringungsfälle.

Eine gewisse Beschränkung der Kompetenz der Kommission kann man in der neuen Bestimmung erblicken, nach der jede Unterbringungsanordnung einer automatischen Überprüfung durch das Bezirksamt bedarf, das heißt, einer Art Berufungsinstanz. Das Gesetz regelt zum ersten Mal das Recht der Kommission, Haftangelegenheiten eingeschlossen, sich im Notfall an die Polizei zu wenden.

B. DÄNEMARK

In Dänemark besteht ebensowenig wie in den anderen Ländern Skandinaviens ein Jugendgericht im gewöhnlichen Sinn. Das in Dänemark übliche System beruht auf einer „Kinderwohlfahrtskommission", die aus von der Stadtverwaltung auf vier Jahre gewählten Persönlichkeiten des öffentlichen Lebens zusammengesetzt ist. Jede Kommission hat 5 bis 7 Mitglieder, die von den im Stadtrat vertretenen Parteien entsandt werden. Der Vorsitzende der Kommission wird gewöhnlich einmal in vier Jahren gewählt, nur der Vorsitz in Kopenhagen ist eine Dauerposition, die nicht mit der Wahl neuer Kommissionsmitglieder wechselt. Ein weiteres Unterscheidungsmerkmal, das wir in Kopenhagen fanden, war, daß bevor ein Minderjähriger aus seinem Elternhaus in eine Anstalt gebracht werden soll, ein örtlicher Richter zugezogen werden muß. Es muß auch ein Gutachten eines Psychologen oder Psychiaters in Regierungsdiensten beigebracht werden. Sie haben kein Abstimmungsrecht, ihre Tätigkeit bleibt auf die Beratung beschränkt. Aber wenn sie anderer Meinung als die Kommissionsmitglieder sind, muß ihre Meinung in das Protokoll aufgenommen werden. Ein anderer Unterschied, den wir in Kopenhagen, im Gegensatz zu anderen Orten, beobachteten, ist, daß der Vorsitzende der Kommission ein Jurist mit der Befähigung zum Richteramt sein muß. Das befreit die Kommission von der Notwendigkeit einen Richter im Amt zuzuziehen.

Im allgemeinen werden Minderjährige nicht vor die Kommission geladen, doch müssen die Eltern geladen werden, die ihre Ansicht über die verschiedenen im Zusammenhang mit ihren Kindern gemachten Vorschläge äußern dürfen. Es kann auch ein Rechtsbeistand eingeladen werden, ein Verwandter oder Freund der Familie, der ihr bei der Verhandlung behilflich sein kann.

Wenn die Kommission beschließt, den Minderjährigen außerhäuslich unterzubringen und die Eltern mit dieser Entscheidung nicht einverstanden sind, können sie innerhalb eines Monats vom Tage der Kommissionsentscheidung, Berufung dagegen einlegen. Da die Eltern bei der Entscheidungsfällung nicht anwesend sind, muß die Kommission ihnen ihren Beschluß schriftlich mitteilen, und sie auch auf ihr Berufungsrecht hinweisen. Diese Berufungskommission befindet sich in Kopenhagen, aber ihre Kompetenz erstreckt sich auf das ganze Land und sie nimmt Berufungen von allen Orten entgegen. Die Zahl der Berufungsanträge im Jahr beträgt etwa 100, obgleich durchschnittlich 30—40 % überhaupt nicht bis vor die Berufungskommission gelangen, weil sich die Eltern überzeugen lassen und die Entscheidung der Kommission annehmen, oder mit ihr ein gewisses Einvernehmen erzielen. Diese Tätigkeiten werden von besonderen Beamten der Berufungskommission ausgeführt, die die von ihnen bei den Verhandlungen mit den Eltern erzielten Ergebnisse sanktioniert.

Jedes Rechtsverfahren vor der Kommission muß vor dem 18. Lebensjahr beginnen und wenn das der Fall ist, kann eine Entscheidung auch bis zum 21. Lebensjahr erfolgen. Die Kommission hat kein Recht in eine Rechtsverhandlung über einen Minderjährigen über 18 Jahre einzutreten und auch die Berufungskommission kann einen solchen Fall nicht entgegennehmen.

Die Berufungskommission ist aus den folgenden fünf Mitgliedern zusammengesetzt:

1. Der Vorsitzende — er muß Jurist von Beruf sein und die Befähigung zum Berufungsrichter haben.
2. Der Direktor der Staatlichen Sozialdienste, eine Persönlichkeit mit entsprechender Ausbildung und ebenfalls zur Ausübung des Berufungsrichteramtes befähigt.
3. Eine Persönlichkeit des öffentlichen Lebens, die vom Fürsorgeminister auf vier Jahre ernannt wird.
4. Zwei Persönlichkeiten des öffentlichen Lebens, die vom Parlament auf vier Jahre ernannt werden, meistens aus den Reihen der Abgeordneten oder ehemaligen Abgeordneter. Sie müssen jedoch nicht unbedingt mit dem Parlament verbunden sein.

Die Eltern haben das Recht, sich an eine weitere Berufungsinstanz zu wenden, das heißt, an das gewöhnliche Berufungsgericht. Dieses Gericht besteht in diesen Fällen aus drei Richtern des Berufungsgerichts, einem Psychiater und einem Kinderspezialisten. Dieses Gericht wird für den Zweck solcher Berufungen von der Regierung auf vier Jahre ernannt und hört im Durchschnitt zwanzig Fälle im Jahr an.

Mit Erlaubnis des Justizministers ist auch noch eine Berufung vor dem Obersten Berufungsgericht möglich. Solche Fälle sind äußerst selten.

Im Oktober 1964 wurde in Dänemark eine Novelle zum Gesetz eingebracht, wonach die Kommission verpflichtet ist, die Umstände, die in einem Fall zur Entscheidung führten, zu protokollieren und anzugeben, welche Umstände sie zur Intervention bewegten.

Wie sich zeigt, weicht das in Dänemark übliche System in einigen Punkten von dem in Schweden ab. Entscheidend ist jedoch das Gemeinsame, das heißt, daß in Schweden anstelle eines Jugendgerichts eine öffentliche Kommission tätig ist, die auf eine Dauer von vier Jahren ernannt wird. Die Kommissionsmitglieder werden von den Parteien vorgeschlagen. Diese Kommission erhält richterliche Kompetenzen und ihre Verhandlungen werden im allgemeinen nicht in der Anwesenheit der Minderjährigen oder ihrer Eltern geführt.

C. DIE VEREINIGTEN STAATEN

Über Jugendgerichte in den Vereinigten Staaten kann man schwer in einem Zug sprechen. Jeder Bundesstaat hat seine eigenen Gesetze, und die Jugendgerichtsbarkeit ist von Land zu Land verschieden. Die verschiedenen Gesetze, die sich auf die Jugendjustiz beziehen, sind sehr vielfältig. Es gibt Jugendgerichte, die sich nur mit jugendlichen Rechtsbrechern und Jugendlichen, die des Schutzes und der Aufsicht bedürfen, befassen. Andere befassen sich mit Angelegenheiten der Vormundschaft und der Adoption. Und es kommt vor, daß sich ein Jugendgericht mit der Ehemündigkeit in einem gewissen Alter und mit aller Arten von Hospitalisierungsfragen u. dgl. mehr beschäftigen muß.

Es liegt in der Kompetenz des Jugendgerichts, über Minderjährige verschiedener Altersstufen zu entscheiden und das gilt auch für die Vergehen selbst. Es gibt ferner Jugendgerichte, denen Hilfsdienste angegliedert sind, zum Beispiel Haftanstalten, Erziehungsanstalten und verschiedene diagnostische Einrichtungen.

Dennoch sind für alle die verschiedenen Systeme drei gemeinsame Punkte charakteristisch. Erstens, im Jugendgericht sitzt ein beruflich vorgebildeter Einzelrichter. Zweitens, alle Jugendrichter werden durch den Gouverneur des Staates auf verschiedene Perioden ernannt. Eine Ernennung kann auf 4, 6 oder auch 10 Jahre befristet sein. Der Jugendrichter verliert mitunter seine Stelle, wenn eine rivalisierende Partei zur Macht gelangt, aber das ist mehr theoretisch als praktisch der Fall. Interessant ist, daß die Richter in vielen Orten aktiv sein müssen, um von neuem ernannt zu werden. Drittens, in allen Bundesstaaten, in denen es eine Jugendbewährungshilfe gibt, ist der Bewährungshelfer an die Gerichtsbehörde gebunden. Das ist übrigens in den meisten Teilen der Welt, in denen man einen professionellen Bewährungsdienst kennt, das übliche System.

Die Richter an den Jugendgerichten haben keinerlei Ausbildung als Jugendrichter erhalten. Doch in den letzten Jahren haben einige Bundesstaaten Fortbildungskurse für Jugendrichter eingeführt, um sie mit den einschlägigen Problemen auf den Gebieten der Erziehung, der Psychologie und der Soziologie vertrauter zu machen. Die Situation ist zur Zeit ganz und gar nicht hoffnungsvoll.

Illinois

1899 wurde in Chicago das erste Jugendgericht der Welt eingerichtet. Seither hat sich der Gedanke einer eigenen Jugendgerichtsbarkeit über die ganze Welt verbreitet.

In Illinois selbst wurden im Laufe der Jahre zahlreiche gesetzliche Reformen eingeführt, aber erst am 1. Januar 1966 trat ein neues Gesetz in Kraft, dessen wesentlichste Paragraphen die folgenden sind.

a) Ein Minderjähriger ist eine Person unter 21 Jahren und alle Entscheidungen des Jugendgerichts verlieren ihre Geltung, wenn der Jugendliche 21 Jahre alt geworden ist.
b) Ein Rechtsbrecher gilt als jugendlicher Rechtsbrecher, wenn er unter 17 Jahre alt ist, bei einer weiblichen Person ist die Altersgrenze 18 Jahre.
c) Man kann einen Minderjährigen unter 18 Jahre vor das Jugendgericht bringen, wenn er des Schutzes und der Aufsicht bedürftig ist. Unregelmäßiger Schulbesuch eines Minderjährigen, der noch schulpflichtig ist, kann u. a. ein ausreichender Grund sein, um ihn vor Gericht zu stellen.
d) Das Jugendgericht trägt nicht den Charakter eines Strafgerichts, aber die Regierung kann jede Akte des jugendlichen Rechtsbrechers einsehen und alle mit seinem Charakter und seiner Eignung für gewisse Dienste zusammenhängenden Unterlagen überprüfen.
e) Das Gericht kann oder muß für den Jugendlichen einen Vormund ernennen, je nach den Umständen. Das Gesetz bestimmt die Rechte und Pflichten der Parteien in solchen Fällen. Die Geltung der Vormundschaft erlischt ebenfalls mit dem 21. Lebensjahr.
f) Das Jugendgericht kann eine Adoption anordnen, aber diese Zuständigkeit verbleibt auch in einem anderen Justizrahmen, so daß also bei Adoptionsangelegenheiten eine doppelte Gerichtsbarkeit besteht.
g) Die Richter am Jugendgericht verbleiben bei ihren Aufgaben im Durchschnitt nur zwei Jahre und wechseln dann in andere Gerichtsabteilungen über.

Zwei Dinge am in Illinois üblichen System fallen auf. Einerseits besteht eine Art Provisorium, denn die Richter am Jugendgericht üben diese Funktion nur etwa zwei Jahre lang aus. Es muß nicht gesagt werden, daß in dieser kurzen Zeit und bei dem im wesentlichen provisorischen Charakter der Tätigkeit, dem Richter die Möglichkeit fehlt, in die komplizierten Probleme einzudringen, die sich aus der Straffälligkeit Jugendlicher ergeben. Andererseits hat das Jugendgericht eine beträchtliche Kompetenz, die unter die Angelegenheiten der Vormundschaft und Adoption fallen.

Die Situation ist in vieler Hinsicht anders im Staate New York.

New York

Das Jugendgericht im Staate New York wurde seit Inkrafttreten des neuen Gesetzes vom 1. 9. 1962 auf neue Grundlagen gestellt. Das Gesetz heißt „Familiengerichtsgesetz von New York“ (New York Family Court Act, oder einfach Family Court). Bis zu diesem Zeitpunkt waren die Gerichte im Rahmen eines seit 1933 bestehenden Gesetzes tätig, das den Namen Domestic Relations Court Act 1933 führte.

Nach dem neuen wie nach dem alten Gesetz ist das Jugendgericht nicht als Strafgericht tätig. Ein Jugendlicher, der vom Familiengericht wegen eines von ihm verübten Vergehens verurteilt wird, ist praktisch jedoch in seiner Fähigkeit, Arbeit zu erhalten, beschränkt. Der Arbeitgeber, ob er nun Privatmann oder ein öffentliches Unternehmen ist, pflegt von der Polizei Informationen über seine Vergangenheit einzuholen. Es ist üblich dem Antragsteller alle Informationen der Polizei mitzuteilen, auch wenn das Gericht über den Jugendlichen keinerlei Strafen verhängt hat. Das heißt, daß es keinen praktischen Sinn hat, festzustellen, daß das Jugendgericht kein Strafgericht ist, da seine Entscheidungen dem Jugendlichen häufig den Weg versperren, durch seine eigenen Bemühungen Arbeit zu erhalten.

Die Zuständigkeit des Familiengerichts erstreckt sich auf die folgenden Fälle:

1. Jugendliche Rechtsbrecher im Alter von 7—16 Jahren.
2. Jugendliche, die des Schutzes und der Aufsicht bedürfen — Knaben im Alter von 7—16 Jahren, Mädchen im Alter von 7—18 Jahren.
3. Jugendliche, die schutz- und aufsichtsbedürftig sind — bis zum achtzehnten Lebensjahr.

Außerdem kann das Gericht in den Angelegenheiten von Erwachsenen entscheiden, die mit Jugendlichen, die seiner Zuständigkeit unterstehen, unter einem Dach leben. Wenn zum Beispiel ein Elternteil, ein Familienangehöriger, ein Verwandter oder auch ein Fremder mit einem Jugendlichen, der vor Gericht gestellt wird, unter einem Dache leben und auf den Jugendlichen durch diese Gemeinschaft ein negativer Einfluß ausgeübt wird, kann das Gericht eine Anordnung erlassen, den Erwachsenen zu hospitalisieren, wenn er hospitalisierungsbedürftig ist.

a) Jugendliche Straftäter

Es handelt sich um Vergehen, bei denen die Polizei den jugendlichen Täter vor Gericht stellen will. Nach dem neuen Gesetz kann die Bewährungshilfe die Anklage noch annullieren, bevor sie bei Gericht erhoben wird. Das geschieht bei wirklichen Bagatellsachen und etwa 20 % der Anklagen dieser Art gelangen nicht zur richterlichen Verhandlung.

Der Ankläger gehört der Polizeibehörde an, er ist meistens ein Jurist, der vor Gericht in Zivil auftritt. Anstelle des Ausdrucks Ankläger, der einen strafrechtlichen Sinn hat, benutzt man gegenwärtig den Terminus „Polizeikonsultant". Der polizeiliche Ratgeber übergibt dem Gericht die Tatsachenunterlagen und wenn der Jugendliche seine Schuld nicht zugibt, muß der Ankläger Beweise erbringen. Die meisten Jugendlichen geben ihre Schuld zu.

b) Jugendliche, die der Aufsicht bedürfen

In diese Kategorie gehören Jugendliche, die ständig von der Schule fortlaufen, spät abends nach Hause kehren, oder sonst ein unrechtmäßiges Verhalten zeigen. Meistens beantragen die Eltern oder Lehrer, Nachbarn etc., die Intervention des Gerichts. Diese Jugendlichen können auf dieselbe Weise vor Gericht gestellt werden wie jugendliche Rechtsbrecher, und tatsächlich sieht man ihre Situation als prädelinquent an. Andererseits haben die Eltern das Recht, die Anklage gegen sie zu annullieren, wenn sie den Behandlungsmaßnahmen nicht zustimmen.

c) Jugendliche, die des Schutzes und der Aufsicht bedürfen

In diesen Fällen wird die Einschaltung des Gerichts meistens durch die „Vereinigung gegen Kindermißhandlung" herbeigeführt. Diese Vereinigung interveniert in den Fällen, in denen ihr Kindermißhandlung bekannt wird und wenn sie selbst keine Änderung schaffen kann, wendet sie sich an das Gericht und beantragt, den Umständen entsprechend, eine Verfügung. Die Vereinigung muß Beweise beibringen und die Eltern haben das Recht, ihre Meinung zu äußern. In diesen Fällen wird der Jugendliche durch einen amtlichen Rechtsbeistand vertreten, während die Eltern häufig keine Rechtsvertretung haben. Das geschieht, wenn der Elternteil, weil er die Mittel dazu nicht besitzt, oder weil er an einer solchen Rechtsvertretung nicht interessiert ist, oder zu gleichgültig ist, um sich an die Polizei um Hilfe zu wenden.

Das Gericht besteht aus einem einzigen juristisch vorgebildeten Richter, der jedoch keine spezielle Ausbildung in Jugendproblemen haben muß. Die Richter werden durch den Gouverneur des Staates aufgrund der Empfehlung der herrschenden politischen Partei ernannt. Die Ernennung erfolgt zur Zeit auf zehn Jahre. In der Stadt New York gibt es 26 Richter, die sich mit Prozessen dieser Art befassen und sie sind ständig von einem Viertel zum anderen unterwegs. Das System hat zahlreiche Nachteile, besonders, wenn es um die Behandlung von Jugendlichen und ihren Familienangehörigen geht. Das Ergebnis ist, daß ein hoher Prozentsatz derselben Fälle immer von einigen Richtern behandelt wird. Der Hauptnachteil ist, daß jeder eine andere Einstellung zu demselben Fall haben kann und danach handelt. Ein zweiter großer Nachteil ist, daß weder der Jugendliche noch seine Familie eine wirkliche Beziehung zum Richter und überhaupt zum Gericht herstellen können. Dem Familiengericht kommt ja ein großer Einfluß auf die Umwelt zu, wenn es eine konsequente und durchgängige Haltung einnimmt. In einer Stadt wie New York treten die verschiedenartigsten Probleme auf. Es gibt zum Beispiel Richter, die bei jedem Fall, ob er nun geringfügig oder ernst ist, den Jugendlichen in Haft nehmen lassen, andere beschließen einen solchen Schritt nach den Umständen. Es gibt Richter, die immer auf die Eltern schimpfen und ihnen die Verantwortung für die Taten ihrer Kinder zuschieben, aber es gibt auch Richter, die sich mit Eltern auseinandersetzen, deren Kinder sie zur Verzweiflung treiben.

Dieses System übt außerdem einen negativen Einfluß auf jene aus, die infolge ihrer Arbeit an das Gericht gebunden sind, wie die Bewährungshelfer, die Polizisten, die Anstaltsleiter etc. Interessant ist, daß trotz der Kritik, die Richter an diesem System üben, nichts darauf hinweist, daß man es ändern wird.

Falls der Jugendliche die Schuld leugnet, kann der Richter bis zur Feststellung seiner Schuld die früheren Vergehen im Register nachsehen, um über einen Haftbefehl bis zur Beendigung des Prozesses zu entscheiden. Wenn ein Jugendlicher seine Schuld zugibt, wird die Fortsetzung der Verhandlung vertagt, was es ermöglicht, den Bericht des Bewährungshelfers oder ein psychologisches oder psychiatrisches Gutachten entgegenzunehmen. Für diesen Zweck erlaubt das Gesetz eine Inhaftierung von 20 Tagen. Aber der Bericht ist häufig bis Ende der Periode noch nicht fertig und es ist üblich, zusätzliche Haftfristen anzuordnen.

Das neue Gesetz von 1962 brachte insofern eine Änderung, als jetzt dem Familiengericht Juristen angegliedert sind, die der Vereinigung der Rechtswohlfahrt angehören. Solche Juristen werden Law Guardian (Rechtsvormund) genannt und ihre Hauptaufgabe besteht darin, die Rechte der Jugendlichen zu wahren. Dennoch ist die Aufgabe eines Law Guardian nicht durch das Gesetz definiert und bei den verschiedenen Gerichten des Familiengerichtswesens bestehen bezüglich der Erfüllung dieser Aufgabe große Unterschiede.

Es wird allgemein unterstellt, daß sich der Law Guardian zugunsten des Jugendlichen einmischt und selbst Berufung einlegt, wenn die Entscheidung des Gerichts nicht der Prozedur entsprach oder vielleicht dem Gesetz widersprach. Andererseits kann der Rechtsvormund als Verteidiger des Jugendlichen nur auftreten, wenn die Eltern infolge ihrer dürftigen materiellen Lage „Rechtsunterstützung" genießen. In dieser Angelegenheit besteht eine feste Regelung mit der Anwaltskammer und alle Parteien wachen darüber auf das sorgfältigste.

Manchmal stellen sich ernste Meinungsverschiedenheiten zwischen den Bewährungshelfern und den Rechtsvormündern heraus, namentlich, wenn es bei Gericht darum geht, den Jugendlichen in einer Anstalt unterzubringen. Der Bewährungshelfer betrachtet diese Angelegenheit natürlich vom sozialen und erzieherischen Standpunkt, der die Resozialisierung des Jugendlichen verfolgt, während sich der Rechtsvormund auf seine juristische Ausbildung stützt und seine Einstellung zum Problem dem Charakter des Vergehens entstammt und er häufig in einer Anstalt eine Art Gefängnis sieht. Doch wenn das Gericht in der Sache eines Jugendlichen verhandelt, der des Schutzes und der Aufsicht bedarf (Jugendgesetz), tritt der Rechtsvormund immer im Namen des Jugendlichen auf und verteidigt seine Rechte. Wie ich schon oben bemerkte, kommt es vor, daß der Jugendliche juristischen Beistand erhält, während die Eltern keinen derartigen Beistand haben. Aus dieser Situation ergeben sich manchmal besonders merkwürdige Dinge.

Außer den bereits erwähnten Nachteilen liegt der entscheidende Fehler vielleicht darin, daß die Jugendrichter keine Ausbildung auf dem Gebiet der für die Behandlung Jugendlicher wesentlichen Dinge haben. Der Nachteil ist so stark hervorgetreten, daß man in den letzten Jahren mit Ausbildungskursen für Jugendrichter begonnen hat. Solche Kurse finden zur Zeit in vielen Bundesländern der Vereinigten Staaten von Amerika statt und werden im Laufe der Zeit allen Beteiligten zu großem Nutzen gereichen.

D. ITALIEN

Das Jugendgericht in Rom hört zweimal in der Woche Strafprozesse an. Jeder jugendliche Rechtsbrecher von 14—18 Jahren wird nur vor dieses Gericht gestellt. Doch wenn ein jugendlicher Rechtsbrecher dieses Alters mit einem erwachsenen Rechtsbrecher liiert ist, wird die Verhandlung meistens vor einem Gericht für Erwachsene geführt. Diese Gepflogenheit erfuhr scharfe Kritik und zur Zeit bereitet man ein Gesetz vor, um diese Gerichtsakten bis auf Ausnahmen voneinander zu trennen.

In geographischer Hinsicht ist der Bereich der Gerichtsbarkeit sehr groß und jugendliche Straftäter und ihre Eltern müssen manchmal zehn bis zwölf Stunden reisen, denn die örtlichen (städtischen) Gerichte haben keine Gerichtsbarkeit über Jugendliche. Das fällt besonders schwer ins Gewicht, wenn es sich um Bagatellsachen handelt. Da das Oberste Gericht in Rom zuletzt entschied, daß es keine Ausnahmen gäbe, schlägt man eine Änderung des Gesetzes vor, um dem Richter am Ort die Kompetenz zu erteilen über jugendliche Rechtsbrecher in allen Fällen von leichten und vielleicht auch schwereren Vergehen zu entscheiden. Das ist zur Zeit noch Theorie, der Vorschlag hat sich noch nicht bis zur Gesetzgebung verdichtet.

Unsere israelische Gepflogenheit, daß die Jugendrichter an jedes Gericht fahren, um dort Jugendgericht zu halten, hat in Italien großes Interesse hervorgerufen. Dieses System fand bei den Richtern ein williges Ohr und gefällt ihnen. Aber es wird schwer fallen, diese Einrichtung in Italien nachzuahmen, da das Jugendgericht aus vier Personen zusammengesetzt ist, von denen zwei Berufsrichter und zwei Laien sind. Und die dauernden Reisen an die verschiedenen Orte würden die Teilnahme der Laien ungemein erschweren.

Es besteht ein Stab von sechs Personen des öffentlichen Lebens, die das Jugendgericht herstellen und der Vorsitzende des Jugendgerichts bestimmt für die an einem bestimmten Tag anberaumten Fälle zwei von ihnen, mehr oder weniger nach ihrer besonderen Eignung. Die Laien werden auf drei Jahre ernannt und diese Ernennung kann von Mal zu Mal erneuert werden. Nach einem Zusatzgesetz von 1957 muß auch eine Frau dabei sein.

Die Ansicht der Laienrichter zählt soviel wie die der Berufsrichter und bei Meinungsverschiedenheiten unter ihnen, entscheidet die für den jugendlichen Rechtsbrecher günstigere Ansicht. Die Berufsrichter sind mit dieser Regelung nicht zufrieden; sie ziehen den praktischen Beitrag der Laien sehr in Zweifel, auch die Zusammensetzung aus vier Personen mißfällt ihnen.

Ich habe mich selbst davon überzeugt, daß die Einstellung zu jugendlichen Straftätern sehr locker ist. Ich hörte zum Beispiel eine lange Rede des Anklägers, der versuchte, dem Gericht zu beweisen, daß man die Angeklagten milde behandeln müsse — es handelte sich um vier Jugendliche im Alter von 17 Jahren —, die einige Autos sowie Geld und Zigaretten aus einem Kiosk gestohlen hatten. Es war nicht ihr erstes Vergehen. In diesem Fall verhängte das Gericht eine höhere Strafe als der Staatsanwalt gefordert hatte. Das Gericht verfährt mit der Bestrafung nicht streng, doch gibt es gesetzliche Grenzen. Wenn zum Beispiel ein Vergehen verübt wurde, auf das zwei Jahre Gefängnis stehen, kann das Gericht den jugendlichen Straftäter ohne jede Strafe gehen lassen, wenn es sich um ein erstes Vergehen handelte. Im Falle eines weiteren Vergehens sieht sich das Jugendgericht nicht berechtigt, den Rechtsbrecher von jeder Strafe zu befreien. Wenn die Strafe für ein bestimmtes Vergehen drei Jahre Gefängnis beträgt, läßt sich die Strafe aufschieben; und wenn es innerhalb von fünf Jahren zu keiner weiteren Straftat mehr kommt, wird die Strafe nicht verhängt und die Akten werden geschlossen.

In jedem strafrechtlichen Verfahren muß dem Jugendlichen ein Anwalt zu seiner Verteidigung gestellt werden. Wenn er sich nicht selbst um einen Rechtsanwalt kümmert, muß das Jugendgericht dafür sorgen. Die Eltern der jugendlichen Straftäter werden immer eingeladen, auf das Gericht zu kommen, und man achtet darauf, daß sie bei der Verhandlung gegen ihr Kind anwesend sind. Andererseits führt das Gericht mit ihnen keine Gespräche über die Situation des Minderjährigen, und sie selbst äußern sich auch nicht über die Dinge, die sie bedrücken. Es war interessant zu beobachten, daß kein Zusammenhang zwischen Eltern und Kindern bestand, so daß ein Fremder den Eindruck gewinnen konnte, es handle sich gar nicht um Familienangehörige. Die Eltern sitzen in einigem Abstand von ihren Kindern, sprechen selbst in der Pause, in der die Richter ihre Beschlüsse vorbereiten, nicht mit ihnen. Nebenbei wird die Entscheidung des Gerichts verlesen, während die Anwesenden stehen.

Interessant ist ferner, daß der Kläger auch dann als Zeuge aussagen muß, wenn der Angeklagte seine Schuld zugibt. Der Kläger vergeudet daher viel Zeit, um dann innerhalb einer Minute auszusagen, daß er bestohlen wurde. Diese Praxis wird vielfach gerügt und man wird möglicherweise eine zielgerechtere Prozedur einführen. Das Jugendgericht ist für Minderjährige unter 18 Jahren zuständig, die des Schutzes und der Aufsicht bedürfen. Aber es können auch Maßnahmen bis zum 21. Lebensjahr ergriffen werden. Es handelt sich hier um verwahrloste und vernachlässigte Minderjährige, die vor das Jugendgericht kommen, damit ihre Erziehung gewährleistet wird. Solche Erziehungsmaßnahmen bieten sich im Rahmen von Erziehungsheimen oder auch außerhalb ihrer. Die Entscheidung des Gerichts kann von ihm selbst umgestoßen werden, wenn der Beweis erbracht wird, daß sich die Lage des Minderjährigen besserte. Der Sozialarbeiter muß über die Lage des Minderjährigen und seine Familie ein schriftliches Gutachten abgeben, bevor das Gericht in eine Änderung einwilligt.

Das Jugendgericht ist nicht zuständig für Minderjährige, deren Eltern getrennt leben. Vermutlich ist ihre Zahl groß und sie bedürften einer weit größeren Aufmerksamkeit des Gerichts, die sie aber nicht erhalten.

Resozialisierungsheime

Man hat den Eindruck, als seien die Delinquenzprobleme unter den Jugendlichen nicht ernst, weshalb es auch für jugendliche Rechtsbrecher nicht eben viele Rehabilitationszentren gibt. In dem Heim „Casal di Marmo", in der Nähe Roms, das ich besuchte, fand ich nur siebzig Jungen, obgleich das Heim für 200 bestimmt war. Dieses Phänomen ist sehr häufig und auch bei anderen Anstalten zu beobachten.

An dem genannten Ort befinden sich faktisch zwei Resozialisierungsheime, eines dient als Beobachtungsstation und das andere ist für eine durchschnittliche Aufnahmedauer von 2—3 Jahre gedacht. Die Trennung zwischen den zwei Heimen ist ziemlich rigoros, obgleich sie sich auf demselben, sehr geräumigen Areal befinden und von einem Direktor geleitet werden. Beide Einrichtungen sind offene Anstalten.

Die Resozialisierungsanstalten unterstehen dem Justizministerium und eine besondere Abteilung ist für die administrative und pflegerische Seite der Anstalten verantwortlich.

Die Beobachtungsstation kann bis zu 60 Jungen im Alter von 14—18 Jahren aufnehmen. Die Beobachtungsdauer beträgt im allgemeinen drei Monate. Während dieser Zeit werden verschiedene Tests vorgenommen, es gibt auch kleine Werkstätten, in denen die Minderjährigen in verschiedenen Berufen arbeiten können. Nach Beendigung der Beobachtungsperiode bestimmt die Leitung nach Beratung mit den Mitarbeitern und mit Billigung des Jugendgerichts, welcher Platz für eine weitere Erziehung in Frage kommt. In Frage kommt unter anderen Heimen auch das Heim am Platz.

Dieses Beobachtungszentrum bildet einen Teil der Haftanstalt, die sich in Rom selbst in einem Gebäude befindet, in dem auch das Jugendgericht untergebracht ist. Überführungen aus dieser Anstalt in eine andere werden nach den persönlichen Bedürfnissen der Jugendlichen vorgenommen.

Was das eigentliche Rehabilitationszentrum angeht, so werden dort jugendliche Straftäter im Alter von 14—18 Jahren aufgenommen, die dort jedoch auch bis etwa zum 20. Lebensjahr bleiben können. Die Anstalt ist in der Form von kleinen Pavillons gebaut, die über eine große Fläche verstreut sind und eine unabhängige Lebensweise ermöglichen. In jedem der Bauten gibt es zwei geräumige Wohnungen, die gleichsam für zwei Familien berechnet sind, d. h. 7—12 Jungen und ein Erzieher. Auch der Erzieher wohnt in dieser Wohnung. Betont wird die Atmosphäre eines geordneten Familienlebens im Rahmen der Anstalt. Auch hat jeder Pavillon seine eigenen Freizeiträume und natürlich auch Eßräume und sanitäre Räume.

Schule und Werkstätten sind für alle gemeinsam. Die Schule wird vom Unterrichtsministerium geleitet, das für den Lehrplan und alles, was damit zusammenhängt, verantwortlich ist. Das Schulgebäude ist geräumig und hat eigene Räume für Naturkunde, Musik, Zeichnen etc. Die Werkstätten unterstehen der Aufsicht des Arbeitsministeriums. Die Räumlichkeiten sind großzügig gebaut und erstaunlich gut ausgestattet. Eine Atmosphäre wirklicher Arbeitsfreude ist spürbar. Die Berufe, die hier erlernt werden, sind: Allgemeine Schlosserei, Schweißen, Feinmechanik, Maschinenschlosserei, Installation, Elektrotechnik, Schneiderei, Schuhmacherei. Die meisten Berufe werden in Zweijahreskursen gelehrt und mit Prüfungen abgeschlossen. Wer sie bestanden hat, erhält vom Arbeitsministerium das landesübliche Abschlußzeugnis.

Die Atmosphäre in dieser Anstalt ist pflegerisch und jeder Junge erfährt eine individuelle Behandlung. Diese Anstalt kann bezüglich der Rehabilitation jugendlicher Straftäter auf eine hohe Erfolgsquote verweisen. Der Prozentsatz der Rückfalltäter ist niedriger als bei anderen Anstalten.

E. ENGLAND

Im Vereinigten Königreich gibt es zwei qualitativ verschiedene Gerichtsbarkeiten, die auch bezüglich der Jugendjustiz gelten. In England und Wales besteht ein einziges und einheitliches System, während das System in Schottland ganz anders ist. Aber nicht nur das. Trotz des einheitlichen Gesetzes von England und Wales, bestehen gewisse, mitunter wesentliche Unterschiede in den verschiedenen Gebieten. Diese Unterschiede sind für den fremden Beobachter uninteressant, und wir werden daher über die englischen Verhältnisse nur in allgemeinen Zügen sprechen, wobei von vornherein klar sein muß, daß die Verhältnisse in dem einen oder anderen Punkt voneinander abweichen.

Das Jugendgericht wurde aufgrund eines besonderen Gesetzes von 1908 errichtet, doch gab es bereits 1905 in Birmingham ein erstes Jugendgericht, ohne daß es darüber ein Gesetz gab. Bemerkenswert ist, daß es bereits vor Inkrafttreten dieses Gesetzes in der Behandlung jugendlicher Straftäter zu wichtigen Reformen kam, die eine Pionierleistung darstellten. Der erste konkrete Schritt in dieser Richtung wurde 1847 getan, als ein Gesetz in Kraft trat, nach dem es Laienrichtern erlaubt wurde, in einem Schnellprozeß jugendliche Straftäter unter 14 Jahren, die des Diebstahls beschuldigt waren, abzuurteilen, anstatt sie vor einen Richter des Schwurgerichts zu stellen, das mit Geschworenen besetzt war. Danach kam das Gesetz für Schnellprozesse von 1879, das Schnellverfahren unter Laienrichtern einführte. Eine andere Einrichtung, die sich in die geschilderte Entwicklung einfügte, erfolgte bereits im Jahr 1854, als den Gerichten aufgrund eines Sondergesetzes erlaubt wurde, jugendliche Straftäter in eine besondere Anstalt zu schicken, die zu diesem Zweck von einer öffentlichen Vereinigung gegründet worden war. 1861 durften die Gerichte dorthin auch vernachlässigte Kinder schicken, die sich ohne Beaufsichtigung auf den Straßen herumtrieben, oder deren Eltern ihrer nicht mehr Herr wurden.

Diese Gesetze bereiteten den Boden für eine neue Konzeption einer für jugendliche Straftäter günstigen Behandlungsweise vor. Charakteristisch für diese Einstellung war, daß man sich an den Möglichkeiten einer Behandlung orientierte, während bislang der Strafaspekt im Vordergrund stand. Die punitive Orientierung ging davon aus, daß man die jugendlichen Rechtsbrecher aus der Gesellschaft entfernen müsse, entweder, indem man sie selbst wegen geringfügiger Vergehen ins Gefängnis steckte, oder, indem man sie nach überseeischen Gebieten, besonders nach Australien, verbannte.

Das Verbot der Ausweisung erfolgte erst 1867. Die Aspekte einer rehabilitativen Behandlung innerhalb der Gesellschaft gewannen praktisch feste Form erst nach dem Ersten Weltkrieg.

Im Jugendgesetz von 1908 wurde erstmalig das Verfahren bestimmt, nach dem gegen Minderjährige gerichtlich verhandelt werden sollte, aber erst mit dem Inkrafttreten des neuen Gesetzes von 1933 wurde ausdrücklich bestimmt, daß das Jugendgericht dem körperlichen und seelischen Wohlergehen des Minderjährigen besondere Aufmerksamkeit zu widmen habe. (Children and Young Persons Act, 1933).

Mit dem Inkrafttreten des Jugendgesetzes von 1933 wurde das Jugendgericht auch ermächtigt, über Minderjährige zu verhandeln, die aus verschiedenen Gründen der Intervention des Gerichts bedurften, das heißt, über „jugendliche Rechtsbrecher", gegen die der Staat als Kläger auftritt: Minderjährige, die sich jeder Kontrolle entzogen, gegen die das Gericht aber nur auf Antrag eines Elternteils oder Vormunds einschreiten konnte, die freilich das Verfahren in jeder Phase auf Antrag wieder unterbrechen konnten; und Minderjährige, die des Schutzes und der Aufsicht bedurften. Das Verfahren wird in ihrem Fall auf Antrag der Lokalbehörde, der Polizei, eines Elternteils, des Vormunds, oder, wenn Eltern oder Vormund fehlen, eines gesetzlichen Beistands, eingeleitet. Die beiden letzten Kategorien sind zivile Rechtsangelegenheiten, obgleich sie in das Gesetz aufgenommen wurden, das sich hauptsächlich mit jugendlichen Straftätern befaßt. In allen genannten Kategorien muß die Person oder Behörde, auf deren Antrag das Verfahren eingeleitet wurde, Beweise zur Stützung ihres Antrags beibringen.

In England werden Strafsachen meistens vor Laienrichtern verhandelt. Sie sind ermächtigt, Straftäter bis zu sechs Monaten Gefängnis oder hundert Pfund Sterling Geldstrafe zu verurteilen und bei weiteren Vergehen, die zusammen behandelt werden, können sie bis zu einem Jahr Gefängnis verhängen. Dieses Rechtssystem beruht auf einer über sechshundertjährigen Tradition. Interessant ist, daß etwa 95 % der Straftaten, die vor ein Schnellgericht kommen können, auch vor solchen Gerichten verhandelt werden. Das Jugendgericht ist ein unlöslicher Teil dieses Gerichtssystems, auch wenn es völlig selbständig und unabhängig von den Gerichten für Erwachsene funktioniert. Aber zur Kompetenz des Jugendgerichts gehören nicht nur die oben erwähnten Kategorien von Minderjährigen, sondern diese Kompetenz ist im Vergleich mit dem Charakter des Vergehens sogar größer als bei den Erwachsenengerichten derselben Instanz. 1966 waren an den verschiedenen Gerichten von England und Wales etwa 16 000 Laienrichter tätig, die Hälfte von ihnen an Jugendgerichten.

Laienrichter werden für ihre Aufgabe auf eine Zeit von drei Jahren gewählt. Sie werden zwecks ihrer Ernennung von öffentlichen oder privaten Organisationen, von Stadtverwaltungen und Lokalbehörden und auch von Parteien vorgeschlagen. Man schlägt sie aufgrund ihrer Erfahrung in der Öffentlichkeitsarbeit, ihres Interesses an sozialen Problemen oder anderer Verdienste wegen vor, die sie sich um die Gesellschaft gemacht haben. Ihre

Tätigkeit ist freiwilliger Art und wird nicht entlohnt. Nach Beendigung der Ernennungszeit können sie aufs neue ernannt werden, und tatsächlich üben viele diese Tätigkeit jahrzehntelang aus. Sie üben ihre Richtertätigkeit nach eine von vornherein festgesetzten Turnus aus, meistens 3—4 Monate lang im Jahr, entweder mit Unterbrechungen oder laufend.

Das Gericht besteht aus drei Personen, doch kann auch verhandelt werden, wenn nur zwei der Richter erscheinen, falls es sich um Männer handelt. In der Öffentlichkeit sind sie unter der Bezeichnung J. P., Justice of the Peace, Friedensrichter, bekannt. Wenn andererseits das Gericht durch drei Personen konstituiert wird, muß eine Frau darunter sein. Die Zusammensetzung des Gerichts führt häufig zu gewissen Schwierigkeiten. Die Frauen haben für eine Tätigkeit dieser Art Zeit, was man von den Männern nicht sagen kann, Ein Einzelrichter darf einen Prozeß nur führen, wenn er Berufsrichter (Stipendiary, ein vom Innenminister ernannter Richter) ist, und auch dann nur, wenn er zum Richter am Jugendgericht ernannt wurde. Da ein solches Gericht aus Laienrichtern besteht, gibt man ihnen einen Gerichtssekretär mit juristischer Vorbildung bei, der in Rechts- und Verfahrensfragen Rat erteilt. Die Kompetenz des Gerichtssekretärs ist nur auf seine beratende Funktion beschränkt, und die Richter achten darauf, daß er sich in ihre Verhandlungen nicht einmischt. Demgegenüber ist seine Kompetenz in Prozedurangelegenheiten überaus groß, und praktisch bestimmt er viele Vorgänge. Man darf nicht vergessen, daß dieser Gerichtssekretär fast die einzige Person ist, die an den meisten Gerichten ständig anzutreffen ist. Die Richter wechseln häufig, der Gerichtssekretär bleibt auf seinem Posten. Man darf sich daher nicht wundern, daß er sich im Laufe der Jahre in den verschiedenen Problemen, die bei diesen Gerichten zur Sprache kommen, auszukennen beginnt. Es ist der Gerichtssekretär, der den Minderjährigen die Anklageschrift vorliest oder erläutert, und er führt auch die Befragung bei der Zeugenvernehmung durch. In den Augen der Minderjährigen und selbst der Erwachsenen in ihrer Begleitung, ragt die Figur des Gerichtssekretärs eindringlich hervor. Seine große Bedeutung und zentrale Stellung wird von allen erkannt, selbst wenn er nicht unter den Richtern seinen Sitz hat. Es ist überflüssig zu betonen, daß der Gerichtssekretär naturgemäß daran interessiert ist, seinen Einfluß und seine zentrale Position hervorzuheben.

Diese Laienrichter dürfen auch ein Erwachsenengericht konstituieren. Das ist auch meistens der Fall. Aber nur jene Personen, die als Jugendrichter ernannt wurden, dürfen ein Jugendgericht konstituieren. Es steht in der Kompetenz der Jugendgerichte über jugendliche Rechtsbrecher von zehn und bis zu unter 17 Jahren zu verhandeln. Letztere können, wenn sie wollen, verlangen vor ein Strafgericht gestellt zu werden. Doch benutzen die Jugendgerichte ihre weite Kompetenz dazu, um fast alle Vergehen abzuurteilen und nur wenige Fälle werden an eine höhere Instanz verwiesen.

Interessant ist die Tatsache, daß an den meisten Orten zwischen Richtern und jugendlichen Straftätern so gut wie keine Unterhaltungen geführt werden. Es fehlt dazu die entspannte Atmosphäre, selbst der räumliche Abstand im Gerichtssaal zwischen den Richtern und den Angeklagten ist zu groß und läßt keine wirkliche Gesprächsmöglichkeit aufkommen. Übrigens wurde nur in einigen Fällen Angeklagten das Recht gewährt, sich während der Verhandlung hinzusetzen. Sie müssen stehen bleiben, auch wenn die Richter in ihren Memoranda blättern oder im Gerichtssaal unter sich beraten.

Es ist eine Tatsache, daß die mangelnde Kontinuität bei dieser Tätigkeit und das ständige turnusmäßige Wechseln den Richtern die Möglichkeit nimmt, sich in die komplizierten und mühseligen Probleme zu vertiefen, die durch die Jugendjustiz aufgeworfen werden. Außer wenigen Ausnahmen denken die meisten Richter an ihre Alltagsangelegenheiten, die von den Problemen des Rechts, der Gesellschaft und der Erziehung weit entfernt sind. Das Jugendgericht bedeutet für sie oft genug eine schwere Bürde. Sie werfen sie dennoch nicht von sich, wohl wissend, daß die Gesellschaft ihren Trägern Ehre und Hochschätzung zollt.

Man darf sehr bezweifeln, ob es in unserer Epoche genügt, wenn sich Amateure mit so delikaten und komplexen Problemen befassen müssen, wie sie im Jugendgericht zutage treten. Tatsächlich führte man in England in den letzten Jahren Fortbildungskurse für Laienrichter ein und man spricht davon, diese zur Pflicht zu machen. Die Erkenntnis verstärkte sich, daß wenn auf diesem Gebiet keine Besserung eintritt, das Jugendgericht selbst einen großen Teil seiner Kapazität verliert, in diesem Abschnitt eine aktive und konstruktive Rolle zu spielen.

Nicht nur, daß die meisten Richter in England in diesen Dingen Dilettanten sind, die numerische Zusammensetzung der Gerichte bedarf ebenfalls einer Überprüfung und Analyse. An der Oberfläche bleibend, könnte man einwenden, daß drei Leute gut wissen müßten, wie man einen jugendlichen Straftäter behandelt. Aber diese Vorstellung stellt uns nicht zufrieden, wenn wir wissen, daß diese drei Richter ihre Erfahrungen über die Behandlung jugendlicher Straftäter auf sehr unterschiedliche Weise gemacht haben. Da sie in diesen Dingen keine Fachleute sind, kann man ihrer Tätigkeit nicht allzu viel Vertrauen entgegenbringen. Tatsächlich ist die Ohnmacht namentlich der Beisitzer augenscheinlich. Man kann leicht sehen, daß der einzige, der wirklich eine Entscheidung trifft, der Vorsitzende des Gerichts ist. Er bemüht sich öfter auch gar nicht weiter darum, für seine Beschlüsse die Zustimmung seiner Beisitzer zu erlangen, und in vielen Fällen ist die Einholung ihres Einverständnisses nur eine Höflichkeitsgeste. Wir meinen, daß diese Zusammensetzung aus drei Personen der Sache nicht zuträglich, sondern abträglich ist.

Man muß grundsätzlich davon ausgehen, daß die Richter am Jugendgericht daran interessiert sind, die vor ihnen stehenden Angeklagten zu beeinflussen und es scheint, daß ein im Gericht geführtes Gespräch, das sich der in diesem Rahmen waltenden Dynamik bemächtigt, zu guten Resultaten zu führen vermag. Aber diese Technik muß gründlich erlernt werden. Dazu kommt noch das Problem, das mit der allgemeinen Struktur des Jugendgerichts verknüpft ist. Die Erfahrung lehrt, daß die Anknüpfung einer Beziehung zum jugendlichen Straftäter eine Vorbedingung für jede wirkliche Einflußnahme auf ihn ist. Ohne diese Beziehung kann man keine günstigen Resultate erwarten. Es ist jedoch unmöglich eine Beziehung zu drei Personen anzuknüpfen, die gemeinsam Gericht halten. Diese Beziehung kann sich nur in einem begrenzteren Rahmen und im unmittelbaren Kontakt von Mensch zu Mensch herstellen. Die Frage, die vor dem Jugendrichter steht, ist was ist das Gewicht der Vorgänge, die sich zwischen den Wänden des Gerichts abspielen und was ist ihre Bedeutung für den Angeklagten selbst. Diese Dinge gelten auch für Minderjährige, die wegen ihrer „Schutz- und Aufsichtsbedürftigkeit" vor Gericht kommen. Und wenn die Rede von Minderjährigen im zarten Alter ist, so muß man auch die besondere Problematik bedenken, die mit ihren Eltern und dem Einfluß der Gerichtsverhandlung auf das zukünftige Verhalten der Minderjährigen zusammenhängt.

Wenn wir die Vorteile und Nachteile der hier erwähnten Systeme der Jugendjustiz einer Beurteilung unterziehen sollen, so soll bedacht werden, daß sie alle auf dem sozio-kulturellen Boden des eigenen Landes entstanden. Nicht nur, daß es oft eine gewisse Tradition gibt, von der man schwerlich abweichen kann, namentlich im Hinblick auf das, was man „Verfehlung und Strafe" nennt, sondern es bestehen auch ziemlich festgefahrene Muster, die sich ganz und gar nicht leicht verändern lassen. Wenn wir an dem einen oder anderen System Kritik üben, so wollen wir uns die Existenz solcher Faktoren nicht verhehlen.

In den letzten Jahren waren einschneidende Änderungen in der Behandlung von jugendlichen Straffälligen vorgesehen, die zur Diskussion gestellt wurden in der Broschüre: „The Child, The Family, and The Young Offender". (H. M. Stationary Office, 1965). Die Vorschläge in dieser Broschüre wurden heftig diskutiert, und sie sind auf großen Widerstand gestoßen. Schließlich wurden sie auch nicht als Gesetzvorschlag vor das Parlament gebracht. Hingegen hatten sie die Wirkung, daß einige Jahre später eine neue Jugendstrafordnung in Kraft trat, nämlich im: Children and Young Person Act, 1969. Eine kleine Broschüre, die sich mit den anzuwendenden Straf- und Erziehungsmaßnahmen befaßt, erschien als Ergänzung des oben erwähnten Acts in 1971.(H. M. Stationary Office, 1971).

F. BUNDESREPUBLIK DEUTSCHLAND

1. Allgemeines

Das Jugendgericht in der deutschen Bundesrepublik hatte eine ähnliche Entwicklung, wie sie in vielen anderen Ländern bekannt ist. Noch vor dem ersten Weltkrieg wurden in einigen Städten Deutschlands besondere Jugendgerichte eingerichtet, ohne daß eine entsprechende Gesetzgebung vorhanden war, oder dafür geschaffen wurde. In diesen Fällen handelte es sich um eine Geschäftsverteilung innerhalb der Gerichte, wie dies in Frankfurt, Köln und Berlin der Fall war. Einigen Richtern, die sich dafür eigneten, oder dafür Interesse zeigten, wurde die strafrechtliche Aburteilung von Jugendlichen, sowie auch Vormundschaftsangelegenheiten von Kindern und Jugendlichen, übertragen*.

Aufgebaut auf den Erfahrungen dieser Jugendgerichte und der Erkenntnisse und Erfahrungen auf diesem Gebiet, die man besonders in Amerika erworben hatte, wurde dann das erste und speziell ausgearbeitete Jugendgerichtsgesetz geschaffen, welches im Jahre 1923 in Kraft trat. In diesem Gesetz wurde die oben erwähnte Geschäftsverteilung innerhalb der allgemeinen Gerichte angeordnet, und die Altersgrenze vom 14. bis zum vollendeten 17. Lebensjahr wurde für die strafrichterliche Aburteilung festgesetzt. Kinder unter 14 Jahren blieben straffrei, aber sie konnten, unter bestimmten Umständen, vor das Vormundschaftsgericht gebracht werden. 1943 wurden einige Änderungen im JGG von 1923 vorgenommen, die mit dem Geist, der in jener Zeit vorherrschte, in engem Zusammenhang standen. Nach dem Zweiten Weltkrieg kamen die Reformbestimmungen zur Geltung, die im Jugendgerichtsgesetz von 1953 ihren Ausdruck fanden. Das Jugendgerichtsgesetz von 1953, welches auch jetzt noch in Kraft ist, hat wesentliche Änderungen eingeführt, die sich sowohl auf die Altersstufen, Erziehungs- und Strafmaßregeln, als auch auf die Jugendgerichte selbst beziehen. Es ist angebracht zu betonen, daß das gesamte System, besonders für einen ausländischen Beobachter, ziemlich kompliziert erscheint. Jedoch ist es hervorstechend, daß mehrere Möglichkeiten für die verschiedenen Jugendgerichte bestehen, wie auch für Anwendung von Erziehungs- und Strafmaßregeln, in vielen Fällen mit dem Vorrang der letzteren.

2. Altersstufen

Die Internationale Gesellschaft der Defence Sociale befürwortet auf ihren Internationalen Konferenzen eine kriminal-soziologische Anwendung von geeigneten Erziehungsmaßnahmen gegenüber dem bekannten Straf- und Vergeltungsgedanken. Damit glaubt man zu einem wirksamen Mittel zur Verhütung und zur Bekämpfung der Jugenddelinquenz zu gelangen. Trotz dieses Grundgedankens, der von vielen Forschern auf diesem Gebiet anerkannt wird, konnte es nicht ausbleiben, daß im Laufe der letzten 2—3 Jahrzehnte auch innerhalb dieser internationalen Vereinigung sich verschiedene Richtungen bildeten, die von diesem Grundgedanken abwichen.

Unter anderem ist eine umstrittene Frage mit den Altersstufen verbunden, nämlich, ob Jugendstrafrecht und Jugendstrafvollzug einerseits, Erziehungsmaßnahmen und Jugendwohlfahrtrecht andererseits, den Vorzug in der endgültigen Abwertung eines gegebenen Falles haben sollen. Dies sind umstrittene Fragen, die immer wieder auf der Tagesordnung stehen und diskutiert werden.

In den meisten Staaten liegt die oberste Grenze für das Jugendgericht als Strafrecht zwischen den Altersstufen von 16—18 Jahren. Immer häufi-

* Siehe: F. Schaffenstein, Jugendstrafrecht, Kohlhammer, 3. Auflage 1970.

ger macht sich aber der Gedanke geltend, daß eine weitere Altersgruppe zwischen Jugendlichen und Erwachsenen abgegrenzt werden soll, nämlich die jugendlichen Erwachsenen, die in die Altersstufe von 18—21 Jahren gehören. Die Anhänger dieser Idee sind der Meinung, daß diese Altersstufe besondere Aufmerksamkeit im Strafvollzug verdient, weil man sie weder zu den voll Erwachsenen zählen soll und kann, noch zu den Jugendlichen. Für diese Gruppe sollen deshalb Erziehungs- und Resozialisierungsmethoden, sowie auch Strafmittel anwendbar sein. Als Voraussetzung für die Anordnung der Maßnahmen sollen aber passende Jugendgerichte bestehen, die mit speziell ausgebildeten Richtern, die der besonderen Problematik gerade dieser Altersstufe Rechnung tragen können.

Mit ihrem Jugendgerichtsgesetz von 1953 gehört die deutsche Bundesrepublik zu den wenigen Ländern, welche wichtige und neue Ideen auf diesem Gebiet eingeführt hat. Diese Ideen, besonders die Gerichtsbarkeit der „Heranwachsenden" sind auch heute noch für die meisten Länder der westlichen Hemisphäre vorbildlich. Dies gilt auch für Länder, die sich intensiv mit Reformen auf dem Gebiet der Jugendgerichtsbarkeit und des Jugendgerichtsgesetzes befassen.

Folgende Altersgruppen können nach dem JGG von 1953 mit einer Erziehungsmaßnahme oder mit einer Strafe abgeurteilt werden:

1. „Jugendliche", d. h. Personen, die das 14. Lebensjahr erreicht haben, aber auch noch nicht 18 Jahre alt sind. Das heißt in der Tat die Altersgruppe von 14 bis zum vollendeten 17. Lebensjahr. Für „Jugendliche" ist ausschließlich das Jugendgericht zuständig, welchem eine Reihe von Erziehungsmaßnahmen und Jugendstrafen zur Verfügung stehen.

2. Das JGG von 1953 hat der Altersgruppe der Adolescenten, oder der „Heranwachsenden" als besonderer Gruppe im Jugendgerichtsgesetz einen Platz eingeräumt. Es handelt sich hier um Personen, die das 18. Lebensjahr erreicht haben, aber noch nicht 21 Jahre alt sind, d. h. die das 20. Lebensjahr vollendet haben. Diese Altersstufe zeichnet sich im allgemeinen durch eine besondere Problematik in ihrem Verhalten aus, die auch strafrechtlich zum Ausdruck kommt. Das JGG hat Sonderregelungen getroffen, die bestimmen, inwieweit auf „Heranwachsende", die immer von Jugendgerichten abzuurteilen sind, Jugendrecht anzuwenden ist.

Von besonderer Bedeutung ist, daß sowohl bei „Jugendlichen" als auch bei „Heranwachsenden" grundsätzlich der Zeitpunkt des begangenen Deliktes maßgebend ist. Mit anderen Worten, wenn ein „Jugendlicher" ein Delikt verübt, der das 17. Lebensjahr noch nicht vollendet hat, aber das Gerichtsverfahren, die Urteilsfällung oder sogar der Strafvollzug oder die Erziehungsmaßnahme stattfindet, wenn er schon „Heranwachsender" ist, d. h. über 18 Jahre alt ist, sind die rechtlichen Bestimmungen anzuwenden, die für einen „Jugendlichen" vorgeschrieben sind.

Diese Regelung ist von größter Bedeutung, und sie kann niemals zur Folge haben, daß ein Gerichtsverfahren, versehentlich oder absichtlich, aufgeschoben wird, um einen „Jugendlichen" härter bestrafen zu können. In vielen Ländern, wie zum Beispiel auch in Israel, ist der Zeitpunkt des Alters ausschlaggebend, zu dem das Gerichtsverfahren eingeleitet wird. Der Strafvollzug wird auch demgemäß angewandt. Das kann zur Folge haben, daß ein Jugendlicher, der in Untersuchungshaft ist, als Erwachsener verurteilt wird und nach der Prozedur wie sie für Erwachsene bestimmt ist, weil er inzwischen, während er in Untersuchungshaft war, die oberste Grenze die für das Jugendgericht bestimmt ist, überschritten hat.

Man muß anerkennen, daß die diesbezüglichen Verordnungen des JGG von 1953 sowohl logisch als auch gerecht und schon aus diesen Gründen nachahmenswert sind. Abgesehen davon entsprechen sie auch dem Grundgedanken, der von Anhängern der Defence Sociale auf diesem Gebiete vertreten wird.

3. Das Jugendwohlfahrtsgesetz soll noch erwähnt werden, welches für Personen unter 14 Jahren anwendbar ist, weil sie strafrechtlich für ein begangenes Delikt nicht verantwortlich gemacht werden können. Eine rechtswidrige Handlung kann allerdings Anlaß für das Eingreifen des Vormundschaftsrichters sein, der aber nur Erziehungsmaßnahmen gemäß dem Jugendwohlfahrtsgesetz anordnen kann. Meistens kommen Fürsorgeerziehung oder Erziehungsbeistandschaft bei Beurteilung dieser Fälle in Betracht.

In vielen Fällen besteht eine Personalunion zwischen Vormundschaftsrichter und Jugendrichter. Das Jugendwohlfahrtsgesetz ist bis zum 21. Jahre anwendbar. In der Regel findet die Verhandlung bei dem Vormundschaftsrichter nicht im Gerichtssaal statt, und somit auch unter Ausschluß der Öffentlichkeit.

3. Verfahren

Die Polizeibehörde ist das zuständige Organ für die Ermittlung von begangenen Delikten. Dies gilt für alle Altersstufen. Gemäß dem JGG von 1953, wenn der Täter im Gerichtsverfahren das ihm zugeschriebene Delikt zugibt, ist keine weitere Ermittlung nötig. Andererseits darf der Täter sein Geständnis, welches er bei der Polizeiermittlung abgegeben hat, widerrufen, und in solchem Falle wird eine Zeugenvernehmung in der Gerichtsverhandlung stattfinden. Ein Polizeigeständnis kann in der Verhandlung nur von dem Polizisten vorgelesen werden, der das Geständnis entgegengenommen hat. Die Polizei übergibt das von ihr gesammelte Material dem Jugendstaatsanwalt, der für die weitere Abwicklung des Falles zuständig ist.

Die Registrierung im Strafregister für „Jugendliche" und „Heranwachsende" ist eine umstrittene und heikle Angelegenheit. Einerseits kann ein Strafregister zu einer umfassenden Beurteilung eines Delinquenten führen, ein Faktor, dessen Wichtigkeit man nicht übersehen kann und darf. Andererseits kann sich ein Strafregister hindernd auf eine etwaige Rehabilitation auswirken. Eine Vorbestrafung wirkt nicht allein abschreckend auf Mitglieder der Gesellschaft, es kann auch eine hemmende Wirkung auf den Vorbestraften selbst haben, der öfters den dadurch entstehenden Schwierigkeiten nicht gewachsen ist. Somit entsteht in vielen Fällen ein circulus vitiosus, aus dem ein Vorbestrafter sich nur schwer befreien kann.

Das JGG von 1953 hat eine Reihe von Regelungen getroffen, die einen Kompromiß in dieser Frage darstellen. Ein Strafregister darf nur bei Verurteilung zur Jugendstrafe geführt werden. Weiterhin kann ein Vermerk über Vorbestrafung in gewissen Fällen durch Richterspruch beseitigt werden. Außerdem besteht auch die Möglichkeit einer Tilgung nach vorgeschriebenen Fristen.

Für das Jugendstrafverfahren ist ein Jugendstaatsanwalt zu ernennen, der sich ausschließlich mit Jugendlichen beschäftigt. Er erhebt die Anklage, und er vertritt die Staatsanwaltschaft vor dem Jugendgericht und in der Hauptverhandlung. Ein Jugendstaatsanwalt hat eine ziemlich umfassende Ermessensfreiheit. Er entscheidet die Zuständigkeit des Gerichtes, welches einen bestimmten Fall behandeln soll. Er kann verlangen, daß in der Gerichtsverhandlung der Angeklagte Einzelheiten des Deliktes wiedergibt, oder er kann auch darauf verzichten. Der Angeklagte hat allerdings das Recht des Schweigens, aber in solchem Fall kann der Jugendstaatsanwalt auf Beweisaufnahme bestehen. Weiterhin kann er zum Beispiel auch veranlassen, daß Fälle niedergeschlagen werden können und nicht zur Gerichtsverhandlung gebracht werden. Wenn ein Jugendrichter es für richtig hält ein Verfahren einzustellen, kann das nur geschehen, wenn der Jugendstaatsanwalt damit einverstanden ist. Der Jugendstaatsanwalt kann Berufung einlegen, sowohl im Namen der Staatsanwaltschaft als auch zugunsten des Beschuldigten. Er kann darauf verzichten bei der Verhandlung anwesend zu sein, in Fällen, wenn ein vereinfachtes Jugendverfahren angeordnet ist, welches nur einfache Maßnahmen anordnen kann. Seine Anwesenheit ist aber unerläßlich, wenn zum Beispiel eine Jugendstrafe verhängt wird.

Es ist immerhin verwunderlich, daß für die Ernennung zum Jugendrichter wie zum Jugendstaatsanwalt keinerlei Vorbildung in allgemeiner Jugendproblematik, Jugendpsychologie und Soziologie Vorbedingung ist. Das JGG von 1953 befürwortet allerdings, daß nur erziehersich befähigte Richter und Staatsanwälte für dieses Amt ernannt werden sollen. In Wirklichkeit wird dies aber nur selten in Betracht gezogen. Im wesentlichen beruht die Ernennung auf administrativen Überlegungen, wie auch eine Versetzung innerhalb der Staatsanwaltschaft in ein anderes Gebiet zu jeder Zeit erfolgen kann. Es ist besonders bedauerlich, wenn ein Jugendrichter oder Jugendstaatsanwalt sich aus eigener Initiative theoretische Kenntnisse aneignet und im Laufe der Jahre auch praktische Erfahrungen gesammelt hat, und er eines Tages aus administrativen Gründen von dieser Arbeit abberufen wird. Es muß erwähnt werden, daß im Verlauf einer Universitätsausbildung keinerlei theoretische oder praktische Kurse obligatorisch sind, die eine Vorbereitung für das Amt des Jugendrichters, beziehungsweise Jugendstaatsanwalts fördern könnten. Obwohl dem Jugendstaatsanwalt in seinen Ermittlungen die Jugendgerichtshilfe zur Seite steht, besteht hier eine ernste Lücke, die behoben werden kann und soll. Es kann kein Zweifel darüber bestehen, daß solche obligatorischen Kurse für Jugendrichter und Staatsanwälte einen wichtigen Beitrag zur Arbeit des Jugendgerichts leisten könnten.

Es ist hier angebracht, die Rolle des Verteidigers kurz zu besprechen. Das JGG sieht vor, daß in besonders schwerwiegenden Strafsachen die Benennung eines Verteidigers obligatorisch ist. Wenn der Beschuldigte sich nicht verteidigen kann, ist es Pflicht des Staates, ihm einen Verteidiger zu stellen, der vom Staat auch honoriert wird. In Fachkreisen in der Bundesrepublik gehört es mit zur Standespflicht, Fälle als Pflichtverteidiger zu übernehmen. Jeder Beschuldigte ist aber auch berechtigt sich einen Verteidiger zu ernennen, der dann natürlich von ihm selbst honoriert wird. In Wirklichkeit sind wenig Verteidiger in Jugendstrafsachen bewandert, und die weitaus größere Mehrheit verläßt sich auf das Pflichtbewußtsein des Jugendrichters, der, wenn nötig, dem Beschuldigten in seiner Verteidigung hilft.

4. Instanzen der Jugendgerichte

Es ist allgemein anerkannt, daß im Jugendstrafrecht die Anwendung von Erziehungsmethoden eine besondere Rolle spielt. Dies hat natürlicherweise dazu geführt, daß zur Aburteilung jugendlicher Delinquenten Jugendgerichte eingerichtet wurden, die diesem Zweck dienen sollen. Es hat auch die Entwicklung eines besonderen Jugendstrafrechts gefördert, welches im Jugendgericht anwendbar ist. Man muß sich trotzdem immer wieder vor Augen halten, daß der Jugendliche von der Justiz, entweder bewußt oder unbewußt, von Rechts wegen des öfteren noch immer als kleiner Erwachsener betrachtet wird. Einer der Ausdrücke solcher Tendenz kann in der Tatsache gefunden werden, daß keine besondere Ausbildung für die Tätigkeit als Jugendrichter besteht. Dies ist um so mehr verwunderlich, wenn man die Tatsache in Betracht zieht, daß man in den letzten Jahrzehnten eine Spezialisierung von Berufen erlebt hat, die sich hauptsächlich mit Kindern und Jugendlichen befassen. In diesem Zusammenhang dürfte es genügen solche Berufe zu erwähnen, wie den Jugendpsychiater, den Jugendpsychologen, den Jugendtherapeuten, und Jugendkriminologen, sowie natürlich auch den Kinderarzt und Jugendpfleger. Das heißt mit anderen Worten, wenn man beruflich mit Kindern und Jugendlichen zu tun hat, muß man eine besondere Ausbildung dafür erwerben. Für einen Jugendrichter würde es weiterhin bedeuten, daß Maßstäbe angelegt werden müssen, die für Minderjährige geltend und ausschlaggebend sind. Ein Vergleich mit Erwachsenen, und sogar mit Erwachsenen die in ihrer geistigen Entwicklung zurückgeblieben sind, kann leicht zu Fehlschlüssen führen. Dem Jugendrichter gebührt in dieser Hinsicht besondere Bedeutung, weil er auf Grund seiner richterlichen Funktion entscheidende Bestimmungen treffen kann, die sowohl für den Minderjährigen als auch für seine Eltern von ausschlaggebender Bedeutung sein dürften.

Es ist angebracht, wenn auch nur kurz, einige Punkte in diesem Zusammenhang zu erwähnen. Der Vormundschaftsrichter kann zum Beispiel Eltern der Ausübung ihrer Erziehungsrechte an ihren Kindern teilweise oder ganz entheben, er kann Eltern und ihren Kindern Bedingungen vorschreiben, die, wenn sie nicht eingehalten werden, sträfliche Folgen nach sich ziehen könnten, er kann Jugendliche in ein Erziehungsheim schicken, und er kann Eltern bestimmte Besuchszeiten vorschreiben oder sogar vollkommen untersagen. Manchmal werden solche Bestimmungen angeordnet, um Minderjährigen behilflich zu sein, sie in ihrer Entwicklung zu beschützen und zu behüten, aber es ist hinwiederum manchmal nötig den Eltern die nötige Hilfe ihren Kindern gegenüber zukommen zu lassen. Dazu kommt natürlich auch die Verantwortung, die ein Jugendrichter der Gesellschaft gegenüber trägt. Eine richterliche Entscheidung kann nicht umgangen werden, und schon aus diesem Grunde muß man dem Vormundschaftsgericht besondere Bedeutung beimessen.

Im Zusammenhang mit dem vorher Erwähnten muß hinzugefügt werden, daß die Verantwortung des Jugendrichters noch besonders erhöht wird durch die Tatsache, daß dem Minderjährigen in den meisten Fällen kein Verteidiger zur Seite steht, und daß die Gerichtsverhandlungen unter Ausschluß der Öffentlichkeit geführt werden. Das heißt, öffentliche Kontrolle ist nicht vorhanden, welches sowohl die berufliche Kompetenz als auch die Integrität des Jugendgerichts ständig auf die Probe stellt. Diese kurzen Betrachtungen weisen deutlich darauf hin, daß es in der technologischen Epoche, in der wir leben, nicht mehr genügt, Interesse für Jugendliche und ihre Problematik aufzubringen, um das Amt des Jugendrichters wirkungsvoll auszuüben, sondern daß ein Jugendrichter eine Ausbildung für diesen speziellen Beruf haben müßte.

In der Bundesrepublik existiert keine besondere Ausbildung, um zum Jugendrichter ernannt zu werden, vielleicht wegen der Auffassung, daß ein Richter für jede Art der Gerichtsbarkeit befähigt sein muß, vielleicht aber auch weil man die Wichtigkeit einer solchen Ausbildung weit unterschätzt. Eine grundsätzlich neue Auffassung ist dringend angebracht, die aber auch im Gesetz ihren Ausdruck finden muß.

a) Der Einzelrichter

Der Jugendrichter als Einzelrichter kommt dem Amtsrichter gleich, der Jugendstrafsachen von minderer Bedeutung erstinstanzlich behandelt. Dazu gehören meistens solche Delikte von denen man erwarten kann, daß Erziehungsmaßregeln benutzt werden. Unter anderem gehören zu diesen Delikten auch solche, die mit Entziehung einer Fahrerlaubnis enden. Wenn es sich um „Jugendliche“ und „Heranwachsende“ handelt, kann der Jugendrichter Jugendarrest bis zu 4 Wochen auferlegen oder Freizeitarrest bis zu 4 Wochenenden, oder Ermahnung mit oder ohne Erziehungsmaßnahmen. Er kann aber auch Jugendstrafen bis zu einem Jahr auferlegen. Es ist interessant zu bemerken, daß der Einzelrichter, obwohl er in seiner richterlichen

Kompetenz begrenzt ist, die weitaus meisten Fälle aller Jugendstrafsachen zu bearbeiten hat. In vielen Fällen ist der Einzelrichter gleichzeitig auch der Vormundschaftsrichter, und somit ist eine Personalunion hergestellt, die letzten Endes sich vorwiegend mit Erziehungsmaßnahmen beschäftigt.

b) Das Jugendschöffengericht

Das Jugendschöffengericht hat eine größere Sachkompetenz innerhalb des Amtsgerichtes als der Einzelrichter. Das Jugendschöffengericht besteht aus einem Jugendrichter, der den Vorsitz führt, und zwei Laien. Einer der Laien soll eine Frau sein. Die Jugendschöffen werden aus einer Liste gewählt, die vom Jugendwohlfahrtsausschuß vorbereitet wird. Es ist obligatorisch die Jugendschöffen nach dieser Liste zu ernennen, und die Laien sind verpflichtet die Wahl ins Jugendschöffengericht zu akzeptieren. Jugendschöffen werden für die Dauer eines Jahres gewählt; diese Wahl kann jedes Jahr erneuert werden, wenn der Kandidat wieder vom Jugendwohlfahrtsausschuß in die Liste aufgenommen wird, und somit zur Wahl steht. Auch von Jugendschöffen wird erwartet, daß sie über eine besondere Eignung und Erfahrung im Umgang mit Jugendlichen verfügen. Jedoch der Schöffenwahlausschuß ist der gleiche, der auch die allgemeine Schöffenwahl bildet. Es bleibt dahingestellt, inwieweit auf dem Gebiet der Jugendarbeit und in Fragen der Jugendproblematik besonders erfahrene oder ausgebildete Jugendschöffen für dieses Amt ernannt werden. Der Dienst der Jugendschöffen ist ehrenamtlich, und nur effektive Ausgaben werden zurückerstattet.

Die Sachkompetenz des Jugendschöffengerichts ist für die Bearbeitung von mittleren und schweren Fällen — von Gesetzes wegen — zuständig. Es verfügt in Wirklichkeit über eine unbegrenzte Strafgewalt und ist für solche Delikte zuständig, die nicht zur Kompetenz eines anderen Jugendgerichts gehören. Von Interesse ist, daß das Jugendschöffengericht in Angelegenheiten eines „Heranwachsenden“ keine höhere Freiheitsstrafe als drei Jahre auferlegen kann.

c) Die Jugendkammer

Die Jugendkammer ist ein Teil des Landgerichts. Die Jugendkammer besteht aus einem Vorsitzenden, der Richter am Landgericht ist, aus zwei Beisitzern, die Berufsrichter sind, und aus zwei Laien. Die Berufsrichter sind keine Jugendrichter. Die Jugendkammer kann erstinstanzlich eine Jugendstrafe bis zu fünf Jahren Gefängnis auferlegen. Unter besonderen Umständen kann allerdings eine Jugendstrafe bis zu zehn Jahren Jugendgefängnis verhängt werden. Eine Jugendstrafe kann aber nur in schweren Fällen auferlegt werden, d. h. bei Wiederholungstätern oder Kapitalverbrechen. Dies gilt in Strafsachen sowohl bei „Jugendlichen“ als auch bei „Heranwachsenden“.

Die Jugendkammer ist auch das zuständige Organ in Berufungsangelegenheiten gegen Urteile des Jugendrichters und des Jugendschöffengerichts.

5. Strafen und Erziehungsmaßnahmen

Dem Jugendgericht steht eine ziemlich große Auswahl von Strafen und Erziehungsmaßnahmen zur Verfügung. Sie sind aber der Sachkompetenz der verschiedenen Jugendgerichte unterworfen.

Den Jugendgerichten steht die Jugendgerichtshilfe zur Verfügung, deren Funktionen im Gesetz verankert sind. Die Jugendgerichtshilfe hat im JGG von 1953 eine klare Umschreibung ihrer beiden Hauptaufgaben erhalten. Einerseits soll das Gericht, bevor es zu einem Richterspruch kommt, die erforderlichen Kenntnisse über den Delinquenten erhalten, andererseits soll der Beschuldigte die ihm nötige Hilfe und Betreuung bekommen. Die Jugendgerichtshilfe übernimmt die Ermittlungen über die Persönlichkeit des Delinquenten und über das Milieu, in dem er aufgewachsen ist. Dieses Material wird dem Gericht mündlich vorgetragen, oder vorher schriftlich übergeben. Die zweite Aufgabe gehört in das Gebiet der Fürsorge und Erziehung, und zwar in den Fällen, die vom Jugendgericht der Bewährungshilfe übergeben werden. Da wir es ihrem Wesen nach mit zwei verschiedenen Funktionen zu tun haben, ist äußerste Integrität der Bewährungshilfe angebracht. Diese Art der Ermittlungen erfordern eine spezielle Ausbildung, und können wohl am besten von Jugendfürsorgern ausgeführt werden. Man kann annehmen, daß ein ausgebildeter Jugendfürsorger für die Gerichtshilfe am besten geeignet ist die Persönlichkeit des Täters zu erforschen, und andererseits, im gegebenen Falle, den erwünschten erzieherischen Einfluß auf den Beschuldigten auszuüben. Das Jugendgericht als solches ist auf Grund dieser Ermittlungen um ein Wissen bereichert, welches ihm sonst nicht zur Verfügung stehen würde. Es ist nicht unwichtig, zu erkennen, daß die Jugendgerichtshilfe einen gewissen Einfluß auf die Rechtsprechung im Jugendgericht hat, denn das gesammelte Material über die totale Persönlichkeit des „Jugendlichen" und des „Heranwachsenden" kann in der Rechtsprechung nicht unbeachtet bleiben.

Die Jugendgerichtshilfe gehört in den meisten Fällen zur Justizverwaltung und ist dort als integraler Berufszweig anerkannt. Eine besondere Ausbildung mit Staatsexamen und Berufspraktikum ist in den meisten Fällen als notwendig anerkannt. Es ist eine hauptamtliche Anstellung, die berufsmäßig natürlich den Vorteil einer praktischen und objektiven Beurteilung der Gesamtverantwortung dieses Berufes mit sich bringt. Obwohl der Sache nach sehr ähnlich, ist hiervon die „Bewährungshilfe" zu unterscheiden. Sie untersteht der Dienst- und Fachaufsicht der Justiz (in einigen Bundesländern sind allerdings bei der Fachaufsicht die Jugendämter zu beteiligen). Wird die Jugendgerichtshilfe im wesentlichen vor und in dem Verfahren vor dem Jugendgericht tätig, wo sie die erzieherischen, sozialen und fürsorgerischen Gesichtspunkte zur Geltung zu bringen hat, so kann die Bewährungshilfe im deutschen Recht erst nach dem Urteil tätig werden, und nur dann, wenn auf Jugendstrafe erkannt wird, oder diese mindestens in Betracht gezogen wird. Es gibt drei verschiedene Bedingungen, auf Grund derer der Beschuldigte nach JGG der Bewährungshilfe unterstellt werden muß.

Diese sind:

a) die Schuld wird vom Gericht festgestellt, aber es kann nicht mit Sicherheit beurteilen, ob Jugendstrafe erforderlich ist. Der Jugendliche wird für ein bis zwei Jahre einem Bewährungshelfer unterstellt. Bei schlechter Führung, u. a. bei neuen Straftaten, erfolgt die Verurteilung zur Jugendstrafe in einem neuen Verfahren. Bei guter Führung wird der Schuldspruch getilgt.

b) der Jugendliche wird zu einer Jugendstrafe von nicht mehr als einem Jahr verurteilt. Der Vollzug der Strafe wird jedoch für zwei bis drei Jahre ausgesetzt. Der Verurteilte wird dem Bewährungshelfer unterstellt und es werden Bewährungsauflagen angeordnet. Bewährt sich der Jugendliche, so wird die Strafe erlassen, rechtfertigt er nicht das in ihn gesetzte Vertrauen, wird die Aussetzung des Strafvollzugs widerrufen, und die Strafe muß verbüßt werden.

c) Der Jugendliche ist zur Jugendstrafe verurteilt worden und er muß diese auch antreten. Der Richter kann jedoch nach Verbüßung von mindestens einem Drittel der Strafe, jedoch frühestens nach sechs Monaten, den weiteren Vollzug zur Bewährung aussetzen, wenn sein Verhalten in der Jugendstrafanstalt die Erwartung rechtfertigt, daß er nicht wieder straffällig wird. Die Entlassung wird mit der Stellung unter Bewährungsaufsicht verbunden. Auch hier wird die Aussetzung der Jugendstrafe widerrufen, wenn der Jugendliche das in ihn gesetzte Vertrauen nicht rechtfertigt. Bewährt er sich, so wird der Rest der Strafe nach Ablauf der Bewährungsfrist erlassen.

Zusammenfassend kann gesagt werden, daß das Jugendgerichtsgesetz dem Richter eine große Auswahl von Maßnahmen zur Verfügung stellt, die ihm eine differenzierte Behandlung von „Jugendlichen" und zum Teil auch von „Heranwachsenden" ermöglicht. Darin kommt die Tendenz zum Ausdruck, den persönlichen Unzulänglichkeiten und Lebensschicksalen des Beschuldigten Rechnung zu tragen.

G. DIE VERHÄLTNISSE IN ISRAEL

1. Allgemeines

Bis August 1971 war in Israel die Anordnung für jugendliche Straftäter von 1937 in Kraft, die zum ersten Mal vorsah, daß Verfahren gegen Kinder und Jugendliche eines bestimmten Alters vor einem Jugendgericht stattfinden sollen. Darüber heißt es in Abschnitt 3 (1) wie folgt: „Jegliches Gericht, daß über Anklagen gegen Kinder oder Jugendliche oder junge weibliche Erwachsene urteilt, soll, es sei denn eine solche Person ist gemeinsam mit einer anderen Person angeklagt, die weder Kind, Jugendlicher, noch eine junges Mädchen ist, für die Zwecke dieser Anordnung ein Jugendgericht sein". Mit anderen Worten, die Anordnung konstituierte kein Jugendgericht, daher die Formulierung „jegliches Gericht" — aber sie traf Vorkehrungen verschiedener Art, die eingehalten werden sollten, wenn Kinder und Jugendliche bestimmter Altersgruppen vor Gericht stehen. Die Beachtung dieser Prozeduren und Bestimmungen verwandelte „jegliches Gericht“ in ein „Jugendgericht“.

Die Bestimmungen, die in jener Anordnung niedergelegt wurden, betrafen gewisse Altersgruppen, über die auf diese Weise nach einem besonderen Verfahren verhandelt werden konnte, das je nach dem Typus des Vergehens einerseits Dinge wie Bürgschaft und/oder Haft vor der Verhandlung und Verbringung in eine Verwahrungsanstalt, Strafeinschränkungen und andererseits Methoden der Behandlung von Kindern und jungen Personen, die eines Vergehens überführt wurden, zum Inhalt hatte. Eine Liste verschiedener Verfahrensmethoden brachte in jener Anordnung zum Ausdruck, daß ein solches Jugendgericht nicht verpflichtet wäre, dieselben Verfahrensmethoden anzuwenden, die in einem Gericht für Erwachsene angewandt werden.

Ferner sah ein Abschnitt der Anordnung die richterliche Entscheidung über Kinder und Jugendliche unter sechzehn Jahren vor, die der Pflege und des Schutzes bedürftig waren. Auch hier waren die beim Antrag an das Jugendgericht zu befolgenden Prozeduren sowie Arbeitsweisen niedergelegt worden. So wurden also an das Jugendgericht zwei Funktionen delegiert, nämlich: (a) die richterliche Entscheidung über jugendliche Straftäter in den Altersgruppen von neun bis 16 Jahren, wenn es sich um Jungen handelte; und von neun bis achtzehn Jahren, wenn es sich um Mädchen handelte; (b) die richterliche Entscheidung über Kinder und Jugendliche unter sechzehn Jahren, die der Pflege und des Schutzes bedürftig waren.

Wir können schon hier erwähnen, daß diese zwei Funktionen noch bis heute die Funktionen des Jugendgerichts in Israel sind, obgleich die oben erwähnte Anordnung inzwischen durch eine eigene israelische Gesetzgebung ersetzt worden ist.

Das Jugendgericht ist ein Gericht erster Instanz und steht als solches auf der Ebene eines Friedensgerichts. Die Qualifikationen zur Ernennung zu einem solchen Gericht sind in Abschnitt vier des Richtergesetzes[1] zu finden, wo es heißt: „Eine Person ist qualifiziert zum Richter eines Friedensgerichts ernannt zu werden, wenn sie in der Liste der Anwälte Israels registriert ist oder zu einer solchen Registration berechtigt ist und wenn sie ständig oder mit Unterbrechungen für eine Dauer von nicht weniger als drei Jahren, wovon mindestens ein Jahr in diesem Land verbracht worden sein muß, in einer oder mehreren der in Abschnitt 2 (2) aufgeführten Beschäftigungen tätig gewesen ist.“ In diesem Abschnitt werden die folgenden Qualifikationen erwähnt: „(a) Beruf eines Anwalts; (b) eine richterliche oder andere juristische Funktion im Dienste des Staates Israel oder einer anderen Einrichtung, die vom Justizminister im Hinblick auf diesen Abschnitt anerkannt wird; (c) die Befugnis als Rechtslehrer an einer Universität oder einer Hochschule für Recht, die vom Justizminister im Sinne dieses Abschnitts anerkannt wurde.“

[1] Judges Law 1953, Laws of the State of Israel, Vol. 17, p. 124.

Mitglieder der Zivilen Rechtsprechung werden vom Staatspräsidenten vereidigt und ihre Ernennung wird in der Amtszeitung veröffentlicht.

Ein Ernennungskomitee von neun Mitgliedern empfiehlt dem Staatspräsidenten in Aussicht genommene Kandidaten zur Ernennung für das Richteramt. Der Vorsitzende dieses Komitees ist der Justizminister, und die übrigen Mitglieder sind die folgenden: ein weiterer von der Regierung gewählter Minister; der Präsident des Obersten Gerichts; zwei andere Richter des Obersten Gerichts, die von den Richtern des Obersten Gerichts auf eine Periode von drei Jahren gewählt werden; zwei Mitgliedern der Knesset, die von dieser Körperschaft in geheimer Abstimmung gewählt werden; und zwei praktizierende Rechtsanwälte, die von der Vereinigung der Anwälte auf eine Periode von drei Jahren gewählt werden.

Die Empfehlungen des Ernennungskomitees erfolgen nach dem Mehrheitsstimmrecht und nach einem persönlichen Interview mit jedem Kandidaten.

Obgleich das Jugendgericht sich auf der Ebene des Friedensgerichts befindet, das eine begrenzte Jurisdiktion hat, bestand in dieser Hinsicht bereits, als die Rechtsanordnung für jugendliche Straftäter von 1937 in Kraft war, eine andere Prozedur. Abschnitt 8 (3) dieser Anordnung wurde dahingehend verstanden, daß das Jugendgericht eine größere Kompetenz hat als ein Gericht jener Instanz für Erwachsene. Die relevante Bestimmung war, daß es für das Jugendgericht obligatorisch ist, sich mit allen Fällen zu befassen, für die die Maximalstrafe fünf Jahre Gefängnis betrug und es konnten — unter Zustimmung des jugendlichen Rechtsbrechers und seiner Eltern — sogar noch ernstere Fälle abgeurteilt werden.

Dieses Verfahren war ungefähr 30 Jahre lang in Kraft, als es von einem der Richter des Jugendgerichts als eine fehlerhafte Interpretation in Zweifel gezogen wurde. Der Fall gelangte nicht vor das Berufungsgericht, aber der Gesetzgeber ermächtigte den Justizminister in der Amtszeitung jene ernsten Arten von Vergehen zu veröffentlichen, für die ein Jugendgericht zuständig ist.

Dementsprechend hat das Jugendgericht nun die Befugnis über eine große Verschiedenheit von Straftaten zu entscheiden, ausgenommen sind Mord, Notzucht, Raub und einige Vergehen gegen die Staatssicherheit.

Das Jugendgesetz von 1971 traf diesbezügliche Bestimmungen und die Liste der Straftaten, über die nun das Jugendgericht entscheiden kann, wurde in der Folge veröffentlicht.

Richter am Jugendgericht sind vollzeitlich beschäftigte Richter, die im Einklang mit dem im Richtergesetz von 1953 erwähnten Bestimmungen ernannt werden[2]. Die Ernennung von Richtern der Zivilgerichte geschieht auf Lebenszeit, und ihre Amtszeit kann nur durch ihren Rücktritt, durch Erreichung der Pensionsaltersgrenze, durch Ableben oder durch Entlassung auf Grund besonderer Bestimmungen erfolgen, die angeben, wer und unter wel-

[2] Ibid.

chen Umständen vor ein in jedem Fall einzusetzendes Disziplinargericht gestellt werden soll. Die Qualifikationen zur Ernennung von Richtern auf den verschiedenen Ebenen wurden ebenfalls in jenem Gesetz festgelegt. Es gibt jedoch keine rechtliche Bestimmung für die Qualifikationen, die für den Dienst im Jugendgericht gefordert werden.

Die Verwaltung achtet jedoch darauf, daß nur Richter des Jugendgerichts mit solchen Funktionen beauftragt werden, und es gibt kein Rotationssystem, nach dem eine Anzahl von Richtern, oder denen, die im Strafgericht tätig sind, eine Zeitlang auch beim Jugendgericht tätig werden. In Israel hat man die Idee akzeptiert, und auch in die Praxis umgesetzt, daß die richterliche Entscheidung über die Behandlung jugendlicher Straftäter innerhalb des jugendgerichtlichen Rahmens nicht auf der Grundlage des gesunden Menschenverstandes erfolgen kann, oder allein nach dem Buchstaben des Gesetzes. Man ist der Ansicht, daß, während die Einhaltung des Gesetzes und des Verfahrens Grundsatz bleibt, ein Richter des Jugendgerichts auch die Fähigkeit besitzen sollte, die Dynamik menschlichen Verhaltens zu verstehen und zu deuten, und er daher mindestens einige praktische Erfahrung auf dem Gebiet der Kinderfürsorge haben müßte. Kenntnisse der Interviewtechniken und Erfahrungen in Gemeindeführung und Gemeindeaktivitäten sind ebenfalls große Pluspunkte, da sie in diesem besonderen Rahmen wichtig sind.

Hier muß auch erwähnt werden, daß ein Jugendrichter auch mit den in einer Gemeinde bestehenden Einrichtungen für jugendliche Straftäter gut vertraut sein sollte.

Zu einer Novellierung kam es kürzlich, als das Jugendgesetz von 1971[8] in Kraft trat. Danach bestimmt der Vorsitzende des Obersten Gerichts nach Zustimmung durch den Justizminister die Richter für das Jugendgericht durch Sonderernennung und für eine Periode wie im Ernennungsschreiben erwähnt. Es darf angenommen werden, daß dieses Prinzip nicht den Grundsatz ändern wird, daß es nämlich, was das Jugendgericht betrifft, keine Rotation von Richtern gibt, oder diese erwünscht ist.

Das Jugendgericht in seiner heute bei uns bekannten Form besteht seit 1950. Seither wurden besondere Richter ernannt, um lediglich an Jugendgerichten tätig zu sein. Vorher, das heißt praktisch, seit die Anordnung über jugendliche Rechtsbrecher de facto in Kraft trat, das heißt seit 1938, saß im Bedarfsfall ein Friedensrichter mit der der genannten Anordnung entsprechenden Kompetenz als Jugendrichter zu Gericht. Für Jugendprozesse wurde meistens ein bestimmter Tag in der Woche festgesetzt. Meistens standen nur ein paar Verhandlungen an, und deshalb widmete ein Richter der Jugendrechtsprechung nur einige Stunden seiner üblichen Tätigkeit. Man zog damals zu dieser Tätigkeit Richter heran, die von vornherein Interesse an Jugendproblemen nahmen, doch hatten sie keine wirklichen Kenntnisse von

[8] Youth Law (Trial, punitive methods and treatment measures) 1971, in Kraft getreten am 23. August 1971.

der Jugendkriminalität. Sie widmeten sich dennoch dieser Tätigkeit mit großem Ernst.

Der Hauptnachteil war nicht nur, daß sie keine Spezialisten für Jugendangelegenheiten waren, sondern daß sich diese Richter mit der Jugendrechtsprechung nur so nebenher befaßten. Sie steckten tief in ihrer richterlichen Routinetätigkeit, die sie am meisten interessierte und befriedigte. Sie stellten auch fest, daß Jugendverhandlungen in richterlicher Hinsicht nicht sehr interessant waren, denn ein sehr erheblicher Prozentsatz der Angeklagten gab seine Schuld zu und nur selten erhob sich ein rein rechtliches Problem. Es wurde ihnen klar, daß die Probleme hauptsächlich auf der Ebene der Erziehung, der Gesellschaft und der Resozialisierung lagen und in diesen Dingen waren sie keine Fachleute und hatten sie auch keine Möglichkeit eines tieferen Zugangs. So waren sie gezwungen, vielleicht mehr als ihnen lieb war, sich auf die fachmännischen Einsichten anderer zu stützen.

Ein weiterer Nachteil lag in der Unregelmäßigkeit dieser richterlichen Aufgabe. Da sich diese Richter mit der Jugendgerichtsbarkeit lediglich so nebenher befaßten, unterbrachen sie diese Tätigkeit, wann immer sie über Zivilangelegenheiten zu entscheiden hatten, oder wenn sie versetzt wurden oder zu einer höheren Instanz avanzierten. Es kam daher vor, daß, nachdem ein Richter eine gewisse Erfahrung in Fragen des Jugendrechts und jugendlicher Probleme erworben hatte, er an anderer Stelle seine Kenntnisse gar nicht verwerten konnte.

Diese Umstände, sowie die soziale Entwicklung nach dem Zweiten Weltkrieg führten zu der Erkenntnis, daß die Jugendrechtsprechung einer eigenen Ausbildung bedarf. Es kristallisierte sich die Einsicht heraus, daß der Jugendrichter eine theoretische und praktische Ausbildung auf rechtswissenschaftlicher und kriminologischer Ebene, aber auch auf dem Gebiet der Erziehungs- und Gesellschaftswissenschaften haben muß. Es stellte sich auch eindeutig heraus, daß ein Jugendrichter seine Aufgabe als Lebensaufgabe zu sehen hat. In den folgenden Kapiteln dieses Buches werden wir noch über eine Vielfalt von Aspekten reden, die mit der richterlichen Entscheidung des Jugendgerichts verbunden sind.

2. Das Jugendgesetz von 1971

Das neue Gesetz bringt wichtige Reformen, die kurz behandelt werden sollen. Andererseits bleiben einige Punkte strittig. Wir wollen hier nicht jeden einzelnen Paragraphen des Gesetzes abhandeln, sondern uns nur zu jenen äußern, die in den Bereich dieser Arbeit fallen.

Zuständigkeit des Gerichts

a) Das erste Hauptmerkmal des neuen Gesetzes ist, daß das Jugendgericht jetzt zwei Instanzen kennt, das Jugendgericht auf der Ebene eines Friedensgerichts und das Jugendgericht auf der Ebene eines Bezirksgerichts. (Paragraph 1). Im Zusammenhang damit soll Paragraph 3 (A) erwähnt werden, nach dem „der Prozeß gegen einen minderjährigen Angeklagten und vorwiegend Berufungsverfahren auf der Ebene von Friedens- und Bezirksgericht vor einem Jugendgericht verhandelt werden".

Hinsichtlich der Zusammensetzung des Gerichts beim Berufungsverfahren eines Minderjährigen kommt der Tatsache Bedeutung zu, daß einer der Richter der Berufungsinstanz die Kompetenzen eines Jugendrichters haben muß. Außerdem muß die Berufungsverhandlung nach der im Gesetz über Jugendverhandlungen vom Jahre 1971 festgesetzten Prozedur verfahren.

Wir haben es ohne Zweifel theoretisch mit einer wichtigen Änderung gegenüber der bis jetzt bestehenden Situation zu tun, doch kommt der neuen Gesetzesanweisung keine praktische Bedeutung zu, da nur ein formaler Schritt intendiert ist, denn nirgends wird davon gesprochen, daß der Jugendrichter, ob er nun im Rahmen des Friedensgerichts oder des Bezirksgerichts tätig ist, für diese spezifische Aufgabe besonders vorgebildet sein muß.

Wie schon erwähnt, wird im Richtergesetz von 1953 bei den Anforderungen, die an einen Richter an einer dieser Gerichtsinstanzen gestellt werden, nichts darüber gesagt, welcher notwendigen Fähigkeiten es bedarf, um als Jugendrichter ernannt zu werden. Wenn wir von der Annahme ausgehen, daß für die richterliche Beurteilung von Jugendproblemen außer der juristischen Ausbildung eine Spezialausbildung auf einer Anzahl anderer Gebiete notwendig ist, so bedarf diese Lücke des Gesetzes der Ausfüllung.

Es erscheint mir wichtig zu betonen, daß es für das Jugendgericht charakteristisch ist, daß in seinem Rahmen Kinder und Jugendliche vor den Richter kommen, die sich inmitten eines körperlichen, seelischen und geistigen Wachstumsprozesses befinden und die in ihrer allgemeinen Entwicklung weitgehend von anderen abhängen. Sie und zum großen Teil auch ihre Eltern sind von einem Gefühl der Niederlage durchdrungen. Außerdem kann der Wachstumsprozeß im Zeitalter der Technologie Schwierigkeiten infolge der häufigen und komplexen Wandlungen in unserer Gesellschaft bereiten. Wir beobachten alle das Phänomen der sich rasch verändernden Lebensmuster und legen uns Rechenschaft über den unmittelbaren und mittelbaren Einfluß dieser Veränderungen auf die Lebensweise überhaupt und auf die Lebensweise von Kindern und Jugendlichen im besonderen ab. In diesem Zusammenhang genügt der Hinweis auf die rasche wirtschaftliche Entwicklung, die sich auf der Massenimmigration und den Einordnungsproblemen an einem neuen Ort und der Anpassung an neue Lebensformen ergeben, auf die neue Hierarchie innerhalb der Familie infolge des Positionswechsels der Eltern, auf die Veränderung religiöser Werte etc. Jeder der hier genannten Faktoren genügt an sich, um Minderjährige in Verwirrung zu stürzen und eine Devianz vom normativen Verhalten hervorzurufen. Ob diese Verhaltensmuster der Minderjährigen nun eine Frucht von Milieufaktoren oder das Resultat seelischer Faktoren sind — oder beides zusammen —; was immer die Ursachen für Entstehung der Muster auch sind, eine direkte oder indirekte Bezugnahme auf sie ist wesentlich und wir müssen in jedem einzelnen

Fall die Faktoren analysieren, die sich in einer gewissen Situation niederschlugen.

Es ist daher völlig zutreffend, daß es hier eines speziellen Wissens bedarf und es mit einer gemeinhin „liberalen" Einstellung des „Wohlwollens" zu Kindern und Jugendlichen nicht getan ist, wenn man dieser verantwortungsvollen Aufgabe gerecht werden will.

Es muß nicht betont werden, daß den erwähnten Faktoren im Staate Israel eine besondere Bedeutung zukommt, in einem Land, dessen hervorragendstes Charakteristikum im Verschmelzungsprozeß der verschiedenartigsten Gesellschaften zu sehen ist. Man kann sich daher nicht der Schlußfolgerung entziehen, daß unsere Realität uns dazu zwingt, daß die Jugendrichter auch auf den Gebieten der Psychologie und der Soziologie vorgebildet sein müssen.

b) Die Frage der Kompetenz des Jugendgerichts bei Straftaten findet ihre Regelung im Paragraph 3 (B) des erwähnten Gesetzes. Früher bestimmte die Jugendstrafrechtsordnung von 1937, daß ein Gericht, das als Gericht für jugendliche Rechtsbrecher konstituiert ist, auf deren Straftaten eine Gefängnisstrafe bis zu fünf Jahren steht, auch schwerere Vergehen entscheiden kann. Die Kompetenz des Jugendgerichts auf der Ebene eines Friedensgerichts war also größer als die des Gerichts, vor das Erwachsene gestellt wurden.

Gegen dieses Verfahren wurden Zweifel angemeldet und in der Sammlung der Verordnungen vom 2. 4. 1970[4] wurde die Kompetenz des Jugendgerichts festgesetzt, über Minderjährige bei gewissen Straftaten Recht zu sprechen. Paragraph 3 (B) des Jugendgesetzes von 1971 bestätigt erneut das in dieser Verordnung Gesagte, und in einer weiteren Veröffentlichung vom 2. 9. 1971[5] erging eine Verordnung, die die früheren Bestimmungen sogar noch erweiterte. Das heißt, die Kompetenz des Jugendgerichts erstreckt sich jetzt auf Vergehen krimineller Natur, mit Ausnahme von Mord, Raub, Raub mit Waffengewalt und gewisse Vergehen gegen die Landessicherheit.

c) Die Zuständigkeit des Jugendgerichts wird auch durch das Alter des Straftäters bestimmt. Im Paragraph 1 des neuen Jugendgesetzes wurde „Minderjähriger" als jede Person definiert, die am Tage der Anklageerhebung den achtzehnten Geburtstag noch nicht vollendet hat. Hier haben wir es gegenüber der Jugendstrafordnung von 1937 mit einer wichtigen Neuerung zu tun. Wie bereits in einem anderen Zusammenhang erwähnt, machte letztere einen Unterschied zwischen den Geschlechtern (Paragraph 2), wonach die Zuständigkeit des Jugendgerichts ein Kind männlichen Geschlechts und einen Jugendlichen unter sechzehn Jahren und ein Mädchen, das damals als „Heranwachsende" bezeichnet wurde, unter achtzehn Jahren betraf. Wie wir im obengenannten Paragraph 1 sehen, hat das Gesetz theoretisch diese

[4] Verordnungen Nr. 2542, 1970.
[5] Verordnungen Nr. 2741, 1971.

Unterscheidung aufgehoben, doch ist das praktisch nicht so, denn in Paragraph 49 (B) des Gesetzes heißt es:

„Bezüglich Minderjährigen *männlichen Geschlechts,* die volle sechzehn Jahre alt sind, ist der Beginn dieses Gesetzes für den Tag anzusetzen, der im Erlaß des Wohlfahrtsministers im Einvernehmen mit dem Justizminister bestimmt wurde, aber nicht später als im Unterabschnitt (B). In diesem Abschnitt (H) heißt es:

„Der für den Tatbestand dieses Paragraphen entscheidende Tag ist der 1. April 1975, aber der Wohlfahrtsminister kann nach Beratung mit der Kommission für öffentliche Dienste der Knesset vor der genannten Frist einen anderen Tag festsetzen, der nicht zwei Jahre hinter ihr liegen darf."

Bei der Erörterung des Paragraphen über die Erhöhung der Altersgrenze des Straftäters in der Zuständigkeit des Jugendgerichts muß klar gestellt werden, daß es sich hier lediglich um zwei Jahrgänge handelt, Sechzehn- und Siebzehnjährige.

d) Mit dem Inkrafttreten des Jugendgesetzes von 1971 wurde die Jugendstrafordnung von 1937 aufgehoben. Damit erledigte sich auch der Kommentar in Paragraph 2 der Strafordnung, der die Termini „Kind", „Junge" und „Heranwachsender" definierte.

Diesen Definitionen kam hinsichtlich der für die Jugendlichen zulässigen Strafen eine praktische Bedeutung zu. Aber das Gesetz von 1971 unterläßt eine neue Definition der Strafmündigkeit und daher bleibt der Paragraph 9 der Strafrechtsordnung von 1936 in Kraft. Dieser Paragraph lautet: „Wer noch nicht neun Jahre alt ist, trägt keine strafrechtliche Verantwortung für die Übertretung von Geboten oder Verboten. Wer noch nicht zwölf Jahre alt ist, trägt keine strafrechtliche Verantwortung für die Übertretung von Geboten oder Verboten, es sei denn, es wurde der Beweis erbracht, daß er bei Verübung des Vergehens den Verstand hatte, um einzusehen, daß er Gebotenem oder Verbotenem zuwiderhandelte."

Es steht fest, daß eine Strafmündigkeit im Alter von neun Jahren verfrüht ist, namentlich im Hinblick auf die persönliche und soziale Entwicklung eines Minderjährigen. Tatsachen beweisen, daß gerade bei den Unterzwölfjährigen fast hundert Prozent der jugendlichen Straftäter aus disprivilegierten Familien stammen. Die Inkriminierung dieser Minderjährigen mit allen dazu gehörigen Begleitumständen, häufig noch wegen Bagatellsachen, trägt nicht nur nichts zur Verhütung der Straffälligkeit bei, sondern kann auch den Beginn einer kriminellen Karriere bedeuten. Selbst wenn sie ein Vergehen verübt haben, ist ein Prozeß in den meisten Fällen weder notwendig noch nützlich. Was sie in der Hauptsache benötigen, ist eine sozialpädagogische Behandlung, die ihren Bedürfnissen angepaßt ist. Seitdem in Israel die Schulpflicht eingeführt wurde, beobachten wir das Phänomen, daß die Kinder der sozial schwachen Familien schon in den unteren Klassen die Schule abbrechen. Viele treiben sich untätig herum und werden zum Teil auch bei Vergehen ertappt. Wir brauchen hier die Problematik des Phänomens nicht auszuführen, es muß aber betont werden, daß es hier nicht nur um Minderjährige geht, die den Volksschulbesuch abbrechen, sondern daß wir in all den Jahren noch keine Unterrichtssysteme entwickelt haben, die den Bedürfnissen disprivilegierter Kinder angepaßt sind. Mit anderen Worten, die Verantwortung für den vorzeitigen Schulabbruch fällt auf die Kinder und vielleicht auch auf ihre Eltern, aber in größerem Maß auf die für diese Kinder ungeeigneten Unterrichtssysteme. Es ist überflüssig zu betonen, daß diese Probleme nicht auf juristischer Ebene gelöst werden können.

3. Wichtige Reformen des Gesetzes von 1971

A.

Das Gesetz trifft besondere Bestimmungen über die Inhaftierung und Freilassung vor dem Prozeß (Paragraph 10). Das Gesetz unterscheidet zwischen einem Minderjährigen, der volle vierzehn Jahre alt ist und einem Minderjährigen, der noch nicht vierzehn Jahre alt ist. Bezüglich des ersten heißt es, daß er „ohne richterliche Anordnung nicht länger als 24 Stunden in Haft gehalten werden darf", der zweite darf „ohne richterliche Anordnung nicht länger als zwölf Stunden in Haft gehalten werden".

Das steht im Widerspruch zu Paragraph 16 (A) der Strafrechtsordnung (Haft und Durchsuchung) von 1969 (neue Fassung), wo es heißt: „Wer gemäß eines Haftbefehls festgehalten wird oder wer inhaftiert wird, ohne daß ein Haftbefehl vorliegt und sich aufgrund der Bestimmungen von Paragraph 9 oder 10 noch in Haft befindet, muß innerhalb von 48 Stunden nach seiner Inhaftierung vor den Richter gestellt werden." Man könnte stillschweigend annehmen, daß der Gesetzgeber bei der Inhaftierung Minderjähriger sehr streng verfährt und daher außerordentliche Bestimmungen angeführt werden. In den Fällen, in denen es nicht möglich ist, die Untersuchung zum Abschluß zu bringen, oder der Minderjährige aus einem besonderen Grund nicht vor den Richter gestellt werden kann, kann der verantwortliche Leiter einer Polizeistation bei einem Jugendlichen über 14 Jahren die Haft um eine Periode von nicht mehr als 24 Stunden, bei einem Jugendlichen unter zwölf Jahren auf nicht mehr als zwölf Stunden verlängern. Zu berücksichtigen ist dabei der Fall als solcher im Verhältnis zum Alter.

In beiden Fällen „muß der Grund für die Haftverlängerung schriftlich fixiert und zur Kenntnis des Richters gebracht werden, vor den der Jugendliche gestellt wird." Ferner heißt es in Paragraph 10 (4):

„Bezüglich der Kompetenzen des Richters, die Inhaftierung eines Minderjährigen zu gestatten, treten anstelle von Paragraph 17 des Gesetzes die Unterabschnitte (B) und (G) ein und sind statt „fünfzehn Tagen" „zehn Tage" und statt „dreißig Tagen" „zwanzig Tage" gemeint*.

Auffällig ist, daß zur Ausstellung eines Haftbefehls nicht unbedingt ein Jugendrichter notwendig ist und jeder Richter unter den im Jugendgesetz

* Youth Law (Trial, punitive methods and treatment measures) 1971, am 23. August 1971 in Kraft getreten.

angeführten Bedingungen ihn ausstellen kann. Paragraph 10 (3) führt zwei neue Elemente in den Haftbefehl ein, auf die hier näher eingegangen werden soll. Es handelt sich um die Haft zum Schutze des Minderjährigen und um Haft zwecks seiner Isolierung von unerwünschter Gesellschaft.

Dieser Paragraph lautet: „Der Richter, vor den der Minderjährige gestellt wird, kann auch einen Haftbefehl ausstellen, wenn die persönliche Sicherheit des Minderjährigen bedroht oder seine Isolierung von der Gesellschaft einer unerwünschten Person erforderlich ist." Das ermöglicht weitreichende Maßnahmen, die dem Minderjährigen im Laufe der Zeit zum Fallstrick werden können. Wer muß dem Richter den Beweis für solche Situationen erbringen und welcher Beweislast bedarf es? Außerdem, was sind die Rechte des Minderjährigen, um Einwände gegen ihn zu entkräften und wo ist die Grenze der nach diesem Paragraphen zulässigen Haft? Einerseits sehen wir, wie besorgt man ist, daß sich der Minderjährige nicht zu lange in Haft befindet und man ausgeklügelte Bestimmungen darüber erläßt, wie im Falle der Haftnotwendigkeit bei einem Minderjährigen zu verfahren ist, während andererseits in einem allgemeinen Paragraphen doch die verschiedenartigsten und nicht immer zugunsten eines Minderjährigen sprechenden Auslegungen möglich sind.

B.

Außer der Bewährungsordnung, die die im Bewährungsgesetz (neue Fassung) von 1969 festgelegte Prozedur bezüglich einer Wiederaufnahme des Verfahrens zuläßt, gibt es nach dem Gesetz noch drei Möglichkeiten unter gewissen Bedingungen ein Verfahren erneut einzuleiten.

a) Paragraph 7 „des Gesetzes" bestimmt, daß „der Präsident des Obersten Gerichts zur Anordnung eines Wiederholungsprozesses befugt ist und die Bestimmungen von Paragraph 9 (B) bis (D) des Gerichtsgesetzes von 1957 auf die durch den Sachverhalt gebotenen Veränderungen zutreffen." Diese Maßnahme kann ergriffen werden, wenn „ein Angeklagter, der in einer seinem Alter nicht entsprechenden Weise vor Gericht gestellt wurde, einen ernsten Rechtsnachteil hinnehmen mußte." Mit anderen Worten, wenn man einen Minderjährigen unter sechzehn Jahren oder eine Minderjährige unter achtzehn Jahren vor ein Erwachsenengericht stellt und wenn der Angeklagte infolgedessen einen ernsten Rechtsnachteil erlitt, kann er eine Wiederholung des Prozesses beantragen, doch kann der Antrag nur beim Präsidenten des Obersten Gerichts gestellt werden, der über die Wiederholung des Prozesses entscheidet.

Es kommt oft vor, daß weder der Minderjährige noch seine Eltern ihre Rechte kennen, und selbst wenn wir annehmen, daß nicht viele Fälle der Anwendung des Paragraphen 7 bedürfen, so ist doch die Möglichkeit, unter bestimmten Bedingungen den Prozeß wiederholen zu können, eine sehr bedeutsame Maßnahme, die freilich der Ergänzung bedarf, da sie in der vorliegenden Form praktisch nicht sehr brauchbar ist. In diesen Fällen muß der Bewährungshelfer, falls es kein Rechtsanwalt tut, ermächtigt werden, im Namen des Minderjährigen oder des verantwortlichen Elternteils zu handeln. Denn wir haben es mit einem besonderen Recht zu tun, dessen Anwendung dem Laien nicht geläufig ist.

b) Aufgrund von Paragraph 30 des Gesetzes kann das Jugendgericht, falls zwei Grundbedingungen gegeben sind, eine andere Maßnahme beschließen und anordnen.

1. Eine Änderung der Behandlungsmaßnahme, die natürlich nur nach einer neuen Verhandlung möglich ist, kann unter der Bedingung erfolgen, daß die ursprüngliche Anordnung aufgrund von Paragraph 26 des Gesetzes erging, oder mit anderen Worten, ohne daß es zu einer Vorbestrafung führt.

2. Eine Erneuerung der Verhandlung ist unter der Bedingung möglich, „daß die Anordnung noch nicht völlig zur Ausführung kam", nur dann kann auf „Ersatz durch eine andere Maßnahme erkannt werden". Das heißt, die ursprüngliche Anordnung muß noch in Kraft sein und dann erst kann sie durch eine Anordnung nach Paragraph 26 des Gesetzes ersetzt werden. Nicht möglich ist die Ersetzung durch einen Schuldspruch mit Vorbestrafung, dem eine Anordnung zur Seite gestellt wird. Der Gesetzgeber wollte hier eine Reform der richterlichen Anordnung herbeiführen, die sich, wie sich im Laufe der Zeit herausstellte, solange nicht realisieren ließ, als der Minderjährige nicht resozialisiert wurde. Das Ziel ist klar, denn da eine Anordnung von vornherein gemäß der in Paragraph 26 aufgeführten Behandlungsmaßnahmen erlassen wurde und Behandlungsmaßnahmen nichts mit einer Vorbestrafung zu tun haben, kann die Neuverhandlung nicht verschärfenderweise zur Schuldigsprechung mit Vorbestrafung des Angeklagten führen. Diese Weisung erfolgte anscheinend deshalb, um die Möglichkeit einer mit der Vorbestrafung einhergehenden Bestrafung auszuschließen, denn der Antrag an das Gericht zwecks Wiederaufnahme des Verfahrens kann nur von seiten des Bewährungshelfers oder des Heimbevollmächtigten erfolgen.

In diesem Sinn traf der Gesetzgeber im Paragraph 27 (A) des Gesetzes, falls der Minderjährige die Bewährungsanordnung übertreten hatte, ausdrücklich andere als die bisher bestehenden Anweisungen.

Es heißt hier, daß, „wenn der Minderjährige einer der Anweisungen der Bewährungsanordnung zuwider handelte, keine Geldstrafe über ihn zu verhängen ist und auch die Bewährungsanweisung ohne Vorbestrafung nicht in eine Bewährungsanweisung mit Schuldspruch und Vorbestrafung zu verwandeln ist, sondern auf eine der Behandlungsmaßnahmen erkannt werden darf, die in Paragraph 26 dieses Gesetzes aufgeführt werden."

Daraus läßt sich folgern, daß der Gesetzgeber die Erziehungsmaßnahmen des Paragraphen 26 nicht mit Strafmaßnahmen aller Art vermengt wissen wollte. Bei dieser Bestimmung stoßen wir zum ersten Mal auf den Umstand, daß die Bewährungsrechtsordnung Bestimmungen enthält, die nur für jugendliche Straftäter gelten.

Im Zusammenhang mit dem hier Gesagten interessiert uns Paragraph 31 (B) des Gesetzes, das den Heimbevollmächtigten beauftragt „den Minderjährigen, falls seiner Ansicht nach die Umstände es rechtfertigen, auf eine Periode von nicht mehr als fünfzehn Tage in eine geschlossene Anstalt zu überführen. Es handelt sich hier um einen Minderjährigen, in dessen Fall eine gewöhnliche Anordnung zur Heimunterbringung ergangen ist, so daß die Überführung des Minderjährigen in eine geschlossene Anstalt im Sinne dieses Gesetzes als administrative Strafmaßnahme anzusehen ist.

Nicht nur, daß die Erwägung dieser Maßnahme allein dem Heimbevollmächtigten vorbehalten bleibt, es wird auch nicht gesagt, wie oft es dem Bevollmächtigten erlaubt ist von diesem Recht gegenüber demselben Minderjährigen Gebrauch zu machen. Gesetzlich besteht keine Beschränkung und es gilt zu überlegen, ob dieser Weg der richtige ist, oder ob man den Heimbeauftragten bei der Wahrnehmung dieser Kompetenz beschränken soll. Hier öffnet sich dem Mißbrauch ein Tor, das es zu schließen gilt.

c) Eine völlig andere Bedeutung hat der sich auf Paragraph 33 des Gesetzes beruhende Antrag des Heimbeauftragten „die Zeit, die ein Minderjähriger im Heim verbringen soll, auf eine Periode von nicht mehr als einem Jahr zu verlängern, wenn das Gericht das im Interesse des Minderjährigen für erforderlich hält und damit seine Behandlung vervollständigt oder seine Berufsvorbildung abgeschlossen werden kann." Aber das Gesetz bestimmt, daß, bevor das Gericht den Antrag des Heimbevollmächtigten positiv bescheidet, es den Minderjährigen und seine Eltern zum Antrag anhören muß.

Hier handelt es sich um Fälle, in denen das Gericht bereits eine Unterbringungsanordnung ergehen ließ (gleichgültig ob es nun ein offenes oder geschlossenes Heim war), und die Dauer der Anordnung im Ablaufen war. Der Heimbevollmächtigte kann den Antrag auf die Verlängerung der Anordnung über die ursprüngliche Dauer hinaus, also eine Art administrative Verwahrung, die natürlich im „Interesse des Minderjährigen" sein muß, stellen. Es versteht sich, daß dem Gericht sehr wesentliche und substantielle Gründe vorgetragen werden müssen, damit es einen solchen Antrag positiv entscheide. Bedenkt man die Situation in den Heimen der heutigen Zeit, aber auch der letzten Jahre, so ist nicht anzunehmen, daß ein Jugendrichter, der sich auskennt, ruhigen Gewissens einem solchen Antrag stattgibt.

Es ist in diesem Zusammenhang nicht überflüssig daran zu erinnern, daß die Jugendstrafrechtsordnung von 1937 in ihrem Paragraphen 17 einen ähnlichen Paragraphen hatte, der mit dem Inkrafttreten des Jugendgesetzes von 1960 (Pflege und Aufsicht) annulliert wurde. Natürlich fordert das Gericht in allen diesen Fällen überzeugende Gründe, um im Sinn des Antrags zu handeln. Das heißt, daß das Gericht wie gefordert tatsächlich die Verhandlung erneuern muß, dennoch aber nach seinem Ermessen entscheiden kann. Andererseits darf angenommen werden, daß gegen eine Ablehnung des Antrags durch den Richter nach der Neuverhandlung Berufung eingelegt werden kann, auch wenn im Gesetz selbst jeder Hinweis darauf fehlt.

d) Im Paragraph 11 des Gesetzes wird davon gesprochen, daß der Leiter einer Polizeistation so bald wie möglich einem Elternteil des Minderjährigen oder einer ihm nachstehenden Person mitteilen muß, daß dieser verhaftet wurde. Soweit ist alles klar, aber im Schlußabsatz des Paragraphen heißt es: „Wenn jedoch die Befürchtung besteht, daß die Mitteilung das Wohlergehen des Minderjährigen beeinträchtigt, erfolgt die Mitteilung lediglich an den Bewährungshelfer." Man geht anscheinend davon aus, daß weil für das Wohlergehen des Minderjährigen zu fürchten sei, es besser ist, wenn der Bewährungshelfer den Eltern die schwere oder schlimme Botschaft übermittelt, womit dem Minderjährigen sozusagen garantiert wird, daß ihm nichts Schlimmes widerfahre. Ferner intendiert der Schlußabsatz, daß der Leiter der Polizeistation nicht in der Lage ist eine Beeinträchtigung des Wohlergehens des Minderjährigen zu verhindern, während vom Bewährungshelfer angenommen wird, daß er Hilfestellung leisten könne.

In diesem Schlußabsatz werden zwei Annahmen gemacht, die aufeinander bezogen werden müssen. Wenn der Bewährungshelfer tatsächlich imstande ist die Eltern zu beschwichtigen, so daß dem Minderjährigen nichts Böses zustößt, so würde das bedeuten, daß die Bewährungshelfer mit den kulturellen Sitten und Gepflogenheiten der verschiedenen ethnischen Gemeinschaften wohlvertraut sind. Aufgrund dieser Kenntnisse können sie anscheinend einerseits die Eltern beruhigen und andererseits auch auf sie dahingehend einwirken, daß sie sich mit der Tatsache abfinden, daß ihr Kind vom rechten Weg abwich.

Um ihr Vorhaben auszuführen, würden die Bewährungshelfer zunächst einemal von der Polizei alle wesentlichen Informationen über das von dem Minderjährigen begangene Vergehen erhalten müssen, denn ohne solche Informationen könnten sie nicht gut vor die Eltern treten. Und hier stellt sich sogleich die Frage, ob die Polizei bereit sein wird, den Bewährungshelfern die erforderlichen Informationen zu übermitteln. Es versteht sich von selbst, daß der Minderjährige die ganze Zeit, während derer der Bewährungshelfer mit dieser Sache beschäftigt ist, in Haft verbleiben muß, was sein Wohlergehen mehr beeinträchtigen kann, als die ihm von seinen Eltern drohende Strafe. Eine spontane Reaktion der Eltern, auch wenn sie von Strafe begleitet ist, wirkt übrigens in vielen Fällen abschreckend, da sich in ihr Besorgtheit um das Tun des Kindes äußert. Außerdem beläßt eine solche Reaktion den Eltern den ihnen innerhalb der Familie zukommenden Status und die Verantwortung für die Tat ihres Kindes. Das ist besonders in einer Gesellschaft wie Israel wichtig, wo aus verschiedenen Gründen der Status des Vaters erschüttert ist und seiner Wertigkeit beraubt wurde. In Betracht zu ziehen ist auch, daß jener Bewährungshelfer, der den Leiter der Polizeistation vertritt, sich vielleicht auch um das Kind und die Eltern während der Vorbereitungsstadien des Prozesses oder auch nach dem Prozeß kümmern muß, so daß die Intervention im Sinne des Schlußabsatzes von Paragraph 11 im Laufe der Zeit zum Nachteil ausschlagen kann.

Meiner Meinung nach besteht Grund zu der Frage, ob diese Aufgabe nicht bei der Polizei verbleiben sollte. In den Großstädten gibt es eine Jugendpolizei, das heißt eine Polizeieinheit, die sich nur mit jugendlichen Straftätern befaßt, und diese Einheit nimmt regelmäßig an Schulungskursen in den pädagogischen und soziologischen Fächern teil, die ihrer Natur nach außerhalb der üblichen Polizeifunktionen liegen. Sie würden den besonderen Fällen, in denen das Wohl des Jugendlichen bedroht wäre, schon gewachsen sein. Es ist außerdem ein interessantes Phänomen, daß die Aktivitäten der Polizei keine zu vernachlässigende abschreckende Wirkung haben und grundsätzlich eine positive Einstellung zu diesen Aktivitäten beobachtet wird. Bei uns kommt den Polizeiaktivitäten eine besondere soziale Bedeutung zu, da sie eng mit dem Zusammenstoß der allerverschiedensten Kulturen verbunden sind.

Kurz gesagt, anstatt wie in Paragraph 11 des Gesetzes dargelegt, eine solche Aufgabe einer anderen Organisation zu übertragen, ist eine Bewußtseinserweiterung der Polizei in bezug auf die mit der Behandlung jugendlicher Straftäter verbundenen Sonderaufgaben vorzuziehen.

e) Unter den wesentlichen Paragraphen des neuen Gesetzes ragt Paragraph 26 unter den Begleitparagraphen hervor, in denen die Behandlungsmaßnahmen aufgeführt werden, die nicht als Maßnahmen mit Vorbestrafung gelten. Nicht nur, daß sie bisher Maßnahmen enthielten, die Strafcharakter trugen, wie Heimunterbringungsanordnung, oder Geldstrafen, die Maßnahmen, deren sich das Jugendgericht bedienen kann, wurden vielmehr erweitert. Unter ihnen ist besonders Paragraph 26 (4) hervorzuheben, in dem von der Meldepflicht des Jugendlichen in einem Tagesheim während einer vom Gericht festgesetzten Periode die Rede ist. Die Absicht ist, den Jugendlichen zum Aufenthalt an einem Ort zu verpflichten, wo er den Tag mit allgemeinem Unterricht und Gewerbeunterricht verbringen kann. Wenn das Tagesheim mit Fachkräften, und Lehr- und Arbeitsmaterial gut ausgestattet ist, kann es für viele Zöglinge ein Heim ersetzen. Wirtschaftlich liegt darin eine große Ersparnis, aber wichtiger ist der Umstand, daß der Jugendliche kein Heiminsasse mit der damit verknüpften Stigmatisierung wird.

Andererseits führt Paragraph 26 einen bisher nicht vorhandenen Abschnitt (1') ein, dessen Vorteile durch seine Nachteile aufgehoben werden dürften. Es heißt in diesem ersten Abschnitt, daß es möglich ist, den „Minderjährigen in die Pflege und Betreuung einer dafür geeigneten Person zu bringen, die weder sein Vater noch seine Mutter ist." Hier wird man an einen Lehrer, einen Erzieher, einen Handwerker, bei dem der Jugendliche arbeitet, etc. denken. Das heißt an Personen, die Interesse, Fähigkeit und Ausdauer bekunden, sich mit einem jugendlichen Straftäter abzugeben, ein System, das an vielen Orten der Welt verbreitet ist. Der Schlußabschnitt des Paragraphen spricht davon, daß das Gericht, wenn es den Minderjährigen der Behandlung und Aufsicht einer dafür geeigneten Person unterstellt, die Rechte der Eltern als seiner gesetzlichen Vertreter während der genannten Zeit beschränken kann."

Hier haben wir es mit einer weitreichenden Maßnahme zu tun, die einige der negativen Aspekte enthält, die wir bei der Besprechung des Schlußabsatzes von Paragraph 11 erörterten. Nur, daß hier die Situation noch ernster ist, da die vom Gesetzgeber vorgesehene Beschränkung der elterlichen

Rechte und ihre Übertragung an Fremde keine Bürgschaft für die Resozialisierung des Minderjährigen bietet. Statt die Rechte der Eltern des Minderjährigen zu beschränken — warum eigentlich diese Form der Bestrafung —? wäre es doch besser Wege und Mittel zu suchen, um sie als Eltern mit der geeigneten Pflege- und Aufsichtsperson zusammenarbeiten zu lassen. Dieser Weg wäre dazu angetan, disprivilegierten Eltern zu helfen, ihr Ansehen zu wahren und vor allem die Familie zusammenzuhalten und nicht aufzuspalten.

f) Eine positive Einstellung zum Status der Eltern kommt in Paragraph 19 des Gesetzes zum Ausdruck. Zuerst auf administrativem Gebiet, wie der Ausfertigung von Kopien der Gerichtsvorladung und der Anklageschrift mit einer Mitteilung, daß die Eltern bei der Verhandlung des Gerichts anwesend sein können (Paragraph 19 (A)). Noch wichtiger ist die Bestimmung in Paragraph 19 (G) des Gesetzes, wo es heißt: „Jeder Antrag, der vom Angeklagten bei Gericht gestellt werden kann, kann auch von einem Elternteil des Minderjährigen oder einer vom Gericht ermächtigten Person an seiner statt gestellt werden und sie dürfen auch anstelle des Minderjährigen oder mit ihm zusammen Zeugen befragen und Einwände vorbringen."

Man könnte stillschweigend annehmen, daß die Worte „oder eine vom Gericht ermächtigte Person" sich auf einen Bruder, eine Schwester oder einen anderen Familienangehörigen beziehen, der die Eltern vertreten kann. Die wichtige Reform besteht darin, daß der Minderjährige sich bei einem Antrag an das Gericht, bei der Zeugenbefragung und der Verteidigung, von Eltern und einem anderen Verwandten helfen lassen kann. Der Paragraph gebraucht die Mehrzahlform, das heißt, alle können plädieren, wie es auch heißt „anstelle des Minderjährigen oder mit ihm zusammen." Hier tut sich die wünschenswerte Möglichkeit auf die Eltern an jeder Phase der Gerichtsverhandlung zu beteiligen. Das dient der Stärkung des elterlichen Verantwortungsgefühls und der Jugendliche erfährt, daß er im kritischen Moment der Gerichtsverhandlung nicht im Stich gelassen wurde.

Betont soll werden, daß es sich nicht um eine Verteidigung im üblichen Sinn des Wortes handelt, denn die Ernennung eines Verteidigers und alles, was damit zusammenhängt, wird in Paragraph 18 (A) des Gesetzes aufgeführt, wo es heißt: „Das Jugendgericht kann für den Minderjährigen einen Verteidiger bestellen, wenn es der Ansicht ist, daß das im Interesse des Minderjährigen liegt."

g) Paragraph 25 setzt fest: „Ein Minderjähriger, der bei der Urteilsfällung noch nicht vierzehn Jahre alt ist, soll nicht mit Gefängnis bestraft werden." Hier haben wir es mit einer eindeutigen Rückkehr zu der Situation zu tun, die zu der Zeit bestand, als die Jugendstrafrechtsordnung von 1937 in Kraft war. Eine Gefängnisstrafe ist für einen jungen Menschen nach Ansicht aller eine ernste Sache, die seine Zukunft zum Guten oder Schlechten prägen kann.

In der erwähnten Strafrechtsordnung gab es zwei klare Bestimmungen, die eine war mandatorisch, die andere spezifiziert. Bezüglich eines Minderjährigen unter 14 Jahren war es gesetzlich absolut verboten ihn zu Gefängnis zu verurteilen. In der Praxis betraf dieses Verbot aber auch Minderjährige unter 16 Jahren, allerdings in eingeschränkter Form. Trotzdem ging aus dem Text des Paragraphen mit absoluter Klarheit hervor, daß das Verbot einen Menschen unter 16 Jahren zu Gefängnis zu verurteilen eine Realität darstellte. Paragraph 12 (2) der Jugendstrafrechtsordnung von 1937 lautete: „Es ist untersagt einen Jungen zu Gefängnis zu verurteilen, wenn er auf eine andere geeignete Weise behandelt werden kann, sei es, indem er unter Bewährungsaufsicht gestellt wird, eine Geldstrafe zu zahlen hat, oder an einen Detenierungsort verbracht wird, in eine Schule zur Besserung jugendlicher Straftäter geschickt oder jeder sonstigen Behandlung zugeführt wird." Mit anderen Worten, in der Strafordnung von 1937 wurde nicht nur bestimmt, daß ein Junge unter sechzehn Jahren nicht zu Gefängnis verurteilt werden darf, sondern es hieß ausdrücklich, daß das einzig und allein zulässig ist, wenn es unmöglich ist andere geeignete Maßnahmen zu ergreifen und das Gesetz spezifiziert die verschiedenen Maßnahmen, die zu ergreifen sind, um die Gefängnisstrafe von einem „Jungen"[6] abzuwenden.

Nochmals muß klar gesagt werden, daß es für die Verurteilung von Jugendlichen unter 16 Jahren zu Gefängnis keine Rechtfertigung gibt. Die Unterbringung des Minderjährigen in einer geschlossenen Anstalt ist als Innovation des Jugendgesetzes von 1971 zu betrachten und diese Möglichkeit muß ausreichen um in schweren Fällen die Sicherheit der Öffentlichkeit zu gewährleisten.

Eine Anordnung die ihrer Natur nach administrativen Charakter trägt, bleibt noch zu erwähnen. Das Jugendgesetz von 1971 sagt in Paragraph 14, daß der jugendliche Delinquent innerhalb eines Jahres vom Datum der Tat vor das Jugendgericht gebracht werden muß. Diese obligatorische Anordnung kann nur vom Rechtsberater der Regierung in besonderen Fällen überschritten werden. Da das Jugendgericht vorläufig nur für männliche Jugendliche unter 16 zuständig ist, andererseits aber die sachliche Zuständigkeit dem des Bezirksgerichts fast gleichkommt, kann es vorkommen, jedenfalls theoretisch — daß die Akte nicht innerhalb eines Jahres vom Zeitpunkt der Tat im Jugendgericht registriert wird. Das könnte in den Fällen vorkommen, in denen der Staatsanwalt der Meinung ist — die übrigens aus unbekannten Gründen immer noch verbreitet ist — der Jugendliche müßte „fester" angefaßt werden, als dies im Jugendgericht üblich ist, und dann würden auch die Ergebnisse viel besser sein.

Praktisch heißt das, wenn der jugendliche Delinquent inzwischen 16 Jahre alt geworden ist, und die Akte im Jugendgericht nicht registriert wurde, der Fall dann vom Bezirksgericht behandelt wird, und dort wird er als voll Erwachsener abgeurteilt und behandelt. Oder mit anderen Worten, da die Begrenzung der Registrierung innerhalb eines Jahres nur für das

[6] „Junge" heißt eine Person, die unter 14 Jahre und mehr, und weniger als sechzehn Jahre alt ist.

Jugendgericht gilt, und vorläufig nur für Jugendliche unter 16 Jahren bestimmt ist, besteht hier eine Lücke, die unangebrachte und unsachliche Folgen nach sich ziehen kann. Um die paradoxe Situation des Artikels 14 zu überwinden, sollte grundsätzlich der Zeitpunkt des begangenen Deliktes für die Zuständigkeit des Gerichts maßgebend sein.

DRITTES KAPITEL

Der Sozialbericht als Hilfsmittel des Jugendgerichts

Der Jugendrichter ist weder nach seiner Qualifikation noch nach seinem Auftrag in der Lage die Lebensbedingungen der Kinder und Jugendlichen zu erforschen, die vor ein Jugendgericht gestellt werden und er kann auch nicht selbst die Vorkehrungen für die notwendige Heimunterbringung oder andere Rehabilitationsmethoden unternehmen. Um diese Ziele zu erreichen, ist er von Hilfsdiensten abhängig. Mit anderen Worten, der Prozeß der Resozialisation wird durch Gerichtsbeschluß eingeleitet und dadurch in eine gesetzliche Funktion verwandelt, während die Ausführung Hilfsdiensten obliegt.

Die auf dem Gebiet der Sozialarbeit in den letzten Jahren eingetretenen Entwicklungen erfordern eine erneute Berücksichtigung des Beitrags, den der Sozialarbeiter im Dienste des Jugendgerichts leistet. Früher erwartete man von einem Sozialarbeiter ein objektives Bild über die wirtschaftlichen Verhältnisse und den Familienrahmen zu erhalten, innerhalb dessen das Kind oder der Jugendliche aufwuchs. Heutzutage legt man weit mehr die Betonung auf die psychologische Behandlung interpersoneller Beziehungen innerhalb einer bestimmten Familie, auf emotionale Erschütterungen und Erlebnisse, die sich im Wachstumsprozeß ansammelten und auf soziologische Aspekte des Lebens in der Gemeinschaft überhaupt. Der Sozialarbeiter ist ferner zum Fachmann geworden, der sowohl auf akademischem als auch praktischem Gebiet entsprechend ausgebildet werden muß. Sein Beruf erfordert Wissen, gesunden Menschenverstand, Einsicht und Einfühlungsvermögen in die Probleme des Individuums und die allgemeinen soziologischen Phänomene. Der Sozialarbeiter ist heute nicht mehr nur um die Aufgabe bemüht, die materielle Not zu lindern, er wirkt auch an dem schwierigeren Problem mit, dem Individuum behilflich zu sein, sich an die rasch wechselnden Bedingungen unserer Lebenswelt anzupassen.

In bezug auf die Anwendung und Ausführung sozialer Dienstleistungen innerhalb des Gerichtssystems herrschen auf der ganzen Welt grundsätzliche Unterschiede. Das kann auf einen Mangel an rechtlichen Bestimmungen zurückgeführt werden, oder auf Personalmangel, oder auf unterschiedliche Grundauffassungen hinsichtlich der Wirksamkeit dieser Dienstleistung für das Gericht. Wie immer sich auch das verhalten mag, der Sozialarbeiter, der am Jugendgericht arbeitet, nimmt aktiv Anteil am Kampf gegen die Jugenddelinquenz und übernimmt daher einen großen Teil der Verantwortung, die das Gericht tragen muß. Zweifelsohne ist die Verurteilung die einzige und ausschließliche Verantwortung und Prärogative des Jugendgerichts, aber die Handhabung der gesetzlichen Ausführungsbestimmungen ist Sache eines Teams. Die berufliche Kompetenz des Sozialarbeiters kann bei der Urteilsentscheidung des Gerichts von großer Bedeutung sein.

In Ländern, in denen wie in Israel die Sozialdienste noch in ihren Anfängen stehen, kann das Gericht die Einführung und Aktivierung von Sozialdiensten fördern und dadurch einen Beitrag zum Nutzen der ganzen Gemeinschaft leisten. Der Sozialarbeiter, der im täglichen Kontakt mit dem Gericht steht und dort mit den Bedürfnissen von Kindern konfrontiert wird — oft sind es elementare Bedürfnisse —, die in der Verantwortung der ganzen Gesellschaft liegen, kann dazu beitragen, daß die geeigneten Einrichtungen geschaffen werden. Allein die Tatsache, daß der Sozialarbeiter auf Anweisung des Gerichts handelt, das die Beaufsichtigung und Rehabilitation seiner Schutzbefohlenen zum Ziel hat, verleiht seiner Funktion die geeignete Autorität. Um nur einige Beispiele zu erwähnen: Namentlich in Gesellschaften, die wie Israel den Prozeß der Industrialisierung und Urbanisierung durchlaufen, fällt es vielen Kindern schwer mit den Erfordernissen des gewöhnlichen Schullehrplans Schritt zu halten, weil diese auf einen hohen Wissensstandard ausgerichtet sind. Ein so hoher Standard ist für praktisch jede Gesellschaft notwendig, die an ihrer wissenschaftlichen Entwicklung interessiert ist. Unter jugendlichen Rechtsbrechern findet man viele, die solche Schwierigkeiten haben und die Schule verlassen, ohne die von besonderen Gesetzen festgelegte Zahl der Klassen zu beenden. Nicht nur, daß viele von ihnen auf Abwege geraten und straffällig werden, sie erweisen sich auch vom wirtschaftlichen Gesichtspunkt aus als Belastung. In Israel gibt es Tausende von Kindern, die alljährlich aus der Volksschule ausscheiden, ohne die vom Gesetz vorgesehenen Klassen absolviert zu haben.

Es ist daher kein Wunder, daß Bewährungshelfer für Jugendliche oft die Initiative ergreifen, um Sozialdienste einzurichten, die den besonderen Bedürfnissen jener Kinder gerecht zu werden vermögen, wie: Sonderklassen für Grenzfälle, Tagesschulen, besondere Klubs, in denen Unterricht erteilt wird, geschützte Arbeitsstätten, in denen in der einen Hälfte des Tages unterrichtet und in der anderen verschiedene Berufe gelehrt werden, etc. Der Hauptakzent gilt der Befriedigung der besonderen Bedürfnisse dieser Kinder.

Von gleicher Bedeutung ist eine Bewertung der beruflichen Funktion des Sozialarbeiters und des Beitrags, den er durch seinen Kontakt mit dem Kind und Jugendlichen und den Eltern leisten kann. Der soziale und therapeutische Wert einer solchen Beziehung läßt sich oft während des Resozialisationsprozesses beobachten. Dennoch ist es ein bemerkenswertes Phänomen, das Aufmerksamkeit verdient, daß der Wert einer solchen Beziehung oft erhöht wird, weil sie auf der Intervention des Gerichts beruht. Gerade diese Tatsache kann für viele Menschen, die sich in Not befinden, eine besondere Bedeutung haben.

Wenn wir im einzelnen die Funktion des Sozialarbeiters verschiedener Länder innerhalb des gerichtlichen Rahmens untersuchen, finden wir, wie oben erwähnt, grundsätzliche Unterschiede in der Anwendung und Ausführung von Sozialdiensten. In jenen Fällen, in denen ein Sozialarbeiter beim Jugendgericht tätig ist, obliegen ihm zwei Hauptfunktionen:

Ein Sozialarbeiter muß 1) für das Gericht alle zur Beurteilung eines Falles notwendigen Informationen sammeln; und er muß 2) die Beaufsichtigung über jene Jugendlichen übernehmen, über die das Gericht eine Bewährungszeit verhängt hat.

Hier ist es wesentlich zwischen drei verschiedenen Kategorien von Sozialarbeitern zu unterscheiden, die im Dienste des Jugendgerichts stehen können. Es gibt zunächst einmal Bewährungshelfer, die nur mit dem Gericht zusammenarbeiten und deren Probanden durch Gerichtsbeschluß bestellt werden; zweitens gibt es Sozialarbeiter, die unter anderen dem Gericht zu Diensten stehen, wenn sie dazu aufgefordert werden; und drittens gibt es Fürsorger, die in diesem Beruf keine Ausbildung erhalten haben, die jedoch entlohnt oder freiwillig dauernd mit dem Gericht zusammenarbeiten können.

Angesichts des mit diesen Kategorien verknüpften Arbeitsmusters und der daraus für das Individuum und die Gesellschaft resultierenden Konsequenzen ist es von höchster Bedeutung das Wesen dieser verschiedenen Kategorien eingehender zu beurteilen.

Ohne die Nützlichkeit aller drei Kategorien für das Gericht zu verkleinern, muß anerkannt werden, daß der Bewährungshelfer auf diesem Gebiet eine besondere Stellung einnimmt. Während er Fachmann in seinem eigenen Beruf ist und als solcher dem Gericht dient, ist seine Stellung von der aller anderen, die von Gericht um Informationen, Hilfe oder auch Rat gefragt werden, verschieden. Ein Sozialarbeiter ist sicherlich gewissenhaft, wohlmeinend und verständig. Der Bewährungshelfer, der aktiv in den Kampf gegen die jugendliche Delinquenz eingreift, teilt jedoch mehr als jeder andere Sozialarbeiter die Verantwortung, die auf dem Gericht ruht. Der Bewährungshelfer ist sozusagen an der Front tätig und in dieser strategischen Position erfüllt er gegenüber dem Individuum und der Gesellschaft überhaupt eine spezifische Pflicht. Er ist in den Kampf gegen die Delinquenz persönlich verwickelt, genau so wie der Richter, obgleich die letzte Verantwortung für die Ausführung der Gerichtsentscheidungen auf dem Gericht allein ruht.

Von diesem Gesichtspunkt aus betrachtet, sollte man den Bewährungshelfer nicht als einen „Fachmann" auf dieselbe Stufe stellen, wie die vom Gericht etwa sonst noch bestellten Experten. Seine fachliche Qualifikation ist für die Tätigkeit des Gerichts von größerer Notwendigkeit.

Ich hebe hier die Tätigkeit des Bewährungshelfers so hervor, weil ich fest davon überzeugt bin, daß das Jugendgericht beruflich ausgebildete Sozialarbeiter braucht, wenn es einen wirklichen Beitrag auf dem Gebiet der Behandlung und der Verhütung leisten soll. Die Probleme, mit denen ein Jugendgericht konfrontiert wird, nehmen in der heutigen Gesellschaft immer mehr an Umfang und Kompliziertheit zu und andererseits macht die schwere Verantwortung des Jugendrichters, der seine Entscheidungen zu treffen hat, die professionelle Ausbildung und Versiertheit des Fürsorgers, ohne den die Leistungsfähigkeit des Jugendgerichts ernstlich beeinträchtigt wird, zur höchsten Notwendigkeit. Die Forderung nach solchen qualifizierten Arbeitern muß grundsätzlich von jedem Jugendgericht erhoben werden.

Es gibt Richter, die erfahren haben, wie wertvoll der Beitrag eines Sozialarbeiters zur Klärung eines vorliegenden Problems sein kann. Sie halten es daher für richtig, wenn der Sozialarbeiter konkrete Vorschläge macht, um einen Fall seiner besten Lösung zuzuführen. Das muß nicht durch den Wunsch motiviert sein, sich durch den Fürsorger gedeckt zu sehen und muß auch nicht einem Gefühl der Unsicherheit entspringen. Der Wunsch nach konkreten Vorschlägen wird höchstwahrscheinlich bei besonders schwierigen Fällen auftreten. Unter solchen Umständen können dezidierte, auf Wissen und professionaler Integrität beruhende Ansichten, für das Gericht ein großes Plus sein.

Manche Richter sind der Ansicht, daß der Sozialarbeiter ein Fachmann ist, der sich darauf beschränken sollte, die materiellen und geistigen Bedingungen zu schildern, oder auch auf die jeweils besonderen Nöte eines Falles zu verweisen, aber von sich aus dürfte er keine Lösungen vorschlagen. Sie meinen, daß die aus dem Bericht des Fachmannes zu folgernde Lösung allein dem Gericht vorbehalten bleiben müsse, damit die Funktionen des Fürsorgers klar erkenntlich seien.

Meiner Ansicht nach sollte man hier wiederum zwischen einem Bewährungshelfer und anderen Sozialarbeitern wie Psychologen, Psychiatern, Lehrern etc. einen Unterschied machen. Ich sehe keinen Eingriff in die Prärogative des Gerichts wenn dank der professionellen Kompetenz des Bewährungshelfers auf seinem Gebiet der Bericht einen Vorschlag dazu enthält, wie ein Fall am günstigsten behandelt werden könnte. Ein solcher Vorschlag könnte das Gericht dazu herausfordern, seine eigenen Vorschläge erneut zu überprüfen. Jede Überprüfung könnte, was immer sich auch ergäbe, doch nur positive Resultate zeitigen.

In bezug auf andere Sozialarbeiter oder Fachleute wäre jedoch dieselbe Verfahrensweise unangebracht. Sie sind mehr klienten-orientiert, ohne sich über andere wichtige Erwägungen, etwa die Sicherheitsrisiken für die Gesellschaft, Rechenschaft abzulegen. Sie nehmen meiner Ansicht nach in dieser Sache eine andere Stellung ein, weil sie nicht dieselbe Verantwortung wie die Bewährungshelfer tragen.

In der modernen Gesellschaft halten es viele Gerichte für notwendig, sich individueller Untersuchungen zu bedienen, die die Behandlung der Massenphänomene der Delinquenz verfolgen. Darin mag die Überzeugung zum Ausdruck gelangen, daß die Rechtsfindung heutzutage zunehmend mit der Notwendigkeit konfrontiert wird einen Hilfsdienst zur Seite zu haben, der für sich genommen nicht richterlicher Natur ist. Sozialdienste können jedoch den Status eines quasi rechtlichen Dienstes erlangen, wenn sie, wie bei der Bewährungshilfe einer richterlichen Behörde dienen.

Diese Verzahnung zweier verschiedener Disziplinen im richterlichen Rahmen eines Strafgerichtshofes involviert grundsätzlich neue Aspekte der Rechtsausübung. In vielen Fällen kann das die Vertagung eines Falles zwecks Vorbereitung einer sozialen Untersuchung bedeuten und das zu einem Zeitpunkt, in dem alle anderen Faktoren zum Abschluß des Falles dem Gericht bereits vorliegen. Das mag vielen Richtern, die der Ansicht sind, daß ein Rechtsbrecher Anspruch auf eine rasche Verfahrensabwicklung hat, ungerecht erscheinen.

Ein Richter ist ferner angesichts des Sozialberichts oft einer Konfliktssituation gegenübergestellt. Der Inhalt der sozialen Untersuchung mag hauptsächlich auf den individuellen Rechtsbrecher konzentriert sein, während das Gericht eine allgemeine Verantwortung gegenüber der Gemeinschaft trägt. So ist ein Richter mitunter genötigt, zu Dingen Stellung zu nehmen, die nicht rein rechtlicher Natur sind.

Möglicherweise liegt auch eine unterschwellige Furcht vor, daß die soziale Untersuchung das Gericht dazu zwingt, sich mit sozialen Angelegenheiten zu beschäftigen und zu belasten. Denn es kann natürlich nicht bezweifelt werden, daß es viel leichter und praktischer ist eine Gefängnisstrafe zu verhängen, indem man sich lediglich auf die Schwere des Vergehens, mitunter auch auf den Tatbestand der Rückfälligkeit beruft. Die Dinge komplizieren sich und müssen Unbehagen hervorrufen, wenn der soziale Untersuchungsbefund auf wichtige persönliche Faktoren verweist, die mit der Verübung der Straftat unmittelbar im Zusammenhang stehen und die bei der Urteilsfällung kaum übersehen werden können.

Mit anderen Worten, eine soziale Untersuchung kann, weil sie den Faktor der Unsicherheit einführt, die Richter in ihren Entscheidungen schwanken lassen. Es muß jedoch gesagt werden, daß eine solche Wirkung nur im Interesse der Justiz liegen kann. Wenn das vorgesehene Gefängnisurteil schließlich trotz des Sozialberichts verhängt wird, so mag es eine breitere und stärkere Grundlage haben. Wenn andererseits der Sozialbericht zu einer Neubeurteilung geführt hat, so erfüllte er seinen Zweck und leistete einen wirklichen Beitrag auf dem Gebiet der Rechtspraxis.

Das Ziel der Rechtsintervention im Jugendgericht liegt offenbar darin, die Resozialisierung der Rechtsbrecher zu gewährleisten. Das kann mit Hilfe verschiedener Methoden in mehreren Richtungen versucht werden. Ihnen allen liegt die Idee zugrunde, die Behandlungsmethoden auf Material zu basieren, das von Personen vorbereitet wird, die mit dem Jugendgericht zusammenarbeiten, so daß der Richter in die Lage versetzt wird, die Lebensbedingungen des Kindes oder Jugendlichen zu beurteilen. Die Realisierung des Prinzips besteht darin, daß die Behandlungsmaßnahmen des Jugendgerichts auf Informationen beruhen, die eigens zu diesem Zweck gesammelt wurden. Es muß daher erkannt werden, daß wir es hier mit einem Prozeß *individueller Untersuchungen* im gerichtlichen Rahmen zum Zwecke der Behandlung von Massenphänomenen zu tun haben. Das beinhaltet, daß wir uns dem fundamentalen Prinzip der Ergänzungsdienste gegenübergestellt sehen, daß nämlich das Gericht der Sozialdienste bedarf und letztere häufig, um ihre eigenen Behandlungsziele zu erreichen, auf die gerichtliche Intervention angewiesen sind.

Untersuchungen der Sozialanamnese von Kindern und jungen Personen werden gewöhnlich durch das Gesetz geregelt. Solche Untersuchungen sollen Informationen über ihr allgemeines Verhalten, ihre häusliche Umgebung und Erziehung, Berichte über ihr Verhalten in der Schule oder bei der Arbeit, die ärztliche Vorgeschichte und andere Aspekte enthalten, die für ein zureichendes und angemessenes Verständnis in jedem einzelnen Fall von Bedeutung sein könnten.

Da wir hier die soziale Anamnese von Kindern und jungen Menschen, das heißt Minderjährigen erörtern, die noch von ihren Eltern, von Verwandten oder anderen Erwachsenen abhängen und unter deren Führung und Verantwortung aufwachsen, ist es notwendig, daß eine solche Untersuchung Material enthalten muß, das sich nicht nur auf die Minderjährigen, sondern auch auf die jeweils zu ihnen gehörigen Erwachsenen bezieht.

Es gibt eine Anzahl von Dingen, denen sich alle jene gegenübergestellt sehen, die auf die eine oder andere Weise mit dem Jugendgericht zusammenarbeiten, und zu ihnen gehört natürlich die gesetzliche Struktur des Jugendgerichts selbst. Einige dieser Dinge sind von grundsätzlicher Natur und sie betreffen das Gesetz und Verfahren, andere sind mehr Sache der Verwaltung und des gegenseitigen Einvernehmens.

Die relevantesten Probleme sollen hier genannt werden, um das Ziel dieser Diskussion in den Brennpunkt zu rücken.

1. Erfolgt eine Untersuchung auftragsgemäß oder gibt es für sie keine gesetzliche Handhabe?
2. Wird eine Untersuchung nur in ernsten Fällen angeordnet?
3. Ist der Maßstab für einen „ernsten“ Fall die Art des Vergehens oder die Situation eines Rechtsbrechers oder beides?
4. Wird die Untersuchung bei der Voruntersuchung oder im Stadium vor der Urteilsfällung unternommen?
5. Schreibt das Gesetz den Inhalt der Untersuchung vor, werden vom Gesetz bestimmte Einschränkungen geboten oder ist der Untersuchungsinhalt dem Belieben des Sozialarbeiters überlassen?
6. Ist für jene, die für das Jugendgericht eine Untersuchung vornehmen, eine besondere Ausbildung vorgeschrieben?
7. Was ist der rechtliche Status jener, die für das Jugendgericht eine Untersuchung vornehmen?
8. Wird der vom Sozialarbeiter vorgelegte Bericht als Teil der Beweisaufnahme betrachtet?
9. Ist der Untersuchende ein Angestellter des Gerichts, oder ist er mit einer öffentlichen Einrichtung verbunden, oder ist er freiwillig tätig?

Bei Maßnahmen der Bewährungshilfe und anderen damit im Zusammenhang stehenden Angelegenheiten (Veröffentlichungen der Vereinten Nationen 1951) heißt es bei der Erörterung der Bewährungshilfe in den *Vereinigten Staaten:*

„In den meisten Rechtssystemen ist es eine der wichtigsten Aufgaben der Voruntersuchung, frühere Straftaten und kriminelles Verhalten festzustellen. Andere Faktoren auf die nach dem Gesetz die mit den Voruntersuchungen betrauten Beamten aufmerksam gemacht werden, sind die Vorgeschichte des Angeklagten, seine soziale Geschichte, früherer oder allgemeiner Charakter, das Verhalten, die allgemeinen Lebensumstände und die Umstände, die sich auf die Straftat beziehen. In einigen Staaten sind auch gesetzliche Vorkehrungen getroffen worden, körperliche, geistige und psychiatrische Untersuchungen in die Voruntersuchung im Hinblick auf Bewährungshilfe einzubeziehen. Der Hauptzweck der Voruntersuchung dient offensichtlich dazu, dem Gericht die Aufgabe einer geeigneten Lösung eines Falles zu erleichtern und besonders hinsichtlich einer Bewährungshilfe dem Gericht behilflich zu sein zu bestimmen, ob der Rechtsbrecher auf Bewährung freigelassen werden soll oder nicht. Einige Gesetze ermächtigen Bewährungshelfer dem Gericht Berichte einzureichen und Empfehlungen darüber abzugeben, inwiefern ein Angeklagter für eine Bewährungshilfe geeignet ist. In den meisten Staaten müssen Bewährungshelfer auf Ersuchen des Gerichts schriftliche Berichte anfertigen und in manchen Staaten ist das bei allen vorgesehen, es sei denn das Gericht trifft eine andere Anordnung. In elf Staaten ist, bevor ein Angeklagter auf Bewährung entlassen wird, eine Voruntersuchung Pflicht — entweder bei verschiedenen Vergehenskategorien (gewöhnlich Verbrechen), oder völlig unabhängig von der Art des Vergehens. In zwei Staaten (Kalifornien und Michigan) kann kein einer Straftat Angeklagter ohne Untersuchung und schriftlichen Bericht eines Bewährungshelfers verurteilt werden. In der Praxis hängen die Konsequenz, mit der Voruntersuchungen ausgeführt werden, und die Gründlichkeit der Untersuchungen, von der Verfügbarkeit entsprechender Möglichkeiten ab und variieren beträchtlich innerhalb desselben Staates." (Ibid. S. 100/101).

Im Zusammenhang mit Obigem möchte ich auf zwei wichtige Neuerungen hinweisen, die die israelische Gesetzgebung eingeführt hat. Nach einer zusätzlichen Bestimmung zum Bewährungshilfegesetz[1] von 1953 kann eine Anordnung zur Bewährung nur getroffen werden, nachdem der Bewährungshelfer seinen Bericht dem Gericht vorgelegt hat. Das scheint äußerst wesentlich zu sein, wenn man die Bewährungshilfe als Mittel der Behandlung ansieht. Wenn kein Bericht eines Bewährungshelfers vorliegt, hängt die Entscheidung über eine Aussetzung der Strafe zur Bewährung vom Typus des Vergehens oder von dem Eindruck ab, den der Rechtsbrecher auf das Gericht macht, oder davon, ob es sich um ein erstes Vergehen oder nicht handelt, oder vom Alter des Rechtsbrechers, oder einer Kombination aller Faktoren zusammen. Solche Faktoren können jedoch keinesfalls dem Gericht

[1] Probation of Offenders Ordinance (Amendment) 1953, Laws of the State of Israel, Vol. 8, p. 44/45 (English translation).

genügen, wenn es eine Entscheidung zur Aussetzung der Strafe auf Bewährung trifft. Sie beruhen auf Eindrücken, die falsch sein können und man sollte auf dieser Grundlage keine Behandlungsmethode bestimmen. Eine von einer qualifizierten Person durchgeführte Untersuchung scheint den Vorzug zu genießen. Damit wird die Fehlerquelle beträchtlich verringert, was im Interesse aller Betroffenen liegt. Natürlich sind der Bericht des Bewährungshelfers oder darin enthaltene Vorschläge für das Gericht nicht bindend. Seit dieses neue Gesetz in Kraft getreten ist, sind die Resultate der Bewährung besser als früher.

In diesem Zusammenhang soll noch ein anderer Punkt von großer Bedeutung betont werden, der in vielen Fällen Teil einer Bewährungshilfeanordnung ist, nämlich die Festsetzung von Bedingungen. Ursprünglich sah der Erlaß vor, daß, falls eine Anordnung zur Bewährung an eine Bedingung geknüpft wird, diese Bedingung nur für ein Jahr Geltung haben sollte. Unser Gesetzgeber war hier der Ansicht, daß, wenn es nötig ist, die Bewährung an eine Bedingung zu knüpfen, das Gesetz nicht vorzeitig eingreifen sollte, damit der Resozialisationsprozeß statt gefördert, nicht viel mehr behindert wird. Die Zusatzregelung bestimmte daher, daß von nun an die Gültigkeit einer Bedingung bis zu einer Periode von drei Jahren ausgedehnt werden kann, das heißt für die Dauer, für die eine Anordnung zur Bewährung überhaupt gilt.

Zugegebenermaßen besteht eine große Versuchung an eine Bewährungsanordnung, Bedingungen des Wohnorts oder der Behandlung oder des Verhaltens etc. zu knüpfen. Es scheint jedoch, daß man damit große Risiken eingeht, die sogar eine befriedigende Beendung der Bewährungsanordnung gefährden kann. Wenn wir die Voraussetzung annehmen, daß eine Bewährungsanordnung wesensmäßig ein dynamischer Prozeß ist, muß man während dieser Periode Fluktuationen im Verhalten des Probanden voraussehen. Wenn strenge und viele Bedingungen gestellt werden, mag es manchmal unmöglich sein, sie zu erfüllen, und damit wird die Bewährungsanordnung hinfällig. Es scheint daher den Vorzug zu genießen, wenn besondere Bedingungen erst dann gestellt werden, wenn der Bewährungshelfer über die Möglichkeiten seines Probanden einige Einsichten und Kenntnisse gewonnen hat. Ein Antrag an das Gericht, Bedingungen zu stellen, sollte daher der Initiative des Bewährungshelfers überlassen bleiben.

Die zweite Neuerung wurde in die Neufassung des Strafgesetzes (Modes of Punishment Law, 5714—1954) aufgenommen, wo es in Abschnitt 19 heißt:

„a) Ist jemand schuldig gesprochen worden, so kann das Gericht vor Verhängung der Strafe von einem Bewährungshelfer einen schriftlichen Bericht über alle folgenden Punkte verlangen:

1. Die Vorgeschichte des Angeklagten;
2. Einzelheiten über die Familie des Angeklagten, die in bezug auf seine Eltern, Ehepartner, Kinder und Geschwister so vollständig wie möglich sein sollen;

3. Die wirtschaftliche Lage des Angeklagten;
4. Den Gesundheitszustand des Angeklagten und der Mitglieder seiner Familie;
5. Besondere persönliche Umstände, falls vorhanden, die ihn zu dem Verbrechen trieben.

b) Das Gericht soll keine andere Gefängnisstrafe als mit der Bedingung der Bewährung aussprechen, es sei denn, daß der oben erwähnte Bericht eingegangen ist.

c) In einem, wie oben erwähnten Bericht, kann der Bewährungshelfer dem Gericht die Art der Strafe vorschlagen, die seiner Ansicht nach dem Gefangenen Besserungsaussichten bietet.

d) Das Gericht kann verfügen, daß der ihm unterbreitete Bericht den Parteien zugestellt wird, und es kann jegliche Einlassung von ihnen in bezug auf den Inhalt zur Kenntnis nehmen, ist dazu jedoch nicht verpflichtet.

e) Wenn das Gericht nach Erhalt des Berichtes eine Gefängnisstrafe verhängt, dann soll eine Abschrift des Berichts an die Gefängnisleitung geschickt werden, die ihr als Material zur Planung der Behandlung des Gefangenen dienen soll.

f) Die Behauptung, daß der dem Gericht unterbreitete Bericht nicht im Einklang mit den Bestimmungen dieses Abschnitts abgefaßt wurde, soll keinen Grund zum Einlegen von Berufung bilden."

Ursprünglich sollte die Bestimmung des Abschnitts 19 an dem vom Justizminister zur Veröffentlichung in der Amtszeitung bestimmten Datum in Kraft treten, da sie mangels an einer ausreichenden Zahl von Bewährungshelfern für die Anfertigung der erforderlichen Berichte nicht unmittelbar wirksam werden konnte. So vergingen über sieben Jahre, bis sie am 1. 12. 1961 durchVerlautbarung in Kraft gesetzt wurde. Die Bestimmung, die getroffen wurde, sah vor, daß ein Bericht in den Fällen obligatorisch war, in denen der Angeklagte am Tag, an dem er das Vergehen beging, noch nicht 21 Jahre alt war, und auch nur für Straftaten, für die die Strafe mehr als sechs Monate Gefängnis betrug.

Diese Verlautbarung wurde mit Wirkung vom 1. 2. 1964 durch eine andere ersetzt, die vorsah, daß kein Bericht notwendig wäre, wenn der Angeklagte für eine andere Straftat ein Gefängnisurteil verbüße oder falls er eine Straftat begangen hatte, die von Gesetzes wegen mit lebenslänglicher Haft bestraft werden muß, etc. Das Ziel der neuesten Verlautbarung besteht hauptsächlich darin, in der Rechtsausübung ungebührliche und überflüssige Verzögerungen zu vermeiden. Sie hatte aber auch noch insofern eine andere Wirkung als im Hinblick auf die Länge der Gefängnisstrafe keinerlei Bedingungen mehr bestehen, das heißt, daß das Gericht nun für jegliche Gefängnisstrafe zuerst im Besitz eines schriftlichen Sozialberichts sein muß, wenn der Beschuldigte unter 21 Jahre alt ist.

Nebenbei sei erwähnt, daß für die Jugendgerichte Israels die Praxis eines vor der Urteilssprechung von Bewährungshelfern eingereichten Berichts nichts Neues ist, da sie bereits seit mehr als 35 Jahren besteht. Es darf mit Sicherheit angenommen werden, daß in dieser wie auch in anderer Hinsicht, die vom Jugendgericht eingeschlagenen Verfahrens- und Behandlungsweisen allmählich auch von den Gerichten für Erwachsene übernommen werden.

Eine Gesetzgebung aus den letzten Jahren hat in bezug auf die Bewährungshilfe neue Aspekte eingeführt, die etwas ausführlicher besprochen werden sollen.

Abschnitt 18 der Zusatzregelung zum Strafrecht vom Jahre 1954 sieht eine bedingte Gefängnisverurteilung vor. Bis zu diesem Zeitpunkt hatten die Gerichte in Israel diese Möglichkeit nicht. Dieser Abschnitt sieht vor: a) daß ein Gericht, das eine Gefängnisstrafe verhängen kann, diese Strafe auch bedingt aussetzen kann; b) ein Rechtsbrecher, der zu einer bedingten Gefängnisstrafe verurteilt wurde, diese Strafe nicht verbüßen muß, wenn er nicht innerhalb einer spezifizierten Periode von nicht weniger als einem Jahr und nicht mehr als drei Jahren für ein Vergehen schuldig gesprochen wird, das bei der Urteilsverkündung erwähnt worden sein muß; c) das Gericht kein bedingtes Gefängnisurteil fällen darf, wenn das zusätzliche Verbrechen mit Gefängnis bestraft wird.

Die dabei befolgte Prozedur besteht darin, daß, wenn immer ein bedingtes Gefängnisurteil gefällt wird, die Ausführung davon abhängig ist, ob der Rechtsbrecher wegen einer weiteren Tat schuldig gesprochen wird, die vom selben Typus ist wie die dem Urteil zugrundeliegende Straftat. Das unmittelbare Resultat dieses Gesetzes war eine beträchtliche Abnahme in der Anzahl eigentlicher Gefängnisurteile und an ihrer Stelle die Verhängung einer wachsenden Anzahl bedingter Gefängnisverurteilungen. Es wurde auch klar, daß allein die Tatsache, daß das Gefängnisurteil bedingter Natur war, schwerere Strafen als gewöhnlich zeitigte. Das ist eine interessante Erscheinung auf dem Gebiet der Urteilspolitik. Mit anderen Worten, wir haben in Israel die Erfahrung gemacht, daß die Gerichte bei Verhängung eines sofortigen Gefängnisurteils größere Milde walten lassen und gegenüber einem Rechtsbrecher, der auf Bewährung verurteilt wird, strengere Maßstäbe anlegen. Das beruht augenscheinlich auf der Annahme, daß, wenn der Rechtsbrecher die ihm gegebene Chance verwirkt, er die ganze Bürde des Urteils tragen sollte. Doch nach mehreren Jahren der Erfahrung glaubte man, daß Änderungen dieses Gesetzes wünschenswert seien, um die Wirksamkeit dieser Methode zu erhöhen. Die Bestimmungen des Gesetzes wurden daher im Hinblick auf bedingte Gefängnisurteile durch ein Zusatzgesetz ergänzt und erweitert, das am 13. Juni 1963 in Kraft trat. Die wichtigsten neuen Merkmale dieses Gesetzes sind:

a) Wenn das Gericht eine bedingte Gefängnisstrafe verhängt, kann es auch gemäß der Probation of Offenders Ordinance von 1944 die Anordnung zur Bewährung erlassen. Eine solche Bewährungsanordnung kann sich auf die Gesamtperiode des bedingten Gefängnisurteils oder auf einen Teil dieser Periode erstrecken.

b) Wenn ein Gericht für ein zusätzliches Vergehen eine Gefängnisstrafe verhängt, kann es für die Gesamtstrafe keinen Strafaufschub anordnen.

c) Wenn jemand, der bedingt zu Gefängnis verurteilt wurde, eines zusätzlichen Vergehens für schuldig gesprochen wurde, muß das Gericht die Vollziehung des bedingten Urteils anordnen. Eine solche Anordnung muß von dem Gericht ausgehen, das den Angeklagten wegen des zusätzlichen Vergehens verurteilte oder von einem anderen Richter jenes Gerichts.

d) Ein Gericht, das den Angeklagten eines weiteren Vergehens schuldig spricht, wegen dieses Vergehens jedoch keine Gefängnisstrafe verhängt, kann aus schriftlich darzulegenden Gründen eine Erweiterung der Bewährungsperiode für eine Zeit von nicht mehr als zwei Jahren anordnen.

Schließlich ist — last but not least — auch die Frage zu behandeln, ob Richter wissen, wie die ihnen von den Sozialarbeitern unterbreiteten Berichte zu bewerten sind. Ich meine, daß ein geschulter Sozialarbeiter eine Vorbedingung für ein wirksames und sinnvolles Funktionieren eines Jugendgerichts und seiner Ersatzeinrichtungen ist. Es ist jedoch von ebenso großer Bedeutung, daß Richter eines Jugendgerichts einige Spezialkenntnisse besitzen, die sie befähigen diese besondere Funktion zu erfüllen. Infolge des Umfangs und der Vielfältigkeit der Probleme eines Jugendgerichts sind eine fachgerechte Methode und eine kontinuierliche Anstrengung erforderlich. Je mehr Erfahrungen die Richter an diesen Gerichten gewinnen, desto größer ist der Nutzen für jene, die unter ihre Jurisdiktion fallen. Es ist daher notwendig, daß sie auf dem Gebiet der Sozialwissenschaften Kenntnisse und Übung erwerben, die sie befähigen, die sich vor ihnen entfaltenden Situationen oder ihnen von den Sozialarbeitern präsentierten Darstellungen besser zu interpretieren. Das bedeutet nicht, daß Richter selbst die Ausbildung von Sozialarbeitern haben müssen. Es bedeutet lediglich, daß Richter an Jugendgerichten auf dem Gebiet der Sozialwissenschaft in einem Maß geschult werden, daß sie sich nicht nur über rechtliche Aspekte eine eigene Meinung bilden können, sondern sich in Aspekten auskennen, die zum Verständnis der Dynamik des menschlichen Verhaltens und der interpersonellen Beziehungen gehören. Eine echte Sozialisation durch das Jugendgericht kann nur erreicht werden, wenn Richter das zu dieser Aufgabe gehörende Wissen haben.

VIERTES KAPITEL

Die Polizei und der Umgang mit jugendlichen Delinquenten

Es ist eine bekannte Tatsache, daß der Polizei im Umgang mit jugendlichen Rechtsbrechern eine äußerst wichtige Aufgabe zukommt. Bei der Polizei wird Anzeige über verübte Vergehen erstattet, und sie verhört die Tatverdächtigen. Diese Phase, das Verhör des Verdächtigen, bildet den ersten Kontakt mit dem jugendlichen Rechtsbrecher, sie ist auch eines der wichtigsten Glieder in der polizeilichen Behandlung jugendlicher Straftäter.

In einer so massiven Organisation wie der Polizei finden sich im allgemeinen bestimmte Vernehmungsmuster und hegt man vorgefaßte Meinungen über „die beste Methode“ im Umgang mit jugendlichen Delinquenten. Der Polizist und selbst sein Vorgesetzter haben wenig Gelegenheit, Initiative zu entfalten. Die Verantwortung und Entscheidung über bestimmte Maßnahmen oder auch ihre Unterlassung durchlaufen eine hierarchische Bahn, und das lähmt mitunter das selbständige Denken. Kenner des Polizeiwesens behaupten, daß diese polizeiliche Struktur realitätsgerecht ist. Das mag in vielfacher Hinsicht auch der Fall sein, dennoch ist es wichtig, der Initiative und dem selbständigen Denken Raum zu geben, wenigstens dort, wo es um die Behandlung jugendlicher Delinquenten geht.

Es liegt in der Natur der Sache, daß sich die Polizei nicht nur um das Wohlergehen des Jugendlichen, sondern auch und sogar in der Hauptsache um das Wohlergehen und die Sicherheit der Öffentlichkeit kümmert. Hier stoßen manchmal entgegengesetzte Interessen aufeinander. So ist zum Beispiel das Verhör eines des Diebstahls bezichtigten Jugendlichen auch mit der Auffindung des gestohlenen Gutes und seiner Wiedererstattung an den Besitzer verbunden. Manchmal kann eine rasche und energische Aktion der Polizei auch zur Sicherstellung des Diebesguts führen. Aber energische Aktionen stehen nicht immer im Einklang mit modernen Begriffen der Jugendpflege. Wie soll man den jugendlichen Verdächtigen verhören, etwa von vornherein nach dem System der starken Hand, um ihn daran zu hindern, Ausflüchte zu machen und sich vor einem Eingeständnis seiner Taten zu drücken, oder ist eine sanftere Methode vorzuziehen, um sich einer möglichst großen Geständnisbereitschaft des Jugendlichen zu versichern? Darüber herrschen Meinungsverschiedenheiten. In vielen Ländern hat die Polizei wenigstens theoretisch den zweiten Weg eingeschlagen. Diesen Weg beschreitet seit einigen Jahren auch die Polizei Israels, wenn auch nicht immer konsequent.

Hier soll erwähnt werden, daß wahrscheinlich ein enger Zusammenhang zwischen dieser Methode und der Tatsache besteht, daß viele der jugendlichen Delinquenten im polizeilichen Verhör von Vergehen berichten, über die sie gar nicht befragt wurden, Vergehen, die nicht einmal zur Anzeige gelangten. In solchen Fällen führen die Jugendlichen die Untersuchungsbeamten in das Haus des Bestohlenen, damit er ihre Aussage bestätige. Dieser ist manchmal über die Tüchtigkeit der Polizei überrascht, ohne freilich die Quelle dieser Tüchtigkeit zu kennen.

Der Geständnisdrang ist für die Jugend typisch und ist unter anderem der Ausdruck des Wunsches, sich von einem Gefühl der Schuld infolge der verübten Tat zu befreien. Er läßt auch Zeichen eines Wiedergutmachungswillens erkennen, der bei Jugendlichen, die noch keine eingefleischten Verbrecher sind, ziemlich häufig auftritt. Hierin ist denn auch das große Geheimnis der Polizei bei der großen Zahl der „Aufdeckungen" jugendlicher Vergehen zu erblicken. Die Jugendlichen berichten über ihre Taten oft aus Naivität und mitunter brüsten sie sich sogar mit ihnen.

In diesem Zusammenhang sollen kurz die zwei Hauptsysteme erwähnt werden, auf denen die Tätigkeit der Polizei beruht. Das traditionelle System ist im Rechtsvollzug begründet und das modernere System ist auf die Entwicklung der verschiedenen vorbeugenden Methoden ausgerichtet. Nach dem zuerst genannten System eruiert die Polizei die von Jugendlichen verübten Vergehen, um sie vor Gericht zu bringen. Die gesetzliche Ordnung soll bewahrt werden, indem die Rechtsbrecher vor Gericht gestellt werden. Man hat viele Generationen lang geglaubt, daß dieses System sowohl den Belangen der öffentlichen Ordnung als auch der Reformation des Rechtsbrechers gerecht werde. Nachdem man feststellte, daß das System keinerlei Gewähr für eine Verbesserung der Situation biete, wurde im Laufe des letzten Jahrzehnts an einigen Orten das zweite System entwickelt, das den Akzent auf die Verhütung und Resozialisierung setzte. Die Polizei als die für die öffentliche Sicherheit verantwortliche Körperschaft erkannte, daß sie den Bereich ihrer Interessen erweitern und sich in zunehmendem Maß mit diesen neuen Aspekten beschäftigen müsse.

Was die prophylaktischen Tätigkeiten betrifft, so verlaufen sie in der Hauptsache in zwei Richtungen — eine allgemeine Prophylaxe, die die Verhütung von Verbrechen zum Zweck hat und eine individuelle Prophylaxe, die sich die Behandlung des Jugendlichen angelegen sein läßt, damit er erst gar nicht zur Delinquenz kommt, oder jedenfalls daran gehindert wird zum Dauerverbrecher zu werden. Noch operiert die Polizei auf diesen beiden Ebenen mit Unsicherheit und es läßt sich noch nicht sagen, daß sie bereits einen Weg gefunden hat, der ein hohes Maß an Erfolg verspricht.

Ein Fortschritt ist darin zu erblicken, daß die Polizei und ohne Zweifel auch die Polizei Israels, erkannt hat, daß sie nicht auf ausgetretenen Pfaden voranschreiten kann und sie sich vielmehr nach neuen Methoden umsehen muß, um die polizeiliche Behandlung jugendlicher Rechtsbrecher zu modernisieren und vielleicht auch effizienter zu machen.

Hier zeichnet sich an verschiedenen Orten die Tendenz ab, Polizei und Jugend einander nahe zu bringen, indem die Polizei Jugendklubs einrichtet oder Vorträge für Jugendliche veranstaltet, überhaupt verschiedene gesellschaftliche und kulturelle Aktivitäten initiiert, die das Ziel verfolgen auf gesellschaftlicher Ebene zwischen dem Polizisten und dem jugendlichen Staatsbürger einen menschlichen und unmittelbaren Kontakt zu schaffen. An einigen Orten bemüht man sich auch um einen Weg die Mitarbeit jugendlicher Rechtsbrecher zu gewinnen, obgleich sich hier noch keine klaren Vorstellungen über die zu ergreifenden Maßnahmen herauskristallisiert haben. Doch ist klar die Tendenz erkennbar, daß es darum geht, die beiden Hauptsysteme so miteinander zu verzahnen und ins Gleichgewicht zu bringen, daß die öffentliche Sicherheit und die Resozialisierung des Rechtsbrechers in einem solchen Rahmen auf geeignete Weise operativ werden können.

Hier muß auf die Tatsache verwiesen werden, daß die Polizeikräfte in vielen Ländern nicht zentral auf staatlicher Ebene organisiert sind, sondern zum Verwaltungsapparat von Städten, Bezirken und Ländern gehören, die häufig eine sehr große Autonomie besitzen. Das bedeutet, daß man im selben Land verschiedenartige und mitunter einander auch entgegengesetzte Systeme finden kann. Das ist in Staaten mit einer zentralen Polizeileitung wie in Israel anders, insofern dort der Vollzug völlig einheitlich ist. Die Ausbildung erfolgt auf staatlicher Ebene von der Rekrutenschule bis zum Fortbildungskurs für Polizeioffiziere. In solchen Staaten herrscht auch ein festes Aufsichtssystem, das eine dauernde Kritik der Tätigkeiten der Polizeieinheiten ermöglicht und zur Schaffung eines einheitlichen Typus der Polizeikräfte führt.

Die Aufgabe der Polizei im Rahmen der Behandlung jugendlicher Rechtsbrecher wurde in der Jugendstrafordnung von 1937 mit einiger Ausführlichkeit behandelt. Die dort aufgeführten Anweisungen beziehen sich hauptsächlich auf die Dinge, die der Polizei zu tun erlaubt und verboten sind. Zur Zeit dieser Gesetzgebung wurde der pflegerische Aspekt der Polizei noch nicht gewürdigt und glaubte man noch nicht daran, daß die Polizei zur Behandlung jugendlicher Rechtsbrecher einen wertvollen Beitrag leisten könne. Dennoch ermöglichten die Anweisungen ein Handeln im Sinne des Behandelns, ohne daß dadurch der Sinn des Gesetzes beeinträchtigt oder verfälscht wurde. Mit anderen Worten, es besteht die Möglichkeit der Elastizität, der rigorosen oder permissiven Interpretation.

In der erwähnten Strafordnung befanden sich detaillierte Anweisungen über die wichtige Frage des Transportes jugendlicher Straftäter. Paragraph 3 (3) des Gesetzes sagte: „Es ist nach Möglichkeit dafür zu sorgen, daß sich Personen, die offensichtlich unter sechzehn Jahre alt sind, beim Transport zum oder vom Gericht oder während ihres Aufenthalts bei Gericht, sei es vor oder nach der Verhandlung, nicht in der Gesellschaft Erwachsener befinden, die eines Verbrechens angeklagt oder für schuldig befunden wurden, außer es handelt sich um ein Verbrechen, dessen der Jugendliche zusammen mit einem solchen Erwachsenen bezichtigt oder schuldig gesprochen wurde."

Wenngleich die Polizei in diesem Paragraphen nicht ausdrücklich genannt wird, geht doch aus ihm hervor, daß ihre auf diesem Gebiet liegenden Aktivitäten gemeint sind. Die Polizei begriff auch die Notwendigkeit einer Trennung von jugendlichen und erwachsenen Rechtsbrechern auf dem Wege zum oder vom Gericht, wenngleich keinerlei Gewähr gegeben ist, daß diese Schutzmaßnahme den Kontakt zwischen ihnen auf die Dauer verhindern kann. Seit einigen Jahren bildet diese Angelegenheit kein Problem mehr, da es inzwischen interne Polizeidirektiven gibt, die sich mit diesen Dingen, wie wir noch ausführen werden, befassen.

Der Gesetzgeber hatte in bezug auf die altersmäßige Behandlung keine einheitliche Auffassung, denn der Paragraph 3 (3) spricht von jugendlichen Rechtsbrechern, die offensichtlich unter 16 Jahre alt sind, während Paragraph vier desselben Gesetzes, der die Bedingungen der Verhaftung oder der Freilassung auf Bürgschaft bis zum Prozeß behandelt, von jugendlichen Rechtsbrechern spricht, die unter achtzehn Jahre alt sind.

Dieser Paragraph 4 sagte: „Wenn jemand, der unter achtzehn zu sein scheint auf Grund eines Haftbefehls oder ohne einen solchen verhaftet wird und er nicht sofort vor Gericht gestellt werden kann, ist der Polizist, vor den der Jugendliche gebracht wird, *verpflichtet* ihn zu verhören und ebenfalls dazu immer berechtigt, besonders wenn es sich um die folgenden Fälle handelt:

a) Wenn die Anklage auf Mord oder ein anderes schweres Verbrechen lautet, oder

b) wenn es im Interesse des Jugendlichen liegt, ihn vom Umgang mit einer unerwünschten Person abzuhalten, oder

c) wenn die Polizei Grund hat zu glauben, daß die Freilassung des Jugendlichen die Rechtsfindung gefährde —

Die Polizei ist jedoch *verpflichtet* den Jugendlichen *freizulassen*, wenn er oder einer seiner Eltern, oder der Vormund oder irgendeine andere verantwortliche Person sich mit oder ohne Bürgen zur Hinterlegung einer Summe verpflichtet, die nach Ansicht der Polizei sein Erscheinen zur Gerichtsverhandlung gewährleistet".

Die Instruktion in diesem Paragraphen ist unzweideutig; es *besteht* die *Pflicht jeden jugendlichen Rechtsbrecher unter 18 Jahren* bis zur Gerichtsverhandlung frei zu lassen und wenn es keine Bürgen gibt, die für ihn einzustehen bereit oder imstande sind, kann er sogar auf eigene Bürgschaft hin freigelassen werden. In der Tat werden 95 Prozent der jugendlichen Straftäter unter sechzehn Jahren bis zu ihrem Prozeß auf freiem Fuß belassen, und unsere Erfahrung spricht dafür, es auch in Zukunft weiterhin so zu halten. Die allermeisten von ihnen erscheinen vor Gericht nach der ersten Vorladung. Nur bei einer Minderheit muß eine Vorführung angeordnet werden.

Die Situation ist anders bei den 16—18jährigen. Da sie vor ein Gericht für Erwachsene gestellt werden, behandelt man sie wie Erwachsene, obgleich sie den Schutz des Gesetzes genießen. Auf diesem Gebiet ist noch manches zu verbessern, was aber wohl erst möglich sein wird, wenn diese Altersgruppe der Jugendgerichtsbarkeit unterstellt wird. Der Einwand der Polizei, daß es sich hier um ernste Rechtsbrecher handelt, gegen die man mit größerer Strenge vorgehen müsse, ist absolut nicht stichhaltig. Der Freilassung gegen Bürgschaft oder der Inhaftierung kommt große Bedeutung zu. Manchmal verfestigt sich die Einstellung des jugendlichen Rechtsbrechers gegenüber dem Gericht und der Gesellschaft überhaupt bereits in diesem Stadium polizeilicher Maßnahmen, also noch bevor er überhaupt vor Gericht gestellt wird.

Es gibt Länder, in denen man den Jugendlichen, den man bei einer Straftat ergriffen hat, in Gewahrsam nimmt, und sei es auch nur für eine Woche oder zwei. Man ist dort der Auffassung, daß es für den Jugendlichen heilsam ist, die Folgen seines Verhaltens am eigenen Leib zu spüren. Die kurze Haft würde abschreckend und als Warnung wirken und Hoffnungen auf ein zukünftiges gutes Verhalten eröffnen.

Andererseits verhehlt man sich hier die große Gefahr der Assoziation mit wirklichen Verbrechern, auch wenn die Haftperiode kurz ist. Der mit der Haft verbundene Schock wirkt sich nicht nur prophylaktisch aus, sondern ruft vielleicht sogar hauptsächlich das Gegenteil hervor. Hier können ungeahnte böse Folgen auftreten. Die Trennung von zu Hause und die Haftbedingungen tragen in sich geradezu den Keim einer negativen Entwicklung.

Wir hüten uns also vor diesem System und die Erfahrung lehrt, daß diese Einstellung im allgemeinen nicht trügerisch ist, und die Freilassung die Gerichtsverhandlung nicht in Frage stellt. All das gilt von jugendlichen Rechtsbrechern unter 16 Jahren.

Das Jugendgesetz von 1971[1] führte in bezug auf die Untersuchungshaft strengere Bestimmungen ein. Es sagt, daß ein Minderjähriger über 14 nicht länger als vierundzwanzig Stunden in Untersuchungshaft gehalten werden sollte, es sei denn der Richter hat einen Haftbefehl erlassen, der seine Unterschrift trägt. Nur in Fällen, in denen ein Minderjähriger aus einem bestimmten Grund nicht im Laufe der erwähnten vierundzwanzig Stunden vor einen Richter gestellt werden kann, darf der verantwortliche Vorgesetzte einer Polizeistation die Haft um weitere vierundzwanzig Stunden verlängern. Es besteht jedoch die Vorschrift, daß der Polizeioffizier die Gründe für die Verlängerung der Haft schriftlich angeben muß. Diese Gründe müssen dem Richter zur Kenntnis gebracht werden.

Wenn es sich um einen Minderjährigen handelt, der unter vierzehn ist, verfährt das Gesetz in diesem Punkt noch strenger. Die Haftzeit ist auf

---

[1] Youth Law (Trial, punitive methods and treatment measures) 1971, am 23. August 1971 in Kraft getreten.

zwölf Stunden begrenzt. Wenn der verantwortliche Polizeioffizier eine Verlängerung der Haft auf weitere zwölf Stunden für nötig erachtet, so muß sie im Interesse der öffentlichen Sicherheit oder im Interesse der Sicherheit des Minderjährigen liegen, oder weil man ihn vom Verkehr mit unerwünschter Gesellschaft fernhalten muß, oder wenn Grund zur Annahme besteht, daß er ein Verbrechen beging, für das im Gesetz eine Strafe von sieben Jahren oder mehr Gefängnis vorgesehen ist und seine Freilassung Verdunklungsgefahr mit sich bringen könnte. Wie in den vorhin genannten Fällen muß der Polizeioffizier die Gründe für die Haftverlängerung schriftlich niederlegen und sie dem Richter zur Kenntnis bringen.

Ferner muß in den Fällen, in denen ein Richter einen Haftbefehl auf fünfzehn oder dreißig Tage ausstellen kann, die Haft bei einem Minderjährigen auf zehn oder zwanzig Tage beschränkt werden. Es ist klar, daß diese Bestimmungen der Bedeutung Rechnung tragen, die man der Untersuchungshaft zuschreibt.

Es gibt jedoch eine andere Bestimmung im neuen Gesetz von 1971[2], die eine Neuerung darstellt. So heißt es in Paragraph elf, daß die Polizei die Eltern eines Kindes oder eine andere nahestehende Person im Falle seiner Festnahme verständigen soll. Besteht Grund zur Annahme, daß eine solche Information für das betroffene Kind schädliche Folgen haben kann, soll sie dem Bewährungshelfer übermittelt werden. Beabsichtigt ist die Wohlfahrt des Kindes, das durch eine spontane Reaktion der Eltern Schaden erleiden kann.

Doch gibt es keine gesetzliche Bestimmung darüber, daß Eltern oder ein Bewährungshelfer anwesend sein sollten, wenn ihr Kind auf der Polizeistation eine Aussage macht. Die Aussage des Kindes kann von weitreichenden Folgen sein und es sollte in dieser entscheidenden Phase zumindest in Begleitung von Eltern, Vormund oder eines anderen Familienangehörigen sein. Eine derartige Situation ist nicht technischer Natur, denn sie ist mit dem Anspruch von Kindern und Jugendlichen auf die bürgerlichen Grundrechte verknüpft. Solche Rechte müssen gesetzlich verankert sein.

Bei uns in Israel kommt den Aktivitäten der Polizei, die im Lande der Sammlung der Verstreuten und ihrer Verschmelzung operiert, eine einzigartige Bedeutung zu.

Die praktische Bedeutung ging mir einmal bei Gericht auf, als sich ein Vater an mich mit den Worten wandte: „Ich wußte nicht, wo sich mein Sohn während all der Stunden befand. Plötzlich kam ein Polizist, brachte das Kind und sagte, daß mein Sohn bei einem Diebstahl gefaßt worden wäre, ich solle ihn aber nicht verprügeln. Was konnte ich da noch tun?" Aus den Worten des Vaters geht hervor — und es handelt sich nur um einen von vielen Fällen —, daß er ohne Zögern die Autorität der Polizei akzeptiert. Wenn man ihm sagt, er solle das Kind nicht verprügeln, unterläßt er es. Im übrigen kann man in der aktiven Einmischung des Polizisten

[2] Ibid.

die Schaffung gewisser Normen erblicken, die in unserer Gesellschaft üblich sind. In diesem Fall hat der Polizist erzieherisch vorbildlich gehandelt.

Im Rahmen des Zusammentreffens der verschiedenartigsten Kulturen, von einer vorbildlich demokratischen Tradition mit einer Polizei und ihren wohl definierten Aufgaben bis zu einer feudalen oder halbfeudalen Tradition, bei der die Polizei allmächtig ist, fällt es manchmal schwer das richtige Gleichgewicht herzustellen. Es ist daher kein Wunder, daß sich bei uns die Polizei gleichsam nebenher in nicht geringem Maß mit der Aufgabe der staatsbürgerlichen Erziehung befaßt, praktisch jedenfalls, wenn nicht theoretisch, und ihre Aktivitäten merklichen Einfluß und Widerhall finden.

Die Polizei symbolisiert in den Augen der Öffentlichkeit und besonders in den Augen der Jugend die Vollzugsgewalt des Staates. So kommt es der Jugend gelegen ihre Aggression, ihren Widerspruchsgeist und ihre Unzufriedenheit an der Polizei auszulassen. Sie sieht in der Polizei ihren persönlichen Feind, der es in der Hand hat, sie im Zaum zu halten. Daher stammt ihr heimlicher oder offener Widerstand. Gleichzeitig aber herrscht Furcht vor der Polizei, denn sie kann Gewalt mit Gewalt beantworten, sie kann verbieten, vor Gericht stellen und deshalb muß man sich vor ihr in acht nehmen, muß man seinen Gefühlen Zwang antun und sich in ihrer Gegenwart ordentlich betragen. Diesen Motivationen kommt meistens eine eindämmende Wirkung zu, aber es kommt auch vor, daß die provozierten Gefühle die Oberhand behalten und sich in Zusammenstößen mit dem Gesetz und der Polizei Luft machen. Solche Auffassungen werden von vielen Jugendlichen geteilt.

Seitdem 1950 ein besonderes Jugendgericht besteht, trat es an die Polizei mit der Bitte um gewisse Veränderungen bei der polizeilichen Behandlung jugendlicher Rechtsbrecher heran. Die Vertreter der Polizei wandten ein, daß es darum gehe die Sicherheit der Öffentlichkeit zu gewährleisten, weshalb alles Erforderliche getan werden müsse, um Straftäter, seien sie nun Jugendliche oder Erwachsene, dingfest zu machen und zu überführen, wenngleich man einräumen müsse, daß sich Routineaktionen besonders auf Kinder und Jugendliche, deren Vergehen ja keinen kriminellen Charakter trügen, rechtsverletzend auswirken könnten. Es kam daher zu dem Vorschlag, bei Jugendlichen andere polizeiliche Untersuchungsmethoden anzuwenden als bei Erwachsenen. Auf Grund dieser Verhandlungen wurden noch im gleichen Jahr interne Anordnungen erlassen, wonach die Polizei die Abnahme von Fingerabdrücken bei Jugendlichen unter zwölf Jahren unterließ und sie bei den Überzwölfjährigen nur dann für erlaubt erklärte, wenn es sich um ein ernstes Vergehen oder um eine in voller Absicht begangene Straftat handelte. Auch das Fotografieren jugendlicher Rechtsbrecher, bis dahin eine Routineprozedur, wurde untersagt. Die Abnahme von Fingerabdrücken und das Fotografieren führte bei Jugendlichen, besonders bei den Vierzehnjährigen und noch jüngeren und überhaupt bei allen, die ohne vorbedachte kriminelle Absicht handelten, zu depressiven Zuständen. Diese polizeilichen Prozeduren haben in der Tat etwas Einschüchterndes und Deprimierendes an sich. Dazu ist noch zu bedenken, daß diese Fingerabdrücke und Fotos den Jugendlichen sein ganzes Leben lang begleiten und ihm im Verlauf seiner Entwicklung wirklichen Schaden verursachen können. Da nicht jeder Jugendliche ein Dauerdelinquent ist, kann ein einmaliges Vergehen, auch leichter Natur, seine Zukunft besiegeln. Man muß auch noch in Betracht ziehen, daß diese polizeilichen Maßnahmen sogleich beim ersten Verhör vorgenommen werden, selbst in den Fällen, in denen der Jugendliche die Anschuldigung bestreitet.

Die Polizei war auch damit einverstanden, daß der Ankläger im Jugendgericht nur in Zivilkleidung erscheine, damit bei Gericht eine entspannte Atmosphäre geschaffen werde. Diese Verbesserungen stellten gegenüber der bisherigen Situation einen Fortschritt dar und die Polizei Israels tat damit die ersten Schritte zu einer neuen Behandlung jugendlicher Rechtsbrecher. Ihnen sollten im vergangenen Jahrzehnt noch weitere folgen.

Anfang 1960 kam es zu der entscheidenden Errichtung einer eigenen Jugendpolizei in Jerusalem, Tel Aviv und Haifa. An diesen Orten sind zwei Drittel aller jugendlichen Rechtsbrecher des Landes konzentriert. Auch in den anderen Städten werden heute die meisten Angelegenheiten jugendlicher Rechtsbrecher von Polizisten erledigt, die sich zunehmend in diesen Aufgaben spezialisiert haben. Schon vor der Errichtung der Jugendpolizei nahmen Polizisten an intensiven Sonderkursen teil. Auch auf dieser Ebene war das Jugendgericht aktiv und bei der Durchführung der Pläne behilflich.

In diesen Kursen wurde ein besonderer Akzent auf Fächer gelegt, die außerhalb der rein polizeilichen Aufgaben liegen: Rhetorik, angewandte Psychologie, frühkindliche Entwicklung, Einführung in die Soziologie u.a.m. Man ging von der Annahme aus, daß diese Fächer den Polizisten helfen würden die allgemeinen Probleme und spezifischen Motivationen der jugendlichen Delinquenz besser zu verstehen. Solche Kurse werden in bestimmten Zeitabständen bis heute für alle Mitarbeiter der Polizei abgehalten, die sich mit den Problemen der jugendlichen Straftäter befassen.

Um den Problemen der Jugend die gebührende Aufmerksamkeit zu widmen, wurde 1963 im Zentralstab der Polizei eine eigene Abteilung für Jugendkriminalität gegründet. Seither entwickelt die Polizei zusammen mit anderen Faktoren so besondere Erziehungsaktivitäten wie Sommerfrischen während der Schulferien. Hier haben wir einen Aspekt prophylaktischer Arbeit von größter Wichtigkeit vor uns.

In dieser Entwicklung der polizeilichen Arbeit drückt sich meiner Ansicht nach eine unseren Bedürfnissen entsprechende Tendenz aus. Man betont zur Zeit besonders die individuelle und unmittelbare Einstellung gegenüber dem Jugendlichen, die jedoch nicht im Widerspruch zu Sicherheitsmaßnahmen zum Wohl der Öffentlichkeit stehen.

Angesichts dieser Tendenzen in der Polizeiarbeit muß man sich über einen spürbaren Rückschritt wundern, der auf dem Gebiet des Fingerabdruckwesens und Fotografierens tatverdächtiger Jugendlicher getan wurde. Mit der Errichtung der Jugendpolizei wurden im Zentralen Stabserlaß Nr.

15 vom 8. 4. 1960 Anweisungen übeer die polizeiliche Behandlung jugendlicher Rechtsbrecher veröffentlicht. Diese Anweisungen umfaßten: Festnahmen, Durchsuchungen, Vernehmungen Verdächtiger und junger Zeugen, Abnahme von Fingerabdrücken, Entweichen aus einer Erziehungsanstalt, Haftentlassung, die Anklage vor Gericht etc. In diesem Erlaß wurde das Fotografieren Jugendlicher überhaupt nicht erwähnt, so daß sich der Brauch einbürgerte, keine polizeilichen Aufnahmen von Jugendlichen zu machen. Was die Fingerabdrücke betrifft, so wurde ausdrücklich bestimmt, daß bei Jugendlichen unter zwölf Jahren keine genommen werden sollten; bei den 12—16jährigen wurden die Fälle nach Vergehensarten geordnet aufgeführt, in denen sie abzunehmen seien, aber auch hier galt bei den meisten Vergehen, daß keine Fingerabdrücke gemacht werden sollen, „wenn nach den Umständen anzunehmen ist, daß es sich um ein erstmaliges Vergehen handelt."

Mit der Veröffentlichung dieser Instruktionen war anzunehmen, daß die Polizei der Ansicht beipflichte, daß in diesen Fällen ein selektives Verfahren notwendig sei und man nicht dem öffentlichen Interesse diene, wenn man bei einem solchen Verfahren nicht zwischen Jugendlichen und Erwachsenen unterscheide. In den Stabsanweisungen des Erlasses vom Jahre 1963 erhielt der Leiter der Jugendeinheit oder der Kommandant einer Polizeistation die Befugnis zu entscheiden, in welchen Fällen und bei welchen Altersstufen Fingerabdrücke abgenommen werden müssen.

Der Stabserlaß vom 14. 7. 1967 brachte eine zusätzliche und radikale Verschärfung. Diese Anweisungen annullieren alle Beschränkungen in bezug auf die Abnahme von Fingerabdrücken. Von jetzt an müssen sie auch bei neun-, zehn- und elfjährigen Kindern erfolgen, selbst wenn sie nur eines geringfügigen Vergehens verdächtigt werden. Das soll sogar auch bei Kindern unter neun Jahren so gehalten werden, obgleich Kinder dieser Altersstufe gar nicht vor Gericht gestellt werden können. Dieselbe Anweisung bringt auch wieder das Fotografieren tatverdächtiger Jugendlicher aufs Tapet, wenn sie über zwölf Jahre alt sind. Hier zeigt sich ein spürbarer Rückschritt in der Einstellung gegenüber jugendlichen Rechtsbrechern und diese polizeilichen Maßnahmen gehen sogar noch hinter den Zustand zurück, der vor 1950 geherrscht hatte.

Die Gründe, die die Polizei Israels zu diesem Schritt bewogen, sind dem Verfasser nicht bekannt. Der Schritt bedeutet eine empfindliche Schädigung zahlreicher Kinder im zarten Alter, die infolge solcher Maßnahmen vielleicht zu Delinquenten werden. Außerdem ist angesichts der unter der Jugend vorhandenen Delinquenz die Wiedereinführung solcher Maßnahmen nicht gerechtfertigt. Die Einrichtung einer Jugendpolizei dient nicht nur offenkundig der besseren Behandlung jugendlicher Rechtsbrecher, die Polizei selbst zog aus ihr sogar den Hauptnutzen. Wenn jetzt ein Jugendlicher als tatverdächtig gefaßt wird, wenden sich die Polizisten sogleich an die Ämter der Jugendpolizei, da dort die Vernehmungen dieser Jugendlichen konzentriert werden. Dadurch können andere Polizisten für ihre normalen Aufgaben freigestellt werden. Das erste Resultat ist die Bekanntschaft mit zahlreichen Jugendlichen, die Bekanntschaft mit der Situation auf der Straße und den Treffpunkten, an denen die Jugendlichen ihre freie Zeit verbringen. Hinzu kommen Besuche, die die Polizei jenen Orten ständig abstattet.

Die Konzentration von Angelegenheiten der Jugend bei einer eigenen Polizei ermöglicht der Polizei, die mit Straftaten beschäftigt ist, eine volle Ausnutzung ihrer Kräfte. Die Spezialisierung der Jugendpolizei auf diesem Gebiet ist genauso wichtig wie die Spezialisierung in der Jugendrechtsprechung oder die Spezialisierung auf dem Gebiet der Erziehung jugendlicher Straftäter in der Bewährungshilfe oder den Erziehungsanstalten.

Interessant ist die Tatsache, daß seit Errichtung der Jugendpolizei viel mehr Rechtsbrecher gefaßt werden als vorher. Das ist eines der logischen und positiven Ergebnisse, die die Errichtung der Jugendpolizei zeitigte. Ihr Personal hat sich ausschließlich mit Problemen der Jugenddelinquenz zu beschäftigen. Sie müssen nicht auf die Anzeige des Bürgers warten, es ist ihre Aufgabe, sich ins Revier zu begeben, und das allein bringt weitere Entdeckungen mit sich. Zwar handelt es sich bei einem Teil der Vergehen um Bagatellen, um Lausbubenstreiche oder um von augenblicklichen Regungen eingegebene Taten und nicht mehr. Aber gerade in solchen Fällen kann die sofortige Intervention der Polizei gelegentlich eine negative Ausweitung verhüten.

Was die Bagatellsachen betrifft, die aus reiner Unachtsamkeit oder Ungezogenheit verübt werden, so müssen wir auch die andere Seite der Medaille betrachten. Es ist wohl bekannt, daß der Zufall seine Hand im Spiel hat, ob einer bei einem Streich oder einem geringfügigen Vergehen ertappt und vor Gericht gestellt wird oder ob einer nicht erwischt und auch nicht vor Gericht gestellt wird. Es gibt Bürger, die ein wachsames Auge für die Ereignisse ringsumher haben und sich, erscheint ihnen etwas verdächtig, an die Polizei wenden. Es gibt gleichgültigere Bürger, die in solchen Fällen nicht zur Polizei gehen, da sie vor allem, was mit der Polizei zusammenhängt, eine Scheu haben, selbst wenn sie noch nie etwas mit ihr zu tun hatten. Außer dem Zufall gibt es auch in dieser Richtung wirkende soziale Verhältnisse. Einem gut gekleideten Kind von angenehmem Äußeren verzeihen die Passanten einen Streich leichter als einem Kind, das dieselbe Tat beging, aber zu seinem Pech nicht gut gekleidet ist und auch keine guten Manieren hat. Bei letzterem hegt der Passant den Verdacht einen Straftäter erwischt zu haben, und ruft nach der Polizei. Aus irgendeinem Grund glaubt man einen gefährlichen Menschen vor sich zu haben, vor dem man auf der Hut sein muß.

Es stellt sich nun die Frage, ob es überhaupt richtig ist, daß man ein Kind vor Gericht bringt, besonders wenn es noch nicht zwölf Jahre alt ist und das Vergehen nicht aus wirklich kriminellen Motiven heraus erfolgte. Die Polizei meint, daß die gerichtliche Anklage seinen Taten bereits einen Riegel vorschiebt. Man behauptet ferner, daß eine Reaktion auf ein leichtes Vergehen Einfluß auf weite Kreise und nicht nur auf die beteiligten Jugendlichen hat.

Die Richtigkeit dieser Einstellung darf in Zweifel gezogen werden. Meiner Ansicht nach genügt es bei Bagatellfällen und bei rein technischen Vergehen oder Vergehen aus purer Unwissenheit, wenn der Polizeivorgesetzte, der in den großen Städten für die Jugendpolizei Verantwortliche oder der Dienstleiter am kleinen Ort das Kind und seine Eltern zu einer bestimmten Stunde in sein Büro bestellt, um mit ihnen über den Fall zu sprechen. Dazu ein Beispiel. Wenn das Kind im Schulhof Fußball spielte und dabei ein Fenster oder ein Beleuchtungskörper in Scherben ging, warum soll das Kind nicht den Schaden bezahlen und sich wegen seiner Tat entschuldigen? In den meisten Fällen werden die Eltern mit einer solchen Handhabung einverstanden sein, sie ist wirkungsvoll, erzieherisch und auch ökonomisch, und es besteht gar keine Notwendigkeit hier das Gericht einzuschalten.

Zu dieser Kategorie gehören auch Fälle, in denen offenkundig ist, daß das Kind unabsichtlich in seine Tat durch andere Kinder oder sogar Erwachsene hineingezogen wurde. Mit der Anklage vor Gericht verknüpft sich oft eine antipädagogische und antisoziale Handlung. Ein Beispiel: Ein elfjähriges Kind ging mit seinen Freunden spazieren. Unterwegs sahen sie andere Kinder, die mit Büchern aus einem Hof herauskamen. Sie sagten, daß es dort Bücher gebe, die man sich nehmen könne. Er ging mit seinen Freunden in den Hof und holte sich ebenfalls Bücher. Als ich ihn nachher bei Gericht fragte, wie er das tun konnte, ohne die Folgen zu bedenken, erwiderte er: „Alle Kinder nahmen sich Bücher, also nahm ich mir auch welche. Danach brachte ich sie alle wieder an ihren Platz zurück, da ich Reue empfand. Das heißt nicht Nehmen, denn ich gab sie ja sofort wieder zurück." Seine Erzählung stimmte mit der Wirklichkeit überein und es fragt sich, ob es nicht pädagogischer und vernünftiger gewesen wäre, ihm nachdem er Reue gezeigt und begriffen hatte, daß er nicht recht gehandelt hatte, gut zuzureden anstatt ihn vor Gericht zu stellen.

Ein anderer Fall, der Grund zur Überlegung gibt, ob es richtig ist ein Kind vor Gericht zu bringen, weil es beim Fußballspielen im Schulhof Schaden angerichtet hat, hängt mit der betrüblichen Tatsache zusammen, daß es im allgemeinen nicht viele Spielplätze für Kinder gibt. Manchmal duldet die Schule stillschweigend die Benutzung ihres Hofes durch die Kinder. Es kommt aber vor, daß beim Spielen eine Scheibe entzwei geht. Eine kriminelle Absicht liegt nicht vor, obgleich Schaden angerichtet wurde, der natürlich ersetzt werden muß. Ist es aber richtig diese Kinder deswegen vor Gericht zu stellen? Ich bestreite nicht, daß Fensterscheiben auch mutwillig zerbrochen werden und es gibt auch Fälle, in denen Fensterscheiben in der Schule oder anderswo zertrümmert werden und man vors Gericht gehen muß. Aber wenn es sich um unabsichtliche Versehen handelt und Eltern und Kinder zum Schadenersatz bereit sind, sollte man einem polizeilichen Eingriff doch den Vorzug vor einer gerichtlichen Klage geben. Wir sprechen von kindlichen Handlungen, und bei ihnen spielen sehr oft Naivität oder Ungezogenheit eine Rolle, die man nicht, auch wenn das technisch möglich ist, durch eine Anklage vor Gericht als kriminell abstempeln kann. Wir müssen auf diese Dinge so gründlich eingehen, weil es sich um die zukünftigen Bürger dieses Staates handelt und es nicht vernünftig ist, Kinder dem Makel einer Gerichtsverhandlung samt allen damit verbundenen Folgen auszusetzen.

Von Eltern hören wir manchmal, daß ihre Kinder Symptome der Angst und Depression zeigen und nachts vor Schrecken aufwachen, weil sie eine Vorladung vor Gericht erhalten haben. Wenn wir es mit einer Bagatellsache zu tun haben, die in keinerlei Verhältnis zu diesen Erscheinungen steht, müssen wir abwägen, ob das heute übliche System wirklich angebracht ist. Die Erklärung für die Situation liegt darin, daß man im Kind keine Persönlichkeit erblickt, die mit kindgerechten Maßstäben beurteilt werden will, sondern daß man seine Handlungen an den Handlungen Erwachsener mißt. Mit dieser Gleichsetzung ist auf das entschiedenste aufzuräumen. Trotz besonderer Arrangements, die da und dort für Jugendliche bei uns getroffen werden, halten wir an dieser Einstellung noch immer fest.

Ich habe mich davon überzeugt, daß den Gesprächen und Warnungen der Polizeivorgesetzten eine konkrete Bedeutung zukommt und daß Eltern wie Kinder solche Warnungen ernst nehmen und sich die Taten nicht wiederholen. Das heißt nicht, daß die Polizei die Aufgaben des Gerichts übernimmt, denn es geht ja um Handlungen, die ohne kriminelle Absicht verübt wurden, auch wenn vielleicht einiger Schaden entstand. Meiner Ansicht nach besteht nicht die geringste Befürchtung, daß die Aufgabengebiete der Polizei und der Jugendgerichte miteinander vermengt werden. Es läßt sich bestimmen und definieren, in welchen Fällen und unter welchen Bedingungen es erwünscht ist, daß die Polizei ihre Zuständigkeit ausübe, ohne das Kind dem Gericht zu überstellen. Andererseits muß in Betracht gezogen werden, daß ein Jugendlicher, der eine Straftat beging, erwartet, daß er, auch wenn es sich um ein geringfügiges Vergehen handelt, vor Gericht gestellt und bestraft wird. Erfolgt von seiten des Gerichts keine derartige Reaktion, glaubt sich der Jugendliche gar noch zu weiteren solchen Handlungen amtlich ermächtigt.

Mit den Jugendgerichten hat es noch eine weitere besondere Bewandtnis. Zur Vorbereitung seines Berichts an das Gericht, bestellt in Israel der Bewährungshelfer die Eltern des Kindes zu sich, manchmal zwei oder dreimal, bis er sich von den Familienverhältnissen ein richtiges Bild machen kann. In vielen Fällen entsteht dadurch den Eltern durch Arbeitsausfall ein beträchtlicher finanzieller Schaden. Ferner wird auch das Kind im allgemeinen mehrere Male bestellt, selbst wenn es dadurch seinen Unterricht versäumt oder vielleicht auch seine Arbeit. Solche Abwesenheiten erschüttern mitunter die Beständigkeit, die man doch gerade stärken und pflegen will. Solche Erwägungen haben vielleicht einen geringen Wert, wenn es sich um ein wirklich delinquentes Verhalten oder um Erziehungsprobleme des Jugendlichen handelt. Anders ist es aber, wenn das Vergehen den Charakter einer Unart oder Unachtsamkeit trägt, oder wenn die erzieherischen und sozialen Verhältnisse des Jugendlichen eine Einschaltung des Gerichts nicht rechtfertigen. Es stellt sich also heraus, daß die Natur des Vergehens und die Ergebnisse des Gerichts oft in keinerlei Verhältnis zu den vom Kind und seinen Eltern investierten Anstrengungen und Einbußen stehen. Der Makel, der dem Kind wegen seines Auftritts vor Gericht anhaftet, kann es in seinen eigenen Augen und in den Augen seiner Umwelt deprimieren und degradieren.

Auf prophylaktischem Gebiet befaßt sich die Jugendpolizei bei uns mit wichtigen Dingen. Die Jugendpolizisten sind jetzt an bestimmte Reviere gebunden, was ihnen eine gute Kenntnis des Milieus ermöglicht. Ein guter Kontakt zwischen einem Jugendpolizisten, der „zur Szenerie des Viertels" und seiner Bewohner gehört, hindert rechtzeitig die Verübung jener Vergehen, die er überhaupt vereiteln kann. Und wenn ein Vergehen verübt wurde, fällt es ihm oft leicht in kurzer Zeit seine Urheber zu entdecken. Die rasche Entdeckung des Täters durch die Polizei kann häufig auch die Verübung weiterer Vergehen verhindern, denn es gilt zu bedenken, daß nicht wenige Jugendliche aus Unüberlegtheit und Langeweile zu ihren Handlungen verleitet werden. Werden sie gleich zu Beginn gefaßt, untergräbt man oft die Anziehungskraft, die von ähnlichen Handlungen ausgeht.

Den Jugendpolizisten ist es ferner auch in einigen Fällen gelungen Jugendbanden aufzulösen, da sie ihre Mitglieder und ihre Begegnungsstätten kannten. Sie lernten, daß sich um einen mehr oder weniger festen Kern andere Jugendliche konzentrieren, auch wenn sie zu diesen Banden manchmal durch Zufall oder Unachtsamkeit stoßen. Sie wissen nicht immer, daß sich unter ihren Freunden negative Elemente befinden. Sie bedenken auch nicht immer von vornherein die Folgen ihrer Mitwirkung an üblen Handlungen. Im Gegenteil, sie haben die Neigung alles Erwägen und Zaudern aus ihrem Bewußtsein zu verdrängen, da sie sich nur so an ihr müßiggängerisches und leichtfertiges Treiben anpassen können. Sie wollen von dieser Gruppe akzeptiert werden, und der Nachahmungstrieb drängt sie manchmal zu unerwünschten Handlungen.

Ein Polizist, der sich in diesen Dingen auskennt, kann sehr leicht die Mitläufer unterscheiden und sie rechtzeitig über ihre Täuschung aufklären. Kein Zweifel, daß sich viele dann von einer solchen Bande trennen und in ihr normales Leben zurückkehren.

Bei einer solchen Tätigkeit wird dem Polizisten selbst eine Falle gestellt. Er hört den Gesprächen der Jugendlichen zu und wie sie sich einstmals begangener Taten rühmen, auf die sie stolz sind. Der Polizist beschließt der Sache nachzugehen. Dadurch kann der Anschein erweckt werden, er sei ein Detektiv und Denunziant, was seine Position im Kreise der Jugendlichen erschüttert. Nun genießt er nicht mehr das ihm zuvor entgegengebrachte Vertrauen und seine Arbeit verliert an Wirksamkeit.

Interessant ist, daß sich Eltern an die Jugendpolizei bald nach ihrer Gründung um Rat und Hilfe bei Problemen mit ihren Kindern wandten. Diese Eltern meinten gleichsam, daß wenn es eine besondere Jugendpolizei gebe, sie sich in ihren Nöten ja an sie als die gegebene Adresse wenden könnten. Darin kommt auch das Vertrauen zum Ausdruck, das sich diese Einrichtung auf Grund ihrer praktischen Leistungen und ihrer allgemeinen Autorität erworben hat. Bei vielen Eltern setzt sich dabei auch die Erkenntnis vom Niedergang der eigenen Autorität durch und wird der Wunsch nach geeignetem Ersatz rege.

Die Aktivitäten der Polizei sind noch auf andere Weise unmittelbar mit der Tätigkeit des Jugendgerichts verknüpft. Anderswo in diesem Buch wurde erwähnt, daß etwa 80 Prozent aller jugendlichen Rechtsbrecher gestehen, die ihnen in der Anklageschrift vorgeworfene Tat begangen zu haben. Sie glauben, daß mit der Feststellung der Schuld die formalrechtliche Seite der Angelegenheit erledigt sei und es Aufgabe des Gerichts sei, über den ihnen gegenüber einzuschlagenden Weg zu entscheiden. Das Gericht weiß aber in solchen Fällen nichts über die Aussagen der Angeklagten beim Verhör, denn über die Form der Vernehmungen ist nichts bekannt. Nur in den Fällen, in denen die Angeklagten die Anschuldigungen bestreiten, wird manchmal ein Stück dessen sichtbar, was sich bei den Vernehmungen des jugendlichen Straftäters durch die Polizei abspielt.

Diese Aussagen werden in den meisten Fällen als Teil des Beweismaterials vorgelegt und sie gelten als besonders wichtig, wenn der Angeklagte ein volles oder auch nur ein halbes Geständnis der von ihm verübten Tat ablegt. Es gibt klare und ausführliche Anweisungen, die der Untersuchungsbeamte beim Verhör des Verdächtigen und der Protokollierung seiner Aussagen zu beherzigen hat. Werden diese Anweisungen nicht genau befolgt, besteht die Gefahr, daß das Gericht die Aussagen annulliert und das auf ihnen beruhende Gebäude der Anklage vor Gericht einstürzt.

Das Grundproblem ist, ob der Verdächtige dem Polizeibeamten gegenüber seine Aussagen aus freiem Willen, ohne Druck und Zwang und ohne Versprechungen auf eine Begünstigung gemacht hat. Paragraph neun des Aussagenerlasses lautet: „Das Geständnis des Angeklagten, daß er die Tat begangen habe, ist nur dann als Aussage zuzulassen, wenn die Anklagebehörde über die Umstände, unter denen das Geständnis erfolgte, Zeugnis ablegt und das Gericht davon überzeugt ist, daß das Geständnis aus freiem Willen des Angeklagten und in Kenntnis der Situation erfolgte." Wenn der Untersuchungsbeamte sein Verhör beginnt, muß er also dem Angeklagten mitteilen, wessen er den Verdächtigen beschuldigt und ihm dann etwa Folgendes sagen:

„Sie sind nicht verpflichtet, in bezug auf die Beschuldigung auszusagen, es sei denn, Sie tun es aus freien Stücken. Doch wird von allem, was Sie sagen, ein Protokoll angefertigt, das vor Gericht als Beweismaterial benutzt werden kann".

Es fragt sich, in welchem Maß Kinder und Jugendliche die Bedeutung dieser Worte verstehen und begreifen, daß sie faktisch das Recht haben, überhaupt nicht zu sprechen. Andererseits kann sie alles, was sie sagen, inkriminieren und als Beweismaterial gegen sie verwandt werden. Selbst wenn wir annehmen, daß der Vernehmungsbeamte den obigen Text verliest, bevor er mit dem Protokoll beginnt, kann man doch mit völliger Sicherheit behaupten, daß er dem Verhörten niemals in einfacher und verständlicher Sprache die wirkliche Bedeutung erklärt. Und man muß bedenken, daß es sich oft um Kinder und Jugendliche handelt, die infolge der Verhörsituation bei der Polizei zu aufgeregt und eingeschüchtert sind, um die Bedeutung des ihnen routinemäßig vorgelesenen Textes genügend zu verstehen.

Ferner muß der Verhörte das Protokoll unterschreiben; seine Unterschrift dient als Beweis dafür, daß er aus freien Stücken aussagte und er sich in seiner Aussage weder überreden noch beeinflussen ließ. Damit der Verhörte sich seiner Verantwortung bewußt sei, muß ihm der Beamte das Schriftstück vor der Unterzeichnung vorlesen.

Dieses Problem wurde in unzähligen Gerichtsurteilen behandelt und bildete den Grund für zahlreiche Berufungsanträge. Die Frage, vor die sich das Gericht gestellt sieht ist, ob es sich um ein freies und willentliches Geständnis handelte, oder ob der Angeklagte durch irgendwelche Versprechungen, durch Zwangs- oder Drohmittel, oder andere Arten der Gefügigmachung beeinflußt wurde. Ich meine, daß, wenn man die Vorschriften bei erwachsenen Tatverdächtigen so genau beachtet, das erst recht so bei Jugendlichen gehalten werden muß. Ihnen fehlt es an Verständnis und oft auch an Rechtsschutz, und es muß strengstens verboten bleiben, sie in eine Situation zu bringen, in der sie sich selbst inkriminieren.

Manchmal behauptet der jugendliche Angeklagte auf dem Jugendgericht, daß der Vernehmungsbeamte sich nicht erbaut zeigte, als er die Tat bestritt und ihm gesagt oder angedeutet wurde, daß er weiter in Haft bleiben müsse, bis man ihn am nächsten Tag noch gründlicher verhören würde. Es kommt vor, daß man Kinder so nebenher mit weiterer Untersuchungshaft einschüchtert oder ihnen auch die sofortige Freilassung verspricht, wenn sie geständen. Der Vernehmungsbeamte weiß ferner über den Inhalt der Anklage und die Umstände des Vergehens Bescheid und berichtet des kopfnickenden Jugendlichen die Einzelheiten mit den Worten, das hast du getan, und jenes hast du getan. Wenn Eltern bei der Vernehmung zugegen sind, heißt man sie im Nebenraum warten, weil sich das Kind angeblich fürchte in ihrer Gegenwart die Wahrheit zu sprechen oder weil sie sich in die Vernehmung einmischen könnten und das Kind nicht den Hergang der Dinge erzählen ließen.

Wenn ein jugendlicher Rechtsbrecher vor dem Jugendgericht eine derartige Behauptung aufstellt, wird der Vernehmungsbeamte als Zeuge geladen und da stellt sich manchmal heraus, daß nicht der protokollierende Beamte, sondern ein anderer mit dem Kind gesprochen hatte, bevor ersterer das Verhörte zu Papier brachte. Andererseits kommt es auch vor, daß sich bei der Konfrontation des Polizisten mit dem Jugendlichen bei Gericht die Behauptungen des letzteren als völlig nichtig erweisen. Man muß bedenken, daß Jugendliche und selbst Kinder von Familienangehörigen oder Freunden manchmal angehalten werden die Polizei vor Gericht ins Gedränge zu bringen; manchmal haben sie über diese Taktik Erwachsener vor Gericht gelesen oder gehört und beschließen es ihnen gleich zu tun.

Man muß die Schwierigkeiten, auf die die Polizei bei der Erfüllung ihrer Aufgaben stößt, richtig einschätzen. Kinder und Jugendliche bekunden oft die Neigung andere zu verunglimpfen, um sich selbst aus der Affaire zu ziehen. Gleichzeitig muß zugegeben werden, daß ein richtig angebrachtes Verhör von Kindern sehr segensreich sein kann. Sie erzählen relativ leicht, was sich ereignete. In Wirklichkeit haben wir es mit dem Problem des Intelligenzniveaus des Vernehmungsbeamten und nicht mit der Neigung des Jugendlichen zur Lüge zu tun. In dem Maß, in dem der vernehmende Polizist ein hohes Bildungsniveau besitzt, schwindet auch das Bedürfnis nach offenen oder versteckten Zwangsmitteln. Aus meiner Erfahrung weiß ich, daß die Behauptung, die Kinder würden zur Verheimlichung der Wahrheit angeleitet, nicht stichhaltig ist. Einer rigorosen Einstellung beim Verhör wird nur ein zweifelhafter Erfolg beschieden sein.

Alle in diesem Kapitel behandelten Dinge sind in zweierlei Hinsicht von entscheidender Bedeutung. Erstens, soll man die Schuldgeständnisse des jugendlichen Rechtsbrechers vor dem Jugendgericht, ohne alle weiteren Erwägungen akzeptieren, oder ist es auch in solchen Fällen angebrachter von der Anklagebehörde den Beweis der kriminellen Absicht des Jugendlichen bei Verübung der Tat zu fordern? Bei jedem kriminellen Vergehen, von außerordentlichen Fällen abgesehen, wird als Grundlage des Schuldspruchs die kriminelle Absicht gefordert. Es wird allgemein anerkannt, daß die Reaktionsweise eines Kindes anders als die eines Erwachsenen ist, wobei ich hier ein Kind meine, das noch keine vierzehn Jahre alt ist. Unterhalb dieser Altersgrenze besteht noch nicht das Maß der Vorbedachtheit, das bei einem Erwachsenen besteht oder als bestehend angenommen wird. Das bedeutet, daß man auf Grund des Geständnisses, eine Tat begangen zu haben, nicht immer auf eine kriminelle Absicht schließen kann. Diese Absicht muß in einem Strafverfahren bewiesen werden.

Zweitens besteht die Möglichkeit von vornherein anzunehmen, daß der Jugendliche, der aus freien Stücken seine Schuld gesteht, aus krimineller Absicht heraus und mit Vorbedacht der Folgen seiner Tat handelte. Diese Annahme ist bei uns überaus verbreitet, besteht jedoch nicht die Probe aufs Exempel, wenn der jugendliche Rechtsbrecher vor Gericht die Verübung seines Vergehens zugibt. Es stimmt, daß dieses System in den meisten Ländern angewandt wird, auch wenn zu bedenken ist, daß das Mindestalter in den einzelnen Ländern verschieden ist. In bezug auf die Zweifelhaftigkeit voller strafrechtlicher Verantwortung hat man Altersstufen von zwölf, vierzehn oder auch achtzehn Jahren bestimmt — bei uns ist ein Alter von neun oder zwölf Jahren festgesetzt worden. Diesbezüglich hat das Oberste Gericht (151/51, Band 6, Blatt 49, Urteilssprüche) die folgende Prozedur bestimmt:

„Ein Schuldgeständnis bedeutet ein Eingeständnis der Realität aller Elemente, die das Fundament der Schuld bilden, wie sie im Detail in der Anklageschrift aufgeführt wird und ein solches Geständnis befreit das Gericht von der Pflicht Beweise zur Begründung der Anklage und dem Vorhandensein der zum Schuldspruch erforderlichen Elemente anzuhören".

Hier stellt sich die Frage, wie groß das Beweismaterial sein muß, um zum Schuldspruch auszureichen. Im Jahre 1936 vollzog sich auf diesem Gebiet ein entscheidender Wandel, wonach es keiner unterstützender Aussagen mehr bedarf und es möglich ist, einen Menschen auf Grund der Aussage eines einzigen Zeugen schuldig zu sprechen, wenn sich das Gericht durch die Aussage überzeugt erklärt. Es gibt freilich zur Zeit keine detaillierte Anweisung bezüglich der Menge der Beweise, die zum Schuldspruch in einem Strafverfahren notwendig sind, aber aus zahlreichen Urteilssprüchen wissen wir, daß große Vorsicht angebracht ist, bevor ein Gericht auf Grund der Aussage eines einzigen Zeugen einen Schuldspruch fällt. Unter Aktennummer 203/45 heißt es: „Der Zusatz zu Paragraph sechs des Aussagegesetzes verglich das Gesetz des Landes mit dem Gesetz in England, um festzustellen, daß dem Gericht das volle Recht zusteht auf Grund der Aussage eines einzigen Zeugen einen Schuldspruch zu fällen, wenn es von der Wahrhaftigkeit des Zeugen überzeugt ist. Mit anderen Worten, wenn sich das Gericht davon überzeugt hat, daß der einzige Zeuge aufrichtig ist und man sich auf ihn verlassen kann, ist seine Aussage so gut, wie wenn sie von zehn Zeugen unterstützt worden wäre . . ."

Dasselbe Prinzip, wenn auch anders formuliert, findet sich in den Akten 6/52, die im 6. Band der Urteilssprüche, S. 753 veröffentlicht wurden, wo es heißt: „Niemand bestreitet, daß das Gericht im Sinne des Gesetzes einen Menschen auf Grund der Aussage eines einzigen Zeugen schuldig sprechen kann, aber nach der Regel, die in der Vergangenheit in einer Reihe von Urteilen aufgestellt wurde, ist es Pflicht, eine Anzahl Erwägungen anzustellen, bevor das geschieht. Die Regel lautet: Man spricht einen Menschen nicht auf Grund der Aussage eines einzigen Zeugen schuldig, es sei denn der Richter hielt sich vor Augen, daß der Beweis gegen jenen Menschen auf der Aussage eines einzigen Zeugen beruht und daß er sich unter den Umständen des Falles auf die Aussage stützen und seinen Schuldspruch fällen kann. Wo nicht feststeht, daß einem Gericht der ersten Instanz solche Erwägungen vor Augen standen, wird das Berufungsgericht nicht zögern den Schuldspruch aufzuheben . . ." Man hört fast das klare Nein aus diesen Zeilen, das dem Ja vorzuziehen sei.

Im Zusammenhang damit muß die Lage beurteilt werden, wenn der einzige Beweis auf dem Geständnis des Angeklagten beruht. Dieser Fall kommt bei jugendlichen Rechtsbrechern ziemlich häufig vor und wenn wir berücksichtigen, was oben über die Form der Aussagenfeststellung, die ein Geständnis enthält, gesagt wurde, wird die auf diesem Gebiet herrschende Befürchtung verständlich. Überflüssig zu betonen, daß natürlich niemand beabsichtigt, Unschuldige zu verdächtigen, aber in meiner Tätigkeit am Jugendgericht unterliefen mir ziemlich viele Fälle, in denen ich mit der Art der Aussagefeststellung keinesfalls zufrieden war, und solche Fälle rechtfertigen meiner Ansicht nach eine besonders vorsichtige Haltung.

In 3/49, Urteilssprüche, Band 2, S. 87 wurde das Problem der Schuldigsprechung lediglich auf Grund des Geständnisses des Angeklagten behandelt. Unter Bezug auf das in England geltende Prinzip wurden die folgenden Punkte erörtert:

1. Das Gesetz verbietet die Schuldigsprechung eines Menschen auf Grund seines Geständnisses nicht; um sicher zu gehen, muß das Gericht jedoch mittels eines Tests feststellen, ob das Geständnis auch wirklich den Tatsachen entspricht.

2. Die obige Überprüfung dient der Unterstützung des Geständnisses und ist nicht mit der Forderung nach einem unterstützenden Beweis zu verwechseln.

3. a) Der Ankläger muß aufzeigen, auf Grund wessen man sich auf das Geständnis stützen kann, und der Beschuldigte ist keinesfalls verpflichtet aufzuzeigen, daß das Geständnis unwahr ist.

b) Der Ankläger kann dabei so vorgehen, daß er die im Geständnis gesagten Dinge mit anderen Beweisdingen und Erforschung der übrigen Umstände des Falles vergleicht.

4. Sieht das Gericht angesichts obiger Überprüfung, daß das Geständnis der Wahrheit entspricht, so stützt es sich darauf und spricht den Angeklagten schuldig, wenn nicht, spricht es ihn frei.

Hier wäre noch ein Aspekt zu erwähnen, der manchmal auf dem Jugendgericht sichtbar wird. Nehmen wir an, daß die Aussage des Angeklagten vor der Polizei auf dem Jugendgericht als in jeder Hinsicht einwandfrei akzeptiert wird, so ist auch in diesem Fall noch „etwas Zusätzliches" vonnöten, um darauf einen Schuldspruch zu gründen. Dieses „Zusätzliche" läßt sich manchmal in der Aussage des Angeklagten finden, der sein eigener Zeuge ist, seien es Äußerungen auf eigene Initiative, seien es Dinge, die man aus ihm beim Kreuzverhör herausbekommen hat. Natürlich hat der Angeklagte das Recht zu schweigen und nicht als Zeuge auszusagen. Sein Schweigen kann an sich nicht gegen ihn verwandt werden, es hängt von den Umständen des einzelnen Falles ab, ob man ihm das Schweigen zu seinem Vorteil oder seinem Nachteil auslegt. Sein Schweigen kann also zu seiner Freisprechung führen, wenn nicht noch etwas anderes hinzukommt und das Gericht nicht über jeden Zweifel davon überzeugt ist, daß er die ihm zugeschriebene Tat wirklich begangen hat. Es gibt Anwälte, die sich auf solche Prozesse verstehen und dem Angeklagten gerne raten von einer Aussage abzusehen, wodurch sie seinen Freispruch erwirken.

Zusammenfassend läßt sich sagen, daß es einer ständigen Wachsamkeit bedarf — vor allem bei der Polizei selbst — damit die polizeiliche Behandlung jugendlicher Rechtsbrecher den Erfordernissen unseres Staates entspreche. Im Zusammenhang damit muß anerkannt werden, daß bei der Polizei eine gewisse Verwirrung herrscht, deren Ursprung in den Veränderungen zu suchen ist, die in der Konzeption ihrer Funktion bei der Behandlung jugendlicher Rechtsbrecher eingetreten ist. Diese Verwirrung verursacht manchmal einen Mangel an Effizienz. Die Leute von der Polizei wissen, daß man von ihnen eine andere Einstellung als die traditionelle Polizisteneinstellung erwartet. Sie geben auch zu, daß man zwischen der Einstellung zu Jugendlichen und der zu Erwachsenen einen Unterschied machen muß. Aber gleichzeitig bestehen bei ihnen noch viele Zweifel, ob die neue Einstellung vom Polizeistandpunkt aus wirklich einen Nutzen bringt. Diese Zweifel verstärken sich besonders bei negativen Resultaten, das heißt, wenn der jugendliche Straftäter trotz der neuen Einstellung weiterhin Straftaten verübt. In dieser Situation kommt es zur Erschütterung des Glaubens an die Richtigkeit und Wirksamkeit der neuen Systeme. Die Folgerung daraus ist, daß sich der Polizist, der auf Grund seiner Aufgabe weiß, was er in jedem einzelnen Fall zu tun hat und das mit der ganzen Entschiedenheit, die seine Tätigkeit charakterisiert, als zögernd und unsicher erweist. Einen Beweis dafür kann man zum Beispiel in den Vorgängen finden, die sich nach der Flucht jugendlicher Rechtsbrecher aus einer Erziehungsanstalt abspielen. Eine Mitteilung darüber ergeht zwar an die Polizei, die Flüchtigen werden jedoch nicht oft in die Anstalt zurückgebracht, obgleich ihr Aufenthaltsort bekannt ist. Die Polizei hat gegen die an sie gerichtete Forderung den Jugendlichen wieder in die Anstalt zurückzubringen, alles mögliche einzuwenden. Ein Grund ist, daß der Jugendliche inzwischen einen Arbeitsplatz gefunden hat, der eine Gewähr für seine Resozialisierung biete und außerdem trage der neue Arbeitsverdienst zum Unterhalt der notleidenden Familie bei. Die Polizisten machen sich daher manchmal mit großem Unwillen an die Aufgabe, den Jugendlichen wieder in die Anstalt zurück zu bringen und sie bekunden auch gegenüber dem Jugendlichen und seiner Familie Zeichen der Sympathie. Diese Gefühle wirken sich natürlich direkt oder indirekt auf die Rückkehr der Jugendlichen in die Anstalt aus. Es scheint klar, daß die Aufgabe der Polizei in diesem Abschnitt von erstrangiger Bedeutung ist und in dem Maß, in dem es ihr gelingt die Widersprüche — die wirklichen oder eingebildeten — bei der Erfüllung ihrer Aufgaben zu überwinden und ihre Arbeitsweise immer wieder der Kritik zu unterziehen, wird sie ihre Frische bewahren und ihren Auftrag auf dem Gebiet der Behandlung und der Prophylaxe erfüllen.

ZWEITER TEIL

Der lokalgesellschaftliche Hintergrund

Stärket die müden Hände
und macht fest die wankenden Knie!
Jesaja 35; 3

FÜNFTES KAPITEL

Tendenzen und Wandlungen im Verhalten der israelischen Jugend

In den letzten Jahren hört man oft die Behauptung, daß die heutige israelische Jugend enttäuscht hat. Man sagt uns, daß sie für die Aufgaben des Pioniertums nichts mehr übrige habe und hauptsächlich im Streben nach einer persönlichen Karriere aufgeht. Diese Jugend glaube nicht mehr an den Idealismus, ihr Hauptziel sei in unserem Land und in vielen anderen Ländern der Welt ein Leben der Zerstreuung, des Luxus und der Bequemlichkeit zu führen. Diese „Ideale" der Jugend erfreuen sich in der Welt der Erwachsenen keinerlei Hochschätzung im Gegensatz zu den Idealen, die den Erbauern des Landes während der heroischen Epoche vor der Staatsgründung voranleuchteten.

Diese Behauptungen werden von anderen mit dem Einwand bestritten, daß man nicht berechtigt sei, die Jugend einer solch defaitistischen Gesinnung zu zeihen. Richtet man vor ihr die geeigneten Ziele auf, dann erfüllt sie ihre Pflichten genau wie es die Jugend vor der Staatsgründung getan hatte. Und den Beweis für die Bereitschaft der Jugend ihre Aufgabe zu erfüllen, könne man im Sechstagekrieg erblicken.

Niemand bestreitet, daß wir in einer Epoche leben, deren hervorstechendster Zug auf der Ebene der technischen Errungenschaften liegt. Wenn man vom „technologischen Paradies" spricht, so ist diese treffende Definition nicht nur im Wortsinn zu verstehen, gemeint ist vielmehr eine Lebensweise, die von der der jüngsten Vergangenheit ganz und gar verschieden ist. Eines der charakteristischen Phänomene des „technologischen Paradieses" ist, daß in dem Maß, in dem die wissenschaftliche Entwicklung bestimmte Menschen mit Riesenschritten voranbringt, sie die Schwäche und Ohnmacht

vieler anderer Menschen enthüllt, im gleichen Tempo mit der Zeit Schritt zu halten. Daraus versteht sich eine Problematisierung, denn ein „Panthersprung“ in einer modernen Gesellschaft schafft eine Klasse von Versagern und Schwachen, die an den Rand der Gesellschaft gedrängt werden. Die praktische Folge ist eine dauernde Hebung des Lebensniveaus der einen Klasse und der dauernde Rückgang der anderen.
Daher nimmt das zwiespältige Verhältnis zur modernen Gesellschaft immer mehr zu, besonders in einer so heterogenen Gesellschaft wie Israel. Einerseits wird man sich dessen bewußt, daß es besser und bequemer ist, in einer Wohlstandsgesellschaft zu leben, andererseits spürt man fast auf jedem Schritt und Tritt, wie schwer es fällt den angemessenen Standard zu erreichen. Das ist meiner Meinung nach einer der Hauptgründe, der den Glauben an die Gesellschaft erschütterte und sie von allen Seiten her der Ablehnung aussetzte. In gewisser Hinsicht läßt sich sagen, daß das die schwachen Glieder einer großen und starken Kette sind, und man weiß ja, daß, wenn man sich die Schwäche von Kettengliedern verhehlt, die Vollständigkeit der ganzen Kette gefährdet ist. Die moderne Technik schafft zahlreiche persönliche und soziale Probleme, denen man sich stellen muß. Die moderne Gesellschaft wird nicht nur an ihren Leistungen auf wissenschaftlichem Gebiet, sondern auch nach ihrem Vermögen bemessen, die schwachen Schichten mit den geeigneten sozialen Einrichtungen zu versehen. Und im Jugendgericht enthüllt sich diese Schwäche in ihrer ganzen Nacktheit.

Jeder, der über die Zunahme der Kriminalität unter den Jugendlichen erstaunt ist, muß zuerst die gewaltigen Veränderungen sehen, die in der organisatorischen Struktur der Gesellschaft auftraten. Diesem Punkt kommt nicht nur um eines umfangreicheren und vertiefteren geschichtlichen Verständnisses willen Bedeutung zu, er dient auch der korrekten Einschätzung der zukünftigen Entwicklung. Wir befinden uns inmitten einer Epoche, deren Folgen für den Menschen und die Gesellschaft in der Zukunft von entscheidendster Bedeutung sein werden. In dieser Hinsicht gleicht unsere Gesellschaft dem Beginn der Industriellen Revolution, nur mit dem erheblichen Unterschied, daß das Tempo der Entwicklung rascher ist und zahlreichere Gebiete umfaßt.

Solche gesellschaftlichen Umwälzungen berühren nicht nur den äußeren Rahmen. Sie haben auch einen großen Einfluß auf das Verhalten der Menschen und damit auch auf die Vermehrung der Kriminalität. Die großen gesellschaftlichen Veränderungen, die im Gefolge der wissenschaftlichen und technischen Entwicklung auftraten, ereigneten sich nicht im leeren Raum und es taucht die Frage auf, wo der gewöhnliche Mensch dort seinen Platz findet. Es ist selbstverständlich, daß nicht alle Menschen mit diesem Riesentempo Schritt halten können und eines der Ergebnisse, das man voraussehen kann, ist, daß viele straucheln und zurückbleiben werden. In der Industriegesellschaft kommt den Erfahrungen des Mißerfolgs und Unglücks eine große Bedeutung zu, da sie zur Vereinsamung, zur Isolierung und zu einem Gefühl der Ohnmacht führen und so der Boden für eine wachsende Kriminalität fruchtbar gemacht wird. Das bedeutet, daß die Gesellschaft gezwungen ist, für die riesige Entwicklung ihrer organisatorischen Struktur einen Preis zu bezahlen und sie zudem verpflichtet ist, diesen Preis so niedrig wie möglich zu halten.

Es herrscht allgemeine Übereinstimmung darüber, daß sich bei uns in Israel ein Wandel der Werte vollzieht. Unsere gesellschaftliche Struktur verändert sich dauernd und in raschem Tempo. Der Wandel in der Zusammensetzung der Bevölkerung ist keine äußerliche Angelegenheit, die sich nur in statistischen Zahlen niederschlägt, wir haben es mit einem qualitativen Wandel zu tun, der sich sowohl auf das Individuum als auch auf die Gesellschaft auswirkt. Eine der hervorstechendsten Veränderungen betrifft die sozialen Gegensätze, die sich infolge der ungeheuren Entwicklung unserer gesellschaftlichen Struktur auftaten. Die Verschärfung dieser Gegensätze unter den verschiedenen Schichten führt unter anderem zu einer Vertiefung des Gefühls der Unterprivilegiertheit. Selbst wenn wir annehmen, daß für dieses Gefühl keine Grundlage bestünde, darf man nicht vor solchen Gefühlen die Augen verschließen oder sie bagatellisieren. Die Verbreitung von Gewaltakten, die zu einer alltäglichen Erscheinung wurden, stellt eine von vielen Reaktionen darauf dar.

Auch innerhalb der Familie verschärfen sich zunehmend die Gegensätze und damit auch zwischen Individuum und Gesellschaft. Es ist ein Irrtum in der Verschärfung von Gegensätzen an sich einen positiven Prozeß zu erblicken. Die aus der Pionierbewegung der zwanziger und dreißiger Jahre in Ost- und Westeuropa bekannten Vorbilder der Jugend, die die Loslösung vom Leben ihrer Eltern proklamierten, lassen sich nicht auf unsere neue Wirklichkeit übertragen. Sie leisten infolge der veränderten Umstände weder zum Wohle des Individuums noch der Gesellschaft einen Beitrag.

Aber nicht nur das. Wir haben im gleichen Maß unser Augenmerk auf das bedeutungsvolle Phänomen des Verschmelzungsprozesses der verschiedenen Judenheiten zu richten. Es ist bekannt, daß die gesellschaftliche Auflösung, die sich in der verkleinerten Familie ankündigt, zunimmt, eine Auflösung, die einen hohen Prozentsatz der heutigen Bevölkerung umfaßt. Mit anderen Worten, über die Hälfte unserer Bevölkerung gerät abrupt und akut aus dem Rahmen der geschlossenen Familie in den der offenen und freieren Familie. Seinen charakteristischen Ausdruck findet dieser Prozeß in der Erschütterung der fast unumschränkten Herrschaft des Vaters als einer alles bestimmenden Zentralfigur innerhalb der Familie. Das allein hat weitreichende Folgen, da das dadurch entstehende Vakuum noch nicht ausgefüllt werden kann.

Der Übergang in eine neue Umwelt mit anderen Lebensbedingungen genügt, um große Veränderungen in den traditionellen Familienverhältnissen hervorzurufen. Eltern müssen sich erneut in das Joch des Existenzkampfes einspannen, und so verbleibt ihnen natürlich wenig Zeit, sich um ihre Kinder zu kümmern. Oft müssen Vater und Mutter zusammen zur Arbeit gehen. Bei den orientalischen Juden ist die Lage anders. Dort ist es oft die Mutter, die vom ersten Tag der Einwanderung die Ernährung der Familie übernimmt. Alles, was sie können muß, ist Dienstmädchenarbeit und dazu ist sie bestens befähigt. Für diese Art ungelernter Arbeit besteht eine große Nachfrage. Anders ist es beim Mann, den der Mangel an Sprachkenntnissen oder einem erlernten Beruf von der Übernahme eines festen Arbeitsplatzes ausschließt. Das genügt meistens um das innere Gleichgewicht der Familie zu erschüttern. Und was ist das Resultat dieser Zustände? Gerade wenn die Kinder darauf angewiesen sind, daß man sich mit ihrer Eingewöhnung in ein neues Land Mühe gibt, fehlt es an Aufmerksamkeit für sie und am Ende werden sie sich selbst überlassen. Von da an ist es nur mehr ein Schritt bis zum Zusammenstoß unter den Familienmitgliedern und zwischen ihnen und der Umwelt. Zudem tragen ihnen die traditionellen Verhaltensweisen in ihrer neuen Umwelt nur Verachtung ein, wenn sie nicht deshalb sogar mit Bestrafungen rechnen müssen. Von den Kindern wird verlangt, sich rasch die Begriffe des Erlaubten und Verbotenen anzueignen. Diesem Konflikt kommt eine große soziale Bedeutung zu, da er den Charakter eines Massenphänomens hat.

Eines der Phänomene, die für die orientalischen Neueinwanderer verwirrend sind, besonders die Mütter, ist die Tatsache, daß man ständig an sie Forderungen stellt. Unsere Gesellschaft zeichnet sich dadurch aus, daß sie ununterbrochen vom Einzelnen und von Gruppen etwas verlangt. Diese Forderungen erstrecken sich auf alle Lebensgebiete und auf dem Individuum lastet ein schwerer Druck diesen Forderungen nachzugeben. Die Gesellschaften, in denen diese ethnischen Gruppen lebten, stellten fast keine Anforderungen an sie. Oder wenn es solche Forderungen gab, so betrafen sie Heim und Familie und dienten sie der Entlastung des Individuums. Das Individuum merkte gar nicht, daß man von ihm eine besondere Anstrengung erwartete. Der Übergang zu den neuen Mustern ist besonders für die Mütter schwer, da sie früher gewohnt waren, daß ihnen die Mitglieder der Familie bei der Erziehung ihrer Kinder halfen, sich an ihren Sorgen um Mann und Wirtschaft beteiligten, und ihnen Zeit zur Unterhaltung mit der Nachbarin ließ. Und Müßiggang war unter ihnen Sitte und Gewohnheit.

Demgegenüber haben diese Einwanderer in Israel in ihrem neuen Heim eine große emotionale Last zu tragen, da dauernd an sie große Anforderungen gestellt werden. Man wird sich daher nicht wundern, wenn viele sich immer schwerer tun, diesen Forderungen gerecht zu werden. Der Einzelne hat kein Heim, in dem er in der Not Zuflucht findet und auch von seinen Verwandten kann er nicht viel Hilfe erwarten. Meistens wohnen sie zu weit entfernt, aber selbst wenn sie doch in der Nähe des Hilfsbedürftigen wohnen, so können sie ihm nicht helfen, weil sie mit denselben Problemen zu ringen haben. Das Individuum bleibt sich selbst überlassen und die unerledigt bleibenden Probleme steigern nur noch mehr seine Schwäche.

Der Einzelne hat keine andere Wahl mehr als die Schuld dieses Zustandes der Gesellschaft zuzuschieben. Dadurch gerät er mehr und mehr in eine Stellung der Abhängigkeit, die wiederum bei ihm das Gefühl seines Mißerfolgs, seiner Enttäuschung, seines Protestes verstärkt. Dieser Prozeß hat etwas Besorgniserregendes an sich. Die Probleme verringern sich nicht nur nicht im Laufe der Zeit, sie werden vielmehr immer größer.

Das Wohl der Kinder und ihre Bedürfnisse gebieten, daß sie die Werte der neuen Umwelt zu den ihrigen machen. Sie fühlen sich von diesen Werten instinktiv angezogen, da sie ihnen allein den Schlüssel ihrer Zukunft zu bergen scheinen. Sie sehnen sich danach von ihren Spielkameraden akzeptiert zu werden, um als Gleiche unter Gleichen zu sein. Auf dieser Grundlage kommt es zum Zusammenstoß zwischen den traditionellen Werten, die von der Familie gepflegt und vermittelt werden und den Bestrebungen der neuen Gesellschaft, die in die Richtung und Entfaltung neuer Beziehungen weisen — und meistens außerhalb des Bereichs der Familie liegen.

Die Akklimatisationsprozesse der Kinder verlaufen bei ihnen rascher als bei ihren Eltern. So wird zwischen ihnen und ihrer Familie eine Kluft aufgerissen, die in dem Maße, in dem sie sich immer mehr erweitert, die Interessenidentität, die früher die Familie zusammenhielt, in den Hintergrund treten läßt. Hier verbirgt sich der Anlaß zu Reibungen unter den Familienangehörigen, ein oft wichtiger Grund für die Verwirrung der Familienbeziehungen. Dann formiert sich immer stärker die Ablehnung der Gesellschaft und zur Jugendkriminalität ist es nur mehr ein kurzer Schritt.

Die Reaktion der orientalischen Juden auf die Prägung durch die abendländische Kultur ist infolge der verschiedenartigen Herkunft und inhomogenen Tradition dieser orientalischen Gemeinschaften keinesfalls einheitlich. Diese Feststellung trifft besonders auf die Familie als Einrichtung zu, die vor komplizierten Problemen steht, deren Quelle in einer Lebensweise liegt, in der sich, so charakteristisch für die israelische Gesellschaft, rasche Veränderungen vollziehen. Gewisse Gemeinschaften beeilen sich mit der Assimilation an die westliche Kultur und sie streifen mit Leichtigkeit ihre alten Sitten ab. Andere bemühen sich von diesem Prozeß verschont zu bleiben und akzeptieren den Einfluß der Umwelt nur nach langem Zögern. Die einen neigen zu extremen Anschauungen und starrem Verhalten, andere unterwerfen sich passiv der neuen Lebensweise. Diesen Einstellungen kommt im allgemeinen ein unmittelbarer Einfluß auf das Verhalten der Kinder und ihr Vermögen — oder Unvermögen — zu, auf die Erwartungen ihrer Eltern im besonderen, und die Erwartungen der Gesellschaft im allgemeinen, zu reagieren. Es läßt sich nicht angeben, wie lange der Prozeß der Einschmelzung der Judenheiten dauern wird. Die bisher gewonnene Erfahrung zeigt uns, daß die Anpassung an das neue Milieu für viele nicht besonders schwierig ist. Doch vorläufig haben wir noch nicht die Gewißheit, daß jene, die sich leicht anpassen, tatsächlich auch die Werte der neuen Umwelt und ihre Gepflogenheiten voller innerer Überzeugung annehmen; ihre Anpassung ist möglicherweise nur oberflächlicher und rein zufälliger Art. Wenn das so ist, wie lange dauert ein wirklicher und vollständiger Prozeß der Anpassung? Hier muß man auf ein überaus interessantes Phänomen eingehen. Unter

Neueinwanderern aus den orientalischen Ländern tritt die Jugendkriminalität im allgemeinen einige Jahre nach ihrer Einwanderung auf. Diese Tatsache steht im Widerspruch zu der Ansicht, nach der die Hauptschwierigkeiten des Anpassungsprozesses zwei bis drei Jahre nach der Einwanderung auftreten. Dieses Problem scheint also viel komplizierter zu sein als man zunächst glaubte und bedarf einer grundsätzlichen Untersuchung. Aus meinen Eindrücken im Jugendgericht gewann ich die folgende Erklärung:

In den ersten Jahren der Einwanderung in ein Land von so ganz anderer sozialer Struktur zeigen die Einwanderer keine beachtliche Neigung die traditionellen Sitten ihrer Herkunftsländer zu verändern. Es herrscht die spürbare Neigung die alte Lebensweise des Herkunftslandes fortzusetzen. Natürlich dauert es eine gewisse Zeit, bis die Werte der neuen Umwelt in die traditionelle Familienstruktur eingedrungen sind. Es vergeht eine beträchtliche Zeit, bis zwischen den neuen Einwanderern und Menschen außerhalb des engeren oder weiteren Familienrahmens Freundschaftsbeziehungen hergestellt sind. Es stellt sich auch heraus, daß die Anpassungsfähigkeit unter den verschiedenen Familienmitgliedern uneinheitlich ist. Die Reaktionsweisen sind verschieden und selbst gegensätzlich, die innere Identifizierung mit verschiedenen Interessen klafft mehr und mehr auseinander und damit auch das jeweilige Verständnis dieses Verschmelzungsprozesses bei Eltern und Kindern. Je rascher dieser Prozeß verläuft, desto größer ist die Desintegration der traditionellen Familieneinheit, in deren Gefolge den Eltern Stück für Stück die Kontrolle über ihre Kinder entrissen wird. Eines der charakteristischen Merkmale dieses Phänomens ist die Jugendkriminalität. Es ist ein großer Irrtum, wenn manche glauben, daß die „Zeit" die Probleme lösen werde. Die „Zeit" ist nur in dem Maß ein konstruktiver Faktor, in dem man sich ihrer zielgerecht und sachgerecht benutzt. Das heißt, die Anpassung an die neue Umwelt und an die neuen Werte wird in zwei Richtungen wirksam. Es gibt solche, die sich im Laufe der Zeit gut einordnen, und demgegenüber gibt es solche, deren Niederlagen und Krisen sich erst nach einiger Zeit manifestieren.

Die meisten Forscher, die sich mit diesem Gebiet befassen, sind einstimmig der Ansicht, daß man zum Zwecke einer wirkungsvollen Erziehung der Kinder auch ihre Familien zu berücksichtigen habe. Das Kind muß also sowohl als Individuum als auch als Teil seiner Familie betrachtet werden. Man darf die Reaktion der Familienangehörigen auf das Verhalten des Kindes nicht unberücksichtigt lassen. Jedes Kind hat den starken Antrieb sich mit seinem Vater oder seiner Mutter zu identifizieren. Eine negative Identifizierung ist manchmal der Grund für sein anomales Verhalten. Das Vorbild der Eltern im tagtäglichen Leben ist ein erzieherischer Faktor von höchstem Rang, besonders in einem neuen Milieu. Jene Eltern, die die üblichen Regeln übertreten, verstricken sich in Dilemmas, da sie gleichsam Wasser predigen und Wein trinken. Es kommt auch vor, daß ein affektives unbalanciertes Verhalten der Eltern bei den Kindern Widerstände und Ressentiments erzeugt. Dadurch werden einerseits zwischen Kind und Familie und andererseits zwischen Kind und Gesellschaft, Freunden, Schulkameraden oder Arbeitskollegen Spannungen erzeugt.

Es ist ein häufiges Phänomen, daß die Eltern sich immer mehr und mehr darauf verlegen, Geld anzuhäufen um bessere Lebensbedingungen zu schaffen. Der Nachahmungstrieb, der Wille, sich „so gut wie die anderen zu stehen" wird stärker und die Wahl der Mittel ist dabei nicht gerade wählerisch. Immer mehr setzt sich die Ansicht fest, daß alle so handeln und man gut daran tue, nicht zurückzubleiben. Diese Jagd nach materiellen „Errungenschaften" erfaßt beinahe das ganze Sein der Eltern und sie haben keine Zeit mehr, sich mit den Angelegenheiten ihrer Kinder zu befassen und sich für sie zu interessieren. Und wenn die Kinder größer werden und damit auch ihre Selbständigkeit, glauben die Eltern, daß all das recht unproblematisch ist. Sie empfinden Zufriedenheit. Aber die Kinder verwundern sich über das, was zu Hause geschieht, sie atmen die ungesunde Atmosphäre ein, sie werden von der in ihrer Welt herrschenden Gier infiziert. Jugendliche sind im Reifungsalter besonders empfindlich, in dieser Periode befinden sie sich meistens im inneren Konflikt mit den Eltern und sind nicht bereit ihnen über ihre Handlungen und Empfindungen Rechenschaft abzulegen. In dieser Situation gehen die Eltern gern den Weg des leichteren Widerstandes, das heißt, sie überlassen die Kinder sich selbst. Auf dieser Grundlage kann die Verlockung entstehen, Delikte zu verüben oder sich in unrechte Handlungen hineinziehen zu lassen, sei es aus lauter Langeweile, oder weil sie einem Kreis tapferer Menschen angehören wollen.

Insofern unter der Jugend eine geistige und soziale Krise herrscht, beruht sie in der Wandlung der Werte unserer Gesellschaft überhaupt. Es wäre eine Verdrehung der Tatsachen, wollte man die Dinge so darstellen, als ob sich alles in unserer Gesellschaft moralisch so einwandfrei abspielt, als ob wir alle Tugendbolde wären, und nur die Jugend sich widerborstig verhält. Die Jugendkriminalität spiegelt überall, also auch bei uns, stets eine anomale gesellschaftliche Situation wider. Die Gesellschaft verhehlt sich zwar bequemerweise ihre Handlungen, hilft aber damit der Jugend nicht weiter.

Es fragt sich, ob es überhaupt richtig ist Lebensformen aufrecht zu erhalten, die vor dreißig, vierzig oder fünfzig Jahren im Lande herrschten, und sie heute noch als normativ zu betrachten. Selbst wenn wir in Betracht ziehen, daß selbst damals keine einheitlichen Normen herrschten, so wurde doch die Atmosphäre in der palästinensisch-jüdischen Periode weithin von den Pionieridealen, das heißt von der Arbeiter- und Kibbutzbewegung geprägt, die die Bestrebungen der jüdischen Siedler mit ihrem Glanz umgaben. Heute, besonders seit den letzten Jahren, hat die Atmosphäre Israels mit jener der Vergangenheit nichts mehr gemein. Man darf daraus nicht den Schluß ziehen, daß diese Tatsache an sich beweist, daß die Pionierzeit vorüber ist, oder daß die Jugend nicht zur Übernahme staatlicher Aufgaben bereit wäre. Aber es bleibt doch eine Tatsache, daß sich die elementaren Lebensbedingungen bis zur Unkenntlichkeit gewandelt haben, der Wandel in den Lebensverhältnissen der Kibbutzim ist allein ein Beweis dafür. Man kann nicht leugnen, daß die Bevölkerung von heute nicht so selektiv ist wie sie es damals war und daß die Aufgaben, vor die sich der Einzelne gestellt sieht, vielfältiger als in der Vergangenheit sind und seit Bestehen des Staates zu einer anderen Orientierung führen. Aus dieser Grundtatsache muß man Konsequenzen ziehen.

Wenn wir versuchen die Wünsche und Sehnsüchte der heutigen Jugendlichen auch nur oberflächlich zu beurteilen, fällt die Tatsache auf, daß die Jugend der Ideologie abhold zu sein scheint. Sie ist nicht an ideologischen Diskussionen interessiert und hat auch nichts für Moralpredigten auf diesem Gebiet übrig. Wie die Welt der Erwachsenen, von der sie umgeben ist, so steht auch bei der Jugend das Materielle und der persönliche Erfolg obenan. Mit der Feststellung dieser Tatsache wird das Phänomen weder positiv noch negativ bewertet, doch muß es richtig lokalisiert werden, denn es handelt sich hier um den Brennpunkt und man darf die Augen nicht davor verschließen. Wie schon gesagt, haben wir eine getreue Spiegelung der Welt der Erwachsenen vor uns.

Wir sahen, daß die Hoffnungen der Eltern auf einer anderen Ebene liegen als früher. Die ihren Kindern gegenüber gehegten Erwartungen kreisen hauptsächlich um materielle Erfolge und das Studium wird als Erfolgsmittel betrachtet. Wenn es früher ein Ideal war, daß die Intelligenz sich der körperlichen Arbeit zuwandte und durch die Selbstverwirklichung zur Selbstbezwingung zu gelangen trachtete, so besteht heute eine immer stärkere Tendenz sich von der manuellen Arbeit fernzuhalten und das Ideal liegt in der extremen Gegenrichtung. Aufschlußreich ist, daß die Hoffnungen der Jugend und die Erwartungen, die sie von sich selbst hat, auf der Ebene der Eltern liegen. Früher oder später identifizieren sie sich mit ihnen und der Zauberkreis schließt sich gleichsam. Eine der Folgerungen, die aus dieser Lage hervorgehen, ist, daß die Ideale der Jugendbewegung, die im Anschluß an die Kibbutzbewegung als höchster Selbstverwirklichung des Individuums gipfeln oder gipfelten, bei der Masse der heutigen Jugend kein großes Echo mehr finden. Daraus ist nicht zu folgern, daß die Jugendbewegung für die Erziehung der Jugend keine Bedeutung mehr hat. Man muß sich jedoch mit der Tatsache abfinden, daß die Anziehungskraft der Jugendbewegung heute begrenzter als früher ist und sich vielleicht sogar nur auf gewisse Schichten der Bevölkerung beschränkt. Ein weiteres Phänomen ist, daß die Anziehungskraft der Jugendbewegung in nicht geringem Maße vom Alter der Jugendlichen abhängt, das heißt, je älter der Jugendliche wird, desto geringer wird die Anziehungskraft der Jugendbewegung.

Zahlreiche Eltern sind weiterhin daran interessiert, daß sich ihre Kinder, solange sie jung sind, der Jugendbewegung anschließen. Wenn sie die Volksschule beenden und besonders, wenn sie in die erste Klasse der Höheren Schule eintreten, haben die Eltern Angst, daß ihre Kinder mit den Idealen, auf die hin sie in der Jugendbewegung erzogen wurden, ernst machen könnten. Mit anderen Worten, die Eltern sehen in der Jugendbewegung nicht ein wichtiges Hilfsmittel zur Vorbereitung ihrer Kinder auf eine bestimmte Lebensweise, sondern ein Mittel der Beschäftigung für ihre Kinder, das sie von der Mühe, sich mit ihnen zu befassen, befreien soll. Der soziale Status in der israelischen Gesellschaft liegt weder für die Jugendlichen noch ihre Eltern in der Zugehörigkeit zum Kibbutz, sondern im Erwerb einer akademischen Bildung mit ihren Titeln. Und wenn in Palästina die Führung unserer Gesellschaft stolz darauf war, daß sich ihre Kinder dem Kibbutz anschlossen, so ist man heute stolz darauf, wenn sie einen freien Beruf erlernen und die gesellschaftliche Leiter gerade außerhalb des Kibbutz emporsteigen. Wie gering ist doch die Zahl der Kinder unserer Führung, die in den Kibbutz eintreten und in ihm verbleiben. Und das soziale Klima wird doch vorwiegend durch die Taten und Unterlassungen der Führungsschichten, das heißt durch das persönliche Vorbild, bestimmt.

Man muß sich beispielsweise fragen, warum sich die Jugend an Straßenecken und in Parkanlagen versammelt, anstatt in die bestehenden Jugendklubs zu gehen und warum sie dort nicht nach einer Möglichkeit einer eigenen Organisation suchen. Anscheinend gehört es zum Charakter der Jugendbewegungen, daß sie diese Jugendlichen nicht absorbieren können und andererseits zögern die Jugendlichen sich den bestehenden Bewegungen anzuschließen, weil sie dort nicht die Lebensweise, die Zerstreuung und den Zeitvertreib finden können, die ihnen heute zusagen. Man darf sogar vermuten, daß sie Angst haben, daß man Forderungen an sie stelle, denen sie nicht gerecht werden können.

Daraus geht hervor, daß man sich den neuen Formen des jugendlichen Verhaltens ohne den Vergleich mit den überlieferten Formen der Jugendbewegung zuwenden muß. Es ist eine Tatsache, daß die Jugendbewegung hauptsächlich von den Erwartungsvorstellungen der Erwachsenenwelt gelenkt und geleitet wurde, während wir hier eine Tendenz wahrnehmen, daß sich die Jugendlichen im eigenen Rahmen organisieren, ohne die Hilfe Erwachsener und selbst im Gegensatz zu deren Willen. Dieses Phänomen stellt eine wichtige Neuerung dar, denn hier kommt eine Art Protest gegen die Welt der Erwachsenen und gegen das Herkömmliche zum Ausdruck, das als Erbe der israelischen Gesellschaft in der Vergangenheit betrachtet wird.

Die Organisation der Jugendlichen in Gruppen erfolgt häufig zufällig, auch wenn mitunter Gemeinsamkeiten gegeben sind. Zum Beispiel wahren die Absolventen der Hauptschule den Zusammenhang zwischen ihnen, auch wenn sie eine verschiedene Berufsausbildung einschlagen; oder Mitglieder einer Jugendbewegung, die den Beschluß zum Austritt faßten, bleiben auch nachdem sie die Bewegung verlassen haben, in einer gemeinsamen Gruppe, auch wenn der Inhalt ihrer Organisation vom früheren Inhalt verschieden ist. Das gilt auch für Schüler und Jungarbeiter ein und desselben Wohnviertels, die sich zu Gruppen dieser oder jener Art zusammenschließen. Man hat den Eindruck, daß das Alter keinen geringen Einfluß hat, das heißt, es gibt Gruppen, die darauf achten, daß die in ihnen herrschenden Altersunterschiede nicht groß sind.

In allen Jugendgruppen herrscht ein tiefes Zusammengehörigkeitsgefühl zwischen den Angehörigen ein und derselben Gruppe. Gleichzeitig herrscht zwischen einer Gruppe und der anderen eine beträchtliche Gegnerschaft und es ist ganz und gar nicht leicht von einer Gruppe aufgenommen zu werden, oder von der einen in die andere überzutreten, denn unter den Gruppen besteht Selbstidentifikation gegenüber der Welt der Erwachsenen. Sie schaffen sich ihre eigene Welt, in der sie sich wohl fühlen und in der sie wechselseitig Bindungen anknüpfen können. Das kommt zum Beispiel darin zum Ausdruck, daß die meisten Jugendgruppen klein bleiben wollen. Sie sind gar nicht an einem prächtigen Klubraum interessiert, sie fühlen sich selbst in einem armseligen Schuppen wohl, entscheidend ist, daß der Schuppen ihnen gehört und daß ihnen die Erwachsenen nicht vorschreiben können, was sie zu tun und zu lassen haben.

Wenn wir ferner von Jugendgruppen sprechen, müssen wir immer daran denken, daß nicht nur jede Gruppe ihr eigenes Niveau hat, sondern daß auch innerhalb jeder Gruppe weder in intellektueller noch in wirtschaftlicher und sozialer Beziehung Einheitlichkeit besteht. Daraus ergibt sich, daß wir jede einzelne Gruppe jeweils nach ihrem Niveau, Charakter, ihrer Altersstruktur und den ihr eigentümlichen Bestrebungen zu beurteilen haben.

Wir müssen uns von dem Klischee über die Jugendorganisationen befreien, da wir vielmehr den Eindruck gewinnen, daß wir es mit einer Organisation Jugendlicher im großen Maßstab zu tun haben, in der zahlreiche und große soziale Möglichkeiten angelegt sind. Wir müssen die Tatsache anerkennen, daß sich unter der Jugend neue Lebensformen herauskristallisieren, die den Lebensformen der Jugendlichen auf der ganzen Welt gleichen, Lebensformen ohne die Anziehungskraft erhabener Ideale, die da in die Wirklichkeit umgesetzt werden sollen. Es ist möglich, daß einer der Gründe dafür das Fehlen eines hohen intellektuellen Potentials ist, das für die Konzeption und Verwirklichung von Idealen notwendig ist. Wenn wir die Bedürfnisse dieser Jugendlichen anerkennen, können wir auf diese Bedürfnisse antworten, ohne ihnen hohe intellektuelle und ideologische Forderungen aufzuzwingen, vielleicht wird man sie im Laufe der Zeit auch mit staatlichen Bestrebungen vertraut machen, die sie dann in Erkenntnis ihrer Bedeutung gerne ausführen werden.

Zusammengefaßt stellt sich die Situation wie folgt dar:

Früher — lebte hier eine kleine Bevölkerung mit einer hohen intellektuellen Konzentration, in der die Ideale einer egalitären Gesellschaft dominierten. Es herrschte Interesse am Mitmenschen und man wußte sich in bezug auf ein gemeinschaftliches Schicksal einig.

Heute — ist die Bevölkerung groß und der einseitige Grundcharakter ist verschwunden. Die Zusammensetzung der Bevölkerung ist völlig anders geworden und es gibt keine Selektivität mehr. Es herrscht praktisch kein Interesse am Mitmenschen und die Möglichkeit des gegenseitigen Einvernehmens wird immer geringer. Man hat keine „Zeit“, um dem Nächsten zuzuhören, und auch kein Interesse an ihm.

Früher — war die Bevölkerung klein, eine Minderheit, die inmitten einer über sie herrschenden Mehrheit lebte. Das war eine kämpfende Bevölkerung, die ihre Ziele und Hoffnungen hatte. Schon diese Tatsache an sich prägte das Bild der Jugend.

Heute — sind wir die Mehrheit im Staat, auch wenn wir von Feinden ringsum umgeben sind. Die Tatsache, daß wir die Mehrheit im Staate bilden hat gesellschaftliche und erzieherische Bedeutung. Können und Wissen werden, namentlich angesichts der Erfolge im Unabhängigkeitskrieg, im Sinai-Feldzug und Sechstagekrieg überbewertet.

Früher — war hier eine kleine Bevölkerung, die ein ziemlich primitives und provinzielles Leben führte. Die Gesellschaft führte ein einfaches Leben und war in wirtschaftlicher Hinsicht arm. Auch wenn es wirtschaftliche Klassenunterschiede gab, so kam ihnen nur geringer Einfluß zu.

Heute — haben wir es im Staate Israel mit einer großstädtischen Gesellschaft zu tun, deren Anzeichen selbst an den kleinen Orten zu sehen sind. Wir sind wirtschaftlich gesehen eine Wohlstandsgesellschaft. Der gesellschaftliche Abstand wächst, es gibt viel Reichtum, aber auch viel Armut. In Wirklichkeit nimmt die Armut zu.

Früher — lebte hier eine kleine Bevölkerung mit begrenzten Forderungen und auch die Möglichkeiten für jugendliche Aktivitäten waren beschränkt. Im Einklang mit den Bedürfnissen der Bevölkerung erwartete man von der Jugend eine Aktivität auf drei Gebieten: Militärische Aktivität (auf allen Sektoren der Verteidigung), Anschluß an die Kibbutzbewegung und eine parteiorientierte Erziehungstätigkeit innerhalb der Jugendbewegungen.

Heute — ist unsere Wirklichkeit völlig anders und es bestehen vielfältige legitime Alternativen für Tätigkeiten, die man von der Jugend erwartet, etwa: die verschiedenen Zweige der Wissenschaften, das Militär mit allen seinen Gattungen, Architektur, Betriebswirtschaft, Verwaltung u. dgl. und dazu der Kibbutz und parteipolitische Jugendarbeit.

Man kann noch das oder jenes hinzufügen, um zu beweisen, daß es faktisch unmöglich ist, gleichsam eine Äquatoriallinie zwischen der Periode vor Errichtung des Staates und der nach seiner Errichtung zu ziehen. Aber zwei Ebenen haben dennoch einen gemeinsamen Nenner.

a) Die Handlungen und Unterlassungen der Jugend sind eng mit jenen ihrer Erwachsenenwelt verbunden.

b) Entsprechend den Veränderungen und der Entwicklung in der Gesellschaft verwandeln sich die Wünsche der Jugendlichen. Man muß daher ihre Lage angesichts dieser Entwicklung beurteilen und versuchen sich mit den neuen Veränderungen und Bestrebungen auseinanderzusetzen.

Wenn man das Thema der Veränderungen im Verhalten der Jugend und die jugendliche Kriminalität bespricht, stellt sich häufig die Frage, ob sich da das religiöse vom weltlichen Lager unterscheidet. Stößt man im religiösen Lager auf dieselben Phänomene wie bei der nichtreligiösen Jugend, oder schützt vielleicht der religiöse Rahmen vor Erscheinungen, die vom Herkömmlichen abweichen? Besteht ein direkter oder indirekter Einfluß dessen, was sich bei der nichtreligiösen Jugend ereignet, auf die Lebensweise der religiösen Jugend? Fragen dieser Art stellen sich sowohl im religiösen als auch nichtreligiösen Lager, wenngleich sehr wahrscheinlich aus identischen Interessen. Im Lager der Religiösen meint man — und wir sprechen hier allein von der besonderen religiösen Atmosphäre der abendländischen (askenasischen) Judenheit — daß trotz der Verlockungen und der Pressionen der säkularisierten Gesellschaft auf die religiöse Lebensweise, das Lager der Religiösen im allgemeinen intakt geblieben ist. Sie halten es für überzeugend bewiesen, daß die Lösung für abwegiges Verhalten allein in der Pflege und Erhaltung religiöser Werte zu suchen ist.

Demgegenüber behauptet man im weltlichen Lager, daß die Wandlungen unter den Jugendlichen auch an der religiösen Jugend nicht vorübergehen. Sie verweisen auf einen unaufhörlichen Strom religiöser Menschen, die ins weltliche Lager übergehen. Zur religiösen Lebensweise kehrt praktisch niemand zurück, obgleich es Menschen gibt, die sich im Laufe der Zeit vielleicht mit Problemen der Religion und des Glaubens befassen.

Man kann allgemein drei hervorstehende Tatsachen unterscheiden, die sich aufeinander beziehen lassen. a) das religiöse Lager, das sich mit religiösen Werten und Inhalten identifiziert und auch praktisch wie theoretisch hinter ihnen steht, ist nicht aus einem Guß. Wir finden einen breiten und bunten Sektor, dessen gemeinsamer Nenner in sozialer Hinsicht wohl die Nichtzugehörigkeit zum weltlichen Lager ist. Dieser Sektor ist voller offener und geheimer Widersprüche, die mitunter einen verbindenden und konsolidierenden Einfluß auf Jugendliche haben, die der einen oder anderen Richtung des religiösen Lagers angehören. Man muß sich daher bewußt bleiben, daß der Terminus „religiöses Lager“ allein um der Bequemlichkeit willen benutzt wird. Wie es im weltlichen Lager verschiedene Spielarten gibt, so auch im religiösen Lager.

b) Die Familie als Trägerin der religiösen Bindung, die tatsächlich auf einer religiösen Lebensweise beruht, ist die Bewahrerin der Interessenidentität zwischen allen ihren Angehörigen. In diesem Rahmen herrscht mehr Einvernehmen unten den Familienangehörigen, da der religiöse Kult einen einigenden Mittelpunkt bildet. Religiöse Zeremonien erfüllen auf dieser Ebene eine wichtige Aufgabe. Der religiöse Kult wirkt in der Richtung innerer Kohärenz, von der eine große Kraft ausgehen kann, die gegen die weltlichen Einflüsse der Umwelt immunisieren kann. Ja noch mehr, man kann annehmen, daß sich die Kohäsionstendenzen im religiösen Lager angesichts der säkularisierten Umwelt noch verstärken. Hier und dort nehmen sie sogar die Dimensionen eines religiösen Kampfes gegen die nichtreligiöse Umwelt an, und dieser Tatsache kommt an sich im eigenen Lager ein konsolidierender Einfluß zu.

Man muß es immer wieder sagen, aber bis jetzt hat man noch kein erprobteres Mittel gegen die Kriminalität als das der Familienkonsolidierung und des familiären Zusammengehörigkeitsgefühls gefunden. Eine in sich einige Familie hat gegenüber den verschiedensten Phänomenen der Normenabweichung einschließlich der Kriminalität Bestand. Es stimmt zwar, daß dieses Phänomen im selben Maß auch für die nichtreligiöse Familie gilt, aber im religiösen Lager bilden zwei Punkte einen wichtigen Zusatz und daher ist die religiöse Familie gegenüber der nichtreligiösen Familie im Vorteil. Die Lebensweise der religiösen Familie konzentriert sich um den religiösen Glauben, aus dem viele Quellen gespeist werden, unter anderem die Zusammengehörigkeit und gegenseitige Verantwortung. Zweitens sucht die religiöse Familie Wege, um innerhalb ihres eigenen, geschlossenen Rahmens zu leben. Das Leben in einer geschlossenen Gesellschaft wirkt sich unter anderem auch in der Richtung einer Abschreckung vor negativen Phänomenen aus, wie der Jugendkriminalität. Auf dieser Grundlage läßt sich erklären, warum es praktisch in einer gefestigten Familie mit Interessengleichheit keine Jugendkriminalität gibt, und das gilt noch mehr von der religiösen Familie.

c) Man kann zunächst einmal annehmen, daß das schwere Leben im religiösen Rahmen mit seiner Bürde religiöser Pflichterfüllung eine Massenabwanderung der Jugendlichen ins weltliche Lager mit sich bringt.

In diesem Lager, so scheint es, ist nicht nur die Lebensweise leichter, sondern verhindert gerade das Dazugehören das Gefühl Außenseiter zu sein. Und bei Jugendlichen besteht im allgemeinen ein starkes Bedürfnis akzeptiert zu werden. Wir beobachten hier das interessante Phänomen, daß die Jugendlichen des religiösen Lagers nicht in Massen in das weltliche Lager einströmen. Im Gegenteil, das religiöse Lager wird stärker und wenn es zu Abwanderungen kommt, so rekrutieren sie sich vorwiegend aus dem liberaleren Kontingent. Charakteristisch ist, daß nur wenige Jugendliche von den extremen religiösen Kreisen abfallen. Mit anderen Worten, in den religiösen Kreisen ist das Leben abgeschlossener und abgeschirmter, wird eine größere innere Bindung aufrechterhalten und dringen äußere Einflüsse seltener ein.

Es scheint mir, daß diese Annahmen im allgemeinen zutreffen, wenngleich es natürlich Phänomene gibt, die von den Normen abweichen. Diese Fälle gelangen als kriminelle Handlungen zum Ausdruck.

In letzter Zeit stieß ich auf Jugendgruppen, die sich zum extremen religiösen Lager rechneten und zahlreiche Straftaten, gewöhnliche und ungewöhnliche, verübten. Sie begingen diese Straftaten als Einzelne oder auch in Gemeinschaft und sie befanden sich alle im Reifungsalter, d. h. waren über 14 Jahre alt. Alle kamen sie aus Familien, in denen religiöse Werte und Inhalte hochgehalten wurden, doch lag bei ihnen eine eigentümliche persönliche Problematik vor. Eine Untersuchung der hier wirkenden Motivationen förderte eine Reihe charakteristische Züge zu Tage. Diese Jugendlichen wurden von ihren Eltern zum intensiven Studium der heiligen Schriften auf Talmudhochschulen geschickt und alle versagten sie dort. Einige begingen ihre Vergehen noch als Studierende der Talmudschulen, andere begannen damit, als sie die Schule verließen oder zum Abgang genötigt wurden. Bei allen hatte die Familie die große Hoffnung gehabt, daß sie sich beim Studium der heiligen Schriften auszeichnen mögen, denn das Maß der Gelehrsamkeit des Sohnes bestimmte den gesellschaftlichen Status des Vaters und der ganzen Familie. Dieser auf der Gelehrsamkeit des Sohnes beruhende Status hat besonders im Dasein einer geschlossenen Gesellschaft eine große Bedeutung. Er wird direkt und indirekt auf alle Gebiete des Lebens und alle Familienangehörigen projiziert.

Auf jeden der Jugendlichen wurde ein schwerer offener oder versteckter Druck ausgeübt, daß sie das begehrte Lernniveau erreichten und die an sie geknüpften Hoffnungen nicht enttäuschten. Es herrschte eine Atmosphäre der Erwartungen und Spannungen sowohl beim Jugendlichen sich selbst gegenüber als auch beim Vater und den übrigen Familienmitgliedern gegenüber dem Jugendlichen.

Schon sehr früh hatte man damit begonnen, sie an ein recht strenges Lernregime zu gewöhnen, und dieses Regime wurde mit zunehmendem Alter immer pedantischer gehandhabt. Am Anfang, als alles seinen normalen Gang ging, umhegte und umsorgte man sie mit Wohlwollen und Liebe. Als sich aber dann im Laufe der Zeit Lernschwierigkeiten einstellten, erklärte man das mit ihrem mangelnden Willen und ihrer Nachgiebigkeit gegen die Verlockungen der profanen Welt. Wegen ihrer Taten wurde der soziale Status des Vaters in Frage gestellt, der Stolz der Familie gekränkt und an die Stelle der bisherigen Liebe traten Enttäuschung und Zurückweisung und fast immer eine völlige Ablehnung.

So wurde bei den Jugendlichen der Boden für ein abwegiges und normenwidriges Verhalten bereitet. Bei allen Eltern staute sich ein Gefühl der Verzweiflung, Schande und Verwirrung, da sie nicht in der Lage waren zu begreifen, was mit dem Jungen vorging. Bei den Jungen entwickelten sich starke Ressentiments, die den Eindruck erweckten, daß sie sich an ihren Eltern durch Verübung von Straftaten rächten. Je zahlreichere Straftaten sie begingen, desto mehr sollten die Eltern es zu büßen haben.

Interessanterweise stoßen diese Jugendlichen, außer daß sie von ihren Eltern und ihrem Milieu verstoßen werden, auch in der profanen Welt auf Ablehnung. In diesem Lager herrscht eine ablehnende Einstellung gegenüber jugendlichen Rechtsbrechern aus dem religiösen Lager. Man kann häufig verletzende Bemerkungen hören und Schmähungen darüber, daß ein solcher Jugendlicher, obwohl er dem extremen religiösen Lager angehört, Straftaten verübt. Hier gelangt eine Art Enttäuschung zum Ausdruck, daß die Kriminalität selbst in jene Kreise eindringt, von deren Lebensweise man angenommen hatte, daß sie sich gegen solche Einflüsse immun erweisen würde. Damit wird nun wieder die im religiösen Lager herrschende Meinung gestützt, daß die Werte der Religion und des Glaubens tatsächlich aller Fehlentwicklung einen Riegel vorschieben. Aber die Enttäuschung entspringt anscheinend auch dem Gefühl, daß wenn die Kriminalität auch in diese Kreise eindringt, die Grundlage des normalen gesellschaftlichen Lebens erschüttert wird. Die Enttäuschungsreaktion kommt also dadurch zum Ausdruck, daß man die Werte des religiösen Lagers überhaupt mit Verachtung bedenkt.

Im Zusammenhang mit dem hier Gesagten, erhebt sich die Frage, ob sich verwahrloste und delinquente Jugendliche resozialisieren oder bessern lassen, wenn man sie in das religiöse Lager eingliedert. Trotz des oben Gesagten, bleibt es eine feststehende Tatsache, daß es im religiösen Lager *viel weniger* Jugendkriminalität gibt als im weltlichen, und wenn sich das so verhält, läßt sich behaupten, daß der Glaube, die Inhalte und Interessen, die der Mensch in der Religionsausübung finden kann, das Vakuum und die Langeweile bei der nichtreligiösen Jugend, die noch keine anderen Werte und Ideale gefunden hat, auszufüllen vermag. Manche behaupten daher, daß man, um normwidriges Verhalten und Jugendkriminalität zu verhüten, ihr Religion, Glauben und die Erfüllung von Religionsgeboten vorschreiben müsse.

Ein solches Unterfangen erscheint mir völlig unrealistisch. Eines der hervorstechendsten Merkmale der verwahrlosten und delinquenten Jugend ist ja die Aufgabe aller Verpflichtungen, während für das religiöse Lager gerade das Einhalten von Verpflichtungen wesentlich ist. Die nichtreligiöse Jugend will heute Zerstreuung, während sich das religiöse Lager darin ernste Beschränkungen und ein schweres Joch auferlegt. Die nichtreligiöse Jugend will den Sabbatabend mit Tanzen, Spielen im Klub, Kinoveranstaltungen, Theater oder anderen Dingen verbringen, während im religiösen Lager solche Aktivitäten aus Gründen der Sabbatheiligung verboten sind. Nebenbei trägt gerade das Verbot von Unterhaltungsaktivitäten für die Jugend am Sabbatabend in erheblichem Maß zur Entstehung der Kriminalität unter der Jugend bei. Mangels an Zerstreuungstätigkeiten wird beim Jugendlichen, der nicht dem religiösen Lager angehört und nicht weiß, was er tun soll, ein Vakuum geschaffen. Daher kommt es zu einem Ansteigen des Gefühls der Isolation und Langeweile, und in dieser Situation kommt es dann leicht zu Ausbrüchen gegen alle Autorität, Gewalthandlungen und Straftaten.

Man kann mit Sicherheit sagen, daß sich in dem Maß, in dem der technologische Wandel fortschreitet und die soziale Struktur verändert wird, auch die Jugend sich wandeln wird. Zwar können kleine Gruppen auch unter solchen Umständen ihre Lebensweise bewahren, aber ihr Einfluß wird im allgemeinen auf die Ereignisse geringfügig sein. Diese Wandlungen treffen natürlich auch auf Israel zu, und ein moderner Staat, der in unserem Paradies existieren will, muß mit der Entwicklung der Zeit gehen. Es hat keinen Sinn hinter dem Ofen zu hocken oder sich nach den Tagen der Vergangenheit zu sehnen.

Angesichts dieser Entwicklung müssen für die *verschiedenen Bedürfnisse* der Jugend Behandlungs- und Verhütungsmaßnahmen entwickelt werden. Für die straffällige Jugend müssen Pläne entworfen werden, die eine Anziehungskraft für sie haben. In dem Maß, in dem heute eine größere Vielfalt in der Entstehung von Situationen herrscht, die als kriminelle Subkultur bezeichnet werden, muß man auch auf zahlreicheren Ebenen zum Kampf gegen dieses Phänomen antreten. Diese Pflicht obliegt allen und religiöse Kreise sind davon nicht ausgenommen. Es versteht sich, daß man religiöse Werte bewahren und pflegen kann, auch wenn gegenüber früher die Proportionen anders sein werden.

Wir haben keine im vorhinein erprobten Mittel, aber der realistische Sinn der jüdischen Redewendung, daß „Lebensgefahr selbst die Sabbatgebote aufhebt" gilt auch für die hier vorgetragene Sache. Das heißt, daß das besondere Klima, das heute bei einem Teil der israelischen Jugend herrscht, zu einer Vielfalt von Tätigkeiten gesellschaftlich-pädagogischer Art auch an den Sabbatabenden zwingt. Wenn es den religiösen Kreisen gelingt, sich von den Ketten einer veralteten Überlieferung frei zu machen und sie es verstehen werden, um der Bewahrung des Glaubens und der Religion willen, sich mindestens bis zu einem gewissen Grad an die Bedürfnisse der Zeit anzupassen, dann können sie zur Festigung der Familie, zur Verhütung der Kriminalität unter der Jugend und zur Hochschätzung religiöser Werte einen wertvollen Beitrag leisten.

SECHSTES KAPITEL

Kriminelle Verhaltensmuster bei jugendlichen Straftätern

A. UNTER JUDEN

Der lokale Hintergrund

Israel gehört zu jenen Ländern, die erst relativ kurz ihre Staatlichkeit errangen und im Begriffe stehen, neue Gesetze für die zivile Rechtsprechung einzuführen. Dasselbe gilt für Maßnahmen und Methoden der Behandlung in bezug auf die Verhütung von Verbrechen und die Behandlung von Rechtsbrechern. Angesichts der Tatsache, daß alle diese Dinge in erheblichem Umfang auf Gesetzgebungen, Gewohnheiten und Traditionen beruhten, die hier bis zu ihrer Ersetzung durch israelische Gesetze in Geltung waren, scheint mir eine kurze geschichtliche Skizze angezeigt zu sein.

Die Vollversammlung der Vereinten Nationen beschloß in ihrer Resolution vom 29. November 1947 die Errichtung eines Jüdischen Staates in einem Teil des Gebietes, das damals Palästina hieß. Dementsprechend trat am 15. Mai 1948 mit Beendigung der Britischen Mandatsregierung über Palästina der Staat Israel ins Dasein.

Palästina wurde 1917 von britischen Truppen erobert. Bis zu diesem Zeitpunkt, das heißt 400 Jahre lang, wurde es vom Türkischen Reich regiert. Eine britische Militärverwaltung war bis Juli 1920 in Kraft. Dann wurde eine Zivilverwaltung errichtet, der ein von der Britischen Regierung ernannter Hochkommissar vorstand. Im August desselben Jahres wurden die von Großbritannien für die Herrschaft im Lande als geeignet betrachteten Vorkehrungen von den Alliierten bestätigt. Der Völkerbund bestätigte durch seine Entscheidung vom Juli 1922, daß Palästina von Großbritannien im Auftrag des Völkerbundes als Mandat verwaltet werden sollte.

Die britische Zivilverwaltung setzte geraume Zeit die Anwendung der bei ihrer Amtsübernahme vorhandenen Gesetze fort. Eine große Anzahl von Gesetzen, die auf die Zeit der türkischen Verwaltung zurückgingen, gelangte sogar dann noch zur Anwendung, als die britische Verwaltung hier zu existieren aufgehört hatte. Ferner setzte Israel, als es seinen Staat errichtete, die Rechtsprechung sowohl nach türkischen als auch britischen Gesetzen fort. Man kann sagen, daß selbst heute noch, nachdem zahllose neue israelische Gesetze in Kraft getreten sind, noch immer ein Konglomerat von Gesetzen und Verfahrensweisen herrscht, das so vielfältig ist wie die Bevölkerung selbst. Hier soll auch erwähnt werden, daß es in Israel keine geschriebene Verfassung gibt.

So ist die Strafrechtsordnung (Criminal Code Ordinance) von 1936, die als allgemeines Strafgesetzbuch für Palästina galt, auch heute noch in Kraft. Abschnitt zwei jener Strafrechtsordnung bestimmt: „Mit und nach Beginn dieser Strafgesetzgebung soll das Ottomanische Strafrecht in Palästina außer Kraft gesetzt sein. Jede Verweisung auf was auch immer für welche Bestimmung im Ottomanischen Strafgesetz . . . soll, soweit mit dem Textzusammenhang verträglich, als ein Verweis auf die entsprechende Bestimmung in diesem Strafgesetz betrachtet werden." Weiterhin heißt es in Absatz vier: „Dieses Strafgesetz soll in Übereinstimmung mit den in England obwaltenden Prinzipien der Rechtsinterpretation ausgelegt werden und die darin verwandten Ausdrücke sollen so weit das in ihrem Zusammenhang logisch ist, und wenn nicht anders ausdrücklich vorgesehen, in der Bedeutung verstanden werden, die ihnen im englischen Gesetz zukommt und sollen in diesem Sinn formuliert werden."

Als Israel entstand, trug man sofort dafür Sorge, daß Recht und Ordnung gewahrt bleiben würden. Diesem Zweck galt der erste Akt der Gesetzgebung. Die Provisorische Regierung von Israel beschloß am 19. Mai 1948 mit retroaktiver Wirkung ab vom 15. Mai 1948, daß „das Gesetz, das in Palästina am 5. Ijar 5708 (14. Mai 1948) existierte, in Kraft bleiben soll, insofern als nichts in dieser Verfügung gegen die anderen Gesetze verstößt, die durch oder im Auftrag des Provisorischen Staatsrats verordnet werden, und vorbehaltlich solcher Modifikationen als sich aus der Errichtung des Staates und seiner Behörden ergeben können[1]."

Der Provisorische Staatsrat wurde neun Monate später durch die Erste „Knesset" (das Parlament Israels) ersetzt, die in freien Wahlen 120 Abgeordnete wählte. Seither wurde durch den israelischen Gesetzgeber eine wachsende Zahl neuer israelischer Gesetze verkündet und im Laufe der Zeit sollen israelische Originalgesetze an die Stelle aller von fremden Gesetzgebern übernommenen Gesetze treten.

Anfang 1948, bei der Gründung des Staates Israel, betrug die jüdische Bevölkerung ungefähr 650 000 Seelen. Die Periode 1948—1952 stellte einen Gipfel der Masseneinwanderung dar, die die Zahl der Einwohner bis zum Jahre 1952 auf über 1 450 000 anschwellen ließ. Eines der hervorstechendsten Merkmale dieser Zeit war, daß viele der Einwanderer Überlebende der Ausrottungslager Europas waren. Der Zustrom von Neuankömmlingen hielt an und 1961 war die jüdische Bevölkerung auf 1 981 000 und 1967 auf 2 384 000 angestiegen. Die neuesten amtlichen Zahlen für 1970 geben eine Bevölkerung von 2 561 000 an[2].

Während über zwei Drittel der Bevölkerungszunahme unter den Juden auf die Einwanderung während jener Periode zurückzuführen ist, erfolgte

[1] Abschnitt 1 der Law and Administration Ordinance, Nr. 1, 1948, Siehe: Laws of the State of Israel, Bd. 1, p. 9.

[2] Central Bureau of Statistics, Jerusalem, Statistical Abstract of Israel 1971, Nr. 22, Tabelle B/1, p. 21.

der ein Drittel betragende Zuwachs der nichtjüdischen Bevölkerung durch Geburten. Zur Zeit leben in Israel über drei Millionen Menschen[8].

Das Hauptproblem war während der letzten zwanzig Jahre — und wird es auch noch einige Zeit lang in der Zukunft sein — die Absorption und Integration dieser Masseneinwanderung, von Menschen, die aus den verschiedenartigsten kulturellen und sozio-ökonomischen Schichten kommen und zu einer freien und demokratischen Gesellschaft zusammengeschweißt werden sollen. Unter den Faktoren, die in diesem Zusammenhang ernsthaft untersucht werden müssen, ist es der kulturelle Konflikt, der einen großen Teil der zahlreichen kulturellen und sozio-ökonomischen Schwierigkeiten erklären kann, die wir während der letzten zwanzig Jahre erlebt haben. Kein Zweifel, daß sie in einem unmittelbaren Zusammenhang mit dem Integrationsprozeß stehen. Diese Schwierigkeiten bestehen aber auch heute noch fort.

Vor Errichtung des Staates gab es Probleme mit Jugendlichen und Familien in wirtschaftlicher Not, die schätzungsweise 10 % der damaligen Bevölkerung ausmachten. Man unternahm damals verschiedene Versuche mit diesem Problem fertig zu werden, aber die realen Umstände ermöglichten keine qualitative Verbesserung ihrer Lebensbedingungen. Meiner Ansicht nach bestand der Hauptfehler darin, daß die damalige jüdische Gesellschaft eine falsche Einstellung zu dieser Not hatte und in ihr kein dauerndes, sondern ein vorübergehendes Phänomen erblickte. Dabei beobachten wir heute dieselben Erscheinungen wie damals, nur sind sie weit zahlreicher und akuter, u. a. deshalb, weil die soziale Diskrepanz sich dauernd erweitert. Es ist daran zu erinnern, daß man damals glaubte, daß die in Not geborenen und in Bedrängnis aufwachsenden Kinder, ja im Lande ihre Erziehung erhalten und sich daher selbstverständlich genauso wie die übrigen Kinder entwickeln und an den Errungenschaften des Landes Israels teilhaben würden. Obgleich die Realität diese Ansicht Lügen strafte, hielten bis heute viele an dieser Ansicht fest.

Wenn wir die Annahme als fundamental ansehen, daß jede Migration von Land zu Land und jeder Übergang von einer Lebensform zur anderen zwangsläufig zu kulturellen Konfliktssituationen führt, dann ist in unserem Fall noch der Übergang von der geschlossenen und harten Lebensweise zur offenen und luxuriösen hinzuzufügen. Etwa vom Jahre 1955 an begann im Staate Israel ferner ein unerhörter technologischer und industrieller Aufschwung. Diese Entwicklung fand ihren Ausdruck vornehmlich in der Einrichtung von Industriewerken, Städtebauten, Straßenbauten, Fabriken und großartigen wissenschaftlichen Einrichtungen, Hochschulen samt allen ihrem modernen Zubehör. Man kann sagen, daß alle Bestrebungen auf die Vervollkommnung und Fundierung dieser Entwicklung ausgerichtet waren.

Andererseits richteten sich kaum entsprechende Bemühungen auf die persönlichen und sozialen Probleme, die mit diesem Übergang zur moder-

---

[8] Ibid.

nen Gesellschaft verbunden sind. Insbesondere wurden die besonderen Probleme der in Not lebenden Jugendlichen und ihrer Familien in den Hintergrund gedrängt.

Man unternahm zwar beispielsweise auf dem Gebiet der Erziehung Versuche, Lehrpläne für jene Kinder und Jugendliche auszuarbeiten, die sich in das normale Erziehungssystem, profaner oder religiöser Ausrichtung, nicht einfügen konnten, aber es stellte sich *bald* heraus, daß das Problem überaus kompliziert war und man die verschiedensten Faktoren in Betracht zu ziehen habe. Beispielsweise, ob es erwünscht und möglich war besondere Schulen zu errichten, in denen die meisten Schüler orientalischer Herkunft waren, die einen besonderen Lehrplan haben würden, der sich vom allgemeinen Lehrplan unterschied. Würde eine solche Einrichtung nicht einen sozial negativen Einfluß ausüben und starke Versagungsgefühle produzieren? Heute, nachdem sich die Probleme verschärft und wir im Laufe der Jahre Erfahrungen gewonnen haben, besteht Veranlassung erneut zu untersuchen, wie wir uns zur Curriculumplanung einzustellen haben, die hauptsächlich auf der sozialen Basis der mittelständischen askenasischen, d. h. europäischen Juden aufbaute. Die Erfahrung lehrte uns, ob wir das zugeben wollen oder weiterhin die Augen vor der Wirklichkeit verschließen, daß die große Zahl von Mißerfolgen von Schulkindern, die in Not und Armut leben, mit eben dieser Tatsache zusammenhängt.

Ein Beobachter der sozialen Probleme in Israel, darunter Angelegenheiten der allgemeinen Kriminologie, des Verbrechens und der Strafe, muß sich einige Grundmerkmale vor Augen halten, die für ein Verständnis des Hintergrunds dieser Probleme unseres Landes wesentlich sind. Einige auffällige Aspekte, die für die uns hier beschäftigenden Probleme besonders relevant sind, erfordern besondere Erwähnung.

Die Absorption großer Menschenmassen innerhalb einer kurzen Periode und auf einem kleinen Gebiet, dem es an natürlichen Mineralquellen fehlt, hat sowohl die wirtschaftliche als auch die sozio-kulturelle Integration schwer belastet. Eine solche Integration, oder mit ihr verknüpfte Schwierigkeiten sind unmittelbar relevant für die Jugendkriminalität.

Es ist schwer zu bestimmen, wie lange es dauert, bis ein Integrationsprozeß vollendet ist. So weit wir aus unserer Erfahrung wissen, gibt es viele, die keine besondere Schwierigkeit haben, sich an eine völlig neue Umgebung anzupassen. Es gibt aber andere, die sich nicht so leicht anpassen. Wir haben gesehen, daß der Zeitfaktor sozusagen in zwei entgegengesetzten Richtungen wirksam wird. Im Verlauf der Zeit passen sich viele der Neuankömmlinge ziemlich gut an die vorrherrschenden neuen Bedingungen an, aber es gibt andere, deren Desintegrationsprobleme erst im Laufe der Zeit manifestiert werden.

Wir haben ein äußerst wichtiges Phänomen beobachtet, daß nämlich die Jugendkriminalität bei Neueinwanderern erst mehrere Jahre nach ihrer Ankunft in Israel auftritt. Die folgenden Gründe mögen das erklären. Während der ersten paar Jahre nach der Einwanderung fühlt sich das Kind in der neuen Umgebung unsicher und seine Hemmungen wirken während dieser Zeit im Sinne einer Abschreckung. Es dauert eine gewisse Zeit, bis die Werte der neuen Umwelt in die Familienstruktur eindringen und es braucht auch seine Zeit bis Identifikationskonflikte einen Punkt erreichen, an dem die Familieneinheit zu zerbrechen droht. Wenn sich dieser Prozeß rasch vollzieht, dann besteht für jugend-kriminelles Verhalten eine größere Wahrscheinlichkeit. Außerdem nehmen im Laufe der Zeit Niederlagen und Versagungen unter jungen Menschen zu und sie können sich in vielen Fällen negativ äußern, u. a. im kriminellen Verhalten.

Während der letzten zwei Jahrzehnte nahm die Zahl der aus den Ländern des Islams — dem Mittleren und Nahen Osten, aus Nordafrika und Asien — kommenden Juden um so vieles zu, daß sie nun etwa die Hälfte der jüdischen Bevölkerung in Israel ausmachen. Unter Kindern bis zum fünfzehnten Lebensjahr, machen sie fast 60 Prozent aus. In der Verteilung der verschiedenen ethnischen Gruppen der jüdischen Bevölkerung hat ein radikaler Wandel stattgefunden. Unter den charakteristischen Merkmalen des heutigen Israels gibt es die Tatsache, daß die Immigration nach Israel für viele Einwanderer, aber besonders für jene, die aus den oben erwähnten Ländern kamen, eine Verpflanzung in eine nach dem Muster der westlichen Welt verstädterte und industrialisierte Wettbewerbsgesellschaft bedeutet hat. Die Forderungen einer technologischen Gesellschaft wie Israel, in der technisches Können und Wissenschaft Grunderfordernisse für den Fortschritt und die Erlangung von Schlüsselpositionen sind, haben besonders orientalischen Juden zu schaffen gemacht, da sie sich abrupt von einem völlig anderen kulturellen, wirtschaftlichen und politischen System lösen mußten.

Dieser plötzliche Wandel brachte die gewöhnliche Lebensweise von Individuen, Familien und ganzen Gruppen ins Wanken. Sie wurden aus ihrer normalen Bahn geworfen und fanden es schwer, sich in der neuen Umwelt umzustellen. Wir beobachten einen Zusammenstoß von Kulturen mit allen seinen inhärenten Folgen. Ein solcher Prozeß des kulturellen Wandels findet dauernd statt und erfaßt die gesamte Bevölkerung. Aber dieser Prozeß zeichnet sich am stärksten bei den orientalischen Judenheiten ab.

Vom Standpunkt der sozialen Integration hat die Einwanderung nach Israel auch einen Umschlag von einer Gesellschaft mit strengen Tabus bezüglich sozialer Kontakte und sozialer Verhaltensweisen in eine Gesellschaft ohne solche Tabus bedeutet. Die Einwanderer waren sozusagen durch die Umstände gezwungen sich den Forderungen einer neuen Umwelt anzupassen, die ihren bisherigen Lebenserfahrungen unbekannt waren. Sie fühlten sich gedrängt eine ihnen bisher fremde Lebensweise zu bejahen und entsprechen. Das erschien ihnen als höchst wünschenswertes Ziel. In vielen Fällen verstärkten solche Situationen die Unsicherheit, Ratlosigkeit und Verwirrung. Es entstanden ferner auch ambivalente Haltungen, die zu plötzlicher Nachsichtigkeit oder ungewohnter Strenge führten und auf diese Weise störend in die Behandlung und Erziehung der Kinder eingriffen. Das ist das gemeinsame Hauptmerkmal der orientalischen Einwanderungsschichten.

Es ist bemerkenswert, daß über 90 Prozent jugendlicher Rechtsbrecher von Eltern stammen, die in Asien oder Ländern des Islams beheimatet waren (Siehe Tabelle 1). Wie stark sie vertreten sind geht aus den Prozentzahlen und Raten dieser Tabelle hervor. Auffällig ist die Tatsache, daß eine erhebliche Zahl jugendlicher Rechtsbrecher bereits in Israel geboren und erzogen wurde. Aus meiner eigenen Erfahrung kann ich sagen, daß diese Tatsache an sich keine Garantie für die Aneignung eines normativen Verhaltens bietet, das in Israel dominiert. Ungenügende und unzureichende soziale Dienstleistungen bilden ein ernstes Hindernis für die Anpassung an bestehende Verhaltensmuster. In der Tat gibt es bei vielen eine Art Wiederholung alter Familienmuster. Mit anderen Worten, es müssen besondere Anstrengungen gemacht werden, um einen wirklichen Wandel zu schaffen.

TABELLE 1

Jüdische jugendliche Straftäter nach Geburtskontinent, Prozentsätzen und Raten pro Tausend der relevanten Bevölkerungsgruppen 1966—1970[4]:

Geburtskontinent	1966	1967	1968	1969	1970
	Prozentsätze				
Gesamtzahl der Straffälligen	100.0	100.0	100.0	100.0	100.0
In Israel geboren: ingesamt	56.1	63.8	67.1	67.0	67.3
Herkunft: Asien-Afrika	*50.1*	*57.9*	*61.3*	*61.8*	*62.6*
Europa-Amerika	6.0	5.9	5.8	5.2	4.7
Asien	*5.8*	*3.0*	*1.5*	*1.8*	*1.5*
Afrika	*35.3*	*30.6*	*29.5*	*29.1*	*28.6*
Europa-Amerika	2.8	2.6	1.9	2.1	2.6
	Raten				
Alle Straffälligen	9.8	6.4	8.0	9.7	9.6
geboren					
in Israel	7.9	5.5	7.0	8.1	8.2
in Asien	9.6	4.0	3.1	4.1	4.8
in Afrika	22.9	13.5	17.1	19.5	21.8
in Europa-Amerika	3.1	2.4	2.5	3.3	4.8
davon Rückfällige	5.1	3.7	4.3	5.2	5.4

Das heißt mit anderen Worten, daß ein ungemein hoher Prozentsatz von der Gesamtzahl jüdisch-jugendlicher Straftäter von orientalischen Eltern stammen. Es ist weiterhin bemerkenswert, daß die Zahl derjenigen, die in Israel geboren sind, von Jahr zu Jahr gestiegen ist, während die Zahl der aus Europa — Amerika stammenden im Laufe derselben Jahre ständig gesunken ist. (Tabelle 1). Folgende Zahlen sind hervorstechend. In Israel

[4] Siehe Tabelle E in: Juvenile Delinquency 1969, Central Bureau of Statistics, Special Series Nr. 370, Jerusalem 1971 und Nr. 408, Jerusalem 1973, ibid.

geboren, aber von jüdisch-orientalischen Eltern stammend, waren es 56,1 % in 1966, 63,8% in 1967, und 67,1% und 67,0% in 1968, und 67,3% in 1970. Eine ähnliche Tendenz finden wir unter den jugendlichen Delinquenten, die als Kinder mit ihren Eltern nach Israel kamen. 1966 waren sie mit 50,1% vertreten, 1967 mit 57,9%, und 1968 und 1969 mit jeweilig 61,3% und 61,8% und 62,6% in 1970. Aus Tabelle 1 geht hervor, daß der Prozentsatz der jüdisch-jugendlichen Delinquenten folgendermaßen zusammengesetzt war. 1966 waren 91,2% von orientalischer Herkunft während 8,8% von europäischer Herkunft waren. 1967 waren es 91,5% gegenüber 8,5%, 1968 waren es 92,3% gegenüber 7,7%, 1969 und 1970 stieg die Zahl der orientalisch-jüdischen Delinquenten auf 92,7 %, gegenüber 7,3 % europäischer Herkunft.

Abgesehen von individuellen Aspekten, gibt es verschiedenartige allgemeine Aspekte, die das Vorherrschen jugendlicher Straffälligkeit in diesen orientalisch-ethnischen Gemeinschaften erklären mag. Um nur einige zu erwähnen: eine große Zahl von problematischen Familien; eine beträchtliche Zahl von Menschen mit niedrigem Bildungsstandard; die Unfähigkeit einen Arbeitsplatz als gelernter oder ungelernter Arbeiter auszufüllen; ein hoher Grad seelischer und allgemeiner Gesundheitsprobleme; etc. kurz gesagt, das Hauptmerkmal ist eine Konzentration vieler dieser Probleme bei den orientalischen Gemeinschaften, die u. a. auch negative Rückwirkungen auf ihr Image in der Öffentlichkeit haben.

Die neue Wirklichkeit gibt bei vielen Eltern Anlaß zu Gefühlen der Unzulänglichkeit im Umgang mit ihrer neuen Umwelt. So beklagen sich zum Beispiel Eltern häufig vor dem Jugendgericht, daß der Einfluß der neuen Umgebung und die bisher unbekannten Sitten und Gewohnheiten die Schuld am kriminellen Verhalten ihrer Kinder tragen. Andere geben ihre Unfähigkeit zu, sich um ihre Kinder besser zu kümmern und bitten das Gericht, eine passende Lösung für sie zu finden. Andere nennen dieselben Gründe, versuchen aber ihre Kinder zu schonen und in Schutz zu nehmen. In solchen Situationen ist es oft die Pflicht des Jugendgerichts, Eltern zu ermutigen, sie zu trösten und sie mit einer neuen Willenskraft zu inspirieren. Allein die Tatsache, daß das Jugendgericht gegenüber den Vergehen ihrer Kinder Toleranz bekunden kann und nicht unbedingt eine strafende Haltung einnimmt, gibt vielen Eltern eine Gelegenheit überflüssige Ängste zu zerstreuen und ihre gestörten Beziehungen zu ihren Kindern wieder ins Lot zu bringen.

Man muß darauf hinweisen, daß die Reaktion der verschiedenen orientalischen Gemeinschaften auf das Zusammentreffen mit der westlichen Kultur nicht unbedingt einheitlicher Natur ist. Diese Gemeinschaften haben keine einheitliche Tradition und wir sind Zeugen unterschiedlicher Reaktionen, selbst wenn sie ähnlichen Konfliktsituationen ausgesetzt werden. Das ist besonders der Fall im Verhältnis zur Familie als Institution, die sich Problemen gegenübersieht, die sich aus der Lebensweise einer sich so rasch wandelnden Gesellschaft wie der unsrigen in Israel ergeben. Es gibt Gemeinschaften, die sich schnell an die vorherrschenden westlichen Muster zu assimilieren suchen und mehr oder weniger leicht alte angestammte Bräuche aufzugeben, während andere versuchen, sich gegen diesen Prozeß abzuschirmen und nur widerstrebend den Einflüssen der neuen Umwelt nachgeben. Manche neigen zu extremen Ansichten und starren Haltungen und zeigen ein passives Verhalten. Diese Haltungen wirken sich meistens unmittelbar auf das Verhaltensmuster von Kindern aus und auf ihre Fähigkeit oder Unfähigkeit, den Erwartungen von Eltern und der Gemeinschaft zu entsprechen.

Ein weiterer zu betonender Punkt ist, daß die Interessen und Bedürfnisse der Kinder mit den Werten der neuen Umwelt übereinstimmen sollen. Sie werden von ihr instinktiv angezogen, denn sie spüren, daß hier der Schlüssel zu ihrer Zukunft liegt. Abgesehen davon haben sie den starken Wunsch akzeptiert zu werden, ebenbürtig zu sein und auf gleichem Fuß mit ihren Spielkameraden zu stehen. Darüber entwickelte sich ein Interessenkonflikt zwischen den alten traditionellen Werten, die die Familie aufrecht erhalten will und zwischen den Pressionen und Tendenzen der neuen Gesellschaft. Diese letzteren haben in der Richtung der Festigung und Pflege neuer Beziehungen gewirkt, die meistens außerhalb des Familienkreises liegen, was wiederum unvermeidlicherweise die Basis für Konflikte auch innerhalb der Familie erweiterte.

Wir haben beobachtet, daß ein Verlust elterlicher Kontrolle unter Menschen, unter denen eine solche Kontrolle tief verwurzelt war, oft mit einer schlechten Anpassung von Kindern zusammenfiel. Wenn Familien als Einheiten intakt bleiben, wenn sie ihren Kindern genügend Sicherheit und ausreichend Freiheit in der neuen Umwelt gewähren konnten, und die Assimilation der neuen Werte nicht zu sehr forcierten, so konnte ihnen der Prozeß der Desintegration erspart bleiben. Wenn andererseits Familien sich feindselig gegen die neue Umwelt verhielten, oder wenn sie nicht imstande waren, ihre Kinder von den Pressionen der Außenwelt zu beschützen, oder wenn sie sich zu eifrig bemühten neue Werte zu akzeptieren, dann kam es häufiger zu Auflösungserscheinungen, und hier wieder bestand eine größere Wahrscheinlichkeit für kriminelles Verhalten.

Zu den beobachteten Manifestationen, die sich auf das kriminelle Verhalten von Kindern auswirken, gehören jene, die sich auf den Statuswechsel von Eltern innerhalb der Familie, besonders des Vaters beziehen. Das charakteristische Muster der Familienstruktur von Juden aus orientalischen Ländern war patriarchalisch. Der Vater oder ein anderes männliches Familienmitglied war der Versorger und er hatte in Familienangelegenheiten am meisten zu sagen. Sein anerkannter Status erschien ihm besonders dann wichtig, wenn er an dieser Rolle scheiterte. Dann hielt er ängstlich an seinem Status fest. Infolge der Einwanderung nach Israel verlor so mancher Familienvater die Fähigkeit der Ernährer zu bleiben. Meistens fiel es ihm schwer, Schritt mit den neuen Forderungen zu halten, die für ihn immer manuelle Arbeit bedeuteten. Für die meisten von ihnen war das ein schmerzhafter Prozeß. Andererseits konnten Frauen, selbst wenn sie noch recht jung waren, d. h. unter 14 Jahren — leichter eine Beschäftigung finden, die die Familie mit den notwendigen Mitteln zum Lebensunterhalt versorgten. Infolgedessen gab es Väter passiver Natur, die ihre Position und damit ihre Verantwortung gegenüber ihren Familien preisgaben. Andere begannen sich aggressiv gegen die Familienmitglieder und die Gesellschaft zu verhalten. Das Verhaltensmuster so mancher Familie änderte sich beträchtlich und dieser Wandel war immer mit starken Emotionen und Ängsten verbunden, die einerseits den Wunsch, sich neuen Werten anzupassen, und andererseits die Angst vor der Auflösung der Familie ausdrückten. Wir sind alle mit den zahlreichen Faktoren vertraut, die die Tatsache erklären, daß heuzutage viele Gesellschaften mit dem Problem des kulturellen Wandels konfrontiert sind, der unter anderem einen unmittelbaren Bezug auf infrafamiliale Situationen hat. Um nur einige zu nennen: die rasche wirtschaftliche Entwicklung und industrielle Umwälzung infolge der durch Wanderbewegungen verursachten Veränderungen; der sich ändernde Status von Vätern und Müttern innerhalb der Familie; das ungeheure Wachstum der Städte; die Einwirkung von Massenmedien wie Radio und Fernsehen auf Verhaltensmuster junger Menschen, etc. Es erscheint mir jedoch notwendig, daß man den zusätzlichen Faktor der dauernden Anpassung von Kindern und Eltern an die sich heute überall rasch verändernden Umstände mit besonderer Aufmerksamkeit bedenkt. Diese Veränderungen haben eine unmittelbare Bewandtnis mit dem Familienstil und in der Folge mit intrafamilialen Beziehungen. So werden bisher akzeptierte Werte oft unmittelbar in Mitleidenschaft gezogen, was in vielen Fällen zu einer Reorientierung innerhalb der Familieneinheit führt. Die Größe dieser Faktoren schafft verwirrende Situationen, die die Intervention des Jugendgerichts erforderlich machen kann.

Gegen diesen Hintergrund muß die einzigartige Situation, die erst vor sehr kurzer Zeit unter gewissen Gruppen jüdischer Jugendlicher entstanden ist, einer Beurteilung unterzogen werden. Wir sind Zeugen wiederholter Ausbrüche gewalttätigen Verhaltens junger Menschen, die zu den orientalisch-jüdischen Gemeinschaften gehören. Die erste Gruppe wurde in Jerusalem organisiert und seither folgten andere. Obgleich diese Gruppen noch keine eigene Organisation besitzen und auch keine gemeinsame Führung haben, versuchten sie einige ihrer Aktivitäten, besonders Protestdemonstrationen, zu koordinieren. Es scheint jedoch, daß die militanteste Gruppe, die von Jerusalem ist. Der gemeinsame Boden für die Aktivitäten aller Gruppen ist, was sie „die Abschaffung der Diskrimination gegen orientalische Juden“ nennen. Um der israelischen Öffentlichkeit ihre Art zu denken und zu handeln zu veranschaulichen, nennen sie sich „Schwarze Panther“, um die Israelis an die amerikanische Szenerie zu erinnern.

Während es noch ungewiß ist, ob diese Gruppen genügend Ausdauer besitzen, um ihre Aktivitäten fortzusetzen, kann man jetzt schon über sie das Folgende sagen:

a) Israel ist zum ersten Mal mit einer organisierten Gruppe militanter junger Menschen konfrontiert, die behaupten, daß man nur mit Hilfe der Gewalt die diskriminatorischen Praktiken beseitigen kann.

b) die Ausmerzung von Mangel und Armut unter den jüdisch-orientalischen Gruppen auf dem Gebiet der Erziehung, Arbeits- und Wohnungsvermittlung sowie eine entsprechende Repräsentation orientalischer Juden in allen Regierungsinstitutionen, gehören zu ihren erklärten Forderungen.

c) Innerhalb einer kurzen Zeit ist es diesen jungen und unerfahrenen Gruppen gelungen, der Öffentlichkeit die desolaten und elenden Lebensbedingungen, die das Los so vieler Menschen, besonders der Angehörigen der orientalischen Judenheiten sind, ins Bewußtsein zu rücken.

Tatsächlich war die Führung Israels sichtlich in einem solchen Maß erschrocken, daß sie sich mit Vertretern der Jerusalemer Gruppe der Schwarzen Panther trafen und mit ihnen Mittel und Wege erörterten, wie man die bestehenden Verhältnisse verbessern könnte. Über Nacht sozusagen etablierte sich eine neue Gruppe von Fachleuten in der Lösung sozialer Fragen, deren Ansichten bei der Führung des Landes großes Gewicht hatten. Es ist gewiß interessant, festzustellen, daß das Prestige der Schwarzen Panther durch diesen Umstand in den Augen der Öffentlichkeit zunahm. Sie erreichten ferner mehr als den unermüdlichen und jahrelangen Bemühungen von Professoren der Sozialarbeit, Sozialbeamten und Fürsorgern beschieden war, die sich bemüht hatten, die allgemeine Öffentlichkeit von den Bedürfnissen unterprivilegierter Schichten zu überzeugen. Plötzlich standen große Geldmittel zur Verfügung, unabhängig davon, ob es Pläne zur Stillung der tatsächlichen Bedürfnisse gab.

Die plötzliche Verfügbarkeit von großen Geldmitteln kann als Ausdruck von Schuldgefühlen der Führung betrachtet werden, die offensichtlich nur durch das gewalttätige Verhalten dieser jungen Leute auf die vorhandenen Mängel in unserer blühenden Gesellschaft aufmerksam gemacht wurde. Es ist klar, daß weil Armut und Mangel besonders unter den orientalischen Gruppen verbreitet sind, das Gefühl des Unbehagens verstärkt wird. Unter solchen Umständen Geld herzugeben ist ferner identisch mit einer Wiedergutmachungszahlung und mag in diesem Zusammenhang eine besondere Bedeutung haben.

d) Last but no least, erfreuen sich die Schwarzen Panther und die Ziele, für die sie einstehen, einer recht großen Sympathie bei der allgemeinen Bevölkerung. Das ist an sich ein interessantes Phänomen, weil die Sprecher der Schwarzen Panther das Hebräische nicht sehr gut beherrschen und sie auch die bestehende Situation unter den Unterprivilegierten nicht genügend artikulieren können.

Vorläufig ist die Sympathie passiver Natur und sie findet ihren Ausdruck hauptsächlich in Zeitungsartikeln, Radiosendungen, Privatgesprächen und öffentlichen Meinungsumfragen. Es muß sich erst noch herausstellen, ob diese Gruppen aktive Unterstützung finden werden.

Viele stellen daher die Frage, wie sich eine solche neue Entwicklung in Israel erklären läßt. Denn oberflächlich gesehen, ist es für eine große Zahl orientalischer Gemeinschaften zu einem bemerkenswerten und stetigen Anstieg des allgemeinen Lebensstandards gekommen. Für viele sind Arbeitsplätze geschaffen worden, auch gibt es Ausbildungsmöglichkeiten, um das notwendige Wissen zu erwerben, sowie Bildungsmöglichkeiten für Begabte auf der einen, und Förderstufenunterricht für solche, die mit Spezialmethoden unterrichtet werden müssen, auf der anderen Seite. Auch die Wohnraumbeschaffung hat sich im Vergleich zu den Zuständen, die noch viele Jahre nach der Einwanderung herrschten, beträchtlich verbessert, wenn gleich noch viele Unterkünfte den normalen Anforderungen nicht entsprechen.

Die Antwort mag lauten, daß in einer Gesellschaft wie Israel, in der wirtschaftliche Prosperität herrscht und der materielle Reichtum wächst und immer mehr Ansehen einträgt, unter jenen, die mit solchen raschen Entwicklungen nicht Schritt halten können, die Verbitterung steigen muß. In einer kompetitiven Gesellschaft, die rasch wächst, und in der spezialisierte Kenntnisse hoch im Kurs stehen, fühlen sich viele frustriert, weil sie nicht konkurrieren können. Es ist diese *dauernde Konfrontation mit einer fordernden Gesellschaft und ihren hochgeschraubten Anforderungen*, die zum Mitmachen zwingt, die aber auch zu wiederholten Mißerfolgen führt. Die Schwierigkeit oder Unmöglichkeit diesen Anforderungen gerecht zu werden, kann leicht zu der Überzeugung führen, daß es für orientalische Juden keine Chancengleichheit gibt. Unter solchen Umständen wird keinerlei rationales Argumentieren und Erklären Resultate zeitigen, weil das Problem emotional zu stark aufgeladen ist.

Die israelische Gesellschaft geht ferner durch einen Prozeß der Polarisation hindurch. Die Unterschiede zwischen verschiedenen Einkommensgruppen wachsen und konsolidieren sich. Die aktive Beteiligung in den politischen Gremien und an den höchsten Entscheidungen, die das Leben aller Einwohner bestimmen, sind noch immer auf die Alte Garde beschränkt. Sie hat sich im großen und ganzen als zuverlässig und tüchtig erwiesen und sie kann auch mit weiterer öffentlicher Unterstützung rechnen. Aber nur eine kleine Zahl orientalischer Juden gehören diesen zwei Kategorien an, was nach Ansicht der Schwarzen Panther ebenfalls Ausfluß diskriminatorischer Manipulationen ist. So haben sich also über viele Jahre hindurch Ressentiments angehäuft, die jetzt auf ein Ziel gelenkt werden, nämlich die Abschaffung des ganzen Systems überhaupt.

Es wird kaum verstanden, daß das Regierungssystem nicht mit persönlichen Leistungen oder Mißerfolgen identisch ist. Man kann annehmen, daß in einer technologischen und kompetitiven Gesellschaft ein intellektuelles Verständnis der Mechanik der Gesellschaft und wissenschaftliche Kenntnisse zu den persönlichen Pluspunkten zählen, die zu Schlüsselpositionen führen können. Andererseits bedeutet der Mangel solcher persönlicher

Aktiva fast unweigerlich weniger gut bezahlte Arbeitsstellen und weniger soziale Statusanerkennung.

Unter sonst gleichen Umständen läßt sich behaupten, daß das soziale System nicht genügend getan hat, um die sozialen Bedingungen systematisch zu verbessern. Eine solche Verbesserung kann jedoch nicht durch sporadische und unkoordinierte Entscheidungen verschiedener Regierungsabteilungen erreicht werden. Das Problem ist sehr kompliziert und nicht nur auf budgetäre Notwendigkeiten beschränkt, sondern ist im selben Maß auch eine Sache der geeigneten Verteilung von Arbeitskraft und der Setzung von Prioritäten.

Andererseits kann auch mit Sicherheit gesagt werden, daß Individuen, die unwillens oder unfähig sind, genügend Entschlußkraft und Ausdauer aufzubringen, um zu lernen und ihr Potential zu entwickeln, in den unteren Positionen bleiben werden. Sporadische Ausbrüche gewalttätigen Verhaltens wie das der „Schwarzen Panther" können eine Zeitlang so angehen, aber sie werden die Bedingungen der Versagung nicht grundsätzlich ändern.

Denn Israel als eine sich erst neuformierende Gesellschaft, kann nur daran interessiert sein, Wissen und Einrichtungen zu fördern, die die Gewähr bieten, den Aufbau zu verwirklichen. Um zu überleben, muß es den höchsten Maßstäben entsprechend konkurrenzfähig sein.

B. UNTER NICHTJUDEN

Der allgemeine Hintergrund

Probleme der Jugendkriminalität unter den Arabern Israels sind in vielfacher Hinsicht anderer Natur als bei den Juden Israels. Es gibt gewisse Gemeinsamkeiten, die untersuchenswert werden und mit ihnen wollen wir uns hier kurz befassen. Der Terminus „arabische Minderheit" beschreibt nicht exakt die Zusammensetzung der Minderheiten in Israel, da es unter ihnen große Unterschiede des religiösen Glaubens, der traditionellen Sitten und Lebensgewohnheiten gibt. Wir gebrauchen den Ausdruck arabische Minderheit hier nur der Einfachheit halber, meinen jedoch in jedem Fall Nichtjuden. Ungefähr 440 000 der Einwohner Israels sind Nichtjuden, davon 328 000 Moslems, 75 500 Christen (Araber und Nichtaraber), 35 000 Drusen und andere[1].

Die britischen Mandatsbehörden verliehen in den ersten Jahren ihres Bestehens der jüdischen, arabischen und moslemischen Gemeinschaft besondere Rechte und Privilegien religiöser Natur. Mit der Errichtung des Staates Israel im Jahre 1948 wurden diese Privilegien durch besondere Gesetze und Bestimmungen bestätigt. Dazu erlangte die Gemeinschaft der Drusen durch besondere Gesetze 1957 und 1962 die Anerkennung als selbständige reli-

---

[1] Statistisches Jahrbuch für Israel 1971, Nr. 22, Zentralbüro für Statistik, Tabelle 23/B, S. 49 (Hebräisch).

giöse Gruppe. Auf diese Weise erhielten die Drusen auch eigene religiöse Gerichtshöfe und fallen damit nicht mehr unter die religiöse Gerichtsbarkeit der Moslems.

Die Moslems werden in zwei große religiöse Gruppen eingeteilt. In Israel sind die Sunniten in der großen Mehrheit, daher besteht eine verhältnismäßig einheitliche Grundlage. Unter den Christen gibt es eine Anzahl verschiedener Gruppen: die griechisch-katholische Gruppe, die griechisch-orthodoxe Gruppe, die Maroniten, die Baptisten, die Protestanten etc. Die Drusen werden als eine einheitliche für sich bestehende Religionsgemeinschaft angesehen. Ich beabsichtige nicht bei dem Problem der Einheitlichkeit oder auch der Unterschiedlichkeit zu verweilen, denn im Mittelpunkt dieser Ausführungen stehen Probleme der jugendlichen Kriminalität. Wegen der Klarkeit werde ich nur von „Arabern" sprechen, doch darf man nicht vergessen, daß dieser Terminus verschiedene Differenzierungen und eine weitere Detaillierung erfordert.

Im allgemeinen, das sei angemerkt, blieb die arabische Bevölkerungseinteilung so wie in Mandatszeiten bestehen. 23% der Araber wohnen heute in Städten, die übrigen 77% wohnen in ländlichen Gebieten. Während der letzten Jahre der Mandatsregierung waren ungefähr 25% der Araber Stadtbewohner. Andererseits trat eine Änderung in der Wohnortkonzentration ein und heute leben etwa 50% in Galiläa, etwa 20% im „Dreieck[2]" und etwa 11,5% sind Beduinen, die in der Wüste südlich von Beer Seba leben. Der Rest lebt verstreut in Galiläa und im ganzen Land. Es gilt festzustellen, daß die politische und wirtschaftliche Führung der arabischen Minderheit fast zur Gänze den Staat Israel mit seiner Gründung verließ und diese Tatsache ist noch heute spürbar.

Im Laufe der britischen Mandatsperiode und in noch viel höherem Grad vorher, lag die Entscheidung über die politische Loyalität und Parteizugehörigkeit bei den Häuptern der „Sippen". Sie waren die greisen Mitglieder der Sippenverbände, die sich unangefochten ihrer Führerstellungen erfreuten. Manchmal schlossen sich diese Alten zu einer Gruppe zusammen und manchmal war es einer unter ihnen, der als anerkannter Führer alle nach seinem Willen führte und die Entscheidungen fällte. Diese greisen Mitglieder bestimmten die Politik und das allgemeine Verhalten, das alle Sippenangehörige verpflichtete. Die Entscheidungen betrafen manchmal Hunderte und sogar Tausende von Menschen. Die Alten befaßten sich auch mit Problemen persönlicher Natur und auch in solchen Dingen hatten sie die entscheidenden Ansichten, denen jeder Sippenangehörige beipflichtete. Diese Lebensweise war unter der bäuerlichen arabischen Bevölkerung besonders häufig, doch herrschte sie auch in den kleinen und größeren Städten vor. Es gab damals zahlreiche kleine Städte.

Die Familienstruktur der arabischen Minderheit war extrem patriarchalisch und dieses Regime wird heute bis in die Tiefen erschüttert. Während

[2] D. h. in der Nähe von Natanya, ungefähr 60 km von Tel Aviv.

der Zeit zwischen den beiden Weltkriegen, das heißt, während der Zeit des britischen Mandats und in noch stärkerem Maß seit Gründung des Staates Israel, drangen in das im Lande herrschende patriarchalische Gesellschaftssystem neue Denk- und Lebensweisen ein. Insbesonders im Laufe der letzten Jahre erlangten westliche Ideen großen Einfluß, die an diesem Familienregime ihre Spuren hinterlassen haben. Es handelt sich um einen Teil jener dramatischen Veränderungen, gegen die in der heutigen Realität kein Widerstand möglich ist.

Infolge dieser Entwicklungen herrscht unter der arabischen Minderheit große Verwirrung, große Unsicherheit und Besorgtheit. Die Alten versuchen den neuen Strömungen entgegenzutreten, oder wenigstens eine weitere Entwicklung aufzuhalten, um die völlige Erschütterung der alten Familientraditionen abzuwehren. Aber die Interessen der jungen Generation stehen denen der alten entgegen. Die letzteren versuchen alle neuen Einflüsse fernzuhalten und die Jungen spüren instinktiv, daß die soziale Struktur, die in der jüdischen Bevölkerung herrscht, große Vorteile hat. Sie verstehen, daß der Schlüssel zu ihrem Fortkommen in der Übernahme — wenigstens zum Teil — der neuen Lebensweise und Anpassung an sie liegt. Darüber verschärft sich die Auseinandersetzung zwischen den Generationen, von der faktisch sämtliche Schichten der arabischen Minderheiten betroffen sind.

Nicht selten klagen Eltern im Jugendgericht darüber, daß die heutigen Lebensbedingungen, der Einfluß der westlichen Kultur und die Beziehungen zwischen Eltern und Kindern die Schuld am kriminellen Verhalten ihrer Kinder tragen. Einige behaupten, daß sie unter diesen Umständen nicht mehr fähig wären, auf ihre Kinder aufzupassen. Andere verweisen darauf, daß diese Faktoren selbst Gründe seien, um ihren Kindern Sicherheit und Schutz zu bieten. Diese Wandlungen sind nicht auf den Rahmen der Familie beschränkt, sie sind vielmehr ein Teil des Wandels, der die gesamte soziale Struktur betroffen hat. Damit ist zum Beispiel die Tatsache verbunden, daß die Einrichtung des „Muchtars“ (Bürgermeister) seiner ganzen Bedeutung entleert ist, denn seine Funktion als Vermittler zwischen Bevölkerung und Behörden oder als Vertreter der letzteren, besteht nicht mehr. Er unterstützt keine Gesuche mehr; selbst die Ernennungen zu Stellungen und die Rangförderungen im öffentlichen Dienst sind nicht mehr von seinem guten Willen abhängig.

Solange der Einfluß des „Muchtars“ im Dorf so groß wie ehedem war und solange man wichtige Posten nur mit Hilfe des Muchtars oder der Sippenoberhäupter erhalten konnte, ließ sich vom Wandel nicht viel verspüren. Die im heutigen Israel so völlig andere Situation ist augenscheinlich. Jeder Mensch kann sich heute beim Arbeitsvermittlungsamt registrieren, ein Umstand, der von der jungen Generation sehr geschätzt wird. Unter der Jugend macht sich auch die Neigung bemerkbar, die Mohargabe abzuschaffen, eines der typischen Überbleibsel der Vergangenheit. Wenngleich die Mohargabe heute vereinzelt in versteckter Form erstattet wird, wird ihre völlige Abschaffung noch geraume Zeit in Anspruch nehmen.

Gegenwärtig ist der soziale Kontakt zwischen jungen Männern und Frauen nicht üblich und besonders unter Moslems und Drusen fast unmöglich. Wenn auch die junge Generation in der Theorie gegen die Mohargabe ist, beobachtet man in der Praxis, wenn es sich um die Beurteilung der sozialen Kontakte zwischen den Geschlechtern handelt, eine ambivalente Einstellung. Die Vorurteile sitzen tief und lassen sich nur schwer überwinden. Aber trotz zögernder Vorbehalte, zeichnet sich doch eine neue Einstellung ab, die zur Aufhebung dieses sozialen Überbleibsels führen wird. Eine Veränderung trat auch insofern ein, als der jüdische Arbeitsmarkt in Industrie und Handwerk, selbst in der Landwirtschaft, Möglichkeiten eröffnete, die es bisher nicht gab, die ganz abgesehen vom Lohneinkommen, einen Anreiz bieten die Arbeit im arabischen Dorf aufzugeben. Mit anderen Worten, viele Jugendliche aus den ländlichen Gebieten erlernen jetzt neue Berufe oder sind in neuen Tätigkeiten beschäftigt. Sie arbeiten außerhalb ihres Dorfes, wenngleich sie dort noch wohnen bleiben. Etwa zwei Drittel der arabischen Arbeitskräfte sind in jüdischen Betrieben, städtischen und ländlichen, beschäftigt.

Wichtig daran ist, daß sich die neuen Arbeitsplätze in neuer Umgebung und inmitten von Menschen befinden, die andere Lebensgewohnheiten haben, die auf ihre Weise die neue Welt repräsentieren, der die Jugendlichen nacheifern. Es besteht ein starker Drang von dieser neuen Welt akzeptiert zu werden, als ein aufgeklärter Mensch zu erscheinen, der die Fesseln der Tradition abzuwerfen versucht. Das ist ein komplexer Prozeß, der unterströmig ambivalent verläuft. Einerseits versuchen die Araber sich den Juden anzugleichen und ihre Lebensweise nachzuahmen und andererseits spürt man die vielen Schwierigkeiten, die mit diesem Weg verbunden sind, so daß eine Tendenz der Ablehnung dieser Lebensweise besteht.

Immer mehr junge Araber verlassen ihre Dörfer, um anderswo zu arbeiten und viele der Unverheirateten ziehen auch in die von Juden bewohnten Orte. Am Anfang kehren noch viele von ihnen täglich in ihre Dörfer zurück; dann aber bleiben sie aus Gründen der Geldersparnis an ihren Arbeitsorten und kehren nur am Ende der Woche heim. Schließlich zeigen sie sich nur mehr selten im Dorf und beschränken ihre Besuche auf besondere Gelegenheiten.

Die Tatsache, daß viele der Dorfbesucher außerhalb des Dorfes arbeiten und auch dort nicht mehr landwirtschaftlich tätig sind, bringt eine Veränderung des Dorfes mit sich. Natürlich müssen jetzt viele der Aufgaben, die traditionsgemäß Männern vorbehalten blieben, von den Frauen geleistet werden. Das zeigt sich besonders auf dem Gebiete der Erziehung und des Schulbesuchs. Der Schulbesuch wird häufig vernachlässigt, denn es fehlt die Autorität des Familienvaters oder eines erwachsenen Bruders, die gewöhnlich den Schulbesuch überwachten. Eine weitere Erscheinung ist darin zu erblicken, daß die Einnahmen der außerhalb des Dorfes Arbeitenden ungleich größer sind als die Einkünfte jener, die weiterhin im Dorfe arbeiten. Für die Außenarbeiter bedeutet das eine erhebliche Verbesserung ihrer wirtschaftlichen und sozialen Verhältnisse. Sie richten ihre Häuser her oder bauen sich neue, sie erwerben den heute so begehrten Hausrat wie Waschmaschinen, Kühlschränke, Fernsehapparate etc.

Auch das physische Aussehen des Dorfes ändert sich. Man baut neue Straßen und erweitert die alten Gassen, es entstehen neue Einrichtungen der öffentlichen Dienste wie: Banken, moderne Läden, Krankenkassengebäude, Arbeitsämter, Sozialstationen und Filialen der politischen Parteien. All das verleiht dem Dorf einen neuen Charakter.

Der weit größere Kontakt, der nunmehr im Gegensatz zu früher zwischen der jüdischen und der arabischen Bevölkerung besteht, hat eine besondere gesellschaftliche Bedeutung. Während früher nur eine geringe Zahl Araber bei Juden beschäftigt war, sind heute nur wenige Araber nicht bei Juden in der einen oder anderen Weise tätig. Obgleich sich dieser Kontakt ausschließlich auf der Ebene von Arbeitgeber und Arbeitnehmer abspielt, beginnt die neue Lebensweise doch die traditionelle zu verdrängen. Hier ist auch in Betracht zu ziehen, daß die bei Juden beschäftigten Araber anfangen hebräisch zu sprechen, die einen früher, die anderen später. Die Möglichkeit hebräisch zu sprechen und hebräisch mit dem Arbeitgeber oder mit privaten oder öffentlichen Institutionen zu verhandeln, trägt zu ihrem Ansehen sowohl in den Augen der Juden als auch der Araber bei. Sie erwerben gesellschaftlichen Status und gefährden dadurch den Status der Familienvorstände und Dorfältesten.

Besondere Bedeutung kommt dem neuen Phänomen zu, das vor einigen Jahren aufzutreten begann. Selbst Araberinnen beginnen zunehmend im jüdischen landwirtschaftlichen Sektor zu arbeiten. Dieser Prozeß bedeutet unter anderem die Distanzierung von der traditionellen Lebensform mit ihren Härten und strengen Tabus. Die sich hier abzeichnenden neuen Lebensformen, die man schätzen zu lernen beginnt, wirken sich in verschiedenen Richtungen aus. Von hier aus bahnt sich ein Weg zu ambivalenten Beziehungen und selbst zur Infragestellung der geschlossenen Familieneinheit. Die Tatsache, daß Frauen weitab von ihren Dörfern mit oder ohne Erlaubnis des Arbeitsamtes im Akkord arbeiten, wird ihre negativen Folgen zeitigen. Während die Familie jetzt finanzielle Vorteile aus der Arbeit der Mädchen und Frauen gewinnt, wird sich dieser Umstand auf die zukünftige Familienstruktur auswirken und ihre Auflösung beschleunigen.

Es ist überflüssig zu betonen, daß sämtliche sozialen Dienste wie Erziehungs-, Gesundheits-, Wohlfahrts-, Rentenversicherungseinrichtungen, etc. den arabischen Einwohnern des Landes genauso wie den jüdischen zur Verfügung stehen. Man muß auch sagen, daß der Lebensstandard der Araber Israels ungleich höher ist als in den arabischen Ländern und überhaupt aller Länder der Region. Das drückt sich auch im stetigen Niedergang der Kindersterblichkeit und der höheren Lebenserwartung aus. Die Einsicht von der Bedeutung hygienischer Lebensbedingungen und der übrigen Wohltaten der modernen Gesellschaft schlägt unaufhaltsam Wurzeln. Es läßt sich sagen, daß die gewaltigen Veränderungen, die wir bei der arabischen Minderheit beobachten können, einen sehr wichtigen Faktor im Wandel der traditionellen Lebensweise spielen. Es zeichnet sich ein Prozeß des grundsätzlichen Wandels in der gesellschaftlichen Struktur überhaupt ab. Aber gleichzeitig häufen sich auch die Anzeichen der Ambivalenz gegenüber der von den Juden gepflegten Lebensweise. Es herrscht die Furcht vor einem Vakuum, die für die Periode des Übergangs charakteristisch sein mag. Es ist klar, daß unter diesen Umständen die Eltern nicht mehr über ihre Kinder Herr werden. Ihre Kompetenz ist sichtlich im Abnehmen begriffen und Reibungen häufen sich. Diesem Phänomen kommt in der patriarchalischen Familienstruktur eine besondere Bedeutung zu. Andererseits verlaufen die Absorption und Eingliederung durch die jüdische Bevölkerung unter wirklich erschwerten Umständen. So kann ein Vakuum entstehen, in dem sich u. a. auch die Jugendkriminalität niederläßt.

Kriminelle Verhaltensmuster

Überaus charakteristisch für die Jugendkriminalität unter den Arabern Israels ist die Tatsache, daß die meisten jugendlichen Straftäter in ländlichen Gebieten wohnen. Im Vergleich zu den jugendlichen Straftätern unter den Juden, die, wie in den meisten Ländern, auf die städtischen Gebiete konzentriert sind, ist ihre Zahl nicht proportional. Wir stoßen auf die folgende bemerkenswerte Erscheinung: Etwa 70% der jüdischen Einwohner Israels leben in städtischen Gebieten und etwa 75% der jugendlichen Straftäter kommen aus städtischen Gebieten. Hier ist zu bemerken, daß die Muster der jugendlichen Kriminalität in den städtischen Gebieten uneinheitlich sind. In gewissem Maß ist das kriminelle Verhalten in Tel Aviv anders als in Jerusalem und beide Städte unterscheiden sich in dieser Hinsicht wieder von Nathanya oder Rehovoth. Obgleich die zwei zuletzt genannten Orte städtische Bezirke sind, bilden sie doch einen Teil des ländlichen Gebietes, was von erstrangiger Bedeutung ist.

Bei den Arabern stoßen wir auf das genaue Gegenteil. Etwa 75% der Araber leben in den ländlichen Gebieten und etwa 80% der jugendlichen Straftäter stammen aus jenen Gebieten. Ferner werden wir noch zu zeigen haben, daß sich die kriminellen Verhaltensmuster der Dorfjugend von denen der jüdischen Jugendlichen stark unterscheiden.

Man kann sagen, daß die Beweggründe für das kriminelle Verhalten unter Arabern einen besonderen Charakter tragen; und wegen des Übergewichts der ländlichen Gebiete können wir von Mustern einer Agrarkriminalität sprechen. Anders ausgedrückt, viele Faktoren, denen man ihre Natur nach die Teilschuld am kriminellen Verhalten gibt, sind bei der Untersuchung der Jugendkriminalität unter den Arabern Israels anders zu beurteilen.

Nachdem die Bevölkerung in ländlichen Gebieten konzentriert ist, ließ sich erwarten, daß die Jugendkriminalität unter den Arabern geringfügig sein würde, da sie Jugendlichen ja nicht den Versuchungen der Großstadt ausgesetzt und ferner auch noch zum großen Teil der elterlichen Kontrolle unterworfen sein würden. Es sind also die großen Veränderungen, die sich inmitten der arabischen Gesellschaft vollziehen und die Eigentümlichkeit gewisser Muster, die anscheinend für den heutigen Stand der Dinge verantwortlich sind, wonach es relativ mehr arabische jugendliche Straftäter als jüdische gibt.

1. Hirtenkriminalität

Ein häufiges Vergehen unter Arabern bezieht sich auf die Landwirtschaft und wird in Paragraph 385(1) der Bestimmung des Strafgesetzes von 1936 wie folgt definiert: „Eine Person, die keine gesetzliche Erlaubnis oder Rechtfertigung hat (die Beweispflicht über Erlaubnis oder Rechtfertigung obliegt der betreffenden Person) und die (a) einen Garten betritt oder sich darin befindet, oder Ackerboden betritt, der zur Saat vorbereitet wird, oder schon besät wurde, oder auf dem Getreide steht, oder die (b) Vieh, das ihr gehört oder von ihr zu diesem Zeitpunkt beaufsichtigt wird, den Garten oder Boden von der in Absatz (a) erwähnten Art oder überhaupt Boden, der während der 12 vorausgegangenen Monate bearbeitet wurde, absichtlich oder unabsichtlich betreten oder dort verweilen läßt...

Es ist eine alte bäuerliche Tradition einen Schafhirten zu beschäftigen, besonders kommen dafür kleine Kinder in Frage. Diese Schafhirten achten nicht besonders auf die Plätze, die zur Weide verboten sind und sie ergreifen auch keine Vorsichtsmaßnahmen, um den Eintritt der Herde zu unterbinden. Damit machen sie sich der Übertretung des oben genannten Paragraphen schuldig. Bei diesem Vergehen spricht man von Hirtenkriminalität. Manchmal ziehen sie mit der Herde ihrer Familie auf die Weide; und manchmal werden sie von einem Herdenbesitzer beschäftigt, oder einige Dorfbewohner überlassen dem Hirten einige Schafe, damit er sie auf die Weide führe. Die Beschäftigung kleiner Kinder als Schafhirten hat viele Vorteile — die Bezahlung ist äußerst gering, man kann sie viele Stunden am Tag beschäftigen. Werden sie von den Feldhütern oder der Polizei erwischt, erbarmt man sich ihrer wegen ihres Alters und wenn sie wegen dieses Vergehens vor Gericht gestellt werden, behandelt man sie ebenfalls wegen ihres Alters und ihrer Bedürftigkeit mit Nachsicht. So war es zur Zeit der Türken und der Briten; und wenn das Gericht eine Geldstrafe verhängte, so diente das nicht der Abschreckung, denn die Geldstrafe war gering und sie wurde auch nur selten verhängt.

In den letzten Jahren verfolgte man eine andere Linie. Die Regierung befahl eine gewissenhafte Befolgung der Bestimmungen, die, obwohl sie bereits seit den Zeiten des Mandats bestehen, nur überaus selten angewandt wurden. Im Sinne der neuen Linie wurden Zäune errichtet und überall Schilder aufgestellt, die die Hirten darüber aufklären, daß sie auf den zur Weide untersagten Plätzen ihre Schafe nicht weiden lassen dürfen. Diese Vorkehrungen erwiesen sich nicht als wirksam, da sich die Hirten um die neue Linie, die ihren alten Gewohnheiten zuwiderliefen, nicht kümmerten.

Die Schwierigkeiten häuften sich, weil die bearbeitete Bodenfläche jetzt viel größer ist und man im großen Maßstab Aufforstungen auf Flächen unternimmt, zu denen die Hirten mit ihren Herden freien Zutritt hatten, besonders Plätze, die, da sie nicht weit von ihren Dörfern entfernt waren, von Hirten und Herden geschätzt wurden.

Häufig trieben die Hirten sogar ihre Herden absichtlich auf diese Plätze, um gegen die Politik der Regierung zu protestieren. In dieser Hinsicht war auch ein politisches Moment zu erblicken, besonders im Falle von Böden, die dem Verwalter herrenlosen feindlichen Eigentums unterstanden. Gewalttätige Übertritte auf bearbeitetem Boden kommen auch unter Nachbarn infolge von Streitigkeiten oder anderen Gründen vor.

Die der „Hirtenkriminalität" Schuldigen wurden von einem Bauern oder Herdenbesitzer eingestellt oder auch von mehreren Dorfbewohnern, die sich in die Bezahlung der Hirten teilten. Im Dorfe werden meistens Schafe und Ziegen gehalten. Selbst arme Dorfbewohner können sich eine oder zwei Ziegen halten, da sie nur geringe Kosten verursachen. Diese Haustiere sind nicht wählerisch und ernähren sich fast von allem, was sich vorfindet, besonders Bäumen und Sträuchern. Dafür geben sie täglich Milch, Käse und Butter und im Notfall auch Fleisch. Die Schafe liefern zudem noch Wolle, all das verringert die Haltungskosten und trägt mitunter sogar zu den Einnahmen bei.

Im Falle der Hirtenkriminalität will es so scheinen, als handle es sich nicht um eine besonders ernste Sache, zieht man jedoch den großen Schaden in Betracht, der dem privaten und öffentlichen Besitz daraus erwächst, gelangt man zu einer anderen Beurteilung. Besonders die Aufforstung wird schwer getroffen, wenn zarte Setzlinge beschädigt werden. Wenn sie von den Ziegen angefressen werden, hören sie zu wachsen auf und man muß neue anpflanzen. Damit wird die Aufforstung verzögert und steigen die Kosten.

2. Gewalttätigkeit und mutwillige Zerstörung

Eine andere Vergehenskategorie, die unter der arabischen Jugend verbreitet ist, betrifft Akte der Gewalttätigkeit und Zerstörung. Steinewerfen ist bei den Arabern eine traditionelle Form des Angriffs und dient auch oft der Gegenwehr. Diese Angriffsweise hat überaus alte geschichtliche Wurzeln. Steinigung war in alten Zeiten eine Form der Bestrafung. In der Bibel finden sich zahlreiche Stellen, in denen die Steinigung als Strafe oder Racheakt angesehen wird. Erwähnen wir einige: „Moses schrie zum Herrn und sprach: Was soll ich mit dem Volk tun? Es fehlt nicht viel, so werden sie mich noch steinigen" (2. Buch 17,4) An einer anderen Stelle heißt es: „So soll man sie heraus vor die Tür des Hauses ihres Vaters führen, und die Leute der Stadt sollen sie zu Tode steinigen, weil sie eine Schandtat in Israel begangen" (5. Buch, 22,21) Anderswo lesen wir: „Aber das ganze Volk sprach, man sollte sie steinigen" (4. Buch, 14,10). „Und ganz Israel steinigte ihn und verbrannte sie mit Feuer. Und als sie sie gesteinigt hatten, machten sie über ihn einen großen Steinhaufen" (Josua 7,25). Sehr bekannt ist die Geschichte des Hirtenjungen David, der den riesigen und bewehrten Goliath durch einen gut gezielten Stein aus seiner Schleuder tötete. David verstand sich als Hirte auf Steine und auf das Steinewerfen. Noch heute ist bei den arabischen Dorfbewohnern die häufigste Form, in der ein Streit ausgetragen wird, das Steinewerfen. Immer wieder kommt es vor, daß sich die Araber nach Familien geordnet zusammentun, und um die Herrschaft im Dorfe oder die Wiedererlangung verlorener Positionen kämpfen. Verwundungen, körperliche Mißhandlungen, selbst Mord sind manchmal die Folgen solcher Streitigkeiten, die anscheinend ohne Anlaß ausbrechen. Kinder mögen einander mit ihren aus der sexuellen Sphäre stammenden berühmten Flüchen beschimpfen oder die weiblichen Familienmitglieder durch solche Flüche beleidigen, und das kann Anlaß für den Ausbruch von Feindseligkeiten zwischen den rivalisierenden Familien und Sippen sein. Das geschieht auch, wenn die Frauen oder Kinder der einen oder anderen Familie beim Wasserholen von der Quelle erfolgreicher als die Nebenbuhler waren. Solche Ereignisse genügen dem Familienvorstand, um einen Kampf um die Familienehre zu entfachen, um jeden Beteiligten zu zeigen, daß es noch eine Führung gibt und daß diese Führung mächtig ist.

Man erwartet auch von den kleinen Kindern, daß sie an diesen Streitigkeiten teilnehmen, und sogar wenn Zehnjährige keine große Begeisterung dafür zeigen, stellt man sie als Feiglinge bloß und ihre Stellung im Dorf wird empfindlich getroffen. Das gilt natürlich für ältere Kinder in noch höherem Maß. Auch die Mädchen sollen aktiv mitwirken. Zeichnen sie sich durch Steinewerfen aus, oder tun sie sich hervor, indem sie ihren Rivalinnen die Haare ausreißen, oder ermutigen sie ihre Angehörigen durch Schreien und Kreischen, dann steigen sie in der sozialen Hierarchie. Solche Mädchen werden sehr hofiert und haben gute Heiratsaussichten. Aber jene Mädchen, die sich nicht aktiv beteiligen, müssen zu ihrer und ihrer Familie Schande erfahren, daß sie nicht leicht einen Ehemann finden werden.

Wenn die Jugendlichen vor das Jugendgericht kommen, weil sie an solchen Schlägereien oder Körperverletzungen beteiligt waren, behaupten sie immer, daß sie dem „Schauspiel" nur als passive Zuschauer beiwohnten und ganz zufällig zur Stelle waren. Sie bestreiten entschieden jede faktische Teilnahme, nur daß die Kinder manchmal zugeben, daß sie gezwungen wurden als eine Art „Rettungskolonne" einzugreifen. Es ist eine interessante Tatsache, daß die verhältnismäßig große Zahl von arabischen Mädchen, die vor Gericht kommen, der Teilnahme an solchen Streitigkeiten bezichtigt werden, während das abgeschiedene und beschützte Leben der arabischen Mädchen sie ja im allgemeinen vor strafbaren Handlungen bewahrt.

Bei diesem Typ Vergehen müssen wir in Betracht ziehen, daß die Beweggründe häufig durch alte traditionelle Bräuche und das Prestige der Familie diktiert werden. Und so wird in vielen Fällen der Typus des Vergehens, das der Einzelne begeht, durch die besonderen Muster der Gesellschaft bestimmt, in der er lebt; das heißt, die beiden erwähnten Typen von Kriminalität werden mehr durch den sozialen Rahmen und nicht so sehr durch persönliche Faktoren bestimmt.

Interessant ist, daß jüdische und arabische Jugendliche nur selten gemeinsame Vergehen verüben. Dabei ist zu bedenken, daß sich eine solche Möglichkeit jedenfalls nur für eine kleine Zahl arabischer Jugendlicher ergeben könnte, da ja Juden nicht in arabischen Dörfern wohnen, wir sagten ja bereits, daß die meisten arabischen Jugendlichen in Dörfern wohnen. Die gemeinsame Verübung von Straftaten kann nur in städtischen Gebieten vorkommen, wo Juden und Araber nebeneinander wohnen. In solchen Fällen leben die beiden Gruppen in Elendsvierteln, und in der Regel gehören sie den niedrigen Einkommensgruppen an, wie sie sich überhaupt in sozialer Hinsicht gleichgestellt sehen. Dennoch hat diese Tatsache und die nahe Wohngemeinschaft keinen großen Einfluß auf die gemeinschaftliche Verübung von Straftaten. Manchmal kommt es vor, daß jüdische und arabische Kinder, die in derselben Straße wohnen, eines ähnlichen Vergehens beschuldigt werden, aber jede Gruppe handelt auf eigene Faust. Es kommt auch nicht zu Schlägereien zwischen den beiden Gruppen. Es herrschen zwischen ihnen vielmehr Beziehungen der Indifferenz und des Mißtrauens.

Ein weiterer interessanter Aspekt ist, daß von den jüdischen Kindern, die vor Gericht kommen, über 80% schon in der ersten Verhandlung ihre Schuld zugeben, während es bei arabischen Jugendlichen nur 50% sind. Die anderen 50% bestreiten ihre Schuld, selbst wenn alles klar zu Tage liegt. Es gibt auch Orte, an denen über 80% ihre Schuld bestreiten. Nach bestehendem Brauch leugnet ein Kind sogar, wenn es auf frischer Tat ertappt wird. Das geschieht auf den Rat der Eltern oder anderer Dorfbewohner. Es mag sich auch um besondere Muster des Dorfes handeln, in dem die starke Tendenz herrscht, die Vertreter der Behörden, wie Polizei und Gerichte von jeder Einmischung in Dinge fernzuhalten, die sie als ihre eigenen Angelegenheiten betrachten.

Wenn die Anklage bestritten wird, muß das Gericht natürlich Zeugen vernehmen. Hierauf wird bei uns streng geachtet, selbst in Fällen, in denen es schon am Verhalten des Jugendlichen vor Gericht offenkundig wird, daß sich seine Aussagen nicht mit der Realität decken können, was sich in den meisten Fällen durch die späteren Zeugenaussagen erweist. Das darf natürlich auf keinen Fall dazu führen, daß man von der üblichen Beweiserhebungsprozedur abgeht.

Man kann sagen, daß die ländlichen Kriminalitätsmuster dem Jugendgericht bestimmte Behandlungsmethoden vorschreiben, die von denen, die gegenüber jüdischen Jugendlichen angewandt werden, ziemlich verschieden sind. Wir haben gesehen, daß die meisten arabischen jungen Straftäter aus ländlichen Gegenden kommen und sich diese Gebiete häufig weit voneinander entfernt befinden, ein Faktor, der beispielsweise eine Bewährungsanordnung in ihrer Wirksamkeit beeinträchtigt. Viele Dörfer haben noch gar keine richtigen Zufahrtswege und die regelmäßigen Besuche der Bewährungshelfer würden mit einem großen Zeitverlust verbunden sein und ließen sich überhaupt nur schwer ständig ausführen. Doch muß auch gesagt werden, daß eine große Zahl der von Arabern begangenen Straftaten zu besonderen Kategorien gehört. Daher muß das Gericht Behandlungsmaßnahmen ergreifen, die anders sind als im Falle jüdischer jugendlicher Straftäter.

Wenn wir die Behandlungsmaßnahmen würdigen wollen, müssen wir die kulturellen Muster des arabischen Dorfes in Rechnung stellen. Wir haben gesehen, daß das patriarchalische Familienregime bis in die Fundamente erschüttert ist. Unter diesen Umständen kann die Anordnung einer Bewährung für ein Dorfkind als offener Ausdruck elterlichen Versagens aufgefaßt werden. Viele Eltern würden äußerst verzweifelt sein, wenn man sie als unfähig ansähe, ihre Kinder ohne fremde Hilfe zu erziehen. An der Bewährung haftet oft ein Makel, dem im arabischen Dorfleben Bedeutung zukommt.

Das tritt noch stärker hervor, wenn eine außerhäusliche Anstaltserziehung zur Verhandlung steht. Wenn ein Kind in eine Erziehungsanstalt verbracht wird, erfährt das jeder im Dorf. Das bewirkt den Verlust der sozialen Stellung, was nicht nur die engere Familie, sondern die Großfamilie betrifft und fragwürdige Resultate nach sich ziehen kann.

Diese beiden Behandlungsmethoden — Bewährung und Anstalt — bringen eine lange andauernde äußere Einmischung mit sich. Die Jugendgerichte wandten bei jüdischen jugendlichen Straftätern Anordnungen zur Bewährung und Heimunterbringung häufiger als bei arabischen Jugendlichen an. Doch kommt der Erscheinung große Bedeutung zu, daß, während die Zahl der Bewährungsanordnungen bei den jüdischen jungen Straftätern geringer ist, bei den arabischen jugendlichen Straftätern das Gegenteil der Fall ist. Diese Tatsache ist anzunehmenderweise vor allem auf die Unterschiede der Vergehen und der Wohnorte — wenn sie nur zeitweiliger Art sind — zurückzuführen. Die kleine Zahl der Anstaltsunterbringungen ist zum Teil auf die Tatsache zurückzuführen, daß in den Heimen für arabische Jugendliche nicht genügend Plätze frei sind. Das ist eine nicht abzuweisende Tatsache und sie fällt auch bei jüdischen jugendlichen Straftätern ins Gewicht. Diesem Mangel an freien Plätzen kommt sowohl in sozialer als auch in rechtlicher Hinsicht erhebliche Bedeutung zu.

Es scheint jedoch, daß außer diesen Erwägungen bei jugendlichen Straftätern verschiedene Bedürfnisse eine Rolle spielen. Wenn wir die Zahlen der Unterbringungsanordnungen für arabische jugendliche Straftäter untersuchen, finden wir, daß im Laufe der Jahre 1958-1961 insgesamt 89 solcher Anordnungen erlassen wurden. In 24,7% der Fälle handelte es sich um Dorfkinder, das heißt Kinder, die im Dorfe wohnten. Aber nach einer zusätzlichen Prüfung dieser Zahl ergibt sich, daß nur 7,9% das Vergehen im Dorfe selbst verübten. Mit anderen Worten: die entscheidende Mehrheit der jungen Straftäter aus dem Dorfe, die in ein Heim geschickt wurden, begingen ihre Straftaten in den Städten.

In einem anderen Zusammenhang sahen wir, daß beinahe 80% der arabischen jugendlichen Straftäter aus den ländlichen Gebieten stammten, aber unter jenen, die ins Heim geschickt wurden, kommen nur 25% aus Dörfern. Es muß Bedeutung haben, daß die große Mehrheit derer, die in einer Anstalt untergebracht wurden, aus Städtern bestand — wenigstens zeitweiligen — und das bewirkte auch die Anordnung. Die Bedeutung ist eindeutig: die großen sozialen Probleme finden sich bei dem kleinen Teil, der in der Stadt wohnt, daher der hohe Prozentsatz von Heimunterbringungen bei ihnen.

Die Unterschiede in den Behandlungsmitteln werden noch klarer gesehen, wenn wir einige der übrigbleibenden Maßnahmen, die das Jugendgericht ergreift, miteinander vergleichen. Es lassen sich hier einige wichtige Unterschiede erkennen, die auf eine Anzahl von Problemen in Verbindung mit der Vergehensart und den allgemeinen Typen verweisen. Darin sind sowohl die Bewährungs- als auch die Unterbringungsanordnung eingeschlossen. Zu allererst ist die interessante Tatsache festzustellen, daß es unter den arabischen jugendlichen Straftätern mehr Freisprüche als unter den Juden gibt. Die Tendenz die Schuld zu bestreiten ist unter Arabern häufiger, — wir haben das schon erwähnt. Die hohe Zahl der Freisprüche ist auf diese Tatsache zurückzuführen. Nachdem die Beschuldigung bestritten wurde und es keine ausreichenden Beweise gab, wurden sie vom Jugendgericht freigesprochen. Letzteres kann sich nicht mit dem Problem befassen, ob diesen Freisprüchen ein Einfluß auf das zukünftige kriminelle Verhalten zukommt oder nicht, denn entscheidend ist die rechtliche Lage, und wenn es nicht genügend Beweise gibt, muß Freispruch erfolgen.

Es scheint ein anderer Unterschied vorzuliegen, wenn wir die jugendlichen Straftäter der zwei Gruppen hinsichtlich auferlegter Geldstrafen miteinander vergleichen. Im Laufe der Jahre nahm die Verhängung von Geldstrafen bei arabischen jugendlichen Straftätern um das Dreifache zu. Und das trotz des Bedenkens, dieses Mittel überhaupt anzuwenden. Aber es läßt sich nicht übersehen, daß eine geeignete Behandlung solcher Dinge, wie Teilnahme an Schlägereien oder landwirtschaftlicher Frevel am besten durch eine Geldstrafe gesichert ist. Es ist hervorzuheben, daß die arabischen Bewährungshelfer häufiger als ihre jüdischen Kollegen für die Geldstrafe eintreten. Auch Gefängnisstrafen werden häufiger über arabische jugendliche Straftäter verhängt, wobei die Haftzeit in ihrem Fall kürzer als bei jüdischen jugendlichen Straftätern ist. Das heißt, daß ein Gefängnisurteil häufiger als ein Schockmittel benutzt wird und nicht wie im Falle jüdischer Straftäter als eine langfristige Behandlungsmaßnahme. Das gilt auch für die zur Bewährung ausgesetzte Gefängnisstrafe. Es scheint die Notwendigkeit einer detaillierten vergleichenden Übersicht zu bestehen, da sich, wie ersichtlich, bei den vom Jugendgericht angewandten Behandlungsweisen Ähnlichkeiten und Verschiedenheiten zeigen. Es würde interessant sein, herauszufinden, ob die Gründe dafür nur in den ländlichen Kriminalitätsmustern liegen oder ob auch andere Faktoren dabei beteiligt sind.

Bei der Betrachtung der uns zu Gebote stehenden Zahlen nimmt die Tatsache wunder, daß sich unter den Arabern ein verhältnismäßig größerer Prozentsatz von jugendlichen Rechtsbrechern findet als bei den Juden. Das steht im Widerspruch zu allem, was zu erwarten war und ist auch bis jetzt noch nicht zufriedenstellend erklärt worden. Wie gesagt, kommen aus den ländlichen Bezirken die meisten der arabischen jugendlichen Straftäter, während von den 25% städtischen Einwohnern nicht viele Straftäter kommen. Auch wenn es in künftigen Jahren mehr Straftäter aus den Städten geben wird, da die Jugendlichen von den Dörfern in die Städte abwandern, läßt sich das nur damit erklären, daß eine gleichmäßigere Verteilung zwischen den städtischen und ländlichen Gebieten eintreten wird. Das aber beantwortet nicht die Frage, warum es unter den Arabern mehr jugendliche Rechtsbrecher als unter den Juden gibt.

Vielleicht findet man eine Teilerklärung, wenn wir uns die Zahlen der üblichen Verfahrensweisen bei der gerichtlichen Vorladung von Jugendlichen betrachten. In den letzten Jahren entwickelte sich in Israel ein System, wonach sich die Polizei mit dem Bewährungshelferdienst berät, bevor sie einen jugendlichen Rechtsbrecher vor Gericht stellt. Infolge dieses administrativen Arrangements kann die Bewährungshilfe darum ersuchen, das Verfahren in einem gewissen Fall nicht fortzusetzen. Natürlich geschieht das nachdem die Bewährungshilfe ihre Untersuchung abgeschlossen hat. Die Polizei hat dann noch immer die Wahl, ob sie den Fall weiter verfolgen will oder nicht. Aber die Erfahrung lehrte, daß das Verfahren in einer erheblichen Zahl nicht fortgesetzt wurde und es nicht zur gerichtlichen Vorladung kam. Es besteht also ein Unterschied zwischen den jüdischen und arabischen Bewährungshelfern bezüglich der Fristensetzung für die Schließung der Akten. Es stellt sich heraus, daß sich von allen Akten, die Akten, die geschlossen wurden, jüdischen wie arabischen, nur ein kleiner Teil auf Araber bezog. Wir meinen, daß zwischen dieser Tatsache und den Mustern der dörflichen Kriminalität, die für die Jugendkriminalität der Araber Israels so charakteristisch ist, eine Beziehung besteht. Das beeinflußt die Maßnahme, die der Bewährungshelfer ergreifen oder unterlassen kann. Der Stand des Bewährungshelfers in der arabischen Gesellschaft ist einzigartig. Entsprechend seiner Funktion hat er enge Beziehungen zur Polizei und Gericht. Beide sind allmächtige Instrumente und wenn man ihn von diesem Standpunkt aus betrachtet, so genießt der Bewährungshelfer ein hohes Ansehen.

Wenn der Bewährungshelfer bezüglich der Aktenschließung vor dem Prozeß die auch von seinem jüdischen Kollegen eingeschlagene Linie einhält, das heißt, wenn er sich in jedem einzelnen Fall desselben Maßstabes bedient, dann wird er sich bald im Mittelpunkt einer Polemik befinden, die seine Aufgabe gefährden wird. Im Hinblick auf das Sippenregime der arabischen Gesellschaft und die dauernden Streitigkeiten zwischen den Großfamilien erweckt jede Aktion gegen die Aufrollung eines Falles vor Gericht den Verdacht, daß das nur auf Betreiben der rivalisierenden Familie geschehen sei. Ja noch mehr als das. Die arabischen Bewährungshelfer stammen alle aus den ländlichen Gebieten und manche von ihnen wohnen noch dort. Die übrigen unterhalten zu den Dörfern, in denen sie aufwuchsen, enge Familienbeziehungen. Was die Bewährungshelfer auch tun, ihre Aktionen werden von der arabischen Gesellschaft traditionsgemäß erklärt, das heißt als Entgegenkommen und Nachgiebigkeit. Unter der arabischen Bevölkerung herrscht, besonders bei den bestehenden Verhältnissen, kein Verständnis und keine Hochschätzung für eine auf professionellen Grundsätzen beruhende Einstellung. Und so ziehen es die arabischen Bewährungshelfer, die durch die traditionellen Führer angeleitet werden vor, sich nicht in vorgerichtliche Phasen einzumengen. Es ist klar, daß dafür gute Gründe bestehen. Damit leisten sie der Sache in fachlicher und persönlicher Hinsicht einen besseren Dienst. Einigermaßen verschiedene Erwägungen tauchen auch in den städtischen Gebieten auf und die Akten, die von der Polizei auf Ersuchen der arabischen Bewährungshelfer geschlossen werden, kommen in der Hauptsache aus den städtischen Gebieten. Hier herrschen andere Verhältnisse, die eine andere Einstellung ermöglichen.

Ein weiteres Phänomen, das in Rechnung zu stellen ist, trifft für die arabische Bevölkerung mehr als für die jüdische zu. In der arabischen Bevölkerung findet man oft, daß selbst der kleinste Verdruß über das Verhalten des Nachbarn oder einer anderen Person im Dorf, eine Anzeige bei der Polizei im Gefolge hat. Das ist eine spontane Reaktion, die oft völlig außerhalb jeder Proportion zum Ereignis selbst steht. Häufig kommt der Beschwerde nur Belästigungswert zu, insofern sie allein der Abreaktion eines vorübergehenden Ärgers dient, aber sie hat auch die Funktion der „Ehrenrettung". In vielen Fällen bereut der Beschwerdeführer, nachdem er sich wieder beruhigt hat, seine Anzeige bei der Polizei. Aber nachdem die Polizei einmal die Anzeige entgegengenommen hat, ist es schwer, sie außergerichtlich zu annullieren. Die Polizei tut einen solchen Schritt nur sehr zögernd, weil sie sich nicht dem Verdacht der Bevorzugung aussetzen will, der in einer so heterogenen Gesellschaft wie Israel seine besondere Bedeutung hat und leicht eine Kettenreaktion auslösen kann.

Es zeigt sich zum Beispiel, daß in Dörfern, in denen es keine Polizeistationen gibt, keine Beschwerden aus Verärgerung erstattet werden, denn bis zur nächsten Polizeistation muß man eine Stunde oder mehr zu Fuß gehen. Während dieser Zeit hat sich der Beschwerdeführer wieder beruhigt, er macht kehrt und kann im Dorfe so tun, als ob er wirklich bei der Polizei gewesen wäre. Sein Ziel, die Rettung seiner Ehre, hat er in jedem Fall erreicht.

Es scheint mir, daß diese zusätzlichen Aspekte wenigstens zum Teil die Tatsache erklären, daß es unter den Arabern mehr jugendliche Rechtsbrecher als bei den Juden gibt, auch wenn es dazu noch der Erforschung anderer Faktoren bedarf, die hier mitwirken könnten.

C. STATISTISCHE DATEN[1]

Es besteht ein offenkundiges Interesse an Informationen über statistische Aspekte, die mit dem Delinquenzverhalten verbunden sind. Solche Informationen können sich über ein weites Feld erstrecken und wichtiges und interessantes Material enthalten, aber ich habe nicht die Absicht, solche Daten bis in alle Details zu untersuchen, da ihre Fülle den Rahmen dieses Buches sprengen würde.

Wenn man Probleme der Jugendkriminalität erörtert, ist es üblich, Zahlen mit der in anderen Ländern verfügbaren Statistik zu vergleichen. Aus solchen Vergleichen lassen sich jedoch oft keine Schlüsse ziehen und manchmal sind sie sogar irreführend, weil es keine einheitliche Methode der Aufstellung von Kriminalstatistiken gibt. In vielen Fällen gibt es ferner auch keine vergleichbaren Grundelemente: Zeugenaussagen, Unterschiede des Alters der strafrechtlichen Verantwortung, unterschiedliche Auffassungen über den Begriff eines kriminellen Vergehens, die Verschiedenartigkeit der Kompetenzen eines Jugendgerichts bezüglich der richterlichen Entscheidungen, etc.

In Israel gibt es drei verschiedenartige Quellen, die Informationen über das kriminelle Verhalten jugendlicher Rechtsbrecher vermitteln. Es gibt Statistiken, die von der Polizei kompiliert werden; der Bewährungshelferdienst für Jugendliche hat ein anderes System der statistischen Datensammlung; und das Zentralbüro für Statistik, die zuständige Regierungsstelle für Datensammlung, wieder ein anderes. Das statistische Material dieser drei Quellen hat ein Merkmal gemeinsam: Straftaten und Straftäter werden jedes Jahr erneut registriert. Eine Person, die während eines bestimmten Jahres mehrere Male unter Anklage gestellt oder verurteilt wurde, wird in der Statistik ebenso oft gezählt wie sie angeklagt oder verurteilt wurde. Die Jugendbewährungshilfe registriert auch auf individueller Basis, so daß ein Rechtsbrecher nur einmal im Jahr gezählt wird, gleichgültig wieviele Vergehen er während eines bestimmten Jahres begangen hat. Für ein besseres Verständnis der statistischen Daten empfiehlt es sich, daran zu denken, daß ein jugendlicher Rechtsbrecher während der Periode, in der er der Gerichtsbarkeit eines Jugendgerichts untersteht, jedes Jahr neu gezählt wird, als ob es sich um seine erste Straftat handelt. Im Jahr darauf wird er, wenn er eine neue Straftat begeht, wieder als erstmaliger Täter registriert, doch würde er auch in der Liste der Wiederholungstäter erscheinen. Man muß ferner zwischen der Zahl der *Straftaten*, die verübt wurden und der Zahl der *Straftäter* unterscheiden, die diese Straftaten begingen. Diese Zahlen können nicht einander gleichgesetzt werden, da sie nicht identisch sind.

---

[1] In den Zahlen für Nichtjuden sind Vergehen unter Notstandsgesetzen nicht enthalten.

Die folgende Tabelle illustriert die Zahl der *Straftaten*, die von jugendlichen Straftätern im Vergleich zu jenen, die von erwachsenen Straftätern verübt wurden.

TABELLE 2

Prozentsatz der Straftaten Jugendlicher verglichen mit der Straffälligkeit Erwachsener
1960—1970

Jahr	1960	1961	1962	1963	1964	1965	1966	1967	1968	1969	1970
Jugendl. Straftäter	21,1	24,1	27,1	28,7	29,8	30,7	30,1	29,4	33,0	32,4	31,5
Erwachsene Straftäter	78,9	75,9	72,9	70,2	71,3	69,3	69,9	70,6	67,0	67,6	68,5
% der Straftaten	100	100	100	100	100	100	100	100	100	100	100

Die Zahlen in Tabelle 2 zeigen klar, daß es über die Jahre und bis 1968 eine Zunahme an Straftaten gab, die von jugendlichen Straftätern begangen wurden.

Hierfür gibt es drei Haupterklärungen: (a) jugendliche Straftäter werden leichter ergriffen als erwachsene Straftäter; (b) jugendliche Straftäter geben, wenn sie einmal erwischt werden, oft von ihnen begangene Vergehen zu, die der Polizei unbekannt waren. In diesen Fällen erhält die Polizei die erste Information vom Rechtsbrecher selbst auf Grund seines freiwilligen Geständnisses. (c) Der Prozentsatz der Wiederholungstäter hat über die Jahre dauernd zugenommen. Aber im Jahre 1969 und 1970 wurde eine geringe Abnahme von Straftaten registriert, die auf eine verschlossenere Haltung jugendlicher Rechtsbrecher hinweisen könnte, Vergehen, nach denen sie nicht gefragt wurden, nicht einzugestehen.

Die Polizeistatistik registriert übrigens weibliche Personen über 16 und unter 18 Jahren nicht als jugendliche Straftäter, obgleich sie nach geltendem Recht vom Jugendgericht abgeurteilt werden.

Auf Grund eines administrativen Übereinkommens gibt es eine Warteperiode von zwei Monaten, während derer die Jugendbewährungshilfe der Polizei die Schließung von Akten *empfehlen* kann, wenn das zweckdienlich erscheint. Die endgültige Entscheidung über eine solche Aktenschließung liegt bei der Polizei.

TABELLE 3

Prozentsatz von Aktenschließungen durch die Polizei — „Echte Vergehen"
1960—1969

Jahr	1960	1961	1964	1965	1966	1967	1968	1969
% der Gesamtzahl	30.8	33.4	28.5	28.9	28.1	27.2	29.5	23.8

Diese Zahlen verweisen auf den ziemlich hohen Prozentsatz von Akten, die durch dieses Verfahren alljährlich geschlossen wurden. Eine solche Entscheidung richtet sich nach den folgenden Prinzipien: Handelt es sich um einen erstmaligen Täter; Art des Vergehens; Berücksichtigung des Alters des Straftäters sowie des häuslichen Hintergrunds; das öffentliche Interesse an einem gerichtlichen Verfahren.

Verbrechensquoten in der folgenden Tabelle 4 zeigen, daß es von 1964 an unter Juden zu einer Zunahme der Gesamtraten jugendlicher Rechtsbrecher im Vergleich zu früheren Jahren gekommen ist. Es ist signifikant, daß diese Raten über die nächsten drei Jahre etwa dieselben blieben. Das waren die Jahre, während derer die wirtschaftliche Entwicklung des Landes durch eine besondere Regierungspolitik eingedämmt wurde. Während dieser Periode erreichte die Arbeitslosigkeit ziemlich große Dimensionen, was natürlich auch junge Menschen in Mitleidenschaft zog. Die Zunahme der Jugendkriminalität während dieser Periode kann als unmittelbares Resultat jener wirtschaftlichen Depression angesehen werden. Andererseits erfolgte die Abnahme der Raten für 1967 auf Grund der in jenem Jahr erlassenen Amnestie. Jeder, der auf die eine oder andere Weise mit der Erforschung und Beobachtung der Kriminalität in Israel befaßt war, weiß, daß das kriminelle Verhalten wiederum zunehmen mußte. Das läßt sich aus Tabelle 4 ersehen, die den Anstieg für die Jahre 1968 und 1969 erklärt. Er kann sozusagen als „Rückkehr zu normalen Verhältnissen", d. h. zur Zeit vor der Amnestie angesehen werden. Jene jedoch, die annahmen, daß sich die Ten-

TABELLE 4

Jüdische und nichtjüdische jugendliche Straftäter
Quoten per 1000 der jeweiligen Bevölkerungsgruppe
1959—1970[2]

	1959	1960	1961	1964	1965	1966	1967[3]	1968	1969	1970
					Juden					
Insges.	7.1	8.1	8.1	9.4	9.8	9.8	6.4	8.0	9.2	9.6
Männer	12.8	14.7	15.7	18.2	19.1	18.8	12.5	16.2	18.3	19.1
Frauen	2.0	1.9	1.5	1.8	1.9	2.0	1.2	1.5	1.7	1.8
					Nichtjuden					
Insges.	unbekannt	16.5	14.1	14.7	13.5	12.0	9.3	9.8	9.1	9.4
Männer	—	31.8	24.9	27.1	24.3	21.2	16.9	18.7	18.7	17.9
Frauen	—	3.0	4.4	3.4	3.5	3.3	2.1	1.6	1.6	1.5

[2] Siehe Tabelle B für 1959—1961 in Special Series Nr. 168, für 1964—1965 in Special Series Nr. 244, für 1966—1969 in Special Series Nr. 370, für 1970 in Special Series Nr. 408 veröffentlicht vom Central Bureau of Statistics, Jerusalem.

[3] Abnahme auf Grund der Amnestie, die 1967 in Kraft trat.

denz zur Zunahme fortsetzen würde, sehen sich mit entgegengesetzten Befunden konfrontiert. Laut polizeilichen Statistiken, die bereits erhältlich sind, liegt für 1970 eine *Abnahme* jugendlicher Rechtsbrecher vor, deren Zahl sich 1971 noch weiter verringerte. (Tabelle 33, Jährlicher Polizeibericht für 1970 und 1971). Die Abnahme in der Zahl der jugendlichen Straftäter während dieser Jahre kann auf die als Folge der nach 1967 wieder einsetzenden wirtschaftlichen Konjunktur mit zunehmenden Beschäftigungsmöglichkeiten zurückgeführt werden.

Wie man sieht, präsentieren die Nichtjuden ein anderes Bild. Man findet dort ab 1960 eine dauernde Abnahme, was sowohl für die Gesamtquoten als auch für beide Geschlechter gilt. Obgleich die Quoten unter Nichtjuden beträchtlich höher waren als unter Juden, war die Abnahme anhaltend, während es bei den Juden zu Schwankungen kam. Hervorzuheben ist, daß 1969 die Quoten für beide Gruppen fast gleich waren. Bei den Juden erreichte ferner die Quotenzunahme fast die Zeit vor der Amnestie, d. h. die Zeit vor 1967, was beim nichtjüdischen Widerpart nicht der Fall war. Unter ihnen setzte sich die Abnahme, die vor 1967 begann bis 1969 und 1970, ausgenommen das Amnestiejahr, fort.

Die Situation bei den Frauen verdient besondere Aufmerksamkeit. Unter den nichtjüdischen weiblichen Personen würde man eine viel niedrigere Repräsentation erwartet haben, weil Frauen in der arabischen Familie ein viel behüteteres Dasein führen als Jüdinnen. Tabelle 4 zeigt die Unterschiede unter Frauen innerhalb dieser zwei Gruppen, die Schwankungen, die über die Jahre eingetreten sind und die fast gleiche Repräsentation 1968 und 1969.

Doch muß noch ein weiterer wichtiger Faktor erwähnt werden. Man kann mit Sicherheit behaupten, daß eine Abnahme oder Zunahme jugendlicher Straftäter und von ihnen begangener Straftaten in erheblichem Umfang davon abhängen, ob die Polizei genügend Personal hat, um Verbrechen Jugendlicher nachzugehen. Wenn das Personal knapp ist, dann ist auch die Aufdeckung von Verbrechen begrenzt. Wenn es nicht genügend Polizisten für diese Tätigkeit gibt, dann kann es auch vorkommen, daß die Polizei leichte Vergehen außer Betracht läßt und sie nicht meldet, weil sie ihr Personal zum Einsatz gegen ernstere Verbrechen braucht. Mit anderen Worten, die Umstände können die Polizei zwingen bezüglich Straftätern und Straftaten selektiv vorzugehen. In diesen Fällen zeigt die Statistik natürlich eine Abnahme. Wenn es andererseits genügend Polizeipersonal gibt und es zur Aufspürung von Vergehen Jugendlicher eingesetzt wird, ändert sich dementsprechend die Zahl der Rapporte und die Statistik zeigt eine Zunahme jugendlicher Rechtsbrecher und der von ihnen verübten Straftaten an. Ich selbst würde zwischen Straftätern und Straftaten differenzieren. Ich habe den Eindruck, daß, während Straftäter mit aller Wahrscheinlichkeit früher oder später erwischt werden, nicht alle von ihnen begangenen Taten entsprechend registriert werden. Die erfahreneren Straftäter und die raffinierteren, werden, wenn sie von der Polizei gefaßt werden, mit Informationen über die Zahl der von ihnen möglicherweise begangenen Vergehen zurückhaltend sein.

Man weiß, daß es auch emotionale Faktoren gibt, die zur Kriminalität führen können. Die Erfahrung vieler Jahre lehrte jedoch, daß emotionale Faktoren an sich selten entscheidend wirken, sondern, daß sie vielmehr sozusagen ein Nebenprodukt wichtigerer Probleme sind, wie: die Auflösung der Familieneinheit; der Zusammenstoß von Kulturen im Rahmen des Verschmelzungsprozesses; die rasche Entwicklung einer technologischen Gesellschaft; die Unfähigkeit mit anderen auf gleicher Ebene zu konkurrieren; etc. In vielen Fällen genügt jeder einzelne dieser Faktoren, um verwirrende Situationen zu schaffen, die zu einem antisozialen und delinquenten Verhalten führen können.

Die Quote für jugendliche Straftäter in den verschiedenen Altersgruppen und die Rückfälligkeit unter ihnen, ist ebenfalls von großem Interesse. In dieser Hinsicht würden die Daten, selbst wenn sie mit einer Verzögerung von einigen Jahren veröffentlicht werden, wenn nötig, Planungsmaßnahmen für die verschiedenen Altersgruppen ermöglichen, vorausgesetzt natürlich, daß man solche Daten für diese Planungszwecke benutzt.

TABELLE 5

Jugendl. Straftäter nach Wiederholungsfällen und Altersgruppen gegliedert
Quoten per 1000 der jeweiligen Bevölkerungsgruppe
1964—1970[4] *

	Juden													
	1964		1965		1966		1967		1968		1969		1970	
Alter	Insgesamt	Davon Wieder-holungstäter	Insgesamt	Davon Wieder-holungstäter	Insgesamt	Davon Wieder-holungstäter	Insgesamt	Davon Wieder-holungstäter	Insgesamt	Davon Wieder-holungstäter	Insgesamt	Davon Wieder-holungstäter	Insgesamt	Davon Wieder-holungstäter
9—12	6.2	2.6	6.6	3.1	5.5	2.7	3.1	1.7	4.4	2.2	4.4	2.3	4.4	2.[illegible]
13—14	12.8	6.1	12.5	6.2	12.4	6.8	8.1	5.2	10.1	6.3	11.8	7.4	12.4	7.1
15—16	15.0	7.9	16.4	8.6	17.9	9.5	12.5	7.4	15.0	8.0	18.2	10.4	19.3	11.[illegible]
	Nichtjuden													
9—12	8.0	unbekannt	6.4	1.3	5.5	1.1	3.7	0.6	4.0	0.8	3.6	0.7	4.8	1.[illegible]
13—14	22,0	—	21.2	8.4	15.2	5.4	12.3	3.8	14.5	5.0	12.0	3.6	12.9	3.[illegible]
15—16	29.8	—	29.6	12.5	28.3	10.9	22.3	8.2	22.7	7.3	23.7	7.6	21.2	7.[illegible]

[4] Siehe Central Bureau of Statistics, 1964—65, Special Series 244, Tabelle C; für 1966—1969 Special Series 370, Tabelle C; für 1970 Special Series 408, Tabelle C.
* Keine Zahlenangaben für Mädchen von 16—18 Jahren.

Die Zahlen in Tabelle 5 zeigen einige interessante Merkmale. Die Gesamtraten für die Gruppen der 9-12jährigen unter Juden und Nichtjuden sind annähernd dieselben bis auf die Jahre 1964 und 1969. 1964 war die Gesamtquote unter Nichtjuden höher als unter Juden, während 1969 die Gesamtquoten niedriger und jene für Wiederholungstäter sogar beträchtlich niedriger waren.

Die Gesamtquoten für die Gruppen der 13-14jährigen zeigen ein anderes Bild. Unter Juden herrschte zwischen 1964-1966 (einschl.) ein hoher Grad der Beständigkeit, eine Folge der Amnestie, die in diesem Jahr in Kraft trat, mit einem allmählichen Anstieg 1968 und 1969.

Diese Zahlen entsprechen jenen, die in Tabelle 4 erscheinen. Unter Nichtjuden sind jedoch die Gesamtquoten für 1964 und 1965 beträchtlich höher als unter Juden, um ab 1966 steil abzusinken. Unter Wiederholungstätern finden wir bei Juden ein ziemlich beständiges Bild, d. h. leichte Schwankungen in den Jahren 1964—66, eine Abnahme im Jahre 1967 und einen wieder allmählichen Anstieg im Jahre 1968 und 1969. Unter Nichtjuden kann man zwei charakteristische Merkmale beobachten: (a) von 1965 bis 1966 eine beträchtliche Abnahme, die sich bis 1969 fortsetzt; (b) Wiederholungstäterquoten sind unter Nichtjuden niedriger als unter Juden. Diese Tendenz herrscht stetig und auffällig ab 1966 vor. Wenn wir jetzt die Zahlen der 15-16jährigen betrachten, finden wir unter Juden etwas andere Muster als in den vorher erwähnten Altersgruppen. Zunächst findet sich eine stetige Zunahme der Gesamtquoten zwischen 1964—1966, dann ein beträchtliches Absinken im Jahre 1967 infolge der Amnestie, eine Zunahme im Jahre 1968 und einen weiteren Anstieg 1969. Ferner waren während aller dieser Jahre etwas über 50% der Gesamtquoten Rückfallstäter. 1969 war die Repräsentation der Rückfallstäter sogar noch höher.

Unter Nichtjuden zeigt sich ein anderes Bild. Nicht nur, daß es verglichen mit der Gruppe der 13-14jährigen eine beträchtliche Zunahme der Quoten gibt. Die Gesamtquoten erreichen fast das Doppelte der jüdischen Altersgruppe der 15-16jährigen. Man erinnert sich daran, daß die Zahlen für Nichtjuden keine Vergehen enthalten, die unter die Notstandsgesetze fallen.

Ein weiteres erstaunliches Merkmal dieser Gruppe von Nichtjuden sind die vergleichsweise niederen Zahlen für Rückfallstäter. Während die Rückfallstäter unter den Juden mit über 50 % der Gesamtquoten für die Altersgruppe der 15-16jährigen repräsentiert waren, zeichneten sich die Nichtjuden während all der Jahre konstant durch eine erheblich geringere Repräsentation aus.

Ich behaupte, daß bei der großen Mehrheit jugendlicher Rechtsbrecher in Israel der Konflikt der Kulturen und ein bestimmtes Milieu den Hauptbeitrag zum Delinquenzverhalten leisten. Ich meine daher, daß geeignete Präventivmaßnahmen in einem realen Sinn zur Verhütung der Jugenddelinquenz und insbesondere der Rückfälligkeit beitragen kann. Die hohen Zahlen Rückfälliger, die selbst bei den ganz jungen Altersgruppen auftreten, verweisen klar auf den Mangel elementarer sozialer Einrichtungen, die solcher besonders geplanten Sozialdienste bedürftig sind. Während die Gruppen der 9—12 und 13—14 Jahre alten Kinder — jede für sich — eine große Vielfalt von Sonderdiensten innerhalb des Grunderziehungssystems brauchen, benötigen die 15—16jährigen Hilfsdienste auf dem Gebiet der Beschäftigung.

Die Erfahrung zeigte, daß Projekte für die erste Gruppe ein selektives Curriculum und besondere Unterrichtsmethoden brauchen, die die vorzeitigen Schulabgänge verhüten. Man sollte begreifen, daß das Problem der vorzeitigen Schulabgänge in den ersten Schulklassen angegangen werden muß, sowie die ersten Zeichen von Lern- oder Verhaltensschwierigkeiten auftauchen. Wenn man den ersten Klassen genügend Aufmerksamkeit widmet und Präventivmaßnahmen ergreift, *bevor* eine Krisensituation entsteht, könnte sich die Zahl der Schulabbrüche in den höheren Klassen beträchtlich verringern.

Was die zweite Altersgruppe betrifft, so haben viele von ihnen keine ausreichenden Qualifikationen, um sich für die allgemeinen Arbeitsprojekte zu bewerben, die in der Gesellschaft vorhanden sind. Sie genügen selbst nicht den an Anlernarbeiten gestellten Forderungen. Sie haben ferner keine Arbeitsgewohnheiten entwickelt und haben auch nicht die elementaren Kenntnisse, die heutzutage notwendig sind um einen Arbeitsplatz zu finden und zu behalten. Es müssen daher Vorkehrungen für besondere Arbeitsmöglichkeiten getroffen werden, die in Ausbildungsstätten am Arbeitsplatz verwandelt werden sollten.

Die verfügbare Statistik ermöglicht es uns, jugendliche Rechtsbrecher unter Juden und Nichtjuden nach der Zahl der von ihnen verübten Straftaten zu vergleichen, für die sie als schuldig erklärt wurden. Zwei Aspekte beanspruchen besonderes Interesse, nämlich: (a) das Problem der öffentlichen Sicherheit; (b) das Problem des unentwegten Rechtsbrechers. Die Zahlen in der folgenden Tabelle 6 sind insofern aufschlußreich, als sie mindestens in einem gewissen Umfang diese Punkte klären.

Wie wir aus Tabelle 6 ersehen können, treten mehrere auffällige Merkmale auf. Sowohl unter Juden als auch Nichtjuden finden sich in der ersten Kategorie nämlich zwei weitere Vergehen, für die es zur Verurteilung kam. Aber in beiden Gruppen ist über die Jahre ein Absinken zu beobachten. Bei Juden von 34.6 % im Jahre 1964 bis zu 27.0 % im Jahre 1969 und 23.9 % im Jahre 1970; und unter Nichtjuden von 50.5 % im Jahre 1964 bis zu 40.7 % im Jahre 1969, aber dann in 1970 wieder 45.5 %. Was drei weitere Vergehen betrifft, so findet sich eine beträchtliche Abnahme in beiden Gruppen. Während bei Juden wieder in der Gruppe mit 4-5 Vergehen eine leichte Zunahme zu verzeichnen ist, setzt sich bei Nichtjuden die Abnahme fort, ausgenommen die Jahre 1965 und 1969, während derer es zu einer geringen Zunahme kommt.

Es ist schwer im voraus zu sagen, in welchem Stadium begangener Vergehen das Problem der öffentlichen Sicherheit und des Dauertäters kritisch

TABELLE 6

Jugendliche Rückfallstäter nach Zahl der Vergehen,
die mit einer Verurteilung endeten (Prozentsätze)
1964—1970[5]

lter	*Juden* 1964	1965	1966	1967	1968	1969	1970	*Nichtjuden* 1964	1965	1966	1967	1968	1969	1970
Insges.	100	100	100	100	100	100	100	100	100	100	100	100	100	100
	34.6	35.2	29.3	25.3	27.0	27.0	23.9	50.5	49.7	46.4	45.8	48.7	40.7	45.5
	18.4	16.3	16.5	16.2	14.7	15.7	16.9	23.6	17.4	22.1	21,6	22.5	17.4	20.6
–5	16.4	16.9	18.7	18.1	18.4	17.5	17.9	11.4	18.8	16.9	19.2	15.6	19.1	12.1
–7	8.8	10.6	9.5	8.0	9.8	11.2	10.8	6.1	5.9	8.6	6.7	7.0	7.0	7.8
und ehr	21.8	21.0	26.0	32.4	30.1	28.6	30.5	8.4	8.2	6.0	6.7	8.2	15.8	14.0

wird. Man muß jedoch bedenken, daß es hier um jugendliche Straftäter geht, deren Vergehen nicht immer ernster Natur sind und oft als Reaktion auf bestimmte Verhältnisse oder als Teil eines Abreaktionsmusters begangen werden. Doch darf die allgemeine Feststellung getroffen werden, daß fünf Rückfallvergehen eine obere Grenze darstellen, die nicht unbeachtet bleiben kann.

In diesem Zusammenhang ist es von Interesse festzustellen, daß bezüglich der Angaben über 6—7 Vergehen sowohl bei Juden als auch Nichtjuden ein steiles Absinken zu beobachten ist. Das ist vielleicht ein Hinweis auf den Dauertäter, der auf den ersten Blick keine große Zahl von Vergehen verübt, die in eine Verurteilung ausgehen. Das scheint unter Nichtjuden im Hinblick auf die nächste Kategorie der Fall zu sein, wo von wiederholten Verurteilungen für acht Vergehen und mehr die Rede ist. Zahlen für Juden zeigen jedoch ein viel düstereres Bild. Bei ihnen sehen wir uns einer sehr ernsten Zunahme von Vergehen gegenüber, die in Verurteilungen ausgingen. Das steht in scharfem Gegensatz zur nichtjüdischen Parallelgruppe.

Eine detaillierte Studie über die verschiedenen Aspekte, die hier beteiligt sind, könnte interessantes Material liefern.

Wenn wir uns nun der Alterszusammensetzung jugendlicher Rechtsbrecher zuwenden, die schuldig gesprochen wurden, so finden wir in den verschiedenen Altersgruppen zwischen Juden und Nichtjuden nur geringfügige Unterschiede. Das zeigt sich auch im Durchschnittsalter, das in beiden Gruppen praktisch dasselbe ist. Die folgende Tabelle 7 ermöglicht uns einen detaillierten Vergleich nach Altersgruppen während einer Anzahl von Jahren anzustellen.

[5] Siehe: Für 1964—1965, Tabelle I in Special Nr. 244; und für 1966—1969, Tabelle I in Special Series Nr. 370,; für 1970 , Tabelle I in Special Series Nr. 408 veröffentlicht durch Central Bureau of Statistics, Jerusalem.

TABELLE 7

Jugendliche Rechtsbrecher nach Verurteilungen und Alter gegliedert
(Prozentsätze)
1964—1970[6]

Jahr	Ges. Zahl der Verurteilungen	9—12	13—14	15—16	17—18	Durchschn. Alter	%
	Juden						
1964	5391	30.5	31.1	34.0	4.4	14.3	100
1965	5616	29.7	30.2	35.8	4.3	14.3	100
1966	5740	24.5	29.6	41.6	4.3	14.7	100
1967	5864	20.9	28.7	46.2	4.2	15.0	100
1968	4623	23.8	28.1	44.2	3.9	14.9	100
1969	5125	20.8	28.2	45.7	5.3	15.0	100
1970	5697	20.0	28.8	45.5	5.7	15.1	100
	Nichtjuden						
1964	1061	28.8	32.4	33.7	5.1	14.3	100
1965	974	24.7	35.7	36.4	3.2	14.4	100
1966	936	23.7	28.3	45.1	2.9	14.9	100
1967	743	20.5	28.9	47.7	2.9	15.0	100
1968	859	20.6	32.2	44.9	2.3	14.8	100
1969	913	19.4	30.0	47.1	3.5	15.0	100
1970	975	25.8	29.5	41.3	3.4	14.6	100

Wie man sieht, nahm die Zahl jugendlicher Rechtsbrecher in den Gruppen der 9—12jährigen, d. h. vier Altersstufen unter Juden von 30.5 % im Jahre 1964 bis 20.8% im Jahre 1969 und 20.0% während 1970 dauernd zu; und bei Nichtjuden von 28.8% im Jahre 1964 bis auf 19.4% im Jahre 1969 dauernd ab, nur 1970 kam es zu einem Anstieg auf 25.8%. Die Gruppen der 13—14jährigen blieben über dieselbe Zahl der Jahre konstant, mit einer leichten Abnahme bei Juden und Nichtjuden. Im Gegensatz zur früheren Altersgruppe geht es hier nur um zwei Altersstufen. Die Gruppe der 13—14jährigen ist jedoch in einer prekären Situation. Zahlreiche Kinder dieser Altersstufen besuchen nicht mehr die Schule und dürfen nach dem Gesetz nicht arbeiten. Die Umstände zwingen sie daher zum Nichtstun und Umherstreunen auf der Straße, was die Anfälligkeit für Delinquenzverhalten erhöht.

[6] Siehe Tabelle D in Special Series Nr. 244 für 1964 und Special Series Nr. 370 für 1965—1969 und 48 für 1970 veröffentlicht durch Central Bureau of Statistics, Jerusalem.

Wie erwartet befanden sich unter den 15—16jährigen die meisten verurteilten jugendlichen Rechtsbrecher, aber hier fand sich auch eine dauernde Zunahme im Verlauf der Jahre. 1964 waren sie unter Juden mit 34.0 % und mit 45.7% im Jahre 1969 und 45.5% 1970 repräsentiert. Ein ähnliches Bild bot sich unter Nichtjuden, nämlich 33.7% im Jahre 1964 und 41.7% im Jahre 1969, und 47.3% im Jahre 1970.

Diese Altersgruppe, die ebenfalls aus nur zwei Jahrgängen besteht, ist wohl die anfälligste, denn unter ihr findet man auch die ernstesten Vergehen. Das Jahr 1967 illustriert diesen Punkt am besten. Nach dem Sechstagekrieg trat eine Amnestie in Kraft. Sie galt für Vergehen, die jemand vor dem 5. Juni 1967 begangen hatte und auf die nach dem Gesetz eine Gefängnisstrafe stand. Die Amnestie galt ferner für alle Instanzen, unabhängig davon, ob ein Rechtsbrecher bereits für ein bestimmtes Vergehen verurteilt worden war oder nicht, oder sich der Fall noch im Ermittlungsstadium befand und ein eigentliches Verfahren noch gar nicht eingeleitet war.

Das Amnestiegesetz galt jedoch nicht für ein Gefängnisurteil von mehr als zehn Jahren; oder für schweren Diebstahl, Einbruch und ähnliche Vergehen, wie sie im Gesetz festgelegt waren, und wenn ein Rechtsbrecher wegen eines solchen Vergehens schon früher einmal verurteilt worden war. Infolge dieser Amnestie haben sich die Zahlen für Rechtsbrecher, Jugendliche und Erwachsene, verringert, weil eine große Zahl Akten geschlossen wurde. Das Hauptmerkmal in Tabelle 7 ist jedoch, daß trotz jener allgemeinen Abnahme in den Altersgruppen 15—16jähriger in Wirklichkeit bei Juden eine Zunahme von 41.6 % im Jahre 1966 bis auf 46.2 % im Jahre 1967 und bei Nichtjuden von 45.1 % im Jahre 1966 bis zu 47.7 % im Jahre 1967 zu verzeichnen war. Das bedeutet in der Praxis, daß die Altersgruppen der 15—16jährigen eine große Zahl von Vergehen verübt hatten, die durch das Gesetz von 1967 von der Amnestie ausgeschlossen waren. Das heißt auch, daß eine große Zahl von ihnen Rückfallstäter waren.

Wir müssen noch einen Faktor in Rechnung stellen, der eng mit dieser Altersgruppe korreliert. Die Gruppe der 15—16jährigen steht dicht bei der unteren Altersgruppe junger erwachsener Straftäter, die vor Gericht als Erwachsene abgeurteilt werden. Meistens sind diese beiden Altersgruppen miteinander bekannt und viele unter ihnen sogar Freunde. Die Jüngeren, d. h. die 15—16jährigen versuchen die kriminellen Verhaltensmuster der älteren Freunde, der 17—18jährigen nachzuahmen. Oft wollen sie damit ihre „Erfahrung" unter Beweis stellen, um ihren älteren Freunden zu imponieren und von ihnen akzeptiert zu werden. Dieser Aspekt verdient es in Betracht gezogen zu werden, wenn man Behandlungsmaßnahmen plant.

Wenn wir uns nun die Art von Vergehen betrachten, die von jugendlichen Rechtsbrechern verübt werden, fällt auf, daß der bei weitem größte Prozentsatz von Vergehen unter die „Eigentumsdelikte" zu rubrizieren ist. Dennoch findet man unter dieser Rubrik eine Anzahl Vergehen, die sich ihrem Inhalt und ihrer rechtlichen Bedeutung nach beträchtlich voneinander unterscheiden. Man betrachte zum Beispiel Angaben für 1969[7], bei denen Wohnungseinbrüche mit 7.6 % repräsentiert waren; Einbrüche in Geschäftslokale mit 23.5 %; Diebstahl mit 47.1 % und Diebstahl von Motorrädern und Fahrrädern mit 6.1 % und im Vergleich dazu absichtliche Beschädigung von Eigentum mit 8.5 %; und Empfang oder Besitz gestohlenen Gutes mit 1.4 %. Eine detaillierte Studie begangener Vergehen würde die Diskrepanz zwischen den verschiedenen Typen von Vergehen, die unter den verschiedenen Haupttiteln rubriziert sind, in Rechnung zu stellen haben. Die folgende Tabelle 8 vermittelt ein allgemeines Bild der Typen von Vergehen entsprechend der vom Central Bureau of Statistics vorgenommenen Rubrizierung.

TABELLE 8

Jugendliche Rechtsbrecher gegliedert nach Art des Vergehens (Prozentsätze)

1964—1970[8]

	Insges.	gegen öffentl. Ordnung	gegen Personen	gegen die Moral	gegen das Eigentum	Verschiedenes
			Juden			
1964	100.0	6.6	6.1	0.7	85.5	1.1
1965	100.0	7.3	6.3	0.9	84.4	0.7
1966	100.0	6.7	7.3	0.9	83.9	1.2
1967	100.0	7.0	6.0	0.8	85.4	0.8
1968	100.0	5.6	5.4	1.0	87.1	0.9
1969	100.0	7.1	6.4	0.9	84.5	1.1
1970	100.0	6.1	6.4	1.2	85.2	1.1
			Nichtjuden			
1964	100.0	10.4	15.5	0.8	72.2	1.1
1965	100.0	12.4	16.2	2.0	67.7	1.7
1966	100.0	9.7	15.8	3.0	69.8	0.7
1967	100.0	12.9	16.0	1.0	68.7	1.4
1968	100.0	4.4	16.6	1.4	72.7	2.9
1969	100.0	9.1	11.8	3.0	69.5	6.6
1970	100.0	6.4	15.2	1.7	72.9	3.8

Eine Analyse der Zahlen in Tabelle 8 zeigt, daß sowohl unter Juden als auch Nichtjuden die Vergehen gegen das Eigentum die größte Einzelgruppe

[7] Siehe Tabelle 4 in: Juvenile Delinquency, Seite 7/8 Special Series No. 370 C. B. St. Jerusalem.

[8] Siehe Tabelle F für 1964 in Special Series Nr. 244, Central Bureau of Statistics, Jerusalem. Für 1965—1969, Tabelle G, Special Series Nr. 370 und Nr. 408 für 1970 ibid.

bildeten. Unter Juden war diese Gruppe mit etwa 85 % und unter Nichtjuden mit über 73 % vertreten. Interessant ist, daß in beiden Kategorien über die Jahre die Zahlen weithin konstant blieben und sich nur geringe Schwankungen zeigen. Von Interesse sind ferner die Vergehen „gegen die Person". In dieser Kategorie sind die Nichtjuden viel stärker vertreten als die Juden. Vergehen in dieser Rubrik zeigen ein „gewalttätiges Delinquenzmuster". Man würde erwarten, daß diese Art Delikt, das „Abreagieren" in höherem Maß bei Juden zu finden wäre, wenn man die Hypothese akzeptiert, daß aggressives Verhalten ein persönlicher Ausdruck frustrierender Situationen ist. Wie wir gesehen haben sind Kinder und Jugendliche aus den orientalischen jüdischen Gemeinschaften unter den jugendlichen Rechtsbrechern sehr stark vertreten. Viele von ihnen befinden sich nicht nur in frustrierenden Situationen, bei ihnen besteht auch noch eine Häufung solcher Situation. Dieser Aspekt ist meiner Meinung nach von großer Bedeutung und muß gebührend beachtet werden.

Fassen wir dieses Kapitel zusammen, so können wir sagen, daß die Jugendkriminalität eigentlich während der in den verschiedenen Tabellen genannten Jahre nicht zugenommen hat. Eine Ausnahme bilden die Jahre 1964-1966. Die Zahlen kann man, berücksichtigt man die Komplexheit, Größe und Vielfalt der Probleme als besonders klein betrachten. Die Tatsache ferner, daß die Straftäter jedes Jahr von neuem gezählt werden, wenn sie in jenem Jahr ein Vergehen begangen haben, ist ein weiterer Beweis dafür, daß die Jugenddelinquenz vorerst noch kein ernstes Problem darstellt.

Wichtiger noch ist, daß die Art der Vergehen keinen ernsten Charakter hat. Beim größten Kontingent handelt es sich um Eigentumsdelikte. Es ist besonders diese Art Delikt, in das viele Kinder oft absichtslos verwickelt werden. Sie überwiegen bei weitem die kleine Gruppe von Jugendlichen, die den harten Kern darstellen und schwere Vergehen verüben. Zum Glück haben wir keine Banden von Jugendlichen, die sich zu verbrecherischen Zwecken zusammentun. Wir haben fast keine Gewalttätigkeit, keine Raubüberfälle unter jugendlichen Straftätern. Unter den jugendlichen Straftätern sind Sexualvergehen nicht zahlreich und Notzuchtverbrechen fehlen ganz. Seit 1967 ist eine Zunahme des Drogenmißbrauchs festzustellen, aber eine erhebliche Zahl der daran Beteiligten hat ihren Wohnsitz im Ausland.

Dennoch ist die große Zahl der Wiederholungstäter ein sehr beunruhigender Zustand, der auf ernsthafte Mängel in der Planung und Durchführung geeigneter Sozialdienste für jene hinweist, die ihrer dringend bedürfen. Dieser Punkt ist für die Öffentlichkeit von großer Bedeutung.

Während der letzten Jahre haben sich ferner in zunehmendem Maß kriminelle Verhaltensmuster gezeigt, die es bisher hier noch nicht gab, die jedoch in einigen Wohlstandsgesellschaften bekannt sind, wo sie Grund zu großer Beunruhigung bilden. Hier liegt eine Koinzidenz mit der Zunahme von Jugendlichen aus wirtschaftlich gesicherten Familien vor, die in Schwierigkeiten geraten und ins Asoziale abgleiten. Manche von ihnen bringen es auf Grund ihrer geistigen Fähigkeiten zu Führerpositionen. Die Motivationen für eine solche Entwicklung sind bisher noch nicht klar. Aber man hat den Eindruck, daß hier eine neue Form sozialer Pathologie an Terrain gewinnt und daß neue Kräfte negativer Natur am Werke sind, die für eine Wohlstandsgesellschaft spezifisch sind.

Um die Ausbreitung ernsterer Aspekte der Jugendkriminalität, deren erste Anzeichen bereits spürbar geworden sind, zu verhüten, müssen noch ernsthaftere und wirksamere Programme aufgestellt und verwirklicht werden.

SIEBENTES KAPITEL

Kinder- und Jugendschutzgesetze

Israel ist als neuer und selbständiger Staat in einer ziemlich einzigartigen Lage. Es bestand eine deutliche Neigung die alten jüdischen Gesetze zu erneuern, die vor Jahrtausenden in diesem Land bestanden. Diese Gesetze wurden unter den Juden der ganzen Welt wach gehalten und im Laufe der Zeiten von jüdischen Gelehrten immer wieder aufs neue interpretiert. Sie gehörten zu den stärksten verbindenden Kräften unter den als Minderheit über die Welt verstreuten Juden. Diesese Gesetze haben Jahrhunderte hindurch die Lebensweise und das Verhalten jüdischer Gemeinschaften aller Zeiten geregelt.

So haben wir es hier mit dem außergewöhnlichen Phänomen zu tun, daß es alte jüdische Gesetze gibt, die von vielen befolgt werden und für die Juden in Israel eine besondere Bedeutung haben, weil sie dort zuerst entstanden sind und Form gewonnen haben.

Andererseits besteht eine klare Tendenz mit den Entwicklungen unserer Zeit Schritt zu halten und Gesetze einzuführen, die den neuen Konzeptionen der modernen Gesellschaft der zweiten Hälfte des zwanzigsten Jahrhunderts entsprechen. Obgleich es darüber nicht zu einem offenen Konflikt gekommen ist, ist das Problem mit der Gründung des Staates Israel akut geworden, weil in einem Staat, dessen Mehrheit dem jüdischen Glauben angehört, viele die Erwartung hegen, daß er zu den alten Gesetzen des alten Landes zurückkehre. Man wird wohl für diese beiden Tendenzen einen Kompromiß finden müssen. In diesem Zusammenhang sei bemerkt, daß die Britische Mandatsregierung bereits 1922 das Familienrecht, Ehe, Scheidung, Unterhaltspflicht, etc. der Gerichtsbarkeit einer der damals anerkannten religiösen Gemeinschaften überlassen hatte.

In bezug auf die Kinderschutzgesetzgebung, Fragen des Strafrechts und der Prozedur besteht weithin Einvernehmen. Es ist allgemein anerkannt, daß die Strafgesetzgebung und die Kinderwohlfahrt auf den geschichtlichen und kulturellen Grundlagen und Traditionen eines Landes beruhen. Der Fall liegt etwas anders bei jenen Ländern, die während der letzten Jahrzehnte ihre Unabhängigkeit gewonnen haben und ihr eigenes Rechtssystem noch nicht voll ausgebaut haben. Viele von ihnen wenden auch weiterhin die Rechtsprechung und Rechtsprozeduren der einstigen Verwaltung an, obgleich sich in den Verhältnissen dieser Länder seit ihrer Unabhängigkeit große Wandlungen vollzogen haben mögen.

Das trifft auch für Israel zu. Die Gesetze, Prozeduren und Maßnahmen, die in diesem Land, das bis zum 15. Mai 1948 Palästina hieß, bestanden, waren ebenso heterogen und zusammengewürfelt wie die Bevölkerung selbst. Während der Türkenherrschaft, das heißt bis 1917, erfolgte die Rechtsprechung vierhundert Jahre lang nach dem Ottomanischen Recht und nach dem Ende der britischen Besatzungsherrschaft führte die britische Mandatsregierung im Einvernehmen des Völkerbundes Rechtsordnungen und Rechtsprozeduren ein, die in Großbritannien ihre Vorbilder hatten. Aber so wie während der britischen Mandatszeit auch das Ottomanische Recht in mancherlei Hinsicht Anwendung fand, werden auch zahlreiche Gesetze und Prozeduren der einstigen Mandatsregierung Palästinas bis zum heutigen Tag in Israel angewandt.

Das Ottomanische Strafgesetz von 1858 behandelte in seinem Abschnitt 40 Angelegenheiten der jugendlichen Straffälligkeit. Dieses Gesetz erhielt 1875 und 1911 Zusatzbestimmungen und war mit ihnen zusammen in diesem Land bis 1936 in Kraft, als es durch die Criminal Code Ordinance (Strafrechtordnung) von 1936 ersetzt wurde. In bezug auf jugendliche Rechtsbrecher wurde Abschnitt 40 des Ottomanischen Strafgesetzes bereits 1922 durch die Young Offenders Ordinance (Jugendstrafrechtsordnung) ersetzt. Diese Rechtsordnung hatte sich eine Anzahl von Konzeptionen zu eigen gemacht, die damals im Schwange waren und von denen manche noch heute gelten. Aber die neue Rechtsordnung brachte für die Behandlung jugendlicher Straftäter ein paar neue Grundideen ein.

Zum Verständnis der historischen Entwicklung, sind einige Bemerkungen über Abschnitt 40 angezeigt. Das Ottomanische Strafgesetz traf aufgrund der Annahme, daß der chronologische Reifungsprozeß bei den Geschlechtern nicht derselbe ist, eine Unterscheidung zwischen der strafrechtlichen Verantwortung von Jungen und Mädchen. Jungen wurden nach zwölf Lebensjahren als voll verantwortlich für ihre Handlungen erklärt, während man Mädchen schon mit neun Jahren für verantwortlich ansah. In beiden Fällen hielt man den Reifungsprozeß, nach 15 Lebensjahren für abgeschlossen.

Im allgemeinen hielt man Kinder unter 13 Jahren nicht für fähig, im strafrechtlichen Sinn, zwischen recht und unrecht unterscheiden zu können. Wenn sie unterhalb dieser Altersgrenze ein Vergehen begingen, konnten sie vor Gericht angeklagt werden, aber man sah ihre Eltern für ihr Verhalten als verantwortlich an, die für Schadenersatz oder Geldstrafen aufkommen mußten. Wenn aber Eltern vor Gericht behaupteten, daß sie über ihre Kinder keine Kontrolle hätten und daher für deren gutes Verhalten nicht einstehen könnten, mußte das Kind eine die seinem Alter und der Art des Vergehens entsprechende Strafe über sich ergehen lassen.

Die Jugendstrafrechtsordnung von 1922 behandelte zwei Aspekte: die Bestrafung jugendlicher Rechtsbrecher; und die Bewährungshilfe für Jugendliche. Es handelte sich dabei um die allererste Gesetzgebung dieser Art, die vom Britischen Kolonialamt überhaupt in einem von Großbritannien regierten Gebiet eingeführt wurde. Bemerkenswert war, daß man dabei weitgehend auf eine Übereinstimmung mit den vorhandenen örtlichen Vorbildern Wert legte und sich nicht unbedingt an die englische Rechtsprechung hielt.

Die Jugendstrafrechtsordnung von 1922 bestimmte, daß kein Angeklagter, der nicht sein neuntes Lebensjahr vollendet hatte, bestraft werden sollte. Daraus entwickelte sich später die Konzeption der beschränkten strafrechtlichen Verantwortung, die in der Strafrechtsordnung von 1936 auf neun Jahre festgesetzt wurde. Das war erstaunlich, weil man damals in England selbst das Alter der Strafmündigkeit mit acht Jahren bestimmt hatte. So geschah es seltsamerweise, daß das Mandatsregime in einem ziemlich rückständigen Land eine recht fortschrittliche Gesetzgebung einführte.

Wie beim Ottomanischen Strafrecht wurde die beschränkte strafrechtliche Verantwortung auch in die Strafrechtsordnung von 1936 mit der Bestimmung eingeführt, daß bei einer angeklagten Person im Alter von neun bis unter zwölf Jahren bewiesen werden muß, daß sie die Fähigkeit hatte zu wissen, daß die Begehung der Tat oder die Unterlassung einer Handlung unrecht waren. Es ging dabei nicht um die Frage der allgemeinen Intelligenz, sondern um die spezifische Handlung, deren der Jugendliche angeklagt war.

Die Jugendstrafrechtsordnung von 1922 setzte für Jungen das Alter von unter sechzehn Jahren und für Mädchen das Alter von unter achtzehn fest, wenn das Urteil den Aufenthalt in einer staatlichen Erziehungsanstalt vorsah. Es heißt dort ferner: eine Unterbringung in einer Besserungsanstalt kann nicht für eine Periode von weniger als einem Jahr angeordnet werden und darf sich nicht über das vollendete zwanzigste Lebensjahr des Zöglings erstrecken. In einem anderen Paragraphen der Strafordnung waren auch Bestimmungen über die Verantwortung der Eltern und möglicherweise von ihnen zu tragender Geldstrafen, Schaden- und Kostenersatz vorgesehen.

Der zweite Teil der Strafordnung bestimmte die zu befolgende Prozedur, wenn die Anordnung auf Bewährung verfügt wurde. Interessant ist, daß eine solche Anordnung getroffen werden konnte „wenn eine Person, die ihr zwanzigstes Lebensjahr noch nicht vollendet hat, von einem beliebigen Gericht wegen eines beliebigen Vergehens verurteilt wurde...“ Wenn eine solche Bewährungsanordnung erging, konnte sie sich auf die Dauer von drei Jahren erstrecken. Geregelt wurde auch die Ernennung von Bewährungshelfern sowie die Frage der vorzeitigen Entlassung im Falle von gutem Verhalten.

Bewährungshelfer wurden vom Präsidenten des Bezirksgerichts ernannt und ehrenamtlich eingestellt. Die jüdische und arabische Gemeinschaft schlug Personen vor, die willens waren, im Falle einer Bewährungsanordnung die Aufsicht über den Probanden zu übernehmen. Diese Personen mußten jedoch vor Ergehen der Bewährungsanordnung dem Gericht keine Berichte oder Informationen über den Rechtsbrecher und seine Vorgeschichte einreichen.

Bemerkenswert an der Jugendstrafrechtsordnung von 1922 war ferner, daß dem Präsidenten des Bezirksgerichts über jugendliche Rechtsbrecher gewisse Machtbefugnisse zugestanden wurden. Er konnte zum Beispiel einen Rechtsbrecher auf eigenen Antrag hin, auf Antrag von Eltern oder Vormund oder vom Direktor einer Erziehungsanstalt, wo sich der Jugendliche aufhielt, freilassen, wenn er der Ansicht war, daß das im Interesse des Straftäters liege. Der Präsident des Bezirksgerichts konnte auch vor Erlöschen der Bewährungsanordnung verfügen, daß die Verurteilung mit Bewährungsfrist annulliert werde, wenn er sich durch den Bericht des Bewährungshelfers für überzeugt erklärte, daß sich der jugendliche Rechtsbrecher gebessert hatte. Obgleich die Strafrechtsordnung Erziehungsanstalten und Bewährungshilfe vorsah, wurden beide Maßnahmen ziemlich selten angewandt, da das Justizsystem auf die Anwendung dieser neuen Methoden noch nicht eingestellt war. Bis 1934 gab es noch keine Erziehungsanstalt, obgleich bereits 1932 Bestimmungen ergangen waren, wonach Personen unter 18 Jahren von einem Gefängnis in eine Besserungsanstalt überführt werden konnten, wo sie bis zum Alter von 20 Jahren bleiben durften.

Es mag von historischem Interesse sein, hier zu erwähnen, daß das Jugendstrafrecht von 1922 bestimmte, daß ein Junge unter 16 Jahren geprügelt werden konnte, wenn auch nicht öffentlich. Die Prügelstrafe wurde mit einem Stock vollzogen und es durften in keinem Fall mehr als zwölf Stockschläge verabreicht werden. Wurden zwölf Stockschläge angeordnet, mußte ein Amtsarzt anwesend sein. Die Prügelstrafe konnte im Austausch für jede vom Gesetz bestimmte Strafe oder als Zusatzstrafe verhängt werden. Im Jahr 1944 wurde zum Beispiel bei über 10 % der Fälle verurteilter arabischer Jugendlicher die Prügelstrafe angeordnet. Bei Juden wurde die Prügelstrafe im Jahre 1938 zum letzten Mal angeordnet.

Diese Bestrafungsart drückte vielleicht mehr als jeder andere Straftypus die Haltung unter jüdischen und arabischen Richtern gegenüber der jugendlichen Straffälligkeit aus, wenn sie in ihrer eigenen Gemeinschaft auftrat. Die einen nahmen einen ziemlich permissiven, die anderen einen punitiven Standpunkt ein.

Erst als die Jugendstrafrechtsordnung von 1937 im September 1938 in Kraft trat, wurde die Behandlung jugendlicher Rechtsbrecher mit der Entwicklung in Übereinstimmung gebracht, die sich auf diesem Gebiet in zahlreichen Ländern der westlichen Hemisphäre vollzogen hatte. Es wurden eine Anzahl wichtiger Verbesserungen eingeführt, die diese Strafrechtsordnung von früheren auszeichnete. Zum ersten Mal wurde auf das Jugendgericht als Institution Bezug genommen und die zu befolgende Prozedur ausgearbeitet. Um nur einige Punkte zu nennen: Um die Anonymität zu wahren, sollten Sitzungen des Jugendgerichts in einem anderen als dem gewöhnlichen Gerichtsgebäude, oder wenigstens einem anderen Raum oder zu anderen Zeiten als bei den gewöhnlichen Gerichtssitzungen üblich ist, abgehalten werden. Aus demselben Grund sollten Vorkehrungen getroffen werden, ein Zusammentreffen mit Erwachsenen auf dem Weg zum oder vom Gericht oder während der Wartezeit vor und nach dem Verhör zu unterbinden. Deshalb durften nur unmittelbar von dem Fall Betroffene im Jugendgericht anwesend sein, ausgenommen Personen, die eine Sondererlaubnis des Gerichts erhalten haben. Jegliche Veröffentlichung von Namen, Schule, Adresse, überhaupt aller Informationen, die zur Identifizierung der vor dem Jugendgericht stehenden Person beitrug, konnte mit den in der Strafrechtsordnung genannten Sanktionen strafrechtlich verfolgt werden.

Die Zuständigkeit des Jugendgerichts über jugendliche Straftäter in bezug auf ihr Alter wurde wie folgt bestimmt: „Kind" bedeutet eine Person unter viezehn Jahren; eine „junge Person" ist eine Person, die vierzehn Jahre oder mehr und weniger als sechzehn Jahre alt ist; und ein „Heranwachsender" ist eine Person, die sechzehn Jahre oder mehr und weniger als achtzehn Jahre alt ist. Aus einem anderen Abschnitt dieser Strafordnung ging hervor, daß sich die letzte Gruppierung nur auf weibliche Personen bezog. Mit anderen Worten, die Jugendgerichtsbarkeit wurde für Jungen auf die Altersstufen neun bis unter sechzehn und für Mädchen neun bis unter achtzehn festgesetzt. Diese Bestimmungen sind von größter Bedeutung gewesen, weil Fallerledigungen, die vom Jugendgericht besorgt werden konnten, durch die verschiedenen Altersjahrgänge reguliert wurden. Zum erstenmal finden wir auch einen besonderen Abschnitt der Strafrechtsordnung, der sich mit Kindern unter 16 Jahren befaßt, die der Pflege und Aufsicht bedürfen. Es wurden die Bedingungen festgelegt, unter denen das Jugendgericht intervenieren konnte. Bestimmt wurde ferner, wer die Einschaltung des Jugendgerichts beantragen durfte, sowie auch die verschiedenen Maßnahmen, die das Gericht in solchen Fällen ergreifen konnte.

Ein besonderer Paragraph der Ordnung befaßte sich mit der Bewährung in einer gegenüber dem Erlaß von 1922 modifizierten und erweiterten Form. Bewährungshelfer wurden erstmalig vollzeitlich und als Beamte eingestellt. Das Gesetz bestimmte auch ihre Pflichten und Rechte. Ein weiterer Schritt in dieser Richtung wurde 1944 getan, als die Bewährungshelferordnung als selbständige Ordnung in Kraft trat. Die wichtigste Neueinführung der zuletzt genannten Ordnung war, daß sie zum ersten Mal auch für Erwachsene galt. Ein Bewährungshilfedienst für erwachsene Rechtsbrecher wurde jedoch erst 1951 eingeführt.

Der Bewährungshilfeerlaß von 1944 wiederholte den Grundsatz, daß, wenn es tunlich ist, den Straftäter auf Bewährung freizulassen, das Gericht mit dieser Anordnung eine Vorstrafe aussprechen kann; es kann aber auch Bewährung anordnen, ohne eine Vorstrafe auszusprechen. Das gilt für

Jugendliche und Erwachsene, weil der Erlaß zwischen ihnen keinen Unterschied macht.

Wie in der früheren Strafrechtsordnung konnte eine Bewährungsanordnung für eine Periode von nicht weniger als einem Jahr und nicht mehr als drei Jahren ergehen, es waren auch Bestimmungen über den Aufenthaltsort oder zusätzliche Bedingungen als Garantie für das gute Verhalten des Straftäters sowie die Möglichkeit Entschädigungs- und Kostenzahlungen anzuordnen vorgesehen. Der Erlaß regelte das Verfahren für den Fall, daß der Proband ein weiteres Vergehen verübte oder die Bewährungsanordnung nicht erfüllte. Er traf auch für den Fall Bestimmungen, in dem es ratsam schien, die Bewährungsbedingungen zu modifizieren etc.

Ab 1. August 1969 trat eine neue Version der Bewährungshelfer-Ordonanze von 1944 in Kraft. Während man es augenscheinlich für überflüssig hielt, ein neues Gesetz zur Bewährungshilfe einzuführen, enthält die neue Version dennoch einige Modifikationen. Es war aber das Hauptziel, die Ordonanz in Übereinstimmung mit den 1953 eingeführten Zusätzen und mit solchen gesetzlichen Änderungen, wie der Abschaffung der summarischen Gerichtsverhandlungen zu bringen. Die neue Version sieht auch eine geeignetere Übersetzung ins Hebräische vor, als sie bisher vorlag.

Im März 1971 bestimmte eine Zusatzregelung jener Ordonanz von 1969, daß eine Bewährungsanordnung von nun an für eine Periode von nicht weniger als sechs Monaten, anstatt eines Jahres ergehen kann. Die Maximalperiode von drei Jahren blieb auch weiterhin bestehen.

Die ersten jüdischen und arabischen Bewährungshelfer wurden 1937 vollzeitig angestellt, um die Bestimmung von 1937 auf geeigneter Weise und auf professioneller Grundlage durchzuführen. Der israelische Gesetzgeber hat die Jugendstrafordnung von 1937 erst ganz kürzlich ersetzt, jedoch die Bewährungshilfeordnung von 1944 noch in Kraft gelassen. Israel hat aber einige Zusatzbestimmungen erlassen, die im gegebenen Rahmen noch erwähnt werden sollen.

Während der Mandatszeit wurde von der jüdischen Gemeinschaft ein weites Netzwerk sozialer Dienste entwickelt, das von den von der Mandatsregierung unterhaltenen Dienstleistungen unabhängig war. Gesundheits- und Schulwesen, sowie soziale Hilfe wurden vom „Waad Leumi", dem jüdischen Nationalrat, auf eine gediegene professionelle Grundlage gestellt. Die Gründung dieser neuen Abteilungen wurde zu einem Wendepunkt in der Grundkonzeption solcher Dienstleistungen, die nicht mehr vom Gesichtspunkt der Wohltätigkeit betrachtet wurden.

a) Erziehung

Bis zur Gründung des Staates Israel im Jahre 1948 gab es in diesem Land keinen Schulzwang. Es war daher natürlich, daß der israelische Gesetzgeber sehr darum bemüht war, so bald wie möglich ein Gesetz zu diesem Zweck zu erlassen.

Im Jahre 1949 wurde das „Gesetz zur obligatorischen Erziehung" erlassen[1], nach dem jedes „Kind" in der Altersgruppe von 5-13 einschließlich, verpflichtet ist, eine anerkannte Schule zu besuchen und damit Anspruch auf Schulgeldfreiheit hat. Das Gesetz sieht für das Alter von 5-6 Jahren den Besuch eines anerkannten Kindergartens und danach den achtjährigen Besuch der Volksschule vor. Eine „junge Person", das heißt, jemand in den Altersgruppen der 14-17jährigen, die aus dem einen oder anderen Grund nicht alle Klassen der Volksschule beendet hat, muß die vorgeschriebenen acht Klassen in Schulen für Jugendliche absolvieren, in den meisten Fällen Abendschulen.

Eine überaus wichtige Zusatzregelung wurde von unserem Gesetzgeber am 2. Juli 1969 verabschiedet, wonach das Alter der obligatorischen Schulerziehung auf 15 Jahre erhöht wurde. Während der ersten zwei Jahre, daß heißt 1969/70-1970/71 wurden die Vierzehnjährigen einbezogen und während der folgenden drei Jahre die Gruppe der Fünfzehnjährigen. Ferner wurde das ganze System der Grund- und Mittelschulerziehung im Sinne einer neuen Konzeption modifiziert. Es wird in Zukunft drei voneinander unterschiedene Altersgruppen geben, zwei auf der Ebene der obligatorischen Volksschulerziehung wie oben erwähnt, die kostenlos sein wird. Die dritte Gruppe umfaßt die 16-17jährigen, deren Schulbesuch nicht obligatorisch und auch nicht schulgeldfrei sein wird. Doch werden Beihilfen gewährt, in deren Genuß begabte Schüler, denen die Mittel zum Besuch der Sekundarschulen fehlen, nach Absolvierung vorgesehener Prüfungen gelangen können. Schüler dieser Altersgruppen werden eine höhere Schulbildung erhalten. Man hofft, daß dieses System angebrachter sein wird als das frühere und daß es die Bedürfnisse des Kindes und die Anforderungen der technologischen Gesellschaft miteinander versöhnen wird.

Hier ist nicht der Ort, um auf die Einzelheiten der Grundschulerziehung in Israel einzugehen. Erwähnt sei, daß, obgleich der Volksschulunterricht nunmehr fest verankert ist, es dennoch viele Kinder gibt, die die vom Gesetz vorgeschriebenen acht Klassen nicht beenden. In diesem Zusammenhang sollen zwei ineinander verzahnte Aspekte untersucht werden, die jedoch als eine Einheit betrachtet werden müssen. Es gibt in Israel viele Kinder, die beim systematischen Lernen auf Schwierigkeiten stoßen und es gibt Schulen, die nicht die geeigneten Lehrmethoden entwickeln, um den besonderen Nöten dieser Kinder zu begegnen. Mit anderen Worten, man hat es nicht nur mit dem Problem von Kindern zu tun, die nicht mit dem normalen Lehrplan der Schule Schritt halten und schließlich den Schulbesuch frühzeitig abbrechen, sondern auch mit einem *Schulsystem,* das nicht unbedingt so beschaffen ist, daß es Kinder vor dem frühzeitigen Schul-

[1] Compulsory Education Law 1949, Laws of the State of Israel, Bd. 3, 1949, p. 125 (Englische Übersetzung).

abbruch bewahrt. Das Problem ist in einer heterogenen Gesellschaft wie Israel aus folgenden Gründen von höchster Wichtigkeit.

a) Die technologische Entwicklung in Israel erfordert auf sich erweiternder Ebene ein allgemeines Wissen von ziemlich hohem Niveau und besonders Spezialkenntnisse werden immer gefragter. Selbst die Ausführung einfacher oder halbspezialisierter Tätigkeiten setzt heute mindestens zehn Jahre Schulbildung voraus.

b) Die Erhöhung des obligatorischen Schulentlassungsalters wird nicht an sich bereits den Schulbesuch jener stimulieren, die aus dem einen oder anderen Grunde in der Schule auf Schwierigkeiten stoßen. Der Schulbesuch wird durch neue Spezialmethoden angeregt und gefördert werden müssen.

c) eine wirkliche Durchführung obligatorischer Schulerziehung muß besonders auf die unteren Klassen der Volksschule bedacht sein, da sonst die Kluft zwischen den jüngeren Generationen erweitert statt verringert wird.

Mit anderen Worten, *gesetzliche Bestimmungen* über eine bessere und höhere Erziehung bedeutet noch nicht, daß größere Gruppen von Menschen auch daraus Nutzen ziehen können. Um das zu erreichen, muß noch mehr geschehen.

b) Eheschließung

In gewissen jüdischen und arabischen Schichten der ansässigen Bevölkerung, namentlich den aus den Ländern des Islams stammenden, war es üblich, Mädchen in noch zartem Alter zu verheiraten. Man traf nicht selten junge Frauen und Mütter, die nicht älter als 14-15 Jahre waren und Haushalt und Kinder versorgten, statt in die Schule zu gehen. Der Brauch ist Jahrhunderte alt und wurde als eine der wichtigsten Barrieren angesehen, Mädchen vor moralischen Verirrungen zu bewahren. In solchen Ländern war sogar der soziale und gesellschaftliche Verkehr zwischen jungen männlichen und weiblichen Personen außerhalb der Familie mit strengen Tabus belegt, die die Mädchen sozusagen vor Versuchungen bewahrten und so den sozialen Status der Familie nicht gefährdeten.

In diesem Zusammenhang war es interessant im Jugendgericht zu erfahren, daß Mütter ihre Unfähigkeit, sich um ihre Kinder entsprechend zu kümmern, damit erklärten, daß sie selbst als Kinder verheiratet wurden. Das war für viele von ihnen eine Quelle großen Kummers. Das ist übrigens vielen erst in Israel zu Bewußtsein gekommen, wo sie auf ganz andere Sitten stoßen.

Im Jugendgericht von Tel Aviv erlebte ich vor kurzem den folgenden Fall. Die Mutter eines 15jährigen Jungen, der einiger ernster Vergehen angeklagt war, sagte, daß sie ihren Jungen nicht beaufsichtigen könne. Es war offenkundig, daß sie weder an ihm noch an ihren anderen zwei Kindern Interesse hatte. Es war auch offenkundig, daß sie große Angst vor ihm hatte. Über ihre eigene Erziehung enthielt der Bericht des Bewährungshelfers das folgende: Die Mutter wurde in Persien geboren, wo sie mit 12 Jahren an einen um zehn Jahre älteren Mann verheiratet wurde. Er war schon vorher verheiratet gewesen, hatte aber keine Kinder. Als sie 14 Jahre alt war, ließ er sich von ihr scheiden, weil sie nicht schwanger wurde, Sie heiratete mit 20 Jahren wieder. Sie hat zu keinem der drei Kinder Gefühle der Zuneigung; alle drei bedürfen einer besonderen Behandlung.

Kinderehen waren so häufig, daß sich eines der ersten Gesetze in Israel auf dem Gebiet der Kinderfürsorge mit ihrer Abschaffung befaßte. Das „Heiratsaltergesetz von 1950[2] trat 1950 in Kraft und untersagte einem Mädchen unter 17 Jahren die Eheschließung. Das Gesetz sieht auch Strafen für eine Person vor, die ein Mädchen unter diesem Alter heiratet, oder für die Eltern oder den Vormund, die einer solchen Heirat zustimmen, oder für die Person, die in solchen Fällen die Eheschließungszeremonie ausführt. Auf einen besonderen Antrag kann jedoch ein Bezirksrichter seine Einwilligung zu einer Heirat in einem früheren Alter geben. Dem Gericht müssen zu diesem Zweck Gründe unterbreitet werden. Andererseits kann eine unter dem vorgeschriebenen Alter vollzogene Eheschließung auf Antrag annulliert werden, wenn das Mädchen noch unter 19 Jahren ist. Das würde für Fälle gelten, in denen die Eheschließung außerhalb Israels oder vor Inkrafttreten des Gesetzes vollzogen wurde. Das Gesetz wird heute allgemein akzeptiert, obgleich es zu Beginn in verschiedenen Kreisen auf Widerstand stieß.

c) *Körperliche Züchtigung*

Eines der kürzesten, aber nicht destoweniger sehr bedeutsamen Gesetze, das auch das erste auf dem Gebiet des sozialen Schutzes war, betraf die Abschaffung der körperlichen Züchtigung jugendlicher Straftäter. Das Gesetz[3] verkündete: „Die Prügelstrafe soll im Staatsgebiet nicht verhängt werden". Bis dahin gab es gesetzliche Bestimmungen, nach denen körperliche Züchtigung, — Auspeitschen mit einer Birkenrute oder Stockhiebe mit einem Rohrstock — von Gericht angeordnet werden konnte, wenn es sich um einen jugendlichen Straftäter handelte.

In der Geschichte der Strafmaßnahmen gegen jugendliche Rechtsbrecher hat die körperliche Züchtigung eine besondere Rolle gespielt, da sie von Laien und Fachleuten häufig als ausreichende Maßnahme in der Behandlung solcher Jugendlicher empfohlen wurde. Sie wurde hauptsächlich befürwortet, weil man ihr zweierlei Wirkungen zuschrieb, Bestrafung für ein verübtes Vergehen und Verhütung weiterer Straftaten. Was die Strafe betrifft, so läßt sich nicht leugnen, daß sie sowohl schmerzvoll als auch entwürdigend ist. In dieser Hinsicht würde sie die erwünschte Absicht erfüllen. Es darf jedoch bezweifelt werden, ob sie für die Verhütung irgend-

[2] Marriage Age Law 1950, Laws of the State of Israel, Band 4, 1949/50, p. 158 (Englische Übersetzung).

[3] Punishment of Whipping (Abolition) Law 1950, ibid. S. 140.

einen Nutzen hat. Man weiß heute genügend darüber, um sicher zu sein, daß diese Bestrafungsmethode in vielen Fällen das Gegenteil der erwarteten Wirkung zur Folge hat.

d) Arbeit

Genauso wie die Kinderehe Brauch in diesem Teil der Welt war, war es auch die Kinderarbeit. Letztere war sogar noch verbreiteter. Es darf angenommen werden, daß diese Tatsache die britische Mandatsregierung veranlaßte, Gesetze einzuführen, die die Beschäftigung von Kindern in einem gewissen Umfang regelte. Das geschah durch die Kinder- und Jugendlichen-Beschäftigungsordonanz von 1945 (Employment of Children and Young Persons Ordinance, 1945"), die jedoch nur von kurzer Dauer war. Der israelische Gesetzgeber schuf an ihrer Stelle zwei Gesetze, die einander in gewissem Umfang ergänzen: Das Jugendarbeitsgesetz und das Lehrlingsgesetz. Es ist kein Zufall, daß diese beiden Gesetze von der Knesset faktisch zur gleichen Zeit diskutiert und verabschiedet wurden.

Das Jugendarbeitsgesetz von 1953[4] definiert ein „Kind" als eine Person unter 16 Jahren und als „Heranwachsenden" eine Person zwischen 16-17 Jahren einschließlich. Nach diesem Gesetz darf ein „Kind", das noch nicht 14 Jahre alt ist, bei keinerlei Arbeit beschäftigt werden, außer im Hausiererhandel, wenn es für ein solches Gewerbe eine besondere Konzession erhalten hat. Beschäftigung für Kinder unter 16 Jahren ist im Hotelgewerbe, in Tanzstätten, Anstalten für Geisteskranke, etc. verboten, das heißt, an Arbeitsstellen, die für ein Kind dieser Altersstufen eine seinem Wohle abträgliche Wirkung haben können. Das Gesetz trifft Bestimmungen für geeignete ärztliche Untersuchungen, Regulierung von Arbeitsstunden, Berufsberatung, Ruhepausen, Jahresurlaub etc. Das Gesetz sieht Strafen bei Zuwiderhandeln vor. Obgleich das Jugendarbeitsgesetz weithin Anerkennung gefunden hat und praktisch alle Fabriken und organisierten Betriebe den gesetzlichen Vorschriften genügen, wird es in kleinen Betrieben — Ein- oder Zweimannbetrieben — weniger beachtet. Es ist eine Tatsache, daß eine Menge Kinder, die die Volksschule vor Abschluß verlassen haben, gerade in so kleinen Betrieben, in der Hoffnung vom Arm des Gesetzes nicht erwischt zu werden, Arbeit suchen. Meistens haben sie dort keine regelmäßige Tätigkeit. Sie treiben von einer Arbeit zur anderen und ihre Entlohnung entspricht natürlich nicht den gesetzlichen Bestimmungen. Innerhalb dieser Gruppe findet man eine ziemlich hohe Zahl von Laufjungen, die gewöhnlich noch sehr jung sind.

Man darf annehmen, daß diese Dinge noch problematischer und komplizierter werden, weil das Gesetz mit der Erhöhung des Schulpflichtalters auch eine Erhöhung des Arbeitsmindestalters vorsieht.

---

[4] Youth Labour Law 1953, Laws of the State of Israel, Bd. 7, 1952/53, S. 94 (Englische Übersetzung).

e) Das Lehrlingsgesetz von 1953[5] bestimmt als „Jugendlichen" eine Person, die noch nicht achtzehn Jahre alt ist und als „Lehrling" einen „Jugendlichen", der zur Erlernung eines Gewerbes arbeitet, in dieser Arbeit eine praktische Ausbildung erfährt und im Sinne des Gesetzes an einem anerkannten gewerblichen Unterricht teilnimmt. Das Gesetz sieht Bestimmungen über die Zeitdauer und den Lehrplan der Ausbildungsperiode, die Löhne, Prüfungen, Urlaubszeiten, Anzahl der an einem Platz zu beschäftigenden Lehrlinge, sowie die Qualifikationen und Pflichten von Arbeitgebern vor.

Es gibt gesetzliche Bestimmungen über die Einsetzung einer Gewerbelehrlingskommission und ihrer Pflichten sowie die Bestellung von Supervisoren und Inspektoren. Das Gesetz ahndet Verstöße gegen die in den einschlägigen Paragraphen erwähnten Bestimmungen mit Strafen.

Das Gesetz übt zum Wohle jener junger Menschen, auf die sich seine Zuständigkeit erstreckt, eine wichtige Funktion aus.

f) Bewährung

Die 1953[6] eingeführten neuen Bestimmungen betreffen:

a) Bewährung, die in der Strafrechtsordnung von 1936 als eine der Bestrafungsarten galt, wurde als solche aus dem Gesetz gestrichen. Damit bestimmte das Gesetz, daß eine Bewährungsanordnung nicht mehr als Strafmittel angesehen werden kann. Das war eine logische Folgerung aus der bestehenden Bestimmung im Bewährungsgesetz von 1944, nach dem eine Anordnung zur Bewährung im Zuge des Urteilsspruchs oder ohne dessen Vollzug ergehen konnte.

b) Eine Anordnung zur Bewährung konnte nur ergehen, nachdem ein Bewährungshelfer dem Gericht einen schriftlichen Bericht unterbreitet hatte. Das scheint sehr wesentlich zu sein, da eine solche Anordnung nicht dem Ermessen des Gerichts überlassen bleiben sollte.

Es ist klar, daß wenn die Bewährung als ein Mittel der Behandlung aufgefaßt wird, unter den zur Bewährung vorgesehenen Probanden eine gewisse Auswahl getroffen werden muß.

Wenn kein Bericht eines Bewährungshelfers vorliegt, bleibt das Auswahlkriterium die Art des Vergehens oder der Eindruck, den der Rechtsbrecher auf das Gericht macht, oder ob es das erste Vergehen oder nicht ist, oder das Alter des Straftäters, oder eine Kombination aller Faktoren zusammen. Solche Faktoren können keinesfalls genügen, um dem Gericht bei seiner Entschließung für die Bewährung an die Hand zu gehen. Sie beruhen in großem Umfang auf Eindrücken und auf dieser Basis sollte keine Behandlungsmethode ruhen. Wenn andererseits eine entsprechende Unter-

---

[5] Apprenticeship Law 1953, Laws of the State of Israel, Bd. 7, 1952/53, S. 86 (Englische Übersetzung).

[6] Probation of Offenders Ordinance (Amendment) Law 1953, Laws of the State of Israel, Bd. 8, pp. 44/45 (Englische Übersetzung).

suchung vorgenommen wurde, wird die Chance eines Irrtums im Interesse aller Beteiligten beträchtlich verringert.

c) Es verbleibt nun im Ermessen des Gerichts, ob der vom Bewährungshelfer unterbreitete Bericht den betroffenen Parteien gezeigt werden soll oder nicht. Mit anderen Worten, der Bericht ist hauptsächlich ein Dokument zur Instruierung des Gerichts und die betroffenen Parteien können nur mit besonderer Erlaubnis des Gerichts Einsicht in ihn nehmen.

d) Die Erfahrung hat gezeigt, daß es mitunter ratsam ist, wenn Bewährungshelfer mit Probandinnen und Bewährungshelferinnen mit Probanden arbeiten. Eine solche Entscheidung kann von vielen Faktoren abhängen und eine Bewährungsanordnung sollte nicht durch gesetzliche Bestimmungen eingeengt werden, die den Erfolg dieser besonderen Behandlungsmethode gefährden könnten. Die Probanden werden daher Bewährungshelfern nicht mehr nach ihrem Geschlecht, sondern nach ihrer Persönlichkeit und tatsächlichen Bedürfnissen unterstellt.

e) Eine Bewährungsanordnung, nach der eine Person ohne Verurteilung zur Bewährung entlassen wurde, soll in keiner Weise die Folgen einer Verurteilung nach sich ziehen, außer wenn dieses Gesetz oder jedes andere Gesetz die gegenteilige Absicht erkennen läßt.

Wie erwähnt, sah einer der Paragraphen in jenem Zusatzgesetz vor, daß eine Bewährungsanordnung nur getroffen werden kann, wenn das Gericht vom Bewährungshelfer einen schriftlichen Bericht erhalten hat. Eine andere Mußbestimmung betreffend die Bewährungsanordnung wurde im Gesetz von 1954 rechtskräftig[7].

Nach Paragraph 19 dieses Gesetzes, das am 1. Dezember 1961 durch Sonderproklamation in Kraft trat, ist ein schriftlicher Bericht eines Bewährungshelfers obligatorisch, wenn das Gesetz eine Gefängnisstrafe von sechs Monaten und mehr vorsieht und der Straftäter am Tage der Verübung seiner Tat unter 21 Jahre alt ist. Die Einzelheiten, die nach diesem Paragraphen in einem solchen Bericht enthalten sein müssen, sind: die Vorgeschichte des Angeklagten; der Familienstatus des Angeklagten in allen Einzelheiten bezüglich der Eltern, Ehepartner, Kinder, Geschwister; der wirtschaftliche Status des Angeklagten; der Gesundheitszustand des Angeklagten und der Familienangehörigen; zusätzliche Umstände, die zur Verübung des Vergehens geführt haben können. Dieser Paragraph wurde 1964 dahingehend geändert, demgemäß jetzt in jedem Falle, wenn ein Delinquent unter 21 Jahre zu einer Gefängnisstrafe verurteilt werden soll, ein schriftlicher Bericht dem Gericht vorliegen muß, der von einem Bewährungshelfer abzufassen ist.

---

[7] Penal Law Revision (modes of punishment) Law, 5714—1954 in: Laws of the State of Israel, Vol. 8, p. 209.

g) Geisteskranke

Das im Falle geisteskranker Personen einzuschlagende Verfahren wurde in einem Sondergesetz niedergelegt, das auch für Kinder und Jugendliche gilt. Das Gesetz zur Behandlung geistig Erkrankter[8] wurde am 27. Juni 1955 verabschiedet. Es enthält eine wichtige Abweichung von den McNaughten-Bestimmungen, die durch die Mandatsregierung eingeführt wurden. Hier sei nur erwähnt, daß das Gericht eine Hospitalisierungsanordnung ergehen lassen kann, wenn bewiesen ist, daß die betreffende Person aufgrund ihrer Krankheit vor Gericht nicht verhandlungsfähig ist, oder die angeklagte Person medizinisch untersucht und wenn notwendig, zur Beobachtung in ein Krankenhaus überführt werde. Eine solche Anordnung für eine entsprechende ärztliche Untersuchung zum Zweck der Feststellung ihres geistigen Zustands und ihrer Zurechnungsfähigkeit kann auf Antrag einer der Parteien oder auf eigenen Beschluß des Gerichts ergehen.

Der Gesundheitsminister ernennt eine psychiatrische Kommission aus drei Mitgliedern, einen Richter, einen Psychiater und einen Amtsarzt, um bei der Durchführung dieses Gesetzes beratend und helfend mitzuwirken. Eine völlige oder provisorische Freilassung einer von Gerichts wegen hospitalisierten Person kann nur mit Zustimmung einer psychiatrischen Kommission erfolgen. Wurde eine angeklagte Person ins Krankenhaus überführt, nachdem das Gericht befunden hatte, daß sie infolge ihrer Krankheit prozeßunfähig war und ist die Ärztekommission der Ansicht, daß sie aus dem Krankenhaus entlassen werde, kann der Generalstaatsanwalt anordnen, daß sie wegen des Vergehens, dessen sie ursprünglich angeklagt war, vor Gericht gestellt werde. Weitere wichtige Bestimmungen zur Durchführung dieses Gesetzes können hier nicht im Detail erörtert werden.

h) Die gerichtliche Unterbringungsanordnung

Im Jahre 1955 wurden Bestimmungen veröffentlicht[9], die auf der Jugendstrafordnung von 1937 beruhten, wonach innerhalb des Wohlfahrtsministeriums eine Jugendamtsbehörde errichtet wurde. Es bleibt die Pflicht des Jugendgerichts, die Dauer einer Unterbringungsanordnung zu bestimmen, aber der Aufenthaltsort wird von der Jugendbehörde ausgesucht. Die Vorkehrung scheint angebracht zu sein, weil sie den Bedürfnissen des jugendlichen Straftäters individuell gerecht zu werden vermag. Stellt sich ferner aus erzieherischen, verwaltungstechnischen oder möglichen anderen Gründen heraus, daß ein jugendlicher Straftäter von der Antsalt, in die er ursprünglich verbracht wurde, in eine andere überführt werden sollte, so kann die Jugendbehörde das tun, ohne bei den Gerichten um Genehmigung einzukommen.

---

[8] Treatment of Mentally Sick Persons Law 1955, Laws of the State of Israel, Bd. 9, S. 132.

[9] Youth Authority Rules, Kovets Hatakanot, Nr. 516, 1955, pp. 886/887.

Es ist ferner die Pflicht der Jugendamtsbehörde Erziehungsanstalten für jugendliche Rechtsbrecher einzurichten; jugendliche Rechtsbrecher ihren besonderen Bedürfnissen entsprechend in den geeigneten Heimen unterzubringen; für das Personal dieser Anstalten Ausbildungskurse einzuführen und zu überwachen. Es gibt Erziehungseinrichtungen, die allein den Zweck haben, jugendliche Straftäter aufzunehmen und es gibt Erziehungseinrichtungen allgemeiner Natur, die jedoch auch jugendliche Rechtsbrecher aufnehmen, insoweit sie in den Rahmen der von ihnen betreuten Jugendlichen passen. Im kleineren Maßstab gibt es auch Kibbutzim (d. h. Siedlungsgemeinschaften), die in ihre eigenen Jugendgruppen jugendliche Rechtsbrecher aufnehmen, wenn ihre Schulleistungen und ihr allgemeines Verhalten entsprechend sind. Jedes Jugendgericht hegt den Glauben, daß es für einen jugendlichen Rechtsbrecher in vielen Fällen das beste ist, wenn er in einem Erziehungsheim untergebracht wird. Das schließt alle die verschiedenen Arten der Unterbringung ein, die immer aber die Entfernung aus dem Elternhaus bedeutet. Während der letzten zwei Jahrzehnte ist man in vielen Lagern zu einer neuen Beurteilung der Situation gekommen, die eine Abneigung erkennen läßt, Kinder und Jugendliche wegen der mit der Entfernung aus ihrer gewohnten Umgebung verbundenen Risiken für ihre zukünftige Entwicklung in Heimen unterzubringen. Viele Jugendgerichte teilen eine solche Ansicht und sind mit der Anordnung einer Heimerziehung zurückhaltend geworden, wenn sich andere Alternativen finden lassen. Das gilt auch für die Jugendgerichte in Israel.

i) Gesetzgebung und Geistige Hygiene

Es ist nun mehr als achtzehn Jahre her, seit Israel ein sehr wichtiges Gesetz kennt, das in den Grundkonzeptionen der Geistigen Hygiene verwurzelt ist. Diese Konzeptionen standen dem israelischen Gesetzgeber so eindringlich vor Augen, daß die Inkraftsetzung dieses Gesetzes zu einer revolutionären Veränderung im Beweisgesetz führte.

Wir glaubten in Israel, daß ein Gesetz zum Schutze von Kindern, die Opfer eines Sexualvergehens wurden, von größter Bedeutung wäre. Ein solches Gesetz wurde von der Knesset, dem Parlament des Staates Israel, am 7. Juni 1955 verabschiedet. Es heißt „Law of Evidence Revision (Protection of Children) 1955[10]“. Der Öffentlichkeit bemächtigt sich Erregung, wenn Sexualvergehen bekannt werden und die Öffentlichkeit ist besonders bestürzt, wenn Kinder die Opfer solcher Verbrechen werden. Aber auffällig ist, daß es auf der ganzen Welt noch keine Gesetze gibt, um solche Kinder post factum zu schützen. Es gibt keine gesetzlichen Bestimmungen, die gewährleisten, daß das traumatische Erlebnis des betroffenen Kindes verringert oder doch mit Hilfe geeigneter Befragungsmethoden abgebaut

[10] Law of Evidence Revision (Protection of Children) Law 1955, Law of the State of Israel, Bd. 9. 1954/55, S. 102.

wird. Die Gesellschaft begnügt sich sozusagen mit der Festnahme des Übeltäters, und falls die Beweise ausreichen, mit seiner Bestrafung.

Für die große Zahl von Opfern, deren Charakterbildung durch dieses Erlebnis betroffen wird, gibt es keine adäquaten Methoden der Vorbeugung. Doch ist es unsere Pflicht solche mindestens in dem Stadium bereitzustellen, in dem wir die Kinder noch vor weiteren Schädigungen bewahren können.

Die Hauptpunkte des oben erwähnten Gesetzes sind:

1. Kein Kind unter 14 Jahren soll im Fall eines Sittlichkeitsverbrechens als Zeuge befragt oder verhört werden, es sei denn mit der Zustimmung des Jugendvernehmungsbeamten.
2. Eine Aussage eines Kindes über ein gegen seine Person oder in seiner Gegenwart verübtes oder ihm zugeschriebenes Sittlichkeitsvergehen soll außer mit Genehmigung des Jugendvernehmungsbeamten nicht als Beweis zugelassen werden.
3. Zum Zweck des Gesetzes sollen Jugendvernehmungsbeamte nach Beratung mit einem Ernennungskomitee eingesetzt werden. Dieses Komitee soll aus einem Richter im Jugendgericht (Vorsitzender des Komitees), einem Fachmann in Geistiger Hygiene, einem Erzieher, einem Sozialpädagogen für Kinder und einem Vertreter der Polizei bestehen.
4. Die Beweisaufnahme über ein Sittlichkeitsverbrechen, die von einem Jugendvernehmungsbeamten durchgeführt und protokolliert wurde, sowie im Zusammenhang damit stehende von einem Jugendvernehmungsbeamten angefertigte Berichte über eine solche Vernehmung, sind bei Gericht als Beweismaterial zulässig.
5. Wo Beweismaterial im obenerwähnten Sinn dem Gericht unterbreitet wurde, kann der Jugendvernehmungsbeamte aufgefordert werden, das Kind erneut zu vernehmen und eine besondere Frage an es richten, er kann das aber ablehnen, wenn er der Meinung ist, daß ein weiteres Verhör dem Kind seelischen Schaden zufügen kann.
6. Eine Person soll nicht aufgrund der Aussage eines Jugendvernehmungsbeamten verurteilt werden, wenn seine Aussage nicht noch durch andere beweiskräftige Aussagen unterstützt wird.

Dieser Punkt steht im Einklang mit den traditionellen angelsächsischen Rechtsmethoden bei Sexualvergehen und hat auch für Israel Geltung. Er dient als Absicherung gegen bösartige, falsche, imaginäre oder rachsüchtige Beschuldigungen. Die Gefahren der Rachsucht gerade auf diesem Gebiet, das offen oder versteckt im allgemeinen ein Tummelplatz der Emotionen ist, dürfen keinesfalls übersehen werden. Selbst Beschuldigungen, die sich bei näherer Untersuchung als grundlos erweisen, können großen Schaden anrichten.

Wenn die Anklagebehörden genügend Material gegen eine bestimmte Person haben, stützen sie sich natürlich vor allem auf die Informationen, die sie von dem Kind erhielten, das Opfer oder Zeuge war. Ein solches Kind gerät dabei in eine ernste Schwierigkeit. Opfer von Sexualvergehen, in der großen Mehrheit Mädchen unter zehn Jahren, werden aufgefordert, der Polizei zu erzählen, was ihnen widerfahren ist und sollen dabei ausführlich auf alle Einzelheiten eingehen. Je mehr Einzelheiten ein Kind zu berichten weiß, desto größer ist die Wahrscheinlichkeit den Täter zu ergreifen und zu überführen. Für viele Kinder kann das ein erneutes Erleben einer meistens traumatischen Erfahrung sein. Kinder haben dabei oft Schwierigkeiten, die dann einen Prozeß des „Blockierens", „Vergessens" oder „falscher Schilderungen" einleiten.

Es ist klar, daß im *Mittelpunkt* der polizeilichen Untersuchung die Materialsammlung zwecks Überführung des Täters steht. Den emotionalen Erschütterungen des Kindes wird dabei keine besondere Aufmerksamkeit gewidmet. Sie werden kaum als zum Problem gehörig angesehen. Aber Eltern und mitunter Lehrer beobachten an den Kindern Veränderungen, die entweder unmittelbar nach dem Vergehen oder etwas später eintreten. Es gibt Kinder, die mit Erbrechen, Depressionen, Streunen, Schulschwänzen, Alpdrücken und anderen Symptomen reagieren.

Diese Veränderungen im Verhalten von Kindern führen in vielen Fällen zur Enthüllung dessen, was ihnen zugestoßen ist, weil Kinder oft Angst haben, ihren Eltern darüber zu berichten und dazu nur imstande sind, wenn sie danach gefragt werden.

Es ist ein Bestandteil der Menschenrechte, daß ein Angeklagter jede gegen ihn vorgebrachte Beschuldigung zurückweisen und versuchen kann, seine Unschuld zu beweisen. Das kann er in obigen Fällen häufig nur tun, wenn er mit dem betreffenden Kind konfrontiert wird. Ein Beschuldigter kann aber die Furcht des Kindes dem Gericht in seiner Gegenwart die ganze Geschichte zu erzählen, ausnützen, und er kann versuchen, Zweifel an seinem Bericht aufkommen zu lassen, indem er das Kind in Widersprüche verwickelt, so daß der Richter zu einem Freispruch gelangen könnte. Man kann sagen, daß das Kind, wenn es vor Gericht erscheinen muß, wo es mit dem Täter konfrontiert wird und es einem Kreuzverhör unterworfen werden kann, in noch größerer Gefahr ist, da dieses Erlebnis manchmal traumatischer als das eigentliche Geschehen sein kann. Manchmal begreift es sich als Opfer eines Sexualvergehens nur infolge des Gerichtsauftritts und Kreuzverhörs. Die Wichtigkeit, die seiner Zeugenaussage zugeschrieben wird, regt seine Phantasie zu Dingen an, die vielleicht mit dem Vergehen nur wenig zu tun haben und es stellen sich leicht Verhaltensschwierigkeiten ein. Ein solcher Gerichtsauftritt kann das Kind auch ins Unrecht setzen und zum Schaden auch noch die Beleidigung hinzufügen.

Im Einklang mit dem Geist dieses Gesetzes beschloß das Ernennungskomitee als Jugendvernehmungsbeamten hauptsächlich Fachleute zu wählen, die berufliche Einsichten in menschliches Verhalten und Motivationen haben und die Technik der Befragung beherrschen. Man glaubte, daß ein geeigneter Fachmann schon im Anfangsstadium die traumatische Wirkung auf ein Kind, das Opfer oder Zeuge eines Sexualverbrechens wurde, auf ein Minimum beschränken könnte. Wenn das Kind seine Geschichte erzählen muß, sind sowohl der erste Kontakt, die Art, in der Fragen gestellt und Einzelheiten berichtet werden müssen als auch die neutrale Umgebung, in der die Aussagen gemacht werden, von höchster Bedeutung. Wir pflegen jetzt Eltern, die bei der Polizei Klage einreichen, mitzuteilen, daß sich ein Jugendvernehmungsbeamter mit ihnen in Verbindung setzen wird. Dann wird das Kind entweder in seinem eigenen Haus oder im Büro oder der Wohnung des Beamten vernommen.

Damit wird das Verhör auf der Polizei vermieden, das leicht Schuldgefühle provozieren und als punitiv interpretiert werden kann. Wir halten es für äußerst wichtig, daß Kinder in solchen Fällen von einer beruflich ausgebildeten und verständnisvollen Person vernommen werden, so daß das Verhör selbst schon einen therapeutischen Wert für sie haben kann. Es gibt jedoch für einen Jugendvernehmungsbeamten gewisse Grunderfordernisse, die seiner ursprünglichen Berufsausbildung fremd sind. Er muß einige Kenntnisse in rechtlichen Verfahrensweisen erwerben, besonders in Angelegenheiten, die für Sittlichkeitsverbrechen relevant sind. Dazu gehört auch das Verhalten vor Gericht und besonders beim Kreuzverhör. Ein geziemender und furchtloser Auftritt als Zeuge, eindeutige Antworten und Erklärungen, die sich vom psychologischen Fachjargon freihalten, sind wesentliche Erfordernisse.

Obgleich die Funktion des Jugendvernehmungsbeamten durch das Gesetz klar definiert und begrenzt ist, kann sein waches Verständnis für die Gesamtsituation von großem Wert sein. Der Jugendvernehmungsbeamte, der emotionale und soziale Verhältnisse zu verstehen und beurteilen gewohnt ist, kann Kinder, die einer spezialisierten Hilfe bedürfen, sogleich an die geeignete Stelle verweisen, was für das Kind und seine Eltern oft von größter Bedeutung sein kann. Es stellt auch das Bedürfnis der Gemeinschaft nach Verhütung geistiger Erkrankungen zufrieden. Unser Rechtsverfahren in diesen Fällen ist, daß wir überall, wo ein Kind unter 14 Jahren aussagen muß, die Entscheidung treffen müssen, ob entsprechend den Umständen eine Ausnahme zulässig ist. Wenn der Jugendvernehmungsbeamte seine Zustimmung erteilt hat, findet die Aussage im Gericht in seinem Beisein statt. Das ist wichtig, weil es dem Kind im Zeugenstand oder überhaupt bei seiner Anwesenheit auf dem Gericht, selbst noch im Amtszimmer des Richters, eine moralische Stütze gewährt.

Diese wenigen Zahlen illustrieren wie unsere Jugendvernehmungsbeamten von dem ihnen durch das Gesetz gegebenen Verfügungsrecht Gebrauch gemacht haben. Auffällig ist die nichtpermissive Einstellung in Fällen, in

TABELLE Nr. 1

Aussage-Erlaubnis bei Gericht			
Aussage gewährt		Aussage nicht gewährt	
Unter 10 Jahren	Über 10 Jahren	Unter 10 Jahren	Über 10 Jahren
8%	14%	57%	21%

denen das Kind der niederen Altersgruppe angehört, das heißt unter zehn Jahre alt ist. In der höheren Altersgruppe, das heißt bei den über Zehnjährigen ist die Erlaubnisbereitschaft entschieden größer. Wir möchten hinzufügen, daß die Kinder der ersten Gruppe fast ausnahmslos im Alter von 8-10 Jahren standen.

Seit im Jahre 1955 das revidierte Zeugenaussagegesetz (Kinderschutz) in Kraft trat, konnten wir sowohl Material über die Täter als auch die Opfer sammeln. Wir können somit einige der vielfältigen Aspekte untersuchen und beurteilen. Es ist allgemein bekannt, daß mehr Mädchen als Jungen Opfer von Sexualverbrechen werden. Diese Erfahrung ist auch für Mädchen bedeutungsvoller und konsequenzenreicher als für Jungen. Mädchen reagieren sensibler als Jungen auf solche Erlebnisse, die selbst ihre Charakerbildung bestimmen können. Später, während der Mutterschaft, kann das Reaktionsmuster auf die Erziehungsprobleme ihrer eigenen Kinder unbewußt von ihren Erlebnissen auf diesem Gebiet bestimmt sein. Wenn sie im zarten Alter zu Schaden kamen, neigen sie zu Verhaltensschwierigkeiten, neurotischen Zügen oder Delinquenz. Manche dieser Mädchen sehen sich außerstande zu heiraten oder scheitern in ihrer Ehe ohne die wirklichen Gründe zu verstehen. In Israel und vermutlich an sehr vielen Orten anderwärts wird das Mädchen, das einem Sexualvergehen zum Opfer fiel, besonders wenn es ein Alter von 12 Jahren und mehr erreicht hat, häufig von der Nachbarschaft stigmatisiert. Seine eigenen Schuldgefühle verstärken die befremdliche Position, die es in der Familie und Umwelt eingenommen hat und damit wird manchmal der Promiskuität und Prostitution Vorschub geleistet.

TABELLE NR. 2

Alter von Kindern im Verhör von Jugendvernehmungsbeamten

Unter 5 Jahren		5-10 Jahre		10-12 Jahre		12-14 Jahre		Insgesamt	
m.	w.	m.	w.	m.	w.	m.	w.	m.	w.
18	112	170	471	52	114	71	89	311	786
14%	86%	27%	73%	31%	69%	44%	56%	28%	72%
130	12%	641	58%	166	15%	160	15%	1097	100%

Die Zahlen in Tabelle Nr. 2 zeigen uns klar, daß es in jeder Gruppe mehr Mädchen als Jungen gab; letztere waren insgesamt mit 28% vertreten.

Von besonderem Interesse in Tabelle Nr. 2 sind auch die ersten zwei Kolonnen, nach denen 70 % aller verhörten Kinder unter 10 Jahre alt waren. Das mag ein Hinweis darauf sein, daß Sexualverbrecher unter diesen Kindern die geeignetsten Opfer für ihre Taten finden. Nach unserer Erfahrung können wir sagen, daß die meisten an Kindern verübten Sexualvergehen unsittliche Handlungen darstellen und nicht eigentlich den Sexualverkehr betreffen. Der Täter begnügt sich ausschließlich mit einer sexuellen Abreaktion, die vor dem Sexualverkehr halt macht. Wie schon früher gesagt, kann der traumatische Effekt auf Kinder dennoch sehr stark sein.

In dieser kurzen Skizze werden Untersuchungsmethoden für Kinder geschildert, die in Sittlichkeitsdelikte verwickelt wurden. Seit das Gesetz vor mehr als 18 Jahren in Kraft trat, haben Jugendvernehmungsbeamte neue Ausführungsbestimmungen durchgesetzt, da sie allein das Recht haben das Kind zu verhören und auch vor Gericht im Namen des Kindes aussagen dürfen.

Man behauptet, daß das neue System so wie es in Israel angewandt wird dazu führen kann, daß mehr Menschen solche Vergehen den Behörden melden anstatt sie zu verheimlichen. Das liegt im Interesse der Gesellschaft, des Kindes und des Täters.

k) Vorzeitige Entlassung

Ein Zusatzgesetz zum Jugendstrafrechtserlaß 1937 behandelt u. a. die Frage der vorzeitigen Entlassung jugendlicher Rechtsbrecher[11]. Hauptpunkte sind:

1. Einrichtung einer Entlassungskommission, bestehend aus fünf Personen: einem Richter im Jugendgericht, der Vorsitzender der Kommission sein wird; dem Direktor der Jugendbehörde oder seinem Stellvertreter; dem Obersten Bewährungshelfer oder seinem Stellvertreter; einem Arzt, der vom Wohlfahrtsministerium ernannt wird; einem Lehrer, der vom Wohlfahrtsministerium ernannt wird.
2. Der Wohlfahrtsminister kann einen jugendlichen Rechtsbrecher aufgrund der Empfehlung der Entlassungskommission aus jeder Art Erziehungsanstalt entlassen, vorausgesetzt, daß er sich in einer solchen Anstalt mindestens ein Jahr befand.
3. Die Entlassungskommission kann eine vorzeitige Entlassung empfehlen, vorausgesetzt, daß es besondere Gründe für einen solchen Antrag gibt.
4. Vorzeitige Entlassung kann bedingt oder nichtbedingt erfolgen. Wenn jedoch zur Bedingung gemacht wird, daß der Rechtsbrecher der Beaufsichtigung durch einen Betreuungsdienst unterliege, so ist eine solche Beaufsichtigung auf drei Jahre begrenzt.

---

[11] Juvenile Offenders (Amendment) Law 1957, Laws of the State of Israel, Bd. 11, pp. 49/50 (Englische Übersetzung).

5. Die Entlassungskommission soll eine vorzeitige Entlassung nicht empfehlen, wenn nicht die folgenden Personen Gelegenheit hatten, darüber ihre Meinung zu äußern: der Direktor der Anstalt, in der der Jugendliche erzogen wurde; der Bewährungshelfer; und der Jugendliche selbst.

Die Verweigerung einer vorzeitigen Entlassung kann nur erfolgen, nachdem der Jugendliche, seine Eltern und sein Anwalt Gelegenheit hatten, sich zu dieser Sache zu äußern.

Anträge auf vorzeitige Entlassung können durch den Jugendlichen oder seine Eltern, aber auch den Leiter einer Anstalt oder die Pflegeeltern, bei denen der Jugendliche wohnt, gestellt werden. Ein Antrag kann nicht abgelehnt werden, ohne daß der Antragsteller, der Jugendliche oder seine Eltern, die Möglichkeit hatten, den Fall vor das Komitee zu bringen. Ein Antrag kann jedoch erst gestellt werden, nachdem ein Jahr der Unterbringung verstrichen ist; Ausnahmefälle müssen begründet werden. Bedingt Entlassene können einer *nachgehenden Fürsorge* bis zu drei Jahren unterstellt werden.

Die Entlassungskommission verfährt regelmäßig so, daß der jugendliche Rechtsbrecher, seine Eltern oder ein Elternteil und der Direktor der Erziehungsanstalt auf der Sitzung der Kommission mündlich angehört werden. Vor einer solchen Sitzung werden an jedes Mitglied der Entlassungskommission ein schriftlicher Bericht der betreffenden Anstalt, ein Bericht des Bewährungshelfers, der vor der Einweisung beim Jugendgericht Berichterstatter war und ein Bericht des nachgehenden Betreuungsdienstes verteilt. In der Regel bereitet die nachgehende Fürsorge ihren Bericht aufgrund eines Hausbesuchs vor, bei dem die Frage einer vorzeitigen Entlassung mit den Eltern besprochen wird. Gewöhnlich besteht auch Kontakt mit dem Jugendlichen selbst, bevor die Kommission zusammentritt, meistens in der Erziehungsanstalt.

l) Nachgehende Fürsorge

Im Jahre 1964 wurden Bestimmungen erlassen, die sich mit Fragen einer nachgehenden Betreuung jugendlicher Rechtsbrecher aller Altersgruppen befaßten. Es wurden Richtlinien zur Arbeit des Personals der nachgehenden Fürsorge festgelegt und u. a. Vorkehrungen für finanzielle Hilfeleistungen getroffen, die sich für ein Resozialisierungsprogramm der früheren Anstaltszöglinge als notwendig erweisen könnten. Das Jugendgesetz von 1971[12] ging noch einen Schritt weiter und stellte fest, daß ein jugendlicher Rechtsbrecher nach Vollendung der vom Gericht ausgesprochenen Anstaltszeit verpflichtet ist, sich nach seiner Entlassung aus der Anstalt ein Jahr lang der nachfolgenden Fürsorge zu unterstellen. Dasselbe Gesetz schildert auch im einzelnen die Aufgaben des Nachbehandlungsbetreuers

[12] Youth Law (Trial, punitive methods and treatment measures) 1971.

sowie die Verpflichtungen der betreuten Person. Die nachbehandelnde Fürsorge erlischt im Alter von 20 Jahren.

m) Adoption

1960[13] trat das Kinderadoptionsgesetz in Kraft, wodurch die Anomalie beseitigt wurde, daß bis dahin Adoptionen ohne eigentliche rechtliche Grundlage durchgeführt wurden. Die Adoption von Kindern erfolgte bis dahin im Einklang mit Verordnungen, die in Bestimmungen des Gerichts (Adoptionsfälle) vom Jahre 1955 festgelegt waren. Die Kompetenz eine Adoption zu verfügen liegt beim Bezirksgericht. Bevor wir die Anwendung und Durchführung dieses neuen Gesetzes schildern, sind einige Bemerkungen über die Wohlfahrt von Kindern angezeigt, in deren Interesse bei Gericht beantragt wird, eine Unterbringung zu verfügen.

Wir haben in einem besonderen Kapitel dieses Buches eine Anzahl Aspekte geschildert, die wichtig sind, wenn das Gericht für pflege- und schutzbedürftige Kinder in Anspruch genommen wird.

Immer wenn Fälle kleiner Kinder oder Kinder im zarten Alter vor Gericht kommen, weil sie von ihren Eltern verlassen oder kriminell vernachlässigt wurden, oder weil ein Kind infolge seiner Unehelichkeit unter ungeeigneten Bedingungen lebt, oder weil ein Kind mit seiner von der Prostitution lebenden Mutter wohnt, stellt sich die Frage, ob die Interessen des Kindes nicht vielmehr einen Adoptionsbeschluß als seine Pflegeunterbringung erforderlich machen. Natürlich ist ein Adoptionsbeschluß ein mehr oder weniger endgültiger Akt der Unterbringung eines Kindes bei neuen Eltern und gerade von dieser Endgültigkeit kann die Wohlfahrt des Kindes und seine zukünftige Entwicklung abhängen. Andererseits kann bei einer Pflegeunterbringung die reibungslose und normale Entwicklung des Kindes durch eine unangebrachte Einmischung der Eltern sowie durch wiederholten Aufenthaltswechsel des heranwachsenden Pflegekindes gefährdet werden. Gewöhnlich muß ein Kind, das nach dem Jugendgesetz von 1960 in Pflege gegeben wird, bis es herangewachsen ist, öfters die Pflegestelle wechseln. Das mag von Schwierigkeiten im Zusammenhang mit einem Mangel an Unterbringungsmöglichkeiten oder von im Kinde selbst liegenden Schwierigkeiten abhängen. Das gilt sowohl für Kinderheime, selbst wenn es sich um kleine Einrichtungen handelt, als auch für Pflegefamilien. Pflegeeltern werden manchmal von den Eltern des Pflegekindes einem starken Druck ausgesetzt, so daß sie ihrer Pflicht nicht genügen können. Andererseits kann ein wiederholter Wechsel der Pflegestelle zu Charakterverbiegungen des Kindes führen und würde daher gerade die Absicht der Verbesserung seines Loses vereiteln, deretwegen es seiner natürlichen Umgebung entzogen wurde.

[13] Adoption of Children Law 1960, Laws of the State of Israel, Bd. 14, 1960, S. 93 (Englische Übersetzung).

Dennoch besteht bemerkenswerterweise bei Einzelnen und in der Öffentlichkeit Verbitterung darüber, Adoptionen ohne die Zustimmung der natürlichen Eltern durchführen zu lassen.

Es ist klar, daß die gesetzlichen Prozeduren in Adoptionsfällen, bei denen ein Kind seinen Eltern entzogen werden soll, viel strenger sind als wenn es sich um seine Unterbringung bei Pflegeeltern handelt. Der entscheidende und grundsätzliche Unterschied betrifft die Frage der Enteignung. Die israelische Gesetzgebung hat den grundsätzlichen Unterschied akzeptiert, hat aber auch Vorkehrungen getroffen, um eine Adoptionsverfügung auch ohne die Zustimmung der Eltern zu treffen.

Unter den vielen wichtigen Bestimmungen des Kinderadoptionsgesetzes müssen zwei Paragraphen genannt werden, die sich mit der Zustimmung zur Adoption durch die Eltern befassen. Paragraph acht bestimmt, daß das Gericht ohne Zustimmung des natürlichen Elternteils keine Adoptionsverfügung treffen darf. Die Beschränkungen dieses Paragraphen werden jedoch durch Abschnitt elf definiert, wo es heißt: „Ein Gericht kann eine Adoptionsverfügung auch ohne die Zustimmung eines Elternteils treffen, wenn es von einem der folgenden Punkte überzeugt ist:

(1) „der Elter hat das zur Adoption vorgeschlagene Kind verlassen oder hat sich dauernd seiner Pflichten gegenüber ihm entzogen;

(2) der Elter ist unfähig seine Ansicht zu äußern oder es besteht keine Aussicht darauf, seine Meinung zu erlangen;

(3) die Weigerung des Elternteils, der Adoption zuzustimmen, wird von unmoralischen Motiven oder einer ungesetzlichen Absicht diktiert".

In einer neueren Entscheidung des Haifaer Bezirksgerichts[14] erging eine Adoptionsverfügung, obgleich der natürliche Vater des zu adoptierenden Kindes gegen eine solche Verfügung war und seine Zustimmung verweigerte. In der Begründung seiner Verfügung verwies der Richter darauf, daß der natürliche Vater während der vergangenen zwölf Jahre keinerlei Interesse an seinem Kind bekundete und sich nicht um das materielle und seelische Wohl seines Kindes kümmerte. Andererseits hat sich der designierte Adoptivvater um das Kind gekümmert und es liegt „im Interesse" des Kindes von ihm adoptiert zu werden. Ein weiterer Faktor, der eine Rolle spielte war, daß das zu adoptierende Kind von sich aus seinen zukünftigen Adoptivvater vorzog, weil er sich seiner in den vergangenen Jahren angenommen hatte. Erwähnt sei auch, daß dasselbe Gericht schon früher ähnliche Entscheidungen traf, die zweifelsohne im Interesse des Kindes lagen.

Unter anderen Punkten, für die dieses Gesetz Vorkehrungen trifft, befinden sich die folgenden: eine Adoptionsverfügung kann hinsichtlich einer

---

[14] Erschienen in „Pssakim", Bd. 7/8, 1969, S. 123, Entscheidung vom 18. September 1968.

Person ergehen, die unter 18 Jahre alt ist; es gibt keine Adoption durch eine alleinstehende Person oder jemand, der nicht mindestens achtzehn Jahre älter als die zu adoptierende Person ist; bevor die Adoption endgültig wird, ist eine Probezeit von mindestens sechs Monaten erforderlich; das Gericht kann für ein Adoptivkind einen Vormund ernennen, selbst wenn kein derartiger Antrag gestellt wird; und last but not least, ein Gericht soll nach diesem Gesetz keine Adoption verfügen, wenn es nicht zuvor von einem Fürsorgebeamten einen schriftlichen Bericht erhalten hat.

n) Unzuchtsvergehen

1962 trat durch ein Sondergesetz eine Zusatzregelung der Strafgesetzordnung von 1936 in Kraft, das von dem Gedanken des gesetzlichen Schutzes und der Wohlfahrt junger Mädchen getragen war, die zur Beute von Kupplern wurden. Dieses Gesetz[15] befaßt sich hauptsächlich mit dem Schutz weiblicher Personen überhaupt, die Kupplern zum Opfer fallen und andererseits mit der Verhängung schwererer Strafen für Kuppler. Die öffentliche Meinung ist seit langem gereizt, weil Kuppler vor den Gerichten infolge einer überholten Gesetzgebung mit milden Strafen davonkamen. Als skandalös bezeichnete man auch, daß die damals zur Beweiserhebung geltenden Bestimmungen Frauen, die sich ihrer Kuppler entledigen wollten, keinen Schutz gewährten. Das neue Gesetz enthält eine Anzahl interessanter und neuer Merkmale in bezug auf die Rechtsdurchsetzung, von denen die hervorstechendsten die folgenden sind:

a) Mehrere Abschnitte des Gesetzes sehen Bestimmungen für schwerere Strafen für Kuppler vor, wenn Mädchen unter 18 Jahren ihre Opfer sind.
b) Kuppler oder Kupplerinnen tragen gegenüber dem Gesetz dieselbe Verantwortung.
c) Die Aussage einer Ehefrau gegen ihren Mann und einer weiblichen Person gegen ihre Eltern ist jetzt vor Gericht zulässig.
d) Die Definition eines Bordells, das traditionellerweise als Ort bestimmt wurde, der von zwei oder mehr weiblichen Personen zum Zwecke der Prostitution bewohnt oder frequentiert wird, wurde aufgegeben und statt dessen eine geeignetere Definition eingeführt.

Interessanterweise wurde dieses Gesetz zuerst als Privatantrag eines Abgeordneten der Knesset eingebracht und dann von der Regierung übernommen und der Knesset als Gesetzesantrag der Regierung vorgelegt.

o) Vormundschaft

Ein anderes Kinderschutzgesetz trat 1962 in Kraft[16]. Dieses Gesetz befaßt sich mit einer großen Zahl von Rechten und Pflichten von Personen

---

[15] Penal Law Amendment (Prostitution Offences) Law 1962, Laws of the State of Israel, Bd. 16, 1961/62, S. 67 (Englische Übersetzung).

[16] Capacity and Guardianship Law 1962, ibid. S. 106.

unter achtzehn Jahren sowie den Rechten und Pflichten, die Eltern und Vormünder ihnen gegenüber haben. Der israelische Gesetzgeber hat in seine Gesetzgebung den Ausdruck „Minderjähriger" aufgenommen und Abschnitt drei im oben erwähnten Gesetz bestimmt einen Minderjährigen als „eine Person, die das Alter von achtzehn Jahren noch nicht erreicht hat".

Eine Person, die das Alter von achtzehn Jahren erreicht hat, ist volljährig. Das Gesetz trifft Bestimmungen über die Verantwortung von Eltern gegenüber ihren Kindern und die Pflichten, die Kinder gegenüber ihren Eltern haben. Es gibt Handlungen, die vom Gericht gebilligt werden müssen und die Entscheidung des Gerichts ist für die Parteien bindend, wenn die Eltern nicht zustimmen. Das Gericht entscheidet auch über die Vormundschaft und ihre Pflichten und Funktionen. Die mannigfaltigen Aspekte, mit denen sich dieses Gesetz befaßt, werden durch eine große Zahl von Paragraphen geregelt.

p) Vernachlässigung und Desertion

Ein Zusatzgesetz zur Strafgesetzordnung von 1936, das sich auf Angelegenheiten der Kindesfürsorge auswirkt, wurde 1965 in Kraft gesetzt[17]. Es behandelt die Vernachlässigung und das Verlassen von Kindern durch ihre Eltern als Verbrechen. Das Zusatzgesetz zu Paragraph 185 und 186 besagt, daß wenn der Elternteil eines Kindes unter vierzehn Jahren das Kind nicht mit Nahrung, Kleidung, Nachtquartier und anderen für sein Wohlergehen und seine Gesundheit erforderlichen Dinge versorgt, er mit drei Jahren Gefängnis bestraft werden kann, es sei denn, er kann beweisen, daß er Schritte zur Bereitstellung der erforderlichen Dinge unternahm und er nicht in der Lage war, sie beizubringen.

Es ist nicht bekannt, in welchem Umfang diese Paragraphen faktisch geregelt werden sollen. Man darf mit Sicherheit annehmen, daß in den meisten Fällen Verfahren bei Gericht zugunsten eines Kindes nach dem Jugendgesetz von 1960 (Pflege und Aufsicht) eingeleitet werden, das wir in besonderen Kapiteln in diesem Buch erwähnten. Denn es geht hier um die Wohlfahrt eines Kindes und obgleich gesetzliche Bestimmungen da sein müssen, um gegen Eltern strafrechtlich vorzugehen, bleibt das wirkliche Problem die Wohlfahrt des Kindes. Mit anderen Worten, selbst wenn gegen Eltern ein Strafverfahren eingeleitet wird, besteht noch immer die Notwendigkeit, sich um die Wohlfahrt des Kindes zu kümmern, die schließlich das Hauptproblem darstellt. Und Strafverfahren gegen die Eltern unter solchen Umständen tragen nicht an sich schon zu einer besseren Einstellung gegenüber ihren Kindern bei.

q) Ein neues Strafverfahren

Das Strafverfahrensgesetz 1965[18], das am 15. Januar 1966 in Kraft trat, trat an die Stelle der bisherigen Bestimmungen über das Verfahren in Straf-

---

[17] Criminal Code Ordinance (Amendment Nr. 24) Law 1965, Laws of the State of Israel, Bd. 19, S. 49 (Englische Übersetzung).

[18] Criminal Procedure Law 1965, Laws of the State of Israel, Bd. 19, S. 158.

gerichten. Dieses Gesetz ist das Resultat der Tätigkeit einer der Kommissionen, die von der Regierung eingesetzt wurden, um Entwürfe für neue Gesetze zu erarbeiten, die dem israelischen Gesetzgeber vorgelegt werden sollen. Eine andere Kommission auf demselben Gebiet arbeitet an einem Entwurf für ein neues umfassendes Strafrecht, das nach seiner Verabschiedung durch den Gesetzgeber alle früheren Gesetzgebungen, die noch immer an israelischen Gerichten gelten, ersetzen soll. Es muß nicht gesagt werden, daß diese neuen Unternehmungen die Konzeptionen des heutigen Israel repräsentieren, daß sie frühere Erfahrungen israelischer Gesetzgebung und Entscheidungen des Obersten Gerichts in Betracht ziehen und auch geeignete Aspekte und Anregungen in anderen Ländern ausgearbeiteter „Mustergesetzgebungen" verarbeiten werden. Das Neue Strafverfahrensrecht von 1965 gilt auch für das Jugendgericht. Einige Paragraphen des neuen Verfahrens sollen später bei der Erörterung verschiedener Verfahrensprobleme genannt werden.

r) Das Jugendgesetz von 1971

Die Jugendstrafordnung von 1937, die in diesem Land 33 Jahre in Kraft war, wurde kürzlich durch ein israelisches Gesetz[19] ersetzt. Dieses neue Gesetz enthält eine Anzahl wichtiger Neuerungen, die in diesem Buch an geeigneten Stellen erwähnt werden sollen. Hier sei nur gesagt, daß es noch zu früh ist, das neue Gesetz ausführlich zu würdigen. Doch wird der Verfasser wenigstens einige Aspekte des Gesetzes einer Kritik unterziehen.

[19] Youth Law (Trial, punitive methods and treatment measures) 1971, seit 23. August 1971 in Kraft.

DRITTER TEIL

Die Bedeutung der Gesetze und des Verfahrens

Niemand steht auf dem Boden der Lehre, der nicht an ihr scheiterte.
Abschnitt Gittin, Kap. 4; 43

ACHTES KAPITEL

Das Verfahren der Jugendjustiz

Paragraph acht des Jugendstraferlasses von 1937 regelte samt allen acht Unterabschnitten die Verfahrensweise, nach der Jugendprozesse anzuhören sind. Charakteristisch ist, daß dieser Paragraph der einzige operative Paragraph war, der auf alle früher erwähnten drei Altersgruppen zutraf. Hieraus läßt sich folgern, daß, wenn dieses Gesetz auch Erlaubnis- und Verbotsvorschriften enthält, die auf dem Alter des Angeklagten beruhen, hinsichtlich des Prozeßverfahrens jedoch zwischen den Altersgruppen kein Unterschied gemacht wurde.

Paragraph 8 (1) des „Gesetzes“ führte aus, daß ein jugendlicher Rechtsbrecher, der wegen eines Vergehens vor das Jugendgericht kommt, vom Gericht so bald wie möglich und in so einfacher Sprache wie möglich die Natur des Vergehens erklärt bekommen muß, dessen er angeklagt ist. Dieses Verfahren ist gerade beim Jugendgericht besonders wichtig, da man sich sogleich mit Beginn des Prozesses bemüht zwischen Richter und jugendlichem Rechtsbrecher einen unmittelbaren Kontakt herzustellen. Und die Pflicht des „Erklärens“ bedeutet nicht die Verlesung der Anklageschrift und die Spezifizierung der Gesetzesparagraphen, auf Grund derer man den Jugendlichen anklagt, sondern eben eine Erklärung der Beschuldigung, bei der man auch die Gesetzesparagraphen erwähnen kann, auf denen die Anklage beruht. Die Erwähnung der Gesetzesparagraphen hat keine Bedeutung für den jugendlichen Angeklagten, obgleich es ja nach den Umständen Sinn haben mag zu erklären, daß das Vergehen nach dem Gesetz als schwer zu betrachten ist. Um bei der Aufzählung der verschiedenen Gesetzesparagraphen jede juristische Terminologie zu vermeiden, wird ausdrücklich auf eine Erklärung in „einfacher Sprache" hingewiesen, das heißt, eine dem jugendlichen Rechtsverständnis angepaßte Sprache, die ihn befähigt das Wesen der Sache zu erfassen und dem Gang der Dinge zu folgen.

Meine Erfahrung lehrte mich, daß man noch einen Schritt weiter gehen müsse. Bevor man dem jugendlichen Angeklagten das Wesen der Anklage erklärt, ist es von Nutzen eine dafür geeignete Atmosphäre zu schaffen. Ich stelle daher zu Beginn des Prozesses eine Anzahl neutraler Fragen nach dem Namen, der Adresse, dem Alter, der Beschäftigung, der Schule etc. Diese Fragen sind für den Jugendlichen eine große Hilfe und tragen dazu bei die geeignete Atmosphäre für den Fortgang der Verhandlung herzustellen. Danach folgen die üblichen Fragen nach dem Grund seines Erscheinens vor Gericht, den Ereignissen, die ihn herbrachten etc. Damit gebe ich dem Jugendlichen Gelegenheit von sich aus und auf seine Weise über den Hergang der Dinge zu erzählen. Häufig antwortet der Jugendliche mit der Frage, ob er alles von Anfang erzählen solle. Meine Antwort auf diese Frage ist immer bejahend. Es scheint mir, daß gerade bei Gericht der Möglichkeit alles von Anfang an erzählen zu können, eine große Bedeutung zukommt. Manchmal muß man darauf hinweisen, daß das Gericht über seine Taten nichts weiß und kein Vorurteil gegen ihn bestehe. Die große Bedeutung ihn als ersten erzählen zu lassen, liegt darin, daß seine Version die erste ist. Während seiner Erzählung unterbreche ich ihn manchmal, um ein Detail aufzuklären oder Bemerkungen einzuflechten. Auf diese Weise entsteht der Dialog. Die Chance des jugendlichen Rechtsbrechers selbst über die Umstände seiner Tat und die Beweggründe zu sprechen, bringt es u. a. auch mit sich, daß meistens die Wahrheit gesprochen wird. Sehr wichtig ist, daß die Dinge so erzählt werden, wie sie sich abspielten, wenngleich in dem einen oder anderen Punkt mitunter die „Vergeßlichkeit" waltet. Solch ein Verfahren hat etwas Entsühnendes und sogar Therapeutisches, welches einer übertriebenen Angst den Stachel nimmt, ohne daß der gerichtliche Rahmen erschüttert wird.

Die Schaffung eines Kontaktes mit dem jugendlichen Rechtsbrecher auf dem Wege eines Gesprächs ist ein wichtiger Schritt zu seiner Beeinflussung. Und das ist ja bei vielen Jugendprozessen der Zweck, denn wir haben kein Interesse an der Bestrafung als solcher, unsere Absicht ist es zu erziehen, zu bessern, zu resozialisieren und zu heilen.

Am Ende seiner Erzählung wird der Vertreter der Anklage gefragt, ob er zu den Worten des Jugendlichen etwas hinzuzufügen oder ob er an der Wahrheit der Darstellung, die vielleicht seiner Ansicht nach nicht der Wirklichkeit entspreche, etwas auszusetzen habe. Jetzt beginnt das Gespräch von neuem und diesmal im Dreieck, das heißt mit der aktiven Beteiligung des Vertreters der Anklage. Den Worten des Anklägers, der den Fall auf seine Leseart erklärt, kommt große Bedeutung zu, da der Jugendliche, sollte die Notwendigkeit bestehen, dadurch auf seinen Irrtum hingewiesen werden kann. Nachsichtigkeit in diesem Punkt kann mehr schaden als nützen. Mit einer Verwischung der Tatsachen leistet man dem jugendlichen Rechtsbrecher keinesfalls einen Dienst.

Wenn der Jugendliche andererseits das ihm zugeschriebene Vergehen bestreitet, oder wenn aus seiner Erzählung hervorgeht, daß Zweifel daran bestehen, ob er das Vergehen wirklich begangen hat, muß der Beschluß gefaßt werden, Beweise zu hören, die denselben Regeln und Bestimmungen unterworfen sind, die bei Strafverhandlungen vorgesehen sind und sich nach der Strafrechtsordnung von 1965 richten, außer bei Dingen, die ein Verfahren nach der Jugendstrafordnung von 1971 bedingen. Da dieses Gesetz von jugendlichen Rechtsbrechern handelt und in dieser Hinsicht ein besonderes Gesetz darstellt, genießt das dort Gesagte Priorität.

Es liegt in der Natur der Sache, daß Geständnis und Leugnen des Jugendlichen von unbekannten Faktoren abhängen. Wenn die Eltern anwesend sind, bestreitet der Jugendliche möglicherweise seine Schuld, weil er ihre Reaktion fürchtet. Er wird sich dann vor seinen Eltern als wahres Unschuldslamm aufführen. In gewisser Hinsicht kann die Lage für den Jugendlichen sogar noch schwieriger werden, wenn dem Gericht klar wird, daß er leugnete und seinen Eltern Märchen erzählt hatte. Es gibt Eltern, die ihre Kinder, und sei es nur durch einen Wink, ermuntern nur ja die Tat nicht zuzugeben, weil ein anderes Kind dank seines Einflusses und seiner Mitwirkung dafür verantwortlich sei. Anderen die Schuld zuzuschieben ist freilich bequem. In diesem Zusammenhang folgendes Beispiel.

Ins Jugendgericht von Jerusalem wurden zwei Zwölfjährige gebracht, die des Diebstahls beschuldigt wurden. Die beiden Jungen erschienen mit ihren Vätern. Bei der Klärung der ihnen zugeschriebenen Tat behaupteten sie, daß sie sich in der Nähe des Tatortes befanden, an der Tat selbst aber nicht teilgenommen hatten. Sie brachten ihre Erzählung etwas stockend vor, und da erhob sich der Vater des jungen Mosche und erklärte mit Entschiedenheit, daß sein Sohn nichts getan hätte und ich hiermit den Prozeß beenden könnte. Ich erklärte den Kindern und ihren Vätern, daß ich, weil man ihnen die Schuld gab, zur Auffindung der Wahrheit verpflichtet sei, und Zeugen vorladen müßte.

Als der Prozeß nach drei Wochen von neuem begann und während der zweite Zeuge, der die beiden Kinder identifiziert hatte, seine Aussagen machte, stand der Junge Abraham auf und gab dem Zeugen recht. Mosche nickte mit dem Kopf, ohne etwas zu sagen. Alles schwieg und nun trat sein Vater vor und sagte zu mir: „Es ist unmöglich, daß mein Sohn Mosche etwas Derartiges getan hat, das muß ein Irrtum sein." Mosche hielt noch immer den Kopf gesenkt, er hatte sichtbar Angst vor seinem Vater. Ich bat daher seinen Vater einige Minuten aus dem Raum zu gehen und dann berichtete mir Mosche auf meine Frage nach einigem Zögern, daß er sich allerdings mit seinem Freund am Tatort befunden und Kupfer mitzunehmen versucht hatte, um es zu verkaufen. Er sagte auch noch, daß er Angst hatte seinem Vater die Wahrheit zu entdecken. Nachdem der Vater in den Gerichtssaal zurückgekehrt war, sagte er in großer Betrübnis: „Es ist unmöglich, daß mein Sohn Mosche stehlen ging. Wenn es stimmt, kann ich nicht mehr leben, denn es ist eine große Schande für unsere Familie. Sie müssen verstehen, daß ich dreißig Jahre lang in Persien Lehrer war und die jüdischen Kinder lehrte zu Gott zu beten und ehrliche Menschen zu werden. Und nun soll mein Sohn hier in Zion, in Jerusalem, ein Dieb sein, das kann ich nicht ertragen."

Ich versuchte ihn zu trösten und aufzumuntern. Ich sagte, daß die Sache nicht so schwerwiegend sei, wie er glaubte und die Tat nur Ausfluß einer momentanen Verlockung gewesen sei. Jetzt war eine neue Situation entstanden. Der Vater konnte in seiner Verzweiflung seinen Sohn schlecht behandeln und ich hatte die Aufgabe dafür zu sorgen, daß das nicht geschehe. Als ich beschloß Mosche der Aufsicht eines Bewährungshelfers zu unterstellen, tat ich das nur wegen Mosches Vater. Die übertriebene Ängstlichkeit, mit der der Vater über das Verhalten seines Sohnes wachen, ihn vom Verkehr mit den Kindern des Viertels abhalten würde, sein starres Festhalten an den Lebensgewohnheiten in Persien, diktierten faktisch die Anordnung der Bewährung. Wenn der Arbeit des Bewährungshelfers Erfolg beschieden sein würde, hätten am Ende Mosche und seine sieben Geschwister den Nutzen davon.

In einer Unterhaltung, die ich mit Mosche führte, erfuhr ich, daß er sich keineswegs vor den Schlägen fürchtete, die er von seinem Vater bekommen könnte. Er bedauerte zutiefst, daß er seinen Vater enttäuscht hatte und es tat ihm leid, daß er ihn so schmerzgebeugt und gedemütigt sah. Aus ihm unbewußten Motiven wollte er sich von der absoluten Herrschaft seines Vaters befreien und ihm beweisen, daß er trotz seiner strengen und dauernden Kontrolle die Zeit fand mit seinen Freunden nach Belieben zu streunen. Es ist nicht absurd zu sagen, die Härte des Vaters und seine Angst, sein Sohn könnte stehlen gehen, wie es viele Jungen aus der Nachbarschaft taten, hätten Mosche fast an den Rand der Kriminalität gebracht.

Es gibt zahllose Fälle, bei denen man diese Verhaltensmuster unterscheiden kann. Ihre rechtzeitige Behandlung verhütet die Verwahrlosung. Im Hinblick darauf ist es nicht abzulehnen, wenn anscheinend unwichtige Fälle vor Gericht gebracht werden. Am Beginn einer kriminellen Laufbahn stehen oft unbedeutende Dinge und man weiß nie, was dereinst aus ihnen werden kann. Wir müssen bedenken, daß es sich um jugendliche Rechtsbrecher handelt, die wohl von erwachsenen Straftätern und Verbrechern zu unterscheiden sind. Die Delinquenz Jugendlicher, die ein oder mehrere Vergehen verübten, ist hauptsächlich ein reaktives Phänomen: Sie werden von Freunden hineingezogen; die Bedeutung der Handlungen bleibt verborgen; sie verfallen den Verlockungen des Augenblicks; sie reagieren auf häusliche Zustände u. a. m. Das bedeutet, daß wir vor uns eine Tat haben, die eine Reaktion der Gesellschaft erfordert, die jedoch keinesfalls punitiver Art sein muß. Was aber *Kriminelle* betrifft, so greifen hier meistens ernste und vorbedachte Vergehen mit einer aggressiven und rachsüchtigen Persönlichkeit ineinander.

Die erste Kategorie erkennt im allgemeinen, daß sie nicht recht handelte, während die zweite die Schuld anderen, hauptsächlich der mangelhaften Gesellschaftsordnung gibt, als deren Opfer sie sich versteht.

Hier ist der Ort zu erklären, daß bezüglich der Feststellung, wer als Rechtsbrecher zu gelten hat, das Zufallsprinzip noch eine große Rolle spielt. Nicht nur, daß man in vielen Fällen die Täter nicht erwischt, sondern auch nachdem sie erwischt wurden, setzt, jedenfalls bei Jugendlichen, noch ein selektiver Vorgang ein. Es gibt Nachbarn, die für ihre Umgebung wache Augen und Ohren haben und der Polizei alle verbotenen Handlungen melden. Ihnen gegenüber gibt es Nachbarn, die ihre Umwelt nur gleichgültig zur Kenntnis nehmen. Doch bin ich auf diesen Aspekt der Dinge schon im Kapitel über die Polizei eingegangen.

Bei vielen Rechtsbrechern, besonders jungen, läßt sich eine Dimension beobachten, die man festhalten muß. Sie schämen sich ihrer Handlungen und sind bereit den Schaden auf verschiedene Weisen wieder gut zu machen, worin ein Sühnebedürfnis zum Ausdruck gelangt. Hier sind nicht unbedingt Geldzahlungen gemeint. So wollte mich ein vierzehnjähriger Junge überzeugen, daß er nicht rückfällig werden würde, indem er mir sagte: „Ich ging mit meinem Vater in die Synagoge und schwor bei der Thora, daß ich es nicht noch einmal tun würde". Ein fünfzehnjähriges Mädchen sagte: „Ich fastete einen ganzen Tag zur Sühne, daß ich es nicht mehr tun würde. Meine Eltern wußten nicht, weshalb ich nicht aß, aber ich schämte mich, es ihnen zu sagen."

Solche Äußerungen sind für jugendliche Rechtsbrecher charakteristisch und man findet sie nicht bei Verbrechern. Natürlich läßt sich auf Grund solcher Äußerungen — wie auch über ihr Fehlen — noch nichts über die Erziehungsaussichten sagen.

Manche meinen, daß Angst und Schuldgefühle den Weg zur Resozialisierung und Heilung versperren. Sie behaupten daher, daß es besser sei zur Dämpfung dieser Gefühle eine versöhnliche Haltung einzunehmen. Aus der Erfahrung habe ich gelernt, daß sich hier keine Regeln aufstellen lassen. Manchmal muß man geradezu Angst- und Schuldgefühle erwecken statt sie zu dämpfen. Manchmal ist das Gegenteil erforderlich. Entscheidend ist, daß der Jugendrichter die inneren Beweggründe erkennen muß, die zum Verhalten des jugendlichen Rechtsbrechers führen. Er muß wissen, wie er im Gerichtssaal in dem jugendlichen Rechtsbrecher Gefühle der Reue erwecken kann. Eine rein versöhnliche Haltung kann dem jugendlichen Rechtsbrecher nicht helfen. Das Jugendgericht muß wissen, welcher Wert den Vorgängen bei Gericht zukommt, und was die Fäden sind, die über diesen Rahmen hinausführen. Es ist seine Aufgabe richtig einzuschätzen, was im Innern des Jugendlichen vorgeht, während er vor dem Richter steht und was diese Tatsache für den Angeklagten für eine Bedeutung hat. Da eine große Anzahl dieser Vorgänge nicht mit dem Auge erkennbar sind, liegt der Schwerpunkt in der Erkenntnis innerer Faktoren und der dialogischen Gesprächsführung.

Es liegt in der Natur einer gewöhnlichen rechtlichen Prozedur, daß sie der sozialen und pädagogischen Seite bei der Beweiserhebung zur Begründung der Schuldfrage keine besondere Bedeutung beimißt. Das ist jedoch auf dem Jugendgericht nicht der Fall. Durch die Beibringung von Beweisen zur Widerlegung einer bestrittenen Schuld wird eine Situation aktualisiert, die voller Überraschungen sein kann. Der trockene Gesetzesparagraph ermöglicht es uns auch hier einen für die Jugendlichen und die Eltern bedeutungsvollen Faktor dynamisch in Gang zu setzen. Zu Beginn des Paragraphen 8 (5) im Jugenderlaß von 1937 heißt es: „Will das Kind oder der Junge oder das junge Mädchen das Vergehen nicht zugeben, soll das Gericht Zeugen zur Stützung der Anklage vernehmen. Nach jeder Aussage eines solchen Zeugen soll das Gericht das Kind oder den Jungen oder das junge Mädchen oder, falls es das Gericht für richtig hält, den Vater oder die Mutter oder den Vormund des Kindes oder des Jungen oder des jungen Mädchens fragen, ob sie dem Zeugen Fragen stellen wollen". Dieses Prinzip gilt auch für das neue Gesetz von 1971.

Hieraus wird vor allem ersichtlich, daß Eltern oder Vormund die Erlaubnis haben dem jugendlichen Rechtsbrecher zu Hilfe zu kommen — wie gesagt in jeder Altersgruppe — und den Zeugen der Anklagebehörde ins Kreuzverhör zu nehmen. Dieses den Eltern oder dem Vormund gewährte Recht ist für die Verteidigung des Jugendlichen überaus wichtig und es wäre undenkbar, daß sich das Gericht einem solchen Begehren widersetzte. Ein riesiger und mächtiger Apparat, der viel vermag und viel weiß und sich „der Staat versus Soundso" nennt, wird gegen ein hilfloses Kind oder auch einen arroganten und überheblichen Jugendlichen in Bewegung gesetzt. Es liegt daher etwas Befriedigendes in der Erkenntnis, daß ihm ein Erwachsener zu Hilfe eilt, damit er in diesem Kampf nicht allein steht. Da nur wenige von diesem, ihrem Recht Kenntnis haben, machen die Jugendrichter sie darauf aufmerksam und ermuntern sie an dieser Phase der Gerichtsverhandlung aktiv teilzunehmen. Es ist überflüssig zu sagen, daß diese Sache von größter sozialpädagogischer Ausstrahlung ist. Die Tatsache, daß Eltern oder Vormund vor Gericht ihr Kind verteidigen, hat sowohl für den Jugendlichen als auch den Erwachsenen einen großen Wert. In diesem vereinten Auftritt vor Gericht liegt etwas von gegenseitiger Verantwortung und Hilfe, die Bildung einer Einheitsfront gegen den gemeinsamen „Feind". Diese Haltung ist besonders dann wichtig, wenn die Beziehungen zwischen dem Jugendlichen und seinen Eltern gespannt sind und nun ein äußerer Faktor hinzutritt, der den Zusammenhalt der Familie unterstützt.

Am Ende des Paragraphen 8 (5) hieß es ferner: „Wenn das Kind oder der Junge oder das junge Mädchen anstatt Fragen zu stellen eine Mitteilung machen wollen, so soll ihnen das Gericht dazu die Erlaubnis erteilen. Es ist Pflicht des Gerichts vor den Zeugen solche Fragen zu stellen, die sich zur

Erklärung des einen oder anderen Punktes in der Mitteilung des Kindes, Jungen oder Mädchens als notwendig erweisen".

Diese Instruktion ist besonders in einer so heterogenen Gesellschaft wie der Israels eine Notwendigkeit, da es in dieser Gesellschaft starke Gefühle der Minderwertigkeit und Benachteiligung zu Genüge gibt. Es geht natürlich nicht darum, ob diese Gefühle berechtigt sind oder nicht, nachdem sie bestehen, muß man ihnen Rechnung tragen. Diese Gefühle kommen im Rahmen des Gerichts akut zum Ausdruck — das Gericht ist ja in unserem Bewußtsein vornehmlich mit Bestrafung assoziiert. Wenn wir noch die Ohnmacht angesichts rechtlicher Probleme und Prozeduren hinzufügen und in vielen Fällen kommt auch noch eine sprachliche und sachliche Unkenntnis dazu, dann haben wir das Bild vervollständigt.

Auf dieser Basis ist die Anordnung „dem Zeugen Fragen zu stellen, die . . . sich als . . . notwendig erweisen", selbstverständlich. In gewisser Hinsicht verwandelt sich der Jugendrichter in den Verteidiger des jugendlichen Angeklagten. Der Richter selbst stellt die Fragen, die der Jugendliche, die Eltern, der Vormund von sich aus nicht zu stellen wissen. Die Fragen des Richters sollen die Wahrheit ergründen und damit erhält das Gericht eine völlig andere Dimension.

Im Jugendgericht von Tel Aviv wurde ein etwa Fünfzehnjähriger des Diebstahls angeklagt. Der Junge bestritt jeden Zusammenhang mit der Tat. Ich vertagte die Fortsetzung der Verhandlung zum Zwecke der Zeugenladung. Da die Eltern der Einladung des Gerichts bei der ersten Sitzung anwesend zu sein, nicht Folge leisteten, bat ich den Jungen sie zur nächsten Sitzung mitzubringen. Am zur Fortsetzung der Verhandlung festgesetzten Tag erschien der Junge in Begleitung seiner Mutter, die sogleich beim Betreten des Gerichtssaales zu schreien begann und die Polizei und das Gericht wegen der gegen ihren Sohn erhobenen Beschuldigung angriff. Ich versuchte sie zu beruhigen und erklärte ihr, daß der Zweck des für heute anberaumten Prozesses in der Vernehmung von Zeugen bestünde, um festzustellen, ob ihr Sohn mit der Tat etwas zu tun hatte oder nicht. Die Frau ließ sich nichts erklären, sondern hielt sich die Ohren zu. Ihr Verhalten und ihre Aggressivität übertrugen sich sofort auf den Jungen und die beiden verhehlten nicht ihre Gleichgültigkeit gegenüber den Zeugenaussagen. Ich hielt es für geboten, die Zeugen der Anklage und besonders einen, der sich in Widersprüche verwickelt hatte, genauer auszufragen und infolgedessen geriet das Gebäude der Anklage völlig ins Wanken. Da ein anderer Zeuge der Anklagebehörde nicht erschienen war, wurde ich um Vertagung der Verhandlung gebeten. Ich willigte ein und erklärte dem Jungen auch, weshalb ich genötigt sei die Verhandlung zu vertagen. Dabei sagte ich der Mutter, daß auch sie das nächste Mal dabei sein müsse, worauf sie sagte: „Ich sehe schon, daß ich nicht mehr kommen muß, ich kann mich auf das Gericht verlassen." Sie lächelte ein wenig verschämt, als ob sie ihr unangebrachtes Verhalten zu Beginn der Verhandlung bereute.

In einem anderen Fall war Abraham, ein etwa dreizehnjähriger Junge, Schüler der siebten Volksschulklasse angeklagt, Fensterscheiben im Sozialamt zerbrochen zu haben. Seine Mutter hatte jahrelang auf Grund falscher Angaben vom Sozialamt eine Unterstützung erhalten. Als die Sache an den Tag kam, stellte das Sozialamt seine Zahlungen ein, während die Frau aggressiv die Weiterzahlung forderte. Als man ihr nicht willfuhr, besetzte sie mit ihren vier Kindern das Amt im Sitzstreik und störte die Arbeit. Die Polizei brachte die Mutter auf die Polizeistation und dann wurden die Fensterscheiben im Sozialamt zertrümmert und es erfolgte Anklage gegen Abraham.

Der Junge bestritt jegliche Schuld, obgleich er zugab an Ort und Stelle gewesen zu sein. Ich erklärte ihm, daß ich seine Einwendung akzeptierte, aber Zeugen vorladen müsse, da sich nach den Worten der Anklagebehörde Leute gefunden hatten, die ihn bei seiner Tat gesehen hätten. Der Junge erwiderte: „Es ist sinnlos Zeugen zu rufen, so daß ich nochmals kommen muß. Sie verstehen zu reden und Sie werden ihnen ohnedies Glauben schenken." Für den Jungen und seine Mutter war es eine gute Lektion in Staatsbürgerkunde, als sie dann bei der Gerichtsverhandlung erfahren sollten, daß ihm der Richter half die Zeugen auszufragen, um hinter die Wahrheit zu kommen.

Staatsbürgerliche Erziehung liegt augenscheinlich nicht im Arbeitsbereich des Gerichts. Aber in unserem Land, in einem Land der Einwanderung und inhomogenen Gesellschaft kommt ihr eine besondere Bedeutung zu. Jede Regierungsinstitution, besonders Schule, Polizei und Gericht bestimmen täglich, direkt und indirekt, das Verhältnis des Bürgers zum Staat. Ihre Einstellung, Anständigkeit und Einfühlungsgabe prägen oft das Verhältnis des Bürgers zu den staatlichen Einrichtungen überhaupt. In ihren Händen liegt der Schlüssel zu einem positiven Zugehörigkeitsgefühl und zur Staatsbürgerlichkeit in einem. Zwar ist es richtig, daß nur ein beschränkter und auch in gewisser Hinsicht keineswegs repräsentativer Kreis vor das Jugendgericht gelangt. Aber gegenüber diesen Menschen, Erwachsenen und Kindern, hat die Begegnung mit einer Regierungsinstitution so eigenen Charakters eine große Bedeutung bei der verstandesmäßigen Bewältigung des staatsbürgerlichen Gefühls. Auch wenn die Dinge vielleicht nicht tief ins Bewußtsein dringen, kann man die entscheidende Wichtigkeit der staatsbürgerlichen Gefühlsbindung nicht übersehen, selbst wenn sie als solche gar nicht in Erscheinung tritt. Hier erweist sich das Jugendgericht seinem ganzen Wesen nach als ein mächtiger Faktor. Die Bedeutung, die die Menschen dem Gericht zuschreiben, die Gefühle, die mit einem Auftritt vor Gericht verbunden sind, die Macht und Kompetenz, die ihm von der Gesellschaft verliehen werden, all das umgibt das Gericht sowohl in den Augen des Individuums als auch der Gesellschaft mit einem unerhörten Nimbus. Wenn das bereits von den Alteingesessenen gilt, um wie viel mehr von den Neuankömmlingen.

Es liegt in der Natur der Sache, daß der jugendliche Rechtsbrecher, der vor Gericht steht, in einen Zustand innerer, mitunter sehr großer, Spannung gerät. Der Ursprung dieser Spannung liegt unter anderem in seinen Schuldgefühlen, die sich auf verschiedene Weise äußern. Manchmal ist sie von einem Gefühl der Depression begleitet, von Gleichgültigkeit oder Scham; manchmal auch machen sich Arroganz und Feindseligkeit bemerkbar. Dieser Spannungszustand tritt auch dann auf, wenn der Jugendliche seine Tat mit dem vollen Bewußtsein sich an der Gesellschaft zu rächen begangen hatte. Aber auch wenn er gegen die Gesellschaft Gefühle der Rache hegt, hier, vor Gericht, muß er über sich selbst Rechenschaft ablegen. Daher die Angst vor dem Ausgang des Prozesses. Häufig zwingt der Auftritt vor Gericht den Rechtsbrecher zum ersten Mal einer gewissen Realität ins Auge zu sehen. Die Verübung eines Vergehens ist eine Sache, aber Rechenschaft darüber zu geben, eine andere. Der jugendliche Rechtsbrecher neigt, bis er sich im Gerichtssaal befindet, dazu, der Begegnung mit der Realität auf allerlei Wegen auszuweichen und nun nötigt ihn der Ort selbst, an dem er sich befindet, sich ihr zu stellen. Ob er nun faktisch oder imaginär der Wirklichkeit entfloh, am Ende steht das Gericht. Die Tatsache hat große Bedeutung und in bestimmten Situationen wohnt ihr auch ein therapeutischer Effekt inne.

Der Fall eines sechzehnjährigen Jungen, der wegen Einbruchs vor Gericht kam, kann uns das, was sich innerhalb der Wände des Gerichtssaales abspielt, klarer machen. M. L. ist ein kräftiger und gut gewachsener Junge. Er lernte ein halbes Jahr auf dem Gymnasium und trat dann als Lehrling in eine Schlosserei ein. Er ist intelligent, liest viel und ist auf vielen Gebieten gut beschlagen. Er hat ein angenehmes Auftreten, wenngleich er sich etwas zu selbstbewußt gibt.

Er war angeklagt in die Werkstatt eingebrochen zu sein und dort verschiedene Werkzeuge gestohlen zu haben. Er gab seine Tat sogleich zu und behauptete, daß er eine Lohnerhöhung verlangt habe und als diese ihm verweigert wurde, sei er zweimal in die Werkstatt eingebrochen, hätte das Werkzeug herausgeholt und verkauft. Beim zweiten Mal erregte er den Verdacht des Polizisten, der zufällig des Wegs kam, als er die Werkzeuge verkaufen wollte. So kam er vor Gericht. Während er seine Geschichte erzählte, wirkte er sehr selbstsicher. Er gab zu, daß man nicht stehlen dürfe, aber seinen Worten nach lag die Hauptschuld bei seinem Arbeitgeber, der ihm keinen höheren Lohn zahlen wollte. Anzeichen von Gewissensbissen oder Reue waren nicht an ihm zu beobachten.

Ich verwandte ungefähr zwanzig Minuten darauf diese Einstellung und sein damit einhergehendes Selbstbewußtsein zu erschüttern, aber das gelang mir nicht. Er machte immer wieder neue Ausflüchte und bemühte sich auch gar nicht, mich davon zu überzeugen, daß er ein zweites Mal nicht wieder so handeln würde.

Während meiner Unterhaltung mit ihm fragte ich ihn, ob er sich noch daran erinnere, daß er schon einmal vor dieses Gericht gestellt worden war. Er zeigte sich „überrascht" und meinte, daß ich mich irren müßte, er sei nämlich noch nie beim Jugendgericht gewesen und würde mich auch nicht kennen.

Ich hingegen meinte mich an ihn erinnern zu können, in meinen Aufzeichnungen fänden sich sogar das Datum des Tages, an dem er hier war und die Art seines Vergehens. Zögernd bestätigte er dann: Ach ja, stimmt, aber ich war noch ein Kind damals und das gilt nicht.“ Als ich ihn darauf hinwies, daß er, auch wenn er nun älter sei, doch ein zweites Mal und zwar unter der Anklage ein ernstes Vergehen begangen zu haben, vor Gericht stehe, ließ er ein wenig den Kopf hängen. Er ermannte sich jedoch bald wieder und zeigte sich arrogant wie zuvor. Ich wollte herausfinden, ob er sich noch entsinnen könnte, wie der erste Prozeß ausgegangen wäre und da sagte er: „Es war nichts, man hat mich freigelassen“. Nur unter Druck gestand er, daß er tatsächlich einem Bewährungshelfer unterstellt worden war, das bezeugte seine Unterschrift, und der Bewährungshelfer hatte ihn auch eine lange Zeit hindurch zu ihm kommen lassen, bis es so schien, als hätte sich sein Charakter gefestigt.

Diese Unterhaltung gefiel ihm nicht und er protestierte dagegen, daß man Vergessenes wieder auftische. Während des Gesprächs berichtete er mit Nachdruck, daß er sich in einem Vorbereitungsdienst zur Aufnahme in einen Kibbutz befände und auch in einer Jugendgruppe eine Funktion habe. Ich sagte ihm, daß ich ihn wegen des schweren Vergehens nicht nach Hause schicken könne, sondern einen Haftbefehl gegen ihn erlassen müsse. Als ich mich erkundigte, ob sich ein Polizist zur Stelle befände, der ihn abführen könnte, erwachte er aus seiner Gleichgültigkeit und begann zu verstehen, daß die Sache wirklich ernst sei. Er bat inständig darum, daß ich ihn an seinem Platz lassen sollte. Ich hatte ihn so weit gebracht, daß er um seine Sache kämpfte und am Schluß vertagte ich die Verhandlung auf drei Monate, probehalber, um über seinen Vorbereitungsdienst Bericht zu erhalten. Es war klar zu erkennen, daß zum Schluß unserer Unterhaltung eine gründliche Wandlung in seiner Einstellung vorgefallen war und er nun die Dinge realistisch zu sehen begann. Er verließ den Gerichtssaal in einer ganz anderen Gemütsverfassung als er gekommen war.

Diese Linie mußte verfolgt werden, um M. L. aus seiner Gleichgültigkeit und Unbekümmertheit zu reißen. Ich wollte ihn dahin bringen, daß er sich über seine Lage Sorgen machte. Sein übersteigertes Selbstbewußtsein, seine Unfähigkeit oder Nichtbereitschaft die Realität zu sehen, stellten seine Resozialisierbarkeit in Frage. Es war ihm bis jetzt gelungen, sich dem Gesetz zu entziehen und er hatte sogar vor, weiter so zu handeln wie er es gewohnt war. Die Tatsache, daß er Bewährungshilfe hatte, hatte seine Einstellung nicht verändert, auch verstand er es, seinen persönlichen Charme und seinen Einfluß auf andere auszunützen.

Es war ersichtlich, daß die Unterhaltung im Gericht großen Eindruck auf ihn gemacht hatte. Er war überrascht von meiner nunmehrigen Einstellung ihm gegenüber, nachdem seine frühere Erfahrung mit demselben Richter so ganz anders verlaufen war. Er spürte, daß das Gericht diesmal eine energischere Stellung bezog, sich unnachgiebig zeigte, wenngleich darin nichts Ablehnendes oder Strafendes lag. Nachdem er begriffen hatte, daß er über seine Handlungen Rechenschaft abgeben mußte und dabei auf eine Erfahrung stieß, die er bislang nicht gemacht hatte, sah er sich genötigt seine Einstellung zu sich selbst zu ändern.

Der Beginn dieser Wendung erfolgte, als er von seiner Teilnahme im Vorbereitungslager auf ein Leben im Kibbutz berichtete. Er nahm ohne weiteres an, daß dieser Umstand genüge, um ihn zu entlasten. Als er entdeckte, daß seine Kibbutzmitgliedschaft mich nicht genügend beeindruckte, war sein Selbstvertrauen erschüttert.

Meiner Ansicht nach ist es wichtig, daß das Jugendgericht den Regungen eines jugendlichen Rechtsbrechers nachspüre und sich nicht darauf verlasse, daß die Gerichtsprozedur und die von einem Prozeß ausgehende Angst abschreckend wirken. Der Rahmen des Gerichts ist zwecks Schaffung einer seelischen Spannung bei gewissen Rechtsbrechern erwünscht, manchmal sogar eine Notwendigkeit. Diesem Spannungszustand kommt jedoch nur innerhalb des Gerichtsgebäudes Bedeutung zu, denn nur das Gericht kann Strafen diktieren und jemand ins Gefängnis schicken. Dieses Wissen vermag im Verhalten eines Rechtsbrechers weitgehende Veränderungen zu erzeugen, was nichts anderes bedeutet, als daß die Angst vor der Strafe, die einem bevorsteht, einen positiven Aspekt in sich birgt.

Dieser gerichtliche Rahmen muß bedürfnisgerecht erweitert werden, damit der Jugendrichter ihn auf das wirksamste ausnützen kann. Wenn es unser Wunsch ist mit dem Jugendlichen und den Eltern im Gericht zu sprechen und das Gespräch die Form eines Dialogs haben soll, müssen auch die äußeren Bedingungen dazu angetan sein.

Bei uns besteht die lokale Trennung zwischen Jugendgericht und anderen Gerichten nur in Tel Aviv. An allen anderen Orten — und es gibt kein Friedensgericht, an dem sich nicht auch ein Jugendgericht befindet — bemühen sich die Jugendrichter ihre Prozesse im Einklang mit den verfügbaren Zeiten abzuhalten. Um die Begegnung mit Erwachsenen zu vermeiden, werden an verschiedenen Orten Jugendverhandlungen auch nachmittags abgehalten. Nur im Jugendgericht von Tel Aviv gibt es ein Wartezimmer und einen besonderen Häftlingsraum für Jugendliche sowie das für ein Jugendgericht geeignete Mobiliar. Natürlich darf man von solchen äußerlichen Zutaten noch nicht das Heil erwarten. Man braucht ihren Wert nicht zu übertreiben und darf sich nicht alles davon versprechen. Doch haben ansprechende äußere Einrichtungen eine große Wirkung, wenn sie sich organisch in die allgemeinen Jugendprozessen geziemende Atmosphäre einfügen.

Jugendverhandlungen finden also nicht nur getrennt von Prozessen Erwachsener statt, der Gerichtssaal muß auch entsprechend ausgestattet sein. Der Abstand zwischen Richter und Angeklagten darf nicht zu groß sein, 2—3 Meter und nicht mehr. Eine solche räumliche Nähe dient der Schaffung eines Kontakts zwischen ihnen und ermöglicht eine verbale und physische Verbindung. Es ist darüber hinaus auch notwendig, daß während der Gerichtsverhandlung nicht viele Menschen anwesend sind. Tatsächlich heißt es auch im neuen Jugendgesetz von 1971 ausdrücklich, daß niemand bei einem Prozeß ohne Erlaubnis des Richters anwesend sein darf.

Bei uns besteht die Tendenz die Zahl der Anwesenden einzuschränken und nur drei oder vier Personen zuzulassen, das heißt den Staatsanwalt, den Bewährungshelfer, den Minderjährigen und einen Elternteil. Aus praktischen Gründen sind manchmal bei einem Teil der Verhandlung mehr als ein Bewährungshelfer anwesend. Ich selbst finde es schwierig mit Minderjährigen und Eltern innerhalb eines breiten Rahmens Gespräche zu führen. Ich erlebte es, daß auch die Anwesenheit anderer Bewährungshelfer, die mit diesem Prozeß nichts zu tun haben, Hemmungen auftürmt, die den Jugendlichen daran hindern, sich frei auszusprechen.

Die Verhandlung erfolgt auf der Ebene eines Dialogs zwischen dem Richter und dem Angeklagten; je nach den Umständen, nimmt das Gespräch auch die Form eines Dreiecks oder Vierecks an, da ich Wert darauf lege, daß der Ankläger, der Bewährungshelfer oder ein Elternteil an gewissen Phasen des Prozesses aktiv teilnehmen. Die ganze Verhandlung beruht auf der Technik des Interviews mit all der ihr innewohnenden Dynamik.

Über die Möglichkeiten, die in den geschilderten Umständen im Rahmen des Gerichts liegen, klärt uns der folgende Bericht auf.

Menachem, ein vierzehnjähriger Junge wurde wegen Diebstahls vor Gericht gestellt. Als er in den Gerichtssaal trat, zeigte er Äußerungen offenen Widerstands. Er hielt den Kopf gesenkt, die Augen auf den Boden geheftet und ließ sich in seinem Benehmen sehr nachlässig gehen. Als ich mich an ihn wandte, gab er vor, nicht zu verstehen und überlegte es sich eine ganze Weile lang, auf meine Fragen zu antworten. Seine Antworten waren kurz, fast einsilbig und ausweichend. Ich sagte ihm, daß ich den Eindruck hätte, er ärgerte sich darüber, daß man ihn vor Gericht gebracht hätte. Menachem wunderte sich ein wenig über die Wendung, die ich dem Gespräch gegeben hatte und erwiderte, indem er mich anblickte: „Ich will nicht haben, daß diese Frau da anwesend ist" und zeigte mit einer Kopfbewegung über seine Schulter auf eine Frau hin, die auf der Bank hinter ihm saß. Ich verwies darauf, daß ich wüßte, daß diese Frau seine Mutter sei. Menachem meinte: Jawohl, trotzdem will ich nicht, daß sie da ist. Wenn sie hier bleibt, spreche ich nicht." Ich erklärte Menachem, daß die Anordnungen bei Gericht von mir getroffen werden, und daß ich über die Anwesenheit oder Abwesenheit seiner Mutter entscheiden würde. Ich wünschte, daß seine Mutter im Gerichtssaal bliebe.

An Menachems Gesichtsausdruck war zu erkennen, daß er sich meinem Beschluß gerne fügte. Später, sogar noch in derselben Sitzung, wechselte er auch einige Worte mit seiner Mutter. Im Verlauf der Verhandlung entspannte er sich auch ein wenig und war nicht mehr so verschlossen wie zu Beginn. Aber sein Widerstand war noch derselbe geblieben.

Diese erste Begegnung im Gerichtssaal brachte sofort eine Anzahl Punkte aufs Tapet, denen ich mich in dieser Verhandlung nicht entziehen konnte. (a) Menachem befand sich in einem Zustand großer seelischer Spannung gegenüber seiner Mutter — anscheinend war es ein ambivalentes Verhältnis, denn andererseits schaffte ihm ihre Gegenwart auch Genugtuung. (b) Seine Neigung das Gericht mit seinen Eltern zu identifizieren mit dem Ergebnis, daß er auch seine Gefühle auf das Gericht übertrug — in seiner gegenwärtigen Verfassung waren das negative Gefühle; (c) sein Versuch auf den Charakter der Verhandlung und vielleicht auch ihren Verlauf Einfluß auszuüben. Das gelangte zum Ausdruck, als er die Forderung stellte, seine Mutter aus dem Saal zu verweisen. Mit dieser Forderung wollte er auch den Richter auf die Probe stellen.

Nach dem Vorschlag des Bewährungshelfers wurde Menachem in eine Anstalt zur Beobachtung geschickt. Er ließ uns sogleich wissen, daß er davonlaufen würde und versuchte mich zu überzeugen, daß meine Mühe umsonst sei. Nach kurzem Aufenthalt lief er tatsächlich einige Male fort und während dieser Zeit verübte er auch seine Vergehen. Während dieser Zeit kam er einige Male vor Gericht, obgleich er zu Zeiten zwei Wochen lang oder mehr in der Stadt Unterschlupf finden konnte. Bei den seinerzeitigen Auftritten vor Gericht hatte er sich überaus provokativ benommen. Manchmal führte er sich als „Held" auf, manchmal schwieg er oder antwortete frech und zornig, manchmal blieb er sitzen wenn er stehen sollte, und manchmal war es umgekehrt. Überdies stellte er dauernd Forderungen. Seine Hauptklagen drehten sich darum, daß die Bewährungshilfe und die Erzieher der Anstalt sich nicht um ihn kümmerten und kein Interesse an ihm zeigten. Später schloß er auch das Gericht in seine Klagen ein. „Keiner von euch interessiert sich für mich".

Das Verhalten Menachems bewies, daß wir einen neurotischen Jungen vor uns hatten, der sich mit einem Schutzpanzer zu seiner Verteidigung umgeben hatte. Wollte man Schlimmeres verhüten, müßte es gelingen in diese Verteidigungsbastion einzudringen. Ich übte also Zurückhaltung und übersah sein ungebärdiges Benehmen und beschloß dabei ihn in die Anstalt zurückzuschicken. Als er wieder entfloh, schickte ich ihn in polizeilichen Gewahrsam, wo er nicht davonlaufen konnte. Dieser Beschluß forderte seinen Zorn heraus. Trotzdem stellten sich zwischen uns im Lauf der Zeit bessere Beziehungen ein als sie bei seinem ersten Auftritt vor Gericht herrschten, es bestand ein gewisser Kontakt, der dem Jungen Genugtuung bereitete. Bei einem seiner Auftritte vor Gericht, nachdem er wieder aus der Anstalt entlaufen war, sagte ich ihm, daß wir uns alle für ihn interessieren und ihm auch helfen wollten, daß aber dieses dauernde Davonlaufen ein Hemmnis sei. „Wenn du immer wieder davonläufst, wie können wir dir dann helfen?" meinte ich. Menachem erwiderte empört: „Ich werde auch weiterhin davonlaufen". Ich fragte ihn wieder: „Wohin läufst du denn"? „Nach Tel Aviv, zu meinem Freund", antwortete er. Ich sagte: „Du läufst sicher auch zu deiner Mutter". Er blickte mich verwundert an, zögerte einen Augenblick und sagte: „Ja". Nach einigen Sekunden des Schweigens fragte ich: „Warum läufst du zu ihr"? Menachem erwiderte nichts und wieder herrschte Stillschweigen. Dann sagte ich: „Du willst sie stören, du willst nicht, daß sie einen Freund habe". Er wandte mir den Kopf zu, blickte mir gerade in die Augen und sagte mit großer Bewegung: „Ich werde sie stören. Ich werde zur Frau ihres Freundes gehen und ihr alles erzählen. Sie glauben, ich kann das nicht? Sie werden schon sehen. Ich werde immer fortlaufen und ihr Schwierigkeiten bereiten."

Diese Äußerungen kamen unvermittelt aus ihm heraus. Es war klar, daß die Sache mit dem Freund seiner Mutter ihn sehr beschäftigte und noch mehr beeindruckte. Ich wandte ein: „Du läufst von deiner Mutter fort und kehrst immer wieder heim. Was soll das"? Wieder schwieg er und sagte dann: „Was glauben Sie, daß ich sie heiraten will"? Es zeigt sich, daß dieses Problem ihn plagte und ihn nicht zur Ruhe kommen ließ. Nach diesem Gespräch sah ich ihn noch oft. In seinem Verhalten hatte sich vieles geändert. Was er vor Gericht gesagt hatte, war bedeutungsvoll gewesen. Er lief wirklich immer wieder aus der Anstalt fort, aber zu seiner Mutter ging er nicht mehr.

Seine Lage ist noch immer schwierig, aber es war dennoch eine Besserung eingetreten, die ohne die pflegliche Einmischung des Gerichts nicht erfolgt wäre. Menachem wehrt sich nicht mehr gegen seine Erzieher und bekundet ihnen gegenüber auch ein Maß der Sympathie. Er spricht offener und läuft lange nicht mehr so oft aus dem Heim fort. Das Gericht versuchte ihn auch auf eine psychotherapeutische Behandlung festzulegen, die trotz seines ursprünglichen Widerstands gute Erfolge zeitigte. Ich bin der Meinung, daß wenn das Gericht Bedingungen zur Behandlung festsetzt, ein Nutzen nur dann zu erwarten ist, wenn zwischen dem Gericht und dem jugendlichen Rechtsbrecher ein Kontakt hergestellt wird. Natürlich bietet eine therapeutische Behandlung der einen oder anderen Art noch keine Bürgschaft für den Erfolg. Der Versuch mit Menachem, der einige Monate lang dauerte, bewies ohne jeden Zweifel, daß die Aussichten des Jungen auf eine Resozialisierung stiegen. In seiner Beziehung zum Gericht, jener Institution der Autorität und der Strafe, die er mit seinem ganzen Zorn überschüttete, vollzog sich ein völliger Wandel. Seine Erfahrung mit dem Gericht bewirkte eine leichte Wandlung im Verhältnis zu seiner Umwelt und auch in gewissem Maße sich selbst gegenüber. Es läßt sich nicht prophezeien, wie er sich in Zukunft entwickeln wird. Das hängt von inneren und äußeren Faktoren ab, deren Einfluß schwer abzuschätzen ist. Der Hauptfaktor ist er selbst, seine Reifung und die Aufrichtigkeit seines Entschlusses seine Lebensweise zu ändern; davon wird der Ausgang abhängen. Im Laufe der Zeit hat er erfahren, daß ergebene und fähige Erzieher die Kraft haben, ihm zu helfen und aus seiner Not zu befreien.

NEUNTES KAPITEL

Ein neues strafrechtliches Verfahren

Das Strafverfahrensgesetz von 1965[1], das am 15. Januar 1966 in Kraft trat, hat die bis dahin bestehenden Bestimmungen über das Verfahren vor den Strafgerichten ersetzt. Dieses Gesetz ist das Resultat einer der Kommissionen, die von der Regierung eingesetzt wurden, um dem israelischen Gesetzgeber neue Gesetzesentwürfe zuzuleiten. Eine andere Kommission auf demselben Gebiet arbeitet am Entwurf eines neuen umfassenden Strafrechts, das nach seiner Verabschiedung durch den Gesetzgeber an die Stelle aller früheren, noch heute in Israel angewandten Gesetze treten soll. Es muß nicht betont werden, daß diese neuen Vorhaben Konzeptionen des heutigen Israel widerspiegeln, daß sie die früheren Erfahrungen mit der israelischen Gesetzgebung und Entscheidungen des Obersten Gerichts in Betracht ziehen und auch einschlägige Aspekte und Vorschläge aus „Modellgesetzgebungen" übernehmen, die in einer Anzahl Länder existieren.

Das Neue Strafverfahrensgesetz von 1965 findet auch auf das Jugendgericht Anwendung. Es ersetzt jedoch nicht die im Jugendgesetz von 1971[2] niedergelegte Prozedur, obwohl sie diese ergänzt. Wir wollen hier einige Abschnitte des neuen Strafrechtsverfahrens erwähnen, weil sie für den Gesichtspunkt der sozialen Verteidigung des jugendlichen Rechtsbrechers von besonderer Relevanz sind.

Das Recht der Vertretung jugendlicher Straftäter durch einen Anwalt wurde viele Jahre lang falsch interpretiert. Gemäß dieser Interpretation mußte ein Richter an einem Jugendgericht seine Einwilligung zur Zulassung einer Rechtsvertretung erteilen. Das neue Gesetz regelt einige Punkte dieses Problems. Es ist für die Szenerie eines Jugendgerichts typisch, daß man immer wieder auf Menschen trifft, die bei Gericht beantragen, dem jugendlichen Straftäter bei seinem Prozeß behilflich sein zu dürfen.

Ein solcher Antragsteller kann ein Freund der Familie des Rechtsbrechers, ein Nachbar oder sonst eine wohlwollend interessierte Person sein, er kann aber auch jemand sein, der aus dieser Situation seinen Vorteil zu gewinnen trachtet. Gemeinsam ist ihnen allen, daß sie das Gefühl haben, von der Sache etwas zu verstehen, um so dem jugendlichen Straftäter zu Hilfe zu kommen und ihn vor Gericht zu „verteidigen". Das Gesetz bestimmt nun, wer einen Straftäter vor dem Strafgericht verteidigen kann. Es heißt darüber in Paragraph 11:

---

[1] Siehe: Seite 92 No. 18.

[2] Siehe: Seite 93 No. 19.

„Niemand darf als Rechtsverteidiger auftreten, es sei denn er hat dafür die notwendigen Qualifikationen und der Angeklagte hat schriftlich seinen Wunsch erklärt, durch ihn vertreten zu werden oder hat ihm diesbezüglich Vollmacht erteilt, oder das Gericht hat ihn zu diesem Beruf unter Paragraph 13 bestellt."

Außerdem trifft der gerade erwähnte Paragraph 13 des Gesetzes besonders Vorkehrung, um die gesetzlichen Rechte gehandikapter Menschen zu schützen. Es heißt dort: „Wo eine angeklagte Person keine Rechtsverteidigung hat, soll das Gericht eine Rechtsverteidigung für sie bestellen, wenn —

1. sie des Mordes oder eines Vergehens angeklagt ist, das mit Tod, lebenslänglichem Gefängnis oder Gefängnis über zehn Jahre bestraft wird; oder
2. sie unter sechzehn Jahre alt ist und vor ein anderes als ein Jugendgericht gestellt wird; oder
3. wenn sie stumm, blind oder taub ist."

Es muß festgestellt werden, daß gemäß Paragraph 13 a (2)[8] die Grundannahme gemacht wird, daß das Jugendgericht an und für sich dazu eingerichtet ist mit jugendlichen Straftätern umzugehen, und daher nicht unbedingt der Ernennung eines Rechtsanwalts bedarf. Nebenbei sei gesagt, daß der Verteidiger von tauben und stummen Personen in der Lage sein muß, mit ihnen eine Unterhaltung zu führen.

Auch die Frage einer qualifizierten Übersetzung muß in diesem Zusammenhang erwähnt werden. Das Strafrechtsgesetz nimmt in dieser Frage eine sehr liberale Haltung ein, was natürlich für eine so heterogene Gesellschaft wie Israel sehr wichtig ist. Wenn „daher dem Gericht klar ist, daß der Angeklagte nicht hebräisch kann, soll es einen Übersetzer für ihn bestellen oder selbst als Übersetzer fungieren" (S. 128).

Bezüglich gehörloser und stummer Personen kann auch das Gespräch, das ein Fachmann mit ihnen führt und die Übermittlung seines Inhalts an das Gericht, als „Übersetzung" betrachtet werden.

Eingedenk der Bedeutung, die einer Übersetzung bei Gerichtsverhandlungen in einer heterogenen Gesellschaft für die Angeklagten zukommt, wozu aber auch Zeugenaussagen gehören würden, trifft das Gesetz die folgende Bestimmung: „Die Vergütung eines Übersetzers soll durch die Finanzkammer erfolgen, wenn das Gericht nicht anderweitig bestimmt" (S. 130).

Der oben erwähnte Paragraph 13 b enthält eine andere relevante Bestimmung. Im Paragraph 13 b heißt es: „Wo eine angeklagte Person ohne Rechtsanwalt mittellos ist oder die Möglichkeit einer bei ihr vorliegenden geistigen Krankheit besteht, kann das Gericht auf Antrag einer Partei oder von sich aus für sie einen Rechtsbeistand bestellen."

Die Bedeutung dieser Paragraphen für die vor einem Jugendgericht Angeklagten liegt in der Tatsache, daß das Gericht in diesen Fällen von

[8] Siehe: Seite 92 No. 18.

sich aus einen Rechtsanwalt bestellen kann. Außerdem ist danach die Finanzkammer für die Zahlung der Kosten zuständig. Man wird bemerkt haben, daß in Paragraph 13 a (2) das Wort „soll" gebraucht wird, es sich also um eine mandatorische Bestimmung handelt, während in Paragraph 13 b das Wort „kann" steht. Mit anderen Worten, es bleibt dem Gericht überlassen zu bestimmen, ob ein Rechtsbeistand bestellt wird oder nicht.

Es gibt jedoch zwei weitere Bestimmungen bezüglich der Bestellung eines Rechtsanwalts durch das Gericht, die hervorgehoben werden müssen, um das Problem abzurunden. Paragraph 18 sagt, daß „wo ein Anwalt vom Gericht ernannt wurde, die Kosten der Verteidigung einschließlich der Auslagen und Honorare des Anwalts und der Zeugen nach den vorgeschriebenen Bestimmungen vom Staat getragen werden". Und Paragraph 19 fügt gleichsam hinzu: „Ein Rechtsanwalt, der durch das Gericht bestellt wurde, soll weder vom Angeklagten noch von irgendeiner anderen Person irgendwelche Entschädigungen, Vergütungen, Geschenke oder sonstige Zuwendungen erhalten. Wer dieser Bestimmung zuwider handelt, kann mit bis zu drei Monaten Gefängnis bestraft werden."

Probleme der Haft und Freilassung eines Angeklagten stehen offensichtlich im strafrechtlichen Verfahren obenan. Es ist unmöglich hier im Detail die verschiedenen Paragraphen und ihre Anwendungsbereiche darzulegen, wir wollen daher nur der Verdeutlichung halber einige Punkte erwähnen. Wenn ein Gericht einen Haftbefehl anordnet, so muß er schriftlich abgefaßt sein und den Namen des Angeklagten sowie eine Zusammenfassung der Anklage enthalten. Solche Haftbefehle, die die Verhaftung des Angeklagten einleiten, müssen die Unterschrift eines Richters oder des Gerichtsregistrators (S. 21) enthalten. Ein Haftbefehl muß von einem Polizeibeamten oder einer vom Gericht bestimmten Person ausgeführt werden und eine solche Person hat überall dort Zutritt, wo sich der Angeklagte mutmaßlich aufhalten kann, auch darf sie gegen Personen oder Sachen zum Zwecke der Durchführung des Haftbefehls im Sinne der Billigkeit Gewalt anwenden (S. 25). Ein Haftbefehl ist im allgemeinen bis zur Urteilsverkündung in Kraft, wenn er nicht vom Gericht vorher aufgehoben wurde (S. 26). Jeder Verhaftete, gleichgültig, ob die Klage bei der Staatsanwaltschaft bereits aktenkundig geworden ist oder nicht, hat Anspruch darauf, daß seine Verhaftung einer ihm nahestehenden Person und einem von ihm benannten Anwalt mitgeteilt werde (S. 27).

Die Freilassung gegen Bürgschaft wirft eine große Anzahl interessanter und wichtiger Fragen auf. Im allgemeinen besteht die Tendenz Angeklagte soweit wie tunlich auf freiem Fuß zu belassen. Im einzelnen bestehen die folgenden beispielhaften Möglichkeiten:

a) Wird eine Person eines Vergehens verdächtigt, bevor Anklage erhoben wurde, oder handelt es sich um eine Person, gegen die Anklage erhoben wurde, oder um eine Person, die verurteilt wurde und sich in Haft befindet, aber gegen das Urteil Berufung eingelegt hat, dann kann das Gericht auf ihren Antrag die Freilassung gegen Bürgschaft anordnen (S. 30).

b) Eine Person, die wegen eines Vergehens in Haft genommen wurde, auf das die Todesstrafe oder lebenslängliche Gefängnisstrafe steht, darf nicht gegen Bürgschaft auf freien Fuß gesetzt werden (S. 31).

c) In dem Fall, in dem die Entscheidung über eine Freilassung gegen Bürgschaft aufs neue erwogen oder bestritten wird, kann das Gericht die angefochtene Entscheidung bestätigen oder ändern oder annullieren und statt ihrer eine neue Entscheidung fällen (S. 35).

d) „Als Bürgschaft im Sinne dieses Paragraphen soll die persönliche Schuldverschreibung durch den Verhafteten gelten, oder die Hinterlegung einer Geldsumme in bar durch den Verhafteten, oder eine Garantieleistung, oder teils eine Schuldverschreibung und teils Hinterlegung von Bargeld, entsprechend der Weisung des Gerichts" (S. 38).

e) Die Freilassung erfolgt unter der Bedingung, daß die sich auf freiem Fuß befindliche Person zum Prozeß oder zur Berufungsverhandlung oder zum Antritt der Gefängnisstrafe zu jeder vom Gericht angegebenen Zeit einfindet. Das Gericht kann auch noch andere ihm dienlich erscheinende Bedingungen stellen, einschließlich der Hinterlegung des Reisepasses (S. 39).

Was die Frage der Berufungseinlegung betrifft, so liegen jetzt eine Anzahl von Bestimmungen vor.

a) Berufung kann, sei es vom Angeklagten, sei es von der Anklagebehörde, durch schriftlichen Antrag beim zuständigen Gericht eingelegt werden. Die Frist der Berufungseinlegung beträgt fünfundvierzig Tage vom Datum der Urteilsverkündung an (S. 179, 180). Es ist ferner die Pflicht des Gerichts den Angeklagten über sein Berufungsrecht aufzuklären.

b) Es gibt jedoch auch eine automatische Berufung, die für alle Fälle gilt, auf die Todesstrafe steht. (Die Todesstrafe wurde 1954 abgeschafft, außer für Verrat im Kriege, Genozid und für Nazis und ihre Kollaborateure). Hier findet also Berufung statt, selbst wenn der Angeklagte keine Revision des Urteils anstrebt (S. 183).

c) „Berufung soll in Anwesenheit der Parteien angehört werden, ausgenommen, daß, wenn eine vorgeladene Partei nicht erscheint, das Gericht die Berufung in ihrer Abwesenheit verhandeln kann" (S. 189). „Das Gericht soll die über den Angeklagten verhängte Strafe nicht erhöhen, es sei denn, es wurde gegen ein zu mildes Urteil Berufung eingelegt" (S. 197).

„Das Gericht soll, wenn ihm das notwendig erscheint, während des Prozesses den Angeklagten über seine Verteidigungsrechte aufklären (S. 132).

„Wenn das Gericht im Falle eines Minderjährigen unter vierzehn Jahren der Meinung ist, daß er das Wesen eines Eides nicht begreift, kann seine Aussage unvereidigt bleiben (S. 155).

„Eine Kopie des Bewährungshelferberichts und die Resultate seiner Untersuchungen und Nachforschungen sollen dem Ankläger und Rechtsbeistand ausgehändigt werden. Auf besonderen Antrag kann das Gericht anordnen auch dem Angeklagten eine Kopie zu übermitteln, es kann aber anordnen, daß ein Teil des Inhalts nicht bekannt gegeben werden soll" (S. 173).

Eine andere Angelegenheit von großer Bedeutung, die in dem neuen Gesetz geregelt wird, betrifft den Beginn des Prozesses gegen einen Tatverdächtigen. Immer wieder sieht man sich der unbefriedigenden Situation gegenüber, daß ein Tatverdächtiger bis zum Prozeßbeginn mit abgeurteilten Straftätern eingesperrt wird. Es kommt ferner sogar vor, daß er viele Monate und vielleicht Jahre auf seinen Prozeß wartet. Obgleich das bei jugendlichen Straftätern nur in seltenen Fällen vorkommen dürfte, kennen wir Beispiele. Das neue Gesetz trifft nun mandatorische Bestimmungen über den Beginn eines Prozesses. Es heißt hier: „Befindet sich ein Tatverdächtiger unter Arrest und wird gegen ihn nicht innerhalb von neunzig Tagen nach seiner Verhaftung Anklage erhoben, so soll er auf freien Fuß gesetzt werden" (S. 46). Ferner befindet sich eine angeklagte Person in Haft und ihr Prozeß beginnt nicht innerhalb von sechzig Tagen nach Erhebung der Anklage, so soll er auf freien Fuß gesetzt werden" (S. 47).

In Fällen, in denen der Angeklagte die Schuld bestreitet und nachdem die Anklagebehörde ihr Beweismaterial vorgebracht hat, kann er unter drei Möglichkeiten wählen. Der Angeklagte kann als Zeuge der Verteidigung aussagen, in welchem Fall er nicht befragt werden soll, oder er kann sich der Zeugenaussage und Abgabe einer Erklärung enthalten (Abschnitt 145). Diese drei Möglichkeiten müssen dem Angeklagten, gleichgültig, ob er ein Erwachsener oder Jugendlicher ist, beim Prozeß erklärt werden. Die große Mehrheit der jugendlichen Rechtsbrecher bekennt sich jedoch im Sinne der Anklage für schuldig und damit erledigt sich der juridische Punkt, über den es in Abschnitt 138 heißt: „Eine vom Angeklagten zugegebene Tatsache soll in bezug auf ihn als bewiesen gelten, es sei denn das Gericht hält es für angebracht das Eingeständnis nicht als Beweismaterial zuzulassen, oder der Angeklagte zieht sein Eingeständnis unter Bezugnahme auf Paragraph 137 zurück."

Das neue Gesetz befaßt sich ferner ausführlich mit solchen Prozeßverfahrensaspekten wie Ladung des Angeklagten und der Zeugen; Verfahren im Fall eines Zugebens oder Leugnens der Tatsachen, die nun ausdrücklich in der Anklageschrift aufgeführt werden müssen; Angelegenheiten der richterlichen Entscheidung und der Berufung; Sie gelten alle auch für das Jugendgericht, wenn nicht ausdrücklich anders angegeben.

Vermutlich, um die Bedürfnisse verschiedener Situationen, die sich in einem Jugendgericht ergeben könnten, zu erfüllen, sieht das neue Jugendgesetz von 1971 zwei weitere Hilfsquellen vor, auf die ein jugendlicher Rechtsbrecher zu seiner Verteidigung zurückgreifen kann. Das Gesetz bestimmt, daß Eltern Zeugen ins Kreuzverhör nehmen können und sie auch entweder anstelle ihres Kindes oder zusammen mit ihm Beweisgründe vortragen können. Das ist eine neue Prozedur, deren Bedeutung über die rein rechtliche Frage hinausreicht. Denn es kann angenommen werden, daß

Durchschnittseltern keine Rechtsexperten sind, und von hierher gesehen nicht viel nützen. Daß sie vor Gericht für ihr Kind eintreten, hat hauptsächlich psychologische und pädagogische Bedeutung.

Weiterhin sagt das neue Jugendgesetz von 1971 in Artikel 18 a folgendes: „Das Jugendgericht ist berechtigt dem Jugendlichen einen Verteidiger zur Verfügung zu stellen, wenn seiner Meinung nach dies dem Jugendlichen behilflich sein kann." Ist ein Verteidiger für diesen Zweck vom Jugendgericht ernannt, so sind in diesem Falle die entsprechenden Paragraphen der neuen strafrechtlichen Prozedur von 1965 zutreffend. Von besonderer Bedeutung sind die oben erwähnten Paragraphen 18 und 19.

ZEHNTES KAPITEL

Verantwortung und Stellung der Eltern

Wir sagten bereits, daß wir bei Jugendprozessen nicht nur an jugendlichen Rechtsbrechern, sondern an einem viel größeren Kreis Interesse hätten. Besonders interessieren uns die Eltern, wenngleich wir die Gerichtsbarkeit über einen Minderjährigen haben, der ein Vergehen beging. Rechtlich ist der Minderjährige für seine Taten selbst dann verantwortlich, wenn auf seiten seiner Eltern eine schwere und vielleicht kriminelle Vernachlässigung vorlag. Das gilt auch für Eltern, die direkt oder indirekt Anlaß für die Begehung des Rechtsbruchs waren. Das Kind trägt bei uns, wenn es zwölf Jahre alt geworden ist, die volle Verantwortung für seine Handlungen. Das moralische Problem ist also juristisch gesehen überhaupt nicht relevant, ob diese Einstellung nun berechtigt ist oder nicht. Diese juristische Lage widerspricht in unserer Zeit unserem Gewissen und unserer Einstellung zu pädagogischen und sozialen Problemen. Um für dieses Problem eine Lösung zu finden, führte man in das Rechtsprechungssystem zwei voneinander verschiedene Methoden ein. Die eine, in Skandinavien angewandte Methode bestimmt, daß ein Minderjähriger unter fünfzehn Jahren und selbst darüber hinaus überhaupt nicht vor Gericht gestellt werde; die zweite legt fest, daß dem Jugendgericht der Charakter und das Stigma des Strafprozesses genommen werde. Nach dieser Ansicht wird das Jugendgericht nicht als Strafgericht angesehen. (Siehe darüber Kap. 2, Systeme der Jugendjustiz). Es gilt als ausgemacht, daß eine Konfrontation mit den Eltern während der Beschlußfassung des Gerichts notwendig ist, aber diese Konfrontation ist manchmal schon in einem früheren Stadium erforderlich, wenn das Gericht zu entscheiden hat, ob den Minderjährigen eine kriminelle Verantwortung trifft. Es ist möglich, daß Eltern das Kind, direkt oder indirekt, zur Ausführung eines bestimmten Vergehens angehalten haben. Ein Vater geht zum Beispiel zusammen mit seinem 11jährigen Sohn auf die Suche nach Alteisen. Das Kind wird dabei erwischt und es erhebt sich die Frage, ob es für diese Handlung strafrechtlich verantwortlich ist. Es ging mit seinem Vater, um ihm bei der Erwerbsarbeit für die Familie behilflich zu sein und hat keine Ahnung, daß das Einsammeln von Alteisen an einem gewissen Ort ein Vergehen bildet. Wenn das Kind den Altersgruppen von 9—12 Jahren angehört, kann man sich in einem solchen Fall auf den Schlußabsatz von Paragraph neun der Strafrechtsordnung vom Jahre 1936 stützen, wo es heißt, daß bewiesen werden muß, ob das Kind bei der Ausführung der Tat verständig genug war, um einzusehen, daß sein Tun unrecht war. Wird dem Gericht kein solcher Beweis unterbreitet, kann gegen den Minderjährigen kein Strafverfahren eingeleitet werden. Schwieriger ist die Lage bei einem verständigen Kind, daß sicherlich fühlte oder sogar wußte, daß sein Tun unrecht war, das aber nicht den Willen oder Mut besaß seinem Vater zu trotzen. Trifft das Kind in einem solchen Fall die kriminelle Verantwortung? Und selbst wenn wir uns ein zwölfjähriges Kind vergegenwärtigen, auf das die im oben genannten Paragraphen neun enthaltene Einschränkung nicht mehr anzuwenden ist, können wir stichhaltig behaupten, daß es sich nicht verantwortlich wußte, da es ja mit seinem Vater ging und mit ihm zusammen die Tat verübte? Es ist nicht zu leugnen, daß die Plausibilität dieser Annahme verschiedenen Interpretationen ausgesetzt ist. Unter anderem müssen auch psychologische Faktoren, bewußte und unbewußte, in Betracht gezogen werden, die sicherlich auf der Kind-Eltern-Ebene wirksam sind. Psychologisch läßt sich die Annahme stützen, daß sich das Kind bei seinem Vergehen erwischen läßt, um den Vater dahin zu bringen, daß er es nicht mehr zu solchen Arbeiten heranzieht und infolge seiner Festnahme erhält der Vater seine Strafe. Gerade das „gute" Kind, das seinen Eltern gehorcht, kann auf diese Weise, und vielleicht nur so, seinem Widerstreben gegen den Wunsch der Eltern Ausdruck verleihen. Das ist sein „legitimer" Ausweg, es empört sich nicht offen, sondern rächt sich auf die ihm gemäße Weise. Ich fand übrigens solche Motive öfters bei Kindern, die aus orthodoxem Haus kamen; ihre Vergehen waren zahlreich und kühn und in ihren Taten fanden sie einen Weg sich gegen die harte Lebensführung aufzulehnen.

Auf dieser Ebene findet sich in anderer Form auch die Version, daß es Eltern manchmal eine „Befriedigung" bereitet, wenn der Sohn es wagt etwas Unerhörtes, Außergewöhnliches zu tun, das sich der Vater nicht zutrauen würde.

Die Probleme im Zusammenhang mit den Beziehungen zwischen Eltern und Kindern in allem, was die jugendliche Delinquenz betrifft, sind viel verwickelter als sich beim ersten Hinsehen zeigt. Das Problem der Verantwortung oder des Mangels an Verantwortung muß in seiner Doppelnatur erkannt werden. Man muß zwischen dem rechtlichen Problem und dem sozial-psychologischen Problem unterscheiden.

Paragraph acht der Strafrechtsordnung von 1936 sagt: „Unkenntnis des Gesetzes dient nicht der Rechtfertigung jeder Handlung, oder Unterlassung einer Handlung, die sonst den Tatbestand eines Vergehens bildet, außer wo ausdrücklich gesagt ist, daß die Gesetzeskenntnis des Rechtsbrechers ein Hauptelement des Vergehens bildet."

Rechtlich ist die Situation ziemlich klar, in sozialer, pädagogischer und moralischer Hinsicht ergeben sich eine Menge Fragen.

Eine andere Frage, die sich auf einer anderen Ebene stellt, ist es, in welchem Maß man Eltern die Verantwortung für die Handlungen ihrer Kinder geben und sie auch noch dafür bestrafen kann. Manche meinen, daß die Tatsache, daß der Minderjährige kriminell wurde, von einer Vernachlässigung durch die für seine Erziehung verantwortlichen Eltern zeugt. Diese

Vernachlässigung kommt einer kriminellen Tat gleich, für die der verantwortliche Elternteil Rechenschaft ablegen und seine Strafe empfangen muß. Eine gesetzlich festgesetzte Strafe in solcher Angelegenheit wird die Eltern zu einem größeren Maß der Verantwortung anhalten und wird damit erheblich zur Verhütung der Kriminalität überhaupt beitragen. Tatsächlich gibt es Staaten, in denen das Gesetz Eltern des jugendlichen Rechtsbrechers bestrafen kann. Das trifft auch auf Israel zu.

Es muß immer wieder betont werden, daß der Schlüssel zur Verhütung der Jugendkriminalität bei den Eltern liegt. Eine geordnete Familie, die für die seelischen, geistigen und wirtschaftlichen Bedürfnisse ihrer Kinder sorgt, bietet die sicherste Gewähr für die Prophylaxe der Kriminalität. Aber das Kriterium liegt in der Fähigkeit oder Unfähigkeit der Eltern für die Kinder in dem erforderlichen Maß zu sorgen. Man muß dabei bedenken, daß die Beschränktheit vieler Eltern es ihnen unmöglich macht, ihre Kinder in den Genuß des für sie Notwendigen kommen zu lassen.

Man kann aber meiner Ansicht nach Menschen nicht wegen ihrer Beschränktheit bestrafen, ebensowenig wie man jemand wegen eines körperlichen Gebrechens bestrafen kann. In den meisten Fällen entstammt die Vernachlässigung einer Unzulänglichkeit und nicht dem Mangel an gutem Willen. In den seltenen Fällen, in denen wir es mit krimineller Vernachlässigung seitens der Eltern zu tun haben, kann man strafrechtlich gegen sie einschreiten und ist es nicht nötig das Kind vor Gericht zu stellen. Ohnehin kann man in diesen Dingen nicht nach einem Einheitsschema vorgehen, sondern muß jeden einzelnen Fall für sich beurteilen.

Gemäß der bei uns heute geltenden rechtlichen Lage kann man Eltern oder den Vormund für die Handlungen des „Kindes" oder „Jugendlichen" verantwortlich machen und man kann sie zu Geldstrafen, Schadenersatz oder Kosten verurteilen. Sie können auch zu einer Bürgschaft für das gute Verhalten des Kindes verurteilt werden. Schon in Paragraph 11 (5) der Jugendstrafrechtsordnung von 1937 wurde gesagt: „Jeder Betrag, der von Eltern oder vom Vormund nach diesem Paragraphen oder wegen Nichteinhaltung der Bürgschaft bezahlt werden muß, kann durch Vermögensbeschlagnahme oder Gefängnis eingetrieben werden, als ob Eltern oder Vormund selbst für das Vergehen schuldig gesprochen worden wären, dessen das Kind oder der Jugendliche angeklagt war." Dies gilt auch für das Jugendgesetz von 1971.

Über die vollständige Bedeutung des Paragraphen soll in dem Kapitel über die Behandlungsmaßnahmen noch gesprochen werden. Es gilt allgemein als erwünscht, daß Eltern oder Vormund im Jugendgericht bei der Verhandlung gegen ihr Kind anwesend seien. Der Jugendliche kann sich bei der Verhandlung sicherer fühlen, wenn sie dabei sind, selbst wenn die wechselseitigen Beziehungen gespannt oder erschüttert sind. Manchmal erfahren Eltern von den Taten ihrer Kinder erst bei Gericht etwas. Wenngleich dieser Umstand auf Eltern wie ein Schock wirkt, ist auf ihre Anwesenheit nicht zu verzichten. Es gibt Fälle, in denen Eltern nicht daran interessiert sind ins Gericht zu kommen und es gibt Fälle, in denen die Kinder nicht daran interessiert sind, daß ihre Eltern kommen. Dennoch ist es erwünscht auf dem Erscheinen der Eltern zu bestehen.

Der Gesetzgeber zog die wünschenswerte Anwesenheit der Eltern in Betracht, machte jedoch ein solches Erscheinen nicht von vornherein zur Pflicht. Die Entscheidung darüber wurde dem Gericht selbst überlassen. Im Falle von Kindern oder Jugendlichen, die eines Vergehens beschuldigt werden, kann das Gericht nach seinem Ermessen von einem Elternteil oder dem Vormund des Kindes oder Jugendlichen die Anwesenheit im Gericht fordern, es kann auch solche Anordnungen treffen, als ihm zu diesem Zweck notwendig dünken. Mit anderen Worten, das Gericht kann sie vorladen, und wenn sie nicht kommen, kann es ihr Erscheinen erzwingen. Bei uns ist es üblich, daß zusammen mit der Ladung des Jugendlichen vor Gericht auch ein Elternteil oder der Vormund geladen werden.

Gemäß dem neuen Jugendgesetz von 1971 gelten weiter, ihrem Sinn nach, die Zusatzbestimmungen zum Jugendstraferlaß von 1938, in dem es unter Zusatz sechs hieß: „Außer in Fällen, in denen der Jugendliche einen Rechtsvertreter hat, muß das Gericht dem Elternteil oder dem Vormund gestatten dem Jugendlichen bei seiner Verteidigung behilflich zu sein. Das Gericht darf sich mit Eltern, Vormund oder Bewährungshelfer zugunsten des Jugendlichen beraten". Diese Instruktion ist wichtig, denn sie ermöglicht diesen Begleitern aktiven Anteil an der Verteidigung des Jugendlichen zu nehmen. Der Begriff „Verteidigung" hat einen erweiterten Sinn, das heißt, es geht nicht nur um die Verteidigung beim Kreuzverhör, wenn der Jugendliche die ihm zugeschriebene Tat bestreitet, sondern auch dann, wenn in einem späteren Stadium das Gericht über seine Maßnahmen entscheiden muß.

Die Instruktion in dieser Bestimmung gilt für alle Altersstufen, „junge Mädchen" eingeschlossen.

Es ist zu bemerken, daß Eltern oft ihre Kinder allein in die gegen sie stattfindende Verhandlung schicken, auch wenn sie zwölf Jahre alt und darunter sind. Daraus ist noch nicht zu folgern, daß ihnen das Schicksal ihrer Kinder oder die Vorgänge bei Gericht gleichgültig sind. In den meisten Fällen sind die Eltern mit ihrem Lebensunterhalt beschäftigt, haben kleine Kinder zu versorgen, um nur einige Gründe zu nennen, die sie am Erscheinen vor Gericht verhindern können.

In vielen Fällen bitten die am Prozeß teilnehmenden Eltern um die Hilfe des Gerichts, um der zahlreichen Probleme Herr zu werden, die sie mit der Erziehung ihrer Kinder haben. Ihre Ohnmacht und Ratlosigkeit kommen in den folgenden Haltungen eindringlich zum Ausdruck:

a) Es kommt vor, daß sie den Ernst der Situation sowohl in bezug auf das Vergehen als auch auf die Situation des Kindes herunterspielen;

b) manche von ihnen werden aggressiv gegenüber dem Gericht, der Polizei, der Gesellschaft überhaupt und auch gegenüber den Kindern;

c) es kommt vor, daß sie vom Gericht die Bestrafung ihres Kindes erwarten, als ob sie sagen wollten: ‚Wir scheiterten, tut nun, was euch gut dünkt, vielleicht habt ihr mehr Erfolg als wir'.

Es ist überflüssig zu bemerken, daß diese im Gericht laut werdenden Reaktionen sowohl für den Jugendlichen als auch die Eltern von großer Bedeutung sind. Manchmal wird die Aggressivität der Eltern durch die des Jugendlichen quittiert, was sich mitunter als Hindernis bei seiner Resozialisation auswirken kann. Aber diese Aggressivität spiegelt nicht selten die tiefe Verwirrung und Hoffnungslosigkeit wider.

Einmal erschienen vor mir eine Mutter und ihr fünfzehnjähriger Sohn. Als ich der Mutter ins Gewissen redete sich damit einverstanden zu erklären, daß ihr Sohn zur Beobachtung in eine Psychiatrische Klinik geschickt werde, stürzte sie auf mich zu und rief: „Ich gebäre gesunde Kinder und Sie können alle Nachbarn fragen, wie ich sie pflege und Sie machen sie kaputt." Ich reagierte nicht auf ihre Worte und nach einem langen Moment des Schweigens, sagte sie leise, daß sie selbst das Kind ins Krankenhaus bringen wolle.

Immer wieder bin ich auf die Verwirrung gestoßen, die bei vielen Eltern in bezug auf das Gericht herrscht. Einerseits empfinden sie eine Art Ablehnung und andererseits bitten sie um seinen Schutz. Verzweiflung und Scham, Angst und Rachegefühle sind miteinander verknüpft.

Eine aufmerksame Beobachtung der Reaktionen von Eltern im Jugendgericht lehrt uns oft die Beziehungen verstehen, die zwischen ihnen und ihrem Kind herrschen. Es gibt Eltern, die den Gerichtssaal betreten, während sich ihr Kind eng an sie anschmiegt. Sie setzen sich zusammen auf die Bank und richten ihre Augen auf den Richter. Andere halten zwischen sich und ihren Kindern eine gewisse Entfernung ein. Ihr Verhalten läßt deutlich Zaudern und Unsicherheit erkennen.

Es gibt Eltern, die in Feiertagskleidern zu Gericht kommen und es gibt andere, die schmutzig und zerlumpt erscheinen. Wenngleich man aus solchen äußerlichen Dingen keine Folgerungen ziehen darf, sind sie oft ein Hinweis auf Wesentlicheres. Manchmal spürt man, daß sie vor der ihrem Kind drohenden Strafe Angst haben und so wenden sie sich an den Richter mit den Worten: „Ich habe ihm schon die ihm gebührende Strafe gegeben." Andere sagen: „Ich versuchte alles und es half nichts, tun Sie, was Sie für richtig halten und ich pflichte allem bei, er muß einmal eine Lektion erteilt bekommen". Manche sagen das einfach so hin und zwinkern dabei dem Richter zu, daß er kapieren möge und doch um Gottes willen aus diesen Worten keine Folgerungen ziehe, da sie nur aus „Erziehungsgründen" gesagt wurden. Andere stehen zerknirscht und verzweifelt vor dem Richter und fühlen sich vom Schicksal geschlagen. Manche brechen in Weinen aus, was dazu führt, daß auch das Kind zu weinen beginnt. Das gemeinsame Weinen vor Gericht beseitigt manchmal die zwischen Eltern und Kind herrschende Spannung und klärt die Beziehungen zwischen ihnen. Im Folgenden soll der Fall Rachels erzählt werden, der diesen Punkt illustriert. Rachel,

15 Jahre alt, wurde wegen Schmuckdiebstahls vor Gericht gestellt. Mit ihr kamen ihre Eltern, die sehr aufgeregt waren, und beide sprachen über die Schande, die Rachel über sie gebracht hatte. Der Vater sagte unter anderem: „Ich verstehe nicht, warum sie das tut. Wir haben alles zu Hause. Sie hat mit allerlei Leuten Umgang, die nicht gut für sie sind. Immer will sie auf Partys gehen und denkt nur an schöne Kleider. Sie kommt spät heim und ich weiß nicht, wo sie steckt. Ich erkläre ihr, daß sich das für unsere Familie nicht schickt, sie aber will nichts davon hören. Ihretwegen bin ich in eine andere Wohnung umgezogen, damit sie nicht mit ihren schlechten Freunden zusammen ist, aber es hat nichts geholfen. Hier benehmen sich alle auf eine Art, die uns früher unbekannt war. Das kann nicht gut sein für Israel."

Rachel hörte sich das an und war sichtlich beeindruckt. Dennoch konnte man sehen, daß sie eine Hand breit von ihren Eltern abrückte und zwischen ihr und ihnen kein Einvernehmen bestand. Sie sagte: „Meine Eltern verstehen nicht zu leben, sie sind Orientalen und glauben wir befinden uns noch in Ägypten. Hier ist alles anders und sie wollen das nicht begreifen."

Diese Worte deckten den Brennpunkt der Beziehungen zwischen Rachel und ihren Eltern auf. Ich machte einen Versuch zwischen ihnen eine Brücke zu schlagen und hatte den Eindruck, daß dazu auf ihrer Seite Bereitwilligkeit vorlag. Daher verschob ich immer wieder das Ende des Prozesses, um diesen Brückenschlag zu zementieren.

Wir haben hier Eltern in Schwierigkeiten vor uns, die nach den starren Begriffen einer anderen Welt leben und sich nicht an das neue Land und seine Lebensbedingungen anpassen können, selbst wenn sie das wollten. Sie haben Angst, daß sich ihre Kinder an die neue Umwelt anpassen und sich dadurch von ihnen und den Begriffen und Werten, die in ihrer Familie bislang hoch gehalten wurden, entfernen könnten. Diese übertriebene Angst und die mit ihr einhergehende Strenge sind mitunter der Anlaß für den Riß zwischen Eltern und Kindern.

In der Stellung der Eltern, hauptsächlich derer, die aus dem Orient kamen, trat eine große Veränderung ein. In ihren Herkunftsländern führten sie ein von ihrer Umwelt abgeschlossenes und isoliertes Dasein. Ihr Verhalten und ihre Lebensweise wurden von Verboten und Einschränkungen aller Art bestimmt. Das ermöglichte ihnen die Herrschaft über ihre Kinder und gab ihnen ein Gefühl der Sicherheit und Stärke.

Die Einordnungsschwierigkeiten erschütterten einige der Grundvorstellungen der Eltern. In unserer Gesellschaft werden nicht nur sehr viele Verbote nur lax eingehalten, sondern man lehnt sie überhaupt ab. Etwa der Kontakt zwischen den Geschlechtern. Auf diesem Gebiet trat, wie bekannt, eine doppelte Umwertung ein, in der Familieneinheit und in der Gesellschaft.

Im Laufe der Zeit vertiefen sich die kulturellen Unterschiede und die gesellschaftlichen Schwierigkeiten. Der kulturelle Unterschied wird nun erst sichtbar und damit gehen das Gefühl einer Niederlage und Benachteiligung einher. Die Zeit als heilender und einender Faktor wirkt in zwei entgegengesetzten Richtungen: Es gibt Menschen, die sich an die neue Umwelt anpassen und sich mit ihr abfinden; und es gibt andere, die im Laufe der Zeit nur noch anpassungsunfähiger werden. Im letzteren Fall verliert der Vater einen großen Teil seines Einflusses und seiner Fähigkeit die Familienangelegenheiten in die Hand zu nehmen und zu bestimmen. Das macht ihn hart, was er früher nicht war. Manche werden im Gegenteil schwach und indifferent und hören auf, sich um ihre Familie zu kümmern. In solchen Fällen erhöht sich die Stellung der Mutter, die zu begreifen beginnt, welche Stellung der Frau im Lande innerhalb der Familie und der Gesellschaft eingeräumt wird.

Ein junger Vater sollte zum Jugendgericht kommen. Sein zwölfjähriger Sohn hatte sich schon zweier Vergehen schuldig gemacht. Als ich ihn fragte, was er angesichts dieser Tatsache zu tun gedächte, erwiderte er: „Im Ausland wußte ich, was ich zu tun hatte und jeder hörte auf mich. Was hier geschieht ist mir unbekannt und unverständlich. Meine Frau lehnt sich gegen mich auf, sie hört nicht mehr auf mich und glaubt, sie verstehe alles. Und die Kinder halten es wie sie. Wenn ich sie verhaue, sagen die Nachbarn, daß man das hier nicht tue und ich sollte damit aufhören. Das beschämt mich. Ich weiß nicht, was ich tun und wie ich erziehen soll, und Sie können nun tun, was Sie für gut halten, Sie verstehen es besser als ich.“ Diese Worte bringen den Konflikt des Mannes treffend zum Ausdruck. Es gibt Eltern, die ihre neue Umwelt beschuldigen. Andere meinen, daß sie im Ausland ihrer Elternpflicht genügten, hier aber die Kontrolle über ihre Kinder verloren hätten. Es kommt auch vor, daß Eltern ihre Kinder gerade um dieser Gründe willen in Schutz nehmen, während andere ihnen vorwerfen, daß sie es nicht verstünden, sich von den Verlockungen der Straße fern zu halten. In dieser Situation ist es die Aufgabe des Gerichts Eltern mitunter Trost zuzusprechen, wobei betont werden muß, daß das Kind trotz des von ihm verübten Vergehens nicht als Verbrecher oder anomal anzusehen ist. Viele Eltern änderten ihr Verhältnis zu ihren Kindern, nachdem sie erfuhren, daß das Gericht gegenüber den Irrungen ihrer Kinder Toleranz bekundete.

Manchmal möchte einer der Eltern bei Gericht etwas sagen, aber nicht in Gegenwart des Kindes. Eine solche Bitte wird gestellt, wenn die gegen das Kind gerichtete Beschuldigung als bewiesen gilt. Das Gericht besitzt bereits den Bericht des Bewährungshelfers und es versucht in dieser Phase von neuem mit dem Minderjährigen und dem für ihn Verantwortlichen ein Gespräch zu führen. Im allgemeinen lehne ich eine solche Elternbitte ab. Wenn der Vater über seinen Sohn etwas Positives zu sagen hat, so werden alle Beteiligten nur Nutzen daraus ziehen, wenn er es in Gegenwart seines Sohnes sagt. Dieser Umstand könnte eine sehr positive Wirkung ausüben. Ich bin nicht der Ansicht, daß man vor Kindern, aus Angst ihnen zu schaden, kein Lob aussprechen soll. Im Gegenteil, ein Lob der Eltern bei Gericht kann die wechselseitigen Beziehungen zwischen ihnen und dem Kind nur verbessern.

Und wenn der Vater Negatives über seinen Sohn zu sagen hat, ist es besser, es geschieht in Gegenwart des Minderjährigen. Man kann mit Sicherheit annehmen, daß der Vater diese Dinge schon vor anderen, Verwandten und Bekannten, geäußert hat. Insofern sind die Dinge also nicht neu für den Sohn, der große Unterschied liegt nur in der konkreten Bedeutung und den Konsequenzen, die sich aus ihnen bei Gericht ergeben können. Der Jugendliche kann sich im Kreise der Familie und Bekannten solche Dinge gleichmütig anhören; er kann es nicht bei Gericht, wo ihm Bestrafung droht. Er nimmt daher Dinge, die nicht in seiner Gegenwart gesagt wurden, nicht mit Gleichmut hin. Da er sich bei Gericht, einem Ort der Strafandrohung befindet, entstehen paranoide Regungen, die sich verstärken und jeden Einfluß des Gerichts zunichte machen können, weil das Gericht in seinen Augen zum „Kompagnon" des „Bösen" wurde, das ihm angetan wurde, als man hinter seinem Rücken über ihn sprach.

Es gibt natürlich auch einen rechtlichen Grund dafür, daß der Beschuldigte wissen darf, was bei Gericht über ihn gesagt wird. Die Einstellung der Eltern, bewußt oder unbewußt, die Dinge nicht wahrheitsgemäß zu erzählen, kann nicht von der Hand gewiesen werden. Wie kann also der Jugendliche seine Version aufrecht erhalten, wenn er nicht weiß, was man über ihn sagte? Mich erstaunt die Bereitschaft von Jugendgerichten auf der ganzen Welt, Eltern oder Vormund zu erlauben in Abwesenheit des Jugendlichen über die Dinge zu sprechen, in die er doch verwickelt ist. Eine solche Stellung wird auch von Leuten eingenommen, die stets die rein juridische Seite der Jugendprozesse zum Wahlspruch erheben. Sie behaupten, daß es im Interesse des Jugendlichen liege, wenn die Dinge nicht in seiner Gegenwart besprochen werden. Es genügt der Wunsch der Eltern und man erfüllt ihn. Der Beschluß darüber erfolgt sogar noch bevor man weiß, worüber gesprochen werden soll.

Meiner Ansicht nach haben wir es auf diesem Gebiet mit einer Deformation zu tun, die offenbar einem mangelhaften Verständnis um die Verhaltensdynamik der Menschen entspringt. Auf dieser Ebene kann man unter anderem erkennen, in welchem Maß sich rechtliche Prinzipien mit einer sozialpädagogischen Einstellung verschmelzen lassen.

In dieser Atmosphäre des Jugendgerichts werden die verschiedensten Motivationen wirksam, die man nicht voraussehen kann, und von denen man auch nicht wissen kann, ob und wie sie außerhalb des Gerichts weiterwirken. Das Gespräch über die Probleme, die Jugendliche und Eltern beschäftigen, die Möglichkeit der Eltern ihrem Herzen Luft zu machen und das gerade im Beisein des Jugendlichen, reinigt oft die Atmosphäre und nimmt den gespannten Beziehungen, die zwischen ihnen herrschen, den Stachel, so daß das Gespräch in gewisser Beziehung auch eine therapeutische Wirksamkeit entfaltet. Es kommt mir insbesondere darauf an, daß alle negativen Dinge, die Eltern über ihr Kind sagen wollen, in Gegenwart des Kindes geäußert werden. Ich lasse mich daher im allgemeinen nicht auf den Wunsch der Eltern ein, das Kind aus dem Saal zu schicken, „damit es nicht zuhöre". Das kann nur zum Schaden des Kontakts zwischen Kind und Gericht geschehen. Das Kind wird mißtrauisch, wenn die Erwachsenen hinter seinem Rücken reden. Ein anderer interessanter und wichtiger Aspekt ist, daß sich Eltern gewöhnlich zügeln, wenn sie vor Gericht über ihr Kind in dessen Gegenwart Negatives zu sagen haben. Dieses Verhalten schlägt breite Wellen und man spürt mitunter, wie sich dabei von neuem die Beziehungen zwischen Eltern und ihrem Kind anbahnen.

ELFTES KAPITEL

Rechtsschutz

In unserer Zeit hat der Angeklagte das Recht der Verteidigung gegen seine Anschuldigung und kann sich zu diesem Zweck mit einem Rechtsanwalt in Verbindung setzen. Dieser Rechtsschutz ist ein elementares Privileg. Daher bestimmt die moderne Gesetzgebung in vielen Ländern, daß, wenn der Angeklagte nicht die finanziellen Mittel für den Anwalt aufbringen kann, ihm der Staat zu Hilfe kommt und die Anwaltskosten trägt. Damit wird gewährleistet, daß der Angeklagte in der Prozeßführung nicht das Nachsehen hat, weil er die Kosten der Verteidigung nicht bestreiten kann. Man könnte ohne weiteres annehmen, daß dieser Grundsatz auch für jugendliche Straftäter gilt. Es ist gewiß unvorstellbar, daß der dem Erwachsenen zustehende Rechtsschutz dem Jugendlichen nur seines Alters wegen nicht gewährt werden soll. Wie wir sehen werden, liegen hier eine Reihe von Problemen vor, die der Klärung bedürftig sind.

In der Jugendstrafordnung vom Jahre 1937, die bis August 1971 hier in Kraft war, wird in dem Abschnitt, der sich mit der Errichtung eines Jugendgerichts und seinen Arbeitsbedingungen hinsichtlich des Ortes, der Prozeßordnung und der Anwesenheitsgenehmigung bei Jugendverfahren befaßt, gleichsam nebenher der Rechtsanwalt erwähnt. In Paragraph 3 (4) der genannten Strafordnung heißt es: „Außer den Richtern und Gerichtsbeamten, den Gerichtsparteien und anderen unmittelbar am Prozeß beteiligten Personen, darf kein Rechtsanwalt im Jugendgericht anwesend sein, außer wenn das Gericht es in einem bestimmten Fall für notwendig hält und seine Genehmigung erteilt".

Um das in diesem Paragraphen Gesagte richtig zu verstehen, muß man sich in den englischen Originaltext vertiefen:

„No person other than members and officers of the court and the parties to the case and other persons directly concerned in the case, and no advocate, shall be allowed to attend in a juvenile court, except by leave of the court in any particular case in which the court considers it desirable".

Man hat bei uns die Wendung „darf kein Rechtsanwalt im Jugendgericht anwesend sein" dahingehend interpretiert, daß ein Anwalt nicht das Recht habe einen jugendlichen Rechtsbrecher vor dem Jugendgericht zu verteidigen, es sei denn mit Genehmigung des Gerichts. Meiner Meinung nach trifft diese Interpretation nicht zu und ist sie die Folge einer gewissen Gepflogenheit der Anwälte im Gerichtsgebäude. Rechtsanwälte müssen manchmal warten, bis ihr Fall zur Verhandlung gelangt. Sie stellen sich dabei auch bei Prozessen anderer ein, darunter auch Strafverfahren, und warten bis sie an die Reihe kommen. Der genannte Paragraph soll meiner Ansicht nach verhüten, daß Rechtsanwälte ihre Wartezeit bei Jugendprozessen verbringen. Während diese Art Anwesenheit bei anderen Prozessen üblich ist, kann sie bei Jugendprozessen nicht geduldet werden, da damit das Prinzip der Verhandlung hinter verschlossenen Türen durchbrochen wäre.

Nach englischer Tradition wird allerdings der Anwalt in gewisser Hinsicht als zum Gerichtspersonal gehörig, als „Officer of the court" betrachtet. Diese haben natürlich das Recht anwesend zu sein. Ferner heißt es zu Beginn des genannten Paragraphen, daß die Prozeßbeteiligten anwesend sein können und ein Anwalt, der den Rechtsbrecher vertritt, gehört zweifelsohne zu den Parteien, deren Anwesenheit nicht der Genehmigung des Gerichts bedarf. Ein Anwalt, der bei einem Prozeß anwesend sein will, an dem er nicht beteiligt ist, oder wenn das Gericht die Anwesenheit eines Rechtsanwalts wünscht, muß daher vom Gericht dafür eine ausdrückliche Genehmigung erhalten. Das heißt, daß ein Anwalt bei einem Jugendprozeß nicht auf Grund seiner Eigenschaft als Anwalt, sondern nur mit Genehmigung des Gerichts anwesend sein kann.

Die Richtigkeit dieser Interpretation erfährt eine Bestätigung, wenn wir uns Zusatzbestimmung 6 der Jugendstrafordnung vom Jahre 1938 betrachten. Ich erwähnte diese Zusatzbestimmung bereits im Zusammenhang mit der Möglichkeit von Eltern und Vormund dem Jugendlichen bei seiner Verteidigung behilflich zu sein. Diese Zusatzbestimmung beginnt mit den Worten: „Das Gericht gestatte, außer in den Fällen, in denen der Jugendliche einen Anwalt hat, den Eltern. ." etc. („The Court shall, except where the juvenile is legally represented" . .)

Mit anderen Worten, der Rechtsvertreter des Jugendlichen, wenn er einen hat, hilft ihm bei der Führung seiner Verteidigung, denn das ist sein Beruf, während in den Fällen, in denen der Jugendliche keinen Anwalt hat, das Gericht auch Eltern oder dem Vormund erlauben soll, dem Jugendlichen bei seiner Verteidigung behilflich zu sein. Das ist übrigens auch die Situation in England, wo man niemals kommentierte, daß der jugendliche Rechtsbrecher nicht das Recht auf seine Verteidigung habe.

Infolge der fehlerhaften Interpretation der Worte „kein Rechtsanwalt", war es bei uns üblich, daß der Anwalt bei Gericht um die Erlaubnis nachsuchte den jugendlichen Rechtsbrecher zu vertreten. So weit mir bekannt ist, wurde ein solcher Antrag niemals verweigert. Wie gesagt ist sogar der Antrag auf die Rechtsvertretung zum Zwecke der rechtlichen Verteidigung überhaupt nicht notwendig.

Bekannt ist die Instruktion, die das Rechtsverfahren im Jugendgericht charakterisiert. Diese Instruktion basiert auf der Annahme, daß es nicht viele gibt, die um eine rechtliche Vertretung ansuchen und es weder viele Eltern noch viele Vormünder geben wird, die sich in Prozeßordnungen auskennen und dem jugendlichen Rechtsbrecher den Rechtsschutz angedeihen lassen können, damit er sein Recht bekommt. Darüber hieß es im Schlußabschnitt des Paragraphen 8 (5) der Jugendstrafordnung vom Jahre 1937: „Es ist Pflicht des Gerichts den Zeugen die als notwendig erachteten Fragen zu stellen". Hier haben wir eine klare Instruktion, die es dem Gericht zur Aufgabe macht dem jugendlichen Rechtsbrecher bei seiner Verteidigung behilflich zu sein. Diese Anweisung entspricht meiner Ansicht nach der Aufgabe des Jugendrichters und sie ist unter den sachlichen Umständen vernünftig. Das bedeutet, daß in gewisser Hinsicht der Jugendrichter selbst die Verteidigung des jugendlichen Angeklagten in die Hand zu nehmen hat. Ich selbst habe bei dieser Verteidigungshilfe niemals Schwierigkeiten gehabt und sie steht auch nicht im Widerspruch zur Aufgabe des Jugendrichters. Im Gegenteil, infolge der großen Bedeutung die dem Gericht zukommt, ist es natürlich und richtig, daß der Richter der schwachen Partei hilft, wenn das niemand außer ihm tun kann. Man kann mit Sicherheit sagen, daß wenn das Gericht zu dem Entschluß gelangte, daß die Anklage bewiesen ist, dieser Entscheidung der scharfe Stachel genommen wird, denn der Angeklagte nahm wahr, daß der Richter an seiner Stelle Fragen an den Zeugen richtete und vielleicht auch mit dem Vertreter der Anklage über die verschiedenen Interpretationen eines Gesetzes diskutierte. Der jugendliche Rechtsbrecher und seine Eltern können solchen Interpretationen nicht immer folgen, sie werden jedoch immer das Gefähl haben, daß der Richter ihnen zur Seite stand. Dieses Gefühl hat sowohl für den Jugendlichen als auch seine Eltern große Bedeutung.

Die Tatsache läßt sich natürlich nicht verheimlichen, daß die Möglichkeiten des Richters, den Jugendlichen zu verteidigen, begrenzter sind als jene des Rechtsanwalts. Die Begrenztheit liegt hauptsächlich darin, daß der Richter bei der Verteidigung nur auf Grund des dem Gericht beim Prozeß vorgelegten Materials Hilfestellung leisten kann. Der Richter weiß nicht, was über den Fall, in den der jugendliche Angeklagte verwickelt ist, in den Akten der Polizei steht, unter welchen Umständen es zu seinen Aussagen kam und wie oft er verhört wurde. Der Richter weiß auch nicht, wer die übrigen Leute sind, die von der Polizei als Zeugen vernommen wurden und was der Inhalt ihrer Zeugenaussagen ist. Der polizeiliche Ankläger unterbreitet in der Regel dem Gericht nur jenes Material, das seiner Meinung nach geeignet ist die dem Jugendlichen zugeschriebene Schuld zu beweisen. Wenn ein Jugendlicher von der Polizei vor Gericht gestellt wird, geht sie von der Annahme aus, daß er das ihm zugeschriebene Vergehen begangen hat.

Der Rechtsanwalt wird demgegenüber, nachdem er die Verteidigung des jugendlichen Angeklagten übernommen hat, Einsicht in die Polizeiakte nehmen und gelegentlich feststellen, daß sich auf Grund des vorhandenen Materials keinesfalls mit Sicherheit oder auch nur dem Anschein von Sicherheit behaupten läßt, daß der Jugendliche die ihm zugeschriebene Tat verübt hat. Da er den Inhalt der Polizeiakte, die Zeugenaussagen und die Art ihres Zustandekommens kennt, kann er dem Gericht im allgemeinen ein vollständigeres Bild der Umstände des Falles unterbreiten. Kraft seiner Funktion kann er genau darauf achten, daß unzulässige Beweise nicht angenommen werden, kann er sich bei der Befragung der Zeugen der Anklage auf die Dinge stützen, die sie bei der Polizei sagten oder nicht sagten und kann er auch seinen Zwecken entsprechende Verteidigungszeugen beibringen. Es kann nicht bezweifelt werden, daß die Möglichkeiten eines wirklichen Rechtsschutzes ergiebiger sind, wenn der jugendliche Rechtsbrecher durch einen Anwalt verteidigt wird.

Aber im Jugendgericht sind noch andere Aspekte zu erblicken, die für den jugendlichen Rechtsbrecher bedeutend sind oder sein können. Wie wir schon oben sagten, bemüht sich der Jugendrichter sowohl mit dem Jugendlichen als auch seinen Eltern mit Hilfe des Dialogs in einen unmittelbaren Kontakt zu treten. Den Umständen entsprechend wird der Richter versöhnlich und nachsichtig oder hart und streng sein. In jedem Fall liegt die Absicht vor, eine passende Atmosphäre zu schaffen, in der auf den jeweiligen Fall der richtige Einfluß genommen werden kann.

Diese Möglichkeit ist dahin, wenn ein Anwalt den Angeklagten verteidigt. In diesem Fall ist es die Aufgabe des Jugendlichen sich lediglich passiv zu verhalten. Er kann sogar mit „den Händen im Schoß“ dasitzen und „vergessen“, daß sich die Verhandlung um ein Vergehen dreht, dessen er selbst beschuldigt wird.

In den meisten derartigen Fällen kommt es bei der Verhandlung zur Besprechung formeller und juridischer Kategorien, von denen der Jugendliche nicht das geringste versteht und denen er nicht folgen kann. So kann man den Antrag eines Rechtsanwalts verstehen, der mich bat den Prozeß „ohne die Anwesenheit des Jungen führen zu dürfen, da er von den rechtlichen Dingen ohnehin nichts verstehe und es auch schade sei, wenn er die Schule versäume.“ Als ich den Antrag ablehnte, wunderte sich der Anwalt über meine Einstellung, da seiner Meinung nach das Jugendgericht es mit den Prozedurvorschriften nicht so genau nehmen müßte, wenn ein Anwalt über sie wacht.

Es kommt vor, daß ein Rechtsanwalt dem Jugendlichen rät die ihm zugeschriebene Schuld nicht zu bekennen, doch nach der Aussage eines oder zweier Zeugen empfiehlt er dem Jugendlichen zu gestehen. Diese Verfahrensweise des Rechtsanwalts ist nicht inkorrekt, denn natürlich wollte er sich zuerst vergewissern, was und wie die Zeugen der Anklagebehörde aussagen werden.

Wie wirkt sich nun der Ratschlag, den der Anwalt dem Jugendlichen gab, auf diesen in pädagogischer Hinsicht aus? Er hatte doch zuerst die Hoffnung, daß es seinem Anwalt gelingen werde den Prozeß zu seinen Gunsten zu beenden, und nun rät ihm der Anwalt genau das Gegenteil seiner zuvor bei Gericht gemachten Aussage zu sagen. Die Erwartung und Hoffnung, die vom Jugendlichen und seinen Eltern gehegt werden, wenn sie sich an einen Anwalt um Rechtsschutz wenden, lassen sie manchmal völlig die tatsächliche Situation verkennen. Sie haben die Einstellung „mein Rechtsanwalt wird mich schon aus der Sache herausbeißen". Natürlich ist dann die Verzweiflung groß, wenn trotz der Verteidigung des Anwalts die Schuld bei Gericht bewiesen wird. Andererseits kann es vorkommen, daß ein Jugendlicher, der dank einer geglückten Verteidigung freigesprochen wurde, weiterhin Vergehen verübt, weil er hofft, daß ihm das Glück auch in Zukunft hold ist. Kann dieser Umstand sein Verhalten und seinen Charakter in der Zukunft beeinflussen?

Das Auftreten eines Verteidigers in einem Prozeß gegen einen jugendlichen Straftäter erzeugt in vielen Fällen beim Angeklagten und auch bei seinen Eltern ein gutes und angenehmes Gefühl. Die Tatsache, daß ein Fachmann in Rechtsangelegenheiten ihnen gegen das Gericht zur Seite steht und sie verteidigt, erzeugt auch ein Gefühl der Sicherheit. Dieses Sicherheitsgefühl hat ein überaus großes Gewicht und übertrifft alle oben erwähnten Begleiterscheinungen. Hier wirken manchmal unsichtbare Dinge, die es dem Anwalt ermöglichen auf den Prozeß Einfluß zu nehmen und in die richtige Bahn zu lenken, während andere Fachleute aller Art in ihren Bemühungen scheitern. Auch wenn zu meinem Bedauern die Fälle selten sind, in denen sich die Anwälte auch jenseits der rechtlichen Vertretung für den jugendlichen Rechtsbrecher interessieren, muß man feststellen, daß auch hier Möglichkeiten gegeben sind, die man zwecks Resozialisierung des jugendlichen Rechtsbrechers ausbauen sollte.

Wie schon an anderer Stelle erwähnt, bestimmt das neue Jugendgesetz von 1971, daß das Jugendgericht aus eigener Initiative, und auf Kosten des Staates für den jugendlichen Beschuldigten einen Anwalt ernennen kann, wenn es ihm dünkt, daß dies im Interesse des Beschuldigten ist.

ZWÖLFTES KAPITEL

Berufungsverfahren

Ich will hier nicht die zahlreichen rechtlichen und prozeduralen Seiten behandeln, die mit dem Einlegen von Berufung verbunden sind. Darüber mag man in den Rechtsbüchern nachlesen, die die verschiedenartigen Aspekte dieser Rechtskategorie behandeln. Ich will mich hier nur mit der Erhellung einiger Punkte begnügen, die sich manchmal bei Berufungsverfahren gegen Entscheidungen des Jugendgerichts ergeben.

In der Frage der Berufungseinlegung wurden im Laufe der Jahre, bis die Strafrechtsordnung von 1965 in Kraft trat, sowohl für den Angeklagten als auch die Anklagebehörde die verschiedenartigsten Bestimmungen erlassen. Bis zum 15. 1. 1966 sah das Gesetz bestimmte Gründe vor, nach denen Berufung eingelegt werden konnte und unsere Gerichte ließen bei der Auslegung dieser Gründe einen großen Spielraum zu.

Seit die Strafrechtsordnung von 1965 in Kraft trat, wurden diese Paragraphen jedoch annulliert und jetzt unterliegen Berufungsgründe keinen Beschränkungen mehr. Wenn „in der Berufungseinlegung keine Revisionsgründe angegeben oder wenn sie nicht genügend detailliert wurden, kann das Gericht unter Innehaltung einer Frist auf Revisionsgründe oder ihre Detaillierung aufmerksam machen. Wird innerhalb der Frist keine Berufung eingelegt, so kann das Gericht zu Beginn der Berufungsverhandlung die Berufung aus Mangel an Gründen ablehnen“ (Paragraph 184).

Die Frist zur Einlegung von Berufung gegen ein Urteil des Friedensgerichts beträgt zur Zeit 45 Tage vom Tag der Urteilsverkündung an. Das Recht auf Berufung erscheint im Paragraph 29 (A) des Gerichtsgesetzes von 1957, wo es heißt: „Gegen das Urteil eines Friedensgerichts kann vor einem Bezirksgericht Berufung eingelegt werden*.“ Doch ist das nicht die letzte Instanz. Paragraph 19 (B) desselben Gesetzes sagt, daß gegen das Urteil eines Bezirksgerichts auch vor dem Obersten Gericht Berufung eingelegt werden kann, wenn dazu, wie im Gesetz ausgeführt, Genehmigung erteilt wurde. Diese Genehmigung kann man vom gleichen Bezirksgericht erhalten, bei dem man Berufung eingelegt hatte, und wenn das Gericht die Genehmigung verweigert, kann sich der Angeklagte mit einem besonderen Antrag an das Oberste Gericht wenden, um die Erlaubnis für eine Berufungsverhandlung zu erwirken. In den seltenen Fällen, in denen jugendliche Rechtsbrecher bis zur höchsten Instanz gehen, handelt es sich meistens um eine Gefängnisstrafe, die vom Jugendgericht verhängt wurde.

* Criminal Procedure Law 1965, Gesetze des Staates Israel, Bd. 19, S. 158.

Im Fall 11/67, der vor dem Präsidenten des Obersten Gerichts Dr. S. Agranat am 25. 1. 67 verhandelt wurde, heißt es in den Akten: „Trotz des jugendlichen Alters des Antragstellers sehe ich im Hinblick auf den Charakter des ihm zugeschriebenen Vergehens, seine Vorstrafen und den Bericht des Bewährungshelfers vom 30. 11. 66 keine Aussichten zu einer Einmischung in das Urteil. Der Antrag auf Genehmigung der Berufung wird abgelehnt."

In dem Fall handelte es sich um einen 15½jährigen Jungen, der im Laufe von vier Jahren zahlreiche Vergehen verübt hatte. Am Anfang wurde er der Aufsicht des Bewährungshelfers unterstellt, der sich um seine Resozialisierung bemühte, indem er ihn in die Schule einordnete und ihm dann eine Lehrstelle verschaffte. Aber nicht nur, daß der Junge bei diesen Resozialisierungsbemühungen nicht mitmachte, er setzte seine Vergehen noch fort. Schließlich schickte ich ihn in eine Erziehungsanstalt, aber auch diese Maßnahme trug nicht zur Besserung seines Verhaltens bei. Er entwich immer wieder aus der Anstalt und bei diesen Gelegenheiten ließ er sich eine Menge Vergehen zu Schulden kommen. Als wir mit allen unseren Mitteln am Ende waren, schickte ich ihn für anderthalb Jahre, d. h. für die Zeit, die er noch im Heim hätte verbringen müssen, ins Jugendgefängnis. Gegen diesen Beschluß legte er Berufung beim Bezirksgericht ein, das seine Berufung ablehnte, weshalb er sich dann an das Oberste Gericht wandte.

Eine ähnliche Entscheidung erging im Obersten Gericht, das in einer Zusammensetzung von drei Richtern tagte. Auch an dieser Entscheidung läßt sich die Problematik der Fälle erkennen, die in der Berufungsinstanz verhandelt werden. In der Gerichtsakte 148/66 vom 14. 4. 1966 heißt es: „Eines der betrüblichen Dinge, die der Jugendrichter zu tun gezwungen ist, ist daß er aus Mangel an einer geschlossenen Anstalt für jugendliche Rechtsbrecher, einen Fünfzehnjährigen zu Gefängnis verurteilen muß."

In dem genannten Fall wurde der Antragsteller 1964 zu zwei Jahren Erziehungsanstalt wegen Einbruchs, Diebstahls, falscher Zeugenaussage und noch vieler anderer Vergehen verurteilt. Während er in der Anstalt war, versuchte man ihn auf eine gewisse Zeit nach Hause zu entlassen, aber der Versuch mißlang. Nun wurde er wegen eines Sittlichkeitsvergehens verurteilt. Das Gericht zog auch eine Reihe von weiteren Einbrüchen in Betracht, die er außerhalb seines Anstaltsaufenthalts verübt hatte. Der Jugendrichter verurteilte ihn zu anderthalb Jahren Gefängnis und das Bezirksgericht wies seine Berufung ab, „Die genannte Strafe ist nicht zu schwer und daher lehnen wir den Antrag auf die Genehmigung Berufung einzulegen, ab." Doch der Regenbogen hat viele Farben und es gibt Fälle, in denen das Oberste Gericht, trotz des Fiaskos anderer Gerichte, einen nochmaligen Versuch unternimmt, da man ja nie wissen kann, wann dem Jugendlichen die richtige Einsicht dämmert und er beschließt sein Verhalten zu ändern. Es muß gesagt werden, daß es wahrscheinlich nur wenige Orte gibt, in denen die Gerichte ein solches Maß Geduld für Straftäter und besonders Jugendliche aufbringen. Zu unserem Glück erblickten alle Instanzen in der

Resozialisierung des jugendlichen Straftäters eine Herausforderung und sind immer wieder bereit auf die Strafe zu verzichten, wenn sich nur ein Silberstreifen der Besserung am Horizont zeigt.

Der folgende Fall beweist an Stelle von Hunderten diese Tendenz.

J., ein 14¹/₂jähriger Junge hatte bereits 140 Vergehen verübt, meistens Diebstahl und Einbrüche. Im Laufe von dreieinhalb Jahren unternahm man Versuche ihn zu resozialisieren, aber es war alles vergeblich. Der Richter am Jugendgericht schickte den Jungen ins Jugendgefängnis und in seiner Urteilsbegründung hieß es u. a.: „Der Angeklagte ist heute 14¹/₂ Jahre alt, ist aber bereits durch eine Reihe von Resozialisierungsphasen gegangen. Alle Versuche scheiterten. Er konnte nicht von seiner Gewohnheit lassen, sich am Eigentum anderer zu vergreifen, wenn er nur Gelegenheit dazu hatte. Ich erwog genau alle mir zu Gebote stehenden Möglichkeiten den Angeklagten nach der Jugendstrafordnung zu behandeln und ich gelangte zu dem klaren und entscheidenden Schluß, daß der Angeklagte, trotz seines jugendlichen Alters in eine gefährliche Phase der Delinquenz gekommen ist, und für die Öffentlichkeit bereits tatsächlich eine Gefahr bildet. Auch die Bewährungshelferin teilte in ihrem Bericht 2/N mit, daß die Leitung der Jugendanstalt, in der sich der Angeklagte befindet, „mit seinen Problemen nicht fertig werden und keine Besserung seines Zustandes erreichen kann. J. läuft oft davon und übt einen vernichtenden Einfluß auf die übrigen Heimkinder aus", so daß Heimleiter und Bewährungshelfer „angesichts der ernsten Lage des Jungen" keine andere Wahl hatten, als um eine längere Gefängnishaft einzukommen.

Es ist mir völlig klar, daß die sofortige und dringende Notwendigkeit besteht, den Angeklagten von der Gesellschaft zu isolieren und ich würde ihn ohne Zögern in eine geschlossene Anstalt schicken, wenn es eine gäbe, um ihm soziale Gewohnheiten, ein ordentliches Verhalten und einen Beruf beizubringen, die ihm in der Zukunft eine produktive Eingliederung in das Arbeitsleben ermöglichen würden. Doch zu meinem großen Bedauern gibt es keine derartige geschlossene Anstalt und es bleibt mir daher keine andere Wahl als ihn trotz seines zarten Alters ins Gefängnis zu schicken."

J. legte Berufung beim Bezirksgericht ein, das den Beschluß des Jugendgerichts bestätigte. Daraufhin stellte er beim Obersten Gericht den Antrag für eine weitere Berufungsverhandlung. Einige Entscheidungen des Obersten Gerichts zeichnen sich in letzter Zeit durch eine interessante Erscheinung aus. Als letzte Instanz in der Revision eines Strafverfahrens beschließt das Oberste Gericht manchmal die letzte Entscheidung zu vertagen, um dem jugendlichen Straftäter noch einmal Gelegenheit zu geben, sein Verhalten zum Guten zu ändern. Der Jugendliche weiß und beurteilt das auch meistens ganz richtig, daß dieses Angebot einer letzten Gelegenheit ein Akt der Milde ist und er sich ihrer würdig erweisen muß, wenn die gerichtliche Entscheidung zu seinen Gunsten ausfallen soll. Darin liegt eine Art Herausforderung und der Bewährungshelfer oder der Anstaltsleiter bieten daher dem Jugendlichen ein Maximum an Hilfe an, damit er die Herausforderung annehmen und sie bestehen kann.

In Sachen J., Akten 663/65 erließ das aus drei Richtern zusammengesetzte Oberste Gericht die folgende Anordnung: „Gemäß der Empfehlung der Bewährungshelferin weisen wir an, daß der Antragsteller auf eine Bürgschaft seiner Eltern in Höhe von IL 500.— freigelassen wird. Die Freilassung erfolgt am 20. 4. 1966, damit der Antragsteller an demselben Tag in einer Jugendanstalt versuchsweise aufgenommen wird. Die Erledigung des Antrags wird auf ein Datum verschoben, das sofort nach den Sommerferien festgesetzt wird. Bis zu diesem Datum wird der Angeklagte in der Anstalt verbleiben, es sei denn, daß dieses Gericht auf Antrag des Justizberaters oder der Bewährungshelferin eine andere Weisung erteilt. Die Bürgschaftsleistung kann im Jugendgericht von Tel Aviv unterzeichnet werden."

Mit dieser Entscheidung brachte das Oberste Gericht eine hervorragende pädagogische Einstellung zum Ausdruck. Das Gericht ging davon aus, daß der Jugendliche, aus seinen Handlungen und nachdem er, wenn auch nur kurze Zeit lang, Erfahrung mit dem Gefängnis gemacht hatte, seine Lektion gelernt haben würde. Einerseits konnte man natürlich unmöglich wissen, ob sich diese Annahme bestätigen würde, andererseits aber zog man in Betracht, daß die Vertagung der letzten Entscheidung den Jugendlichen zu einem normalen Verhalten anspornen könnte.

Zum Unglück stellte sich heraus, daß der Junge unter den Bedingungen einer offenen Erziehungsanstalt nicht lange seinen Versuchungen widerstehen konnte. Nachdem weniger als ein halbes Jahr seit obiger Entscheidung vergangen war, stand er wiederum vor drei Richtern des Obersten Gerichts, die ihm unter anderem sagten: „ . . . Wir waren von den Worten der Bewährungshelferin beeindruckt, die in ihrem Bericht vom 20. 3. 1966 sagte: „Nach dem Schock der Gefängnishaft hat J. heute genügend Verständnis für seine Situation, um zu begreifen was in Zukunft gut für ihn ist. Zu unserem Bedauern hatte die Bewährungshelferin mit ihrer optimistischen Vorhersage nicht recht. Heute erfuhren wir, daß der Antragsteller aus dem Heim entwichen war und weitere Vergehen verübte, deretwegen er vor Gericht gestellt werden wird. Unter diesen Umständen ist klar, daß wir trotz des Alters des Antragstellers, der heute etwa 15 Jahre alt ist, keine andere Wahl haben als den Gerichtsbeschluß zu bestätigen. Der Antrag auf Berufung wird abgelehnt."

Die Kompetenzen der Berufungsinstanzen, die uns im Zusammenhang mit dem hier Gesagten interessieren, finden sich jetzt in der Strafrechtsordnung von 1965.

Paragraph 192 lautete: „Das Gericht kann aus dem Beweismaterial, das der vorherigen Instanz vorlag oder ihm vorliegt, andere Folgerungen ziehen als sie die vorherige Instanz gezogen hatte oder auch feststellen, daß das Material keinen Grund für die Folgerungen bildete."

Und Paragraph 193 bestimmt:

Das Gericht kann bei seiner Urteilsfällung eines der folgenden Dinge tun:

1. Es kann die Berufung annehmen, ganz oder zum Teil, und das Urteil der vorherigen Instanz verändern oder aufheben und ein anderes Urteil fällen, oder den Prozeß mit Instruktionen an die vorherige Instanz zurückverweisen;

2. es kann die Berufung ablehnen;

3. es kann im Zusammenhang mit dem Urteil jeden anderen Beschluß fassen, den die vorherige Instanz hätte fassen dürfen."

Während der Mandatszeit wurden die meisten Berufungen des Friedensgerichts vor einem einzigen Richter verhandelt — wenn er Engländer war, oder vor zwei Richtern, wenn sie Einheimische waren. In ernsten Fällen waren es natürlich auch drei Richter.

Seit Gründung des Staates wurde eingeführt, daß jede Berufung gegen ein Urteil des Friedensgerichts vor drei Richtern des Bezirksgerichts verhandelt wird. Dieser Brauch fand seinen Niederschlag im Gesetz und findet sich in Paragraph 15 (A) (2) des Gerichtsgesetzes von 1957. Praktisch liegt uns hier die Erneuerung des Brauchs vor, der bereits in alten Zeiten bestand, wie wir aus dem Talmudabschnitt Sanhedrin, 1. Kapitel, wissen. Aber auch anderswo finden sich Belegstellen für Vergehen, die vor einem dreiköpfigen Gericht verhandelt wurden.

Das Problem der Revision von Urteilen des Jugendgerichts ist in vielerlei Hinsicht verschieden vom Berufungsverfahren bei Urteilen der Gerichte für Erwachsene. Es gibt Länder, in denen man überhaupt nicht Berufung gegen Urteile des Jugendgerichts einlegen kann, da es um Erziehungsbelange geht und man gut daran tue nicht in sie einzugreifen. Gewisse Länder in den Vereinigten Staaten von Amerika gestatten eine Berufung nur in bezug auf ein rein rechtliches Problem, in anderen Ländern dort muß zuerst beim Jugendgericht der Antrag gestellt werden, es möge seinen Beschluß überprüfen und erst wenn diese Überprüfung nicht zu einer anderen Entscheidung geführt hat, kann man bei einer höheren Instanz in Berufung gehen.

Ziemlich häufig sind die Fälle, in denen sich Richter eines Jugendgerichts rühmen, daß niemals gegen ihr Urteil Berufung eingelegt wurde. In Wirklichkeit sind es manchmal gesetzliche Beschränkungen, die ein Berufungsverfahren unmöglich machen. Daß nicht Berufung eingelegt wird, rührt hauptsächlich daher, daß der Angeklagte beim Jugendgericht keinen Anwalt hat, oder daß er die mit einer Berufung verknüpfte Prozedur nicht kennt. Meistens fehlen ihm auch die notwendigen finanziellen Mittel, um gegen den Staat zu prozessieren. Man muß zugeben, daß die Nichteinlegung von Berufung nicht unbedingt von der Weisheit des Richters herrührt, so groß diese auch sein mag.

Meiner Meinung nach bietet eine Berufung bei einer höheren Instanz dem Menschen ein größeres Maß der Sicherung seiner elementaren Rechte und daher muß man Berufungen gegen die Urteile des Jugendgerichts zulassen. Ich meine außerdem, daß die Möglichkeit gegen das Urteil des Jugendgerichts Berufung einzulegen durch die Realität geboten ist, weil die Verhandlungen hinter verschlossenen Türen geführt werden. Da der Minderjährige meistens keinen Anwalt hat, kann es geschehen, daß sich der junge Mensch einem Beschluß des Gerichts hilflos ausgesetzt sieht. Selbst wenn wir annehmen, daß das Jugendgericht nur Erziehungsmaßnahmen ergreift, bleibt es dennoch eine Pflicht, dem Jugendlichen das Recht auf Gegenvorstellungen einzuräumen. Erst recht dann, wenn die Erziehungsmaßnahmen unzureichend sind und der Richter eine Aufsichtsanordnung auf einige Jahre erlassen muß oder den jugendlichen Straftäter ins Gefängnis schickt. Solche rigorose Entscheidungen folgen nicht allein aus der Schwere des Vergehens, sondern aus der erzieherischen und sozialen Lage des jugendlichen Straftäters. Daher kommt einer höheren Instanz ein unerläßlicher Wert zu. Gerade weil es sich um Minderjährige handelt, muß man die Grundrechte wahren, die jeder erwachsene Staatsbürger genießt.

Es nimmt daher wunder, daß der israelische Gesetzgeber es im Jugendgesetz (Schutz und Aufsicht) von 1960 für einen Vorzug ansieht, daß im Falle von Minderjährigen die Berufung vor einem Einzelrichter stattfindet. Paragraph 16 des Gesetzes lautet: „Gegen den Beschluß dieses Gerichts nach diesem Gesetz kann beim Bezirksgericht Berufung eingelegt werden, die von einem Einzelrichter des Bezirksgerichts entgegengenommen wird." Die Angelegenheiten, die nach dem Jugendgesetz verhandelt werden, sind schwerwiegend und sie sind sowohl für die Entwicklung des Minderjährigen als auch für seine Eltern und ihre Verantwortung gegenüber ihren Kindern sehr bestimmend. Man kann das Gesetz auf verschiedene Weise auslegen, das gilt auch von den Folgerungen, die aus den Lebensbedingungen Minderjähriger gezogen werden müssen. Doch darf sich niemand erkühnen zu behaupten, daß die Tatsache, daß ein Richter der einen oder anderen Gerichtsinstanz angehört, eine richtigere Interpretation des Gesetzes verbürgt, oder daß seine Ansicht über zu ergreifende Maßnahmen derjenigen des Gerichts vorzuziehen ist, das sich mit der Sache zuerst befaßte. Faktisch stehen sich hier zwei Ansichten gegenüber, die beide gleichberechtigt und unabhängig sind. Das ist aber nicht der Fall, wenn in der Berufungsinstanz drei Richter sitzen.

Man muß noch einen wichtigen Aspekt untersuchen, der mit der Berufung verbunden ist, die beim Bezirksgericht eingelegt wird. Diese Instanz ist besonders wichtig, weil die Aussichten bei ihr das Berufungsverfahren anhängig zu machen, konkreter sind als bei einer Berufung beim Obersten Gericht. Das Bezirksgericht befaßt sich im allgemeinen mit schwerwiegenden Angelegenheiten. Wenn der Minderjährige Berufung einlegt, müssen sich die Richter des Bezirksgerichts auf eine ganz andere Ebene begeben, weil man an ihn nicht dieselben Maßstäbe anlegen kann wie bei Erwachsenen. Man muß auch die Tatsache bedenken, daß sich Minderjährige verschiedener Manipulationen zu bedienen wissen, um ihr Ziel bei der Berufungsinstanz zu erreichen. Es besteht auch eine an sich natürliche Neigung, den dort abgegebenen Versicherungen Glauben zu schenken. Konzilianz und Nachgiebigkeit können aber zu einem Hindernis werden und die ersten Versuche des Minderjährigen der Wirklichkeit ins Auge zu sehen, zunichte machen. Als Lösung erscheint mir, wäre es erwünscht einem Verfahren zuzustimmen, das dem Jugendrichter ermöglicht einer der drei Richter des Bezirksgerichts zu sein, die über die Berufung des jugendlichen Straftäters befinden[1]. Der Jugendrichter kann in dieser Position die Gründe für seine Entscheidung erklären. Es braucht nicht befürchtet zu werden, daß eine solche Zusammensetzung zur Beugung des Rechts führen könnte; denn der Jugendrichter kann mit seiner Ansicht in der Minderheit bleiben. Andererseits, wenn sich seiner Meinung auch die übrigen Richter anschließen, ja auch nur einer von ihnen, liegt darin ein zusätzlicher Beweis für die Richtigkeit der Maßnahme, die das Jugendgericht ergriffen hatte. Dieser Vorschlag findet eine Unterstützung in den Worten des Präsidenten des Obersten Gerichts (Aktz. 37/61) vom 6. 2. 1961.

Ein etwa 15jähriger jugendlicher Straftäter legte Berufung ein. Er hatte im Laufe von 3—4 Jahren Dutzende von Vergehen verübt. Im Verlauf dieser Zeit bestand gegen ihn ein Heimunterbringungserlaß, doch war er immer wieder aus dem Heim fortgelaufen. Während er sich außerhalb des Heimes befand, riß die Serie seiner Vergehen nicht ab. Man muß bemerken, daß, als er noch jünger war, etwa 10—12 Jahre, seine Vergehen einen leichteren Charakter hatten. Dieses Bild wurde immer trüber, als er sich dem 14. Lebensjahr zu nähern begann. Seine Vergehen wurden immer verwegener und schwerer. Da alle Resozialisierungsversuche der zahlreichen Anstalten, die sich aufopferungsvoll um ihn kümmerten, vergeblich blieben, verurteilte ich ihn wegen einer Serie von Einbrüchen zu drei Jahren Jugendgefängnis. Er legte beim Bezirksgericht Berufung ein, indem er geltend machte, daß die Strafe zu schwer sei und tatsächlich reduzierte die Berufungsinstanz des Bezirksgerichts die Strafe auf anderthalb Jahre. Der Junge glaubte, daß auch diese Strafe noch zu schwer sei und beschloß beim Obersten Gericht Berufung einzulegen. Das Bezirksgericht ließ den Berufungsantrag nicht zu und da wandte sich der Angeklagte unmittelbar an den Präsidenten, Oberrichter Olschan, und bat um seine Intervention.

Der Präsident sagte wörtlich: „Der Antragsteller ist eine Junge im zarten Alter, der vom Jugendrichter zu drei Jahren Jugendgefängnis verurteilt wurde. Er legte beim Bezirksgericht Berufung ein, das die Strafe auf anderhalb Jahre Gefängnis reduzierte. Der Antragsteller will jetzt beim Obersten Gericht Berufung einlegen. Ich sehe keinerlei Grund, ihm die Genehmigung zur weiteren Berufung zu gewähren. Wenn ich Zweifel hege, so bezüglich der Einmischung des Bezirksgerichts in das vom Jugendrichter gefällte Urteil. Der Antragsteller hat 138 Vergehen verübt und aus dem Urteil des Jugendrichters geht hervor, daß er der Meinung war, daß sowohl das Wohl der Öffentlichkeit als auch des Antragstellers eine längere Haft-

[1] Dieser Vorschlag wurde im Jugendgesetz von 1971 verankert.

strafe notwendig machen. Angesichts der besonderen Erfahrung, die der Jugendrichter in der Behandlung jugendlicher Rechtsbrecher hat, würde ich meinen, daß seinen Überlegungen bezüglich der Bestrafung jugendlicher Rechtsbrecher ein besonderes Gewicht zukommt. Der Antrag wird abgelehnt."

Die Tatsache verdient Anerkennung, daß das Jugendgericht einen jugendlichen Straftäter nur dann zu Gefängnis verurteilt, wenn andere Maßnahmen zu seiner Behandlung unternommen wurden, Maßnahmen, die manchmal Jahre lang dauern. Der Jugendrichter fragt sich oft, ob er im Hinblick auf seine Verantwortung für die Sicherheit der Öffentlichkeit immer wieder Resozialisierungsversuche fortsetzen kann. Und wenn er zu dem Entschluß gelangt, eine Gefängnisstrafe zu verhängen, so hat er dabei die Erziehung und Pflege des Rechtsbrechers vor Augen, obgleich sich diese Vorstellung als Strafe äußert. Es ist nicht absurd zu sagen, daß ein „Gnadenerweis" in einem solchen Fall nicht immer eine Gnade ist. Ich will nicht dartun, daß kein Grund besteht, die vom Jugendgericht verhängte Gefängnisstrafe zu reduzieren. Im Gegenteil, ich bejahe die Berufungseinlegung, um alle Probleme erschöpfend zu behandeln und Standpunkte auszugleichen. Die logische Folgerung, die daraus zu ziehen ist: der Jugendrichter gehört zu den anderen Richtern, die die Berufung anhören.

In diesem Zusammenhang soll eine interessante Entscheidung erwähnt werden, die kürzlich vom Obersten Gericht gefällt wurde. 1962 trat ein Zusatzgesetz zur Strafgesetzordnung von 1936 in Kraft[2], das vom Geist der Sorge um einen größeren rechtlichen Schutz für Frauen und junge Mädchen getragen war, die Opfer von Kupplern geworden waren. Dieses neue Gesetz enthält eine Anzahl neuer und interessanter Ausführungsbestimmungen, von denen wir hier nur eine nennen wollen, weil sie unmittelbar mit der Bewährungsaufsicht zusammenhängt. Paragraph 10 dieses Gesetzes lautet: „Ist eine Person eines Vergehens unter Paragraph 1, 2 oder 3 dieses Gesetzes für schuldig gesprochen worden, so soll sie eine Gefängnisstrafe erhalten, entweder als einzige Strafe oder in Verbindung mit einer anderen Strafe, aber eine bedingte Gefängnisstrafe darf nicht ausgesprochen werden." Das Oberste Gericht von Israel entschied sich am 31. Oktober 1963 den oben erwähnten Paragraphen 10 auf die folgende Weise zu interpretieren. Bevor wir die Quintessenz dieser Entscheidung wiedergeben, muß gesagt werden, daß das Oberste Gericht gewöhnlich durch drei Richter konstituiert wird, wenn es als Berufungsinstanz des Bezirksgerichts tagt. Ein Abschnitt der Gerichtsgesetze von 1957[3] sah jedoch vor, daß jede Partei eine weitere Anhörung über besondere Fragen, das heißt Angelegenheiten prinzipieller Art beantragen kann. Wenn einem solchen Antrag stattgegeben wird, tagt das Oberste Gericht mit fünf oder mehr Richtern. Der uns beschäftigende Fall

---

[2] Penal Law Amendment (Prostitution offence) 1962, Laws of the State of Israel, Bd. 16, 1961/62, S. 67 (Englische Übersetzung).

[3] Courts Law 1957, ibid., Bd. II, 1956/57, S. 157.

wurde zuerst im Obersten Gericht von drei Richtern angehört, und als einer weiteren Verhandlung stattgegeben worden war, gehörten ihm fünf Richter an. Es ging um die Frage, ob ein Gericht verpflichtet ist eine schuldig gesprochene Person zu Gefängnis zu verurteilen — mit oder ohne zusätzliche Strafe — wenn, wie im obigen Paragraphen 10 erwähnt, Paragraph 1, 2, 3 des genannten Gesetzes gilt, oder ob ein Gericht von einer Bestrafung absehen kann und gemäß Paragraph 3 (2) der Bewährungsaufsichtsordnung von 1944 lediglich Bewährung anordnen kann. In diesem Fall wurde mit einer Mehrheit von 3 zu 2 beschlossen die Entscheidung zu bestätigen, die von demselben Gericht getroffen wurde, als seine drei Richter mit einer Mehrheit von 2 zu 1 entschieden hatten, daß Bewährungsanordnung an die Stelle von Gefängnis treten kann.

In der Präambel zur Entscheidung hieß es: „Der Kläger wurde im Bezirksgericht wegen Kuppelei nach Paragraph 1 (a) (2) der Neufassung des Strafgesetzes (Vergehen der Prostitution) von 1962 verurteilt. Nach den besonderen Umständen dieses Falles wurde er nicht bestraft, sondern auf drei Jahre der Aufsicht eines Bewährungshelfers unterstellt. Der Revisionsantrag des Generalstaatsanwalts (C. A. 69/63) wurde durch Mehrheitsentscheidung verworfen und auf seinen Antrag wurde zwecks Interpretation des Paragraphen 10 des oben genannten Gesetzes im Hinblick auf das in Paragraph 3 (2) des Bewährungsaufsichtsgesetzes von 1944 eine neue Verhandlung anberaumt". Es heißt dort ferner: „Die Formulierung Vergehen, das mit Gefängnis bestraft wird, wie sie in Paragraph 3 (2) des Bewährungsaufsichtsgesetzes von 1944 erscheint, beschreibt die Arten von Vergehen, für die anstatt einer Strafe (Gefängnisstrafe oder Geldstrafe) Bewährung angeordnet werden kann und es ist unerheblich, auf welche Weise das Gericht den Straffälligen bestraft, ob durch eigene oder delegierte Autorität. „Vergehen die mit Gefängnis bestraft werden können", sind auch solche, in denen eine Gefängnisstrafe mandatorisch ist. Der erwähnte Paragraph 3 (2) ist auf jedes Vergehen, das „mit Gefängnis oder einer Geldstrafe geahndet werden kann", anwendbar. Man kann nicht behaupten, daß diese Formulierung das Vergehen nur auf Fälle beschränkt, in denen von „Gefängnis oder Geldstrafe" unter Ausschluß einer mandatorischen Gefängnisstrafe die Rede ist. Der Sinn der Formulierung ist zweifelsohne „Vergehen, die mit Gefängnis bestraft werden können", oder „Vergehen, die mit einer Geldstrafe bestraft werden können". Denn in dem Ausdruck „bestraft werden können" wird eine Strafe, die keine „mandatorische Strafe" ist, nicht eingeschränkt."

Wie erwähnt, die Entscheidung über eine Bewährungsaufsicht wurde bestätigt, aber das Oberste Gericht machte über die Interpretation des Paragraphen 10 die folgende Schlußbemerkung: „Bei den Vergehen von der hier erörterten Art, wird es nur „sehr selten" Fälle geben, in denen Gerichte ihre Autorität geltend machen und einen Straftäter unter Bewährungsaufsicht stellen. Gerichte würden einer Fehlinterpretation erliegen, sollten sie oft von der Bewährungsaufsicht für Straftäter, die wegen Paragraph 10 vor Gericht kommen, Gebrauch machen."

In diesem Zusammenhang sollte erwähnt werden, daß Entscheidungen des Obersten Gerichts für andere Gerichte und das Oberste Gericht selbst bindend sind, es sei denn über dasselbe Problem wurde zu einem späteren Datum eine andere Entscheidung gefällt.

DREIZEHNTES KAPITEL

Wünschenswerte gesetzliche Änderungen

Niemand bestreitet die Ansicht, daß das Jugendgericht Aufgaben hat, die über seine rechtliche Funktion hinausgehen. Der geistige und seelische Reifungsprozeß der Minderjährigen wirft eine Reihe von Problemen auf, die eng mit ihrer Entwicklung verknüpft sind. Die rechtliche Funktion breitet sich daher auf weitere Gebiete der Jugendgerichtsbarkeit aus, die nunmehr eine unauflösbare und unabdingbare organische Einheit bildet. Diese Situation treffen wir überall an und erst recht bei uns, wo der Prozeß der Verschmelzung von Judenheiten aller Länder dem Jugendgericht Aufgaben ganz besonderer Art zuweist. Uns ist ein Ziel gesetzt, das wir nicht verfehlen dürfen.

In diesem Buch sprechen wir u. a. von der Bedeutung der Gesetze und Verfahrensweisen, die das Wohl der Minderjährigen betreffen — Jugendlicher, die straffällig werden oder des Schutzes und der Aufsicht bedürfen. Zwar bestehen bereits Ansätze geeigneter Gesetze und Verfahrensweisen, aber sie sind doch im wesentlichen nach dem Muster der Erwachsenen geprägt. In der Behandlung jugendlicher Straftäter lassen wir uns etwa durch die Strafrechtsordnung von 1936 leiten und auch das Jugendgesetz ist wesentlich am Zivilrecht und seinen Bestimmungen orientiert.

Als ein Beispiel sei hier der Paragraph 133 der Strafrechtsordnung von 1936 aufgeführt, in dem es heißt: „Eine Person, die sich wegen eines kriminellen Vergehens in gesetzlichem Gewahrsam befindet und ihm entflieht, macht sich, ob sie unter Anklage steht oder bereits verurteilt ist, eines Verbrechens schuldig, auf das
(a) sieben Jahre Gefängnis stehen; oder wird in jedem anderen Fall
(b) eines Vergehens beschuldigt.

Das heißt, daß ein jugendlicher Straftäter, der sich auf Anordnung des Gerichts in ein Erziehungsheim zu begeben hat und von dort entweicht — und sei es auch nur für kurze Zeit — damit zu rechnen hat, daß seine Flucht aus der Anstalt, wenn er in sie wegen einer Straftat eingewiesen wurde, automatisch zur Straftat wird; wurde er wegen eines Vergehens eingewiesen, wird die Flucht selbst wieder als Vergehen gerechnet.

Wenn wir es mit jugendlichen Straftätern zu tun haben, fällt es schwer, dieser Einstellung zu folgen.

Unserer Ansicht nach müßte man zwischen der Grundkonzeption von Jugendprozessen und Erwachsenenprozessen auf sämtlichen Ebenen eine Trennung herbeiführen. Jugendprozesse erfordern ihre eigene Verfahrensweise, besondere Gerichte und Richter und eine Vielfalt von pflegerischen Maßnahmen. Zwar ist die Entwicklung im Laufe der letzten Jahrzehnte auf diesem Gebiet um einiges vorangeschritten, aber man lehnt sich doch noch mehr als zuträglich ist, an die überkommenen Muster der Rechtsprechung für Erwachsene an. Wir müssen in allem, was Jugendprozesse betrifft, zu einer eigenen und unabhängigen Auffassung gelangen. Natürlich ist es nicht damit getan, daß man ominös klingende Termini durch schönere ersetzt, ohne an ihrer wirklichen Bedeutung etwas zu ändern. In vielen Orten bezeichnet man beispielsweise das Jugendgericht als „Familiengericht" (Family Court) und will damit dartun, daß ein solches Gericht kein Strafgericht ist. Aber die praktischen Folgen für den jugendlichen Straftäter im Hinblick auf seine Inhaftierung, Resozialisierungsmaßnahmen, seine Einordnung in das Arbeitsleben, werden davon nicht berührt. Die Namensänderung hat keinen wirklichen Wert. Ich sehe im Gegenteil in einer so unwesentlichen Veränderung eine Gefahr für die weitere Entwicklung, denn die Gesellschaft begnügt sich hier mit äußerlichen Veränderungen, die in ein Gewand des Fortschritts gekleidet werden und drückt sich damit vor allen wesentlichen Reformen.

Das gilt auch für den Jugendrichter. Wir werden nicht müde auf die zahlreichen und besonderen Probleme der Jugendgerichtsbarkeit hinzuweisen, aber die Ernnenung von Jugendrichtern erfolgt nicht nach Maßgabe ihrer Vorbildung und Eignung für ihre Aufgaben. Hier wird nicht mehr als ein Lippenbekenntnis abgelegt.

Meiner Meinung nach liegen im Rahmen der richterlichen Tätigkeit Möglichkeiten der Einflußnahme und Behandlungsmethodik wie sie andere gesellschaftliche Einrichtungen nicht kennen. Das allein genügt, um dem jugendgerichtlichen Rahmenwerk unsere Aufmerksamkeit zu widmen. Es geht dabei nicht um äußerliche Merkmale, sie erlangen erst dann Bedeutung, wenn sie eine Verbindung mit wesentlicheren Dingen eingehen, man denke dabei etwa an die Verbindung der Jugendrichter mit ihren Mitarbeitern unter der Jugendpolizei, den Jugendbewährungshelfern, den Heimleitern etc.

Nun wird gelegentlich auch zugegeben, daß der richterliche Rahmen im Hinblick auf seine Funktionen und Ziele ausgebaut werden muß, doch glaubt man dabei nicht unbedingt auf die Gesetze und Verfahrensweisen abstellen zu müssen, da der Hauptzweck ja das Wohl des Minderjährigen ist. So betrachtet, wird die Enttäuschung der Jugendpfleger verständlich, wenn etwa das Jugendgericht einen jugendlichen Rechtsbrecher von dem ihm zugeschriebenen Vergehen freispricht, während er doch ihrer Meinung nach gerade eines gewissen Zwanges bedarf, der ihm die Notwendigkeit seiner Behandlung einsichtig macht. Die Jugendpfleger hatten vielleicht sehnsüchtig auf diese Gerichtsverhandlung gehofft und nun wird durch prozedurale Mechanismen jeder Resozialisierungsplan vereitelt.

Wir müssen immer wieder betonen, daß eine derartige Einstellung die Grundrechte des Menschen verletzt. Wir dürfen mit ihnen, gerade, wenn es sich um Jugendliche handelt, nicht leichtfertig umgehen. Es ist daher unabdingbar, daß jede Entscheidung des Jugendgerichts auf dem Gesetz und dem Verfahren beruhe. Wenn es sich herausstellt, daß der Jugendliche einer sozialpädagogischen Betreuung bedarf, dann kann das auch geschehen, nachdem die gegen ihn erhobene Beschuldigung bewiesen wurde. Ohne eine solche Beschuldigung kann das Gericht, das auf Grund strafrechtlicher Kompetenz handelt, nicht eingreifen.

Ich will hier eine Anzahl von Änderungen aufführen, die mir auf dem Gebiet des Jugendgerichts notwendig erscheinen. Ich verhehle mir auch nicht, daß ich in dem einen oder anderen Punkt auf Widerspruch stoßen werde, der vornehmlich in den Kreisen des Wohlfahrtsministeriums und der Polizei seinen Ursprung hat und übrigens auch dort nicht einheitlicher Natur ist. Diese Ämter führen im Rahmen ihres eigenen Aufgabenbereichs den Kampf gegen die Jugendkriminalität und man muß die von ihnen entwickelten Vorstellungen ernst nehmen.

Es ist der Gesetzgeber, der die Bedürfnisse der Gesellschaft, in der wir leben, zu beurteilen hat, er ist es auch, der die Gesamtverantwortung für alles Tun und Lassen trägt.

Das findet seinen Ausdruck in der Gesetzgebung. Im allgemeinen erfolgen Veränderungen der Gesetze und der Prozedur auf die Initiative des Gesetzgebers und nicht der Amtsträger. Nur bleibt den Amtsträgern, nachdem der Gesetzgeber Stellung bezogen hat und das Gesetz zu einer feststehenden Tatsache wurde, keine andere Wahl als nach der Anweisung des Gesetzes zu verfahren. Es liegt in der Natur der Sache, daß selbst wenn den Ämtern gewisse Veränderungen des Gesetzes und der Prozedur willkommen sind, sie sich mit ihren Vorschlägen Zeit lassen.

Ein lehrreiches Beispiel ist in der Anwendung des Paragraphen 19 der Novellierung des Strafvollzugsgesetzes von 1954 zu erblicken. In diesem Paragraphen bestimmte der Gesetzgeber, daß über niemand eine Gefängnisstrafe verhängt werden kann, bevor nicht der Bericht der Bewährungshilfe vorliegt. Die Ausführung dieser Bestimmungen zum Gesetz ließen sieben Jahre auf sich warten und das bereitete ohne Zweifel allen, die es anzuwenden hatten, Schwierigkeiten. Mehr noch, erst als der Beschluß gefaßt wurde es, und sei es auch in beschränkter Form, zu verwirklichen, erhielt die Erweiterung der Bewährungshilfe für Erwachsene de facto einen Anstoß. Während all der Jahre, in denen der Paragraph im Gesetzbuch stand, taten die Ämter wenig, um seine Durchführung zu ermöglichen. Die Dinge gerieten erst in Bewegung als der Justizminister den Paragraphen für in Kraft getreten erklärte.

Meiner Meinung nach muß der Gesetzgeber alle Probleme erforscht haben, bevor er ein bestimmtes Gesetz beschließt, aber seine Entschließung darf nicht über die Gebühr durch die Vorbehalte der betroffenen Ämter beeinflußt werden. Sonst läßt sich schwer einsehen, wie sich auf dem Gebiet der Verbrechensverhütung und des Strafvollzugs Fortschritte erzielen lassen sollen.

1. Verbesserungen, die mit dem Alter zusammenhängen

a) Das Alter der strafrechtlichen Verantwortung

Paragraph 9 der Strafrechtsordnung von 1936 bestimmt, daß eine Person unter neun Jahren keine strafrechtliche Verantwortung trägt. Im selben Paragraphen heißt es ferner, daß wer noch nicht zwölf Jahre alt ist nur dann strafrechtlich verantwortlich ist, wenn bewiesen ist, daß er Einsicht in seine Handlungen besaß. Wir haben also vor uns drei Altersstufen, die Neun-, Zehn- und Elfjährigen. Die ihnen zugeschriebenen Vergehen sind oft Bagatellvergehen und tragen keinen wirklich kriminellen Charakter. Die strafrechtliche Verfolgung solcher Bagatellvergehen ist unerwünscht, da die polizeilichen Vernehmungen und die Vorladung vor Gericht den Kindern seelisch schaden können. Läßt sich das Alter der strafrechtlichen Verantwortung erhöhen und auf 12 Jahre festsetzen? Dieser Schritt ist zu rechtfertigen, da in allen Fällen einer Intervention des Jugendgerichts zur Betreuung Minderjähriger dieser Altersgruppe Paragraph 2 (3) des Jugendgesetzes (Schutz und Aufsicht) von 1960 angewandt werden kann. Siehe Fünfter Teil, S. 331.

Es erscheint klar, daß man Minderjährige unter zwölf Jahren um ihres seelischen Wohles willen nicht wegen einer Straftat vor Gericht bringen soll. Das Alter strafrechtlicher Verantwortung sollte daher auf zwölf Jahre festgesetzt werden.

Wir wollen daran erinnern, daß wir hier von Neunjährigen und Unterzwölfjährigen sprechen, für die nach dem genannten Paragraphen eine eingeschränkte strafrechtliche Verantwortung besteht. Aber selbst wenn nach dem Schlußabsatz des genannten Paragraphen dem Jugendgericht bewiesen worden sein muß, daß der Minderjährige bei seiner Tat oder bei der Unterlassung einer gebotenen Handlung die notwendige Einsicht besessen hat, verfährt in der Praxis kein einziges Jugendgericht auf diese Weise. Daraus ginge hervor, daß man annimmt, daß ein Neunjähriger einsichtsvoll handelt und für seine Taten im vollen Sinn des Wortes verantwortlich ist. Es handelt sich also um die Altersgruppen der Neun-, Zehn- und Elfjährigen.

Die Zahlen in der folgenden Tabelle 1 zeigen, daß von 1960—1969 einschließlich ein absoluter Rückgang in der Zahl jugendlicher Straftäter dieser Altersgruppen zu verzeichnen ist. Auch die Zahl der übrigen jugendlichen Straftäter zeigt einen relativen Rückgang an.

Es stellt sich heraus, daß es nicht möglich ist die Vergleichsquote zur Gesamtbevölkerung zu bestimmen, da die amtliche Statistik des Zentralbüros für Statistik in ihre statistischen Berechnungen die Altersgruppen 9—12 mit einbezieht. Es ist klar, daß sich dadurch das Bild verändert und man die Quoten der 9—10—11jährigen nicht schätzen kann. Dasselbe Problem liegt bei der Untersuchung der von den Angehörigen dieser Altersstufen verübten Vergehenskategorien vor, denn auch hier sind die 12jährigen

TABELLE 1

Juden und Nichtjuden
Prozentsatz der Altersgruppen 9—11 und aller schuldig gesprochenen *neuen* Straftäter

	Jahr	9jähr.	10jähr.	11jähr.	Insges.	%	Gruppe der Gesamtbevölk. jugendl. Rechtsbrecher
(1)[1]	1960	30	167	223	420	15.7	2660
(2)[2]	1961	25	181	272	478	18.5	2580
	1964	39	175	327	541	18.7	2889
	1965	29	209	284	522	18.4	2830
(3)[3]	1966	21	156	246	423	15.3	2762
(4)[4]	1967	10	73	131	214	12.5	1706
(5)[5]	1968	20	114	192	326	14.5	2243
(6)[6]	1969	14	77	184	275	11.3	2433
(7)[7]	1970	14	128	221	353	14.0	2583

in die statistischen Zahlen einbezogen. Dennoch sind, auch wenn man die von den Altersgruppen der 9—12jährigen verübten Vergehen in Betracht zieht, diese überwiegend geringfügiger Natur. Andererseits ergibt sich aus den statistischen Veröffentlichungen ganz auffällig, daß bereits bei den 9—12jährigen eine nicht zu vernachlässigende Tendenz zur Delinquenz besteht. Diese Tatsache ist überaus besorgniserregend und man kann mit Gewißheit sagen, daß eine Neigung zur Delinquenz in diesem frühen Alter die ausschließliche Schuld mangelhafter sozialer Dienstleistungen ist.

Es muß erwähnt werden, daß dieselben Kinder unter 12 Jahren, die, weil sie auffällige Anzeichen der sozialen Delinquenz oder Devianz zeigen, im Bedarfsfall durch das Jugendgericht die erforderliche Behandlung finden können, ohne daß sie das Stigma der Inkriminierung erleiden. Nach dem Jugendgesetz (Schutz und Aufsicht) von 1960 kann das Jugendgericht auch über Minderjährige, die ein Vergehen verübten, entscheiden. In Paragraph 2 (3) des genannten Gesetzes heißt es: „. . . beging eine kriminelle Handlung und wurde nicht inkriminiert".

Das bedeutet, daß jene Minderjährigen, die ein Vergehen verübten, aber aus diesem oder jenem Grund wegen dieses Vergehens nach dem Strafgesetz nicht vor Gericht gestellt wurden, nach dem Jugendgesetz von 1960 (Schutz

[1] Siehe Jugendkriminalität (Hebräisch), Zentralbüro für Statistik. Veröffentlichung Nr. 168, Tabelle 11, S. 23.
[2] *Ibid.*, 1964, 1965. Veröffentl. Nr. 244, Tabelle 10, S. 21.
[3] *Ibid.*, 1966. Veröffentl. Nr. 265, Tabelle 11, S. 19.
[4] *Ibid.*, 1967, Nr. 301, Tabelle 11, S. 19.
[5] *Ibid.*, 1968. Veröffentl. Nr. 322, Tabelle 11, S. 15.
[6] *Ibid.*, 1969. Veröffentl. Nr. 370, Tabelle 11, S. 15.
[7] *Ibid.*, 1970. Veröffentl. Nr. 408, Tabelle 11, S. 15.

und Aufsicht) vor das Jugendgericht kommen können, wenn die Intervention des Gerichts tatsächlich wünschenswert oder notwendig ist. In diesen Fällen bringt der im Auftrag des Fürsorgeamtes handelnde „Amtsfürsorger" die Sache des Minderjährigen vor das Gericht. Eine Gerichtsverhandlung in diesem Rahmen und auf dieser Ebene hat nicht die schädlichen Nachteile, die bei sehr vielen Fällen auf strafrechtlicher Ebene eintreten. Die Kommission Agranat brachte in ihrem Bericht den folgenden Vorschlag ein[8]: „Wir sind von dem uns vorgelegten Beweismaterial beeindruckt, daß es bei nicht wenigen Kindern und besonders in den Altersgruppen der 9—12jährigen nicht wünschenswert sei sie wegen ihrer Persönlichkeit und der Natur ihres Vergehens vor Gericht zu stellen."

b) Die Herausforderung der 16—17jährigen

Wie bereits anderswo erwähnt, erstreckt sich heute die Jugendgerichtsbarkeit auf jugendliche Straftäter unter 16 Jahren und Straftäterinnen unter 18 Jahren. Faktisch besteht an einigen Orten der Brauch, auch sechzehnjährige Straftäter vor das Jugendgericht zu stellen. Eine einheitliche Linie gibt es nicht und die Sache hängt in hohem Grad von der Einstellung des für die Vernehmungen verantwortlichen Polizeibeamten ab, der seine Entscheidungen nach solchen Gesichtspunkten wie Art des Vergehens, Rückfälligkeit des Jugendlichen, seiner eigenen Einstellung zur Strafe und Strenge u.a.m. trifft.

Es ist eine verbreitete Ansicht, daß Jugendliche im Alter von 16—17 Jahren (d. h. bis zur Vollendung des 17. Lebensjahres) bereits imstande sind, ernste Vergehen zu verüben und man gut daran täte, sie vor ein Gericht für Erwachsene zu stellen. Wer das behauptet, geht von der irrigen Annahme aus, als seien jugendliche Straftäter dieses Alters immer schon verhärtete Persönlichkeiten oder ihre Vergehen immer ernster Natur. Daher der Ruf nach „der starken Hand", die dem Gericht für Erwachsene zusteht. Man behauptet auch, daß das Jugendgericht zu tolerant sei und nicht streng genug auf das delinquente Verhalten der Jugendlichen reagiere.

Nach Ansicht verschiedener Leute führt die Veröffentlichung der Namen der jugendlichen Rechtsbrecher zu einer Verringerung der Zahl der Straftäter. Eine solche Veröffentlichung, weit davon entfernt die Zahl der jugendlichen Straftäter zu verringern, vergrößert sie sogar noch. Jugendliche Narzißten begehen Straftaten, um sich in den Zeitungen gedruckt zu sehen. Leute mit Minderwertigkeitsgefühlen möchten sich und anderen beweisen, „daß mit ihnen etwas los ist" und sie glauben sich dessen vergewissern zu können, wenn die Presse über sie berichtet. Es gibt auch Straftäter, die sich an Eltern und Lehrern rächen wollen und in der öffentlichen Bekanntgabe ihrer Vergehen ihre Befriedigung haben. Manche begehen Straftaten, damit sie „wenigstens einmal" im Scheinwerferlicht der Öffentlichkeit stehen.

Praktisch gelangen alle ernsten Maßnahmen dadurch zum Ausdruck, daß man den Straftäter ins Gefängnis schickt oder zu einer bedingten Gefäng-

[8] Siehe den Bericht der Kommission zur Erforschung der Jugendkriminalität (Kommission Agranat), Justizministerium (24. 7. 1956), S. 58.

nisstrafe verurteilt, und diese Mittel stehen auch dem Jugendgericht zu Gebote. Diesbezüglich verfängt der Einwand von der „allzu großen Milde" ganz und gar nicht. Es ist auch daran zu erinnern, daß in bezug auf Gefängnis Paragraph 19 des Strafvollzugsgesetzes von 1954 den Gerichten bei Jugendlichen unter 21 Jahren Beschränkungen auferlegt. Andererseits sind die beim Jugendgericht übliche Verfahrensweise, seine individuelle Behandlung unter Ausschluß der Öffentlichkeit, das Verbot, die Namen der Jugendlichen in der Öffentlichkeit preiszugeben, die Freilassung auf Bürgschaft, Haftangelegenheiten und der Hin- und Abtransport der Angeklagten zum und vom Gericht etc. geeignet, ihre Zahl gerade zu reduzieren. Ferner ist Kritik an der Annahme zu üben, als ob die Altersstufen der 16- und 17jährigen einen hohen Prozentsatz von Straftätern stellten. Die Registrierung der erwachsenen Straftäter im Zentralamt für Statistik beginnt im Alter von 17 Jahren. Wir können daher über die Kriminalität dieser Altersgruppe von den Siebzehnjährigen etwas lernen. Wenn man annimmt, daß bei Sechzehnjährigen bereits eine große und schwere Kriminalität herrscht, dann müßte sich, soll diese Behauptung der Wirklichkeit entsprechen, das erst recht bei den Siebzehnjährigen feststellen lassen.

Über die Delinquenz der Siebzehnjährigen unter der Gesamtheit erwachsener Straftäter belehren uns die nachfolgenden Zahlen. Die amtlichen statistischen Befunde werden von der Kriminalstatistik des Statistischen Zentralamts ausgegeben.

Die statistischen Daten beziehen sich auf erwachsene Straftäter, die Vergehen krimineller Art einschließlich solcher Handlungen verübten, wie sie in der Strafrechtsordnung von 1936 aufgeführt werden. Das Material enthält Verkehrsvergehen leichter Art oder Vergehen, deretwillen keine Fingerabdrücke genommen werden. Das Material verweist auf neue und alte Straftäter. Als alter Straftäter oder Wiederholungstäter gilt jeder Straftäter, der bis zum Ende des Berichtjahres mehr als einmal veurteilt wurde. Diese Differenzierung zwischen neuen und alten Tätern hat sowohl für die Kenntnis des Umfangs der verübten Vergehen als auch für Gerichte und andere Institutionen, wie die Bewährungshilfe, die Gefängnisverwaltung etc., die es lernen müssen, mit den Straftätern umzugehen, ihre Bedeutung.

Die Zahlen in Tabelle 2 betreffen individuelle Delinquenten, die im jeweiligen Jahr für begangene Straftaten verurteilt wurden. Sie enthalten aber nicht die Zahl der von ihnen verübten Straftaten. Es ist wohl überflüssig zu erwähnen, daß die hohe Zahl der Rezidivisten eine schwere Indikation dafür ist, daß eine beträchtliche Gruppe immer wieder Straftaten verübt und auch verurteilt wird. Aus Tabelle 2 geht hervor, daß unter den jüdischen Delinquenten ein ständiges Anwachsen, sowohl der erstmaligen Delinquenten als auch der Rezidivisten zu bemerken ist. Das drückt sich auch in einem ansteigenden Prozentsatz im Vergleich zu der Gesamtzahl der Erwachsenen aus. Obwohl man in Betracht ziehen muß, daß im Laufe der angegebenen 10 Jahre in Tabelle 2 die Zahl der jüdischen Bevölkerung sich um ungefähr 600 000 Einwohner vermehrt hat, ist der Zuwachs der jüdi-

TABELLE 2

Representation von 17jährigen Delinquenten im Vergleich zu erwachsenen Delinquenten 1960—1970[9]

	Juden				Nichtjuden			
	erstmalig	Rückfalltäter	Ges.-zahl	% zu Erwachsenen Delinquenten	erstmalig	Rückfalltäter	Ges.-zahl	% zu Erwachsenen Delinquenten
1960[10]	319	223	542	4.9	255	199	454	7.8
1961[10]	361	224	585	5.0	259	177	436	7.8
1962[11]	423	234	657	5.2	239	117	356	7.0
1963[11]	449	291	747	6.5	219	174	393	6.6
1964[12]	573	409	982	7.7	139	125	264	4.9
1965[12]	551	432	983	6.8	139	93	232	4.0
1966[13]	548	453	1001	7.0	103	74	177	3.5
1967[14]	403	395	798	8.0	158	87	245	5.5
1968[15]	509	484	993	9.7	156	89	245	6.1
1969[16]	667	511	1178	9.5	186	78	264	5.4
1970[17]	613	667	1280	9.4	148	93	241	5.1

schen Delinquenten nicht zu übersehen. Dieser Zuwachs steht im Kontrast zu der Situation unter den Nichtjuden, in der die Zahlen beweisen, daß unter ihnen kein Zuwachs besteht.

Von besonderer Bedeutung ist wohl das Anwachsen der Rezidivisten unter den jüdischen Delinquenten. Wenn die allgemeinen Zahlen auch keine besonders hohen sind, muß dieser Tendenz besondere Aufmerksamkeit geschenkt werden. Man kann wohl der Tatsache trotzdem nicht entgehen, daß das Hauptaugenmerk auf die Repräsentation neuer Delinquenten zu legen ist, da die Zahl der Rezidivisten in nicht zu vernachlässigender Weise entsprechend dem Erfolg oder Mißerfolg der Maßnahmen steigt oder sinkt, die gegen neue Delinquenten angewandt wurden. Das kann von unzulänglichen Maßnahmen für diese Altersgruppe oder von den persönlichen Eigenschaften der Delinquenten selbst abhängen, oder aber auch von einer mangelhaf-

[9] Die angegebenen Zahlen betreffen Delinquenten, die im angegebenen Jahr schuldig gesprochen wurden.

[10] Criminal Statistics (1960, 1961) Special Series No. 167 Tabellen 30—33.

[11] Criminal Statistics (1962, 1963) Special Series No. 223 Tabellen 28—31.

[12] Criminal Statistics (1964, 1965) Special Series No. 247 Tabellen 26—27.

[13] Criminal Statistics (1968) Special Series No. 266 Tabellen 21—22.

[14] Criminal Statistics (1970) Special Series No. 315 Tabellen 30—31.

[15] Criminal Statistics (1971) Special Series No. 344 Tabellen 22—23.

[16] Criminal Statistics (1972) Special Series No. 382 Tabellen 30—31.

[17] Criminal Statistics (1973) Special Series No. 417 Tabellen 30—31. (Herausgegeben in Englisch und Hebräisch by: The Central Bureau of Statistics, Jerusalem).

ten Koordinierung beider Faktoren. Es verdient daher eine genaue Untersuchung, was der entscheidende Einfluß auf die Wahrscheinlichkeit der Verübung weiterer Vergehen ist. Es bedarf einer weiteren genauen Untersuchung, warum die Delinquenz bei Nichtjuden in entgegengesetzter Richtung verläuft.

Im Allgemeinen kann angenommen werden, daß wir in dem Maße, in dem wir mehr über die Motivationen der Delinquenz und über die Wirksamkeit der Maßnahmen wissen, viele Rückfälle vermeiden werden können. Ein nicht geringer Teil der Bevölkerung des Landes befindet sich in einem Prozeß der Umwertung gesellschaftlicher und kultureller Normen, die in ihrem Gefolge u. a. auch unvermeidliche negative Ergebnisse zeitigt, was sich in Gewaltakten ausdrückt.

Die Realität unserer Welt des Wohlstandes und der Bildung einerseits, und der Armut und Unwissenheit andererseits, schafft Gegensätze, die, statt zu verschwinden, immer größer werden. Der kulturelle Zusammenstoß verläuft bei uns in zwei Richtungen: einerseits gibt es Kreise, die sich langsam anpassen, und andererseits nehmen bei Vielen die Schwierigkeiten und Mißerfolge im Laufe der Zeit nur noch zu. Eine besondere Bedeutung kommt den Gefühlen der Benachteiligung von Angehörigen der bereits als eingesessen betrachteten Bevölkerung zu, auch wenn sie erst nach der Staatsgründung ins Land kamen. Diese Gruppen befinden sich zehn und vielleicht fünfzehn Jahre im Land und betrachten sich noch immer als „Neueinwanderer", und auch die Umwelt betrachtet sie als solche.

Was die Delinquenz betrifft, so besteht ohne Zweifel eine Sensibilität bezüglich der Mißerfolge Jugendlicher, und man hätte erwarten können, daß sie in Gewaltakten zum Ausdruck gelangen würde. Was die Vergehen gegen das Eigentum verzeichnet, so sind die Zahlen nicht besorgniserregend, wenngleich wir es hier mit der häufigsten Gruppe zu tun haben. Schließlich sind Delikte gegen das Eigentum am häufigsten unter allen Straftätern, und so finden sie sich natürlich auch unter den Siebzehnjährigen.

Es ist anzumerken, daß gerade die israelische Gesetzgebung in vielen Gesetzen das Alter von 18 Jahren als die Grenze zwischen Jugend und voller Reife bestimmte. Von den Gesetzen, die sich auf alle Staatsbürger beziehen, sei das Gesetz über die Schulpflicht vom Jahre 1949 erwähnt, wo es heißt: „Jugendlicher heißt — eine Person der Altersstufen von 14—17 einschließlich". Das Gesetz über die Landessicherheit von 1949 macht Männer und Frauen von 18 Jahren militärpflichtig. Im Staatsbürgerschaftsgesetz von 1952 heißt es in Paragraph 13: „Erwachsener heißt eine Person im Alter von 18 Jahren und darüber". Und in Paragraph 5 des Grundgesetzes zur Knesset wird bestimmt: „Jeder israelische Bürger von achtzehn Jahren und darüber, hat das Wahlrecht zur Knesset".

Unter den Gesetzen für Jugendliche, die infolge der Ungunst bestimmter Verhältnisse auf die Intervention der Gerichte angewiesen sind und für die das entscheidende Alter mit 18 Jahren festgesetzt wurde, ragen hervor:

das Jugendgesetz (Schutz und Aufsicht) von 1960; das Kinderadoptionsgesetz von 1960; das Gesetz über die Rechtsfähigkeit und Vormundschaft von 1962. Im Paragraphen 3 des zuletzt genannten Gesetzes heißt es: „Eine Person, die noch nicht 18 Jahre alt ist, ist minderjährig; eine Person, die 18 Jahre geworden ist, ist erwachsen". Angesichts dieser Einstellung des israelischen Gesetzgebers, muß man sich wundern, weshalb die Diskriminierung gegen jugendliche Rechtsbrecher fortbesteht. Es ist doch klar, daß sie eine größere Aufmerksamkeit verdienen und sich die entsprechenden Daten im Jugendgericht finden. Diese Aufmerksamkeit verkennt keinesfalls die Sicherheitsprobleme oder die Notwendigkeit der Anwendung drastischer Maßnahmen in gebotenen Fällen.

Aus allem oben Gesagten geht hervor, daß man das Alter der jugendlichen Straftäter an das der Straftäterinnen angleichen muß, das heißt, daß sich die Jugendgerichtsbarkeit auf alle Personen unter 18 Jahren ohne Unterschied des Geschlechts erstrecken muß.

c) Das Verbot der Gefängnisstrafe für Jugendliche

Paragraph 12 (2) der Jugendstrafrechtsordnung von 1937 sagt: „Ein Jugendlicher darf nicht zu Gefängnis verurteilt werden, wenn andere geeignete Maßnahmen möglich sind etc.". Aus dieser Weisung geht klar hervor, daß jugendliche Straftäter unter 16 Jahren nicht zu Gefängnis verurteilt werden dürfen. Trotz dieser Weisung werden, da keine andere Wahl bleibt, viele Jugendliche unter 16 Jahren ins Gefängnis geschickt. Über die Notwendigkeit geschlossener Erziehungsanstalten anstatt der Gefängnishaft wurde schon anderswo gesprochen. Im Jahr 1963 wurden 129 Jugendliche im Alter von 14—16 Jahren zu Gefängnis verurteilt. 1964 stieg diese Zahl auf 161. Wir bewegen uns daher in einem circulus vitiosus —, solange es keine geschlossene Erziehungsanstalt gibt, wird es in besonderen Fällen notwendig sein, jugendliche Straftäter ins Gefängnis zu schicken; und solange man diese besonderen Fälle ins Gefängnis schicken kann, wird keine geschlossene Erziehungsanstalt errichtet werden. Es muß immer wieder unterstrichen werden, daß das Gefängnis kein Ort der Erziehung ist, und man darf dabei auch nicht das Gefängnis von Tel-Mond ausnehmen, wo für jugendliche Gefangene besondere Bedingungen herrschen. Ein Gefängnis bleibt immer ein Gefängnis. Eine Überprüfung der Vergehenskategorien Jugendlicher lehrt uns, daß nur wenige ernste Vergehen verübten. Ihre Verurteilung zu Gefängnishaft beruhte nicht auf der *Schwere des Vergehens,* sondern auf ihrem *schwerwiegenden Verhalten.*

Die Tabelle 3 auf S. 233 zeigt, daß 1964 jugendliche Straftäter unter 16 Jahren zu Gefängnis verurteilt wurden.

Man kann mit Sicherheit sagen, daß es sowohl im Interesse der Jugendlichen als auch im Interesse des Staates liegt, alles zu tun, um sie im Rahmen einer geschlossenen Anstalt zu erziehen, bevor so einschneidende Maßnahmen wie Gefängnis ergriffen werden. Aber zu einer Änderung wird es erst kommen, wenn der Gesetzgeber ein absolutes Verbot der Gefängnisstrafe

TABELLE 3

Staatssicherheit	Landesverteidigung	Grenzvergehen	Störung öffentl. Ordnung	Widerstand geg. Polizei	Nichterf. der Milit. pflicht Desertion	Bestechung
1	2	25	3	2	1	1
Mord	**Sabotageakte**	**Drogenmißbrauch**	**Sittenwidr. Verhalten**	**Diebstahl**	**Einbruch**	**Verschiedenes**
1	2	2	4	31	38	48

(Siehe: Jahresbericht, Gefängnisdienstbehörde, Blatt 56—57)

für Jugendliche unter 16 Jahren ausspricht. Eine ausdrückliche derartige Weisung im Gesetz wird die Errichtung von für diesen Zweck geeigneten Erziehungsanstalten zum Gebot machen.

Wir müssen noch die Situation beleuchten, die aufgrund der von den Gerichten ausgesprochenen unbedingten Gefängnisstrafen entsteht. Wie gesagt, handelt es sich dabei um die von den Gerichten über Erwachsene verhängte Gefängnisstrafen. 1964 wurden über 166 Straftäter im Alter von 17 Jahren Gefängnisstrafen verhängt, die 5 % aller im gleichen Jahr zu Gefängnis verurteilten Straftäter ausmachen. (Siehe Tabelle 5 im Jahresbericht 1964, Gefängnisdienstbehörde.)

2. Verfahrensfragen

a) Das Schuldgeständnis

Anderswo in diesem Buch wurde die Tatsache erwähnt, daß etwa 80 % aller jugendlichen Straftäter ihre Schuld bekennen. Das Problem ist auffälliger Natur, weil der Jugendliche in den meisten Fällen keinen Anwalt hat und das Gericht nicht volle Kenntnis des Anklagematerials besitzt. Man gewinnt den Eindruck, daß das Schuldbekenntnis ein einfaches Tatgeständnis ist. Weil das so ist, müssen zur Schuldklärung Beweise angehört werden.

Die Gerechtigkeit gebietet es, daß dem Jugendgericht sämtliche Einzelheiten des Vergehens bekannt sind, selbst wenn der Jugendliche die Verübung der Tat zugibt. Es ist daher wünschenswert, dem Gericht Material zur Kenntnis zu bringen, *bevor* es das Vergehen für bewiesen erachtet.

Der erste Absatz von Paragraph 8 (7) der Jugendstrafrechtsordnung von 1937 lautet: „Wenn das Kind oder der Knabe oder das junge Mädchen das Vergehen zugeben oder das Gericht überzeugt ist, daß das Vergehen bewiesen ist, etc.".

Ich schlage eine prozedurale Änderung vor, wonach der Beweis des Vergehens außer dem Schuldgeständnis auch die Verlesung sämtlicher dazu vor der Polizei gemachter eidesstattlicher Aussagen bedarf. Auf diese Weise erlangt das Gericht ein vollständigeres Bild der Umstände des Falles und eine größere Sicherheit, daß der Beschuldigte das ihm zugeschriebene Vergehen tatsächlich begangen hat.

b) Einverständnis mit der Bewährungsanordnung

Paragraph 3 der Bewährungsordonanz vom Jahre 1944 detailliert die Bedingungen der Bewährungsanordnung. Im Schlußabsatz des Paragraphen 3 (1) (B) heißt es: „Das Gericht ordnet nur dann Bewährung an, wenn der Straftäter seine Bereitschaft erklärt, den Anweisungen des Erlasses Folge zu leisten".

Das Prinzip, das in diesem Absatz zum Ausdruck gelangt, ist überaus wichtig, aber ich bezweifle, ob es für Straftäter unter 14 Jahren irgendeine Bedeutung hat. In Wirklichkeit soll da den Anweisungen ein Mäntelchen der Beschönigung umgehängt werden und mehr nicht.

Nach der Jugendstrafrechtsordnung von 1937 bestanden in bezug auf „das Kind" bestimmte Reservationen und es hat zwar seine Richtigkeit damit auf die Pflicht hinzuweisen, ihm die Bedeutung der Bewährungsanordnung zu erklären, aber zur Anordnung der Bewährung bedarf es nicht seiner Einwilligung. Das Jugendgesetz von 1971 hat daran nichts geändert.

c) Berufung unter Ausschluß der Öffentlichkeit

Wir haben gehört, daß die Prozeßverhandlung im Jugendgericht nicht öffentlich ist. Wenn die Sache des jugendlichen Straftäters vor die Berufungsinstanz kommt, achtet man nicht darauf, hinter verschlossenen Türen zu verhandeln. Es gibt auch keine Instruktion, die ausdrücklich darauf hinweist. Allerdings heißt es in Paragraph 38 (B) des Gerichtsgesetzes von 1957: „Das Gericht ist berechtigt, in einer bestimmten Sache gänzlich oder zum Teil hinter verschlossenen Türen zu verhandeln, wenn ihm das zum Schutze der staatlichen Sicherheit, der Moral oder des Wohles des Minderjährigen notwendig erscheint". Es wird hier davon gesprochen, daß das Gericht dazu berechtigt ist. Bei jugendlichen Straftätern ist eine Auftragsweisung erforderlich, die das Anhören der Berufung eines Minderjährigen nur unter denselben Bedingungen zuläßt, unter denen Jugendprozesse überhaupt verhandelt werden.

d) Pflichtbericht bei Verhängung bedingter Gefängnisstrafe

Ich habe auf die bedeutsame Neuerung hingewiesen, die der israelische Gesetzgeber in Paragraph 19 zur Novellierung der Strafvorschriften von 1954 einführte, wonach der Bericht des Bewährungshelfers vorliegen muß, bevor jemand unter 21 Jahren zu Gefängnis verurteilt werden kann.

Das Oberste Gericht stellte zahlreiche Male fest, daß eine bedingte Gefängnishaft Gefängnis bedeutet, nur, daß die Haft ausgesetzt wird. Mit anderen Worten, eine bedingte Gefängnishaft verwandelt sich in tatsächliche

Gefängnishaft, wenn die im Urteilsspruch des Gerichts gestellten Bedingungen nicht erfüllt werden. Wenn das so ist, muß der Bericht des Bewährungshelfers ebenfalls eingereicht werden, bevor das Gericht entscheidet, auf eine bedingte Gefängnisstrafe zu erkennen. Diese Änderung erscheint mir notwendig und im Einklang mit der Politik des Gesetzgebers auf diesem Gebiet zu sein.

e) Geldstrafe und Schuldspruch

Nach Paragraph 37 der Strafrechtsordnung von 1936 ist die Geldstrafe eine Strafe und zieht automatisch die Schuldigerkennung nach sich. Die Weisung entspricht nicht dem heutigen Verständnis, nach der der Verhängung einer Geldstrafe unter gewissen Bedingungen ein erzieherischer Wert beigemessen wird. Die Verhängung einer Geldstrafe als Erziehungsmittel widerspricht dem Zweck, wenn die Geldstrafe die Schuldigsprechung nach sich zieht.

Da die Nichtbezahlung einer Geldstrafe eine vom Gericht bestimmte Periode der Gefängnishaft nach sich zieht, kann man die Bestimmung treffen, daß die Geldstrafe nur im Fall der Nichtbezahlung als Schuldigsprechung angesehen werde.

3. Eine Oberste Jugendamtsbehörde

Für die Angelegenheiten unterprivilegierter und zu Fall gekommener Kinder und Jugendlicher ist eine Oberste Jugendamtsbehörde zu errichten. Sie ist zur Planung, Koordinierung, Beratung und dem Einsatz aller Einrichtungen und Maßnahmen zu ermächtigen, die zur Befriedigung der Bedürfnisse dieser Minderjährigen erforderlich sind.

Das Wohlfahrtsministerium ist zwar Träger der Hauptmaßnahmen für unterprivilegierte und zu Fall gekommene Minderjährige, aber es beschäftigen sich auch andere Regierungsämter auf verschiedene Weise mit ihnen. Auch öffentliche und private Organisationen sind auf diesen Gebieten tätig. In den letzten Jahren wuchs die Erkenntnis von der Notwendigkeit und Richtigkeit, die verschiedenartigsten Sondereinrichtungen zum Schutz Minderjähriger bereitzustellen, die besonderer Aufmerksamkeit bedürfen; und auf diesem Gebiet sind interessante und nützliche Dinge geleistet worden. Andererseits wird die Zahl der Kinder und Jugendlichen immer größer, die auf besondere Lehr-, Arbeits- und Freizeitpläne sowohl in den Schulen als auch an Arbeitsstätten und insbesondere in der Freizeit angewiesen sind. Zu ihrer Einordnung in das normale Leben der Gesellschaft müssen erst noch neue Methoden gesucht und gefunden werden.

Bei der Planung und Verwaltung der Einrichtungen für bedürftige Minderjährige besteht unter den Regierungsämtern ein beträchtlicher Mangel an Koordination. Es herrscht auch keine Kooperation zwischen den Regierungsämtern und den öffentlichen und privaten Organisationen und, soweit eine solche Kooperation dennoch besteht, ist sie überaus mangelhafter Natur.

Es ist anzunehmen, daß eine engere Zusammenarbeit zu einer wirkungsvolleren Planung und einer größeren wechselseitigen Hilfe zum Vorteil der Öffentlichkeit führen würde, besonders jener Öffentlichkeit, um deretwillen diese Dienste eingeführt wurden. Es ist überflüssig zu betonen, daß damit auch eine große finanzielle Ersparnis verbunden und eine richtige Verteilung und Nutzbarmachung der auf diesem Gebiet tätigen Arbeitskräfte gewährleistet ist.

VIERTER TEIL

Behandlungsmaßnahmen

Gewöhne einen Knaben an seinen Weg, so läßt er auch nicht davon, wenn er alt wird.

Die Sprüche Salomos 22;6

14. KAPITEL

Die Behandlungspolitik des Jugendgerichts

Handelt das Jugendgericht nach einer „Richtlinie", nach deren Grundsätzen es über Maßnahmen zur Resozialisierung des jugendlichen Straftäters entscheidet? Ist das Jugendgericht an Gesetze und Paragraphen gebunden oder ist es frei, in jedem Fall nach seinem Ermessen zu handeln?

Der Rahmen des Jugendgerichts wird in erster Linie von Gesetzen und Verfahrensweisen zusammengehalten und alle seine Tätigkeiten erfolgen laut Gesetz. Das Jugendgericht in Israel, das über jugendliche Straftäter zu entscheiden hat, verwandelt sich ferner in ein Strafgericht und wenn es zu Maßnahmen der Behandlung greift, so muß es innerhalb des vom Gesetz vorgeschriebenen Erlaubten und Verbotenem verfahren. Wenn beispielsweise ein jugendlicher Straftäter die ihm zugeschriebene Schuld bestreitet und die Anklagebehörde keine überzeugenden Beweise für seine Täterschaft in Händen hält, wird ihn das Gericht freisprechen, obgleich seine soziale und erzieherische Lage die Anwendung von Behandlungsmaßnahmen seitens des Gerichts erforderlich machen würde. Das Gericht kann Behandlungsmaßnahmen einzig und allein nur dann ergreifen, wenn die Schuld des jugendlichen Straftäters erwiesen ist. Von dieser Grundlage ist nicht abzugehen und die persönlichen Bedürfnisse des jugendlichen Straftäters werden erst nach der Schuldigsprechung des Angeklagten berücksichtigt.

Jeder, der die Jugendstrafrechtsordnung von 1971, und die vorher bestehende von 1937, aufmerksam durchliest, wird dort zahlreiche Paragraphen finden, die bestimmte „Richtlinien" zum Ausdruck bringen. Wählen wir zum Beispiel die Prozedur, die die Veröffentlichung von Namen und Adresse des jugendlichen Straftäters untersagt, die es der Öffentlichkeit verbietet, bei einem Jugendprozeß anwesend zu sein, oder die ausdrücklich genannten Bedingungen im Zusammenhang mit der Freilassung nach der Festnahme des Jugendlichen, der eines Vergehens beschuldigt wird, sowie die Art und Weise seiner Überführung auf dem Weg zum oder vom Gericht etc.

Das sind einige der allgemeinen Voraussetzungen, die einer „Richtlinie" des Jugendgerichts zugrunde liegen. Es gibt auch persönliche Voraussetzungen, die für eine „Richtlinie" bedeutsam werden können. Die Instruktion in Paragraph 8 (7) der früher bestehenden Jugendstrafrechtsordnung von 1937 besagte, daß es Aufgabe des Jugendgerichts ist, über das allgemeine Verhalten des jugendlichen Straftäters, über seine Familiengeschichte, sein Schulverhalten und seinen Gesundheitszustand Informationen zu erhalten. Im Gesetz von 1971 ist dies in jedem Falle obligatorisch. Der Zweck besteht darin, dem Jugendgericht an die Hand zu gehen, jeden einzelnen jugendlichen Straftäter auf die ihm und seinen Lebensverhältnissen angemessene Weise zu behandeln.

Jedes Gericht als solches muß leistungsfähig sein, es muß darauf achten, daß nicht zu lange Zeit von der Festnahme des Angeklagten bis zur Verhandlung verstreiche. Erwünscht ist auch, daß überflüssige Vertagungen von Prozessen vermieden werden und es muß dafür gesorgt sein, daß die Urteile kurz nach der Beweiserhebung gefällt werden. Das ist auch, um dem Angeklagten gerecht zu werden, überaus notwendig.

Bezüglich des Jugendgerichts bestehen jedoch Zweifel, ob es immer so verfahren muß. Im Gegenteil, in vielen Fällen ist die Vertagung des Urteilsspruchs sogar erwünscht. Diese Vertagung kann einen Prozeß des Verhaltenswandels beim Angeklagten in Gang setzen, einen Prozeß, der bei der Gerichtsverhandlung beginnt und außerhalb seiner Mauern endet. Es kommt vor, daß der Jugendliche vor Gericht verspricht, keine weiteren Vergehen mehr zu verüben, aber dieses Versprechen bleibt oft nur ein Lippenbekenntnis. Andererseits gibt es Fälle, in denen Angeklagte die ernste Absicht hegen, ihr falsches Verhalten zu ändern. Manchmal fehlt uns noch ein klarer Plan zur Resozialisierung, oder bedarf die Behandlungsweise noch einer größeren Ausgewogenheit etc. Solche Prozesse bedürfen der Zeit, um geklärt zu werden. Wir müssen auch den Mangel an Reife beim jugendlichen Straftäter und den bei vielen Jugendlichen rege werdenden Wunsch nach einer Sühne für ihre Taten bedenken. Der verbindliche Rahmen des Gerichts hat etwas Mobilisierendes und Richtungweisendes und dieser äußere Druck trägt praktisch und theoretisch zur Änderung seines Verhaltens bei. Es läßt sich sogar sagen, daß, wenn sich bereits beim Richter alle Daten zum Abschluß des Prozesses befinden, es mitunter gerechter ist, diesen Abschluß hinauszuschieben. Auch von der Reaktion des jugendlichen Straftäters auf die Vertagung kann man etwas lernen. Das ist die allgemeine „Richtlinie", die in diesen Rahmen paßt.

Die meisten jugendlichen Straftäter, die vor ein Jugendgericht gestellt werden, sehen der Entscheidung des Gerichts mit einer gewissen Spannung und Angst entgegen. Im allgemeinen quälen sie sich mit Schuldgefühlen, die sich offen oder versteckt ausdrücken können. Die Erfahrung lehrt uns, daß viele der Rückfalltäter und selbst die Dauerdelinquenten nicht gleichgültig bleiben, wenn sie wiederholt vor Gericht stehen. Wenn sie ihrer Geringschätzung Luft machen, so ist das häufig ein Zeichen der Furcht, der Unsicherheit und selbst der Reue. Wir lernten es, zwischen dem manifesten Verhalten der Jugendlichen bei Gericht und dem zu unterscheiden, was sich hinter einem solchen Verhalten verbirgt. Das Gericht bietet eine Situation dar, in der wir die seelische Spannung zur Heilung und Resozialisierung ausnützen können. Wenn es die Umstände erlauben, ist es erwünscht, daß der Jugendrichter dem jugendlichen Straftäter erklärt, warum die Urteilsfällung oder endgültige Entscheidung um einen Monat, sechs oder acht Wochen, vertagt wurden. Das ist ein Zeitraum, in dem er die Aufrichtigkeit seines Versprechens beweisen und sein Verhalten bessern kann. Während dieser Bewährungsperiode übt das Gericht auf den jugendlichen Rechtsbrecher einen Druck aus und gewährt ihm gleichzeitig die erforderliche Unterstützung, um einen Umschwung in seinem Verhalten herbeizuführen. Es werden auf diese Weise manchmal zur Überraschung des Straftäters selbst, potentielle Kräfte geweckt.

Kurz gesagt, die „Richtlinie" des Jugendgerichts ist es, die inneren Beweggründe zu verstehen, die in den Taten der jugendlichen Rechtsbrecher wirksam werden und, dementsprechend, mit einem Programm der Resozialisierung zu beginnen. Ebenfalls sehr wichtig ist es, im gleichgültigen Straftäter ein Gefühl der Reue und des Bedauerns über seine Tat zu erwecken und damit bei ihm einen selbstkritischen Denkprozeß einzuleiten. Ein ähnliches Ziel verfolgt bei uns in den letzten Jahren auch das Oberste Gericht bei Berufungsangelegenheiten eines jugendlichen Straftäters, der zu Gefängnis verurteilt wurde. Das Oberste Gericht zögert häufig mit der Einmischung in die Entscheidungen der Jugendgerichte wegen der ernsten Gründe, die zum Urteilsspruch führten. Das Oberste Gericht läßt hier oft einen Zwischenbeschluß ergehen: es setzt den jugendlichen Häftling auf drei Monate oder mehr auf freien Fuß und ordnet einen erneuten Aufenthalt in einer der Erziehungsanstalten an. Das Gericht stellt gewöhnlich die Bedingung, daß es über die Sache nach Abschluß dieser Periode von neuem verhandelt und erst dann in der Frage seiner Berufung die letzte Entscheidung fällen werde. Welcher Gedanke liegt diesem Verfahren zugrunde? Man nimmt an, daß die dem jugendlichen Straftäter auf lange Zeit bevorstehende Gefängnishaft, ihn von der Flucht aus der Erziehungsanstalt und selbst vor Wiederholungsvergehen abhalten wird. Der Jugendliche weiß wohl, daß er seine Freiheit verlieren kann, wenn er sich diesmal nicht an sein Wort hält.

Dieses Verfahren ist ziemlich neu und seine Resultate sind noch unbekannt. Um zu Schlußfolgerungen zu gelangen, bedarf es einer langjährigen konsequenten Forschungstätigkeit. Es versteht sich von selbst, daß man dem Jugendlichen in dieser Bewährungsperiode nicht zu viele oder zu schwere Verpflichtungen auferlegen kann, das würde den Zweck des Experiments sogar zunichte machen. Es gibt auch eine „Richtlinie" in bezug auf die angewandten Maßnahmen. Diese „Richtlinie" beruht mehr auf dem Charakter und den Bedürfnissen des jugendlichen Straftäters als auf dem Charakter der Straftat. Es ist daher natürlich, daß im Brennpunkt der Behandlungsmaßnahmen des Jugendgerichts, die Sorge um die Resozialisierung, die Erziehung und das Wohlergehen des jugendlichen Rechtsbrechers steht. Daher wird auch die Sorge des Jugendgerichts um das Schicksal jedes jugendlichen Straftäters nach Beendigung des Prozesses verständlich.

In diesem Kapitel behandeln wir die Maßnahmen des Jugendgerichts in dem Stadium, in dem die Schuld des jugendlichen Rechtsbrechers bereits bewiesen ist und nur noch zu beschließen übrig bleibt, welche Behandlungsmaßnahmen zu ergreifen sind.

Wie bereits oben erwähnt wurde, obliegen dem Jugendgericht drei Hauptaufgaben. Erstens muß es die Tatsachen bezüglich der Anklage feststellen; zweitens muß es diese Tatsachen mit der gesetzlichen Lage in Übereinstimmung bringen; und drittens muß es die für den jugendlichen Straftäter geeignete Behandlungsmaßnahme bestimmen. Die beiden ersten Aufgaben sind gesetzlicher Natur. Das Jugendgericht ist hier an Gesetze und Verfahrensweisen gebunden, die ausdrücklich bestimmen, was erlaubt und was verboten ist. Das betrifft nicht die dritte Aufgabe, die überhaupt nicht definiert wird, da es sich hier um individuelle Probleme handelt, die nicht auf Gesetzen und Verfahrensweisen beruhen. Behandlungsmethodologisch scheint es manchmal erwünscht, bei dem einen Jugendlichen einen Zustand der Spannung zu schaffen und das bei einem anderen zu unterlassen. Manchmal wird ein Jugendlicher wegen eines geringfügigen Vergehens in ein Heim geschickt, während ein anderer, dessen Vergehen in gesetzlicher und sozialer Hinsicht schwer ist, einem Bewährungshelfer als Proband unterstellt oder sogar freigelassen wird. Dabei muß man das Alter des jugendlichen Straftäters, seine persönliche Lage, die interpersonellen Beziehungen zwischen Eltern und Jugendlichem und in gar nicht geringem Maß, auch das Verhältnis des Jugendlichen zu seiner eigenen Tat in Betracht ziehen.

Diese drei Aufgaben lassen sich auch anders einteilen. Für die beiden ersten Aufgaben gilt vornehmlich das Rechtsprinzip, die dritte Aufgabe hat ein soziales Prinzip zur Grundlage. Mit anderen Worten, *wer* als jugendlicher Rechtsbrecher betrachtet wird, bestimmt das Gesetz, *was* mit dem jugendlichen Rechtsbrecher zu geschehen hat, ist Sache der Gesellschaft und Erziehung.

Das Verhältnis zwischen der vom Gericht ergriffenen Maßnahme und der Art des Vergehens, das der Angeklagte verübt hat, geht klar aus dem folgenden Fall hervor.

T. S. war etwa 12 Jahre, als er vor das Jugendgericht kam. Er war beschuldigt, mit noch zwei anderen Kindern Holzkisten in einem Lager gestohlen zu haben. Als sie das Holz verkauften, wurden sie alle gefaßt. Die drei Kinder — alle ungefähr gleichaltrig — behaupteten vor Gericht, daß die Kisten bereits lange in dem Lager gelegen hätten. Sie glaubten daher, sie gehörten niemand und nahmen sie an sich. Das Vergehen war sachlich geringfügig. Schaden wurde nicht angerichtet, denn die Kinder wurden noch vor dem Verkauf erwischt und die Kisten wurden ihrem Eigentümer zurückgegeben. Der Wert der Kisten war gering und es war das erste Vergehen der drei Kinder. Es stellte sich auch heraus, daß die Kisten lange in dem Lager standen und sich niemand an ihnen interessiert gezeigt hatte. Die Situation zweier der drei Kinder war zufriedenstellend und das Gericht annullierte die Anklage gegen sie. Anders war es mit T. S. bestellt.

Im Bericht des Bewährungshelfers, der dem Gericht unterbreitet wurde, hieß es von dem 12jährigen T. S., daß er mit acht Jahren mit seinen Eltern aus einem Land des Mittleren Ostens eingewandert sei. In bezug auf den Vater hieß es im Bericht, „daß die Familie auf einem niedrigen Lebensniveau lebte. Der Familienvater war in seiner Jugend Schreiner, er arbeitet jedoch seit langem nicht mehr, sondern verbringt seine Zeit außerhalb des Hauses mit Arraktrinken, kehrt nachts gewöhnlich betrunken heim, verprügelt dann die Familienangehörigen, durchstöbert ihre Taschen und geht dann wieder in aller Frühe aus dem Hause". Die Mutter wird mit folgenden Worten geschildert: „Eine Frau von vernachlässigtem Aussehen, sieht älter als ihre Jahre aus, bricht in Stunden der Erregung grundlos in Schreien aus und fügt sich dann selbst harte Schläge zu. Ihr Mann verprügelt sie mitleidslos und bürdet ihr die ganze Last der Familie auf. Sie ist eine gutmütige Frau, ihren Kindern zugetan und besorgt um sie".

Über T. S. heißt es: „Äußerlich ist er immer verwahrlost, seine Kleider sind zerrissen, seine Haare wild gewachsen, meistens läuft er barfuß umher. Der Junge steht stark unter dem Einfluß der häuslichen Situation. Über seinen Vater sagt er: „Manchmal trinkt er Arrak, manchmal prügelt er". An seiner Mutter hängt er sehr. Es scheint, daß man ihm noch nie Aufmerksamkeit schenkte. „Er verbringt seine Zeit, indem er in den Straßen herumlungert. Er hat fast keinen Verkehr mit anderen Kindern, weil sie ihn nach seinen Worten verspotten. Sein verwahrlostes Äußere kann in der Tat eine solche Reaktion hervorrufen. Das Gutachten der Schule stellt fest, daß er häufig fehlt, nichts begreift und sich an die Schulordnung nicht anpaßt. Seine Reaktionen sind häufig aggressiver Art."

Infolge dieser betrüblichen Lebensumstände des 12jährigen T. S. wandte sich das Gericht dem Problem der Unterbringung des Kindes in einem Erziehungsheim zu. Das Gericht war davon überzeugt, daß unter den gegenwärtigen Lebensumständen die Aussichten auf eine Besserung seiner Situation überaus gering waren. Im Gegenteil, alles deutete darauf hin, daß er nicht mehr die Schule besuchen würde oder doch nur gelegentlich, wie das jetzt schon der Fall war. Er würde natürlich sein Glück bei verschiedenen Arbeiten versuchen, aber nirgends aushalten, da es ihm an Beständigkeit mangelte, und seine Lage würde sich dauernd verschlimmern. Andererseits würde sich das Kind, befände es sich in einem Heim, vielleicht an seine Schulpflicht gewöhnen, würde Beziehungen zu seinen Mitmenschen anknüpfen und sich selbst als Mensch fühlen.

T. S. wurde auf drei Jahre in ein Heim geschickt. Die Überführung in das Heim und die lange Dauer stehen in keinem Verhältnis zu dem von ihm begangenen Vergehen. Die Unterbringung im Heim erfolgte auch nicht, um ihn zu bestrafen, sondern um ihn zu resozialisieren. Sein Resozialisierungsprozeß war langsam und beschwerlich. Im ersten Jahr seines Anstaltsaufenthalts zeigten sich im Verhalten von T. S. Auf- und Abwärtsbewegungen und er lief häufig davon. Erst nach einem zweijährigen Heimaufenthalt zeigten sich Anzeichen zunehmender Beständigkeit. Heute befindet sich T. S. bereits seit zwei Jahren außerhalb der Anstalt, hilft beim Unterhalt der Familie mit und hat Interesse für seine Umwelt. Er blieb in seinen intellektuellen Fähigkeiten beschränkt, aber er hat ein gutes Orientierungsvermögen. Er weiß um die Hilfe, die ihm das Heim gab, und schätzt sie hoch ein.

Wir müssen auch die Tatsache anerkennen, daß es Rechtsbrecher gibt, die nicht positiv auf Resozialisierungsversuche reagieren und denen es gleich ist, was schließlich aus ihnen wird. Diese Gleichgültigkeit dem eigenen Schicksal gegenüber, stellt ein schweres Hindernis dar und macht erzieherische Maßnahmen zunichte. Es gibt Straftäter, die an dem Willen der Gesellschaft, ihnen zu helfen, nicht glauben wollen. Sie schirmen sich mit einem Panzer der Aggressivität ab und haben Angst, daß man ihnen ansehe, sie zeigten Reue oder die Bereitschaft, von ihrem verfehlten Tun zu lassen. Und um dieses Schutzes willen, entwickeln sie das Gefühl der Gleichgültigkeit gegenüber den Anstrengungen, die von der Gesellschaft ihretwegen unternommen werden.

Es gibt andererseits Rechtsbrecher, denen wir nicht zu helfen vermögen, weil wir die zu ihrer Resozialisierung notwendigen Kenntnisse nicht besitzen. Manchmal will es so scheinen, als ob der Straftäter auf dem besten Wege der Besserung sei, als ob er sein Verhalten geändert habe, er selbst scheint es zu glauben und freut sich seiner neuen Lebensweise. Aber trotzdem und ohne jede ersichtliche Ursache, kommt es wieder zu einem Rückfall, wieder werden Vergehen von ihm verübt und es sieht so aus, als ob alle Bemühungen umsonst gewesen wären. Immer wieder schlägt uns die Wirklichkeit ins Gesicht. Natürlich ist es schwer, sich mit Niederlagen, besonders in jenen Fällen abzufinden, in die man so viele Anstrengungen, so viel Initiative, so viel Geld investierte. Wenn der Straftäter trotz der umfangreichen Behandlung, die ihm zuteilt wurde, in seine alte Lebensweise zurückfällt, führt das oft, bei den auf diesem Gebiet Tätigen, zur Tatenlosigkeit. Außerdem müssen sie sich nach einem solchen Fiasko oft von anderen den Vorwurf gefallen lassen, daß alle Mühe und aller Einsatz verschwendet waren und man ohnehin dieses Ergebnis hätte voraussehen müssen.

Tatsächlich gibt es Fälle, in denen man die Erfolglosigkeit oder den geringen Erfolg voraussehen kann, aber wenn von jugendlichen Straftätern die Rede ist, fällt es schwer, sich mit solchen Feststellungen abzufinden, selbst wenn die Prognosen negativ lauten. Es ist wünschenswert, immer wieder neue Versuche anzustellen, da man doch nie mit Sicherheit wissen kann, ob sich nicht eine Wende zum Besseren ergibt. Freilich kann man an Handicaps, wie einem ernsten organischen Gebrechen oder einer dürftig entwikkelten Persönlichkeit etc., die einen Erfolg nicht verbürgen, nicht vorbeisehen.

Von den Behandlungsmaßnahmen, die dem Jugendgericht zu Gebote stehen, haben einige einen vorwiegend erzieherischen Inhalt und sind auf Jahre hinaus an Unterweisung und Führung, an die Beaufsichtigung durch die Bewährungshelfer und den Aufenthalt in einem Erziehungsheim geknüpft. Für die Realisierung dieser Behandlungsmaßnahmen gibt es in Israel zwei Systeme, von denen jedes seine eigene Struktur hat. Die Aufsicht des Bewährungshelfers ist ihrem Wesen nach ambulanter Art, während die Behandlung im Erziehungsheim das genaue Gegenteil davon ist und sich in einem geschlossenen Rahmen, einer Art Hospitalisierung vollzieht. Diese Gegensätze haben ihre besondere Bedeutung und im Fortgang der Dinge soll über ihre verschiedenen Aspekte gesprochen werden. In diesem Stadium will ich nur auf eine mögliche Weiterung bei solchen Fällen verweisen, in denen diese Maßnahmen erfolglos sind.

Es kommt vor, daß die Aufsicht eines Bewährungshelfers dem jugendlichen Rechtsbrecher nichts nützt. Dann ergibt sich manchmal das Problem, ihn in einem Heim unterzubringen. Dieser Schritt ist notwendig, wenn der jugendliche Straftäter weiterhin Vergehen verübt, seine Eltern keine Kontrolle über ihn haben und seine Handlungen eigentlich die Notwendigkeit für drastischere Mittel bieten. Es soll bemerkt werden, daß die Aufhebung der Bewährungsanordnung und ihr Ersatz durch eine Heimunterbringungsanordnung mitunter auch in Frage kommt, wenn keine Möglichkeit besteht, eine Veränderung der Lebensbedingungen eines Jugendlichen zu bewirken, selbst wenn er sich gebessert hat. Die Aufhebung der Bewährung und die Überführung des Straftäters in eine Erziehungsanstalt lassen in unseren Händen die Möglichkeit eines Manövers in einem Erziehungsrahmen zu, der der üblichen punitiven Aspekte entbehrt.

Andererseits bleibt, wenn ein jugendlicher Straftäter von vornherein in eine Erziehungsanstalt geschickt wird und dauernd ausbricht und weitere Vergehen verübt, nichts anderes übrig, als ihn wirklich ins Gefängnis zu schicken. Mit einer solchen Maßnahme gehen wir in ein völlig anderes System über. Auch dieses System hat seinen Erziehungsinhalt, er ist jedoch an die Qualität der Haft in einem Gefängnis gebunden und dieser Tatsache kommt entscheidende Bedeutung zu.

Wie wir weiter unten sehen werden, betrifft die Haftanordnung nur jugendliche Straftäter, die über 14 Jahre alt sind. Für jene, die dieses Alter noch nicht erreicht haben und außerhalb des Erziehungsheimes Straftaten begehen, gibt es die Alternative der Gefängnishaft nicht. Unter ihnen kann man Kinder im Alter von 12 Jahren finden, die man im Hinblick auf ihre erzieherische und soziale Lage als „Amokläufer“ bezeichnen kann. Mahnungen und Warnungen wirken auf sie nur wenige Tage, mitunter nur zwei Tage lang. Aus unserer Erfahrung wissen wir, daß es 12- und 13jährige, sogar noch jüngere Kinder gibt, die sich mit der Akklimatisierung in einem Erziehungsheim gewöhnlicher Beschaffenheit schwer tun.

Die Gründe dafür sind zahlreicher und unterschiedlicher Art, das Ergebnis ist dasselbe. Sie benötigen mehr Aufmerksamkeit und ihretwillen muß man besondere Behandlungsmethoden in einem besonderen, geschlossenen Erziehungssystem entwickeln. Irgendwie verhehlen wir uns diese Bedürfnisse und geben sie praktisch erfahrenen Straftätern preis, die unsere Ohnmacht und Untätigkeit auszunutzen. Ein hervorstechendes Beispiel für die Vernachlässigung auf dem Gebiet der Behandlung jugendlicher Straftäter ist das Fehlen einer Erziehungsanstalt, in der *gestörte Kinder die erforderliche* Erziehung erhalten können. So haben *wir auch keine geschlossene* Anstalt für jene Kinder, die dauernd aus der offenen Anstalt entweichen und ein zügelloses Leben führen. Manche behaupten, daß eine geschlossene Erziehungsanstalt im Widerspruch zu den reinen pädagogischen Prinzipien steht, jedenfalls, wenn von Kindern unter 14 Jahren die Rede ist. Wer das glaubt, verhehlt sich die Tatsache, daß diese Kinder, wenn sie 14 Jahre alt werden, manchmal ins wirkliche Gefängnis geschickt werden, hauptsächlich deshalb, weil sie nicht rechtzeitig in eine geschlossene Erziehungsanstalt verbracht wurden.

Die geschlossene Anstalt ist für jene Kinder, die sich nicht an die für ein soziales Leben erforderlichen Minimalnormen gewöhnen können, das Gebot der Stunde. Das Fehlen einer solchen Anstalt verstärkt indirekt die Neigung zu einem Leben der Zügellosigkeit und des Verbrechens. Das gilt für Kinder, bei denen der kriminelle Antrieb hauptsächlich neurotischer Natur ist und die einer Anstalt bedürfen, in denen man ihnen eine wirkliche Therapie bieten kann. Die Errichtung der Leitung einer solchen Anstalt ist allerdings keineswegs eine einfache Sache, aber ihre Notwendigkeit ist absolut unabweisbar.

J. A. wurde mit 13 Jahren wegen eines geringfügigen Vergehens vor das Jugendgericht gebracht. Man beschuldigte ihn, daß er von einem Jungen wissentlich Diebesgut entgegengenommen und verkauft hätte. Er erschien in Begleitung seiner Mutter vor Gericht, die das Versprechen ablegte, auf ihren Sohn aufzupassen. Der Junge selbst schwieg und zeigte kein Interesse für die Vorgänge bei Gericht. Der Bewährungshelfer schrieb in seinem Bericht, daß J. A. in der Schule gewisse Schwierigkeiten gehabt hätte, von denen man jedoch glaubte, daß er sie überwinden werde, nachdem er zwei Wochen vor dem Prozeß wieder die Schule besuchte. Der Junge und seine Mutter unterschrieben eine Bürgschaft für gutes Verhalten.

Nach drei Monaten wurde der Junge erneut vor Gericht gebracht, diesmal wegen Diebstahls und Verkauf von Diebesgut. Den Diebstahl führte er nach Abschluß des ersten Prozesses aus. Es zeigte sich, daß sich seine Lage in dieser kurzen Zeit sehr verschlimmert hatte. Er hatte die Schule gänzlich aufgegeben und hatte damit bereits zwei Tage nach Beendigung des ersten Prozesses begonnen. Diesmal gehörten auch seine Eltern zu den Beschwerdeführern und erbaten die Hilfe des Gerichts. Die Mutter gestand dem Richter ein, daß schon zur Zeit des ersten Prozesses schwere Verhaltensprobleme bei ihrem Sohn bestanden hätten, sie jedoch auf seine Bitten nichts davon berichtet, sondern alles verschwiegen hätte. Sie hatte geglaubt, daß er sein Versprechen, sich zu bessern, halten würde und meinte auch Grund dazu zu haben, da er um diese Zeit wieder zur Schule gegangen sei. J. A. verhielt sich auch diesmal die ganze Zeit über schweigend, außer, daß er einmal mit Entschiedenheit erklärte, einen Beruf lernen und nicht mehr in die Schule zurückkehren zu wollen. Er bekundete keine Reue über den Diebstahl und warf seiner Mutter Blicke der Wut und Verachtung wegen ihrer Erzählung vor Gericht zu. Es war klar, daß die Eltern mit den Problemen, die hier aufgeworfen wurden, nicht fertig werden konnten. Andererseits gab es Grund zu glauben, daß Hilfe von außen den Jungen wieder auf die normale Bahn bringen und auch den Eltern bei der Erziehung ihres Sohnes nützlich sein könnte.

J. A. wurde daher auf zwei Jahre einem Bewährungshelfer als Proband unterstellt. Bald stellte sich heraus, daß J. A. nicht im geringsten daran dachte, sein Verhalten zu ändern. Er fand sich bei seiner Bewährungshelferin nur einige Male ein und nachdem er von den an ihn gerichteten Forderungen erfuhr, leistete er keiner Einladung mehr Folge.

Es verging ein halbes Jahr und der Bewährungshelfer retournierte die Akte an das Gericht. Als die Verhandlung begann, war über jeden Zweifel klar, daß der Junge vor einem Abgrund stand. Er befand sich in offenem Aufstand gegen alle, seine Eltern, den Bewährungshelfer, die Polizei und das Gericht. Besonders ärgerte er sich über den Bewährungshelfer, weil dieser die Akte an das Gericht zurückgegeben hatte. Er ereiferte sich über die Polizei, weil diese ihn zum zweiten Mal beim Diebstahl gefaßt hatte und diesmal drei Tage bevor die Verhandlung über die Übertretung der Bewährungsanordnung zur Sprache kam.

Ich ordnete Heimunterbringung an, da ich dachte, daß seine Entfernung aus dem Elternhaus und dem Kreis seiner Freunde die Situation zu seinen Gunsten bessern könnte. Bei der Untersuchung seiner Situation entstand der Eindruck, daß J. A. ein inneres Bedürfnis verspürt, sich vor seinen Freunden seiner Taten zu rühmen. Er erwarb sich im Viertel den Ruf eines mutigen Burschen, der alle Ermahnungen, mit seinen Heldentaten ein Ende zu machen, in den Wind schlug. Das Gericht war der Meinung, daß, wenn man ihm die Gelegenheit nähme, vor seinen Freunden als Held aufzutreten, er sich möglicherweise beruhige und er vielleicht auch beginnen würde, auf sich zu achten, nicht des äußeren Eindrucks wegen, sondern auch aus eigenen Bedürfnissen heraus, die er sich bisher nie eingestanden hatte.

Nach einer ziemlich schwierigen Zeit der Akklimatisierung ordnete er sich in das Leben der Anstalt für jugendliche Straftäter ein. Es entwickelte sich bei ihm eine Fähigkeit des Führers und er begann bei seinen Freunden eine besondere Stellung einzunehmen. Es folgte eine Periode der Beruhigung und Festigung, die zwar ihre Auf- und Abwärtsbewegungen hatte, aber die Besserung hielt vor.

Als er fünfzehn Jahre alt war, kam er aus dem Heim. Wie üblich in diesen Fällen bemühte sich die nachgehende Fürsorge des Wohlfahrtsministeriums um einen Arbeitsplatz und eine Ausbildung für ihn. Zunächst sah alles rosig aus. Noch bevor er in die Stadt zurückkehrte, wurde mit ihm zusammen ein Plan zu seiner Resozialisierung ausgearbeitet und aufgrund seiner großen Fortschritte im letzten Jahr glaubte man mit positiven Resultaten rechnen zu können.

Es vergingen jedoch keine drei Monate seit seiner Rückkehr und seinem Arbeitsbeginn, als er wiederum wegen Diebstählen vor Gericht stand. Der Sozialarbeiter von der nachgehenden Fürsorge teilte dem Gericht mit, daß der Junge die ihm dargebotene Hilfe ausschlage, für jene, die es gut mit ihm meinten, nur Spott übrig habe und sie nur um seines Vorteiles willen gebrauche. Es sei in der Tat schwer, einen Kontakt mit ihm herzustellen, obgleich er seine Mitarbeit versprochen hätte.

Der Junge machte den Eindruck, als ob er wieder zu demselben Gebaren zurückgekehrt war, das man an ihm kannte, bevor er in das Heim geschickt wurde. Wiederum wurde vorgeschlagen, ihn in die Anstalt zu schicken. J. A. weigerte sich entschieden, die Stadt zu verlassen und gelobte, sein Verhalten zu bessern. Das hielt einige Tage an und wiederum wurde er rückfällig und verübte zahlreiche Vergehen. Tatsächlich stand uns keine geeignete Anstalt zur Verfügung, in die wir ihn hätten schicken können. In die frühere Anstalt konnte er wegen seines Alters und seines verschlimmerten Zustandes nicht mehr geschickt werden. Eine geschlossene Anstalt mit erzieherischen und pflegerischen Einrichtungen, oder selbst ohne solche, existierte nicht, so daß mir keine andere Wahl blieb, als ihm nachzugeben. Aber seine Lage verschlimmerte sich immer mehr und so wurde er zu sechs Wochen Gefängnis verurteilt. Dieses Urteil erschütterte ihn und beeinflußte ihn stark. Erst jetzt begann er, den Ernst seiner Lage zu erkennen und in seinen Gesprächen im Gefängnis versprach er, daß es mit seiner kriminellen Karriere nun ein Ende haben müsse.

Leider vergaß er seine Versprechungen bald wieder und auch die Erschütterung war dahingeschwunden, als ob sie nie gewesen wäre. Andere starke Kräfte bemächtigten sich seiner. Er wurde wiederum wegen verschiedener Vergehen verurteilt, diesmal zu sechs Monaten Gefängnis, eine längere Periode zwar, aber nicht lang genug, denn es bestand noch immer die Hoffnung, daß er seine Lektion lerne und sich bessere. Aber auch diese Strafe nützte nichts und dann wurde er für neue Vergehen, die er kurz nach Verbüßung seiner Haft verübte, zu zwei Jahren Gefängnis verurteilt und war erst 15½ Jahre alt. Er legte beim Bezirksgericht Berufung gegen das hohe Strafmaß ein.

Die Berufungsinstanz hatte einen schweren Stand. Einerseits waren da die zahlreichen Wiederholungsvergehen samt der Versuche zu seiner Resozialisierung und andererseits hatte man das Gefühl, daß man die Hoffnung auf Besserung bei ihm nicht aufgeben dürfe.

J. A. wußte, daß er bei Gericht einen ziemlich schweren Stand hatte. So versprach er den Richtern, die Stadt zu verlassen und in das Heim zurückzukehren. Aufgrund dieses Versprechens beschloß das Berufungsgericht „nicht ohne Bedenken", das Gefängnisurteil aufzuheben und den Jungen einem Bewährungshelfer zu unterstellen. Als Bedingung wurde vereinbart, daß er in demselben Heim wie früher wohnte. In der Urteilsbegründung schrieben die Richter: „Wir warnten den Angeklagten vor den ernsten Folgen einer Übertretung der Bewährungsbedingungen, zu denen auch der Gehorsam gegenüber den Anweisungen des Bewährungshelfers gehört."

Es vergingen nicht viele Wochen und J. A. entwich aus der Anstalt. Er kehrte in die Stadt zurück und ließ sich eine Anzahl Vergehen zuschulden kommen. Jetzt wurde er vom selben Gericht, das ihn unter Bewährungsaufsicht gestellt hatte, zu zwei Jahren wirklichem Gefängnis verurteilt.

Angesichts dieser Entwicklung ist anzunehmen, daß es vielleicht doch möglich gewesen wäre, den Jungen wieder auf die richtige Bahn zu bringen, hätten wir eine Anstalt gehabt, die für seine Resozialisierung entsprechend ausgerüstet wäre. Unsere begrenzte Erfahrung mit einer geschlossenen Anstalt, die bereits einige Zeit lang bestand — auch wenn die Verhältnisse dort nicht völlig zufriedenstellend waren — lehrt uns, daß eine auf Disziplin gegründete Erziehungsanstalt ein Faktor der Resozialisierung sein kann. Es scheint mir, daß wir auf jeden Fall die Pflicht haben, den Jugendlichen eine Erziehungsmöglichkeit dieser Art zu geben, bevor wir sie ins wirkliche Gefängnis schicken.

Wie gesagt, in diesem Kapitel sprechen wir vom Endstadium der Prozeßverhandlung, das heißt dem Zeitpunkt, in dem das Gericht über seine Maßnahmen beschließt. Der Begründung, die der Richter am Jugendgericht Minderjährigen und Eltern bezüglich des Inhalts seiner Entscheidung vorträgt, kommt eine große Bedeutung zu. Das Verständnis, das der jugendliche Straftäter von den ihm hier gesagten Dingen hat und was von den Ereignissen der Gerichtsverhandlung in seinem Gedächtnis bleibt, bilden ein ernstes Problem. Manchmal hängt das vom Alter des Minderjährigen und dem Grad seiner Intelligenz ab; manchmal wirkt sich der Mangel an Konzentrationsfähigkeit störend aus; auch kann die Angst vor der drohenden Strafe seine Sinne abstumpfen; wie die seelische Spannung, ob sie nun in seiner Persönlichkeit oder der Anwesenheit der Eltern bei Gericht liegt, seine Fähigkeit beeinträchtigen, den Dingen, die mit seinem Vergehen zusammenhängen mit der notwendigen Aufmerksamkeit zu folgen. Am häufigsten beobachtet man, wie leicht sich der Jugendliche von diesen Dingen ablenken läßt und er der Realität, die ihm das Gericht vor Augen hält, entflieht. Viele Dinge ereignen sich in dieser Situation und nur die gerade auf ihr Ziel steuernde Einstellung des Richters, seine Unmittelbarkeit und Aufrichtigkeit, können den Jugendlichen wieder in die Wirklichkeit zurückführen.

Hieraus folgt, daß es Pflicht des Gerichts ist, ihnen so bald wie möglich und in so einfacher Sprache wie möglich, die Natur der Anklage, der sie beschuldigt werden, zu erklären; ebenso besteht diese Pflicht meiner Ansicht nach auch in der Schlußphase, wenn der Richter im Begriff steht, seine Entscheidung über eine bestimmte Maßnahme zu verkünden. Wenn dieser Mitteilung, hinsichtlich der Behandlung oder der Abschreckung, ein Wert zukommt, wird das Gericht ohnehin daran interessiert sein, daß der jugendliche Straftäter die Bedeutung der Entscheidung, wie immer sie auch ausfalle, vollauf verstehe.

Aus diesem Grund muß das Jugendgericht über das in Paragraph 175 der Strafprozeßordnung von 1965 Gesagte hinausgehen und darf sich nicht mit der Verlesung des Urteilsbeschlusses oder der Entscheidung, die es im Begriff zu fällen steht, begnügen. Der Jugendrichter muß den Inhalt des Urteils oder der Entscheidung auch in verständlicher und einfacher Sprache erklären.

Nach Artikel 24 (2) der Jugendgerichtsverordnung von 1971 ist es jetzt möglich, bei Anwendung von Erziehungsmaßnahmen laut Artikel 26, eine oder mehrere solcher Maßnahmen zu gleicher Zeit zu ergreifen. Dies ist eine wichtige Neuerung, die dem Jugendgericht mehr Möglichkeiten in Behandlungsmethoden bieten, im Vergleich zu den früheren Möglichkeiten. Die Erfahrung hat uns gelehrt, daß vom pflegerischen Standpunkt aus sich manchmal die Notwendigkeit ergibt, zwei oder drei Erziehungsmaßnahmen zusammenzufassen. Dies wird natürlich nur Sinn haben, wenn sie sich gegenseitig ergänzen.

15. KAPITEL

Verzicht auf gerichtliche Maßnahmen

Wie früher in der Jugendstrafrechtsordnung von 1937, so auch jetzt in der von 1971, kann das Jugendgericht beschließen, nachdem es festgestellt hat, das der jugendliche Delinquent die ihm zugeschriebene Tat verübte, ihn von jeder Auflage, sowohl Erziehungsmaßnahme als auch Strafe, zu befreien. Das ist eine Form der Verwarnung und gleichzeitig der Vergebung — eine Methode, die sich besonders für ein Gericht eignet, das über Minderjährige zu entscheiden hat. Manchmal verüben Minderjährige Bagatellvergehen oder sie werden aus Unachtsamkeit in ein Vergehen hineingezogen. Obgleich es auch in solchen Fällen manchmal angezeigt ist, die Taten vor Gericht zu bringen, ist es gut, daß das Gericht, sozusagen die Institution der Strafe, die Möglichkeit hat, dem Minderjährigen seine Tat zu vergeben. Die Tatsache, daß er vor Gericht gestellt wurde und von ihm Vergebung erlangte, kann therapeutische Bedeutung haben.

Es gibt also Fälle, in denen die Anklage noch von der Polizei annulliert wird, meistens im Einvernehmen mit der Jugendgerichtshilfe, während in anderen Fällen wohl eine Anklage im Jugendgericht erhoben wird, das Jugendgericht aber auf Maßnahmen verzichtet.

Es soll in diesem Zusammenhang bemerkt werden, daß jegliche Entscheidung des Jugendgerichts sich auf einen schriftlichen Bericht der Bewährungshilfe stützt. Dies ist eine obligatorische Verordnung im Jugendgesetz von 1971. Es kann nicht übersehen werden, daß die Vorbereitung des Berichts sowohl für den Delinquenten als auch für seine Eltern von wirklicher exemplarischer Bedeutung sein kann. Es genügt zu erwähnen, daß die Anfertigung des Berichts von dem Delinquenten nicht wenige Anstrengungen abverlangt. Er muß den Bewährungshelfer auf Verlangen in seinem Büro aufsuchen, und sich auch für dessen Besuche bereithalten. Der Gesetzgeber hat diese Verordnung des obligatorischen Berichts nicht nur für schwere delinquente Taten vorgesehen, sondern auch für geringfügige Vergehen, weil man der Meinung war, daß das soziale Milieu in jedem Falle vom Jugendgericht untersucht werden soll. Einige Beispiele sollen das Gesagte veranschaulichen:

FALL 1

Das Mädchen D., 12 Jahre alt, wurde beschuldigt, in eine Wohnung eingedrungen zu sein, um dort zu stehlen. Vor Gericht behauptete D., daß sie die Wohnung zufällig betreten und nicht die Absicht gehabt hätte, etwas zu stehlen. Im Bericht des Bewährungshelfers heißt es über sie:

„Die Eltern nahmen diese Angelegenheit sehr ernst. Sie bekannte, daß sie von den Eltern, die die Wahrheit herausfinden wollten, schwer geschlagen wurde.

Das Mädchen drückt sich klar und gewandt aus und verrät ein hohes Maß an gesundem Menschenverstand. Sie hat Pläne für die Zukunft, will die Schule in der 8. Klasse fortsetzen. Ihre Absicht Sekretärin wie ihre Schwester zu werden, zeugt von einer realistischen Lebensansicht. Aus ihren Bemerkungen über den in der Schule gelernten Stoff und dem Eifer, mit dem sie von den Anstrengungen sprach, die für einen erfolgreichen Abschluß der acht Klassen notwendig seien, läßt sich erkennen, daß sie gut motiviert ist und ein ausdauerndes Lernvermögen hat."

„Aus ihren Worten geht hervor, daß die Beziehungen zu den Eltern und Brüdern normal sind und sie trotz der vielen Kinder in der Familie auch persönliche Aufmerksamkeit gewidmet bekommt. Andererseits läßt sie durchblicken, daß sie mit ihren älteren Schwestern um die Aufmerksamkeit der Eltern rivalisiert. Diese Rivalität nötigt D. zahlreiche Anstrengungen ab, Konflikte mit den Eltern zu vermeiden und sich nach dem Klischee des „guten Mädchens" zu betragen. Möglichkerweise erklärt diese Situation auch die große Betroffenheit des Mädchens durch die Anklage und Verhandlung, die anscheinend ihren Stand zuhause erschütterten."

FALL 2

J. war etwa 15 Jahre, als er wegen Fahrraddiebstahls vor Gericht kam. Er behauptete, daß es sich um ein weggeworfenes und verrostetes Fahrrad gehandelt hätte. Er glaubte, es sei herrenlos und daher montierte er einige Teile für sich ab.

Aus dem Bericht des Bewährungshelfers erfuhr ich, daß die Familie acht Kinder hat, von denen zwei ins Ausland gegangen waren. Der Vater, der eine Werkstatt betrieb und sich wirtschaftlich in geordneten Verhältnissen befand, versuchte seine Situation dadurch zu verbessern, daß er zu seinen im Ausland lebenden Kindern fuhr und auf die Reise auch J. mitnahm. Nach einem Jahr kehrten sie wieder zurück, der Vater in recht nervösem Zustand, die Mutter jedoch recht ausgeglichen. Über J. heißt es in dem Bericht: „Aus Gesprächen mit J. geht hervor, daß er bei seiner Rückkehr ins Land eine Krise durchmachte. Die Rückkehr erfolgte plötzlich und er hatte sich im Ausland gut eingelebt, sowohl in der Schule als auch in seiner Umwelt. Der Junge war über die Rückkehrkrise noch nicht hinweggekommen. Er träumte davon, zur See zu gehen, aber nachdem er hier ein Schuljahr versäumt hatte, erhielt er ein Abgangszeugnis ohne Noten. Das hinderte ihn daran, seine Studien an einer höheren Schule fortzusetzen. Da er keine andere Wahl hat arbeitet er bei seinem Vater und macht die größten Anstrengungen, es bei der Nervosität seines Vaters, auszuhalten. Er zieht diese Tätigkeit aber dem Müßiggang vor. Auf den Traum, seine Studien fortzusetzen, hat er noch nicht verzichtet. Die Mutter versteht, daß die Arbeit unter der Obhut seines Vaters seiner Entwicklung nicht dienlich ist und sie brachte ihn bereits in einer Diamantenschleiferlehre unter. Der Junge macht einen günstigen Eindruck, ist gut entwickelt, zur Pubertätskrise trat noch die Akklimatisierungskrise in zwei Ländern hinzu. Er hält sich trotzdem gut und ist zuhause folgsam."

FALL 3

A. wurde mit 12 Jahren vor das Jugendgericht gebracht, weil er mit Hilfe eines Tricks die Postverwaltung geschädigt hatte. Er erzählte, daß er mit seinem Freund spazieren ging, als ihm plötzlich der Gedanke kam auszuprobieren, ob er nicht in einem öffentlichen Telefon mit einer falschen Münze telefonieren könnte. Es fiel ihm schwer, seine Handlung zu erklären.

Der Bewährungshelfer schrieb im Bericht, daß sich A. aufgeregt fühlte, nachdem er die Einladung der Bewährungshilfe erhalten und man ihn mitgeteilt hatte, daß ein Prozeß gegen ihn stattfinde.

Über die Familie heißt es in dem erwähnten Bericht, daß sie zwei Jahre zuvor aus einem Entwicklungsstädtchen nach Tel Aviv gezogen sei. Die Familie hält zusammen und jeder weiß sich für den anderen verantwortlich. Das Leben verläuft in normalen Bahnen. Der Vater arbeitet als Bauarbeiter. Er ist die dominierende Figur in der Familie und er neigt gegenüber den Kindern zur Pedanterie, aber sie achten ihn. Lange Zeit erzählte man ihm nichts über den Vorfall mit A., weil man fürchtete, daß er streng reagieren würde. Er ist sehr religiös, liest jeden Tag in der Bibel. Die Kinder sind nicht religiös, begleiten aber den Vater in die Synagoge und beobachten auch zu Hause das Zeremoniell.

Über A. steht im Bericht u. a. „Meistens peinlich ordentlich gekleidet. Bis zum Umzug nach Tel Aviv lernte er in der Schule des Entwicklungsstädtchens. In Tel Aviv geht er in die siebte Klasse. Der Unterricht gefällt ihm und er fühlt sich dort gut aufgehoben. A. gab in der Schule nie Anlaß zu Klagen über sein Verhalten und ist in dieser Hinsicht auch jetzt in Ordnung.

Nachmittags arbeitete er ein bißchen aus Liebhaberei und um beschäftigt zu sein, manchmal auch, um seine privaten Bedürfnisse zu finanzieren und dadurch die Familie zu entlasten. Zu Hause gibt er keinen Anlaß zu Problemen und in der Freizeit lungert er nicht auf der Straße herum, sondern befindet sich meistens in Gesellschaft seiner Familie.

Vor zwei Jahren war A. in eine Sache verwickelt, in der seine ältere Schwester die Anstifterin war. Seitdem hat er bis auf das jetzige Vergehen nichts mehr angestellt. Er kooperiert mit uns. In der Unterhaltung war er aufrichtig und sprach ohne Hemmungen. Er wirkt ziemlich selbständig, lebenstüchtig und angepaßt, und macht im allgemeinen einen positiven Eindruck.

Wir sehen keinen Grund für unsere weitere Intervention. Es scheint, daß das Erlebnis vor Gericht einen heilsamen disziplinarischen Effekt auf ihn ausübte."

In den Jugendgerichten wird dieser Paragraph in 17 % aller Fälle angewandt.

Eine Untersuchung von Rückfallstätern bewies, daß der Prozentsatz der Rückfallstäter unter jenen, die der Annullierung ihrer Beschuldigung teilhaftig wurden, nicht größer ist als bei den übrigen Gruppen. Das heißt, daß dieser Maßnahme ein Aspekt der Behandlung und Prophylaxe zukommt und kein Grund zur Behauptung besteht, daß die Annullierung der Anklage keinen Erziehungswert habe oder daß diese Maßnahme die Minderjährigen zur Fortsetzung ihrer Vergehen ansporne.

SECHZEHNTES KAPITEL

Strafverschonung gegen Bürgschaft

Die Jugendstrafrechtsordnung von 1971 spricht von der „Freilassung des Straftäters bei Übernahme einer Verpflichtung". Das bedeutet, daß das Gericht den Straftäter auf freiem Fuß belassen kann. Die Freilassung bezieht sich auf die Strafverschonung, doch ist der Straftäter verpflichtet, eine Bürgschaft des Wohlverhaltens zu unterschreiben. Das Verfahren besteht darin, daß er ein vorgedrucktes mit einer Stempelmarke versehenes Formular unterschreibt, in dem die Bürgschaftssumme sowie die vom Gericht festgesetzte Periode aufgeführt sind. Wenn der jugendliche Straftäter innerhalb dieser Periode noch einmal dasselbe Vergehen verübt, kann die Bürgschaft verfallen. Ein großer Teil der Minderjährigen erkennt die Bedeutung der auf einem Dokument geleisteten Unterschrift und ist von der damit übernommenen Verantwortung beeindruckt. Ist das der Fall, tritt ein Faktor der Abschreckung ein.

In der Jugendstrafrechtsordnung von 1971 wird nichts über die Bürgschaftsdauer und auch nichts über die Höhe der Bürgschaft gesagt, die das Gericht einsetzen darf. Auf diese beiden Dinge wird in Paragraph 25 der Neufassung der Strafprozeßordnung (Strafen) von 1954 eingegangen, wo es u. a. heißt, daß die Periode der Bürgschaft drei Jahre nicht übersteigen darf und die Bürgschaft sich innerhalb der Grenzen jenes Betrags halten muß, den das Gericht für dieses Vergehen in der Form einer Geldstrafe verhängen darf. Hier liegen zwei wichtige Beschränkungen vor, von denen jede ihre eigene Bedeutung hat.

Es ist anzunehmen, daß die Anweisung dieses Paragraphen auch zutrifft, wenn das Jugendgericht in dieser Maßnahme die Jugendstrafrechtsordnung von 1971 anwendet.

Es stellt sich die Frage, ob man von Jugendlichen eine Bürgschaft auf lange Dauer und in großer Höhe verlangen soll. Meiner Meinung nach soll man sich im allgemeinen mit einer Bürgschaft für Wohlverhalten auf lediglich ein Jahr begnügen. Man darf annehmen, daß ein Jugendlicher, der Bürgschaft für diese Periode leistet und auch daran denkt, daß er sich auf ein Jahr lang zum Wohlverhalten verpflichtet hat und sich davor hütet, noch einmal ein Vergehen zu verüben, nach Ende des Jahres nicht die Dinge auf den Kopf stellen und weitere Vergehen verüben wird. Ein Jahr ist für einen jungen Menschen ein realistisch umschriebener Begriff und es ist möglich, daß eine Periode von zwei oder drei Jahren den Rahmen der Realität sprengt und eine so lange Periode daher ihren realen Wert einbüßt.

Dieses Prinzip gilt auch für die Bürgschaftssumme. Wenn man den Jugendlichen auf eine Summe von 200.—, 300.— oder auch 500.— IL (Israelpfund) verpflichtet, so erscheinen solche Summen dem Jugendlichen nicht realistisch, denn er kann gewöhnlich nicht solche großen Summen aufbringen. Er wird daher die Bürgschaft nicht ernst nehmen können. Bewegt sich jedoch die Bürgschaftssumme innerhalb der Grenzen von 30.—, 50.— oder selbst 100.— IL, so erscheint sie realistisch, denn er kann sie aufbringen und sie gegebenenfalls auch einbüßen. Wenn der Bürgschaftsverfall realistisch ist, kommt auch der Abschreckungsfaktor ins Spiel. Es scheint mir, daß hinsichtlich des Ziels der Behandlungsmaßnahme Vorbehalte bezüglich des Alters der jugendlichen Straftäter angebracht sind. Um eine Bürgschaft für Wohlverhalten zu unterschreiben und die volle Bedeutung einer solchen Unterschrift zu begreifen, bedarf es einer gewissen Reife und wenn sie fehlt, soll man diese Maßnahme lieber nicht anwenden. Ich glaube, daß das Verständnis einer Bürgschaftsunterzeichnung im allgemeinen nur bei Jugendlichen über 12 Jahren vorausgesetzt werden kann.

Und wenn aus Erziehungsgründen ein Vorbehalt bei diesen vor das Jugendgericht gestellten Altersgruppen besteht, so liegt gegenüber einer hohen Altersgruppe ein Verbot rechtlicher Natur vor.

Gemäß der Jugendstrafrechtsordnung von 1971 kann das Jugendgericht „dem Elternteil oder Vormund des Straftäters auferlegen eine Bürgschaft für Wohlverhalten zu leisten". In vielen Fällen wird auch so verfahren. Wenn ein Minderjähriger zusammen mit seinem Elternteil unterschreibt, kein Vergehen mehr zu verüben, und wenn der Elternteil zusammen mit seinem Kind unterschreibt, daß er für das Wohlverhalten seines Kindes bürgt, so kann das für alle Beteiligten von Nutzen sein. In dieser gegenseitigen Verpflichtung steckt eine wertvolle erzieherische und pflegerische Bedeutung, besonders weil sie auf Anordnung des Gerichts erfolgte. Es gibt Eltern, die diese Situation bei Gericht auszunutzen verstehen, unter ihnen solche, die von ihrem Kind klare Versprechungen vor Gericht fordern. In dem Maß, in dem diese Forderungen akzeptabel sind, beteiligt sich auch der Richter an dieser Absprache und wird sich bemühen an diesem Punkt die gegenseitigen Beziehungen zwischen dem Jugendlichen und seinen Eltern zu konsolidieren.

Auch hier läßt sich sagen, daß der Prozentsatz der Rückfallstäter die Preisgabe dieser Maßnahme nicht rechtfertigt. Zugleich soll angemerkt werden, daß sich dieses Behandlungsschema von dem der obenerwähnten Annullierung der Klage unterscheidet. Diese Maßnahme wurde von den Jugendgerichten in 25 % aller ihm vorgelegten Fälle angewandt. Die folgenden Beispiele sollen verschiedene Situationen illustrieren.

FALL 1

Der Junge B. verübte im Alter von 10 Jahren acht Diebstähle. Er lungerte damals unbeschäftigt auf den Straßen herum, ging nicht zur Schule. Seine Eltern waren hilflos. Nach dem er Nachhilfeunterricht erhalten hatte, ordneten sich die Dinge mehr oder weniger und er beging auch keine Vergehen mehr. Nach über vier Jahren erschien er wieder vor Gericht, diesmal mit noch zwei anderen, um zwei Jahre jüngeren Kindern. Sie waren beschuldigt von Badegästen am Strand Geld und verschiedene Gegenstände gestohlen zu haben. Aus den Erzählungen der Kinder ergab sich, daß der treibende Geist bei diesen Vergehen unser Bekannter B. war. Diese Vergehen standen in klarem Widerspruch zu seiner Entwicklung im Laufe der letzten Jahre. Nicht nur, daß er die oberste Volksschulklasse beendet hatte, er befand sich bereits über ein halbes Jahr in einem Internat außerhalb von Tel Aviv, wo er von seinem Vater zwecks Fortsetzung seiner Studien untergebracht worden war. Als er während der Feiertage zu Hause war, verübte er mit seinen zwei Kameraden die genannten Vergehen. Der Internatsleiter schrieb in einem Brief an das Gericht: „Der Schüler B. lernt in unserem Internat . . . er macht im Unterricht und seiner Berufsausbildung Fortschritte und ich habe die Hoffnung, daß er seine Studienziele erreicht und sich damit den Weg ins Leben bahnt. Sein Betragen ist gut, er bedarf der Ermutigung und pfleglichen Förderung. Er wird Schlosser und bekundet beim Erlernen dieses Berufs guten Willen. Die Lehrer sind ihm bei seinem Fortkommen behilflich."

Im Gerichtshilfebericht schreibt der Sozialarbeiter über ihn: „Er ist voller innerer Spannungen und bekundet lebhafte Neigungen zu oppositionellem Verhalten. Er hat Minderwertigkeitsgefühle und zieht sich oft in sich selbst zurück. Er hat keine seelischen oder extremen Verhaltensstörungen. Seine Familienangehörigen betrachten ihn als einen Jungen, der kein Erziehungsproblem bildet. Ihnen zufolge ist er gehorsam und Eltern und Geschwistern gegenüber hilfsbereit."

Wie lassen sich angesichts seiner letzten Entwicklung und der guten Einordnung im Internat, die von ihm in den Ferien verübten Vergehen erklären?

FALL 2

Die Eltern von S. trennten sich hauptsächlich auf Betreiben der Mutter, wegen der Trunk- und Kartenspielsucht des Vaters. S., der älteste von sieben Geschwistern, war Zeuge zahlreicher Auseinandersetzungen und Zusammenstöße zwischen den Eltern. Die Mutter versorgt zur Zeit alle ihre Kinder, doch haben sie für ihren Vater ein gewisses Gefühl des Mitleids.

S. war fünfzehn Jahre alt, als er vor dem Jugendgericht wegen Störung der öffentlichen Ordnung angeklagt wurde. Er benahm sich widerspenstig gegen einen Platzanweiser im Kino, setzte sich auf einen anderen Platz als ihm zukam, weigerte sich den Platz zu verlassen und begann mit dem Platzanweiser einen Streit.

Über die Entwicklung der Dinge, die zu seinem Vergehen führte, schreibt der Bewährungshelfer in seinem Bericht: „S. hat ein geordnetes Auftreten, ist entsprechend seinem Alter entwickelt und intelligent. Er schloß die Volksschule mit Erfolg ab und begann als Elektrolehrling zu arbeiten.

Er lernte rasch und sein Lohn wurde erhöht. Während der wirtschaftlichen Rezession lief er von der Arbeit vor einigen Monaten fort. Trotz seiner Bemühungen gelang es ihm nicht eine andere Arbeit zu finden.

Sein Fortlaufen vom Arbeitsplatz bildeten den Beginn einer Krise zwischen ihm und seiner Mutter. Bis dahin war S. in jeder Hinsicht positiv und trug zum Unterhalt der Familie bei. Er versuchte auch zwischen seinen Eltern zu vermitteln und die Gemüter zu beruhigen, wobei er eine bemerkenswerte Reife an den Tag legte. Jetzt ist er infolge seiner Arbeitslosigkeit nervös, aggressiv und unruhig.

Der Streit mit dem Vater verschärfte sich, bis S. das Haus verließ. Er nächtigte auf der Straße und ernährte sich von Zufallsarbeiten. Der positive und ergebene Sohn verwandelte sich in einen Menschen, der es besonders seiner Mutter heimzahlen möchte. In dieser Periode kam es auch zu dem erwähnten Vergehen. Nachdem er vier Monate von zuhause abwesend war, kehrte S. wieder heim und begann wieder regelmäßig zu arbeiten. In der Beziehung zu seiner Mutter gibt es Auf- und Abwärtsbewegungen, aber es zeichnet sich doch eine zunehmende Beständigkeit ab. Als er sich außerhalb seines Elternhauses befand, befreundete er sich nicht mit den jugendlichen Delinquenten, die er auf der Straße kennenlernte. Sein Verhalten im Kino, das ihm nur einmal widerfuhr, bleibt ihm logisch unverständlich.

Wenn das Jugendgericht vor seiner Entscheidung steht, erwägt es die Anwendungsmöglichkeiten des fraglichen Paragraphen. Wenn die sozialen und erzieherischen Bedingungen des Minderjährigen ein gewisses Problem schaffen, das die Hilfe und Dazwischenkunft eines äußeren Faktors wie der Bewährungshilfe erforderlich macht, tritt ein neuer Gesichtspunkt auf, der die Festigung der inneren Verfassung des Jugendlichen betrifft, die ihn befähigen könnte, aus eigenen Kräften über seine Niederlagen zu triumphieren. Es ist nicht immer richtig den Minderjährigen einer Bewährungshilfe zu unterstellen, da diese Methode manchmal die nach selbständiger Äußerung drängenden Eigenkräfte dämpfen kann. Übrigens äußern auch Eltern zuweilen den Wunsch, ihnen die Suche nach Mitteln und Maßnahmen einer geeigneten Behandlung zu ermöglichen, um eine Wiederholung des Vorfalls auszuschließen. Bei den Eltern herrscht mehr noch als bei den Minderjährigen selbst das Gefühl der Angst, daß der Bewährungshilfe der Makel der Strafe anhafte und sie sehen in der Unterzeichnung einer Bürgschaft für Wohlverhalten eine Strafverschonung. Es ist überflüssig zu bemerken, daß sich das Jugendgericht nicht nur mit der Nichtwiederholung des Vergehens, sondern auch mit der wahrscheinlichen sozialen Entwicklung des Minderjährigen überhaupt befaßt. Auch wenn das Gericht häufig nicht dem oben genannten Wunsch Rechnung tragen kann, besteht doch immer die Möglichkeit zu klären, welche Faktoren den Minderjährigen oder seine Eltern zur Äußerung ihres Wunsches bewogen.

Im Falle von S. wiesen die häuslichen Bedingungen und die persönliche Verfassung des Jungen offensichtlich darauf hin, daß ein Bewährungshelfer dem Jungen mit Rat und Tat und die Ausgleichung von Unebenheiten in seinen Beziehungen zu seiner Mutter und seinem Vater nützlich zur Seite stehen könnte. Im Hinblick darauf wäre es notwendig Bewährung anzuordnen.

Diese Erwägung stand im Widerspruch zu dem ziemlich starken Eindruck, daß in dem Jungen S. zahlreiche Kräfte verborgen liegen und man ihm die Gelegenheit bieten müßte mit seinen Schwierigkeiten allein fertig zu werden. In einer ernsten Krise bewies der Junge große Fähigkeiten. Als er sein Elternhaus verließ und sich auf der Straße herumtrieb, verübte er keine Vergehen und schloß sich auch nicht der Gesellschaft delinquenter Jugendlicher an. Bei der Gerichtsverhandlung war bekannt, daß er den Konflikt mit seiner Mutter praktisch bereits gelöst hatte, wieder nach Hause gekehrt war und auch beim Unterhalt der Familie mithalf. In diesem Stadium schienen das Vertrauen und die Ermunterung, die ihm der Richter entgegenbrachte, geeignet sein „Ich" zu festigen, was besonders in seiner gegenwärtigen Situation vonnöten war. Dieser Eindruck behielt die Oberhand und das Gericht zog eine Bürgschaft für gutes Verhalten einer Bewährungsaufsicht vor.

SIEBZEHNTES KAPITEL

In der Obhut eines Beistands

Diese Maßnahme ist unter allen von den israelischen Jugendgerichten angewandten Maßnahmen die seltenste. Das ist um so erstaunlicher, als viele Länder zu dieser Maßnahme greifen, um die Resozialisierung jugendlicher Straftäter zu betreiben. Das Jugendgericht kann die Prozeßverhandlung damit beenden, daß „es den Straftäter frei ausgehen läßt und ihn der Obhut eines Verwandten oder einer anderen dafür geeigneten Person übergibt."

Der Gesetzgeber verstand, daß der erzieherische und moralische Einfluß, Unterweisung und Beratung von Menschen, die mit Problemen der Erziehung vertraut sind, für die Resozialisierung zahlreicher jugendlicher Rechtsbrecher von Nutzen sein könnten. Das ist in vielen Ländern üblich und damit erklärt sich auch die Absicht, die auch in unsere Gesetzgebung einen entsprechenden Paragraphen einfügte. Der praktische Zweck dieses Paragraphen ist, daß Lehrer, Erzieher, Nachbarn oder Persönlichkeiten der öffentlichen Arbeit bereit sein sollten gewisse jugendliche Straftäter in ihre Obhut zu nehmen. Das dieser Methode zugrunde liegende Prinzip beruht auf drei Punkten: 1. Erziehungsfachleute sollen für das Resozialisierungsproblem jugendlicher Rechtsbrecher interessiert werden; 2. jugendliche Rechtsbrechern soll ermöglicht werden Rat und Unterweisung von Persönlichkeiten zu erhalten, die in dieser Kapazität in der Öffentlichkeitsarbeit tätig sind; 3. in der Öffentlichkeit soll für die Resozialisierung jugendlicher Straftäter Interesse und Wohlwollen verbreitet werden.

Unter öffentlichen Funktionsträgern oder überhaupt Bürgern des Gemeinwesens fand sich fast niemand bereit, den Jugendgerichten zur Verfügung zu stehen und einen Teil seiner freien Zeit für die Resozialisierung des jugendlichen Straftäters zu widmen. Was die Lehrer und Erzieher betrifft, grenzt die Situation ans Absurde. Bei uns stellen sich die Erziehungsfachleute im allgemeinen nicht den Jugendgerichten als Beistände und Berater zur Verfügung. Das Jugendgericht sieht ferner in vielen Fällen davon ab, sich mit ihnen zu beraten, damit sie dem Jugendlichen nicht schaden statt nützen. Wenn ein Schüler vor das Jugendgericht kommt, ist es natürlich, daß man von seinem Lehrer und Erzieher Auskünfte verlangt. Das Gericht tut das jedoch nicht, weil es befürchten muß, das Kind könnte in die Kategorie eines „jugendlichen Delinquenten" eingehen, der in eine andere Schule gehen oder gar in ein Heim geschickt werden sollte. Die Folge ist, daß man sich anstatt zum Lehrer des straffälligen Schülers zu gehen und sich mit ihm über seinen Schüler zu beraten, meistens bemüht zu verheimlichen, daß der Schüler vor Gericht stand und dem Bewährungshelfer bekannt ist. Das ist die Situation in vielen Fällen.

Diese Situation ist überaus betrüblich, denn die Lehrer könnten bei der Behandlung des jugendlichen Straftäters eine große Hilfe sein. Die übertriebene Furcht, daß die Delinquenz des Jugendlichen die erzieherischen Bemühungen, die ein Lehrer in seine Klasse investiert, zunichte machen könnte, vereitelt mitunter eine heilsame spontane Einstellung. Daher betonen wir, daß es Fälle gibt, in denen die hingebungsvolle Tätigkeit des Erziehers oder Lehrers dem Jugendlichen geholfen hat seiner Schwierigkeiten Herr zu werden. Hierzu sei der folgende Fall geschildert.

Schmuel kam mit vierzehn Jahren vor das Jugendgericht, weil er mit noch einigen Jungen aus der Nachbarschaft einige Diebstähle begangen hatte. Vor Gericht stellte sich heraus, daß der Junge in der siebten Klasse die Volksschule vorzeitig verlassen hatte, zu arbeiten anfing, seither jedoch oft seinen Arbeitsplatz gewechselt hatte. Auch nachdem er vor Gericht gestanden hatte und verwarnt worden war, setzte er seine Diebstähle fort, entweder mit seinen Freunden oder allein. Es schien, daß man ihn, um der Entwicklung, die er genommen hatte, ein Ende zu bereiten und ihm zu helfen, wieder auf den richtigen Weg zu gelangen, in ein Erziehungsheim würde schicken müssen.

Als dem Jungen die Absicht des Richters bekannt wurde, nahm er sich das sehr zu Herzen und sagte, daß sein Erzieher in der Jugendbewegung ihn in eine Gruppe aufnehmen wollte, die sich dem Kibbutz anschlösse. Der Junge, der sich bisher so verstockt und gleichgültig gezeigt hatte, ließ erkennen, wie nahe ihm alles ginge und wie wichtig ihm doch einige Dinge seien. Auf die Frage des Richters erwiderte er, daß er aktives Mitglied einer Jugendbewegung sei und man dort natürlich nichts über die von ihm verübten Vergehen wisse. Um mich zu vergewissern, ob sich das tatsächlich so verhielt, beschloß ich den Jugendleiter zu einer Unterredung ins Gericht zu bitten. Schmuel sah das allerdings nicht gerne und meinte, „dann wird mich der Jugendleiter vielleicht nicht mehr in die Kibbutzgruppe aufnehmen wollen". Ich war etwas betroffen, denn ich konnte Schmuel nicht garantieren, daß sich der Jugendleiter dennoch weiter um ihn bemühen werde. Andererseits schien mir die Einordnung in eine Kibbutzgruppe den Vorzug vor einer Heimunterbringung zu haben, wenn es sich tatsächlich um eine wirkliche Einordnung handelte. Ich entsloß mich daher das „Risiko" einer Unterredung mit dem Jugendleiter auf mich zu nehmen.

Der Jugenderzieher bestätigte Schmuels Angaben. Er setzte hinzu, daß die gespannten Verhältnisse im Hause des Jungen seiner Entwicklung abträglich seien. Er wußte nichts von den zahlreichen Diebstählen und war erschüttert. Dennoch war er bereit, sich weiterhin um ihn zu kümmern und unterstrich, daß er nicht beabsichtige, seinen Beschluß, den Jungen in seine Kibbutsvorbereitungsgruppe aufzunehmen, rückgängig zu machen. Während der Unterredung mit dem Richter über Schmuels schwierige Lage, die im Beisein Schmuels erfolgte, sagte der Jugendleiter u. a.: „Ich kenne Schmuel als einen geselligen Jungen, der gerne arbeitet und die ihm aufgetragenen Aufträge ausführt. Er hat Sinn für Gerechtigkeit, beschützt Schwächere und hilft seinem Nebenmenschen. Ich übernehme die Verantwortung für ihn". Ich äußerte offen meine Zweifel, aber der Jugendleiter setzte sich beharrlich dafür ein, daß er sich um den Jungen kümmern dürfe. Seiner Ansicht nach, wurden die Vergehen unter Umständen verübt, die nicht den wirklichen Charakter des Jungen widerspiegelten.

Im Verlauf der Unterredung war Schmuel aufs äußerste erregt. Es war klar, daß der Kampf, den der Jugendleiter um ihn führte, das Vertrauen, das er ihm, auch nach Bekanntwerden seiner Taten, entgegenbrachte, einen starken Eindruck auf ihn ausübten. Und tatsächlich behielt der Jugendleiter recht. Die Berichte, die später über Schmuel eintrafen, deuten auf eine günstige Entwicklung hin. Als er in den Kibbutz ging, kehrte er in eine Ordnung des Lernens und der Arbeit zurück und sein Charakter festigte sich zusehends.

Die Jugendgerichte machen von dieser Maßnahme nur in 0,5 % der von ihnen verhandelten Fälle Gebrauch, und dies aus Mangel an geeigneten und bereitwilligen Helfern, die sich für diese freiwillige Tätigkeit interessieren.

ACHTZEHNTES KAPITEL

Die Aufsicht des Bewährungshelfers

Die Jugendstrafrechtsordnung von 1937 trat am 22. 9. 1938 in Kraft. Im Paragraph 9 dieser Strafordnung wurden alle Anweisungen betreffend der Aufgabe des Bewährungshelfers einerseits und die Bedingungen der Probanden andererseits konzentriert. Dieses Gesetz führte in das System der Gerichte eine weitgehende Änderung ein, zuerst bezüglich jugendlicher Straftäter allein und danach auch bezüglich erwachsener Rechtsbrecher, die vor Gericht kamen. Die Tatsache verdient historisches Interesse, daß zu der Zeit, in der die Jugendstrafrechtsordnung von 1922 die Bewährungsaufsicht über Personen einführte, die noch nicht 20 Jahre alt waren, beschränkte die Strafrechtsordnung von 1937 die Bewährungsanordnung auf jene, die gemäß ihrem Alter unter die Kompetenz des Jugendgerichts fallen.

Wie schon gesagt, wurden gemäß Paragraph 9 der Jugendstrafrechtsordnung von 1937 zuerst Bewährungshelfer ernannt, deren ausschließliche Aufgabe darin bestand, jugendliche Straftäter unter denselben Bedingungen als Probanden anzunehmen, die in diesem Gesetz bestimmt wurden. Sie mußten auch dem Gericht Informationen über die Lebensverhältnisse der jugendlichen Straftäter unterbreiten. Paragraph 8 (7) der Jugendstrafrechtsordnung von 1937 sagt u. a.: Bevor das Gericht entscheidet, wie mit ihnen zu verfahren ist, muß es Informationen über das bisherige allgemeine Verhalten des Straftäters, seine häusliche Umgebung, sein Verhalten in der Schule und seinen Gesundheitszustand einholen, damit das Gericht seine Entscheidung im Interesse des Straftäters fällen kann."

Eine weitere Entwicklung war eingetreten, als am 1. 3. 1945 die Bewährungsordnung für Straftäter von 1944 in Kraft trat. Dieses Gesetz ist mit den vom israelischen Gesetzgeber eingeführten Verbesserungen noch heute in Kraft und es regelt die Aufgaben des Bewährungshelfers, die verschiedenen Bedingungen der Bewährungsanordnung und ebenfalls die Rechte und Pflichten eines Probanden. Nicht nur, daß sich das Gesetz auf jugendliche und erwachsene Straftäter in gleicher Weise erstreckt, es kommt ihm auch eine große Bedeutung für die Bestrafungspolitik überhaupt zu. Das findet seinen hervorragendsten Ausdruck in Paragraph 3 (1) (A) (B) der genannten Strafrechtsordnung, wonach das Gericht ermächtigt ist: (A) „den Straftäter zu verurteilen und Bewährung anzuordnen"; oder (B) „Bewährung ohne Vorbestrafung anzuordnen, außer wenn über den Beschuldigten eine bedingte Gefängnisstrafe verhängt wurde".

Die Tatsache, daß es möglich ist Bewährung anzuordnen, ohne den Straftäter als vorbestraft zu betrachten, hat für die Zwecke seiner Resozialisierung größte Bedeutung.

Hieraus ergibt sich bezüglich des Ortes der Bewährungsanordnung auf der Strafleiter ein rechtliches Problem. Es wurde bereits in einem anderen Zusammenhang gesagt, daß eine Aufsicht aufgrund einer Bewährungsanordnung 1953 aus dem Paragraphen 37 der Strafrechtsordnung von 1936 gestrichen wurde. Die Bewährungsanordnung wird nicht mehr als „Strafe" im gewöhnlichen Wortsinn angesehen. Aus dieser Tatsache sind weitreichende Folgerungen zu ziehen.

Seither ist jedoch der Bewährungshelfer eine weitaus anerkanntere und angesehenere offizielle Figur im Jugendgericht geworden als das früher der Fall war. Mit dem Inkrafttreten des neuen Jugendgesetzes von 1971[1] sind dem Bewährungshelfer eine Anzahl wichtiger Funktionen übertragen worden, die er bis dahin nicht hatte.

Das Gesetz bestimmt zum Beispiel, daß ein Bewährungshelfer mit Vollzugsbefugnissen ausgestattet wird, wenn ihm von der Polizei mitgeteilt wurde, daß ein Minderjähriger eines Vergehens verdächtigt wird. Der einschlägige Paragraph lautet[2]: „Wenn ein Bewährungshelfer, wie erläutert, angefordert wurde . . . kann er, um seinen Bericht anzufertigen jeden Ort betreten, an dem sich der Minderjährige oder die geisteskranke Person befindet oder mit Wahrscheinlichkeit aufhält und jede Person überprüfen, die seiner Meinung nach Informationen über den Minderjährigen oder die geisteskranke Person hat und die befragte Person ist verpflichtet, dem Amtsfürsorger korrekte und vollständige Antworten zu erteilen, außer wenn die Antwort ihn selbst inkriminieren könnte." (Paragraph 3). Dieser Paragraph wurde in das Jugendgesetz von 1971 aufgenommen. Er weist jedoch eigens darauf hin, daß, obgleich ein Amtsfürsorger nur dann im Sinne von Paragraph 3 handeln kann, wenn er durch das Gericht dazu ermächtigt wurde, er in seiner Eigenschaft als Bewährungshelfer eine solche Funktion auch ohne gerichtlichen Auftrag ausüben kann.

Die Frage der Untersuchungsbefragung hat praktische Bedeutung, da nach streng rechtlichen Verfahren eine Untersuchungsbefragung durch einen Bewährungshelfer erst beginnen dürfte, nachdem das Gericht entschieden hat, daß ein bestimmter Täter ein Vergehen verübt hat. Das Gericht würde dann den Fall auf eine spezifizierte Zeit zu vertagen haben, in der der Bewährungshelfer den Bericht anfertigen müßte. Ein solches Verfahren hat sich in vielen Fällen als beschwerlich und auch als zeitvergeudend erwiesen. Im Laufe der Jahre hat sich ein Verwaltungsverfahren etabliert, nach dem

[1] Youth Law (Trial, punitive methods and treatment measures) 1971, am 23. August 1971 in Kraft getreten.

[2] Welfare (Procedure in Matters of Minors Mentally Sick Persons and Absent Persons) Law, 5715—1955, in: Laws of the State of Israel, Vol. 9, S. 139.

der Bewährungshelfer mit seiner Ausforschung beginnt, sobald ihm der jugendliche Straftäter von der Polizei zugewiesen worden ist, das heißt noch bevor er vor Gericht erscheint. Später, wenn die Verhandlung beginnt und der Vergehenstatbestand feststeht, wird der Bericht dem Gericht vorgelegt. Damit kann dann in vielen Fällen das Verfahren abgeschlossen werden. Das Jugendgesetz von 1971 autorisiert nun ein solches Verfahren, indem es bestimmt, daß der Bewährungshelfer die zur Vorbereitung des Berichts notwendigen Schritte auch ohne gerichtliche Anordnung tun kann. Es muß nicht gesagt werden, daß der Bericht erst dann dem Gericht vorgelegt wird, wenn das Gericht entschied, daß das Vergehen tatsächlich verübt wurde.

Es ist außerdem seit mehr als dreißig Jahren die erklärte Linie des Jugendgerichts bei Gerichtsverhandlungen stets einen Bewährungshelfer dabei zu haben, im Gegensatz zu Bewährungshelfern für Erwachsene, die nur, wenn sie vom Gericht dazu aufgefordert werden, ihren Bericht anfertigen oder an einer Gerichtsverhandlung teilnehmen würden. Dadurch erlangt der Bewährungshelfer für Jugendliche im Rahmen des Jugendgerichts einen besonderen Status. Er kann auf diese Weise weitere Aspekte kennenlernen, die während der Gerichtsverhandlung zur Sprache kommen. Ein Bewährungshelfer soll nicht nur Vorschläge zu tunlichen Maßnahmen und Methoden der Behandlung in seinen Bericht aufnehmen, sondern das Jugendgesetz von 1971 trifft auch die Bestimmung, daß er bei Gericht die Änderung einer bestimmten, bereits getroffenen Maßnahme beantragen kann. Voraussetzung ist, daß die vom Gericht ergriffene frühere Maßnahme zum Zeitpunkt des Antrags noch als bestehend gilt.

Ferner ist es nach demselben Gesetz Pflicht in jedem Fall einen Bericht anzufertigen, in dem das Gericht entschieden hat, daß ein Vergehen verübt wurde. Es ist der Bewährungshelfer, der einen solchen Bericht anfertigen muß, aber das Gericht kann die Vornahme bestimmter Untersuchungen beantragen. Der Bewährungshelfer soll dem Gericht auch diese Untersuchungsergebnisse unterbreiten. Der Bericht des Bewährungshelfers sollte gewöhnlich Informationen über das frühere Verhalten des Straftäters, seine Erziehung und häuslichen Lebensbedingungen, Angaben über seine Eltern und Geschwister sowie medizinische Befunde über ihn und andere Familienmitglieder enthalten, kurz, Informationen, die für das richtige Verständnis des Tathergangs relevant sind.

Mit anderen Worten, wir sind hier an der sozialen Anamnese von Kindern und Jugendlichen interessiert, das heißt Minderjährigen, die, was ihre Erziehung und ihr allgemeines Wohlbefinden betrifft, noch von ihren Eltern, Verwandten oder anderen erwachsenen Personen abhängig sind. Es ist daher notwendig, daß eine solche Untersuchung auch Material über die jeweils zuständigen erwachsenen Personen enthält, gleichgültig ob sie bei dem Minderjährigen Funktionen der Erziehung und Beaufsichtigung ausüben oder nicht. Wir haben hier ein weiteres Beispiel vor uns, das die andersartige Methode aufzeigt, die man bei jugendlichen im Unterschied zu erwachsenen Straftätern anwenden muß.

Es gibt eine Anzahl einschlägiger Fragen, denen sich alle, die auf die eine oder andere Weise mit dem Jugendgericht zusammenarbeiten, gegenübergestellt sehen. Dazu gehören natürlich auch Fragen, die sich mit den Formulierungen der rechtlichen Struktur des Jugendgerichts befassen. Einige der folgenden Fragen gehen daher auf Gesetzes- und Verfahrensfragen ein, während andere mehr Sache administrativer Übereinkünfte und Abmachungen sind.

Es läßt sich allgemein sagen, daß eine Bewährungsanordnung unter allen Entscheidungen, die das Gericht zu fällen befugt ist, herausragt. Erstens muß auf den hier vorliegenden Wesensunterschied hingewiesen werden. Jede Behandlungsmaßnahme oder Entscheidung wird vom Gericht über den Angeklagten nach seinem Ermessen und *ohne* die Zustimmung des Angeklagten ausgesprochen, aber wenn das Gericht beschließt Bewährung anzuordnen, muß es vorher das *Einverständnis* des Straftäters dazu haben. Gegen Ende von Paragraph 3 (1) B des Bewährungsgesetzes von 1944 heißt es: „Das Gericht darf keine Bewährung anordnen, es sei denn der Straftäter bringe seinen Willen zum Ausdruck nach den Anweisungen der Anordnung zu handeln." Der Grund für diese Prozedur liegt in dem Prinzip, das für den praktischen und theoretischen Erfolg der Bewährungsanordnung die Mitarbeit des Straftäters vonnöten ist, da ohne sie nur geringe Aussichten für seine Resozialisierung bestehen. Würde das Gericht die Anordnung zur Bewährung so wie jede andere seiner Entscheidungen ergehen lassen, dann würde diese Maßnahme illusorisch werden.

Im Sinne dieser Überlegung handelte der israelische Gesetzgeber vollauf richtig, wenn er in der Neufassung des Gesetzes von 1953 bestimmte: „Das Gericht soll Bewährung erst nach einem Gutachten des Bewährungshelfers anordnen".

Durch diese Mußbestimmung verwandelt sich die Bewährungsanordnung in ein selektives Instrument und das Gericht muß den Bericht zu Rate ziehen, den ihm der Bewährungshelfer unterbreitet hat, bevor es diese Maßnahme ergreift.

Zur Ausführung dieser Behandlungsmaßnahme, die dem Richter bei der Fällung der richtigen Entscheidung behilflich sein soll, sind in den Bestimmungen über die Bewährungsaufsicht von Straftätern (Bewährungshilfe) vom Jahre 1959 klare Anweisungen ergangen. Paragraph 16 (A) lautet: „Der Jugendbewährungshelfer nehme in seinen Bericht eine Empfehlung für die seiner Ansicht nach für den betreffenden Minderjährigen geeignete Behandlung auf." Und Paragraph 16 (B) stellt noch spezifischer fest: „Der Bewährungshelfer für Erwachsene nehme in seinen Bericht Empfehlungen hinsichtlich der Möglichkeit der Bewährung für einen Menschen auf; er ist auch berechtigt andere Methoden zu empfehlen, die einen Menschen wieder auf den rechten Weg bringen können."

Die letzte Entscheidung liegt natürlich beim Richter und er kann auch anders entscheiden, selbst wenn der Bewährungshelfer in seinem Bericht die Anordnung von Bewährung vorschlägt. Er kann natürlich auch Bewährung anordnen, wenn der Bewährungshelfer keinen solchen Vorschlag gemacht hat. Denn die Gesamtverantwortung für die Behandlungsweise trägt der Richter und es liegt in der Natur der Dinge, daß er außer den vom Bewährungshelfer genannten Faktoren und Umständen noch andere in Erwägung zieht.

Ein weiteres aus dem traditionellen rechtlichen Rahmen herausragendes Phänomen ist charakteristisch für die Behandlung durch den Bewährungshelfer. Ein Richter, der eine Akte mit einem bestimmten Urteil abschließt, kann denselben Fall nicht noch einmal aufrollen. Diese Akte ist für ihn „geschlossen", wie immer auch seine Entscheidung lautete. Das ist nicht der Fall, wenn der Richter entscheidet den Angeklagten der Aufsicht des Bewährungshelfers zu unterstellen. Wenn sich herausstellt, daß der Angeklagte die Bewährungsanordnung übertritt oder daß er wieder Vergehen verübt, oder daß die Bewährungsanordnung ohne Vorbestrafung des Straftäters nicht wirksam wird, oder daß in seinem Interesse eine Abänderung der Bewährungsbedingungen wünschenswert ist, kann sich der Bewährungshelfer von neuem an das Gericht um die Ausstellung einer Bewährungsanordnung wenden und um ihre Änderung einkommen. In einem solchen Fall kann das Gericht die Bewährungsanordnung annullieren und bezüglich des Angeklagten eine andere Maßnahme ergreifen. Natürlich schreibt das Gesetz im einzelnen eine bestimmte Prozedur vor und es bestehen auch ausführliche Anweisungen wie in diesen Fällen zu verfahren ist. Andererseits, wenn die Bewährung auf eine Dauer von zwei Jahren angeordnet wurde und dem Bewährungshelfer vor Abschluß dieser Zeit klar wird, daß die Bewährungsperiode wünschenswerterweise verlängert werden sollte, kann das Gericht das tun, unter der Bedingung, daß die Verlängerung nicht über die Dauer einer Anordnung, d. h. nicht über drei Jahre hinausgehe. Auch für die Verlängerung ist natürlich das Einverständnis des Beschuldigten einzuholen. Es gibt auch die Möglichkeit einer absoluten Aufhebung der Bewährungsanordnung. Es handelt sich um Fälle, bei denen der Bewährungshelfer der Meinung ist, daß der Angeklagte noch vor Ende der Bewährungsperiode das Resozialisierungsziel erreicht hat und die Aufrechterhaltung der Bewährungsanordnung nicht mehr notwendig oder von Nutzen ist.

Wir sehen also, daß das Gesetz eine große Elastizität bezüglich der Anwendung dieser Maßnahme zuläßt, eine Elastizität, die im Widerspruch zu anderen bei Gerichten üblichen Systemen steht. Die weitschichtige und vielfältige Situation von Minderjährigen und ihren Eltern fordert Toleranz, Konzilianz und Härte, je nach den Umständen. Die Behandlung auf Grund einer Bewährungsanordnung beruht auf einer individuellen Einstellung zu einem allgemeinen öffentlichen Problem. Das Problem des Individuums und das soziale Problem, das mit ihm verknüpft ist, hat viele Aspekte, daher die große Bedeutung dieser Maßnahme.

Unsere Gerichte erkannten, daß der Bewährung eine besondere Aufgabe zukomme. Das gelangte hervorragend zum Ausdruck in der Entscheidung 234/53, die vom Bezirksgericht in Tel Aviv gefällt wurde und in den Bezirksgerichtsurteilen, Band XI, 1956 veröffentlich wurde. Der juristische Ratgeber der Regierung legte Berufung ein, weil das Friedensgericht bei einem Vergehen der Tätlichkeit gegen Polizisten Bewährung anordnete.

Nach Paragraph 1 der Neufassung der Strafprozeßordnung (Tätlichkeit gegen Polizisten) von 1952 muß das Gericht jemand, der im Sinne dieses Gesetzes für schuldig erklärt wurde, zu Gefängnis nicht unter einem Monat verurteilen. Das Bezirksgericht stellte fest, daß eine Aufsicht nach dem Straftäterbewährungsgesetz keine Verurteilung bedeutet und keinen Strafcharakter trägt. Die Bewährungsanordnung für Straftäter stellt hinsichtlich aller Strafgesetze ein besonderes Gesetz dar und darunter fällt auch die Neufassung der Strafprozeßordnung von 1952 (Tätlichkeit gegen Polizisten). Im Falle einer Tätlichkeit gegen Polizisten ist daher das Gericht berechtigt, die Kompetenzen der Straftäterbewährungsanordnung für sich in Anspruch zu nehmen. Unter anderem heißt es dort: „Daraus geht hervor, daß die Bewährungsanordnung kein Urteilsspruch ist und wenn sie kein Urteilsspruch ist, hat sie auch nicht Sanktionscharakter". Ferner heißt es: „Wir sind der Meinung, daß eine andere Interpretation nicht möglich ist, als daß auch im Falle einer Tätlichkeit gegen Polizisten das Gericht von den Kompetenzen der Straftäterbewährungsanordnung Gebrauch machen kann, und nachdem der Friedensrichter den Bericht des Bewährungshelfers entgegennahm, sehen wir keine Möglichkeit seiner Auffassung in diesem Sinn entgegenzutreten[3]."

Wie gesagt, bezieht sich das Gesetz von 1944 auf „jedermann", ohne Unterschied des Alters. Es braucht nicht betont zu werden, daß in bezug auf die Anwendung des Gesetzes bei Jugendlichen und Erwachsenen zahlreiche Unterschiede bestehen. Auf den folgenden Seiten werde ich mich ausschließlich auf die Angelegenheiten jugendlicher Rechtsbrecher beschränken, wobei mir von vornherein klar ist, daß nicht immer dieselben oder ähnliche Beweggründe, sowie dieselben oder ähnlichen Reaktionen auch bei Erwachsenen wirksam sind. Der Bewährungshelfer hat zwei wohldefinierte Aufgaben. Er muß (a) für das Gericht einen Bericht über die Vorgeschichte und die erzieherische und soziale Situation des Straftäters abfassen; (b) er muß auf Anordnung des Gerichts die Aufsicht und Behandlung des Straftäters übernehmen.

Eine dritte Aufgabe, die dem Bewährungshelfer obliegt, die jedoch nicht definiert und statutorisch ist, besteht in der Vorbereitung des Straftäters auf seinen Prozeß und die mögliche Entscheidung des Gerichts. Dieser Aufgabe kommt besonders bei jugendlichen Straftätern eine große Bedeutung zu.

[3] Probation of Offenders Ordinance (Amendment) Law, 5714—1953, in: Laws of the State of Israel, Vol. 8 S. 44—45.

Wenn nach der exakten Interpretation des Gesetzes zu verfahren ist, so ist mit der Anfertigung des Berichts erst *nach* der Feststellung der Schuld des Angeklagten durch das Gericht zu beginnen, sei es, daß der Angeklagte ein Geständnis abgelegt hat, sei es, daß die Schuld durch Beweisverfahren festgestellt wird. Nach dem bei uns üblichen angelsächsischen System wird der Bericht *vor* der Festsetzung der Strafe für ein Vergehen eingereicht (Pre-Sentence Report).

Aus Gründen administrativer Tunlichkeit und der Zeitersparnis hat sich bei uns in den letzten Jahren der Brauch eingebürgert, der der rechtlichen und der administrativen Seite gleicherweise entgegenkommt. In jedem Fall, in dem eine Anklage gegen einen Jugendlichen vorliegt, wird er, nach seiner Vernehmung durch die Polizei der Jugendbewährungshilfe überwiesen, damit man ihn dort kennenlernt und mit der Anfertigung des Berichts für den Prozeß beginnt. Wenn der Jugendliche vor dem Bewährungshelfer das ihm zugeschriebene Vergehen bestreitet, fertigt der Bewährungshelfer gewöhnlich keinen Bericht an und lädt ihn auch nicht zu weiteren Besprechungen zu sich ein, da er ja, solange das Gericht nicht anders entschieden hat, als unschuldig gilt. Es ist daher weder aus rechtlichen noch aus sozialen Gründen gerechtfertigt, daß sich die Jugendbewährungshilfe, die unter der Voraussetzung tätig wird, daß der Jugendliche ein Vergehen begangen hat, in sein Privatleben eindringt und an ihn gewisse Forderungen stellt, solange seine Schuld noch nicht bewiesen ist.

Andererseits, wenn der Jugendliche vor dem Bewährungshelfer sein Vergehen oder seine Beteiligung daran zugegeben hat, fertigt der Bewährungshelfer den Gerichtsbericht noch vor Prozeßbeginn an. Es muß nicht erst gesagt werden, daß das Gericht nicht das geringste über die Unterredungen zwischen dem Angeklagten und dem Bewährungshelfer weiß und von ihrem Inhalt im einzelnen oder auszugsweise erst aus dem Bericht Kenntnis erhält.

In jenen Fällen, in denen der Jugendliche *bei Gericht* die ihm zugeschriebene Schuld bestreitet, selbst wenn er vor der Polizei oder dem Bewährungshelfer gestanden hat — und er hat das Recht der Bestreitung — bleibt der Bericht in Händen des Bewährungshelfers und gelangt bei einem Freispruch nicht zur Kenntnis des Gerichts.

Da über 80 % der Jugendlichen ihre Schuld gestehen, scheint dieses System unseren Bedürfnissen auf diesem Gebiet zu genügen. Es kommt natürlich auch vor, daß der Jugendliche bei der Polizei und beim Bewährungshelfer seine Schuld bestreitet, sie jedoch bei Gericht zugibt.

Der Fall Abrahams illustriert die hier herrschende Dynamik.

A. stritt beim Bewährungshelfer seine Beteiligung an einem Vergehen ab, als er jedoch vor Gericht stand, gestand er sogleich seine Tat ein und bekundete aufrichtige Reue. Er war etwa 14½ Jahre alt und hatte die letzte Volksschulklasse beendet. In der Unterredung bei Gericht machte er einen guten Eindruck, seine Mutter berichtete, daß sie ihm nichts vorzuwerfen habe und dem Anschein nach gab es auch keine besonderen Schwierigkeiten mit ihm.

Ich lud ihn ein zweites Mal vor, als ich aus dem Bericht des Bewährungshelfers manches über die komplizierten Familienverhältnisse erfuhr, die sich auf Abraham ungünstig auswirkten. Ich erfuhr bei dieser Gelegenheit auch etwas über die kriminelle Vergangenheit seines Vaters, aber auch über die gute und hingebungsvolle Obsorge seiner Mutter. Über Abraham sagte der Bewährungshelfer bei Gericht das Folgende:

„Abraham ist ein sensibler Junge, der im Umgang mit uns ein gesittetes Verhalten an den Tag legt, jedoch Neigung zu schwerer Aggressivität und gefährlichen Störungen zeigt. Trotz seiner guten Intelligenz scheiterte er in der Schule und schloß sie ohne nennenswertes Zeugnis ab. Er ist für Zeichnen sehr begabt, liest gerne, ist auch zur Kooperation mit uns bereit, ist jedoch verwirrt und mitunter reserviert und unbeständig.

An der Arbeitsstelle, die ich ihm verschaffte, hält er mit Erfolg aus, doch liegt darin für ihn keine Lösung seines Berufsproblems. Er schmiedet Pläne und verwirft sie anderntags, ohne zu wissen, was er eigentlich will. In der Schule galt er als frech, wild und ungebärdig und man nannte ihn einen „Verbrecher“. Zur Zeit macht er sich nichts aus Gesellschaft und verbringt die meisten Abende zu Hause.

Abraham ist sehr eifersüchtig und aggressiv gegen seine Geschwister, besonders gegen seine kleine Schwester. Er ist bis heute ständiger Bettnässer.

In Unterredungen mit mir kommen Probleme nicht eigentlich zur Sprache. Er beschuldigt lediglich seinen Vater und äußert seine Befürchtung, daß er wie er werden könnte. Er ist aus verschiedenen Ängsten heraus noch nicht zu einer psychologischen Untersuchung bereit und will auf keinen Fall das Elternhaus verlassen, angeblich, weil er seiner Mutter helfen will. Wir sind zunächst daran interessiert einen dauerhaften Vertrauenskontakt zu uns herzustellen, und es scheint, daß wir in dieser Richtung Fortschritte machen, daher wollen wir nichts übereilen.

Wir haben es mit einer komplizierten und gestörten Persönlichkeit zu tun, die in einem pathologischen und gefährdenden Milieu lebt, doch bin ich der Ansicht, daß Abraham einen starken Willen zu seiner Rettung bekundet. Er äußerte nicht selten seine Freude darüber, daß er zu uns in Behandlung kam. Es ist anzunehmen, daß sich im Verlauf der Behandlung noch viele Komplikationen einstellen werden, aber inzwischen bedarf der Junge der Lenkung und der Obhut und gelegentlich auch einer starken Hand. Wir schlagen dem Gericht vor, ihn zwei Jahre lang unserer Aufsicht zu unterstellen.“

Wir haben einen Jungen vor uns, dessen Lebensumstände darauf hinweisen, daß die Entfernung aus dem Elternhaus seiner normalen Entwicklung dienlich sein würde. Aber eine genauere Überprüfung dieser Umstände läßt erkennen, daß in seinem Fall die Entfernung aus dem Elternhaus trotz der gestörten Atmosphäre seine Probleme nur verschärfen und vertiefen würde. Auch wenn man nie von vornherein mit Sicherheit wissen kann, ob die Hilfe und Anleitung des Bewährungshelfers einen wirklichen Einfluß auf ihn ausüben können, zeigte sich doch schon im Stadium der Untersuchung, daß eine bedeutungsvolle Beziehung hergestellt wurde, die fortgesetzt und weiterentwickelt werden sollte. Noch im Stadium der Vorbereitung des Berichts begann der Bewährungshelfer für einen Arbeitsplatz zu sorgen und bahnten sich Beziehungen zu einem Erwachsenen an, wie er sie bislang nicht kannte. Diese Beziehung zu einem hilfsbereiten und verständnisvollen Menschen, hat, wenn sie zu einer wirklichen Verbindung wird, einen weit unschätzbareren Wert für Abrahams Resozialisierung und Entwicklung als seine Unterbringung in einem Heim.

In allen jenen Fällen, in denen der Bewährungshelfer den Gerichtsbericht anfertigt, dringt er meistens in das Zentrum der Probleme des jugendlichen Rechtsbrechers ein. Aus seiner Kenntnis der Situation ergibt sich manchmal im Interesse des Jugendlichen die Notwendigkeit für eine Beschleunigung des Prozesses zu sorgen, aber auch für seine Vertagung, um zu prüfen, ob gewisse Maßnahmen, die ergriffen wurden, auch gut anschlagen. In den meisten Fällen bemüht sich der Bewährungshelfer den jugendlichen Straftäter sowie seine Eltern auf den bevorstehenden Prozeß vorzubereiten. Das kann sich in dem Versuch ausdrücken, die übertriebene seelische Spannung beim Prozeß herabzusetzen oder auch in dem Versuch Spannung bei vorhandener Unbeteiligtheit und Gleichgültigkeit zu erzeugen. Auch einfache Aufklärungen über Verfahrensfragen bei Gericht erfüllen manchmal keine geringe Aufgabe. Es gibt Bewährungshelfer, die den Jugendlichen auf ihren Wunsch mitteilen, welchen Vorschlag sie dem Gericht unterbreiten, während sich andere nur auf allgemeine Bemerkungen einlassen. Manche betonen auch, wenn sie Einzelheiten mitteilen, daß das Gericht die letzte Entscheidung trifft. Andere wiederum messen diesem Punkt wenig Bedeutung zu oder finden es sogar schwer dazu Stellung zu nehmen. Betont soll noch werden, daß es mitunter aus den verschiedenartigsten Gründen zu einer Überidentifizierung des Bewährungshelfers mit dem jugendlichen Rechtsbrecher kommt. Die dabei entstehenden allzu festen Bindungen können sich als Hindernis entpuppen. Alle diese Dinge hängen, wie gesagt, von der persönlichen Einstellung des Bewährungshelfers ab, wie und in welchem Maß er den jugendlichen Straftäter auf den Prozeß vorbereitet. Kein Zweifel, daß eine solche Vorbereitung erwünscht ist und von ihr manchmal sogar der Sinn des Prozesses abhängt.

Die Anfertigung des Gerichtsberichts über die Vorgeschichte bringt den Bewährungshelfer unmittelbar in Berührung mit allen jenen Faktoren, die sich mittelbar oder unmittelbar auf die Entwicklung des Probanden auswirkten, ob es sich um seine Lebensbedingungen im Elternhaus, seinen körperlichen und seelischen Gesundheitszustand, seine Schuldverhältnisse, seine Arbeitserfahrungen, den Einfluß von Freunden oder sonstige Dinge handelt. Manchmal zeigt sich, daß die Beaufsichtigung durch den Bewährungshelfer nicht so sehr ein Anliegen des Jugendlichen als vielmehr seiner näheren Umwelt ist.

Der Fall Mirjams, eines etwa 16jährigen Mädchens, kann diesen Aspekt erhellen. Mirjam arbeitete als Haushaltshilfe und eignete sich ein-, zweimal alte Kleidungsstücke an. Vor Gericht gab sie ihre Schuld zu und meinte, daß es sich um alte Kleider handelte, die niemand brauchte. Sie bereute ihre Tat und um mich zu überzeugen, daß sie nicht mehr stehlen werde, sagte sie: „Sie können sicher sein, daß ich es nicht mehr tun werde. Ich bin bereits verlobt und muß bald heiraten." Ich erkundigte mich, warum sie heiraten müsse, und sie erwiderte: „Mein Vater versprach ihm, daß ich ihn heiraten werde, und ich kann meinen Vater nicht Lügen strafen. Das ist nicht wie bei euch Aschkenasim. Wenn mein Vater für mich ein Versprechen abgibt, muß ich es halten, selbst wenn ich nicht einverstanden bin. Das ist bei Euch Aschkenasim anders und ist auch besser so."

In den Worten des Mädchens kommt der versteckte Konflikt zwischen der Unterwerfung unter ihren Vater und der Hinneigung zu den Werten der neuen Umgebung zum Ausdruck, die es ihr angetan haben und ihr als Gipfel der Vollkommenheit erscheinen.

Bei dieser Gelegenheit erzählte mir der Vater, daß es wirklich sehr gut wäre, wenn seine Tochter bald heiratete und er sie einem ihm aus der alten Heimat bekannten Witwer von dreißig Jahren versprach, der selbst schon zwei Kinder hatte. Der Vater spürte, daß er den Problemen seiner Tochter nicht gewachsen war und sagte: „Wenn sie verheiratet ist, trägt ihr Mann die Verantwortung."

Diese Umstände bewiesen, daß es wünschenswert war, das Mädchen der Aufsicht eines Bewährungshelfers zu unterstellen. Als ich dem Vater den Sinn meiner Entscheidung erklärte und ihm auch sagte, daß ich mir nicht sicher sei, ob seine Absicht Mirjam zu verheiraten wirklich eine befriedigende Lösung sei, willigte er ein, ohne Beratung mit dem Bewährungshelfer nichts zu unternehmen. Es schien, daß ein von außen kommender Anstoß, der ihn von seinem Plan abbringen könnte, sogar eine Erleichterung für ihn bedeutete. Jedenfalls spürte er die Bereitschaft ihm zur Seite zu stehen und bei der Lösung der Probleme seiner Tochter behilflich zu sein, was ihn beruhigte und mit der Entscheidung des Gerichts versöhnte.

Manchmal ergibt sich im Vorbereitungsstadium des Gerichtsberichts oder nach der Bewährungsanordnung die Notwendigkeit psychologischer oder psychiatrischer Untersuchungen. Die Untersuchungen werden meistens auf die Initiative des Bewährungshelfers in Anbetracht des von ihm für die soziale Eruierung gesammelten Materials veranlaßt. Natürlich läßt auch das Jugendgericht solche Untersuchungen durchführen, meistens auf ambulanter Basis mit Hilfe des Bewährungshelfers. Im allgemeinen stoßen wir bei der Inanspruchnahme diagnostischer Hilfsdienste nicht auf Schwierigkeiten, aber wir erhalten so gut wie keine Hilfe, wenn es sich um konkrete psychotherapeutische Behandlung handelt.

Auf der Ebene der psychologischen Untersuchungen kommt es mitunter zu einer interessanten wechselseitigen Einflußnahme, die die ausweglos erscheinende Situation verändern kann.

Das Kind Mosche wurde mit 13 Jahren vor Gericht gestellt. Auf Antrag des Bewährungshelfers wurde die Verhandlung zwecks weiterer Klärung vertagt. Am für die Fortsetzung der Verhandlung festgesetzten Termin erhielt ich einen neuen Gerichtsbericht, in dem es u. a. hieß: „Am ... beantragte ich den Aufschub der gerichtlichen Entscheidung auf einen späteren Termin. Bereits damals setzte ich mich mit der Erziehungseratungsstelle für Kinder und Jugendliche in Verbindung, um ein psychologisch-psychiatrisches Gutachten zur weiterführenden Behandlung des Kindes zu erlangen. Aus technischen Gründen konnten die Untersuchungen noch nicht abgeschlossen werden. Demgegenüber trat bei Mosche im Laufe der letzten Monate eine weitere Entwicklung ein. Nachdem sich Mosche zwecks Untersuchung 24 Stunden in Haft befunden hatte, gewann ich den Eindruck, daß die Haft für Mosche eine heilsame Wirkung hatte. Mosche, der bis jetzt zu seinen Handlungen keine Stellung bezog, begann nun die Dinge in anderem Licht zu sehen, ein Umstand, der zu einer veränderten Einstellung zu seinen Eltern führte.

Die Familie mobilisierte alle ihre Kräfte für Mosche und überwachte sorgfältig seinen Schulbesuch und seine Schulaufgaben. Sein Klassenlehrer teilte mit, daß, nachdem er jahrelang nur unregelmäßig die Schule besucht hatte, eine spürbare Besserung eingetreten war. In den letzten Wochen begann er mit dem Besuch eines Klubs in der Nähe seines Viertels und auch die Eltern zeigten sich von diesem Arrangement befriedigt.

Im Laufe von zwei Monaten stellte sich eine feste Verbindung zwischen dem Kind und seinen Eltern ein. Wurde bei den ersten Begegnungen auf mich ein schwerer Druck ausgeübt, das Kind in einem Heim unterzubringen, so konzentrierte man sich jetzt im Hause auf ein Verständnis des Kindes. Nach meinen Eindrücken von dem Fortschritt, den das Kind in den letzten zwei Monaten gemacht hat und aufgrund meiner Bekanntschaft mit den Eltern, scheint mir, daß eine Behandlung und Aufsicht außerhalb des Elternhauses vonnöten sind. Ich empfehle daher dem Gericht, den Jungen zwei Jahre unter Bewährungsaufsicht zu stellen."

Immer wieder überzeugt man sich, in welchem Grad es dem Bewährungshelfer, besonders bei der Durchführung der Bewährung, zustatten kommt, daß seine Tätigkeit auf der *Kompetenz* beruht, die ihm vom Gericht verliehen wird. Die Bewährungsanordnung enthält die Bedingung, gewisse Auflagen hinsichtlich des Verhaltens, der Zusammenarbeit mit dem Bewährungshelfer, des Wohnsitzes etc. zu erfüllen. Wenn der Proband diesen Auflagen nicht nachkommt, kann der Bewährungshelfer die Akte an das Gericht zurückgeben und dann „muß er (der Proband) damit rechnen vor Gericht gestellt oder schuldig gesprochen und wegen des ersten Vergehens verurteilt zu werden" (Schlußabsatz von Paragraph 3 (1) (B). Das

Risiko der Rückgabe der Akte an das Gericht zwecks neuerlicher Verhandlung wegen der Übertretung der Bewährungsanordnung, gibt dem Bewährungshelfer eine wertvolle Manövrierfreiheit des Behandelns. Entscheidend ist, daß diese Manövrierfreiheit auf kompetenter Grundlage beruht und darin liegt ihr Wert.

Das Gericht ist im Fall der Übertretung nicht verpflichtet die Bewährungsanordnung zu annullieren und an ihrer Stelle eine andere Entscheidung zu fällen, aber die Tatsache, daß der Angeklagte wieder vor Gericht erscheinen muß, veranschaulicht ihm die richtige Dimension dieser Maßnahme. Es kommt manchmal vor, daß erst nachdem ein Straftäter wegen Übertretung der Bewährungsanordnung durch den Bewährungshelfer vor Gericht gebracht wird, eine wirkliche Katharsis einsetzt.

Es soll betont werden, daß ein Bewährungshelfer nicht selten auf den versteckten Widerstand des Jugendlichen oder der Eltern trifft, was nicht immer als Übertretung anzurechnen ist. Der Bewährungshelfer ist im allgemeinen nicht daran interessiert den Übertretungsparagraphen in Anwendung zu bringen, vielleicht, weil er darin ein persönliches Versagen sieht, und so wird er gegenüber den verschiedenen Tricks ein Maß der Duldsamkeit beweisen. Da die Bewährung in den meisten Fällen an Maßnahmen gebunden ist, die den Verbleib des Probanden im Elternhaus voraussetzen, und da die Beziehungen des Jugendlichen zu seinen Eltern, oder die Beziehungen der Eltern zum Jugendlichen erschüttert sind, ragt die Bewährungsanordnung über den engen persönlichen Horizont hinaus. Hier wird eine bemerkenswerte Dynamik wirksam, besonders wenn sozusagen ein doppelter Widerstand zu überwinden ist.

Ein Beispiel für den in solchen Fällen wirksamen Mechanismus finden wir bei dem etwa 15jährigen Schalom, der auf zwei Jahre unter Bewährungsaufsicht gestellt wurde. Er kam lustlos zum Bewährungshelfer, versäumte geflissentlich Sitzungen, erschien dann wieder, um, wie er sagte, seine Sitzungen mit dem Bewährungshelfer abzuhalten. Dem Bewährungshelfer war die zwischen Sohn und Mutter herrschende große Spannung bekannt und so lud er auch sie ein, um die gegenseitigen Beziehungen zu verbessern. Nachdem der Bewährungshelfer ein Fiasko erlitt und sich kein Fortschritt zeigte, wandte er sich erneut zur Besprechung an das Gericht.

Bei dieser Besprechung zeigte sich, daß ohne Simultanbehandlung dem Jungen nicht zu helfen wäre. Die Mutter wiederum beschwerte sich vor Gericht, daß man sie nicht in Frieden lasse, daß man sie mit Vorladungen zum Bewährungshelfer zu kommen überschütte und sie nicht begreife, was man von ihr wolle. Triumphierend sagte sie dann: „Weil er nicht zum Bewährungshelfer gehen will, muß ich an seiner Stelle kommen."

Eine andere Situation lag bei der 15jährigen Jaffa vor, die mit zwei Freundinnen in ein Heim geschickt wurde, nachdem sie eine Reihe von Vergehen verübt hatten, die sie an den Rand des Verderbens brachten.

Zwei Jahre lang kooperierten die Eltern recht willig, aber als das Mädchen 14 Jahre alt wurde, forderten die Eltern energisch ihre Rückkehr nach Hause. Da ihre Entwicklung zufriedenstellend verlaufen war, ermöglichte man dem Mädchen ins Haus ihrer Eltern zurückzukehren, die aber versprechen mußten, bei der Resozialisierung ihrer Tochter mitzuwirken.

Während sie im Heim war, gewann sie Interesse am Lernen, aber ihre Familie veranlaßte sie eine Stelle als Hausgehilfin zu versehen. Es kam zu neuerlichen Reibereien mit der Familie und sie war wieder in ein Vergehen verwickelt. Die Bewährungshelferin, die sie zuerst beaufsichtigt und in dem Heim untergebracht hatte, empfahl nun der Bitte des Mädchens zu entsprechen und sie im Elternhaus zu belassen, damit sie nach ihrem Wunsch ihre Studien fortsetzen könnte. Die Familie Jaffas war nicht bereit auf die monatlichen Einkünfte Jaffas zu verzichten und fand auch nicht Gefallen an ihrem Lerneifer. Der Vater sagte: „Davon kommt nichts Gutes. Sie hat schon genug gelernt. Sie hat sogar mehr als ihr Bruder gelernt. Sie muß ohnehin heiraten, wozu also lernen?" Zum Schluß wurde ein Kompromiß erzielt, wonach das Mädchen fünf Stunden am Tag Haushaltsarbeit verrichten sollte und ihr die Familie den Unterricht in einem Abendgymnasium ermöglichen würde. Über diese „Abmachung" waren die Parteien gelegentlich recht unfroh. Die Bewährungshelferin unterhielt mit den Parteien einen intensiven Dreieckskontakt. Sie befaßte sich mit den Eltern und versuchte sie zu besänftigen. Bei der Behandlung Jaffas kam es darauf an, ihr Mut zuzusprechen und ihr in zwei Unterrichtsfächern, in denen sie sich schwer tat, wirkliche Hilfe zu leisten. Sie traf sich mit den Eltern und dem Mädchen gemeinsam, um die Unebenheiten auszugleichen. Langsam gerieten die Dinge ins Lot, die Eltern gewöhnten sich an die neue Situation und Jaffa konnte sich darüber freuen, daß sie die neunte Klasse mit Erfolg abgeschlossen hatte. Jetzt wollte sie in die Schwesternschule eintreten, und wenngleich ihre Eltern nicht rückhaltlos damit einverstanden sind, treten sie dem Plan auch nicht entgegen und es ist anzunehmen, daß er zum gegebenen Zeitpunkt verwirklicht werden kann.

Übrigens gibt es rechtlich gemäß Paragraph 8 (3) (A) des Bewährungsgesetzes von 1944 die Möglichkeit über einen Probanden eine Geldstrafe zu verhängen, wenn das Gericht überzeugt ist, daß er sich an keinerlei Anweisungen der Bewährungsanordnung gehalten hat. Eine Geldstrafe dieser Art berührt nicht die fortgesetzte Gültigkeit der Bewährungsanordnung. Das Gesetz bestimmt auch, daß das Gericht zusätzlich zur Bewährungsanordnung, ob sie nun mit oder ohne Schuldspruch erfolgte, berechtigt ist, die Zahlung von Entschädigungen und Prozeßkosten, meistens Auslagen der Zeugen, anzuordnen.

Das Jugendgericht kann von diesen Möglichkeiten jetzt keinen Gebrauch machen, seit Inkrafttreten des Jugendgerichtsgesetzes von 1971.

Es ist schwierig die Effizienz der Jugendbewährungshilfe hinsichtlich des Erfolgs ihrer Maßnahmen zu beurteilen. Nicht nur, daß keine Forschungsarbeiten über Erfolge und Mißerfolge dieses Systems vorliegen, es gibt nicht einmal eine Repräsentativuntersuchung über jugendliche Rechtsbrecher, die sich mit dem Zeitraum von fünf oder mehr Jahren nach Ablauf der Bewährungszeit befaßt. Es ist zuzugeben, daß die Durchführung eines solchen Forschungsvorhabens ganz und gar nicht leicht fallen dürfte, da man nie wissen kann, ob der erfolgreiche Ausgang der Bewährungsaufsicht oder anderen Faktoren zuzuschreiben ist. Es kann auch nicht bezweifelt werden, daß dieses System nicht für alle jugendlichen Straftäter geeignet ist und eine unumgängliche Bedingung für den Erfolg dieser Maßnahme liegt einerseits in der richtigen Selektion und andererseits in der besonderen Vorbildung der Bewährungshelfer.

Wir haben es mit einer Behandlungsmethode zu tun, die mit anerkannten Erziehungsmaßnahmen den jugendlichen Straftäter für unsere Gesellschaft und die Gesellschaft für den jugendlichen Straftäter wiedergewinnen will.

Die Jugendgerichte bedienten sich dieser Behandlungsweise in ungefähr 17 Prozent der Fälle.

NEUNZEHNTES KAPITEL

Heimunterbringung

Zu den Behandlungsmaßnahmen des Jugendgerichts gehört auch die Unterbringung in einer Erziehungsanstalt. Diese Maßnahme gilt als strittig und daher sollen hier ihre verschiedenen Aspekte analytisch betrachtet werden.

Verallgemeinernd läßt sich sagen, daß eine außerhäusliche Heimunterbringung von Kindern und Jugendlichen, die aus in ihrer Persönlichkeit oder in ihren Lebensumständen liegenden Gründen Probleme aufwerfen, die günstigste Lösung für die Wiederherstellung ihres Wohlergehens darstellt. Es handelt sich hier um ein auf der ganzen Welt und auch bei uns verbreitetes Phänomen, das alle Arten von Kindern und Jugendlichen einschließlich der straffällig gewordenen, betrifft.

Die Neigung Kinder dem Schoß ihrer Familie zu entreißen, widerspricht der elementaren Erkenntnis, daß es für die normale Entwicklung des Kindes keinen besseren Ort als die Familie gibt. Zahlreiche Forschungsarbeiten bewiesen, daß der Rahmen der natürlichen Familie trotz der ihm anhaftenden Mängel jedem anderen Erziehungsrahmen vorzuziehen ist. Hieraus zog man vielerorts den Schluß, daß die traditionellen Ansichten auf dem Gebiet der außerhäuslichen Heimunterbringung revidiert werden müßten. Tatsächlich macht sich die Tendenz bemerkbar im Rahmen des Möglichen von einer Unterbringung von Kindern oder Jugendlichen außerhalb ihrer Familien abzugehen. Diese Tendenz zeigt sich auch im Falle jugendlicher Straftäter.

Es gibt allerdings zahlreiche Fälle, in denen eine außerhäusliche Unterbringung unumgänglich ist. Gestörte Familienbeziehungen, die eine normale Entwicklung sichtbar gefährden, der Tod eines Elternteils, die Trennung der Eltern, das böswillige Verlassen der Familie durch einen Elternteil, Geisteskrankheit oder Gefängnishaft, wirtschaftliche Not oder das Fehlen jedes Verständnisses für die Bedürfnisse des Kindes u. a. m. sind Faktoren, die häufig eine solche Erschütterung in der Lage des Minderjährigen herbeiführen können, daß seine Überführung in einen anderen Rahmen familialer Erziehung geboten ist. Es gibt auch zahlreiche Eltern, die den Wunsch haben, die Bürde der Erziehung ihrer Kinder von sich zu werfen. Eine solche Neigung ist besonders in einem Einwanderungsland zu beobachten und liegt in den gewaltigen Veränderungen, die sich im traditionellen Familienrahmen ereignen, sowie den daraus resultierenden zahlreichen Schwierigkeiten begründet.

Der Streit geht um die Frage, was vorzuziehen ist: Besondere Einrichtungen für jugendliche Straftäter oder vielleicht Pflegefamilien oder auch gewöhnliche Erziehungsanstalten? Immer wieder hört man den Einwand, daß Jugendliche, die man in eine Anstalt schickt, deren Zöglinge alle jugendliche Straftäter sind, davon nicht nur keinen Nutzen haben, sondern von den ihnen an Erfahrung überlegenen Insassen sogar noch kriminelles Verhalten erlernen würden. In Heimen, in denen sich Rechtsbrecher in größerer Zahl befinden, gibt es immer welche, die mehr kriminelle Erfahrungen als andere haben und unerfahrene Kameraden zum Schlechten beeinflussen können. Außer der delinquenten „Fortschrittlichkeit" gibt es auch, besonders auf sittlichem Gebiet, noch negative Nebenerscheinungen. Obwohl dieser Einwand nicht unbegründet ist, kann man aus ihm nicht folgern, daß für jugendliche Straftäter keine besonderen Anstalten errichtet werden sollten. Im Gegenteil. Man muß dafür sorgen, daß die für jugendliche Straftäter bestimmten Anstalten gut sind und ein hohes Niveau haben. Zu unserem Bedauern stellt sich niemand der Herausforderung die Diskrepanz zwischen Ideal und Wirklichkeit zu überbrücken.

Die Erfahrung lehrt uns, daß nur wenige Pflegefamilien bereit sind jugendliche Straftäter aufzunehmen und es unter ihnen wiederum nur wenige sind, die wirklich der täglich auftretenden zahlreichen und verschiedenartigen Probleme Herr werden können. Man muß die Tatsache bedenken, daß sich in den verschiedenen Erziehungsanstalten die Verantwortung auf viele Mitarbeiter verteilt, während die Pflegefamilie mit diesen schweren Problemen faktisch allein fertig zu werden hat.

Die Lage ist etwas anders in privaten und öffentlichen Heimen. Hier herrscht eine starke Selektivität und es werden nur Jugendliche aufgenommen, die in den Erziehungsrahmen passen. Diese Heime stellen Bildungs- und Verhaltensforderungen, die nur von wenigen der jugendlichen Straftäter erfüllt werden können.

Es ist eine Tatsache, daß nur 70—75 % der jugendlichen Straftäter in Israel für die ihnen bestimmten besonderen Erziehungsanstalten geeignet sind. Es muß gesagt werden, daß diese Anstalten, trotz einer gewissen Gefahr, die sie darstellen, so eingerichtet sind, daß sie soweit wie möglich das Gefühl der Niederlage und der Zurückweisung, von dem alle ihre Insassen durchdrungen sind, abzubauen suchen. Alle Zöglinge erlitten am eigenen Leib Niederlagen in der Schule und diese Tatsache trug bei vielen zur Verwahrlosung bei. Setzt man sie nun wiederum einer Konkurrenzsituation aus, der sie nicht gewachsen sind, müssen sie im Heim wiederum dieselben Niederlagen einstecken, dann raubt man ihnen jede Hoffnung auf ein Vorwärtskommen. Eines der Resultate ist die Wiederholungskriminalität und vielleicht noch Schlimmeres.

Das betrifft auch die persönliche Beziehung zu ihnen. Bei allen Mängeln, die den Anstalten für jugendliche Straftäter anhaften, besteht der Wille sich um die persönlichen Probleme des jugendlichen Straftäters zu bemühen und sich ihnen zu stellen. Damit wird den Gefühlen der Zurückweisung und Frustrierung ein großer Teil ihrer Bitterkeit genommen.

Es muß nicht gesagt werden, daß die Fähigkeit der Einordnung des Kindes oder Jugendlichen in den neuen Rahmen außerhalb der Familie in hohem Maß von der Anpassung an seine Bedürfnisse, sein Alter und besonders seine Lebensumstände abhängt. Über diese Probleme haben wir nicht immer Kontrolle, da sie oft erst im Laufe der Zeit in Erscheinung treten.

Wir lernten, daß die gestörten Reaktionen von Kindern auf bestimmte Lebenssituationen verschiedenartig ausfallen. Selbst Kinder derselben Familie reagieren auf dieselben Gegebenheiten im Rahmen ihrer Familie nicht auf dieselbe Weise. Es gibt sensible und stumpfe Kinder. Hieraus erklären sich die verschiedenen Reaktionsweisen von Kindern derselben Familie auf identische Erscheinungen. Aber die auf diesem Gebiet vorgenommenen Untersuchungen haben die Wurzeln des Problems der Reaktionsweise der Kinder auf dieselben familialen Gegebenheiten noch nicht bloßgelegt. Es ist uns auch noch nicht klar geworden, warum bei dem einen eine Neigung zur Delinquenz besteht, beim anderen zur Neurose, und sich bei einem dritten Kind überhaupt keine Reaktion zeigt.

In der Öffentlichkeit herrscht die Meinung, daß die Anstaltsunterbringung durch das Gericht in diesen Fällen der letzte Ausweg ist. Manche meinen auch, daß die auf jugendliche Straftäter, die sich in Erziehungsanstalten befinden, verwandten Anstrengungen von vornherein zum Scheitern verurteilt sind, weil diese erst in die Anstalt geschickt wurden, nachdem man alle Hoffnung fahren lassen mußte. Unter diesen Bedingungen sind die Aussichten einer Veränderung ihrer Lebensweise überaus schwach. Man muß in Betracht ziehen, daß ein junger Mensch öfters zu einem schwerkriminellen Verhalten gelangte, bis er festgenommen und vor das Jugendgericht gebracht wurde.

Der Fall Rivkas, der hier geschildert werden soll, illustriert das oben Gesagte.

Rivka wurde vor das Jugendgericht gestellt, als sie mit 14½ Jahren einen Rock stahl. Bei Gericht stellte sich heraus, daß sie noch weitere drei kleine Diebstähle verübt hatte. Sie ist intelligent, schloß die achte Volksschulklasse ab und macht einen recht ordentlichen Eindruck. Bereits zu Beginn des Prozesses teilte der Vertreter der Anklage mit, daß er die Eröffnung des Prozesses beschleunigt hatte, da die Polizei der Meinung war, daß sich das Mädchen in wirklicher Lebensgefahr befände. Sie hatte Umgang mit einer Anzahl junger Leute, die sie zu sexuellen Vergehen verführten und infolgedessen bedroht sie ihr Vater mit dem Tode. Das Mädchen bestritt die Sache nicht und die Mutter sagte: „Mein Mann will sie umbringen, denn wir hörten, daß sie Umgang mit jungen Burschen hat".

Über die Familie schrieb der Bewährungshelfer in seinem Bericht das Folgende: „Die Familie ist uns erst seit kurzer Zeit bekannt. Sie wohnte einige Jahre in einer Einwanderersiedlung und zog dann nach A. um. Die

Eltern machen im Grunde einen positiven Eindruck. Der Vater ist leicht erregbar und die Probleme mit Rivka haben ihn völlig aus dem Gleichgewicht gebracht."

Über das Mädchen selbst schrieb er: Rivka, 1952 geboren, ihrem Alter entsprechend entwickelt, angenehmes Auftreten. Wurde vor einem Monat zu uns wegen Diebstahls geschickt und es stellte sich sogleich heraus, daß sie oft von zu Hause wegblieb und einen schweren Konflikt mit ihrer Familie ausfocht. Sie verstand es gleich bei den ersten Begegnungen mit uns das naive Mädchen zu spielen und ihre Situation und Handlungen der letzten Zeit zu verheimlichen. Auch die Eltern schilderten ihre Lage nicht als ernst und willigten in einen Plan ein, wonach Rivka bei ihrer Familie bleiben sollte. Wir dachten daher daran, ihr eine Arbeit zu besorgen und wollten versuchen die Beziehungen in der Familie auszugleichen. Nach kurzer Zeit wurden wir uns der Schwere des Falles bewußt, erfuhren wir doch, daß Rivka sich der Prostitution ergeben und mit Kupplern und Zuhältern Umgang hatte. Die Spannung zu Hause war auf dem Gipfelpunkt angelangt."

In diesem Fall hatte ich nicht nur die Pflicht, sofort Heimunterbringung anzuordnen, ich willigte auch ein, daß sie, bis sich ein Heimplatz finden würde, in Polizeigewahrsam bleiben sollte. Es war klar, daß Rivka ohne Verzug eines doppelten physischen Schutzes bedurfte; man mußte verhüten, daß ihr nichts von dritter Seite zustoße und man mußte sie vor sich selbst bewahren, da sie in ihrem gegenwärtigen Zustand ihre Handlungen nicht beurteilen konnte. Die spätere Entwicklung der Dinge ließ keine Schlüsse auf die Zukunft zu. Ihre Beziehungen zu den Mitarbeitern des Heims waren am Anfang gut und es schien, als wäre sie ihnen dankbar für ihre rechtzeitige Rettung. Aber nach drei Monaten entwich sie und man mußte befürchten, daß sie sich ihren übel beleumundeten Freunden angeschlossen hatte. Sie tauchte dann wieder im Heim auf, aber der Eindruck blieb bestehen, daß noch weitere Überraschungen zu gewärtigen sein würden.

Die Einordnung eines Kindes oder Jugendlichen in ein Erziehungsheim ist im allgemeinen mit einem selektiven Prozeß verknüpft. Häufig geht die Initiative von einem Elternteil, von einer öffentlichen Organisation oder vom Kind selbst aus. Es herrscht die Neigung vor, ein Heim auszusuchen, das dem gewünschten Ziel gerecht zu werden vermag.

Faktisch wählt sich auch das Heim die ihm erwünscht dünkenden Kinder aus. In den meisten Erziehungsheimen muß der Zögling zuerst eine Reihe von Tests bestehen und selbst nach seiner Annahme kann er wieder ausgeschlossen werden, wenn er nicht in den Rahmen des Heims paßt.

Das gilt nicht im Falle von jugendlichen Straftätern. Das Jugendgericht wählt sich seine Klienten nicht selbst aus und hat über den Auswahlprozeß keine Gewalt. Es ist der Gesetzgeber, der in rechtlicher Beziehung Beschränkungen festsetzt und die einzige Wahl, die der Richter trifft, ist von begrenztem Umfang. Seine Entscheidung über die Einweisung in ein Erziehungsheim ist auf jene jugendlichen Rechtsbrecher beschränkt, die vor das Jugendgericht gestellt werden. In Wirklichkeit hat auch in diesen Fällen der Jugendrichter keine Entscheidungsfreiheit, da praktisch die Lebensbedingungen des jugendlichen Straftäters entscheidend sind. Es muß nicht betont werden, daß die Jugendlichen, deren Lebensbedingungen am schwersten sind, die ersten sind, die vom Gericht in ein Heim geschickt werden.

Alles oben Gesagte bezieht sich auf Fälle, in denen die Heimunterbringung vom Gericht angeordnet wird. Eine solche Anordnung ist sowohl für Kind und Eltern als auch das Heim verbindlich. Natürlich kann sich der Jugendliche im allgemeinen nicht ein Erziehungsheim nach seinem Wunsch aussuchen und auch seine Eltern haben dazu meistens keine eigene Meinung. Selbst das Heim ist kaum in einer anderen Lage, da es nicht in seiner Hand liegt die Zöglinge auszusuchen, die es in seinem Rahmen erziehen will. Es muß sich der gerichtlichen Anordnung fügen und jeden aufnehmen, der ihm vom Gericht zugewiesen wird.

Dieser Tatbestand ist nicht nach dem Geschmack der Erziehungsheime, die für jugendliche Straftäter bestimmt sind, sowie der für diesen Zweck errichteten Jugendbehörde. Sie versuchen bei allen Heimunterbringungsanordnungen ihre Prinzipien der Auswahl durchzusetzen und verstoßen damit gegen ihre eigentliche Aufgabe. Die Anordnung des Gerichts widerspricht manchmal ihren Interessen und hieraus ergeben sich Störungen unserer gemeinsamen Tätigkeit.

Wir erwähnten bereits, daß für das Jugendgericht der Straftäter und nicht die Straftat im Brennpunkt steht. Manchmal schickt das Jugendgericht ein Kind auch wegen eines leichten Vergehens in ein Heim, weil seine Familienverhältnisse ihm auch nicht die mindeste normale Entwicklung ermöglichen. Es sind die persönlichen Bedürfnisse des Kindes, die den Richter zur Anordnung der Heimunterbringung bewegen.

Es muß immer wieder betont werden, daß bei uns die Einweisung des jugendlichen Straftäters in ein Erziehungsheim nicht immer ein Hinweis auf die *Schwere des Vergehens* ist. In den meisten Fällen besitzen wir Unterlagen über die erzieherische und soziale Lage der Jugendlichen und hüten uns, so weit wie möglich, sie von ihren Familien zu trennen. Aber es gibt zahlreiche Fälle, in denen der Verbleib zu Hause ihre Entwicklung gefährden würde. Wir wissen, daß für die große Mehrheit dieser Jugendlichen der Aufenthalt im Erziehungsheim eine wichtige Lebenserfahrung ist. Wir entfernen sie aus Lebensverhältnissen, in denen sie sich verlassen und unverstanden fühlen. Die wohlwollende und ermunternde Atmosphäre im Heim, die persönliche Behandlung, soweit sie geboten wird, sind ein einzigartiges Erlebnis für sie.

Im Erziehungsheim eröffnen sich ihnen ferner auch Möglichkeiten die Welt der Erwachsenen kennen zu lernen und mit Lehrern und Erziehern eine neuartige Beziehung einzugehen. Es ist bekannt, daß ein großer Teil dieser Jugendlichen in der Schule zurückgeblieben war. Ihr Mißerfolg im

Unterricht und ihr Unvermögen in der Schule voranzukommen wie die anderen Kinder, erzeugen bei vielen Minderwertigkeitsgefühle. Ihr natürlicher Instinkt sagt ihnen, daß ein Vorankommen im Unterricht der Schlüssel für die Zukunft ist. Sie haben es selbst erlebt, daß die guten Schüler bei Kameraden, Lehrern und Eltern beliebt sind. Von Minderwertigkeitsgefühlen, von der Frustration, bis zum immer stärker werdenden Widerstand gegen die Gesellschaft ist nur ein sehr kurzer Weg. Dieser Widerstand drückt sich unter anderem in einer Indifferenz gegen das Lernen einerseits und in der Verübung von Vergehen andererseits aus.

Die Einstellung der Eltern gegenüber dem Sohn, der durch gerichtliche Anordnung in ein Erziehungsheim geschickt wird, ist ein Phänomen für sich. Manchmal geben sie sich selbst die Schuld dafür, daß ihr Sohn ins Heim geschickt wurde. Sie haben selbst oft ihrem Kind damit gedroht, daß sie dafür sorgen würden, daß es in ein Heim komme und manchmal waren sie auch in dieser Richtung tätig. Aber nachdem sie ihr Kind im Heim wissen, oder wenn es dort davonläuft oder wenn es seine Eltern beschwört es dort herauszunehmen, weil es ihm schlecht gehe, beginnen die Eltern die Probleme in einem anderen Licht zu sehen. Eine wohlwollende und positive Einstellung der Eltern gegenüber dem Heim oder ihr Fehlen, wirken sich immer zum Guten oder Schlechten auf die Eingewöhnung des Kindes aus.

Wenn ein negatives Verhältnis besteht oder sich entwickelt, kommen die Eltern und bestürmen das Heim doch ihr Kind nach Hause kehren zu lassen. Dafür gibt es zahlreiche Gründe die manchmal in der Rivalität zwischen den Eltern liegen, die in einer Auseinandersetzung das Kind auf ihre Seite ziehen wollen. Ferner kommt hier auch ihr Zusammenstoß mit den Behörden auf einem anderen Gebiet zum Ausdruck. Bei ihrem „Kampf" um die Entlassung des Kindes aus dem Heim, können sie vor der Öffentlichkeit ihre „Sorge" um sein Wohl demonstrieren.

Selbstverständlich hat das Heim einen schweren Stand gegen die Aggressivität der Eltern, die manchmal seine Ordnung stört und auch auf andere Eltern abfärben kann.

Der Heimleiter mag daher zu dem Vorschlag neigen, den Zögling in ein anderes Heim zu überführen, weil sich die Aggressivität nur gegen sein Heim richte und nach einer Überführung des Zöglings würde alles für alle Beteiligten wieder in Ordnung sein. Diese Argumentation beruht darauf, daß das Heim nicht mehr die Kraft oder den Willen hat, den Angriffen von Eltern und Zögling entgegenzutreten.

Der folgende Fall ist charakteristisch für eine solche Situation. Aus dem Bericht eines Heimleiters erfahren wir: „A. befindet sich über ein Jahr in unserem Heim. Er ist ein nettes Kind, seinem Alter entsprechend entwickelt, gut gelaunt und fröhlich. Mit den Erwachsenen des Heims hat er im allgemeinen noch keine Beziehungen angeknüpft, obgleich er sich gewöhnlich nicht vor Erwachsenen zurückzieht.

In seiner Einstellung zu den Erziehern tritt stets eine Art Unruhe hervor, die ihren Grund vielleicht in den „Hoffnungen" hat, die ihm seine Eltern auf seine Entlassung aus dem Heim machen. Zu bemerken ist, daß seine Eltern zwei Monate nach seinem Hiersein die mit der rechtlichen Lage A.s befaßten Institutionen zu belästigen begannen, Gesuche einreichten, Anträge stellten, das Kind aus dem Heim zu entlassen, gegen unser Heim wetterten und das Heim, in dem ihr großer Sohn war, zu loben verstanden. Daher lebt dieses Kind bei uns in einer dauernden Unruhe, rechnet es doch damit, daß seine Eltern ihr Versprechen wahrmachen und es jeden Tag nach Hause nehmen würden.

A. macht auf die Erzieher den Eindruck, „daß er auf gepackten Koffern sitzt und auf die Abfahrt wartet". Es ist klar, daß sein Unvermögen, sich einzuordnen und sein positives Potential dafür auszunützen, zum Teil auf die genannten Umstände zurückzuführen ist.

Die Eltern A.s leben seit Jahren in einem dauernden schweren Streit miteinander und in diesem Rahmen sind alle Kinder der Familie aufgewachsen, die nebenbei vielen öffentlichen Organisationen bekannt ist.

Die Besprechungen, die in unserem Heim über diesen Jungen und die Lage seiner Familie in obigem Sinn geführt wurden, brachten uns auf den Gedanken, daß er sowie seine Familie einer Behandlung bedürfen, an der verschiedene Faktoren beteiligt werden sollen. Es scheint uns daher, daß der Junge nicht nach Hause geschickt werden soll. Doch ist es wünschenswert der Möglichkeit der Überführung in ein anderes Erziehungsheim nachzugehen, gegen das die Eltern weniger einzuwenden haben."

Wie durch ein Wunder neigen die Eltern zur Vergeßlichkeit, wenn von den Problemen gesprochen wird, die es gab, als das Kind daheim lebte. Jetzt meinen die Eltern, daß das Kind, nachdem es gesehen hat, wie ernst es dem Gericht damit ist, notfalls mit Hilfe der Polizei die Drohungen der Eltern zu verwirklichen, doch seine Lektion gelernt haben und sich nun ordentlich benehmen würde. In vielen Fällen ist dieses Argument nicht ganz unbegründet. Diese Tatsache dient wirklich einem Teil der Kinder als Lektion. Die mit den Kindern während des Heimaufenthalts vorgehende Besserung, veranlaßt manche Eltern auf ihrer Rückkehr nach Hause zu bestehen. Diese Besserung ist manchmal nur äußerlicher Art und das Kind bedarf weiterer Behandlung, aber das entzieht sich dem Verständnis seiner Eltern.

Wir müssen uns einer interessanten Erscheinung zuwenden, die mit der Herausnahme des Kindes aus dem Familienkreis geschieht. Die Eltern beginnen nach einer neuen Art der Verbindung mit ihrem Kind zu suchen. Es bahnen sich neue Beziehungen an, die der Resozialisierung des Kindes dienlich sind. Die hier wirksam werdende Dynamik kann uns neue Horizonte der Behandlung auftun.

Wir deuteten schon oben die Tendenz der Jugendgerichte an, nur in den dringendsten Fällen Heimunterbringung für jugendliche Straftäter anzuordnen. Das Fehlen eines geeigneten Platzes ist eine der Erwägungen, die der Richter anstellt. Gäbe es entsprechend den verschiedenen Bedürfnissen der Kinder mehr und vielseitigere Erziehungsheime, würde kein Hinderungsgrund bestehen, sich dieser Maßnahme häufig zu bedienen. Diese Ansicht steht nicht im Widerspruch zur Grundeinstellung der Jugendgerichte bei uns, wonach solch eine Unterbringung einer Operation gleicht und man sich diese Maßnahme reiflich überlegen muß.

Bei uns hat das Gericht nicht die Möglichkeit, eine Heimunterbringung auf eine von vornherein unbestimmte Zeit anzuordnen. Dieses System hat viele Anhänger, die behaupten, daß das Gericht nicht voraussehen könne, wie lange Zeit die Resozialisierung des jugendlichen Straftäters in Anspruch nehmen werde. Sie gehen davon aus, daß eine Heimanordnung keine Strafe wie bei erwachsenen Straftätern ist. Es wäre daher besser, die Zeit, die der jugendliche Straftäter im Heim verbringen muß, nicht von vornherein zu bestimmen. Das Jugendgericht muß dem jugendlichen Straftäter klarmachen, daß sich die Maximaldauer nach seinem Verhalten richte. Der Leiter der Anstalt und der Stab seiner Mitarbeiter, vielleicht auch eine besondere Kommission von Persönlichkeiten des öffentlichen Lebens, sollte letzten Endes über die Dauer der Unterbringungsanordnung bestimmen.

Doch wird auch die Meinung vertreten, daß eine nichtlimitierte Aufenthaltsdauer große Nachteile hat, die der Resozialisierung des jugendlichen Straftäters mehr schaden als nützen können. Die überwiegende Mehrheit der jungen Rechtsbrecher ist von einem vieljährigen Aufenthalt im Heim nicht erbaut. Ein Teil von ihnen will überhaupt nicht ins Heim und ein Teil wehrt sich sehr lange gegen seine Unterbringung im Heim. Eine Unkenntnis darüber, wie lange sie im Heim bleiben müssen, würde sie in Lethargie stürzen und das würde die besten Absichten der Erzieher vereiteln. Selbst wenn das Gericht über den jugendlichen Straftäter einen Anstaltsaufenthalt von drei Jahren verhängt hat, kann die zuständige Entlassungskommission eine vorzeitige Entlassung empfehlen und die genannte Periode verkürzen. Auf die Tätigkeit der Entlassungskommission kommen wir in diesem Abschnitt noch zu sprechen. Ob nun eine Anordnung auf eine feststehende Zeit oder auf unbestimmte Zeit ergeht, ist die Durchschnittszeit, die der jugendliche Rechtsbrecher im Heim verbringt, praktisch etwa zwei Jahre. Das ist der Sättigungspunkt und von hier ab wird kein großer Fortschritt mehr erzielt. In den meisten Fällen ist es daher wünschenswert, die Zöglinge rechtzeitig zu entlassen und eine Fortsetzung ihrer Behandlung außerhalb des Heims zu versuchen. Ein in die Länge gezogener Aufenthalt im Heim für jugendliche Straftäter verschärft daher die Probleme der Zöglinge und häuft Schwierigkeiten auf Schwierigkeiten.

Ich selbst befürworte, daß das Gericht die Dauer des Aufenthalts bestimme, ein, meiner Ansicht nach, dem Jugendlichen gegenüber, gerechteres Vorgehen.

Das Recht, Heimunterbringung anzuordnen, besteht schon seit 1922, obwohl damals noch keine Heime für Delinquenten vorhanden waren.. Aus statutorischen Gründen ist die Weisung in eine offene oder geschlossene Anstalt seit 1971 geregelt in dem Sinne, daß es keine Vorbestrafung mehr ist. Wenn das Gericht also der Ansicht ist, daß Heimunterbringung angeordnet werden sollte, ist es wiederum völlig gleichgültig, welcher Art das Vergehen war. Der Schwerpunkt verlagert sich, wie aus dem erwähnten Paragraphen hervorgeht, auf die pädagogische Ebene. Der Gesetzgeber bestimmte: „Unter der Bedingung, daß der Straftäter in einer solchen Anstalt auf keinen Fall angehalten werde, wenn er zwanzig Jahre alt geworden ist". Jugendliche Straftäter können auf eine ziemlich lange Periode in ein Heim geschickt werden. Theoretisch und praktisch würde auf jeden Fall die Anordnung auf Heimunterbringung vom Alter des Jugendlichen abhängen. Das heißt, wenn der Jugendliche, als er in einem Heim untergebracht werden sollte, zwölf Jahre alt war, bestünde die Möglichkeit, ihn dort bis zu seinem zwanzigsten Lebensjahr zu lassen. Eine Anordnung auf eine so lange Zeit ist noch nie ergangen. Die Unterbringungsanordnungen ergehen meistens auf eine Dauer von 2—3 Jahren.

Die Einordnung in die Erziehungsanstalt erfolgt durch eine besondere Abteilung, die zu diesem Zweck 1955 im Rahmen des Wohlfahrtsministeriums errichtet wurde. In der Sammlung der Verordnungen Nr. 516 vom 21. 4. 1955 wurden auch Bestimmungen über Jugendschutz (Heime) vom Jahre 1955 veröffentlicht. Diese Erlasse regeln vor allem verschiedene Angelegenheiten der Anstaltsunterbringung jugendlicher Straftäter.

In den genannten Verordnungen werden u. a. die folgenden Termini bestimmt: Eine Anstalt für jugendliche Rechtsbrecher soll künftig „Heim" heißen und wer aufgrund gerichtlicher Anordnungen in einem Heim untergebracht wird, heißt „Zögling"/„Schutzbefohlener".

Nach Paragraph 5 dieser Verordnungen steht die ausschließliche Entscheidung über das Heim, in das der jugendliche Straftäter geschickt wird, dem „Beauftragten über die Heime" zu. Diese Regelung hat seine Logik, weil der Richter am Jugendgericht, selbst wenn das Material über den jugendlichen Straftäter vorliegt, nicht weißt, in welchem Heim Platz ist und die besten Einordnungsaussichten bestehen. Die mit der Unkenntnis der Lage verbundene Schwierigkeit nahm mit der Vermehrung der Heime für jugendliche Straftäter und den zahlreichen Problemen der Zöglinge zu. Manchmal ist die wünschenswerteste Einordnung ein Erziehungsheim oder eine Erziehungseinrichtung, die nicht nur für jugendliche Straftäter bestimmt ist. Die Rede ist hier von öffentlichen Heimen, von Privatheimen oder Pflegefamilien. Aus diesem Paragraph geht ferner hervor, daß der Heimbeauftragte berechtigt ist, einen Zögling aus dem einen Heim in ein anderes zu überführen, wenn er das für notwendig hält. Eine solche Überführung kann zeitweilig erfolgen, etwa zwecks Untersuchung und Beobachtung, und sie kann auf die Dauer erfolgen, das heißt, auf die Dauer der vom Jugendgericht ergangenen Anordnung. Die rechtliche Kompetenz der Anstaltsüberführung eines Zöglings, je nach den sich jeweils einstellenden Notwendigkeiten, ermöglicht eine individuelle Behandlung, die bessere Aussichten für die

Resozialisierung des jugendlichen Straftäters bietet. Soweit die formale Seite und die praktische Raison. Eine andere Frage ist es, ob denn nun wirklich eine nennenswerte Selektion vorgenommen wird und ob die administrativen Arrangements immer den Anforderungen der Realität gerecht werden. Gelegentlich besteht eine allzu große Diskrepanz zwischen Erstrebenswertem und Realisierbarem und manchmal konzentriert man sich zu sehr auf theoretische Dinge und werden wichtigere praktische Dinge beiseite geschoben. Zum Beispiel: Eine gute Selektion von Zöglingen wird ihr Ziel verfehlen, wenn in dem Erziehungsheim die geeigneten pädagogischen Kräfte fehlen, oder wenn seine Struktur nicht den Erziehungsbedürfnissen entspricht. Wenn der Zögling in einem geschlossenen Heim untergebracht werden soll, ein solches Heim aber nicht existiert, hat die Selektion wenig Sinn. Die wirkliche Probe aufs Exempel liegt schließlich in der praktischen und zielgerechten Ausführung der theoretischen Erwägungen.

Die folgende Tabelle zeigt die interne Verteilung von Heimanordnungen, die durch das Jugendgericht in einer über einjährigen Periode ergangen sind.

TABELLE 1

Einordnung von Zöglingen aufgrund gerichtlicher Anordnung — in Prozenten

1	2	3	4	5	Insgesamt
Staatl. Heime für jugendl. Straftäter	Private & öffentl. Heime	Heime für Mindersinnige (55—65 J.Q)	Pflegefamilien	Bewährungsanordnungen mit Wohnsitzauflage	
62%	19%	9%	5%	5%	100%

Bei dieser Verteilung kommen gelegentlich kleine Änderungen vor. Das hängt häufig vom geistigen Potential der jugendlichen Straftäter ab. Wenn ihr geistiges Potential zufriedenstellend ist und sie wenigstens 6—7 Volksschulklassen besucht haben, fällt es nicht schwer, in den gewöhnlichen Heimen und vielleicht sogar bei Pflegefamilien, geeignete Plätze für sie zu finden. Das betrifft auch ihr Verhalten, das delinquente und allgemeine Verhalten. Aufgrund der oben genannten Verordnungen wurden dem Heimbevollmächtigten noch weitere Aufgaben auferlegt, die es früher nicht gab:

1. „Die Errichtung von Heimen im Sinne der Verordnungen an staatlichen und nichtstaatlichen Einrichtungen;

2. die Beaufsichtigung der Heime und der Erlaß von Durchführungsverordnungen;

3. Erlaß von Durchführungsverordnungen zur Koordinierung und Leitung der Heime in Zusammenarbeit mit den Aktivitäten der Regierungsämter und der beteiligten Behörden;

4. Vorsorge für die Ausbildung von Heimarbeitern und Überwachung ihrer Tätigkeit und ihres professionellen Niveaus.

5. Sorge für die geeignete Behandlung der Zöglinge, ihre Resozialisierung und Vorbereitung für ein normales Leben in der Gesellschaft zu tragen und im Zusammenhang damit, die Pflege von Beziehungen zwischen den Zöglingen und Personen außerhalb des Heims, insbesondere zwischen Zöglingen und ihren Familien.

6. Registration freier und besetzter Plätze in den Heimen, nach Heimen, nach Zöglingen oder anderen Klassifikationen geordnet, und Anlegung einer Zöglingskartei unter Zugrundelegung ihrer persönlichen und Familienverhältnisse."

(Paragraph 3 der Jugendschutzverordnungen (Heime) 1955, K. T. 516). Diese Funktionen zeugen von einer umfassenden und richtigen Konzeption, die den jugendlichen Straftäter nach Anordnung der Heimunterbringung völlig dem Heimbeauftragten unterordnet. Um ein brauchbares Verwaltungsverfahren zu gewährleisten, ragen die Aufgaben des Beauftragten über den engen Rahmen hinaus und gehen in ein weites Gebiet über, das direkt und indirekt mit der Resozialisierung jugendlicher Straftäter verbunden ist. Wenn der Heimbeauftragte mit seiner Aufgabe Erfolg hatte, so bedeutet das die Resozialisierung vieler Heimzöglinge. Scheiterte er an seiner Aufgabe, zeigt sich das an dem Fiasko, das die Zöglinge erleben werden. Zum Teil werden sie weiterhin Vergehen verüben und ins Gefängnis wandern, zum Teil werden sie ein ungeordnetes Leben führen und zum Teil sogar ein geordnetes, aber nicht dank der Heimerziehung, sondern dank der in ihnen schlummernden Kräfte. Jeder weiß übrigens, daß es die Öffentlichkeit für diese Dinge zu interessieren gilt. Daher sprechen die Verordnungen auch über die Ernennung eines Rates, einer Heimkommission, die den Wohlfahrtsminister und den Heimbeauftragten in den mit der Heimerziehung jugendlicher Straftäter zusammenhängenden Angelegenheiten beraten soll, insbesondere in den folgenden Angelegenheiten:

„1. Errichtung von Heimen entsprechend dem Erlaß und Regelung ihres Betriebs.

2. Überwachung von Heimen in nichtstaatlichen Einrichtungen.

3. Bestimmung und Grundsätze beim Bau von Heimen.

4. Behandlungsmethoden der Zöglinge.

Viele Menschen, die mit der Heimbehandlung jugendlicher Straftäter befaßt waren, knüpften an diesen Rat hohe Erwartungen. Sie erblickten in ihm ein wichtiges und notwendiges Instrument zur Fundamentierung der Arbeit. Groß war daher die Enttäuschung, als sich herausstellte, daß die Ratsmitglieder nichts unternehmen konnten. Zuerst kamen sie zusammen und besprachen verschiedene Aspekte ihrer Tätigkeit, faßten eine Anzahl Beschlüsse, von denen jedoch kein einziger je verwirklicht wurde. Nach einer gewissen Zeit überaus beschränkter Aktivitäten wurden die Ratsmitglieder nicht mehr zu Sitzungen einberufen und de facto hat der Rat seit Jahren zu existieren aufgehört, obgleich er offiziell nicht aufgelöst wurde. Diese Tatsache berührt, besonders in Anbetracht von Paragraph 8 (B) der Verordnungen, sehr eigenartig. Es heißt dort: „Der Rat unterbreitet dem Wohlfahrtsminister mindestens einmal im Jahr eine Zusammenfassung seiner Besprechungen mit den Schlußfolgerungen und Empfehlungen". Dies ist in Wirklichkeit nie erfolgt.

Im Zusammenhang mit dem hier Gesagten und dem Wesen der Unterbringungsanordnung, müssen wir noch auf der gesetzlichen Anweisung verweilen, die vom Urlaub jugendlicher Straftäter handelt. Bis 1957 gab es keinerlei Anweisung, nicht im Gesetz und nicht in den Ausführungsbestimmungen, die die Urlaubsangelegenheiten von Heimzöglingen regelten. Die Erkenntnis von der Notwendigkeit, dem jugendlichen Straftäter im Heim, von Mal zu Mal Urlaub zu gewähren, tauchte erst nach dem Zweiten Weltkrieg auf und jedermann erblickte in ihr eines der Mittel zur Beschleunigung seiner Resozialisierung. Diese Ansicht ist zunächst einmal auf der Hand liegend und es ist überflüssig, viele Worte darüber zu machen. Nur ist die Realität ganz und gar anders.

Im Gesetzbuch 220 vom Jahre 1957 wurde Paragraph 20 (H) der Neufassung der Jugendstrafrechtsordnung von 1957 veröffentlicht und dort heißt es: „Der Heimbeauftragte oder jeder von ihm Ermächtigte, kann einem Kind, einem Jungen oder Heranwachsenden, die sich in Haft befinden, in einem Heim oder an einem anderen Ort einen Urlaub von nicht mehr als 30 Tagen gewähren, unter Bedingungen oder ohne Bedingungen, ganz nach dem Ermessen des Heimbeauftragten oder des von ihm Bevollmächtigten."

Aus der Formulierung des Gesetzes ging hervor, daß hier die Rede von einem dreißigtägigen Urlaub ist, ohne festzustellen, ob dieser Urlaub für die Dauer der Gültigkeit der Unterbringungsanordnung oder vielleicht sogar auf ein ganzes Jahr gilt, oder ob eine Anzahl Urlaube gemeint sind, die alle zusammen nicht über 30 Tage hinausgehen dürfen etc.

Die Unklarheit des Paragraphen führte zu einer Art Wildwuchs, dessen Erziehungswert bezweifelt werden darf, weshalb auch fraglich ist, ob der Gesetzgeber diese Absicht hatte.

Es kam oft vor, daß unter Anwendung dieses Paragraphen kurz nach der gerichtlichen Unterbringungsanordnung ein Beurlaubungsausweis auf 30 Tage ausgestellt wurde. Dieser Urlaubsausweis wurde von Monat zu Monat erneuert, eine zu lange Zeit. Ist nicht in diesem Schritt des Heimbeauftragten eine gewisse Einmischung in die Entscheidung des Gerichts zu erblicken? Eine solche Urlaubsurkunde macht praktisch die Entscheidung des Gerichts zunichte.

Ähnlich liegt der Fall, wenn sich bei einem Zögling Probleme ergeben, die seine Überführung von einem Heim in ein anderes notwendig machten, die Probleme damit aber noch nicht aufhörten. Das Heim, in dem sich der Zögling befindet, übt einen Druck auf den Heimbeauftragten aus, daß er eine Lösung finde und fordert seine sofortige Herausnahme aus dem Heim. Aus Gründen administrativer Konvenienz stellt man dem Zögling — bis sich eine Lösung findet — einen Urlaubsausweis auf 30 Tage aus. Selbst wenn wir annehmen, daß man ihm nur einen zeitweiligen Urlaub gewähren wollte, so belehrte uns die Realität eines anderen, denn in den meisten Fällen wurde der Ausweis von Mal zu Mal verlängert, bis daraus ein Dauerurlaub geworden ist. Es ist charakteristisch, daß der Zögling in den meisten Fällen seinen Urlaubsausweis aufbewahrte und ihn nach Bedarf erneuern ließ, da er sicher war, sein Ziel zu erreichen. Nach zwei oder drei solchen Verlängerungen, beantragt er bereits keine Verlängerung mehr, setzt aber seinen Urlaub dennoch fort, ohne einen Ausweis in Händen zu haben. Andererseits ergeht vom Büro des Heimbeauftragten gewöhnlich keine Aufforderung an den Zögling, seinen Urlaubsausweis verlängern zu lassen.

Das Jugendgerichtsgesetz von 1971 regelte diesen Punkt eindeutig in Artikel 37 (a), der besagt, daß der Urlaub eines jugendlichen Delinquenten von einer Erziehungsanstalt auf 30 Tage während eines Jahres beschränkt ist. Es bleibt abzuwarten, wie sich das in Wirklichkeit auswirken wird.

Bedauernswerterweise ist die Lage auch in den gewöhnlichen Fällen der Urlaubsgewährung nicht befriedigend. Wir sagten bereits, daß der Urlaub einen großen pädagogischen und therapeutischen Wert haben kann, wenn er aufgrund individueller Berücksichtigung der Lage des Zöglings erteilt wird. Es gibt Fälle, in denen die Urlaubsgewährung zu fördern ist, weil dadurch bereits bestehende Resozialisierungsprozesse angespornt werden. Andererseits gibt es Fälle, in denen ein Urlaub nur Schaden stiftet, weil der Zögling noch nicht genügend gegen die verschiedenen Verlockungen immunisiert wurde und weil er zu Hause nicht erwünscht ist. In diesen Fällen geben natürlich, außer den häuslichen Verhältnissen, das Alter des Zöglings und seine Selbständigkeit den Ausschlag. Die Urlaubsgewährung muß daher von den Erziehern so gehandhabt werden können, daß sie, zusammen mit allen übrigen Maßnahmen, zu den erstrebten Ergebnissen führt. Aber auch hier schlägt uns die Wirklichkeit ins Gesicht, denn sie ist nicht so, wie wir erwarteten. Faktisch erhalten alle Heimzöglinge einen Urlaub von 14 oder 17 aufeinanderfolgenden Tagen einschließlich der Halbfeiertage während der Woche des Passah- und Laubhüttenfestes (Oster- und Herbstferien). Dieses Arrangement betrifft auch jene Zöglinge, die erst kurze Zeit im Heim sind. Unter den Zöglingen gibt es solche, die kein Zuhause haben oder dort nur ein bis zwei Tage bleiben können, weil sie ihren Eltern zur Last fallen oder überhaupt nicht erwünscht sind. Viele der Zöglinge, die nicht wissen, was sie in ihrer freien Zeit tun sollen, beginnen in den Straßen herumzulungern und kommen dort wieder mit jenen jungen Nichtstuern zusammen, in deren Gesellschaft ihre Vorsätze ins Wanken kommen. Die

Folge dieser Situation ist, daß viele Zöglinge von ihrem Urlaub ausbleiben und nicht mehr ins Heim zurückkehren oder doch davonlaufen, wenn sie bereits zurückgekehrt waren. Wir beobachten hier eine eigenartige Paradoxie: Der aus pädagogischen Gründen so wichtige Urlaub wird zur Fallgrube. Der längere Urlaub bedeutet eine große Verlockung, wieder in den alten Trott zu verfallen und das freie Leben und die kriminellen Handlungen fortzusetzen. Das heute von uns praktizierte System macht die Bemühungen um die Zöglinge zunichte. Nach einem solchen Urlaub lassen sich bei jedem Zögling ein erhöhtes Maß an Labilität und, in der Folge, die Anzeichen neuer oder erneuerter Probleme wahrnehmen. Kurz zusammengefaßt, der Urlaub als stabilisierender Faktor verwandelt sich in einen Faktor der Erschütterung.

Zöglinge werden außerdem auch aus technischen Gründen beurlaubt, zum Beispiel weil das Heim frisch getüncht werden muß, oder das Personal seinen Urlaub nimmt. Die Heime für jugendliche Straftäter leiden unter Personalmangel und da keine andere Wahl bleibt, schickt man die Zöglinge und das Personal in den Urlaub. Das bedeutet, daß es nicht pädagogische, sondern administrative Erwägungen, Bequemlichkeitsgründe, sind, die die Praxis auf diesem Gebiet in den Heimen für jugendliche Straftäter bestimmen.

Manche gaben sich der Hoffnung hin, daß sich die Heimkommission u. a. auch mit diesem Problemkomplex befassen würde. Tatsächlich bedarf es des öffentlichen Interesses an den Dingen auf diesem Gebiet und ihrer Reform. Lange sollte man nicht damit warten.

Daß die Einweisung in das Heim aufgrund einer gerichtlichen Anordnung geschieht, ist schon daran zu erkennen, daß die Polizei einschreitet, wenn es sich darum handelt, einen flüchtigen Zögling oder einen, der nach dem Urlaub nicht wiederkehrt, wieder ins Heim zurückzubringen. In dieser Hinsicht besteht zwischen einem Heim für jugendliche Straftäter und allen anderen Erziehungsheimen und -plätzen ein wesentlicher Unterschied. Und umgekehrt, kann man die Polizei nur einsetzen, wenn der Zögling die gerichtliche Anordnung übertritt, indem er aus dem Heim, in dem er aufgrund der Anordnung untergebracht wurde, entweicht.

Das Fluchtproblem beschäftigt die üblichen Erziehungsanstalten nicht besonders. Der Zögling befindet sich in einer solchen Einrichtung sozusagen vertraglich aus freiem Willen und wenn er trotzdem fortläuft, so verwarnt man ihn ein- oder zweimal und wenn die Verwarnungen nicht fruchten, wird der Zögling aus dem Heim ausgeschlossen. So erledigt sich das Problem für das Heim. Beschließen sowohl Eltern als auch Zögling, dem Heim Valet zu sagen, dann ist die gegenseitige „Zusammenarbeit" als beendet anzusehen. Nicht so im Fall eines Zöglings, der trotz gerichtlicher Unterbringungsanordnung, entweicht. Diese Handlung wird gesetzlich als Vergehen angesehen. Häufige Fluchtversuche können weitreichende Konsequenzen nach sich ziehen, unter anderem Gefängnishaft, wenn der Rechtsbrecher über 14 Jahre alt ist.

Ich erwähnte bereits andernorts in diesem Buch und in einem anderen Zusammenhang, daß das Gesetz selbst zwischen Flucht und Flucht unterscheidet, was manchmal das Jugendgericht in eine ziemlich heikle Lage bringen kann. Im Paragraph 133 der Strafrechtsordnung von 1936 finden sich die folgenden Einzelheiten:

„Eine Person die sich aufgrund eines kriminellen Vergehens in Haft befindet und aus dieser Haft entflieht, gewärtigt, a) wenn eines Verbrechens angeklagt oder überführt und schuldig befunden, eine Gefängnisstrafe von 7 Jahren; b) wird in jedem anderen Fall eines Vergehens angeklagt."

Das bedeutet, daß das Kriterium der Charakter des Vergehens ist, um dessentwillen die Heimunterbringung angeordnet wurde. Kam er vor Gericht wegen eines Vergehens, das nach dem Gesetz als Verbrechen gilt und übertritt er die Unterbringungsanordnung, indem er fortläuft, muß Paragraph 133 (A) der Strafprozeßordnung von 1936 angewandt werden, wonach er vor Gericht wegen seiner Flucht angeklagt wird. Das heißt, daß sich die Flucht automatisch in ein kriminelles Vergehen verwandelt und den Umständen der Flucht oder ihrer Dauer keine Bedeutung beigemessen wird. Andererseits kann er, wenn er wegen eines gesetzlichen Vergehens vor Gericht kam, wegen seiner Flucht nur nach Paragraph 133 (B) der Strafprozeßordnung von 1936 angeklagt werden, das heißt, wegen eines Vergehens.

Es kommt zum Beispiel vor, daß ein jugendlicher Rechtsbrecher aus dem Heim entweicht, weil ihn die Sehnsucht nach seinen Eltern ergreift, und nach einem Tag oder zwei Tagen kehrt er wieder in das Heim zurück, von sich aus oder in Begleitung eines Vertreters der Heimleitung, ohne daß die Sache große Schwierigkeiten bereitet. Dagegen halte man einen Jungen, der auf längere Zeit entwichen ist und in dieser Zeit noch Vergehen verübt hat. Die Lage des letzteren ist rechtlich besser als die des ersten, wenn das Vergehen, um dessentwillen die Unterbringungsanordnung erging, ein Vergehen im Sinne einer Straftat war.

Überflüssig zu bemerken, daß der jugendliche Straftäter selbst die Bedeutung dieser Paragraphen und die aus ihnen hervorgehenden Folgen nicht kennt. Das ist ihm auch gar nicht wichtig, selbst wenn er das Gesetz kommentieren könnte, würde er vor seiner Tat nicht zurückschrecken. Die Beweggründe für eine Flucht sind manchmal plötzlicher und impulsiver Natur und für Betrachtungen über die Folgen bleibt kein Platz. Die sofortige Triebbefriedigung, die Unfähigkeit die Triebe zu unterdrücken, das gehört ja zu den Erkennungszeichen bei einem Delinquenten dieser Art.

Es ist eine Tatsache, daß die Flucht aus dem Heim bei vielen die Rückkehr in die gewohnten alten Bahnen ist. Ein großer Teil von ihnen pflegte aus der Schule fortzulaufen, andere wechselten oft die Arbeitsstelle und wieder andere liefen von zu Hause fort. Der Mangel an Beständigkeit ist charakteristisch für sie und eint sie alle. Diese Zöglinge sind faktisch verwahrloste Kinder, die sich in keinerlei Rahmen einfügen können, und erst recht nicht in ein diszipliniertes Heim. Vielen fällt Ordnung und Reinlichkeit, das Aufstehen und Schlafengehen zu bestimmten Zeiten, schwer. Besonders lästig sind ihnen geregelte Essenszeiten und die bei Tisch herrschende Disziplin, sie üben keine Rücksicht gegen andere und verweigern allen Gehorsam. Die Flucht aus dem Heim ist für sie eine Flucht vor dem Zwang des alltäglichen Lebens und daher eine überaus natürliche Reaktion.

Es gibt auch einen psychologischen Aspekt, der in den Fällen zu beobachten ist, in denen der Zögling mehr die Symptome einer Neurose als der Verwahrlosung zeigt. Die Tatsache, daß die Heimunterbringung manchmal auf den Antrag der Eltern erging, die sich bei der Erziehung ihres Kindes keinen anderen Rat mehr wußten, ruft in ihm einen starken inneren Protest hervor. Das Kind fühlt, daß es gegen seinen Wunsch aus dem Hause verstoßen und vertrieben wird und sich die Drohungen seiner Eltern bewahrheiteten. Elternhaus und Eltern erscheinen in einem anderen Licht, nicht unbedingt in einem günstigen, und der Jugendliche entweicht aus dem Heim, um sich an seinen Eltern zu rächen und seine große Stärke zu beweisen. Andererseits drückt die Flucht die emotionale Bindung an die Familie aus und stellt den Versuch dar, sich bei Eltern und Geschwistern wieder lieb Kind zu machen. Ihre Sympathien sollen mit Hilfe von allerlei Manipulationen aufs neue erobert werden.

Der Hintergrund der kriminellen Verwicklungen ist eigenartig und seltsam, aber es besteht immer eine Verbindung zu den Maßnahmen, die gegen sie ergriffen werden. Es hat große Bedeutung für den Jugendlichen, wenn er in ein Erziehungsheim geschickt wird, denn hier wird ein Eingriff in seine Lebensweise vorgenommen. Der Erfolg oder Mißerfolg der Einordnung im Heim hängen von vielen Faktoren ab, von denen manche wiederum eng mit dem Heim selbst, andere mit dem Straftäter und seiner Familie verknüpft sind. Manchmal verzahnen sich diese Faktoren miteinander und es kommen neue Faktoren hinzu, die ihren Ursprung in der frühesten Kindheitsentwicklung haben. Die folgenden Beispiele werden das verdeutlichen.

S., 12 Jahre alt, kommt zum ersten Mal vor das Jugendgericht unter der Beschuldigung, mit noch zwei anderen Kindern eine Geldbörse entwendet zu haben. Seine Eltern meinten, der Junge sei schwer erziehbar und sie baten darum, daß er in ein Heim geschickt werde. Ihr Verhältnis zu dem Kind ist abweisend und feindselig. Das Kind zeigt Angst und ein völlig niedergedrücktes Gemüt.

Der Junge wurde zu einer ambulanten psychologischen Untersuchung geschickt. Dort stellte sich vor allem heraus, daß er sich bis spät nachts auf der Straße herumtrieb, in und außer Haus Diebstähle verübte. Die Diagnose: Soziale Kontaktschwierigkeiten mit Kindern seines Alters, Eß- und Lernschwierigkeiten, starke Eifersucht auf seinen fünfjährigen Bruder, mit dem er oft streitet und den er auch verprügelt.

Der Grund für diese Störungen liegt nach der Untersuchung in den folgenden Ereignissen: Seine Geburt kam seiner Mutter unerwünscht. Der Arzt hatte die Vornahme einer Abtreibung abgelehnt, da sie schon dreimal künstliche Aborte hatte. Mit sechs Monaten begann sein Toilettentraining und mit sieben Monaten kam er auf drei Wochen, wegen einer schweren Darmerkrankung, ins Krankenhaus. Nach den Worten der Mutter weinte das Kind Tag und Nacht. Die Mutter erhielt in dieser Zeit nur selten Besuchserlaubnis. Er weinte im ersten Lebensjahr überhaupt sehr viel und das vermehrte die Nervosität und den Zorn seiner Mutter.

Als er sieben Jahre alt war, kam sein Bruder zur Welt und wurde bald ein Objekt seiner ständigen Eifersucht. Er meinte, daß man seinen Bruder verwöhnte und ihn bevorzugte.

Die Mutter regelt die Tagesbeschäftigung von S. in allen Einzelheiten. Sie bestimmt, wer seine Freunde sein dürfen und dauernd stellt sie an ihn übertriebene Reinlichkeitsanforderungen. In ihrer Erziehung wechseln körperliche Züchtigung häufig mit Geldgeschenken ab. Sein um sieben Jahre älterer Bruder befleißigt sich desselben Erziehungssystems wie seine Mutter und spielt die Rolle eines strafenden und angsteinflößenden Vaters. Der Vater selbst ist passiv und mischt sich nur selten ein.

Das Kind behauptet, daß seine Freunde einen schlechten Einfluß auf ihn ausüben. Er kann ihnen nichts abschlagen, weil er Angst hat, daß sie ihn verprügeln werden. Über seine Diebstähle sagte er: „Zuerst macht mir das Freude, dann aber empfinde ich Gewissensbisse".

Er rechtfertigt die punitive Haltung seiner Mutter und seines Bruders und sagt: „Es ist gut, daß sie strafen, ein Kind muß sich vor jemand fürchten". Von seinem verwöhnten kleinen Bruder sprach er mit sichtlichem Affekt.

Das Gericht glaubte, daß ein Bewährungshelfer den Eltern vielleicht Rat erteilen könnte. S. wurde daher unter Bewährungsaufsicht gestellt. Die Situation wurde nicht besser und die Eltern kooperierten nicht, da nach ihren Worten „alles sinnlos sei und das Kind in ein Heim müsse".

Tatsächlich verübte S. auch weiterhin sehr aktiv Diebstähle. Er kam in ein gewöhnliches Erziehungsheim und nach einer gewissen Zeit kam er in ein Heim für jugendliche Straftäter, weil das frühere Heim ihn wegen seiner zahlreichen Fluchtversuche und Diebstähle nicht behalten wollte. Dieses Verhalten änderte sich auch nicht in der Anstalt für jugendliche Straftäter. Er lief immer öfter davon, seine Diebstähle nahmen einen immer ernsteren Charakter an und es war fast unmöglich, mit ihm zu sprechen. Mit 16 Jahren wurde er zum ersten Mal ins Gefängnis geschickt. Auch nach seiner ersten Gefängnishaft setzte er seine Vergehen fort. Wieder mußte er ins Gefängnis, diesmal auf eine längere Zeit. Im Gefängnis zeichnet er sich jetzt durch Wohlverhalten aus. Er lernt einen Beruf und nimmt seine Arbeit ernst. Er ist jetzt 19 Jahre alt geworden.

Dennoch ist es ganz und gar nicht sicher, ob er seine kriminelle Laufbahn beendet hat, auch wenn er seine Gesprächspartner davon überzeugen will. Im Gefängnis bescheinigt man ihm seine Erfolge und ist stolz auf seine Leistungen. Er reagiert darauf sehr positiv und fühlt sich ermutigt. Seine Familie sieht in ihm noch immer den mißratenen Sohn, der der Familie Schande bereitet hat.

In welchem Maß werden sich diese gegensätzlichen Einstellungen auf sein zukünftiges Verhalten auswirken?

Eine andere Dynamik waltet bei Ester L. In einer meiner Unterredungen mit ihr bei Gericht offenbarte sie etwas von ihrer Reaktion auf die Enttäuschung, die sie ihren Erziehern bereitete. Dieser neue Aspekt soll nun betrachtet werden.

Ester L. war 16½ Jahre alt, als sie in ein Heim für delinquente Mädchen kam, weil sie Männer auf der Straße ansprach. Ihr Verhalten in dem Heim war lange Zeit hindurch recht normal und man gewann den Eindruck, daß sie wieder auf den richtigen Weg gebracht werden könnte. Ohne offensichtlichen Grund begann sie plötzlich aus dem Heim fortzulaufen. Man brachte sie einige Male wieder zurück, doch schließlich kam sie vor Gericht, weil sie ihr Versprechen, nicht mehr davonzulaufen, nicht gehalten hatte.

Ein Jahr nachdem sie zum ersten Mal ins Heim geschickt worden war, erschien Ester wieder wegen ihres Fortlaufens vor Gericht. Sie sagte u. a.: „Ich habe nie gewußt, was Liebe oder gute Beziehungen daheim bedeuteten. Plötzlich, als ich ins Heim kam, war alles anders. Man benahm sich gut zu mir und ich konnte es nicht glauben, da ich nicht daran gewöhnt war. Ich gewann eine Beziehung zur Leiterin, sah aber, daß ich mich nicht immer ordentlich benehmen könnte, es fiel mir zu schwer. Ich entwich aus dem Heim und ließ mich mit einem üblen Burschen ein. Man brachte mich ins Heim zurück und ich schämte mich. Ich glaubte, ich könnte der Leiterin weder die Sache erzählen, noch sie belügen. Ich hatte es auch schwer, weil die Leiterin und die Erzieherinnen wegen meines Davonlaufens nicht mit mir sprachen, daher lief ich nach zwei Tagen nochmals fort. All das ist nun vorbei und ich bin jetzt sicher, daß es nicht wieder vorkommen wird. Ich kann nicht versprechen, daß ich nicht wieder etwas mit Jungen zu tun haben werde, aber auf die Straße werde ich nicht mehr gehen. Ich habe jetzt einen Plan im Leben, ich weiß, daß man mir im Heim helfen will und ich nicht mehr allein sein werde."

Ester mußte schwere und zahlreiche Prüfungen über sich ergehen lassen und wenn sich auch die Dinge nicht so gestalteten wie sie wünschte, gab sie den Kampf um ein besseres und schöneres Leben nicht auf. Trotz der Enttäuschungen, die sie ihren Erziehern bereitete, wurde ihr in ihrer Not geholfen.

Rachel Hasan hat eine andere soziale Vorgeschichte, aber die Lebensmuster und die gestörte emotionale Entwicklung sind ähnlich. Bei ihr ist ein traumatisches Erlebnis im Alter von 3 Jahren von Bedeutung. In diesem

Alter wurde das Kind, zusammen mit einer Kindergruppe, nach Israel geschickt. Die Eltern selbst blieben im Ausland, da sie keine Einwanderungserlaubnis erhielten. Rachel wurde 1944 im Ural geboren. Ihr Vater wurde von der Roten Armee eingezogen und fiel noch vor Rachels Geburt. Nach zwei Jahren heiratete Rachels Mutter ihren jetzigen Mann, der im Krieg seine Frau und drei Kinder verloren hatte. Nach der Eheschließung versuchten sie nach Palästina einzuwandern und waren froh darüber, daß sie vorerst Rachel ins Land schicken konnten.

Rachel blieb drei Jahre mit der Kindergruppe in einem Kibbutz. Sowie die Eltern ins Land kamen, nahmen sie ihr Kind zu sich. Bereits damals fühlte die Mutter, daß das Kind keine Bindung an ihr Zuhause hatte. Schon im sechsten Lebensjahr, als sie die erste Volksschulklasse besuchte, waren die ersten Zeichen eines merkwürdigen Verhaltens zu beobachten. Sie kam öfter nicht von der Schule heim und man mußte sie manchmal sogar mit Hilfe der Polizei suchen lassen. Als man sie fragte, warum sie nicht wie die anderen Kinder nach Hause ginge, antwortete sie immer nur mechanisch: „Ich werde nicht mehr davonlaufen".

Im Laufe der Jahre mußte sie mehrere Male umgeschult werden, da man sie nirgends behalten wollte. Sie begann dann in der Schule, zu Hause und bei Nachbarn, Diebstähle zu verüben. Sie behauptete stets, daß sie die Sachen „gefunden" habe. Die Eltern gaben die „Fundsachen" zurück oder erstatteten Geldverluste wieder, so daß die Angelegenheiten vertuscht wurden. Es gab aber Zeiten, in denen das Verhalten des Mädchens normal war. Die Eltern waren nicht imstande, Gründe für diese Sprunghaftigkeit zu finden. Bei allem Fortschritt in der Schule blieben ihre Leistungen doch noch schwach, doch blieb sie in der Schule nie sitzen und beendete die letzte Volksschulklasse.

Jetzt wurde ihre Lage sehr ernst. Sie lief oft auf lange Zeit von zu Hause fort, und wenn sie heimkehrte, verfiel sie immer in einen schweren Schlaf. Es wurde bekannt, daß sie sich in der Gesellschaft von Leuten aufhielt, die sie sexuell ausnützten. Die Reaktion der Mutter war überaus heftig. Sie sperrte sie im Zimmer ein und verprügelte sie unbarmherzig. Sie beschimpfte sie auch vor den Nachbarn. Rachel riß weiter aus und nahm bei solchen Gelegenheiten immer mit, was ihr in die Hände fiel.

In ihrer Verzweiflung wandten sich die Eltern an die Polizei und so kam sie vor Gericht. Das Mädchen verhielt sich gegen alle Ereignisse um sie herum mit völliger Gleichgültigkeit und konnte ihr Verhalten nicht erklären. Sie war sofort einverstanden, in ein Heim zu gehen, denn, sagte sie, „mit meiner Mutter kann ich mich nicht verstehen, ihr Mann ist besser zu mir." Charakteristisch ist, daß die Mutter nicht bei Gericht erschien, sonderen ihren Mann schickte.

Auch nachdem sich im Heim bei dem Mädchen eine Besserung seines Verhaltens zeigte, wollte die Mutter mit der Tochter nicht Frieden schließen. Das Mädchen lernte und arbeitete und ihr Charakter festigte sich. Es schmerzte sie aber, daß ihre Eltern sie nicht besuchten und sie auch zu den Feiertagen nicht nach Hause einluden. Die Mutter lehnte sie völlig ab, das kam in ihren Worten zum Ausdruck: „Ich werde nie die Schande vergessen, die sie uns angetan hat". Nach etwas mehr als einem Jahr wurde Rachels Situation im Heim schwierig. Kein Zweifel, daß sie sich nach ihrem Elternhaus sehnte und auf ein gutes und versöhnliches Wort wartete. Sie beklagte sich über das Verhältnis ihrer Mutter zu ihr, das auch ihren Stiefvater beeinflußte. Rachel begann aus dem Heim fortzulaufen und bei einer der Unterredungen bei Gericht sagte sie: „Sie verleugnen mich und ich bin allein im Heim und daher laufe ich davon".

Es scheint, daß der Brennpunkt im Leben des Mädchens, in ihrer Vereinsamung liegt, daß sie, wie sie vor Gericht sagte, „allein" sei. Dieses Alleinsein hatte sie mit drei Jahren, als sie von ihren Eltern getrennt wurde, am eigenen Leib erlebt. Es ist möglich, daß das Trennungserlebnis in diesem Alter und seine Wiederholung, als sie mit sechs Jahren aus dem Kibbutz genommen wurde, ihr Verhalten determinierten.

Überaus schwierig ist die Lage bei jugendlichen Rechtsbrechern, für die Heimunterbringung angeordnet wurde. Charakteristisch dafür ist unsere Machtlosigkeit, aufgrund derer Kinder und Jugendliche der Hilfe im weitesten Sinne des Wortes entbehren, die sie haben müssen und auf die sie auch Anspruch haben. Dutzende von jungen Rechtsbrechern treiben sich monatelang mit einer Heimunterbringungsanordnung herum, ohne daß man einen Platz für sie findet. Außerdem bedürfen Erziehung und Unterricht in den vorhandenen Heimen dringend der Verbesserung. Die fehlende Zusammenarbeit der verschiedenen mit dem Problem befaßten staatlichen Ämter, wirkt sich hemmend aus. Wir brauchen nur daran zu erinnern, daß der Unterricht in den Heimen für jugendliche Rechtsbrecher nicht vom Ministerium für Erziehung und Kultur überwacht wird und daß auch die berufliche Ausbildung der Zöglinge nicht dem Arbeitsministerium untersteht.

Das Alter der jugendlichen Straftäter, die durch Gerichtsbeschluß in einem Heim untergebracht werden sollten, wirft ein Licht auf das Problem. 20 % sind im Alter von 9—11 Jahren; 45 % im Alter von 12—14 und 35 % sind 15 Jahre und darüber. Besonders ernst ist die Lage der zuletzt genannten Altersgruppe. Ihre Unterrichtsbedingungen und -möglichkeiten, besonders die Berufsausbildung, sind äußerst mangelhaft. Niemand kümmert sich um ihre besonderen Erziehungsprobleme wie Alter und Verhaltensweise. Daher die vielen Ausbrüche aus den Heimen, die Wiederholungsvergehen, an deren Ende dann das wirkliche Jugendgefängnis steht. Diese Verwahrlosung ist oft die unmittelbare Folge der Unterlassungssünden der Jugendamtsbehörde. Die Jugendrichter erheben von früh bis spät ihre Stimme dafür, daß die Vierzehn-, Fünfzehn- und Sechzehnjährigen, die in Heimen untergebracht werden müssen, auch Plätze finden. Aber nicht in irgendwelchen Heimen und nicht in Gefängnisanstalten, sondern in Heimen, die ihren Bedürfnissen entsprechen. Unser Ruf bleibt leider in vielen Fällen unerwidert.

Unterbringungsanordnungen ergingen in 10 % der vor den Jugendgerichten verhandelten Fälle.

Wie aus den Ziffern im 21. Kapitel hervorgeht (Tabelle 2), ist dieser Prozentsatz während der dort angegebenen Jahre, wesentlich gesunken. Von allen Urteilen der Jugendgerichte, wurden 1969 nur noch 6,5 % jugendliche Delinquenten in eine Erziehungsanstalt überwiesen.

ZWANZIGSTES KAPITEL

Vorzeitige Entlassung von Heimzöglingen

Der israelische Gesetzgeber änderte in der Neufassung der Jugendstrafordnung von 1957, bezüglich der vorzeitigen Heimentlassung jugendlicher Straftäter, das Gesetz ab. Es wurde eine Entlassungskommission von fünf Personen errichtet, die dem Wohlfahrtsminister empfehlen kann, einen jugendlichen Rechtsbrecher von der gerichtlichen Unterbringungsanordnung nach einem Heimaufenthalt von über einem Jahr, zu entbinden. Unter bestimmten Bedingungen kann auch um eine Entlassung vor Ablauf eines Jahres angesucht werden. In Fällen, in denen die Kommission sich weigert, eine vorzeitige Entlassung zu empfehlen, muß sie zuerst den Zögling, seine Eltern oder seinen Rechtsanwalt gehört haben.

Dieses Gesetz beruht auf dem Gedanken, daß ein junger Mensch, nachdem er eine gewisse Zeitlang in einem Heim oder einer Erziehungsanstalt anderer Art verbracht hat, im Falle geeigneter Bedingungen vielleicht wieder zu seiner Familie und in seine Umwelt zurückkehren kann. Man besteht nicht unbedingt auf den Ablauf der vom Gericht festgesetzten Zeit. Die Veränderungen, die die Rückkehr zur Familie rechtfertigen können, mögen beim Jugendlichen selbst, bei seiner Familie oder bei beiden liegen.

In diesem Gesetz wird als erstes die nachgehende Behandlung erwähnt, das heißt, die Fortsetzung der Behandlung des Zöglings, nachdem er das Heim, auf die Empfehlung der Entlassungskommission, verlassen hat. Paragraph 2 (G) des genannten Gesetzes lautet: „Eine Entlassung nach diesem Paragraphen kann mit oder ohne Bedingungen erfolgen, ganz wie es im Ermessen der Entlassungskommission oder des Wohlfahrtsministers liegt, doch wenn eine nachgehende Behandlung des Entlassenen zur Bedingung gemacht wurde, darf diese Behandlung drei Jahre nicht überschreiten."

Im Zusammenhang mit der Tätigkeit der Entlassungskommission wurde im Rahmen der Jugendamtsbehörde des Wohlfahrtsministeriums die nachgehende Einzelfürsorge errichtet. Diese Einrichtung befaßt sich heute mit *allen Zöglingen,* die vor der Entlassung aus dem Heim oder der Erziehungsanstalt stehen, in die sie auf gerichtliche Anordnung gebracht wurden. In diesen Fällen beruht die nachgehende Behandlung auf der freien Einwilligung des Zöglings, außer wenn die Entlassungskommission eine solche Behandlung zur Bedingung gemacht hat. Praktisch besteht heute die Haupttätigkeit dieser Einrichtung in einer, von den Zöglingen gewünschten, nachgehenden Behandlung und nur ein kleiner Teil seiner Tätigkeit entfällt auf Zöglinge, die von der Entlassungskommission geschickt werden.

Die Funktionen der nachgehenden Fürsorge und ihrer Tätigkeit auf anderen Behandlungsgebieten wurden in den „Verordnungen über jugendliche Rechtsbrecher (nachgehende Fürsorge) von 1964" veröffentlicht, und wurde im Jugendgesetz von 1971 weiter ausgebaut.

Die Entlassungskommission pflegt den Zögling und seine Eltern, den Heimleiter und in den meisten Fällen auch den Fürsorger vorzuladen, dem die nachgehende Behandlung aufgetragen wird. Vor der Behandlung ist die Kommission bereits im Besitz des ganzen Materials, einschließlich des Berichts des Fürsorgers, so daß sich die Kommissionsmitglieder bis zur eigentlichen Besprechung über jeden Zögling informieren können. Die Entlassungskommission erkannte bereits zu Beginn ihrer Tätigkeit, daß den Besprechungen mit dem Zögling und seinen Eltern ein großer erzieherischer Wert zukommt. Sie merkten, daß Zöglinge und auch Eltern, die sich einer vorzeitigen Entlassung würdig zeigen wollen, Anstrengungen zur Besserung der Dinge zu machen verstehen, um ihr Ziel zu erreichen.

Bei Einreichen des Antrags auf vorzeitige Entlassung, ist Zöglingen und Eltern nicht immer klar, daß ein gewisser Standard erreicht worden sein muß, ohne den die Kommission den Antrag nicht zur Behandlung annimmt und erst in diesem Stadium, in der Verhandlung vor der Kommission, beginnt die Konfrontation mit der Realität. Die Entlassungskommission vertagt daher gelegentlich den Abschluß ihrer Verhandlung, um sich davon zu überzeugen, in welchem Maße Zögling oder Eltern die Kraft der Ausdauer haben. Das bedeutet für den Zögling Leistungen und Beständigkeit im Unterricht, in der Arbeit und im allgemeinen Verhalten im Heim; für die Eltern bedeutet es die Schaffung der elementaren Bedingungen, die nach Ansicht der Kommission, die Resozialisierung zu Hause gewährleisten können. Auch werden unsichtbare Kräfte rege und es ist wichtig, sie zu verstehen, um sie dann, bei erforderlicher Gelegenheit, einzusetzen. Nachgiebigkeit und Hartnäckigkeit sind beide wichtig und es ist nicht notwendig zusagen, was die vorzuziehende Haltung ist. Die Notwendigkeiten jedes einzelnen Falles bestimmen, welche der beiden Einstellungen angebracht ist, die eine oder die andere, und vielleicht beide zusammen. Doch ist ein Aufschub der letzten Entscheidung manchmal geboten, um Resozialisierungspläne zu überprüfen, die der Entlassungskommission während der Verhandlung vorgelegt wurden.

Im Laufe von acht Jahren verhandelte die Entlassungskommission über 346 Zöglinge. 64,5 % von ihnen erhielten ihre Entlassung und in 30 % der Fälle lehnte die Kommission eine Entlassung ab. Während der Verhandlungsperiode kam es in 5,5 % der Fälle zu einer Streichung der Anträge oder erlosch die Frist der Unterbringungsanordnung. Bemerkenswerterweise wurden von den Entlassenen 36 % schon bei der ersten Besprechung empfohlen, in der zweiten waren es 21 % und in der dritten 7 %. 95 % der zur Entlassung empfohlenen Zöglinge wurden auch für eine nachgehende Behandlung vorgeschlagen. Die Kommission sieht im allgemeinen von der Auferlegung detaillierter Bedingungen ab. Möglicherweise ist das bedauerlich und vereitelt auch die Resozialisierungsbemühungen, die gewöhnlich ihr Auf und Ab haben. Wir haben es hier mit einem schwierigen und ermüdenden Prozeß zu tun und wir ziehen es daher vor, die Fürsorger nicht von vornherein auf eine Behandlungsweise festzulegen, die doch den sich im Behandlungsprozeß herausstellenden Bedürfnissen angepaßt werden muß.

Dennoch ist auf gewisse Probleme hinzuweisen, die manchmal sehr lästig fallen. Wir meinen hier Schwierigkeiten, die sich im Resozialisierungsprozeß eines jungen Straftäters einstellen, der sich über die Maßen an das Leben in einer geschützten Atmosphäre gewöhnt hat. Das Problem ist besonders bei solchen Jugendlichen akut, die nicht sehr willensstark, gleichgültig, geistig zurückgeblieben oder neurotisch, etc. sind. Wenn sie noch im Schulalter sind, fällt es sehr schwer, nach ihrer Rückkehr zu ihren Eltern, sie in den gewöhnlichen Unterrichtsrahmen einzuordnen. Meistens passen sie ihrem Alter nach nicht mehr in die Klasse, die ihrem Wissensstand entspricht. Der Unterricht im Heim vollzog sich nach anderen Grundsätzen als in der gewöhnlichen Schule. Im Heim besteht kein Leistungsdruck und die ganze Atmosphäre ist auf ein langsames Fortschreiten abgestellt. In der Schule in der Stadt ist die Lage ganz anders. Im allgemeinen ist es nicht leicht, diese Kluft zu überbrücken und infolgedessen wiederholt sich das alte Schulversagen. Für die Kinder und ihre Umwelt bedeutet das eine Niederlage. Die Jugendlichen im Arbeitsalter tun sich manchmal schwer, Stellen zu finden, in denen sie aushalten können. Ihr berufliches Selbstvertrauen ist oft übertrieben und nicht der Wirklichkeit angepaßt, wenn sie dann wiederholt höhere Löhne fordern, sie aber nicht erhalten, verlassen sie die Arbeitsstelle. Auch wenn der Arbeitsmarkt für Jugendliche günstig ist, finden sie doch nicht immer etwas Passendes und so beginnt die Zeit des Müßiggangs von neuem. Diese Situationen führen zu einer mangelnden Beständigkeit und gerade Beständigkeit sollten sie im Heim gelernt haben.

Ein Problem für sich bilden die Jugendlichen, die aufgrund ihres Alters noch die Schule besuchen müßten, dort aber nicht mitkamen und auch zum Arbeiten noch zu jung sind. Es wäre für sie weit besser gewesen, im Heim zu bleiben, aber das wollten sie und ihre Familien nicht und schließlich meinen ja auch wir, daß, wenn eine Rückkehr nach Hause möglich ist, sie dem Verbleib im Heim vorzuziehen ist. Um so weit wie möglich solche Niederlagen zu verhüten, hat die nachgehende Fürsorge Gruppen freiwilliger Helfer organisiert, die sich besonders um Jugendliche nach ihrer Heimentlassung kümmern. Diese Freiwilligen werden von einem Fachmann des Jugendamts, der ihnen bei komplizierten Problemen zur Seite steht, angeleitet. Sie suchen für die Jugendlichen eine passende Arbeit, setzen sich mit Jugendklubs in Verbindung und machen alle Möglichkeiten ausfindig, die zur Wiedereinordnung ihrer Schutzbefohlenen ins Leben von Nutzen sein könnten. Die Arbeit dieser freiwilligen Helfer ist sehr segensreich, doch ist ihre Zahl zu gering.

Ein Überblick über den Erfolg der Jugendlichen zeigt, wie abhängig er von so vielen persönlichen Faktoren ist, die bei den Jugendlichen selbst liegen und der Bereitschaft und der Fähigkeit ihrer Eltern, ihnen zu helfen, aber auch von objektiveren Bedingungen, wie einem passenden Arbeitsplatz, einem guten Freundeskreis, etc. Die statistischen Angaben gehen den Dingen nicht immer auf den Grund, denn hier handelt es sich nicht um statische Phänomene, sondern im Gegenteil um Gegebenheiten, die sich dauernd verändern.

Im Sinne dieser Bemerkungen sind die Zahlen über eine nachgehende Behandlung zu würdigen, die 3—4 Jahre nach der Entlassung, und 365 Zöglinge betrifft, die aufgrund der Empfehlung der Entlassungskommission von der Unterbringungsanordnung freigestellt wurden.

Die Mehrheit der Anträge, die von den Eltern gestellt wurden, gaben als Grund an, daß ihr Kind nun alt genug geworden sei, um sein Teil am Unterhalt der Familie beizutragen. Als weiterer Entlassungsgrund wurde genannt, daß das Kind seine Lektion in der Erziehungsanstalt gelernt habe und man neue delinquente Handlungen nicht mehr zu befürchten brauche. Es scheint vielfach der Fall zu sein, daß an die jugendlichen Straftäter sowohl von den Eltern als auch der Gesellschaft zu schwierige Forderungen gestellt werden, denen diese nicht gewachsen sind. Nach gewöhnlichen Maßstäben mögen diese Forderungen den Durchschnitt nicht übersteigen und sogar darunter liegen. Wir haben es eben mit Kindern und Jugendlichen zu tun, die auch nach ihrer Entlassung einer weiteren und besonderen Pflege bedürfen.

TABELLE 1

Die Lage nach der Entlassung

1	2	3	4	5
Positive Entwicklung	**begrenzt positive Entwickl.**	**Negative Entwicklung**	**Ernste Lage**	**dem Gesichtskreis entschwunden**
30.4%	**28.5%**	**13.4%**	**15.2%**	**11.5%**

Hinsichtlich einer Fortsetzung der Behandlung kann man sagen, daß die zwei extremen Gruppen, Rubrik 1 und Rubrik 4, fast nicht in aktiver Behandlung sind, wenngleich da und dort im Bedarfsfall ein Kontakt besteht. In der ersten Gruppe ist eine Behandlung nicht notwendig, denn alles geht glatt, aber in der zweiten besteht keine Behandlungsmöglichkeit mehr, da ihre Lage zu schwierig geworden ist. Hier haben wir es mit Kandidaten neuer krimineller Komplikationen zu tun. Die Hauptbehandlung wird den zwei mittleren Gruppen gewidmet (42,9 %), für die man sich das klare Ziel setzt, sie so weit wie möglich in die Gruppe der Erfolgsfälle zu überführen.

EINUNDZWANZIGSTES KAPITEL

Zeitweiliger Zwangsgewahrsam, Untersuchungen und Klassifikation

Man kann behaupten, daß sich die meisten Jugendgerichte die Voraussetzungen zu eigen machten, daß ein jugendlicher Straftäter nur nach sorgfältiger Überprüfung von seinem Zuhause und seiner Umwelt weggebracht werden sollte. Es ist heute genügend darüber bekannt, daß eine gerichtlich angeordnete Heimunterbringung in vielen Fällen delinquentes Verhalten mitnichten unwahrscheinlich macht, sondern es sogar noch zu fördern vermag. Andererseits läßt sich nicht übersehen, daß Heimunterbringung mitunter wirksam sein und einen Beitrag zur Resozialisierung jugendlicher Straftäter leisten kann. Es muß auch zugegeben werden, daß es Fälle gibt, in denen dem Gericht keine andere Wahl als die Unterbringung des jugendlichen Straftäters in einer Besserungsanstalt übrig bleibt.

Angesichts der wachsenden Zahl jugendlicher Straftäter in den letzten Jahren und beunruhigender Aspekte in kriminellen Verhaltensmustern, macht sich beim Jugendrichter zunehmend ein Gefühl des Unbehagens geltend, wenn er die verschiedenen Möglichkeiten zur Erledigung eines bestimmten Falles in Erwägung zieht. Ein Dilemma tut sich auf, insofern hier ein Vergehen vorliegt, das sowohl bei der Gesellschaft als auch beim Täter den Gedanken an eine Bestrafung aufkommen läßt, während doch genügend Kenntnisse darüber verbreitet sind, daß der Milieuwechsel des Straftäters weitere Straftaten nicht unbedingt ausschließt. Trotzdem behauptet man oft, daß der Straftäter zwecks seiner Umerziehung und der Verhütung weiterer Straftaten von seiner Familie und aus seiner gewohnten Umgebung gerissen werden muß. Im Jugendgericht wird der Rechtsbrecher nur zu oft als jemand dargestellt, der ein Opfer der Gesellschaft oder seiner Eltern zu sein scheint, was Gericht und Bewährungshilfe bewegen kann, unbewußt eine Haltung der Identifizierung und des Paternalismus einzunehmen.

Die Tatsache ist auffällig, daß viele, die vor ein Jugendgericht gestellt werden, Ungemach und seelische und wirtschaftliche Benachteiligung in einem solchen Maß zu erdulden hatten, daß Milde in ihrem Fall angebracht erscheint. Eine Anzahl neurotischer Straftäter und viele der erfahreneren Rechtsbrecher haben für solche, das Gericht unterschwellig beherrschenden, Gefühle, ein feines Organ und verstehen sich auf seine Manipulierung zu ihren Gunsten.

Man kann in der Öffentlichkeit eine wachsende Besorgnis über die Fruchtlosigkeit von Gefängnisstrafen beobachten und eine ähnliche Einstellung zeigt sich gegenüber jugendlichen Straftätern, die man zwecks Resozialisierung außerhäuslich unterbringt. Die große Zahl der Rückfalltäter unter ihnen und die ebenfalls beträchtliche Zahl derer, die als Erwachsene noch immer kriminell sind, weisen auf den Ernst der Situation hin. Es scheint daher angebracht, erneut einige Aspekte des Zwangsgewahrsams der medizinischen Untersuchung und der Klassifizierung zu würdigen.

In Israel kennt die gerichtliche Anordnung einer außerhäuslichen Unterbringung verschiedene Formen: Erziehungsheime für jugendliche Rechtsbrecher, allgemeine Schuleinrichtungen zur Aufnahme jugendlicher Straftäter, Pflegefamilien, Zwangsgewahrsam für kurze Perioden, Zwangsgewahrsam für Zwecke der Untersuchung und Klassifizierung und Bewährungshilfe mit Wohnortsbestimmung.

In diesem Kapitel wollen wir kurz über unsere Erfahrungen bezüglich des Zwangsgewahrsams, der med. Untersuchung und der Klassifizierung sprechen. In der Diskussion sollen besonders die Risiken besprochen werden, die mit einer zeitweiligen Haftverhängung einhergehen, da sich eine solche Maßnahme zu einem wichtigen Faktor bei zukünftigen kriminellen Verhaltensmustern entwickeln kann.

Andernorts in diesem Buch habe ich erwähnt, daß der Bewährungshelfer auch die Aufgabe hat, für das Gericht einen Bericht über die soziale und erzieherische Vorgeschichte des jungen Straftäters anzufertigen. In diesem Zusammenhang verwies ich auf die bei uns herrschende Gepflogenheit, daß psychologische und psychiatrische Untersuchungen im allgemeinen ambulant vorgenommen werden. Ich betonte, daß man sich bei uns im Gegensatz zu anderen Ländern hütet, einen jugendlichen Straftäter, selbst zum Zwecke ärztlicher Untersuchungen, in Haft zu nehmen, wegen der begründeten Befürchtung, daß die Haft die Lage des Jugendlichen noch verschärft und der Vorteil zu teuer erkauft wird. Ich bin davon überzeugt, daß sämtliche Haftangelegenheiten — und das gilt besonders für Jugendliche — die mit der Untersuchung des Vergehens bis zum Prozeßbeginn in Verbindung stehen, dazu auch die psychologischen Tests, einer gründlichen Revision bedürfen. Ich verhehle mir durchaus nicht, daß die Haft aus Gründen der öffentlichen Sicherheit und der Behandlung des Straftäters eine Notwendigkeit ist, aber auch auf diesem Gebiet ist größte Selektivität geboten. Wir haben es mit einer Maßnahme zu tun, die ihrem Wesen nach *zeitlicher Natur ist* und wenn sie zur Routine wird, dem Straftäter und der Gesellschaft zum Schaden gereicht.

Bei der Behandlung jugendlicher Straftäter ordnet bei uns das Jugendgericht Haft unter den folgenden Umständen an:

1. Polizeihaft

Die Jugendstrafrechtsordnung von 1937, die bis vor kurzem in Kraft war, traf bezüglich der Verhaftung und Freilassung auf Bürgschaft sowohl durch die Polizei als auch das Gericht verschiedene Bestimmungen, von denen einige durch das Alter des jugendlichen Straftäters geregelt waren, obgleich die rechtliche Verfahrensweise im Jugendgericht trotz der Altersunterschiede einheitlicher Natur war.

Die Polizei hatte die Macht einen verdächtigen Jugendlichen achtundvierzig Stunden in Gewahrsam zu nehmen. Hielt sie eine weitere Periode für erforderlich, mußte sie bei Gericht Haftantrag stellen. Ein Haftantrag kennt zwei verschiedene Phasen: eine, die den Zweck hat die Untersuchung des Vergehens abzuschließen und vielleicht auch die Wiederhergabe von Diebesgut zu ermöglichen; die andere betrifft die Zeit, die bis zur Erledigung des Falles für notwendig erachtet wird. Im ersten Fall sieht sich das Gericht manchmal in einer schwierigen Position. Zunächst würde es unbillig erscheinen den Antrag abzulehnen, da die Tatsachen über das Vergehen nur der Polizei bekannt sind und man in diesem Stadium keinesfalls eine Darlegung aller Einzelheiten erwarten kann. Eine genauere Befragung in solchen Fällen zeigt jedoch oft, daß die beantragte Verlängerungszeit übertrieben ist und auch andere Beweggründe bei dem Antrag eine Rolle spielen können. Doch ist eine Haftanordnung schließlich Sache des Richters, der von der Notwendigkeit dieses Schrittes überzeugt sein muß, bevor er seine Anordnung ergehen läßt. Ich habe die Erfahrung gemacht, daß die Zeit oft stark verkürzt werden konnte, wenn sich das Gericht die Mühe machte die Berechtigung des Antrags nach allen Einzelheiten zu durchleuchten. Es gilt zu verstehen, daß Polizeihaft keine technische Angelegenheit ist, sondern für den Jugendlichen weitreichende Folgen haben kann.

Berücksichtigt werden muß noch ein weiterer Faktor von höchster Wichtigkeit. Obgleich es hier um eine zeitweilige Haft geht, sind die physischen und geistigen Bedingungen einer Polizeihaft selten zufriedenstellend und oft sogar demoralisierend. Vielleicht muß der Richter bei Erwachsenen angesichts solcher Bedingungen nicht besorgt sein. Aber ein Jugendrichter muß sich diese Aspekte vergegenwärtigen, wenn er eine Haftanordnung ergehen läßt. Man muß nicht auf Einzelheiten bestehen, um zu beweisen, daß große Gefahr für weiteres delinquentes Verhalten gegeben ist, wenn die Polizeihaft unzulänglich ist. Und die polizeilichen Haftzellen für Jugendliche sind unzulänglich!

Es ist klar, daß, wenn eine Freilassung mit oder ohne Kautionen, aufgrund einer schriftlichen Verpflichtung erfolgen kann, ihr im Interesse aller stattgegeben werden sollte. Das ist in Israel auch durchgängig die Praxis und mehr als 95 % aller jugendlichen Straftäter werden bis zur Verhandlung vor dem Jugendgericht gegen Kaution auf freien Fuß gesetzt. Nachdem die Polizei die Aussage des verdächtigen Jugendlichen protokolliert hat, unterzeichnet ein Elternteil oder eine andere verantwortliche erwachsene Person, die mit dem Jugendlichen verwandt ist oder ihn kennt, eine Verpflichtung, das der Jugendliche zum Jugendgericht gebracht wird, wenn er die Vorladung erhalten hat. Es fällt der Polizei gewöhnlich nicht schwer, eine solche Versicherung zu erhalten und nur in Ausnahmefällen, wenn sich kein passender Erwachsener findet oder Kautionen für den Verdächtigen abgelehnt werden, wird beim Jugendgericht ein Antrag gestellt über eine Freilassung zu beschließen.

Es kommt sehr selten vor, daß eine Haft bis zur endgültigen Erledigung des Falles angeordnet wird. Erfolgt eine solche Anordnung, so bürdet sie dem Richter eine zusätzliche Verantwortung auf. So wird manchmal behauptet, daß, wenn sich ein Rechtsbrecher bis zur Verhandlung gegen Bürgschaft frei bewegen kann, er höchstwahrscheinlich seine Straftaten fortsetzt. Daher bestehe genügend Grund, ihn bis zum Beginn oder Ende des Prozesses in Gewahrsam zu halten. Ein anderes Argument lautet, daß, wenn der Straftäter gegen Bürgschaft auf freiem Fuß belassen wird, er bis zum Beginn der Verhandlung das Weite gesucht hat und damit die Tätigkeit der Gerichte aufhält. Die Erfahrung in Israel und anderswo lehrte, daß beide Argumente nicht stichhaltig sind. Die Behauptung, daß Straftäter, die auf ihren Prozeß in der Freiheit warten, weitere Straftaten verüben oder vor ihrem Prozeß verschwinden, läßt sich nicht ausreichend durch Beweise stützen. Nur eine kleine Gruppe macht da Schwierigkeiten und erfordert besondere Maßnahmen.

In Tel Aviv, einer Stadt von über 700 000 Menschen, verübt eine kleine Gruppe von Jugendlichen einen großen Prozentsatz aller Vergehen. Die folgenden Zahlen, die von der Polizeiabteilung für jugendliche Straftäter zusammengestellt wurden, sprechen für sich selbst. Im Jahre 1966 waren 47 Jungen für 64 % der von Jugendlichen verübten Einbruchsdiebstähle verantwortlich. Alle waren sie Wiederholungstäter. 1967 waren unter den oben geschilderten Umständen 39 Jungen für 61 % der Einbrüche verantwortlich. 1968 gingen 36 % aller von jugendlichen Straftätern verübten Einbrüche zu Lasten von 60 Jungen.

Man kann daher keine allgemeinen Schlußfolgerungen ziehen, ohne die näheren Umstände zu analysieren. Die Verringerung von Einbrüchen im Jahre 1968 war darauf zurückzuführen, daß eine Anzahl der Rückfallstäter in die geschlossene Besserungsanstalt geschickt worden war, die damals eingerichtet wurde.

Das Jugendstrafrecht von 1971[1] führte zum Zwecke der Untersuchung strengere Bestimmungen über die Polizeihaft ein. Danach darf ein Minderjähriger über 14 zum Zwecke der Untersuchung nicht über vierundzwanzig Stunden inhaftiert werden, es sei denn es liegt eine vom Richter unterzeichnete Haftanordnung vor. Nur in Fällen, in denen ein Minderjähriger aus bestimmten Gründen im Laufe der genannten vierundzwanzig Stunden nicht vor einen Richter gebracht werden kann, kann ein Polizeioffizier als Leiter einer Polizeistation eine solche Haft um weitere 24 Stunden verlängern. Voraussetzung ist, daß der Polizeidienstleiter die Gründe für die Haftverlängerung schriftlich darlegt. Diese Darlegung muß dem Richter zur Kenntnis gebracht werden.

Handelt es sich um einen Minderjährigen unter 14 Jahren, ist das Gesetz noch strenger. Die Haftzeit wird auf zwölf Stunden beschränkt. Wenn

[1] Youth Law (Trial, punitive methods and treatment measures) 1971.

der verantwortliche Polizeioffizier eine Verlängerung der Haft um weitere zwölf Stunden für notwendig hält, so darf das nur im Interesse der öffentlichen Sicherheit oder der Sicherheit des Jugendlichen selbst geschehen oder um ihn der Gesellschaft unerwünschter Mitverbündeter fernzuhalten oder wenn Grund zur Annahme besteht, daß er ein Verbrechen begangen hat, auf das sieben Jahre Gefängnis oder mehr stehen und im Falle einer Freilassung Verdunklungsgefahr bestünde. Wie in dem zuvor genannten Fall, muß der Polizeioffizier seine Gründe für die Haftverlängerung schriftlich formulieren und dem Richter zur Kenntnis bringen.

Ferner muß in Fällen, in denen ein Richter bei Minderjährigen eine Haftanordnung auf fünfzehn oder dreißig Tage ergehen lassen kann, eine solche Haft auf zehn oder zwanzig Tage beschränkt werden.

Es ist klar, daß diese Bestimmungen für die Bedeutung sprechen, die man der Polizeihaft besonders bei Jugendlichen beimißt.

2. Haft zum Zwecke psychologischer Untersuchungen

In Israel fordert ein Bewährungshelfer sehr selten nach dem Schuldspruch eine Inhaftierung zum Zwecke einer psychologischen oder psychiatrischen Untersuchung. Dem Gericht ist es zu diesem Zeitpunkt darum zu tun, wie der Fall am besten erledigt werden kann. Zunächst glaubt man rechtfertigen zu können, daß ein Jugendlicher zu Untersuchungszwecken in Haft genommen wird, weshalb man einige Faktoren zu übersehen pflegt, die dennoch genau betrachtet werden müssen.

Die gesetzlichen Bestimmungen über eine Haftanordnung zu Untersuchungszwecken waren bisher ziemlich dürftig. Abschnitt 8 (7) der Jugendstrafrechtsordnung von 1937 sah vor, daß das Gericht sich über die Herkunft des jugendlichen Straftäters Informationen beschaffe. Es hieß in diesem Zusammenhang: „Zum Zwecke der Erlangung solcher Informationen oder um eine medizinische Untersuchung oder Beobachtung anzustellen, kann das Gericht den Straftäter von Zeit zu Zeit zur Bürgschaftsleistung wegen Haftverschonung veranlassen oder ihn in Untersuchungshaft schicken. Über die Dauer der Untersuchungshaft wird nichts ausgesagt. Richter am Jugendgericht in Israel ließen gewöhnlich eine Haftanordnung von sechs bis acht Wochen ergehen, ein Zeitraum, der für ausreichend angesehen wurde, die einschlägigen Untersuchungen und Beobachtungen abzuschließen. Es soll betont werden, daß es sich um eine Haft in einem besonderen Erziehungsheim handelt und in vielen Fällen eine fachkundige „Beobachtung" für ebenso wichtig gilt wie die Untersuchungen selbst. Aus dem Wortlaut dieses Paragraphen geht hervor, daß zur Erlangung dieser Spezialinformationen nicht unbedingt eine Haftanordnung notwendig war, daher die Formulierung „Bürgschaftsleistung wegen Haftverschonung oder Untersuchungshaft."

Das Jugendgesetz von 1971 regelt dieses Problem jetzt, indem es erklärt, daß ein Jugendgericht die Inhaftierung eines jugendlichen Straftäters in einem Haftzentrum auf eine Dauer von nicht mehr als 90 Tagen anordnen kann. Aber auf besonderen Antrag eines Bewährungshelfers oder des Beauftragten der Jugendamtsbehörde kann das Gericht eine Verlängerung von nicht mehr als einem Monat aussprechen. Man darf annehmen, daß, wenn ein solcher Antrag an das Gericht gestellt wird, es ausreichend begründet werden muß, warum die ursprüngliche Haftperiode für den Abschluß der Beobachtungen nicht ausreichte.

Andererseits können die oben genannten Personen, wenn es im Interesse des jugendlichen Straftäters liegt, jetzt auch beantragen eine Haftanordnung abzuändern, zu reduzieren oder zu annullieren. Ein jugendlicher Straftäter kann u. a. während einer solchen Periode zeitweilig der Aufsicht eines Bewährungshelfers unterstellt werden. Das kann in dem Fall praktische Folgen haben, in dem letztlich zu entscheiden ist, ob Bewährungshilfe in Anspruch genommen werden soll oder nicht.

Fälle, in denen eine Haftanordnung notwendig schien, lassen sich wie folgt zusammenfassen:

a) Jugendliche Straftäter, die dauernd von zu Hause fortlaufen und von einem Ort zum andern ziehen. Sie begehen nicht unbedingt sogleich viele oder ernsthafte Vergehen, aber sie können infolge ihrer Haltlosigkeit wirkliche Delinquenten werden. Sie melden sich selten beim Bewährungshelfer und daher kann für das Gericht kein Bericht angefertigt werden.

b) Es gibt Straftäter, die zu Hause leben und mit dem Bewährungshelfer bei dessen Vorbereitung des Berichts an das Jugendgericht nicht zusammenarbeiten. Sie trotzen versteckt oder offen jeder Art Autorität, der elterlichen eingeschlossen. Diese Gruppe macht wie die vorige Gruppe reichlich von Manipulationen Gebrauch, um alle Bemühungen zur Änderung ihres Verhaltens zu vereiteln. Sie sind unkooperativ und können, wenn überhaupt, nur mit Hilfe einer Anordnung des Gerichts zur Mitarbeit genötigt werden.

c) Es gibt noch andere Fälle, in denen das Jugendgericht ein vollständigeres Bild der Motivation und der Verhaltensmuster des jugendlichen Straftäters haben möchte. Sprach das inzwischen vorgelegte Material für die Unterbringung in einem Heim, so könnten doch weitere Beobachtungen und geeignete Untersuchungen bei der Entscheidung, welche Art der Unterbringung wünschenswert ist, von Nutzen sein.

d) Es gibt eine weitere Kategorie von Jugendlichen mit bestimmten emotionalen Problemen, deren Beobachtung und Untersuchung— meistens ohnehin schon der Fall — eine bessere Wahl der Unterbringungsart und auch bessere Behandlungsresultate ermöglichen würde.

Eine ernste Delinquentenkomponente unter jenen, die zwecks Untersuchungen und Klassifizierung inhaftiert wurden, erscheint in Tabelle 1. Man darf keinesfalls annehmen, daß sämtliche unten angeführten Vergehen ernster Art waren. Der Ausdruck „ernst“ schließt einen Bezug auf delinquente Verhaltensmuster und den Habitus der Persönlichkeit eines bestimmten Rechtsbrechers ein. Meiner Ansicht nach ist der Wiederholungscharakter des Delinquenzmusters entscheidend, selbst wenn das Vergehen nicht ernster Natur ist.

In Israel gibt es nur ein Erziehungsheim mit offener und geschlossener Abteilung, das notwendigerweise mehreren Zwecken dient. Das Jugendgericht schickt dorthin einen jugendlichen Straftäter auf eine bestimmte Zeit, damit notwendige psychologische und psychiatrische Untersuchungen angestellt werden. In diesen Fällen wird der Abschluß des Falles suspendiert. In anderen Fällen hat das Gericht bereits einen Beschluß zur Unterbringung gefaßt, aber die Unterbringung erfolgt über ein Haftzentrum, wo man meistens besser weiß, in welcher Art Heim ein solcher Junge Besserungsaussichten haben könnte.

In dieses Zentrum werden auch Jungen von anderen Erziehungsheimen für jugendliche Straftäter geschickt. Das geschieht für eine Dauer von nicht mehr als 15 Tagen, entweder zu Untersuchungszwecken oder zur Verwarnung, einfacher gesagt Bestrafung für inkorrektes Verhalten. (Siehe Abschnitt 31 (b) des Jugendgesetzes von 1971).

Unter den verschiedenen Gruppen, die sich aufgrund verschiedenartiger Anordnungen in diesem Haftzentrum befinden, sind auch Probanden, mit denen die Bewährungshilfe nicht zurechtkam. Der Bewährungshelfer kann bei Gericht eine Haftperiode zwecks Untersuchungen beantragen, um die verbleibende Bewährungsperiode im Einklang mit den Untersuchungsergebnissen zu planen. Durch eine solche Haftanordnung wird die Bewährungsanordnung an sich nicht aufgehoben.

Die Tabelle auf S. 307 gibt ein klares Bild der Situation in den Jahren 1964—1969.

TABELLE 1

Erziehungsheiminsassen in den Jahren 1964—1969[2]

Jahr	Haft zu Untersuchungszw. durch gerichtl. Anordnung	Übergangshaft bis zur Unterbringung	Haft i. d. Bewährungszeit[3]	Zeitw. Überweis. aus anderen Straferziehungsheimen	Kurzhaft statt Gefängnis	Schutz- u. Aufsichtsfälle zwecks Untersuch.	insgesamt Inhaftierungen	% der Inhaftierungen zwecks Untersuch. auf Grund gerichtl. Anordnung
1964	91	24	—	12	—	1	128	71.1
1965	96	24	—	5	7	5	137	70.0
1966	97	31	—	15	18	3	164	59.1
1967	85	27	42	34	15	2	205	41.4
1968	171	33	72	68	11	6	361	47.4
1969	176	41	91	66	21	5	400	44.0

Tabelle 1 zeigt klar, daß die Zahl der Insassen der geschlossenen Erziehungsanstalt (Detenierungszentrum) über die Jahre konstant anstieg. Das gilt für alle Insassen, ob sie nun auf Anordnung des Gerichts oder auf Grund administrativer Maßnahmen eingewiesen wurden. Das mag als Hinweis dafür gelten, daß die schwierigsten Fälle mangels anderer Alternativen und in der Hoffnung, neue Behandlungsmöglichkeiten könnten sich aufgrund psychologischer Untersuchungen auftun, in diese Anstalt geschickt wurden. Das läßt sich mit Sicherheit von jenen Jungen sagen, die zeitweilig von anderen Heimen zur weiteren Beobachtung eingewiesen wurden sowie für die Probanden. Jede der beiden Gruppen verdoppelte ihre Zahl innerhalb der zwei Jahre 1967—1969.

Eine ähnliche Zunahme erfolgte unter jenen, die vom Gericht zwecks Untersuchung in das Zentrum geschickt wurden. 1968 und 1969 betrug ihre Zahl etwa das Zweifache der früheren Jahre. Der Grund dafür war ein Verwaltungsarrangement zwischen den Richtern des Jugendgerichts und dem Direktor der Anstalt. In der damaligen Situation gab es nicht genügend freie Plätze in Anstalten für jugendliche Rechtsbrecher. Wir beschlossen daher eine strengere Klassifizierung einzuführen, wonach in jenen Fällen, in denen eine Unterbringungsanordnung angezeigt schien, zunächst eine Untersuchungsanordnung erging. Wir ahnten, daß in manchen Fällen eine längere Unterbringung nicht mehr angebracht sein würde. Eine andere Erwägung lag darin, daß es nutzlos sein würde fernerhin unter großen Kosten Heime zu errichten, ohne eine Gewähr für die erwünschten Resultate bieten zu können. Wir hatten bis dahin bereits zwei auffällige Kriterien beobachtet:

1. Viele, die infolge eines Vergehens vom Gericht zu Anstaltsunterbringung verurteilt wurden, konnten kaum als wirklich schwere Delinquenten klassifiziert werden, sondern waren ernstlich unterprivilegierte Jugendliche, die keine Chance einer „normalen" Erziehung hatten, wenn sie in ihrer natürlichen Umgebung verblieben.

2. Die Zahl der Rückfallstäter stieg jährlich und diese Tatsache ließ sich nicht als eine Unvermeidlichkeit betrachten, die mit Unterbringungsanordnungen in keinem Zusammenhang stand.

Der Fall des dreizehnjährigen E. A. kann das Gesagte illustrieren.

E. A. kam vor das Jugendgericht wegen dreier Vergehen, die er mit noch zwei Freunden verübt hatte. Aus dem Bericht des Bewährungshelfers ging hervor, daß seine Eltern sorgfältig auf seine Fortschritte in der Schule achten und er schwer geschlagen wird, wenn er sich nicht anständig benimmt. Er lernt gut, hat aber eine Neigung zum Streunen und zur Delinquenz. Alles wies darauf hin, daß er der Führung und Aufsicht eines Bewährungshelfers bedürfe, um sowohl ihm als auch seinen Eltern zu helfen.

---

[2] Siehe REIFEN und ROSENZWEIG in: Juvenile Offenders — Background and Milieu, veröffentl. Ministery of Social Welfare, Jerusalem 1971, S. 14.

[3] Bis 1967 keine Registrierung dieser Fälle.

E. A. befand sich etwa fünf Monate unter Bewährungsaufsicht, als sich der Bewährungshelfer an das Gericht wandte und mir mitteilte: „Der Junge ist völlig undiszipliniert. Er kooperiert nicht. Er untergräbt jeden Versuch zu seiner Resozialisierung. Er läßt keine Autorität gelten. Er ist zu keiner Besserung seines Verhaltens zu bewegen."

Nachdem sich der Zustand des Jungen seit seiner Bewährungszeit verschlechtert hatte, schickte ich ihn auf sechs Wochen in eine Anstalt zwecks Untersuchung und Beobachtung. Während dieser Zeit manifestierten sich ziemlich viele Schwierigkeiten, die hauptsächlich mit der Umgebung verknüpft waren, in der der Junge lebte, demgegenüber zeigten sich Kräfte in ihm, die sich unter gewissen Bedingungen entwickeln ließen.

Der Anstaltsdirektor schreibt in seinem Gutachten aufgrund der psychologischen Untersuchungen und Beobachtung:

„Wir haben einen vierzehnjährigen Jungen vor uns, der schon zu Beginn seines Schulunterrichts Verhaltensprobleme darbot. Diese Probleme verschlimmerten sich zusehends und dabei traten auch mit dem Einsatz der Pubertät seelische Nöte auf. Das Niveau des Jungen ist ziemlich niedrig und es ist an ihm eine gewisse Stumpfheit wahrzunehmen. Er ist mehr manuell als geistig begabt.

In unserem Heim verhielt sich der Junge mehr oder weniger ordentlich und wir glaubten daher, daß es wünschenswert sei, ihn außer Haus unterzubringen, zumal wir bezüglich der schädlichen Umgebung Befürchtungen hegen. Aber einerseits gibt es heute keine für Jungen dieses Alters und in solcher Situation geeignete Anstalt, und andererseits wollen sowohl Kind wie Vater einen weiteren Versuch im Rahmen der Familie machen. Im Hinblick auf das Gesagte und unter Berücksichtigung der Ansicht des Bewährungshelfers, der an der Schlußbesprechung teilnahm, schlagen wir eine Vertagung des Prozesses auf zwei Monate vor. Während dieser Zeit wird der Junge von 8.00—16.00 Uhr unser Heim aufsuchen, um in unserer Schlosserei zu arbeiten, wo er die Grundlagen einer Ausbildung erwerben kann. Sollte dieser Versuch scheitern, müßte er außerhäuslich untergebracht werden."

Es herrscht weithin die Ansicht, daß jeder jugendliche Straftäter psychiatrisch oder wenigstens psychologisch untersucht werden sollte. Diese Meinung beruht auf der Annahme, die besonders in den dreißiger Jahren des Jahrhunderts in einigen Ländern verbreitet war, daß dem Vergehen hauptsächlich seelische Probleme zugrunde liegen. Seither wurde klar, daß seelische Probleme unter den Faktoren der Delinquenz keine Hauptrolle spielen, sondern daß selbst in jenen Fällen, in denen die seelische Verursachung festgestellt ist, eine psychologisch-psychiatrische Behandlung nicht sehr aussichtsreich ist. Darin findet sich die Erklärung der Tatsache, daß auch in jenen Fällen, in denen Psychologen und Psychiater eine gewisse therapeutische Behandlung vorschlugen, ihr Vorschlag in den meisten Fällen eine reine Empfehlung bleibt, die sich nicht verwirklichen läßt.

Meiner Ansicht nach ist kein Raum für die Meinung, daß bei jedem jugendlichen Straftäter eine psychologische oder gar psychiatrische Untersuchung angestellt werden muß. Viele Fachleute, die sich in Delinquenzproblemen spezialisierten, stellten fest, daß die mit den Untersuchungen verbundene Geldinvestition die tatsächlich erzielten Ergebnisse nicht rechtfertigen. Außerdem gibt es gar keinen Platz für die Untersuchung aller jener, die das Gericht in Heimen untergebracht wissen will. Von ihnen sagte ich bereits, daß es soziale und erzieherische Umstände des Jugendlichen sind, die die Heimunterbringung erforderlich machen und hier hat eine psychologische Untersuchung vor der Heimeinweisung keinen besonderen Wert. Eine solche Untersuchung kann die Lebensbedingungen, unter denen der jugendliche Straftäter lebt, überhaupt nicht ändern. Hier ist der gesunde Menschenverstand des Richters, der sich mit seinem Material gut auskennt, für die richtige Entscheidung wichtiger. Unter anderem kann der Richter auch eine Anstaltsuntersuchung empfehlen.

Andererseits ist es vollauf angebracht in allen jenen Fällen psychologisch-psychiatrische Untersuchungen vorzunehmen, in denen sie der Behandlung jugendlicher Straftäter auf die eine oder andere Weise zugute kommen, z. B. bei der Feststellung des Intelligenzquotienten, dem Verstehen der Beweggründe für das kriminelle Verhalten, der Spezifizierung von möglichen Behandlungsmaßnahmen etc. Diese Spezialisten können auch die Arbeit der Erzieher, sowohl in der Anstalt als auch außerhalb ihrer durch ihre wertvollen Beiträge bereichern. Die Erfahrung hat uns zweifelsfrei bewiesen, daß diagnostische Fachdienste, wenn die Vorschläge nicht in der Praxis verwirklicht werden können, keinen großen Wert haben. Auch ist für die Kriminologie und besonders die Jugendkriminologie wenig gewonnen, wenn diese Fachleute nicht in den Problemen der Jugendkriminalität versiert sind. Das Potential der diagnostischen Dienste wird sich nur erhöhen, wenn die Pflegedienste vorhanden sind, die die Empfehlungen in die Praxis umsetzen können.

Ein besonderes Problem von großer Bedeutung, das bei einer Untersuchungsanstalt zum Unterschied von einer Erziehungsanstalt auftritt besteht darin, daß die wichtigste Grundlage einer Erziehungsanstalt gleich welcher Art, die Herstellung einer starken persönlichen Beziehung zwischen dem Lehrer oder Erzieher und dem Zögling voraussetzt. Die emotionale Beziehung zwischen dem Erzieher und dem Zögling schafft die Bedingungen für eine revidierte Erziehung, Resozialisierung, Heilung etc. Das ist zwar ein langfristiger und weitgespannter Prozeß, aber oft garantiert die langsame Entwicklung die erforderliche Beständigkeit, die günstige Ergebnisse in der Zukunft verheißt.

Demgegenüber ist die Untersuchungsanstalt kurzfristiger Natur. Die Untersuchungs- und Beobachtungsperioden sind sehr begrenzt. Aus Gründen elementarer Gerechtigkeit ist es zwar wünschenswert die Untersuchungsperioden auf eine annehmbare Zeitdauer zu beschränken, denn wenn sie zu lange ist, kann das zur Urteilsverschleppung führen. Außerdem ist es auch aus Gründen der Erziehung und Resozialisierung des jungen Straftäters notwendig die Untersuchungsdauer zu begrenzen. In gewisser Hinsicht muß man es vermeiden zu intensive Beziehungen zu dem Jugendlichen herzustellen, damit seine Gewöhnung an Lehrer und Erzieher und die verschiedenen Umstände nicht seine Eingewöhnung in eine andere Anstalt erschweren, falls man ihn anderswo unterbringen muß. Die Stetigkeit oder die Unstetigkeit der interpersonellen Beziehungen des jugendlichen Straftäters zu seinen Mitmenschen und hauptsächlich zu einer Autoritätsfigur ist von entscheidender Bedeutung. Wenn sich mehr oder weniger feste Bindungen einstellen und damit Anzeichen einer Stabilisierung, kann man hoffen, daß sich der Straftäter delinquenter Handlungen enthält. Wenn nun eine solche Situation geschaffen wurde und der Jugendliche auf eine längere Erziehungsperiode in eine andere Anstalt geschickt werden muß, ist zu befürchten, daß er wiederum den Boden unter seinen Füßen verliert und sich seine Schwierigkeiten nur vergrößern werden.

Es ist plausibel, daß die Untersuchungsanstalt infolge ihrer besonderen Struktur und andersartigen Grundbedingungen bei vielen Jugendlichen beliebter als die gewöhnliche Erziehungsanstalt ist. Wir meinen natürlich jugendliche Straftäter, deren gemeinsames persönliches Problem auf der emotionalen Ebene liegt. Wenn es ihnen während der Untersuchungsperiode nicht gelingt bestimmte emotionale Beziehungen herzustellen, werden die Untersuchungen gewisse Mängel aufweisen. Um zu wissen, was in dem jugendlichen Straftäter vorgeht, müssen bestimmte persönliche Beziehungen gegeben sein. Es ist zu bedenken, daß sich der jugendliche Straftäter in der Untersuchungsanstalt bemüht, einen günstigen Eindruck zu erwecken, um so die an das Gericht gehenden Empfehlungen zu beeinflussen. Manche meinen, daß das reine Prätension ist, die sich nicht lange aufrecht erhalten lassen wird. Eine auf 6—8 Wochen begrenzte Beobachtungsperiode ermöglicht es im allgemeinen solche Vorspiegelungen zu durchschauen.

Ein kurzer Ausschnitt aus dem Leben eines Kindes soll das Gesagte erhellen.

A. L. wurde mit 11 Jahren wegen Diebstahls vor Gericht gebracht. Seinen Worten nach ging er in die vierte Volksschulklasse. Als ich ihn fragte, ob er im Unterricht vorankomme, erwiderte er, daß alles „in Ordnung" sei, ohne sonst etwas hinzuzufügen. Nach einiger Zeit kam er wegen eines weiteren Vergehens wieder vor Gericht. Aus dem Bericht des Bewährungshelfers und von dem Jungen selbst war mir die gespannte Lage zwischen A. L. und seinem Lehrer bekannt, infolge derer er immer seltener zur Schule ging. Das verstärkte nur noch die Spannung zwischen Lehrer und Eltern einerseits und Kind und Lehrer sowie Eltern andererseits. Als er vor Gericht erschien, machte er einen aufgeweckten und verständigen Eindruck, obgleich zurückhaltend und niedergedrückt. Um ihn besser kennenzulernen, wurde er aufgrund einer zeitweiligen Anordnung in eine Anstalt zwecks Untersuchungen und Beobachtung geschickt. Hier folgt nun ein Teil des Anstaltsberichts, der nach Abschluß der Beobachtungsperiode vorgelegt wurde und einige wichtige Punkte unseres Themas hervorhebt.

„Auf dem Gebiet des Unterrichts bietet Aaron das lehrreiche Beispiel eines Jungen, der ein paar Schulklassen in der Stadt absolviert hat und seinen Namen nicht schreiben kann. Zu uns kam er voller Widerspruch gegen die Schule im allgemeinen und die Klasse im besonderen. In der Untersuchung stellte sich heraus, daß der Junge im Rahmen der Schule Enttäuschungen erlebt hatte. Er blieb in einigen Fächern zurück und erhielt weder vom Lehrer noch von zuhause Hilfe. In Anbetracht der Tatsachen, daß er sich zuhause in einer recht schwierigen Lage befand, fiel es uns am Anfang nicht leicht, sein Intelligenzniveau und seinen Kenntnisstand festzustellen, da der Junge fast jede Mitarbeit verweigerte. Im Laufe der Zeit fügte er sich jedoch in die Klasse ein, knüpfte enge Beziehungen zum Lehrer an und schien sich einzugewöhnen, Fortschritte zu machen und uns positiv zu überraschen. Er war mit jedem Tag eifriger beim Unterricht dabei, lernte die Buchstaben zu unterscheiden und sie zu Sätzen zu verbinden, hing aufmerksam an den Lippen des Lehrers und bat darum, in der ersten Bankreihe sitzen zu dürfen, was geschah. Der Junge bewies eine erstaunliche Fähigkeit und einen starken Willen, eine seltene Beobachtung in einem Fall dieser Art. Seine Auffassungsgabe ist als normal anzusehen, nur daß er eben in den vergangenen Jahren nichts gelernt hatte und sich Lücken in seinen Kenntnissen befanden. Angesichts der neuen und ermutigenden Lage, beschloß ich, dem Jungen Nachhilfeunterricht erteilen zu lassen. Das Tempo seines Fortschritts ist unermeßlich. Im Rechnen beherrscht er nun schriftlich wie mündlich die Addition und Substraktion. Im Hebräischen hat er zu schreiben begonnen, das Lesen bereitet ihm noch leichte Schwierigkeiten. Die Handschrift ist klar, schön und ordentlich. In den übrigen Fächern, Bibelkunde, Naturlehre sowie den übrigen Fächern, zeigt er ernste Aufmerksamkeit und rege Beteiligung. All das läßt Riesenfortschritte erkennen, die ihre Quelle darin haben, daß man ihm die rechte Aufmerksamkeit widmete, ihn ermutigte, und seine Schwierigkeiten zu verstehen bemüht war. Was die Zukunft betrifft, so wird der Junge, falls man ihm ermöglicht, den Privatunterricht fortzusetzen und ihm dabei die nötige Aufmerksamkeit widmet, ohne Zweifel ordentliche Leistungen erzielen.

Es ist interessant festzustellen, was in vielen Fällen bei verschiedenen Jungen zu beobachten ist; daß die Sicherheit, die sie im Unterricht gewinnen und die Fortschritte, die sie machen, Zug um Zug mit ihrer Einstellung zur Arbeit erfolgen. Im obigen Fall konnten wir ebenfalls diese Beobachtung machen. Der Junge begann in der selben Zeit mit Energie zu arbeiten, als er in der Schule den Durchbruch geschafft hatte.

In der landwirtschaftlichen Arbeitsgruppe, der er zugeteilt wurde, gibt es keine Schwierigkeiten, er tut seine Arbeit gern und beteiligte sich rege am Pflanzen und Säen. In der Werkstätte fertigt er schöne Holzarbeiten an und er kann auch mit Nylongespinsten und anderen Materialien gut umgehen."

Unter den übrigen interessanten Wandlungen, die hier aufgrund des Untersuchungsgewahrsams offenbar wurden, tritt besonders die Wandlung im Verhalten des Jugendlichen, aber auch seiner Eltern, hervor. Wie schon angedeutet, handelt es sich hier um besonders schwere Fälle und, hätte das Gericht nicht die Möglichkeit Untersuchungen anzuordnen, würde es in den meisten Fällen Heimunterbringung anordnen. Jetzt sind wir Zeugen eines Reorientierungsprozesses, auf den Erziehungs- und Behandlungsmaßnahmen folgen, die früher aussichtslos erschienen wären.

TABELLE 2

Haftanordnungen zwecks Untersuchungen verglichen mit Gesamtzahl der Schuldiggesprochenen und zur Anstaltsunterbringung Verurteilten 1964—1969

		1965	1966	1967[4]	1968	1969
Gesamtzahl der vom Jugendgericht Schuldiggesprochenen[5]	5391	5616	5740	3861	4623	5125
Unterbringungsanordnung ausgesprochen[6]	542	573	406	271	390	337
% aller Entscheidungen	10.0	10.2	7.1	7.0	8.4	6.5
Gesamtzahl der zwecks Untersuchungen von Gericht verfügten Inhaftierungen[7]	91	96	97	85	171	176
% der Gesamtzahl der Schuldiggesprochenen	1.7	1.7	1.7	2.2	3.7	3.4

Was die Unterbringungsanordnungen betrifft, die in Tabelle 2 erwähnt werden, so sei daran erinnert, daß nur die erste Unterbringungsanordnung registriert ist, obgleich gegen denselben Jungen während derselben Periode für andere Vergehen zusätzliche Unterbringungsanordnungen ergangen sein mögen. Von prinzipieller Natur ist die Frage, ob es unterschiedliche Be-

[4] Ab 1967 erließen die Gerichte im Zuge einer neuen Politik mehr Besserungshaftanordnungen ergehen.

[5] Zahlen aus: Juvenile Delinquency 1969, S. 5, veröffentl. vom Central Bureau of Statistics, Special Series Nr. 370, Jerusalem 1971.

[6] Zahlen von: Youth Authority, Ministry of Social Welfare.

[7] Zahlen von: Besserungsanstalt.

weggründe für die Unterbringung in derselben Besserungsanstalt gibt oder nicht. In diesem Zusammenhang muß u. a. auch der Raumfaktor, die Möglichkeit der Unterbringung verschiedenartiger Gruppen, der Komplex sozialer und erzieherischer Aktivitäten, ebenfalls in Betracht gezogen werden. Es würde jedoch über den Rahmen dieses Kapitels hinausgehen, wollten wir diese Dinge hier behandeln.

Tabelle 3 vermittelt das Bild von Vergehen, die von den Insassen der Untersuchungsanstalt während der Jahre 1964—1968 verübt und von der Polizei meistens aufgrund der Aussagen der betroffenen jugendlichen Straftäter registriert wurden.

TABELLE 3

Anzahl verübter Vergehen laut polizeil. Registrierung 1964—1968

Zahl der Vergehen	Bis 5	6-10	11-15	16-20	21-30	31-50	51 und mehr	nicht bekannt	Insgesamt
Zahl der Straftäter 1964	35	34	16	10	14	10	7	2	128
in %	27.3	26.5	12.5	10.8	8.0	8.0	5.4	1.5	100
Zahl der Straftäter 1965	51	26	15	13	11	10	4	7	137
in %	37.4	18.9	11.0	9.5	8.0	7.0	3.0	5.1	100
Zahl der Straftäter 1966	58	35	19	10	17	17	4	4	164
in %	35.5	21.4	11.6	6.1	10.3	10.3	2.4	2.4	100
Zahl der Straftäter 1967	32	44	27	19	35	22	16	10	205
in %	4.9	7.8	10.8	17.1	9.3	13.0	21.5	15.6	100
Zahl der Straftäter 1968	97	82	59	37	36	31	13	6	361
in %	26.8	22.7	16.3	10.2	10.0	8.6	3.7	1.7	100

Die Entfernung von der Familie aufgrund einer gerichtlichen Anordnung kann verschiedene Arten der Unterbringung bedeuten, entscheidend ist bei allen die Tatsache der außerhäuslichen Unterbringung. Man muß jedoch einen Unterschied zwischen einer Unterbringungsanordnung machen, die gewöhnlich auf eine verhältnismäßig lange Zeit ergeht und einer Haftanordnung zwecks Untersuchung. Letztere ermangelt nicht der Gefahren für den jugendlichen Rechtsbrecher und diese Maßnahme sollte nur nach sorgfältiger Erwägung der Gegebenheiten jedes einzelnen Falles ergriffen werden. Aus diesem Grund sehen wir in Israel davon ab, jugendliche Rechtsbrecher auch nur kurze Zeit zu inhaftieren, außer wenn es unumgänglich ist (siehe Tabelle 2). Wir glauben, daß selbst eine kurze Haftzeit, weitreichende Folgen haben kann. Wir haben es uns daher in Israel zur Praxis gemacht, daß jugendliche Rechtsbrecher, die einer psychologischen oder psychiatrischen Untersuchung bedürfen, ambulant untersucht werden. Die Untersuchung kann in einer der bestehenden Erziehungsberatungskliniken, im Ambulatorium eines Krankenhauses, oder auch von einem Spezialisten in dessen Privatsprechstunde gegen Honorar durchgeführt werden. Der Bewährungshelfer kann sich der Hilfe eines solchen Spezialisten bei der Anfertigung seines Gerichtsberichtes bedienen, wenn es notwendig ist, oder er kann vom Gericht aufgefordert werden, eine solche Untersuchung vornehmen zu lassen. Es ist meiner Ansicht nach dabei wichtig, daß der Bewährungshelfer diese Dinge in die Hand nimmt. Es ist anzunehmen, daß er dem Straftäter und seiner Familie bekannt ist und er sogar während der Zeit, in der er seinen Gerichtsbericht anfertigte, eine gewisse Beziehung zu ihnen hergestellt hat. Dieser Umstand trägt dazu bei, den jugendlichen Straftäter und seine Eltern emotional auf die Untersuchung vorzubereiten. Psychologische oder psychiatrische Untersuchungen rufen große Befürchtungen hervor, weshalb die Vorbereitung ein sehr relevanter Faktor sein kann. Ich bin davon überzeugt, daß diese Untersuchungen nicht nur weniger kostspielig, sondern auch zuverlässiger sind, wenn sie in der natürlichen Umgebung des Straftäters durchgeführt werden, als in einem Untersuchungszentrum oder einer geschlossenen Anstalt.

Eine der großen Plusseiten dieser Methode ist, daß sie eine unerwünschte Verbindung zwischen Gelegenheitsstraftätern und erfahrenen Delinquenten verhütet, deren Einfluß unter den in einer Besserungsanstalt herrschenden Umständen, auf die Förderung delinquenter Verhaltensmuster groß ist. Die Verhältnisse in solchen Fällen sind an sich schon geeignet, Angstzustände, Ressentiment und emotionale Unsicherheit zu erzeugen. Infolgedessen kann es zu aggressiven Abreaktionen kommen. In solchen Situationen werden unerwünschte Verbindungen mit gewiefteren Straftätern gestiftet und für viele setzt damit die kriminelle Laufbahn ein.

Man kann kategorisch erklären, daß jeder Schritt, der dem jugendlichen Straftäter emotionale Erschütterungen, besonders bei unerfahrenen Straftätern erspart, geradezu ein Beitrag zur Prophylaxe ist. Es stimmt, es gibt jugendliche Straftäter, die zeitweilig aus ihrer Umgebung zwecks Durchführung der Untersuchung entfernt werden müssen. Aber es ist riskant, mit der Inhaftierung wahllos zu verfahren. Die zeitweilige Detention muß vielmehr, zu welchem Zweck auch immer, äußerst selektiv angewandt werden, da das Risiko einer weiteren Kriminalisierung groß ist (siehe Tabelle 1).

Wir müssen noch den fundamentalen Unterschied zwischen einer gerichtspsychiatrischen Untersuchung für Erwachsene und Jugendliche bedenken. Was die Erwachsenen betrifft, so wird eine solche Untersuchung in den meisten Fällen zu dem Zweck verlangt, um festzustellen, ob der Angeklagte für seine Tat verantwortlich gemacht werden kann. Hier geht es um ernstere Dinge: Mord, Totschlag, Notzüchtigung, Raub, etc. Mit anderen Worten, es geht um Vergehen, die vom Gesetz schwer bestraft werden.

Beim Jugendgericht ist der Grund für solche Untersuchungen in den meisten Fällen ein ganz anderer. Hier geht es um solche Fragen, wie: a) Was sind die Beweggründe des delinquenten Verhaltensmusters? b) In welchem Umfang besteht eine Verhaltensstörung? c) In welchem Umfang kann das delinquente Verhalten auf ein reaktives Muster, Familie, Schule, Freunde, etc. zurückgeführt werden? d) Was kann getan werden, um den jugendlichen Straftäter umzuerziehen und zu resozialisieren?

Mit anderen Worten, bei Erwachsenen reduziert sich das Problem auf den engen Aspekt der Verantwortung und Bestrafung, während es bei Jugendlichen um Vorfeldfragen der Resozialisation geht. Vielerorts ist es daher Praxis geworden, daß Psychiater an der Ausbildung jener mitwirken, die sich mit der Resozialisation jugendlicher Straftäter befassen. Es scheint jedoch, daß es schwieriger ist, Behandlungseinrichtungen zu schaffen.

Unsere Erfahrung hat im Laufe der Jahre klar gezeigt, daß es in den Fällen, in denen Untersuchungen die Notwendigkeit einer psychotherapeutischen Behandlung ergaben, eine derartige Behandlung für jugendliche Straftäter nicht zu Gebote stand. Das gilt auch für jene, die sich in einer der Erziehungsanstalten befanden oder Bewährungshilfe oder andere Fürsorgemaßnahmen beanspruchen konnten. Es ist das ein beklagenswerter Zustand, der offensichtlich zu zwei Reaktionen führt. Man steht der Tatsache gegenüber, daß es eine Sache ist, psychologische und psychiatrische Dienste zu diagnostischen Zwecken zu beanspruchen und eine ganz andere, wenn es sich um die Behandlung selbst handelt. Diese Tatsache führt an sich mit Notwendigkeit zu einem gewissen Ressentiment und Ohnmachtsgefühl, besonders wenn der Fachmann die Behandlung immer wieder empfiehlt, sie aber nicht durchgeführt werden kann. Die geschlossene Anstalt soll die Sicherheitsmaßnahmen bieten, die ein Entweichen unmöglich machen. Das gilt für jene jugendlichen Straftäter, die auf Anordnung des Gerichts dorthin geschickt werden und deren Fall vom Gericht erst aufgrund des Berichts entschieden werden wird. Es gilt aber auch für alle anderen Gruppen, die dort festgehalten werden, das heißt jene, die auf ihre Unterbringung warten, sind rechtlich gesprochen in Haft, weil das Gericht bereits eine endgültige Unterbringungsanordnung getroffen hat. Dasselbe gilt auch für die hier aus anderen Anstalten für jugendliche Straftäter Eingewiesenen. Dennoch ist die Beobachtungsanstalt eine offene Anstalt mit geringen Sicherheitsmöglichkeiten. Es gibt einen Sicherheitsflügel für die Neuankömmlinge während der ersten zwei Wochen und außerdem noch einen halbwegs gesicherten Flügel, in dem die Räume nachts abgeschlossen werden. Wo immer sich auch die Jungen befinden, die Gelegenheit zu entweichen ist reichlich vorhanden. Das allgemeine soziale Klima ist permissiver Natur. Jeder Junge erhält zum Beispiel nach einer gewissen Zeit, über das Wochenende die Erlaubnis, sein Elternhaus aufzusuchen. Dieses Arrangement wurde vom Direktor der Beobachtungsanstalt aus Erziehungsgründen getroffen und kann sich nicht auf eine amtliche gerichtliche Anordnung stützen, obgleich dem Gericht das Arrangement bekannt ist. Es muß nicht gesagt werden, daß die Situation ungemütlich wird, wenn ein Junge zum für seinen Prozeß angesetzten Tag nicht bei Gericht erscheint, weil er aus der Beobachtungsanstalt entwichen ist und so, kurz vor der Verhandlung, sein delinquentes Verhalten fortsetzt, da er, ganz abgesehen vom Tatbestand der Flucht, der ja selbst wieder ein Vergehen darstellen kann, mitunter in der neuen Freiheit weitere Vergehen verübt. Man möchte meinen, daß Angst und Trotz und ein Verlangen nach einem bereits eingefahrenem, abseitigem Verhaltensmuster, solche Eskapaden erklären könnten. Und das angesichts der Tatsache, daß viele von ihnen durchaus wissen, daß ihnen das Fortlaufen übel bekommt. Wir haben im Laufe vieler Jahre die Erfahrung gemacht, daß eigentlich nur wenige Jugendliche entweichen, daß hingegen Wochenendurlaube oft zu einem besseren Einvernehmen mit dem Personal der Beobachtungsanstalt führen. Die Beobachtungsanstalt nimmt außer in der Urlaubsfrage, auch gegenüber Eltern- und Verwandtenbesuche, eine sehr freizügige Haltung ein. Dennoch mögen die Fluchtgründe tiefer wurzeln als es den Anschein hat. Eine erste vordergründige Untersuchung dieses Problems zeigte in der Tat, daß die Flucht für die Jungen doch eine tiefere Bedeutung haben könnte. In der Tabelle 4 auf S. 317 wird auf möglicherweise beteiligte Faktoren hingewiesen.

Der Tabelle 4 ist zu entnehmen, daß nur ein kleiner Prozentsatz von Jungen niemals von zuhause oder von der Schule oder von den Anstalten fortlief, in die sie von den Sozialämtern oder auf Anordnung des Gerichts geschickt worden waren. Angesichts dieses Befundes, konnte nicht erwartet werden, daß das Davonlaufen aus Heimen oder von Pflegefamilien automatisch aufhören würde. Bei jenen, die immer wieder durchbrennen, mag es sich um eine tiefsitzende Persönlichkeitsstörung handeln, weshalb man die Flucht nicht als etwas Untergeordnetes behandeln darf. Was die Beobachtungsanstalt betrifft, glaubt man weithin, daß erstklassige Sicherheitsvorkehrungen die beste Lösung gegen das Durchbrennen sind. Das mag während der Aufenthaltsdauer in der Beobachtungsanstalt auch der Fall sein. Doch darf als sicher gelten, daß man damit keinen Beitrag zur Beurteilung eines Resozialisierungsprozesses leistet. Das wäre, nebenbei gesagt, ein weiterer triftiger Grund, bei der Anstaltsunterbringung selektiver zu verfahren als es noch vielerorts geschieht.

Hier darf Interesse beanspruchen, was das Haftzentrum dem Gericht empfahl und in welchem Umfang die jeweils getroffene Entscheidung mit der Empfehlung übereinstimmte. Wir haben vier Erledigungsarten herausgegriffen, weil sie die häufigsten sind und sowohl für den jugendlichen Straftäter als auch die Gesellschaft von besonderer Bedeutung sind.

TABELLE 4

Fluchtverhalten der Insassen der Besserungsanstalt
1966—1968[8]*

Jahr	Von zuhause	Aus der Schule	Aus einem Heim	Zuhause und Schule	Zuhause Schule und Heim	Niemals entwichen	Gesamtzahl der Insassen
1966	51	78	39	47	23	39	164
1967	88	159	59	85	37	32	205
1968	126	291	92	118	34	44	361
Entweichungen insgesamt	265	528	190	250	94	115	730
in %	36.3	72.3	26.0	34.2	13.0	15.7	

TABELLE 5

Korrelation zwischen Empfehlungen des Detenierungszentrums
und Gerichtsentscheidung in den Jahren 1964—68

Jahr		Bewährung	Erz.heim	Gefängn.	Hospitalisierung[9]	Verschiedenes
1964	Empfehlung	48.9%	31.5%	4.3%	4.2%	11.2%
	Gerichtsentscheid.	51.1%	33.6%	6.5%	2.1%	6.7%
1965	Empfehlung	56.4%	31.7%	—	1.0%	10.9%
	Gerichtsentscheid.	54.4%	33.7%	5.0%	1.0%	5.9%
1966	Empfehlung	64.0%	23.0%	—	1.0%	12.0%
	Gerichtsentscheid.	53.0%	24.0%	1.0%	1.0%	21.0%
1967	Empfehlung	43.4%	45.0%	2.3%	—	9.3%
	Gerichtsentscheid.	46.5%	38.9%	3.1%	0.8%	10.7%
1968	Empfehlung	44.2%	48.0%	—	1.6%	6.2%
	Gerichtsentscheid.	47.0%	43.8%	—	1.6%	7.6%

[8] Viele der Jungen liefen von mehreren Plätzen davon.

* Siehe Reifen, D. und Rosenzweig Z., in: Juvenile Offenders — Background and Milieu. Hrsg. Ministry of Social Welfare, Jerusalem 1971, S. 36 (Hebräisch).

[9] Treatment of Mentally Sick Persons Law 1955, Laws of the State of Israel, Bd. 9, S. 132.

Wie sich aus den Zahlen von Tabelle 5 ergibt, besteht ein erheblicher Grad der Einstimmigkeit zwischen den Vorschlägen des Haftzentrums und den von den Richtern am Jugendgericht gefällten Entscheidungen. Die Diskrepanz ist auf die Tatsache zurückzuführen, daß die letzte Verantwortung auf dem Gericht ruht, das individuelle und öffentliche Interessen wahrnehmen muß.

Es bedarf noch einer kurzen Erläuterung. a) Unter Bewährung fallen drei verschiedene Typen: eine übliche Bewährungsanordnung; eine Bewährungsanordnung, die den Wohnsitz vorschreibt und eine Bewährungsperiode, die versuchsweise gilt, ohne eigentliche Anordnung von Bewährung. b) die gerichtliche Anordnung gilt für eine festgesetzte Periode, aber die Unterbringung wird von der Jugendamtsbehörde vorgenommen. c) In den meisten Fällen war die Gefängnishaft von kurzer Dauer, sozusagen eine lezte Warnung. In allen Fällen handelte es sich um Rückfalltäter. d) Hospitalisierung bedeutete in allen Fällen den Aufenthalt in einer Psychiatrischen Klinik[10], obgleich manche Jugendliche dort nur zeitweilig zum Zwecke einer endgültigen Diagnose und Wahl eines Unterbringungsortes geschickt wurden.

Wenn wir nun die oben aufgeführten Daten zusammenfassen, so soll dabei auf einige Hauptpunkte hingewiesen werden:

1. Es ist eine charakteristische Tatsache, daß Heimunterbringungen, die von den Jugendgerichten angeordnet wurden, ab 1965 allmählich abnahmen. Während in diesem Jahr noch 10,2 % aller Urteilsentscheidungen der Jugendgerichte, Heimunterbringung betrafen, ging der Prozentsatz 1969 auf 6,5 zurück. Mit dieser Tatsache steht unmittelbar die neue Linie im Zusammenhang, die 1966 einsetzte, wonach es die Jugendgerichte vorziehen, in vielen Fällen vor einer Heimunterbringung eine Anordnung zur Untersuchung und Beobachtung ergehen zu lassen. Tatsächlich sehen wir, daß ab 1965 der Prozentsatz der Entscheidungen, die Untersuchungen und Beobachtungen anordnen, allmählich anstieg. Betrug er im Jahre 1966 von allen Urteilsentscheidungen 1,7, so stieg er 1969 auf 3,4 (Tabelle 2).

2. Jene jugendlichen Rechtsbrecher, die in den Jahren 1964—1968 in der Untersuchungsanstalt untersucht und beobachtet wurden und von denen aufgrund des dem Gericht vorliegenden Materials anzunehmen war, daß in jedem Fall Heimunterbringung angebracht wäre, wurden praktisch nur zum Teil zu Heimunterbringung verurteilt. Es stellte sich heraus, daß das Jugendgericht in weit weniger als 50 % der Fälle Anordnung zur außerhäuslichen Unterbringung ergehen ließ. Nur wenn wir Heimunterbringungsanordnungen mit den Aufsichtsanordnungen über den Wohnort kombinieren, gelangen wir etwa auf 50 %. Den beiden Kategorien der Anordnung gemeinsam ist die Entfernuug aus dem Elternhaus und die Überführung an einen anderen Ort, in eine staatliche Anstalt, zu Pflegeeltern oder anderswo und unter Aufsicht des Bewährungshelfers (siehe Tabelle 5). Bei einer Anzahl hinzukommender Fälle, bestand die Notwendigkeit, nach einiger Zeit

[10] Ibid., S. 45, Tabelle 11.

eine Anordnung im oben genannten Sinn ergehen zu lassen, aber der Tatsache, daß man im Rahmen der Familie doch noch einen Resozialisierungsversuch gemacht hat, kommt keine zu vernachlässigende soziale und erzieherische Bedeutung zu.

3. In dem oben genannten Phänomen läßt sich ein Beweis für die Ansicht finden, daß sich auf dem Jugendgericht viele dem Auge nicht sichtbare Dinge ereignen, unter anderem die Reorientierung in den Beziehungen zwischen Eltern und ihren Kindern, wenn es um die außerhäusliche Unterbringung geht. Hier kommt der bei uns üblichen Methode der gelegentlichen Prozeßvertagung, die häufig zu einer, sich aus der jugendlichen Dynamik ergebenden, Verhaltensänderung führt, eine große Bedeutung zu. Mit anderen Worten, das Jugendgericht läßt sich von der Annahme leiten, daß eine rasche Beendigung des Prozesses nach erfolgtem Schuldbeweis nicht automatisch zur Resozialisierung des jugendlichen Straftäters beiträgt. Im Gegenteil, in „der Vertagungsmethode" liegen potentielle Möglichkeiten verborgen, die man zum Zwecke der Behandlung und Resozialisierung benutzen muß. Es ist überflüssig zu betonen, daß, wenngleich wir hier von „Methode" oder „Linie" sprechen, dennoch selektiv vorzugehen ist.

4. Man kann sich der Schlußfolgerung nicht entziehen, daß weit mehr auf die Entwicklung geeigneter sozialer Dienstleistungen zu achten ist, die besonders die unterprivilegierte Bevölkerung berücksichtigt.

Staatliche und kommunale Institutionen müssen sich mit diesem Phänomen befassen und die geeigneten Einrichtungen schaffen, das heißt, erzieherische und soziale Einrichtungen, die für die Bedürfnisse Tausender von Kindern bestimmt sind, die nicht die Volksschule, selbst nicht ihre untersten Klassen, besuchen. Für sie sind über das übliche Maß hinausgehende Leistungen zu vollbringen.

5. Die Experten, die sich mit den Problemen der delinquenten Jugend befassen, sprechen von der Vielfalt der Faktoren, die zur Delinquenz führen können. In Analogie dazu besteht das Bedürfnis nach einer Vielfalt von Maßnahmen für Behandlungs- und Resozialisierungsaufgaben. Man darf mit Sicherheit annehmen, daß in dem Maße, in dem uns eine Vielfalt von Behandlungsmitteln zu Gebote steht, wir sie auch den individuellen Bedürfnissen der Jugendlichen anpassen können, um dann schließlich ihre Resozialisierung herbeizuführen.

6. Meiner Ansicht nach darf man in einer Haftanstalt oder jeder ähnlich gearteten Besserungsanstalt keinen Ort sehen, der verschiedenen und verschiedenartigen Zielen gerecht zu werden hat. In Tabelle 1 sind sechs Kategorien aufgeführt, von denen sich einige sicherlich widersprechen.

Insbesondere erscheint es mir unerwünscht, daß Zöglinge der verschiedenen Erziehungsanstalten auf kurze Zeit in die Beobachtungsanstalt überführt werden. Es handelt sich hier um Zöglinge, die sich ständig in einem Heim befinden und die strafweise, auf gezählte Tage, eine oder zwei Wochen lang nach dorthin geschickt werden. Selbst wenn man sich nicht des

Ausdrucks „Strafe“ bedient, so charakterisiert dieser Ausdruck die Überführung in diesem Fall sehr wohl. Möglicherweise muß man in solchen Fällen Plätze in auf langfristige Erziehung angelegten Anstalten finden, wo man sich auch in den für solche Jugendliche geeigneten Erziehungsmethoden auskennen wird.

7. Es soll erwähnt werden, daß heute fast kein Problem darin liegt, daß gegen jugendliche Straftäter eine Anordnung zur Heimunterbringung ergangen ist, diese jedoch nicht ausgeführt werden kann, weil es keinen Platz im Heim gibt. Das ist hauptsächlich auf zwei Faktoren zurückzuführen. Die Jugendgerichte ordnen weniger Heimunterbringungen an, und die Siebung durch das Beobachtungsheim sorgt dafür, daß weniger solche Anordnungen notwendig sind.

Zu erwähnen ist ferner, daß die Überführung des jugendlichen Straftäters mit Hilfe dieser Anstalt in ein Dauerheim, eine bessere Siebung als bisher ermöglicht. Es ist jedoch darauf zu achten, daß ins Beobachtungsheim einzig und allein solche Jugendliche überführt werden, die bereits als delinquente Persönlichkeiten anzusehen sind, selbst wenn sie noch nicht viele Straftaten verübt haben. Ferner mußte der Aufenthalt auf sechs Wochen beschränkt bleiben. Um aus dieser Periode einen maximalen Nutzen zu gewinnen, bedarf es eines geschulten Personals. Es bedarf für diese Sonderaufgabe geeigneter Experten, sonst muß man befürchten, daß der praktische Erfolg ausbleibt.

Gleichzeitig muß das Beobachtungsheim für die von ihm untersuchten und an andere Heime empfohlenen Jugendlichen eine nachgehende Betreuung entwickeln, die gewährleisten soll, ob die Unterbringung sich als geeignet erwies. Es ist überflüssig zu betonen, daß zum Gelingen einer solchen nachgehenden Betreuung auch die aktive Mitarbeit der Heimleiter gehört, die diese Jugendlichen aufgenommen haben. Es ist zu hoffen, daß sich die Heimleiter darüber klar sind, daß man nur mit ihrer aktiven Mitarbeit bei der Vorladung vor Gericht Beurteilungsfehler vermeiden kann und nur, wenn solche Fehler bereits bei der gerichtlichen Vorladung verringert werden können, bestehen auch größere Aussichten, daß das Heim mit seinen Resozialisierungsbestrebungen beim jugendlichen Straftäter Erfolg hat.

ZWEIUNDZWANZIGSTES KAPITEL

Gefängnisstrafe und Aussetzung des Vollzugs

1. Gefängnisstrafe

In einem anderen Zusammenhang sprach ich bereits über Paragraph 12 (1) der Jugendstrafrechtsordnung von 1937, der mandatorisch die Gefängnisstrafe bei einem „Kind" untersagt und Paragraph 12 (2), der praktisch das Verbot wiederholt, jedoch eine Hintertür offen läßt, indem er bestimmt: „Es ist verboten, einen „Jungen" zu Gefängnis zu verurteilen, wenn eine andere Maßnahme ergriffen werden kann . . .". Der Paragraph spezifiziert weiterhin die verschiedenen Maßnahmen, die *anstelle* einer Gefängnishaft ergriffen werden können und fügt am Schluß hinzu, „oder jede andere Maßnahme", um zu zeigen, daß, wenn die Spezifizierung nicht vollständig ist, man sich auch einer in diesem Paragraphen nicht erwähnten Maßnahme bedienen kann, alles, um selbst einen „Jungen" vor dem Gefängnis zu bewahren. Erst nachdem sich alle Behandlungsmaßnahmen als fruchtlos erwiesen haben und wirklich gar nichts mehr hilft, entfällt das Verbot.

In dem Kapitel, in dem wir uns mit wünschenswerten Veränderungen im Gesetz und Verfahren beschäftigen, habe ich vorgeschlagen, die im Paragraphen 12 (2) des Gesetzes bestehende Lücke zu schließen und die Gefängnisstrafe für eine Person unter 16 Jahren mandatorisch zu untersagen. Ich habe auch an dieser Stelle einige Zahlen über die Zahl der Untersechzehnjährigen angegeben, die zu Gefängnis verurteilt wurden (siehe S. 233).

Im selben Zusammenhang habe ich erwähnt, daß die neue Jugendgerichtsverordnung von 1971 in Artikel 25 (d) nur sagt, daß kein Jugendlicher unter 14 Jahren zu einer Gefängnisstrafe verurteilt werden darf. Ich habe schon meine Meinung darüber geäußert dahingehend, daß ich diese Verordnung für sehr bedauerlich und falsch halte. Weder die Situation unter unseren jugendlichen Delinquenten, die verübten Taten oder die Zahl der Delinquenten, können den Rückschritt rechtfertigen, der in unserem neuen Gesetz zum Ausdruck kommt. Es ist auch nicht zu rechtfertigen, daß wir infolge mangelhafter Einrichtungen in den Erziehungsanstalten für jugendliche Delinquenten, zu solch einem Schritt gegriffen haben. Wir dürfen nie vergessen, daß eine faktische Gefängnisstrafe weitgehende Folgen nach sich ziehen kann, die man meistens nicht mehr gutmachen kann. Betroffen davon sind manchmal buchstäblich Kinder, sowohl was ihr Alter als auch ihre geistige und soziale Entwicklung angeht. Man muß der Ansicht entgegentreten, daß alle jugendlichen Straftäter, die ins Gefängnis kommen, im Hinblick auf ihre Resozialisierung aussichtslose Fälle seien. Ein sehr beträchtlicher Prozentsatz wäre nie ins Gefängnis gekommen, würden wir rechtzeitig einen passenden Erziehungsrahmen für sie bereitgestellt haben. Muß ein junger Mensch infolge der Unzulänglichkeit einer Regierungsbehörde seine Strafe im Gefängnis erhalten?

Wie gesagt, wenn das Jugendgericht eine Gefängnisstrafe ausspricht, so entspringt die Ermächtigung dazu dem bestehenden Gesetz, in dem von der Gefängnisstrafe eines Jungen die Rede ist. Andererseits sagt jetzt das Gesetz von 1971, daß die vom Jugendgericht verhängte Gefängnisstrafe nicht höher sein darf, als das Gesetz sie beim gleichen Vergehen für Erwachsene vorsieht. Hier ist das Jugendgericht an die allgemeine Strafenskala gehalten. Zum Beispiel: Paragraph 193 (H) der Strafrechtsordnung von 1936 sagt: „Wer sich an irgendeinem Ort oder in dessen Nähe oder auf einer Straße oder einem Landweg oder in näherer Umgebung davon, oder an einem öffentlichen Ort zu einem Zeitpunkt und unter Umständen befindet, die den Schluß ziehen lassen, daß er sich dort zu einem ungesetzlichen oder aufrührerischen Zweck befindet, wird eines Vergehens beschuldigt und kann mit einer Gefängnisstrafe von einem Monat für das erste Vergehen und einem Jahr für jedes weitere rechnen." Zu diesem Punkt heißt es unter Aktenzeichen 296/52 des Bezirksgerichts von Tel Aviv: „Die beiden Berufung Einlegenden, die im Knabenalter sind, wurden wegen Herumlungerns zu sechs Monaten Gefängnis verurteilt. Es stellte sich heraus, daß der Jugendrichter einem Irrtum erlag, als er diese Strafe aussprach, weil die Berufung Einlegenden zum ersten Mal wegen Herumlungerns angeklagt wurden und die Maximalstrafe dafür einen Monat Gefängnis beträgt".

In diesem Fall handelte es sich um zwei Jungen, fast 16 Jahre alt, die sich in einem Heim für jugendliche Straftäter befanden, dort aber häufig ausrissen und auch Vergehen verübten. In seinem Memorandum an das Gericht berichtete der Heimleiter von dem schlechten Einfluß dieser zwei Jungen auf die übrigen Heimzöglinge und daß sich ihr weiteres Verbleiben im Heim nach seiner Ansicht nur negativ auswirken könnte. Dieser Ansicht schloß sich auch der Bewährungshelfer an. Das Jugendgericht zog bei der Verhängung von sechs Monaten Gefängnis die früheren Vergehen und die sozialen und erzieherischen Umstände in Betracht, und meinte, daß eine Periode von sechs Monaten sie vielleicht von der Verübung weiterer Vergehen abschrecken würde. Solche Erwägungen, ob sie nun richtig sind oder nicht, gehen daneben, da die Grundlage der Entscheidung nicht dem Gesetz entspricht. Da die jugendlichen Delinquenten noch nicht wegen Herumlungerns verurteilt worden waren, durften sie nur mit einem Monat Gefängnis bestraft werden.

Es gibt zahlreiche Befürworter einer langen Gefängnisstrafe, die nach ihrer Ansicht sowohl dem Straftäter als auch der Öffentlichkeit von Nutzen sein dürfte. Ihr Haupteinwand lautet, daß die Resozialisierung lang und beschwerlich ist und man, wenn man schon den Rechtsbrecher aus der gewöhnlichen Gesellschaft entfernt, das auf längere Zeit geschehen sollte, da der Straftäter sonst nur wieder verliert, was er gewonnen hat. Andere wieder meinen, daß eine kurze Gefängnishaft zur Abschreckung des Straftäters genüge. Es ist bei uns wie in vielen anderen Ländern eine Tatsache, daß die Gefängnisperioden meistens relativ kurz sind — in 75 % der Fälle unter sechs Monaten. Es ist ebenfalls eine Tatsache, daß viele der zu langen Gefängnisstrafen Verurteilten überhaupt nicht resozialisiert wurden und keinerlei Besserung zeigten, sondern auch nach der langen Gefängnishaft ihre Vergehen fortsetzten, die einen fast gleich nach der Entlassung, die anderen etwas später. Wer diese Tatsache zu verantworten hat, bedarf in jedem einzelnen Fall einer tiefschürfenden Analyse.

Wenn das Jugendgericht eine Gefängnisstrafe ausspricht, intendiert es die Erziehung und Resozialisierung des Straftäters innerhalb des Gefängnisses. In dieser Hinsicht dient das Gefängnis als Erziehungsanstalt, die eine gewisse Disziplinarstruktur hat, mit deren Hilfe man den jugendlichen Rechtsbrecher zu resozialisieren hofft. Es ist nicht paradox, wenn man sagt, das gerade ein Jugendlicher manchmal einer relativ langen Erziehungsperiode bedarf, wenn wirkliche Resultate erzielt werden sollen. Natürlich sehen die Jugendlichen eine solche Einstellung nicht mit freundlichen Augen an. In ihrer Mehrheit legen sie Berufung gegen die Entscheidungen des Jugendgerichts ein und ein ziemlich erheblicher Prozentsatz dringt mit einer mehr oder weniger großen Verkürzung der Strafe auch durch.

Das Bezirksgericht denkt jedoch anders, wie man sich an einem Urteil über einen 15jährigen Jungen überzeugen kann, der gegen eine vom Jugendgericht ausgesprochene zweijährige Gefängnisstrafe Berufung einlegte. „Mit Rücksicht auf das Alter des Berufung einlegenden Jugendlichen, die geringe Zahl der Vorstrafen und die Natur der Vergehen in diesem Prozeß, wurde beschlossen, die Strafe zu verringern und auf ein Jahr Gefängnis herabzusetzen."

Nach einiger Zeit erschien dieser Junge zum Abschluß eines noch vor Antritt seiner Gefängnishaft schwebenden Verfahrens wieder vor dem Jugendgericht. Für das in Frage stehende Vergehen gab ich ihm eine Gefängnisstrafe, die er zur selben Zeit wie die vom Bezirksgericht festgesetzte Strafe verbüßen konnte. Der folgende Brief des Gefängnisfürsorgers brachte alles wieder durcheinander und rollt die Problematik der jugendlichen Gefängnishaft vor uns auf.

„J. wurde im Mai vom Jugendgericht zu zwei Jahren Gefängnis verurteilt, aber die Strafe wurde später durch das Bezirksgericht auf ein Jahr reduziert. Diese Zeit genügt nicht, um einen Jungen seiner Art auf die gebotene Weise zu erziehen und zu behandeln. Außerdem nimmt das Arbeitsministerium in seine im Gefängnis stattfindenden Kurse nur Jugendliche auf, die zu mehr als einem Jahr Gefängnis verurteilt wurden und aus diesem Grunde konnten wir den Jungen zur Berufsausbildung nicht unterbringen. Wir sind der Meinung, daß in diesem Fall eine längere Gefängnishaft besser gewesen wäre, da sie der Erziehung und Berufsausbildung zugute gekommen wäre. Wir schlagen daher eine Verlängerung der Gefängnishaft vor und meinen, daß sie dem Jungen zum Vorteil gereichen wird, da er nach einem Jahr Gefängnis, ohne eine berufliche Vorbereitung genossen zu haben, möglicherweise erneut scheitern wird."

Meiner Ansicht nach kommt der kurzen Haft ein gewisser Wert zu, es gibt Menschen, die auch hieraus ihre Lektion lernen. Das gilt auch von jugendlichen Straftätern. Das Jugendgericht, das eine kurze Gefängnishaft verhängt, geht dabei von Erwägungen über die Strafe aus, ob sie abschrekkend oder schockartig wirken kann, und selbstverständlich ist auf Differenzierung zu achten. Ein Vorteil des Jugendgerichts, das Jugendliche ins Gefängnis schickt, liegt darin, daß es sie von früheren Maßnahmen her kennt und imstande ist, eine passende Wahl zu treffen. Aus der Erfahrung wissen wir, daß gewisse jugendliche Straftäter ihre Lektion nur lernen, wenn sie einmal erfahren haben, was Gefängnis wirklich bedeutet.

Der Fall des $15^1/_2$jährigen D. Z. unterstreicht die Wirksamkeit auch einer kurzen Haft. Im Bericht des Bewährungshelfers heißt es über ihn: „Angesichts der Verschlimmerung seines Zustandes (tage- und nächtelange Abwesenheit von zu Hause, Diebstähle in und außer Haus, Poker- und Billardspielen, Leugnung aller moralischen Werte), brachten wir den Jungen während der Ferien vor Gericht, das ihn zu einem Monat Gefängnis verurteilte. Das Gefängnis hatte augenscheinlich auf den Jungen eine abschreckende Wirkung. Sowie er aus dem Gefängnis war, wurde er von seinen Eltern in einer Kibbutzjugendgruppe untergebracht. Der Junge befindet sich dort nun bereits seit drei Monaten. Wie die Eltern, die ihn regelmäßig besuchen, uns berichten, gibt es keine Klagen über ihn, auch wenn er hie und da dazu neigt, aus dem Rahmen zu fallen. (Das letzte Mal ging auch ein Obstdiebstahl in einer nahegelegenen Siedlung auf sein Konto.) Wir zweifeln nicht daran, daß der Junge außerhalb der Stadt innerhalb eines festen Rahmens untergebracht bleiben muß. Die Familie des Jungen macht sich um ihn Sorgen, stellt jedoch nicht die für ihn notwendige Autorität dar. In den Wertvorstellungen des Jungen scheint uns keine grundsätzliche und wesentliche Änderung eingetreten zu sein. Aber es zeigt sich doch, daß die Angst vor Prozessen und einer Gefängnishaft, sein Verhalten im Zaum hält. Aufgrund seiner psychopathisch reagierenden Persönlichkeit glauben wir, daß er mit den Mitteln der Strenge und Abschreckung behandelt werden soll. Wir erwogen daher, dem Richter die Verhängung einer bedingten Gefängnisstrafe zu empfehlen. Nachdem der Junge sich bemüht, sein Verhalten zu bessern und einverstanden ist, sich der Disziplin der Jugendgruppe zu fügen und sich auch bereits mehr als drei Monate lang bewährt hat, glauben wir, diese Maßnahmen fortsetzen zu sollen. Da wir davon überzeugt sind, daß seine Bemühungen zum Teil der Furcht vor den gegen ihn anhängigen Verfahren entspringt, empfehlen wir, die Entscheidung auf weitere drei Monate zu vertagen. Diese Zeit wird es uns ermöglichen, uns über die Einordnung des

Jungen in unseren Kibbutz sowie das Ausmaß der mit ihm vorgehenden Verhaltensänderungen klar zu werden."

Wenn das Jugendgericht vor der Entscheidung steht, ob es einen jugendlichen Straftäter zu Gefängnis verurteilen soll, hat es zahlreiche Erwägungen anzustellen. Wir sprechen hier natürlich von den schwersten Fällen, die *sowohl die Öffentlichkeit als auch den Jugendlichen selbst* gefährden können. Im Rahmen eines Erziehungssystems, dessen Autorität er nicht anerkennt, wird er sich versucht fühlen, seine kriminellen Handlungen fortzusetzen. Würden wir eine *geschlossene Erziehungsanstalt* für jugendliche Straftäter haben, würden die meisten Jugendgerichte darauf verzichten, einen jugendlichen Straftäter ins Gefängnis zu schicken. Die Resozialisierungsprobleme, die *nach der Gefängnishaft* auftreten, sind ungleich schwieriger, als die Probleme der Gefängnishaft. Unsere Gesellschaft stigmatisiert die Gefängnisstrafe in zwei Richtungen. Die Gesellschaft entzieht dem Gefängnisinsassen ihr Vertrauen und der Häftling *verliert seinerseits sein Selbstvertrauen, weil er im Gefängnis war.* Die Reaktion des Häftlings wirkt sich manifest und latent aus und vereitelt die Resozialisierungsbemühungen. Die Stigmatisierung wirkt sich auf jugendliche Straftäter noch stärker aus, weil man behauptet, daß eine Gefängnisstrafe in einem solch jungen Alter bereits gegen ihn spricht. Es kommt öfter vor, daß auch aufrichtige Bemühungen eines Jugendlichen, der inzwischen im Gefängnis zur Einsicht gelangt ist, sein Dilemma nicht lösen. Die Gesellschaft akzeptiert ihn nicht und er wird rückfällig. Dies ist jedenfalls unsere bedauerliche Erfahrung.

2. Bedingte Gefängnishaft

Rubriziert man die bedingte und unbedingte Gefängnisstrafe unter einer einzigen Überschrift, so scheint hier ein Fehler vorzuliegen, denn es handelt sich augenscheinlich um zwei verschiedene Maßnahmen der Behandlung. Das ist nur formell zutreffend. Meiner Ansicht nach ist der gemeinsame Nenner beider Maßnahmen eben die Verhängung der Gefängnisstrafe. Da die bedingungsweise ausgesetzte Gefängnishaft in der vom Gesetz bestimmten Weise in eine tatsächliche Haft umgewandelt werden kann, muß eine bedingte Gefängnisstrafe stets wie eine faktische Gefängnisstrafe angesehen werden. Wir würden uns einer Täuschung hingeben, wenn wir annähmen, daß die Kraft der Abschreckung einer bedingt verhängten Gefängnisstrafe in den meisten Fällen ihre abschreckende Wirkung habe. Zwar hat diese Maßnahme abschreckende Wirkung, aber nur, wenn sie selektiv angewandt wird, und auch dann trägt sie nicht gerade in vielen Fällen Früchte.

Das der bedingt ausgesprochenen Gefängnisstrafe zugrunde liegende Prinzip ist darin zu erblicken, daß jemand, der einmal gestrauchelt ist und aus verschiedenen Gründen nicht zu wirklichem Gefängnis verurteilt werden soll, die Möglichkeit erhält, mit dem Damoklesschwert über seinem Haupt, wieder auf den richtigen Weg zu gelangen. Er muß sich jetzt in acht nehmen, daß er die vom Gericht erhaltene Bürgschaft nicht verwirkt. Dieses

System soll also gewisse Straftäter vom Gefängniserlebnis mit allen seinen für ihn und seine Familie negativen Folgen verschonen. Daraus ergeben sich zwei Konsequenzen:

a) Jemand, der bereits im Gefängnis war, wird sich im allgemeinen durch die Aussetzung der Strafe nicht abgeschreckt fühlen.

b) Es ist anzunehmen, daß diese Behandlungsmaßnahme am geeignetsten für jemand ist, der zum ersten Mal ein Vergehen verübt hat. („First Offender").

Vielen Straftätern fehlt die nötige Reife, um den zahlreichen Verlokkungen, neue Vergehen zu verüben, widerstehen zu können. Manchmal tragen auch objektive Umstände, über die der Straftäter keine Gewalt hat, mehr oder weniger zur Verübung eines neuen Vergehens bei. Im Zusammenhang damit soll unsere Gesetzgebung vom Jahre 1963 erwähnt werden, die es möglich macht, *eine bedingte Gefängnisstrafe, zusammen mit der Anordnung auf Bewährung, auszusprechen*[1].

Hier ist nicht der Ort, gründlich auf die vielseitigen und vielfältigen Aspekte dieser Behandlungsmaßnahme einzugehen. Die Verhängung einer bedingten Gefängnisstrafe ist nur bei jugendlichen Straftätern über 14 Jahren gestattet. Der Jugendrichter muß infolge der mangelnden Reife jugendlicher Straftäter und ihrer unzureichenden Fähigkeit, die möglichen Folgen ihres Tuns vorauszusehen, bei der Anwendung dieser Maßnahme doppelte und dreifache Vorsicht walten lassen.

Die Jugendgerichte sprachen unbedingte und bedingte Gefängnisstrafen lediglich in 1,5 % aller Fälle aus.

---

[1] Sektion 18 in Penal Law Amendment, Modes of Punishment (Amendment Nr. 5) Law, 5723—1963 in: Laws of the State of Israel, Vol. 17, pp. 101/102.

DREIUNDZWANZIGSTES KAPITEL

Geldstrafe, Schadenersatz oder Gerichtskosten

In der Jugendstrafrechtsordnung von 1971 sind unter zwei Paragraphen, die von Erziehungsmaßnahmen sprechen, „Geldstrafen, Schadenersatz oder Gerichtskosten" vereinigt. Vom Standpunkt einer Strafmaßnahme — der Standpunkt des Angeklagten — besteht ein großer Unterschied zwischen einer Geldstrafe und Schadenersatzzahlungen oder Gerichtskosten. Zwar geht es bei den drei Dingen um Geldzahlungen, aber eine Geldstrafe wird mehr mit einer „Strafe" gleichgesetzt als das bei Schadenersatz oder Gerichtskosten der Fall ist. Daher die besondere Bedeutung, die der Geldstrafe für den Straftäter zukommt. Es ist kein Zufall, daß die Geldstrafe auch rechtlich als Strafe und bei Erwachsenen als Vorstrafe angesehen wird. Ich werde mich hier lediglich auf die Geldstrafe konzentrieren, ohne freilich den Wert von Schadenersatzzahlungen gering zu veranschlagen. Gerichtskostenersatz spielt bei den Maßnahmen des Jugendgerichts keine wirkliche Rolle.

Die Auferlegung einer Geldstrafe läßt augenscheinlich keine Erziehungsaspekte erkennen, dennoch lohnt es sich zu untersuchen, in welchem Maße der Geldstrafe ein Abschreckungswert und eine Erziehungsfunktion zukommt. Es ist bekannt, daß Gerichte über Straftäter immer wieder Geldstrafen verhängen, weil sie glauben, daß mit ihrer steigenden Höhe die Abschreckung vergrößert und die Vergehen verringert werden. Diese Maßnahme offenbart vielleicht mehr als jede andere eine gewisse Routine der Bestrafungsweise. Der Präsident des Obersten Gerichts in Israel, Dr. S. Agranat, machte in seinen Ausführungen bei der Eröffnung einer Studientagung über das „Jugendgericht in der modernen Gesellschaft", auch einige Bemerkungen über die Geldstrafe bei der Behandlung jugendlicher Straftäter in England. Er sagte: „In 45 % der Maßnahmen, die zur Behandlung des Straftäters ergriffen wurden, begnügte man sich mit der Zahlung einer Geldstrafe. Ich las unlängst in der letzten Nummer der Zeitschrift ‚Criminal Law Review', daß es Bezirke gibt, in denen das die Hauptmaßnahme der Richter ist. Bei uns im Land wird nur ein kleiner Prozentsatz zu einer Geldstrafe verurteilt und meiner Meinung nach mit Recht, denn sie stellt im allgemeinen keine Lösung der Probleme des Jugendlichen dar." (Siehe „Das Jugendgericht in der modernen Gesellschaft", S. 14, Hrsg. Justizministerium, Juni 1966, Hebräisch).

Meiner Ansicht nach liegt in dieser Maßnahme öfter sogar eine Gefahr, weil man sie für einen Zauberstab ansieht. In Wirklichkeit ist diese Maßnahme zweischneidig und daher sollen einige ihrer Aspekte betrachtet werden.

Schon in der Jugendstrafrechtsordnung von 1937 waren drei Paragraphen enthalten, wonach eine Geldstrafe über ein „Kind", d. h. unter 14 Jahren oder einen „Jungen" verhängt werden konnte. Paragraph 11 des Gesetzes ermächtigte das Gericht, den Angeklagten mit einer Geldstrafe, „zusammen mit einer anderen oder ohne eine andere Strafe", zu belegen. Der Paragraph machte gewisse Vorbehalte, die im Zusammenhang mit dieser Maßnahme, Eltern oder Vormund betreffen. Hier will ich mich mit der Feststellung der Tatsache begnügen, daß der Paragraph ein „Kind" von Zahlungen befreit und wenn das Gericht solche Zahlungen anordnet, sie von Eltern oder Vormund bezahlt werden müssen. Das Jugendgesetz von 1971 stellt keine solche Vorbedingung.

Paragraph 12 (2) des Gesetzes hatte in jenen Fällen, in denen eine gewisse Strafe vorgeschrieben ist, große Bedeutung. So ist zum Beispiel das Gericht nach der Neufassung des Strafgesetzes (Tätlichkeit gegen Polizisten) von 1952 verpflichtet, eine Mindeststrafe von zwei Wochen Gefängnis auszusprechen und nach den Umständen und der Art des Vergehens, kann die Mindeststrafe, wie im Gesetz spezifiziert, auch einen Monat oder selbst drei Monate Gefängnis betragen. Die Gerichte haben bereits entschieden, daß das Gericht trotz dieser mandatorischen Anweisung berechtigt ist, eine bedingte Gefängnisstrafe auszusprechen oder auch Anordnung auf Bewährung ergehen zu lassen.

Was jugendliche Straftäter betrifft, so gab es weitere Möglichkeiten, die sich auf den genannten Paragraphen stützen, wie Geldstrafe, Haft, (siehe den genannten Paragraphen 15) und Heimunterbringungsanordnung. Bei einem Vergehen dieser Art — Störung eines Polizisten bei seiner Amtsausübung — hat in gewissen Fällen eine Geldstrafe sogar ihre erzieherische Bedeutung. Man muß bedenken, daß Jugendliche dieses Gesetz manchmal aus Unachtsamkeit oder in ihrer Erregung übertreten, und es daher gut ist, wenn das Jugendgericht wie in anderen Fällen je nach den Umständen erwägen kann, welche Maßnahmen zu ergreifen sind. Der dritte Paragraph war Paragraph 18 (S). Stützte man sich auf diesen Paragraphen, so war die Verbindung mit einer anderen Strafe nicht möglich. Man darf stillschweigend annehmen, daß die Höhe der Geldstrafe sich nach der Strafordnung von 1954 im Falle eines bestimmten Vergehens richtet und wenn das Gericht es für richtig erachtet, nach diesem Paragraphen ein „Kind" oder einen „Jungen" mit einer Geldstrafe zu belegen, die Geldstrafe auf die übliche gesetzliche Weise festgesetzt wird. Das heißt, wird die Geldstrafe nicht erlegt, kann an ihre Stelle Gefängnis treten. Da bei einem „Kind" und einem „Jungen" Beschränkungen auch bei einer, statt einer Geldzahlung, verwirkten Gefängnisstrafe bestehen, kann nach dem Jugendstrafgesetz jedenfalls theoretisch zu diesem Zweck Haft angeordnet werden. Im oben genannten Paragraphen 15 befand sich ein ausführlicher Absatz, nach dem in allen jenen Fällen, in denen infolge „Nichtzahlung der Geldstrafe, Entschädigung oder Gerichtskosten eine Gefängnisstrafe verwirkt ist", Haft angeordnet werden kann . . . Wie gesagt, kommt dieser Paragraph auch für diesen

Zweck nicht zur Anwendung und liegt darin eine Beschränkung der Maßnahmen vor, die die Umstände dem Gericht auferlegen.

Was die Geldstrafe als Maßnahme der Behandlung und auch der Erziehung betrifft, so nimmt sie nach unserer Erkenntnis einen besonderen Platz ein. Es ist üblich, in einer Geldstrafe eine Art Sühnegeld zu sehen. Die Zahlung einer Geldstrafe hat im Leben der modernen Gesellschaft eine wichtige Aufgabe, die ihr auch in früheren Zeiten zufiel. Der Straftäter, der ein Vergehen verübte und nun seine Handlung mit Geld sühnen soll, befindet sich in gewisser Hinsicht in der Lage eines Straftäters, der zu Gefängnis verurteilt wurde. Vom Gesichtspunkt der persönlichen Bedeutung für den Straftäter, das Opfer und in hohem Maße auch für die Gesellschaft, liegt bei beiden Maßnahmen ein hoher Grad der Identität vor. Da das so ist, glauben manche Leute, die ein Vergehen verübten und vom Gericht schuldig gesprochen wurden, daß sie durch die Zahlung einer Geldstrafe das Opfer entschädigen und diese Tatsache beruhigt ihr Gewissen.

Nun müssen wir zwei praktische Fragen beachten: die Höhe der Geldstrafe und die Form ihrer Bezahlung. Ist es wünschenswert, eine hohe Geldstrafe festzusetzen, so daß in ihrer Höhe die Schwere des Vergehens zum Ausdruck gelangt? Diese Frage hat ihre Logik. Aber wenn man sich mit Problemen von Vergehen und Strafe befaßt, gibt es andere Aspekte, deren Logik nicht offenkundig ist. Die Auferlegung einer Geldstrafe ruft in vielen Fällen den Widerspruch des jugendlichen Straftäters und seiner Eltern wach. Uns genügt schon die Schande, die unser unter die Verbrecher geratene Sohn über uns gebracht hat, sagen die Eltern, warum sollen wir jetzt auch noch Sühnegeld bezahlen? Außerdem kann die Zahlung einer Geldstrafe auch in einem gewissen Umfang den Lebensunterhalt der Familie in Mitleidenschaft ziehen. Mir scheint, daß die Jugendgerichte berücksichtigen müssen, daß eine Geldstrafe und besonders eine hohe, die Familienbeziehungen zwischen Eltern und Sohn verschärfen kann. Ich glaube daher, daß die psychologische Dimension der Geldstrafe eine größere Wirkung hat als die Höhe der Geldstrafe. Nach Festsetzung der Geldstrafe, wie oben gesagt in vernünftiger Höhe, ist wichtig, daß sie sofort mit Beendigung des Prozesses zur Gänze und sei die Sache auch mit gewissen Schwierigkeiten verbunden, bezahlt wird. Wir sagten zur Gänze, da eine in Raten erlegte Geldstrafe ihren wirklichen Wert verliert. Da beim Jugendgericht auch die Geldstrafe eine Erziehungsmaßnahme ist, läßt sich das Ziel auch erreichen, wenn die Beträge nicht hoch sind.

Man kann nie von vornherein wissen, wann die Auferlegung einer Geldstrafe eine geeignete Maßnahme ist. Wir achten sehr darauf diese Maßnahme nicht zur Routine werden zu lassen und wahren diesen Grundsatz so weit wie möglich auch bei den übrigen Behandlungsmaßnahmen. Dabei wollen wir erwähnen, daß in den letzten Jahren in viel mehr Fällen als früher Geldstrafen verhängt werden. Der Grund dafür ist der Charakter des Vergehens. Gewisse Vergehen Jugendlicher kommen manchmal in der Umgehung der Zahlungsverpflichtung zum Ausdruck, etwa wenn sie eine Veranstaltung besuchen, ohne eine Eintrittskarte zu lösen. Dieser „Sport" wird manchmal von breiten Kreisen betrieben, und wenn das Jugendgericht das Vergehen mit einer Geldstrafe belegt, so kann die Sache abschreckend wirken und auch anderen eine Warnung sein.

Das betrifft auch den wilden Verkauf von Kinokarten zu überhöhten Preisen.

Die Notwendigkeit eine Geldstrafe zu verhängen, entstammt besonders der großen Zunahme von Vergehen, die mit dem Diebstahl von Motorfahrzeugen und Fahren ohne Führerschein verbunden sind. Dieses Problem ist sehr ernst, da dadurch die Öffentlichkeit gefährdet wird, aber auch im Hinblick auf die Versuchung, der so viele Jugendliche dauernd ausgesetzt sind. Es handelt sich um ein vielseitiges Problem, das nicht so nebenbei abgetan werden kann. Die Verhängung einer Geldstrafe ist hier vor allem als Mittel der Abschreckung wichtig.

Die Auferlegung von Geldstrafen wurde von den Jugendgerichten in 14,5 % der Fälle angewandt.

Die Wichtigkeit der Neuabfassung dieser Paragraphen im Jugendgerichtsgesetz von 1971 liegt darin, daß von jetzt an das Verhängen einer Geldstrafe nicht mehr automatisch als Vorbestraftheit gilt, gilt jetzt als eine der verschiedenen Erziehungsmaßnahmen, die dem Jugendgericht zur Verfügung stehen, und keine Vorstrafe bedeuten. Wenn das Jugendgericht andererseits eine solche Maßnahme als Vorstrafe charakterisieren will, muß das ausdrücklich erwähnt werden. Diese Verfügung im neuen Gesetz unterstreicht den erzieherischen Charakter einer Geldstrafe jeglicher Art, und ist deshalb eine passende Maßnahme, die dennoch auch weiterhin mit großer Vorsicht zu behandeln ist.

FÜNFTER TEIL

Jugendgericht und Jugendgefährdung

Die Väter haben saure Trauben gegessen, und den Kindern sind die Zähne stumpf geworden.

(Jeremias, 31:29)

VIERUNDZWANZIGSTES KAPITEL

Der soziale Hintergrund

In der Verordnung über jugendliche Straftäter vom Jahre 1937 gab es einen besonderen Paragraphen, den bekannten Paragraphen 16, der die rechtliche Prozedur und Fürsorgemaßnahmen bei Minderjährigen anordnete, die keine Straftäter waren, aber dennoch vor das Jugendgericht kamen, wo über ihre Lage und Zukunft entschieden werden sollte. Der israelische Gesetzgeber annullierte diesen Paragraphen und erließ statt dessen ein eigenes Gesetz, das Jugendgesetz (Fürsorge und Aufsicht) vom Jahre 1960, das am 5. 7. 1960 von der Knesset verabschiedet und am 14. 7. 1960 unter der Nummer 311 im Gesetzblatt veröffentlicht wurde[1].

Es soll hier auf die Bedeutung dieses besonders wichtigen Gesetzes aufmerksam gemacht werden. In den meisten Ländern gibt es ein ähnliches Gesetz oder findet sich in der Verordnung für jugendliche Rechtsbrecher ein Paragraph, der dem bei uns früher üblichen entsprach. In allen diesen Ländern war man sich darüber einig, daß das Jugendgericht im Rahmen seiner richterlichen Funktion zur Fürsorge für Minderjährige verpflichtet sei, die keine Straftat begingen, auch nicht sich dem Verdacht eine zu begehen, aussetzten, sondern wenn mit Wahrscheinlichkeit befürchtet werden durfte, daß sie sich ohne Dazwischenkunft des Gerichts nicht richtig entwickeln könnten. Der dieser Maßnahme zugrunde liegende Gedanke entstammte der Erkenntnis, daß es Pflicht der Gesellschaft sei zugunsten von Minderjährigen einzugreifen, die infolge ihrer Lebensbedingungen in ihrem Wohlergehen und ihrer körperlichen und geistigen Entwicklung Schaden nehmen können. Andererseits stand Minderjährigen das Recht zu die Einmischung

[1] Youth (Care and Supervision) Law, 5720—1960 in: Laws of the State of Israel, Vol. 14, p. 44 (Englische Übersetzung).

der Gesellschaft zu ihren Gunsten zu fordern. Die Anrufung des Gesetzes ist in allen jenen Fällen notwendig, in denen es unmöglich ist ohne Gerichtsbeschluß zum Schutze der Minderjährigen einzugreifen und sein Zweck besteht darin ihre normale Entwicklung zu gewährleisten und ihnen dazu die erforderliche Hilfe zuteil werden zu lassen. Manchmal läßt sich das im Rahmen der Familie tun, indem den Eltern bestimmte Auflagen gemacht werden, über deren Einhaltung gewacht wird. Doch ist es eine Tatsache, daß in der überwiegenden Zahl der Fälle die Notwendigkeit besteht, die Minderjährigen außerhalb ihrer Familien unterzubringen. Dem Gesetz liegt das Prinzip zugrunde, daß, wenn das Gericht beschließt, daß ein Minderjähriger der Fürsorge und Aufsicht der Gesellschaft bedarf, das Gericht für ihn zuständig wird und der Staat sozusagen die Vormundschaft ausübt, ohne daß davon die rechtliche Stellung der Eltern ihm gegenüber betroffen wird (Paragraph 7).

In der Praxis betreiben viele Fürsorgeämter von sich aus in verschiedenen Formen die Unterbringung von Minderjährigen, ohne auf die Hilfe des Jugendgerichts angewiesen zu sein. Auch geht die Initiative zur Einschaltung des Gerichts fast in allen Fällen von der lokalen Fürsorgebehörde aus. Doch zeigt sich in mancherlei Hinsicht ein wesensmäßiger Unterschied zwischen den zwei Verfahrensweisen. Zunächst einmal werden bei der zur Zeit im Lande herrschenden Lage nur die schwersten Fälle vor Gericht gebracht. Nach unserer Schätzung befinden sich etwa 6000 Minderjährige in der Obhut der verschiedenen Fürsorgeämter und sind von ihnen in Pflege- und Erziehungsheimen, bei Pflegeeltern und in Säuglingsheimen untergebracht worden[2]. Demgegenüber befinden sich etwa 300 Minderjährige unter der Obhut und Fürsorge aufgrund eines Gerichtsbefehls (Siehe Tabelle 2). Die von den Fürsorgeämtern getroffenen Anordnungen erstrecken sich je nach den Umständen auf verschiedene Zeitabschnitte. Nach § 3 des Jugendgesetzes ist die gerichtliche Anordnung auf drei Jahre vom Tag ihres Erlasses an begrenzt. Das bedeutet, daß zum Zwecke einer Verlängerung der Anordnung beim Gericht genaue Informationen über die Situation der Familie und des Minderjährigen immer wieder vorgelegt werden müssen.

Ein weiterer Unterschied zwischen den zwei Formen der Fürsorge betrifft die Einstellung der Eltern. Hier ist hervorzuheben, daß die Eltern der Kinder die Einmischung des Sozialamtes als einen Teil der Familienfürsorge ansehen, auch wenn andere Bezirke des Familienlebens unberührt bleiben. In vielen Fällen sind es sogar die Eltern selbst, die sich an die Fürsorgeämter um Hilfe für ihre Kinder wenden. Das bedeutet, daß die Inanspruchnahme der Fürsorge weder den Status der Familie noch die Beziehungen zwischen Eltern und Kindern stigmatisiert. Das ist jedoch nicht der Fall, wenn sich das Gericht einschalten muß. Vor allem müssen in allen diesen Fällen die Eltern selbst bei Gericht erscheinen und eine Weigerung

[2] Siehe: Verhütung von Kriminalität und Behandlung jugendlicher Straftäter, Blatt 18, Fürsorgeministerium 1966 (Hebräisch).

kann sogar das Einschreiten der Polizei bedeuten. Ferner zeigt sich bei der Gerichtsverhandlung im allgemeinen die negative Seite der Eltern-Kind-Beziehung und das Erscheinen vor Gericht ruft häufig Angst und Gespanntheit hervor. Es gibt Eltern, die sich ohne Zögern mit der Bitte an das Fürsorgeamt wenden, ihr Kind in einer Erziehungsanstalt unterzubringen. Sie verspüren dabei weder ein schlechtes Gewissen noch Schuldgefühle. Aber wenn dieselben Eltern wegen der Unterbringung ihres Kindes außer Haus vor Gericht geladen werden, so hat das für sie eine andere Bedeutung. Nun wird die Vernachlässigung ihrer Kinder offenkundig und diese Nachlässigkeit wird ja auch in der Tat vor Gericht zur Sprache gebracht. So kommt es etwa vor, daß Kinder, die vom Fürsorgeamt lange Zeit hindurch untergebracht waren, in einem bestimmten Alter von den Eltern wieder nach Hause geholt werden, auch wenn das gegen die Ansicht des Amtes oder das Interesse des Kindes ist. Das ist jedoch nicht möglich, wenn Kinder von Gerichts wegen untergebracht werden. In diesen Fällen zeigt sich, welch großer Wert dem Gerichtsbefehl für das fürsorgerische Wohl des Kindes zukommt. Tatsächlich wird das Gericht gelegentlich vom Fürsorgeamt nur in Anspruch genommen, um eine Fortsetzung der von ihm vorgenommenen Anstaltsunterbringung zu ermöglichen.

Hier entsteht ein ernstes Problem, das geeignet ist den Zweck des Gesetzes zu vereiteln — jedenfalls teilweise — so daß die Kinder davon den Schaden haben. Das Problem liegt beim Fürsorger, der bei der Kommunalbehörde angestellt ist. Er mag der Überzeugung sein, daß der Fall eines Minderjährigen vor Gericht gebracht werden müsse, gleichzeitig mag er wissen, daß seiner Kommunalbehörde die Mittel zur Unterbringung des Kindes fehlen. Ist nun der Fürsorger in Erfüllung seiner ihm vom Fürsorgeminister übertragenen Aufgabe als Angestellter einer Kommunalbehörde unabhängig und kann er nach seinem professionellen und menschlichen Gewissen handeln oder muß er sich erst der Zustimmung seiner Vorgesetzten in der Kommunalbehörde versichern, um im Fall eines hilfsbedürftigen Minderjährigen die Hilfe des Gerichts in Anspruch zu nehmen? Es könnte bedauerlicherweise ja sogar so weit kommen, daß ein Fürsorger aus budgetären Erwägungen oder aus Gründen, die mit seiner Zugehörigkeit zur anstellenden Lokalbehörde zusammenhängen, eine Handlung unterläßt. Von außen her wird es sehr schwer sein einer solchen Entwicklung der Dinge, die hilfsbedürftigen Jugendlichen zum größten Schaden gereichen kann, entgegenzutreten. Es scheint uns daher die klare und offene Bestimmung geboten, daß ein Fürsorger, der auf Grund des hier relevanten Jugendgesetzes ernannt wurde, persönlich für die Erfüllung dieser Aufgabe verantwortlich ist und nicht eines vorgängigen Einverständnisses der Lokalbehörde bedarf.

Man hat dagegen eingewandt, daß das Gesetz künstlich zwischen jugendlichen Straftätern und Fürsorgebedürftigen unterscheide. Manche meinen, daß alle jugendlichen Straftäter „fürsorgebedürftig" seien. Dieser Einwand gründet sich auf die Annahme, daß die gesellschaftliche Ordnung selbst die Jugendlichen vor Gericht gebracht hat und wenn das zutrifft, muß man sie als Opfer der Gesellschaft ansehen und sie schützen. Die Vertreter dieser Ansicht sprechen also den Jugendlichen von vornherein von der Verantwortung für seine Taten frei. Andererseits wird die Meinung geäußert, daß viele der Jugendlichen, die als fürsorgebedürftig vor Gericht gelangen, in Wirklichkeit jugendliche Straftäter sind, denen es gelang der Polizei zu entwischen, weshalb sie auch nicht wegen einer Straftat gerichtlich belangt werden.

Es ist bekannt, daß viele Jugendliche aus einer Reihe von Gründen, organischen oder emotionalen Störungen, Straftaten begehen, die in keinem unmittelbaren Zusammenhang mit der Gesellschaftsordnung stehen. Und was den zweiten Einwand betrifft, ist es unbestreitbar, daß sogar Kinder im zarten Alter und selbst Säuglinge als fürsorgebedürftig auf die Intervention des Gerichts angewiesen sind. Das heißt doch, daß die gerichtliche Fürsorgebedürftigkeit in keinem notwendigen Zusammenhang mit der Begehung einer Straftat oder selbst mit einem Zustand der Vernachlässigung steht. Gleichzeitig trifft zu, daß ein Teil der jugendlichen Straftäter entsprechend ihrer sozialen Lebens- und Erziehungsbedingungen ebenfalls „fürsorgebedürftig" sein können. Es stimmt ferner auch, daß sich unter den als fürsorgebedürftig vor Gericht gebrachten Jugendlichen auch potentielle Straftäter befinden oder solche, die Straftaten begingen, aber nicht gefaßt wurden. Ihre Zahl ist nicht groß, denn es läßt sich schwerlich annehmen, daß ein Jugendlicher auf längere Dauer Straftaten begeht, ohne erwischt zu werden.

In gewisser Hinsicht läßt sich allerdings sagen, daß die gerichtliche Verhandlung von Angelegenheiten jugendlicher Fürsorgebedürftiger auf ihre Eltern gemünzt ist, denn sie haben ihre Kinder in diese Lage gebracht. Es gibt unter ihnen Eltern, die sich überhaupt nicht um das Wohl ihrer Kinder kümmern oder das so unzureichend tun, daß man für ihre Kinder ernste Gefahren befürchten muß. Diesbezüglich kann man die Eltern als Objekt der Straftat betrachten und jedenfalls werden sie in der gerichtlichen Verhandlung zu aktiven Partnern. Das zeigt sich bereits wenn man die Eltern vor Gericht ruft, um den Fürsorgeantrag zu begründen. Als Beweismittel werden Schilderungen des Verhaltens und Lebenswandels der Eltern verwandt und sie haben gleich Angeklagten das Recht im Kreuzverhör die Behauptungen zu widerlegen. Man wird sich daher nicht wundern, wenn Eltern gerade bei solchen Verhandlungen von einem Gefühl der Niederlage übermannt werden. Sie werden sich der Tatsache bewußt, *daß sie selbst faktisch hier vor Gericht stehen.*

Demgegenüber findet sich bei Eltern, die mit einem straffällig gewordenen Kind vor Gericht gebracht werden, nicht immer das Bewußtsein eines Versagens. Im Gegenteil, mitunter tritt deutlich ein Gefühl der Schadenfreude, ja sogar der Befriedigung auf. Wenn sie merken, daß das Jugendgericht keine strafende Einrichtung ist, fällt es ihnen leicht, diesen Gefühlen Ausdruck zu verleihen. Das heißt, sie können es „sich leisten" ihrem Ressentiment gegen ihre Kinder zu frönen, ohne Strafmaßnahmen befürchten zu müssen. Bei gewissen Eltern wird auch ein zusätzliches Motiv wirksam, — die Befriedigung darüber, daß das Kind zu tun wagte, was sie selbst nicht wagten, — die Rebellion gegen die Gesellschaftsordnung.

Das ist nicht der Fall bei Eltern, deren Kinder als fürsorgebedürftig vor Gericht kommen. Es fällt auf, daß man sie alle als in Schwierigkeiten geratene Eltern bezeichnen kann, deren Beziehungen zu ihren Kindern in vielen Fällen aus unbewußten Motiven erschüttert wurden. Solche Motive lassen sich zum Beispiel in Gefühlen der Rache aufweisen, daß ihnen selbst in ihrer Kindheit Unrecht geschah und so ist ihr gegenwärtiges Verhältnis zu ihren Kindern die Folge einseitiger bitterer Erlebnisse. Aus diesem Grund ist es um der Gerichtsfürsorge für die Kinder willen notwendig, sorgfältig die Familiengeschichte und -entwicklung der Eltern zu untersuchen. Oft wird in solchen Fällen die gerichtliche Beurteilung schwerer und komplizierter als die Beurteilung des jugendlichen Straftäters sein. Von letzteren läßt sich ferner verallgemeinernd sagen, daß sie in gewisser Hinsicht auf eigenen Füßen stehen können. Die Begehung einer Straftat ist wenigstens bei älteren Jugendlichen ein Anzeichen dafür, während fürsorgebedürftige Jugendliche meistens in einem jüngeren Alter stehen oder einen passiven Charakter haben, so daß sie ihre bitteren Lebenserfahrungen weder durch eine Strafhandlung abreagieren können oder wollen.

Es ist kein Zufall, daß oft die einzige Behandlungsmethode, die uns bei diesen Kindern übrig bleibt, in ihrer Entfernung aus dem Elternhaus besteht. Im Gegensatz zu jugendlichen Straftätern, bedarf ein überaus hoher Prozentsatz von ihnen dieser extremen Maßnahme. Bei ersteren gibt es ganz andere Möglichkeiten, denn das Vergehen um dessentwillen sie vor Gericht gebracht wurden, steht nicht unbedingt mit ihrer sozialen Lage und ihrem Erziehungsstand im Zusammenhang. Andererseits werden Kinder von der zweiten Kategorie gerade wegen ihrer halb oder ganz erschütterten sozialen und erzieherischen Lage zum Jugendgericht gebracht.

Nur zehn Prozent und weniger der jugendlichen Straftäter werden in Erziehungsanstalten verbracht. Die übrigen Fälle werden durch Niederschlagung der Anklage, Freilassung, Freispruch, Geldstrafen, Bewährung, Entschädigungszahlung der Eltern, Aufsichtsstellung etc. erledigt. Das bedeutet, daß etwa 90 Prozent der jugendlichen Straftäter innerhalb ihrer Umwelt und Familie verbleiben. Demgegenüber können von den Kindern, die als fürsorgebedürftig vor das Jugendgericht gebracht wurden, nicht viele zu Hause bei ihren Familien bleiben und auch nur sehr wenige nach einem bestimmten Zeitabschnitt wieder nach Hause geschickt werden. Aus diesem Grunde ist es wichtig, sich klar zu machen, welche Bedeutung das Trennungserlebnis von ihrer Familie für diese Kinder hat. Das hängt oft vom Maß ihrer Vernachlässigung oder von dem Grad der Geborgenheit ab, die sie im zarten Alter von ihren Eltern erfuhren, auch von der Dauer der Zeit, während derer die Kinder bis zur Trennung mit oder ohne ihre Eltern lebten (Siehe Tabelle 2).

Es ist überflüssig zu betonen, wie wichtig es ist, daß das Gericht die verschiedenen Motivationen der Eltern und Kinder versteht und die verschiedenen Situationen einzuschätzen weiß, in denen sie sich befinden. Wenn das Gericht gegenüber Eltern, die bei der Erziehung ihrer Kinder versagten, tolerant und einsichtig sein kann, so kann das mitunter bei ihnen selbst und der Beziehung zu ihren Kindern eine gewisse Wandlung herbeiführen; gerade weil sie vom Gericht für ihr Verhalten und ihre Lebensweise Bestrafung erwarteten. Wenn das Gericht sie nicht zurückweist, sondern sie zuvorkommend als Menschen behandelt, so kann sich möglicherweise die gespannte Beziehung zu ihren Kindern lockern. Das Gericht kann mitunter zwischen Eltern und Kind eine neue Verbindung herstellen und es ist eine seiner Aufgaben die potentiellen positiven Eigenschaften der Eltern erneut zu erwecken. Denn es genügt nicht, daß das Gericht dem Jugendlichen den erforderlichen Schutz gewährt, daß es ihn aus seiner Umgebung entferne. Wenn man genötigt ist ein Kind im zarten Alter dem elterlichen Einfluß zu entziehen, muß man von Beginn an begreifen, daß es sich dabei meistens nur um eine zeitweilige Lösung handeln kann. Zwar zwingt die Realität das Gericht zu dieser Maßnahme, doch dürfen wir nicht vergessen, daß ein Kind, das aus seiner Familie entfernt wurde im Laufe der Zeit ebenfalls in die Situation gelangen kann, in der sich jetzt seine Eltern befinden und vielleicht gerade deshalb, weil es in jungen Jahren aus seiner Umgebung gerissen und jede Verbindung mit seinen Eltern abgebrochen wurde. Es ist erstaunlich, in welchem Maß hier eine Wiederholung familialer Lebensmuster erfolgt, wenngleich es möglich ist, daß sich diese Lebensmuster in zurückgebliebenen Schichten ohnedies mit relativer Häufigkeit wiederholen.

Wir müssen uns daher der Gefahren bewußt sein, die der Entwicklung fürsorgebedürftiger Kinder drohen, während wir sie in Anstalten unterbringen. Die Gefahren sind um so größer, je kleiner die Kinder sind, sei es infolge des mit einer frühen Trennung verbundenen besonderen Risikos, sei es infolge der häufigen Veränderungen des Anstaltsdaseins. In dieser Hinsicht ist es wünschenswert kurz die zwei Hauptsysteme zu prüfen, die bei der Unterbringung von Kindern üblich sind, die Anstaltserziehung und die Erziehung bei Pflegefamilien. Das häufigste System ist die Anstaltsunterbringung. Die meisten dieser Anstalten nehmen Kinder nur in gewissen Altersgruppen auf, zum Beispiel bis zum dritten oder fünften Lebensjahr, von sechs bis acht oder zehn etc. Das bedeutet, daß, wenn das Gericht beschließt ein Kind im frühen Alter in einer Anstalt unterzubringen, das Kind dort fast mit Sicherheit seine Erziehung zur Reife nicht fortsetzen kann. Das aber heißt, daß, sowie das Kind seine neue Umgebung kennen gelernt, sich an sie gewöhnt und gebunden hat und sich zu Hause fühlt — und dieser Prozeß ist selbst in günstigen Fällen langwierig und langsam — entwächst es bereits altersmäßig der Anstalt und muß gegen seinen Willen in eine andere überführt werden. Eine solche Überführung kann alle bereits erzielten Fortschritte zunichte machen. Und in dem Maß, in dem sich solche

Überführungen häufen, schaden sie auch der gesunden seelischen Entwicklung und erschweren sie seine Resozialisierung.

Die Heimwechsel rauben dem Kind gewöhnlich die Möglichkeit fester Bindungen an die Mitmenschen, verursachen ihm Enttäuschungen und legen den Grund zu einem Gefühl starker Unsicherheit gegenüber der Umwelt. Auf diese Weise entwickelt sich bei manchen Kindern eine reale Angst vor der Bindung an den Mitmenschen, die bei ihm die Erinnerung an Trennung und Entwurzelung heraufbeschwört. Es erscheint ihnen daher besser mit ihrer Umwelt oberflächliche Beziehungen zu unterhalten. Infolge dieser Situation kann sich beim Kinde eine Persönlichkeit entwickeln, für die die seelische Abstumpfung charakteristisch ist. Bei einer erheblichen Zahl jugendlicher Straftäter sowie bei Psychopathen findet sich diese Charaktereigenschaft der Gefühlsabstumpfung. Eine Analyse ihrer Lebensgeschichte und der in ihrer Kindheit gemachten emotionalen Erfahrungen weist auf die Wirksamkeit des oben geschilderten Mechanismus hin. Natürlich wird dieser Mechanismus nicht nur bei Kindern wirksam, die außerhalb des Bereichs ihrer Familie untergebracht wurden. Manchmal wirken diesbezüglich anomale Familienbeziehungen, die zu denselben negativen Ergebnissen führen können. Die Therapie solcher gefühlsstumpfer Charaktere ist überaus schwierig, weil es ihnen an der Fähigkeit oder dem Willen fehlt, sich dem Mitmenschen anzuschließen und ohne die Herstellung einer Verbindung gibt es keine Heilungs- und Behandlungsaussichten.

Andererseits kann die Unterbringung von Kindern bei Pflegeeltern die Stetigkeit der Erziehung auf viele Jahre hinaus ermöglichen. Ferner wird in einer Pflegefamilie den Kindern die Gelegenheit geboten die gesunde Struktur einer normalen Familie und die normale Anknüpfung von Beziehungen richtig zu erleben. Der Rahmen der Familie ermöglicht es auch naturgemäß den individuellen Bedürfnissen des Kindes mehr Aufmerksamkeit zu widmen.

Es ist klar, daß die Unterbringung von Kindern in einer Pflegefamilie auf einer Prüfung der emotionalen Atmosphäre beruhen muß, die in dieser Familie herrscht, sowie der Festigkeit der Beziehungen unter ihren Angehörigen. Es ist darauf zu achten, daß das Kind nicht in eine hinsichtlich der Lockerung der Beziehungen ähnlich geartete Familie gerät wie es die eigene ist. Auch auf die Erziehungsfähigkeit und das geistige und kulturelle Niveau der Pflegefamilie ist zu achten. Gleichzeitig betonen wir die Wichtigkeit eines gewissen Einklangs zwischen dem sozial-kulturellen Hintergrund des zur Aufnahme gelangenden Kindes und dem der Pflegefamilie. Als irrig muß, jedenfalls in den meisten Fällen, die Annahme gelten, daß die beste Bürgschaft für eine gute Erziehung der Wechsel von niedrigen sozio-kulturellen Bedingungen zu höheren sei. Wenn der Abstand zu groß ist, entstehen große Schwierigkeiten, namentlich wenn das Kind spürt, daß es das von ihm Erwartete nicht leisten kann und wenn sich die Pflegefamilie ihrerseits nicht ihrer „Errungenschaften rühmen" kann. Bei uns ist, wie bekannt, die Unterbringung der Kinder in Anstalten weitaus üblich, während die Unterbringung bei einer Pflegefamilie relativ selten ist. Sie ist ungewohnt und ermangelt der Anziehungskraft. Die Eltern der Kinder schrecken vor einer Unterbringung bei Pflegeeltern zurück und die Tatsache, daß dies noch nicht üblich ist, verstärkt ihre Befürchtungen. Es herrscht auch das unangenehme Gefühl, daß da eine fremde Familie Erfolg haben soll, während die eigene Familie versagt. Es kann öfters eine Rivalitätssituation entstehen, und damit hat das Jugendgericht auch zu tun, weil Eltern darauf bestehen, ihre Kinder in einer Anstalt unterzubringen.

Es ist anzunehmen, daß noch eine erhebliche Spanne Zeit vergehen wird, bis die Institution von Pflegeeltern bei uns genau so Fuß gefaßt haben wird wie in vielen Ländern Europas und in den Vereinigten Staaten von Amerika.

Wenn das Gericht die Umstände des Falles abwägt, stützt es sich sowohl in bezug auf die soziale Vorgeschichte als auch auf die Pläne zur Resozialisierung des Kindes auf die Informationen von Sozialarbeitern und Erziehern. Sie stehen mit den Familien laufend in Verbindung und man nimmt an, daß sie sich in bezug auf alle im Staat vorhandenen Hilfseinrichtungen verstehen und sie auch jeweils in Anspruch nehmen können. Dennoch liegt die ausschließliche Verantwortung beim Gericht und es ist daher verpflichtet sich gründlich mit allen Aspekten vertraut zu machen, die mit dem Leben der vor Gericht gebrachten Jugendlichen zusammenhängen.

Der Fall der zweijährigen M. wurde als fürsorgebedürftig vor Gericht gebracht. Der Vater des Mädchens ist unbekannt, die Mutter hat sich der Prostitution ergeben und empfängt in ihrer Wohnung Besucher in Gegenwart des Kindes. Die Mutter hat niemals einen Versuch unternommen das Kind tagsüber in einem Hort unterzubringen oder eine andere Vorkehrung getroffen, um das Kind dem möglichen negativen Einfluß ihrer Beschäftigung zu entziehen.

Während der gerichtlichen Verhandlung stellt sich als völlig zweifelsfrei heraus, daß die Mutter an ihre Tochter gebunden ist und sie auch betreuen möchte, sie aber nicht imstande ist, ihr richtige Pflege und Aufsicht angedeihen zu lassen. Das Wohl des Kindes macht es erforderlich, daß es nicht weiterhin bei seiner Mutter wohne und es enstand das Problem, das Mädchen in der Nähe des Wohnorts seiner Mutter unterzubringen, um dieser Besuche bei ihm zu ermöglichen. Es war klar, daß eine geographische Entfernung die Verbindungen der Mutter zur Tochter zum Schaden letzterer abzubrechen geeignet war.

Ich hegte jedoch die Befürchtung, daß die Situation des Mädchens im Laufe der Zeit eine ähnliche wie die ihrer Mutter werden könnte. Ich verwies im Urteil darauf, indem ich sagte: „Während der Klärung über die Unterbringung des Mädchens hörte ich von der Fürsorgerin, daß die Kleine gegenwärtig in einer Mutter-und-Kind-Krippe untergebracht wird. Nach einem Jahr muß sie in eine Anstalt für Schulkinder überführt werden. Ich muß betonen, daß ich noch ganz und gar nicht überzeugt wurde, daß nicht noch, solange sie eine fürsorgebedürftige Minderjährige ist, andere Heimaufenthalte notwendig werden. Es kann nicht meine Zustimmung finden, daß ein Kind in so jungen Jahren so häufig seinen Aufenthalt wechseln muß. Jeder derartige Wechsel hat Schockcharakter und verringert von Mal zu Mal die normalen Entwicklungsaussichten des Kindes. Es wird heute auf der ganzen Welt als unverbrüchliche Regel betrachtet, daß man sich bei der Einordnung von Kindern aufs sorgfältigste gegen häufige Ortswechsel abzusichern habe. Und das gilt besonders vom frühen Alter. Man ist allgemein der Überzeugung, daß dabei für viele Kinder die Gefahr der Gefühlsabstumpfung besteht. Von da aus führt ein nur kurzer Weg zu emotionalen Komplikationen und in der Folge zur asozialen Verhaltensweise.

Es zeigt sich daher, daß wir im Augenblick zwar das Mädchen schützen, wenn wir es seiner sich der Prostitution ergebenden Mutter entziehen, aber gleichzeitig können wir die normale seelische Entwicklung durch eine fehlerhafte Unterbringungsplanung real gefährden."

Nach kurzer Zeit teilte die das Mädchen betreuende Sozialarbeiterin dem Gericht mit, daß sich eine Pflegefamilie gefunden hatte, bei der das Mädchen M. auf lange Sicht hin aufgenommen werden könnte und so wurde sie dort untergebracht. Niemand kann Gewähr für die Entwicklung des Kindes bieten, aber gerade deshalb ist es eine Pflicht dafür zu sorgen, daß die geeigneten Unterbringungsmaßnahmen getroffen werden, um so die normale Entwicklung einzuleiten.

FÜNFUNDZWANZIGSTES KAPITEL

Die soziale Bedeutung des Jugendgesetzes

Im Jugendgesetz (Fürsorge und Aufsicht) vom Jahre 1960 finden wir wichtige Verbesserungen, die im Folgenden behandelt werden sollen.

In diesem Gesetz wurde der Terminus „Fürsorgebeamter" eingeführt, wie er im Gesetz der Fürsorgedienste vom Jahre 1958 erscheint. Er wird definiert als „jemand, der zur Sozialarbeit ausgebildet und vom Wohlfahrtsminister zum Beamten im Sinne dieses Gesetzes ernannt wurde". Die Aufgabe des „Fürsorgebeamten" besteht darin, an das Gericht den Antrag zu stellen, daß es für einen Minderjährigen Maßnahmen ergreife, wie sie das Gesetz vorsieht. Ein derartiger Antrag konnte früher praktisch nur von Bewährungshelfern gestellt werden, doch gibt es jetzt unter den Fürsorgebeamten auch einige Bewährungshelfer. Das Gesetz definiert auch die Rechte des Fürsorgers, z. B. in bezug auf die Abfassung von Memoranden oder dringliche Maßnahmen, Beaufsichtigung und Ausführung von Gerichtsbeschlüssen. Das Alter des Minderjährigen, um dessentwillen man sich an das Gericht wenden kann, wird umschrieben mit „Wer noch nicht das 18. Lebensjahr erreicht hat". Gemäß § 17 wird der Beschluß des Gerichts also entkräftet, wenn der Minderjährige 18 Jahre alt geworden ist. In gewissen Fällen, besonders, wenn es sich um Mädchen handelt, die moralisch gefährdet sind, wenn sie mit 16 oder 17 Jahren vor Gericht gebracht werden, bleibt praktisch nicht genügend Zeit für ihre Behandlung und Erziehung. Es verdient hier erwähnt zu werden, daß bis jetzt etwa fünf Prozent der vor Gericht gebrachten Minderjährigen über 14 Jahre alt und meistens alle Mädchen waren.

Es ist von Interesse zu wissen, wann und unter welchen Umständen sich der Fürsorger an das Gericht wenden kann und was als Grund für die Fürsorgebedürftigkeit eines Minderjährigen gilt. Paragraph 2 zählt die folgenden Gründe auf:

1. Wenn niemand für ihn verantwortlich ist.
2. Wenn der für den Minderjährigen Verantwortliche nicht fähig ist für ihn zu sorgen oder ihn zu beaufsichtigen, oder wenn er Pflege und Aufsicht vernachlässigt.
3. Wenn er eine kriminelle Handlung beging und nicht vor Gericht angeklagt wurde.
4. Wenn er vagabundiert, bettelt oder entgegen dem Jugendarbeitsgesetz von 1953 Handel treibt.

5. Wenn er schlechtem Einfluß ausgesetzt ist oder an einem Ort lebt, der als Ort dauernden Rechtsbruches gilt.
6. Wenn sein physisches und psychisches Wohlergehen aus jedwedem anderen Grund beeinträchtigt ist oder möglicherweise beeinträchtigt wird.

Wir haben hier ein breites Spektrum von Situationen vor uns, die unsere Intervention ermöglichen. Zur Erläuterung der praktischen Anwendung sollen die folgenden Ausführungen über die Zusätze des genannten Paragraphen dienen:

Paragraph 2 (1) bezieht sich hauptsächlich auf einen Minderjährigen, der von seinen Eltern, oder dem verantwortlichen Elternteil verlassen wurde, so daß sich niemand findet, der für ihn verantwortlich ist. Es kommt manchmal vor, daß ein Mädchen oder eine junge Frau, die ein uneheliches Kind zur Welt gebracht hat, den Kopf verliert und den Säugling aussetzt. In solchen Fällen läßt sich Paragraph 2 (1) zwecks Auffindung des Verantwortlichen in Anwendung bringen. Wenn man den Verantwortlichen nicht findet, ist es erwünscht, das Kind adoptieren zu lassen, damit es im Schoße einer Familie aufwächst und erzogen wird. Das gilt besonders von einem Säugling oder einem Kind im frühen Alter. Paragraph 8 des Gesetzes über die Adoption von Kindern vom Jahre 1960 stellt nämlich ausdrücklich fest: „Das Gericht soll nur dann die Anordnung zur Adoption erlassen, wenn es sich davon überzeugt hat, daß die Eltern des zu adoptierenden Kindes mit der Adoption einverstanden sind". Aber aus der Erfahrung wissen wir, daß die Aussetzung eines Kindes unter bestimmten Umständen von dem für das Kind Verantwortlichen manchmal bereut wird. Nach einiger Zeit ist er bereit die Verantwortung für die Erziehung des Kindes zu übernehmen. In solchen Fällen besteht nach Paragraph 14 des Jugendgesetzes kein Hinderungsgrund den Beschluß über die Fürsorgebedürftigkeit aufzuheben, wenn das Gericht einen derartigen Beschluß gefaßt hatte.

Paragraph 2 (1) bezieht sich auch auf eine andere Kategorie.

Es gibt Minderjährige, die ohne Eltern oder Verwandte nach Israel kommen und hier von der Institution der Jugendeinwanderung (Jugendalijah) aufgenommen werden. Manche unter ihnen fassen in keiner dieser Erziehungseinrichtungen Fuß und beginnen zu vagabundieren. Wenn das zur Kenntnis des Wohlfahrtsbeamten gelangt, kann dieser zur Ergreifung der erforderlichen Einordnungsmaßnahmen ermächtigt werden. Der Beschluß des Gerichts eröffnet ihnen mitunter zu ihrem Vorteil einen Weg zur Resozialisierung. Beide Kategorien treten nicht häufig auf und der Paragraph kommt nur selten zur Anwendung.

In Paragraph 2 (2) finden sich zwei Gründe, die sich in ihrem Wesen widersprechen, die aber dennoch im Zusammenhang miteinander stehen. Es kommt vor, daß der für einen Minderjährigen Verantwortliche zu seiner Pflege oder Beaufsichtigung nicht *fähig* ist, es kommt auch vor, daß er die Pflege oder Aufsicht *vernachlässigt*. Im ersten Fall kann der Grund in irgendeiner Krankheit liegen, einer zeitweiligen oder andauernden, etwa einer ansteckenden Krankheit, einer Geisteskrankheit, Schwachsinn, Epilepsie oder irgendeiner anderen ernsten Krankheit.

Die folgenden Beispiele erläutern die verschiedenen Situationen.

Das Mädchen R., zweieinhalb Jahre alt, wurde unehelich geboren und die Mutter erlitt nach der Geburt eine Psychose, die ihre Hospitalisierung erforderlich machte. Das Mädchen wurde in einem Säuglingsheim untergebracht. Nach etwa einem Jahr war die Mutter wieder einigermaßen hergestellt und kehrte nach Hause zurück. Sie wollte ihr Kind wiederhaben, um es selbst zu erziehen. Nach Ansicht ihrer Ärzte hatte sich ihr Gesundheitszustand so sehr gebessert, daß sie die Erfüllung ihres Wunsches empfahlen. Nach ihrer Ansicht war die tägliche Pflege ihres Kindes geeignet den Gesundungsprozeß der Mutter zu beschleunigen. Nach einigen Wochen stellten die Nachbarn fest, daß die Mutter die Pflege ihres Kindes vernachlässigte. Sie alarmierten die Fürsorgerin, die bei ihrem Besuch die Informationen der Nachbarn bestätigt fand. Das Mädchen war in einem Grad vernachlässigt worden, daß Lebensgefahr bestand. Auf ärztliche Anordnung wurde das Kind wieder in das Heim verbracht. Es begann sich zu erholen und nun forderte die Mutter von neuem, ihr das Kind zurückzugeben. Wegen der für das Kind bestehenden Lebensgefahr wurde die Sache der jugendgerichtlichen Entscheidung unterbreitet.

Vor Gericht machte die Mutter geltend, daß sie für ihre Tochter eine Lebensweise für notwendig halte, die sie ohne Verwöhnung befähige sich den schweren Bedingungen des Lebens im Laufe der Jahre gewachsen zu zeigen. Auf Grund der dem Gericht vorliegenden Beweise war klar, daß man die Minderjährige nicht bei ihrer Mutter lassen dürfe, obgleich die Wegnahme ihres Kindes ihre bis zu einem gewissen Grad wieder gefestigte seelische Gesundheit aufs neue erschüttern könnte.

Einer ganz anderen Kategorie muß man jene zahlreichen Fälle zuordnen, in denen die Eltern ihre Kinder zu erziehen versuchen, auf deren Lebenswandel jedoch keinen Einfluß mehr ausüben können. Es handelt sich dabei um Kinder, die ihren Eltern den Gehorsam aufgesagt haben, von zu Hause entweichen, sich in zweifelhafter Gesellschaft aufhalten und schließlich auf Abwege geraten.

S. M. war 14 Jahre alt, als die Fürsorgerin sie zum ersten Mal vor Gericht brachte, um für ihre dringliche Unterbringung eine zeitweilige gerichtliche Anordnung zu erwirken. Das Gesuch wurde damit begründet, daß sich „die Minderjährige jeder Disziplin entziehe, oft dem Elternhaus fernbleibe, sich in schlechter Gesellschaft bewege und die Eltern keinerlei Macht mehr über sie hätten."

Im ersten Gespräch mit ihr auf dem Gericht gab sie zu, daß sie von zu Hause fortgelaufen sei und sich zur Zeit seit zehn Tagen herumtreibe. Ohne Zögern erzählte sie, daß sie eine Gruppe junger Männer kennengelernt hätte, die ihr Haschisch gäben und sie vergewaltigten. Aus demselben Gespräch ging auch hervor, daß sie schon früher häufig ausgerissen sei und sich am Rande einer zweifelhaften Gesellschaft bewegt hatte. Sie weigerte sich hartnäckig zu ihren Eltern zurückzukehren, andererseits drohte ihre Mutter, sie umzubringen, falls sie nach Hause käme. Die Morddrohung war sehr real, weil das Mädchen das Lieblingskind der Eltern war, die durch ihr Verhalten wie von Sinnen waren. So groß wie die Liebe ihrer Eltern war, so stark war auch ihre Enttäuschung, die sich in Rachegedanken umsetzte. In meiner Unterhaltung mit S. M. wurde ich in meinem Eindruck bestärkt, daß ihre Angst ins Elternhaus zurückzukehren nicht so sehr durch die Morddrohung ausgelöst wurde als durch die Konfrontation mit ihrer Mutter, die sie aufs tiefste getroffen hatte. Aus ihren Worten ging hervor, daß sie das bedauerte. S. ist ein vernünftiges Mädchen, recht intelligent und mit genügend Urteilskraft ausgestattet, um die ihrer Entwicklung drohende Gefährdung einzusehen, wenn sie sich nicht aufrafft, um sich aus ihren Verstrickungen zu befreien.

Dank der Initiative und Anleitung der Fürsorgerin taten sich einige Familienangehörige zusammen, um dem Mädchen zu helfen wieder auf die rechte Bahn zu kommen. Die Fürsorgerin tat ihrerseits alles nur Mögliche, brachte sie in einem Kibbutz, bei einer Pflegefamilie, in einer Erziehungsanstalt, ja gelegentlich sogar einer geschlossenen Anstalt unter — alles auf Grund einer gerichtlichen Anordnung —, um sie einem geregelten Leben zuzuführen. Aber alle Bemühungen erwiesen sich als vergeblich. Das Mädchen war nicht imstande sich von ihren Freunden auf der Straße loszureißen, setzte ihre verwahrloste Lebensweise fort und landete sogar im Gefängnis.

Was verursachte bei diesem Mädchen, das nach den Worten ihrer Mutter bis zum 13. Lebensjahr in Ordnung war, einen so extremen Verhaltenswandel? Das bleibt uns verborgen. Auch eine gründliche psychologische Untersuchung brachte keine befriedigende Aufklärung. Es gibt auch keine Erklärung dafür, warum sie gerade auf negative und destruktive Kräfte reagiert und nicht auf die positiven Anstrengungen, an denen man nicht sparte, um sie aus ihrer Bedrängnis zu retten.

Der Fall der A. L. wurde dem Gericht von der Fürsorgerin in Abwesenheit des Mädchens vorgelegt. An ihrer Stelle erschien die Mutter, die aussagte, daß ihre etwa sechzehnjährige Tochter das Elternhaus vor einem Monat verlassen hätte und ihr Aufenthaltsort unbekannt sei. Ihre Nachbarn berichteten ihr, daß sie sich mit einer Gruppe von Jungen und Mädchen herumtreibe, die Haschisch rauchten und sich unmoralisch aufführten. Die Mutter sagte ferner, daß sie trotz ihrer schweren Lage ihre Tochter erziehen wolle und hoffe, sie wieder auf den rechten Weg zurückzubringen. Aus den Worten der Mutter vor Gericht ging hervor, daß sie bereits seit langem über die abwegige Verhaltensweise Bescheid wußte, aber aus Scham nicht die Kraft fand, sich an eine öffentliche Institution zu wenden. Als sich die Lage verschlimmerte und die Nachbarn insgeheim über sie zu tuscheln begannen, erwachte sie aus ihrer Passivität und begann zu handeln. Bis dahin hatte sie sich der Realität verschlossen und ihre Befürchtungen verdrängt.

Das Gericht ordnete an, nach dem Verbleib des Mädchens zu forschen, aber die zwei Monate dauernde Suche blieb erfolglos. Da erschien das Mädchen eines Tages in Begleitung der Fürsorgerin und sagte unter anderem: „Ich habe mich gestern der Polizei gestellt, denn ich will mit diesen Dingen ein Ende machen. Ich rauche schon seit zwei Jahren Haschisch und habe schon als Schülerin Haschisch geraucht. In der letzten Zeit hörte ich damit auf. Es stimmt, daß ich mich der Prostitution ergab, aber nicht im Zusammenhang mit einem Kuppler, oder für jemand anderen, sondern nur zur Bestreitung meines eigenen Lebensunterhalts."

A. L. machte den Eindruck eines überdurchschnittlich intelligenten Mädchens. Sie begreift ihre Situation und man erkennt, wie bei ihr der Wille von ihrem derzeitigen Zustand loszukommen gegen die große Anziehungskraft kämpft, die die gewohnte Lebensweise noch immer für sie hat.

Das Mädchen war voller Angst und berichtete, daß ihre Freunde sie bedrohten und vor dem Abbruch der Beziehungen zu ihnen warnten. Das ist vielleicht der Grund, weshalb sie in Haft genommen zu werden wünschte. Sie könne nicht, sagte sie, den Versuchungen widerstehen, wenn sie ihnen räumlich ausgesetzt bliebe. Das Mädchen sprach aufrichtig und da sie den Wunsch äußerte, „ein neues Kapitel ihres Lebens" zu beginnen — so drückte sie sich aus — erhielt sie sowohl von der Fürsorgerin als auch dem Gericht alle Unterstützung.

Das Mädchen hatte sich faktisch bereits zwei Jahre lang herumgetrieben. Solange sie noch zu Hause wohnte, achteten die Eltern nicht auf ihren Zustand und wandten sich auch an niemand um Hilfe. Aber als sie verschwand, gingen ihnen die Augen auf. Doch war es bereits zu spät; das Mädchen ließ sich nichts mehr von ihren Eltern sagen — sie reagierte mit der Flucht von zu Hause. Ihr Betragen gegenüber der Fürsorgerin war nicht anders. Wenn Forderungen an sie gestellt wurden, verhielt sie sich ablehnend, außer wenn sie sich in Haft befand. Jetzt war sie kooperativ und gelobte immer wieder, sich von ihren Freunden zu trennen und ihre Gewohnheiten aufzugeben. Doch hielt sie nicht stand. Sie führte weiter ihr ungeregeltes Leben und hörte auch bald auf, um Hilfe zu bitten. Es schien, als ob sie den Kampf aufgegeben und sich mit ihrem Schicksal abgefunden hätte.

Trotz der Schande und Enttäuschung, die sie ihren Eltern bereitet hatte, waren diese weiterhin bereit, ihr zu vergeben und ihr einen Weg zurück zu bahnen. Eine solche Beziehung wird man nur bei wenigen Eltern finden, die meisten verstoßen ihre Sprößlinge und wollen mit ihnen nichts mehr zu tun haben.

Paragraph 2 (3) stellt eine Neuerung unserer Gesetzgebung dar. Dieser Paragraph besagt, daß, wenn ein Minderjähriger eine kriminelle Handlung beging und wegen dieser Tat, jedoch nicht vor Gericht, angeklagt wurde, er dennoch aufgrund des Jugendgesetzes vor Gericht gestellt werden kann. Der Paragraph ist interessant, weil er sich in gewisser Hinsicht mit der

Forderung nach einem Strafverfahren deckt. Der Fürsorger kann in solchen Fällen Jugendliche bis zu 18 Jahren vor Gericht bringen. Wenn der Ankläger nicht genügend Beweise gegen einen Jugendlichen unter 18 Jahren hat und deshalb das Verfahren gegen ihn eingestellt werden müßte, kann der Fürsorgebeamte gemäß Paragraph 2 (3) des Jugendgesetzes ein Verfahren einleiten.

Im Zusammenhang damit ergeben sich nun eine Anzahl von Rechtsfragen. Da auch nach dem Jugendgesetz von 1960 (Fürsorge und Aufsicht) Beweislast besteht — § 3 sagt u. a.: „Wenn das Gericht für bewiesen erachtet, daß der Minderjährige fürsorgebedürftig ist" — spitzt sich die Frage darauf zu, wie umfangreich die Beweise sein müssen, um die Eröffnung eines Strafverfahrens zu ermöglichen. Wie müssen die Beweismittel beschaffen sein? Geht es allein um die Beschwerden des Klägers oder vielleicht um die Äußerungen des Jugendlichen vor der Polizei? Und wenn der Jugendliche vor der Polizei die ihm zugeschriebene Tat bestreitet, welcher rechtliche Verfahrensweg soll dann eingeschlagen werden? Selbst wenn der Jugendliche vor der Polizei die ihm vorgeworfene Tat gestanden hat, bei Gericht jedoch den ganzen Hergang abstreitet — er ist dazu berechtigt — und dazu bemerkt, daß er sein Geständnis nur ablegte, um vor der polizeilichen Ausforschung seine Ruhe zu haben, gilt dann sein Geständnis vor der Polizei doch noch? Beim Strafprozeß wird üblicherweise noch etwas über das Geständnis des Angeklagten vor der Polizei Hinausgehendes gefordert. Soll er dieses Recht bei seinem Prozeß gemäß dem genannten Paragraphen nicht haben? Man könnte auch einwenden, daß man, wo Paragraph 2 (3) in Rede steht, die Polizei vielleicht gar nicht benötigt, das heißt zum Beispiel, daß sich der Rektor einer Schule mit einer Beschwerde über ein des Diebstahls verdächtiges Kind an den Fürsorger wenden kann, ohne die Polizei einzuschalten. Wenn die Polizei keine Untersuchung angestellt hat, um welches Beweismaterial, das hier dem Gericht vorgelegt wird, geht es da und worauf stützt es sich?

Viele dieser Fragen sind in der Praxis noch nicht erprobt worden, da bis jetzt noch kein Fall bekannt ist, der laut diesem Paragraphen vor Gericht kam. In einigen isolierten Fällen tauchte dieser Paragraph als Zusatz zu einem anderen Hauptparagraphen auf und das Beweismaterial wurde dem Gericht im wesentlichen gemäß dem Grundparagraphen unterbreitet, auf den sich der Beschluß des Gerichts stützte. Es ist auch anzunehmen, daß wenn der Zusatzparagraph 2 (3) angewandt werden soll, man sich mit großer Wahrscheinlichkeit auch auf andere Zusatzparagraphen stützen kann, die noch eindeutiger auf die notwendige Einmischung des Gerichts in die Lage des Minderjährigen hinweisen. Wir wollen damit sagen, daß dieser Paragraph vorläufig noch nicht anwendbar ist.

Anders steht es mit Paragraph 2 (4), aber auch hier kann sich ein rechtliches Problem ergeben, wenn es um Minderjährige unter zehn oder zwölf Jahren geht und namentlich, wenn bewiesen werden muß, daß der Minderjährige „umherstreunt" oder „bettelt". Es kommt vor, daß ein Kind das

Elternhaus aus Angst verläßt — wirklicher oder eingebildeter —, daß es Schläge für seine Tat oder die Unterlassung einer Handlung bekomme. Aus Angst treibt es sich einen ganzen Tag und vielleicht sogar die Nacht über herum. Die Sache ist nicht so kompliziert, wenn es sich um einen Minderjährigen über 12 oder 13 Jahren handelt, der sein Elternhaus verläßt und sich auf den Straßen aufhält. Wir meinen in den meisten Fällen Mädchen, bei denen das Sichherumtreiben auf den Straßen der Beginn einer unmoralischen Karriere werden kann. Meistens erfolgt die Flucht aus dem Elternhaus nach einer langen Periode der Auseinandersetzungen und angespannter Beziehungen. Die Furcht der Eltern vor einem unmoralischen Lebenswandel ihrer Tochter läßt sie mitunter zu harten Maßnahmen greifen. Diese Härte schlägt am Ende „dem Faß den Boden aus“. Wir erleben es häufig, daß in vielen Fällen Minderjährige, die trotz ihres frühen Alters hart bestraft wurden, von zu Hause fortlaufen, weil sie in ihrer Flucht den einzigen Ausweg aus ihrer seelischen Not und Verwirrung sehen. Meistens verstehen die Eltern nicht, daß das Weglaufen der Minderjährigen nichts anderes als eine Reaktion auf die zu Hause herrschenden Gefühlsbeziehungen ist. Die Erfahrung lehrte, daß, wenn man eine auf die schiefe Bahn geratende Minderjährige noch rechtzeitig in eine andere Umgebung versetzt und sich dort um sie kümmert, die Hoffnung auf ihre Resozialisierung besteht. Wenn sich solche Jugendliche zu lange selbst überlassen bleiben, lassen sich die Schäden nicht mehr reparieren, weil hier offenbar ein ganzer Komplex stärkster Antriebe und Motivationen Widerstand leistet. Erschwerend ist auch die Tatsache, daß die Eltern es oft aus Schamgefühlen unterlassen, sich an die geeigneten Institutionen zu wenden und erst nach wiederholten Fehlschlägen um Hilfe bitten. Und während sie noch zögern, hat das Mädchen bereits Freunde und Freundinnen gefunden, die es „gut mit ihr meinen“, hat sie sich an ein ungebundenes Leben gewöhnt und findet es mühselig und schwer ein geregeltes Dasein zu führen.

Anders ist die Situation bei „bettelnden“ Minderjährigen. Es gibt nicht viele minderjährige Bettler, doch halten bettelnde Eltern ihre Kinder zu dieser Beschäftigung an. Wenn das Kind noch sehr jung, verdreckt, verlumpt, abgezehrt und kränklich aussieht, sind die Chancen, daß es bei Passanten Mitleid erregt, groß. Solche Bettlereltern haben ein Interesse an der Unterernährung und Vernachlässigung ihrer Kinder, da ihr Zustand ihnen den Lebensunterhalt garantiert. Daraus folgt, daß man hier eingreifen muß. Meiner Ansicht nach läßt sich hier Paragraph 2 (4) anwenden, obgleich die Minderjährigen selbst keine „Bettler“ sind, sondern anderen als Werkzeug der Bettelei dienen.

Viele Jugendliche kommen wegen Paragraph 2 (5) vor Gericht. Zum Beispiel ein Minderjähriger, dessen Mutter sich der Prostitution ergeben hat; Eltern, die ein Bordell betreiben, in dem der Minderjährige wohnt; ein Minderjähriger, der in einem Hause lebt, in dem Menschen zum Genuß von Rauschgiften oder zu anderen kriminellen Handlungen, etwa verbotenen Glücksspielen zusammenkommen und wo Minderjährige auf Wachposten stehen müssen, um vor der Polizei oder Fremden zu warnen. Auf diese Weise lernen Kinder in der Polizei den Hauptfeind zu erblicken. Hier schärfen sich auch ihre Sinne und erwacht das Interesse an Verbrechen, auch wenn sie noch nicht in der Lage sind die Bedeutung ihrer Handlungen zu verstehen.

In diesem Paragraphen kommen zwei charakteristische Aspekte klar zum Ausdruck. Einmal soll verhütet werden, daß Minderjährige in einer Umgebung aufwachsen, die einen negativen Einfluß auf sie ausübt; zweitens sollen Fürsorgemaßnahmen gegenüber jenen ergriffen werden, die bereits in ein Stadium des ungeregelten Lebens eingetreten sind. Zu ersteren gehören hauptsächlich kleine Kinder, die von ihren Eltern abhängig sind, zu letzteren Minderjährige, die ein volles Maß unabhängigen Verhaltens noch nicht erreicht haben, sich aber auch nichts mehr sagen lassen und durch ihre Lebensweise eigentlich ihre unbedingte Selbständigkeit demonstrieren wollen.

Paragraph 2 (6) ist einer jener Paragraphen, der sich anwenden läßt, wenn alle übrigen Zusatzparagraphen ihrem Zweck nicht mehr entsprechen. Man kann natürlich nicht alle die verschiedenen Situationen voraussehen, in denen zugunsten von Minderjährigen eingegriffen werden muß.

Hier kann es sich zum Beispiel um den Fall handèln, daß ein Elternteil oder beide Eltern wegen eines Verbrechens im Gefängnis sitzen, oder ein Elternteil trinkt oder rauschgiftsüchtig ist, etc. Der Fürsorger befindet sich manchmal in einer paradoxen Lage, wenn er sich aufgefordert sieht den Fall eines fürsorgebedürftigen Kindes vor Gericht zu bringen, die Fürsorgebedürftigkeit in Wirklichkeit aber ihre Ursache in Mängeln und Unterlassungen der sozialen Dienstleistungen hat. Das gilt besonders von den Fällen, in denen die Eltern, um ihren Forderungen mehr Nachdruck zu verleihen, in einem Amt einen Sitzstreik veranstalten. Das soll die Aufmerksamkeit der Öffentlichkeit auf sie lenken und das geschieht ihrer Meinung nach um so wirkungsvoller, wenn sie ihre kleinen Kinder dabei haben.

Am anderen Pol haben wir es mit Menschen zu tun, die kein Interesse an aufsehenerregenden Veranstaltungen haben und die gewissermaßen untergründig arbeiten. Gemeint sind hier Eltern, die sich an die christlichen Missionseinrichtungen wenden. Auch hierin drückt sich bei vielen ein Gefühl der Enttäuschung und Verzweiflung aus, das an mitunter übertriebenen Vorstellungen über ihnen von Rechts wegen von den staatlichen Institutionen zukommenden Dingen haftet. Manchmal geht die erste Kategorie in die zweite über, dann nämlich wenn ihr lärmendes Auftreten und der Sitzstreik mit den Kindern erfolglos blieben. Es kommt dann vor, daß sie ihre Kinder den Missionaren überlassen. Haben sich Eltern einmal in die Arme der Missionare begeben, ist der Weg zur Kategorie der Sitzstreiker jedoch nicht mehr offen, da sie sich dann bei der jüdischen Öffentlichkeit natürlich alle Sympathien verscherzt haben.

Wenn es sich um Missionarsanstalten handelt, ist die Lage des Fürsorgers leichter. Es gelingt in den meisten Fällen nachzuweisen, daß die Unterbringung eines Kindes bei den Missionaren ohne Rücksicht auf sein seelisches Wohl erfolgte. Es handelt sich dabei nicht um Fragen des Glaubens, des Kults oder der Gewissensfreiheit. Das Wohl eines jüdischen Kindes macht eine jüdische Erziehung erforderlich, eine Erziehung im Sinne des Judentums und durch Juden. Das gilt in den Ländern der Diaspora und erst recht im Staate Israel. Kinder, die in christlichen Missionsanstalten erzogen werden, führen oft eine Art Doppelleben. Auf der einen Seite sehen sie das Leben der jüdischen Bevölkerung, ihre jüdischen Eltern, die jüdische Atmosphäre und auf der anderen Seite werden eben diese jüdischen Werte bestritten. Dadurch kommt es bei Kindern zu einem schweren seelischen Konflikt mit ernsten traumatischen Folgen.

In diesem Zusammenhang kommt es manchmal zu geradezu absurden Situationen. Eltern fordern manchmal vom Fürsorgeamt die Unterbringung ihrer Kinder in einer Erziehungsanstalt. In den meisten Fällen ist das ein langwieriger und mühseliger Prozeß und am Schluß sind die Eltern von der Unterbringung aus verschiedenen Gründen nicht erbaut. Es kommt auch vor, daß die Behörden der Unterbringung eines Kindes trotz wiederholter Bitten nicht zustimmen. So beschreiten Eltern manchmal den Weg zu den Missionaren und finden sich mit dem Gedanken ab, daß ihr Kind dort erzogen wird. In diesem Stadium erwacht das Fürsorgeamt und ist bereit, das Kind in einem Heim unterzubringen — *da es bei den Missionaren ist.* In solchen Fällen läßt sich nur sagen, daß ein Kind zuerst zu den Missionaren geschickt werden muß, um in einem Heim untergebracht zu werden.

Die Schwierigkeiten des Fürsorgers sind viel zahlreicher in den erwähnten Fällen, in denen die Eltern einen Druck auf die Behörden auszuüben versuchen, damit ihr Kind in einem Heim untergebracht werde. Ein Kind von ein, zwei oder fünf Jahren, das mit seinen streikenden Eltern in der glühenden Hitze oder bei strömendem Regen auf der Straße vor dem Eingang zu einem Amt sitzt, ist sicherlich fürsorgebedürftig.

Die verschiedenen Aspekte, die sich auf dieser Ebene zeigen, kann man wie folgt resümieren.

Aufgrund von Forderungen nach Resozialisierung und konstruktiver Einordnung nehmen Familien manchmal zu demonstrativen und extremen Maßnahmen ihre Zuflucht, meistens handelt es sich um Sitzstreiks bei öffentlichen Institutionen. Daran beteiligt sich die ganze Familie, der Vater, die Mutter, die Kinder einschließlich der Babys. Da es noch kein Gesetz gibt, das die Beteiligung von Kindern an solchen Streiks oder ähnlichen Protestdemonstrationen verbietet, machen sich die Institutionen rasch das Jugendgesetz zunutze. Sie wenden sich an den Fürsorger, damit er bei Gericht einen vorläufigen Beschluß zur Entfernung der Kinder erwirke. Ein solcher Beschluß genügt in den meisten Fällen, um dem Kampf der Familie einen Stoß zu versetzen und den Abbruch des Streiks herbeizuführen. Ferner wird der Eindruck erweckt, daß das Gericht Stellung nimmt und sich in den Streit einschaltet, ja sogar die Familie zum Abbruch des Streiks zwingt, ohne daß sie Gelegenheit erhält ihren Standpunkt darzulegen. Es ist klar, daß diese Erwägung belanglos wird, wenn sich das Gericht davon überzeugt hat, daß dem Kind als Folge des Streiks tatsächlich eine unmittelbare Gefahr droht. Die folgenden zwei Fälle können das Gesagte erhellen:

Der erste Fall bezieht sich auf eine neunköpfige Familie, die mitten im Winter vor einer Wirtschaftsbehörde einen Streik veranstaltete, damit der Familienernährer eine passende Arbeit erhalte. Die Kinder trugen leichte Kleidung, die sie nicht vor der Kälte und dem Regen schützen konnte. Tagsüber liefen sie auf der Straße umher und nachts schliefen sie im engen und kalten Treppenhaus. Alle Versuche, die im Laufe einiger Tage unternommen wurden, um die Kinder an einen anderen Ort zu bringen, scheiterten an der Unbeugsamkeit der Eltern. Es war klar, daß der weitere Verbleib der Kinder unter diesen Bedingungen für ihre Gesundheit eine unmittelbare reale Gefahr bedeutete. Das Gericht gab der Bitte des Fürsorgers statt und ordnete durch einstweiligen Beschluß an, daß die Kinder mit ihrer Mutter in ihre Wohnung zurückkehren müßten.

Solche Entscheidungen werden meistens mit Hilfe der Polizei in die Tat umgesetzt und ich will hier nicht auf die negative soziale Bedeutung eingehen, die ein solches Vorgehen für die Kinder annehmen kann. Im zweiten Fall veranstaltete eine Familie mit sieben Kindern vor den Amtsräumen einer Stadtverwaltung einen Sitzstreik, um eine konstruktive Einordnung des Familienoberhaupts zu erzwingen. Es war Sommer und die Eltern sorgten dafür, daß man nachts auf dem Fußboden unter Dach schlief, zu welchem Zweck Bettzeug mitgebracht wurde.

Der Fürsorger behauptete, daß den Kindern allein schon deshalb Gefahr drohe, weil sie sich tags und nachts im Freien befänden. Das Gericht erklärte sich nicht davon überzeugt, daß die Kinder tatsächlich unmittelbar gesundheitlich gefährdet seien und wies den Antrag ab. Es fragt sich, ob das Jugendgesetz wirklich geeignet ist, gerade solche Probleme zu lösen[1]."

* Siehe: Bet hamischpat lanoar beschewra hamodermit, Hotza'at mißrad hamischpatim 1966, daf 62 (3), — Das Jugendgericht in der modernen Gesellschaft, Veröffentlichung des Justizministeriums 1966, Blatt 62 (3).

SECHSUNDZWANZIGSTES KAPITEL

Behandlungsmaßnahmen und besondere Aspekte

Ein Fürsorgebeamter wird durch den Fürsorgeminister ernannt und nur wer die Ernennung zu dieser Tätigkeit im Rahmen des Gesetzes erhalten hat, darf sich an das Jugendgericht wenden. Heute werden Fürsorgebeamte unter den Bewährungshelfern für Jugendliche, aber auch unter den Beamten der Stadt- und Ortsverwaltungen ernannt, die in der Behandlung von Kindern erfahren sind. Die sich auf Kenntnisse und Erfahrungen auf dem Gebiet der Familien- und Kinderfürsorge stützende Wahl erscheint richtig, nur verstehen die meisten von ihnen wenig von Gesetz und Prozedur, ein Mangel, der sich gelegentlich fühlbar macht. Es erscheint angebracht an die Ernennung solcher Fürsorgebeamter die Bedingung einer zusätzlichen Fortbildung auf diesem Gebiet zu knüpfen. Die richtige Anwendung des Jugendgesetzes knüpft sich in der Praxis an drei Stadien, die der Fürsorger beachten muß: 1) die Überweisung an den Fürsorger; 2) Beschluß der Antragsstellung bei Gericht; 3) Antrag bei Gericht. Es ist nicht notwendig, daß jeder Fall alle drei oder auch nur zwei dieser Stadien passieren muß.

Bei der Ausführung dieses Gesetzes traten Merkmale auf, die auf eine spezifische Dynamik verwiesen. Wie wir früher schon erwähnten, wird der Antrag auf Eingreifen des Jugendgerichts von einem Jugendfürsorger gestellt, der das Interesse eines Minderjährigen wahrzunehmen hat. Ein solcher Schritt ist jedoch der letzte Ausweg und er wird nur in solchen Fällen unternommen, in denen der Minderjährige, oder ein Elternteil oder Vormund die vom Fürsorgeamt gemachten Vorschläge ablehnt.

An diesem Punkt sieht man sich einer interessanten Situation gegenübergestellt. Obliegt es einmal dem Fürsorger Antrag an das Gericht zu stellen, dann zeigen sich viele Minderjährige und Eltern bereit die ihnen zuvor von dem Fürsorgeamt unterbreiteten Vorschläge anzunehmen oder mindestens in Erwägung zu ziehen. Ein solcher Wandel in der Einstellung wird durch den Wunsch hervorgerufen, eine gerichtliche Intervention zu vermeiden. Das bedeutet, daß das Gericht selbst bevor es noch zu einem Prozeß kommt, eine wichtige Rolle bei der Motivation der Beteiligten spielt. In diesen Fällen ist klar, daß Scham, Furcht, Stigmatisierung etc. den Einstellungswandel begründen. Die folgenden Zahlen veranschaulichen diesen Punkt sehr klar.

Es kann als sicher angenommen werden, daß jene Kinder, um deretwillen Antrag bei Gericht gestellt wurde, nur einen Bruchteil jener ausmachten, die tatsächlich in Frage gekommen wären. Die geringe Zahl kann wie folgt erklärt werden.

TABELLE 1

Zahl der Minderjährigen, für die das Fürsorgeamt Antrag an das Gericht stellte
1962—1970[1]

Jahr	Minderjährige, die für Gerichtsentscheidungen in Frage kamen	Tatsächliche Zahl der Mind.j. vor Gericht	Fälle in denen Gerichtsentscheid. nicht notwendig war	Endgült. Gerichtsentscheid. noch ausstehend	Zahl der Familien bei allen diesen Fällen
1962	559	136	182	241	437
	100%	24,3%	32.6%	43.1%	—
1963	449	71	132	246	390
	100%	15.8%	29.4%	54.8%	—
1964	362	117	73	172	265
	100%	32.3%	20.2%	47.5%	—
1966	752	189	202	361	615
	100%	25.1%	26.9%	48.0%	—
1967	744	172	143	329	543
	100%	26.7%	22.3%	51.1%	—
1968	870	179	234	457	717
	100%	20.5%	27.0%	52.5%	—
1969	710	194	156	360	580
	100%	27.3%	22.0%	50.7%	—
1970	1078	239	44	795	815
	100%	22.1%	4.1%	73.8%	—

1. Zahlreiche Ortsbehörden haben für dieses Gesetz noch keine Ausführungsbestimmungen geschaffen, weil sie sich damit zusätzliche finanzielle Lasten aufbürden würden. Sie behaupten daher, daß die Zentralregierung für die Durchführung dieses Gesetzes verantwortlich sein sollte.

2. Antrag auf gerichtliche Intervention hat meistens die Unterbringung in einem Erziehungsheim zur Folge, weil innerhalb dieser Familien fast keinerlei Einzelhilfe geleistet wird.

3. Es herrscht kein ausreichendes Verständnis darüber, in welchem Maß die Gerichtssituation einen Einstellungswandel bei Eltern und Kindern herbeiführen kann.

Für jene Fälle, in denen noch keine Entscheidung darüber gefällt wurde, ob Antrag auf Gerichtsintervention gestellt werden soll oder nicht, gibt es

[1] Für 1965 keine Zahlen erhältlich.

mehrere Gründe. Manchmal gab es nicht genügend Zeit, alle notwendigen Informationen beizubringen, um den Fall vor Gericht zu bringen. Es gab Fälle, in denen der Fürsorger den Versuch machte, das Kind im Hinblick darauf unterzubringen, daß eine mögliche Gerichtsentscheidung sogleich ausgeführt werden würde. Das galt besonders für junge Mädchen, die auf die schiefe Bahn gerieten. Hier würde eine Gerichtsentscheidung ohne sofortige Durchführung eine schädliche Wirkung haben. Aber es gab auch Fälle, in denen man bei der Familie oder dem Jugendlichen wegen einer möglichen Gerichtsintervention ein Einlenken beobachten konnte. Es schien ratsam, bis zur Änderung der Einstellung von Familie und Minderjährigen mit einer endgültigen Entscheidung noch zu warten. Es brauchte auch Zeit, um einen Behandlungsprozeß zu konsolidieren, der auf Grund eines geplanten Antrags bei Gericht gerade in Gang gekommen war.

Es ist von Interesse festzustellen, daß die Wahrscheinlichkeit, daß Kinder außerhäuslich untergebracht werden, größer im zarten Alter ist, weil sie in einem höheren Grad auf elementare körperliche Pflege angewiesen sind als ältere Kinder.

Es ist eine Tatsache, daß sich physische Vernachlässigung leichter als seelische Benachteiligung feststellen läßt. Doch ergibt sich häufig eine paradoxe Situation. Es finden sich häufig Minderjährige, die des Schutzes bedürfen und infolgedessen in eine bessere und gesündere Umgebung verbracht werden. Aber Unterbringungen im zarten Alter machen in den meisten Fällen wiederholte Unterbringungen notwendig, was am Schluß den ursprünglichen Zweck der Schutzmaßnahme zunichte machen kann, so daß das Kind zum Sorgenkind wird.

Welche Entscheidung das Gericht auch fällt, ein Minderjähriger und seine Eltern müssen die Chance haben, vor Gericht ihre Meinung zu dort vorgetragenen Lösungsvorschlägen zu äußern. Es kommt also doch vor, daß das Gericht eine endgültige Entscheidung vertagt, bis sich die Situation, die den Anlaß zur gerichtlichen Einschaltung bildete, geändert hat. Es muß nicht gesagt werden, daß Versprechungen allein nicht entscheidend sind, in diesen Fällen findet, was die Erfüllung gegebener Versprechen anbelangt, eine strenge Aufsicht des Fürsorgers statt. Viele Eltern versuchen dem Stigma einer gerichtlichen Einschaltung zu entgehen und sie mögen daher Vorschläge des Fürsorgers annehmen, nachdem das Jugendgericht sich eingeschaltet hat.

Es ist bemerkenswert, daß dieses Gesetz keine Strafmaßnahmen gegen Eltern vorsieht. Es beschränkt sich auf die Fürsorge für Kinder, die ihrer bedürfen.

Es ist nicht bekannt, was am Ende mit jenen Fällen geschah, die nicht vor Gericht gelangten. Es ist zu vermuten, daß es in einigen dieser Fälle zu einer Anstaltsunterbringung des Minderjährigen durch das Fürsorgeamt kam, nachdem den Betroffenen klar gemacht wurde, daß ein Antrag bei Gericht unvermeidlich wäre. Es handelt sich hier offensichtlich um Kinder

TABELLE 2

Entscheidungen[2], die in den Jahren 1962—1970[3] von Jugendgerichten gefällt wurden
Gesamtzahlen und Prozentsätze

	Total Nr.	Anweisungen des Gerichts an Minderjährigen oder Aufsichtsperson betr. Verhalten	Ernennung eines Betreuers für den Minderjähr. durch das Gericht	Überwachung des Minderj. durch Jugendfürsorger	Heimunterbringung durch Fürsorge, durch das Gericht angeordnet	Notstandsanordnung bis zu 30 Tagen
1962	136	7 5.2%	6 4.4%	7 5.2%	61 44.8%	55 40.4%
1963	71	3 4.2%	4 5.4%	— —	50 70.4%	14 20.0%
1964	117	6 5.2%	10 8.5%	3 2.5%	71 60,7%	27 23.1%
1966	189	1 —	1 —	9 4.8%	134 70,9%	44 23.3%
1967	172	22 12.8%	13 7.5%	5 3.0%	88 51.1%	44 25.6%
1968	179	23 13.0%	2 1.0%	9 5.0%	118 65.9%	27 15.1%
1969	194	15 7.7%	14 7.2%	26 13.5%	100 51.6%	39 20.0%
1970	239	5 2.1%	4 1.7%	13 5.4%	130 54.4%	87 36.4%

im zarten Alter. Bei älteren Kindern, etwa ab 13. Lebensjahr, führt die reale Möglichkeit, sich an das Gericht zu wenden, sowohl bei ihnen als auch ihren Eltern zu einer gewissen Reorientierung, so daß die Inanspruchnahme des Gerichts nicht mehr notwendig ist. Hier wird anscheinend eine interessante Dynamik wirksam, über deren verschiedene Aspekte man mehr wissen müßte.

Das Gesetz setzt die Behandlungsmittel auseinander, die dem Gericht zur Verfügung stehen. In diesem Zusammenhang ist besonders auf Paragraph 3 (4) hinzuweisen, der besagt, daß „das Gericht ermächtigt ist, den Minderjährigen der Obhut des für ihn Verantwortlichen zu entziehen, wenn erwiesen ist, daß Pflege und Aufsicht nicht anders gewährleistet werden

[2] Interimsentscheidungen, die manchmal getroffen wurden, sind in dieser Tabelle nicht enthalten.
[3] Für 1965 waren keine Zahlen zu erhalten.

können, und eine Fürsorgebehörde mit seiner Obhut und Bestimmung seines Aufenthalts zu beauftragen."

Das Gericht bestimmt also nicht, wo der Minderjährige untergebracht werden soll. Diese Verantwortung obliegt der Fürsorgebehörde. Daraus folgt, daß die Fürsorgebehörde auch für die Finanzierung der Unterbringung aufzukommen hat. Das ist eine wesentliche Neuerung, die bereits in England und den Vereinigten Staaten üblich ist.

Hier seien noch zwei Punkte erwähnt, die zwar ihrer Natur nach keine tatsächliche Neuerung sind, deren Vorteil jedoch in der klaren Bedeutung liegt die durch die Formulierung des neuen Gesetzes ermöglicht wird.

Paragraph 3 (1) besagt, daß das Gericht berechtigt ist, dem Minderjährigen oder dem für ihn Verantwortlichen jederlei Anweisung zu geben, die für seine Pflege erforderlich ist. Der Minderjährige und die für ihn verantwortliche Person werden hier als zusammengehörig betrachtet. Diesem Grundsatz folgte der Gesetzgeber auch in den weiteren Abschnitten dieses Gesetzes. Es war zwar auch möglich nach dem früheren Abschnitt sechs Anweisungen zu geben, die in der Weisungskompetenz des Gerichts standen, aber der Gesetzgeber hielt es für richtig dieser Angelegenheit einen eigenen Paragraphen zu widmen. Gleichzeitig ist davon auszugehen, daß das Gericht einen derartigen Beschluß begründen werde.

Im Abschnitt 3 (2) erscheint ein neuer Terminus, „Freund" [hebr. „Jedid"], ein Betreuer oder Erziehungsbeistand, der dem Minderjährigen zur Seite gestellt werden kann und der auch als Berater des für ihn Verantwortlichen dienen soll. Früher war es möglich einen Minderjährigen der Aufsicht einer „geeigneten Person" zu unterstellen. Auch hier war an die Persönlichkeit eines Erziehungsbeistandes gedacht. Der Unterschied ist darin zu sehen, daß eine zum Erziehungsbeistand ernannte Person gleichzeitig auch als verantwortlicher Ratgeber des Minderjährigen bestellt werden konnte. Im Hinblick auf die Gestaltung der Lebensumstände des Minderjährigen kommt dem beratenden Erziehungsbeistand große Bedeutung zu. Es besteht für ihn zum Beispiel auch die gesetzliche Möglichkeit den Eltern des Minderjährigen bindende Anweisungen zu geben.

Es ist logisch, daß ein „Freund" nicht gegen seinen Willen ernannt wird, daher heißt es im Abschnitt fünf: „Niemand soll, außer mit seiner Einwilligung zum Erziehungsbeistand bestellt werden".

Die für die Rechtspflege nach dem Jugendgesetz wesentlichen Kriterien sind:

1. Nichtbegrenzung des Mindestalters, wie es gegenüber jugendlichen Rechtsbrechern stipuliert wird. Das Gericht kann auch im Falle eines Säuglings, der einen Tag alt ist, einschreiten, wenn er der Hilfe bedarf.

2. Der Prozeß kann in Abwesenheit des Minderjährigen stattfinden, wenn wie Paragraph 9 es ausdrückt, das Gericht „der Ansicht ist, daß der Minderjährige der Verhandlung nicht folgen kann oder seine Vorladung seine Gesundheit gefährdet."

3. Es ist Aufgabe des Fürsorgebeamten sich an das Gericht zu wenden und die Polizei hat mit der Eröffnung von Gerichtsprozessen nichts zu tun.

4. Die Beweislast für jeden Fall ruht auf dem Fürsorgebeamten, der das Gericht zu überzeugen hat. Damit wird ein rechtlicher Rahmen abgesteckt, der dazu dient die Rechte des Bürgers und Freiheit des Individuums zu schützen.

Bevor wir untersuchen, welche Entscheidungen das Jugendgericht nach diesem Gesetz in der Praxis fällte, sollten wir noch bei zwei Abschnitten verweilen, die eine wichtige qualitative Neuerung bilden. Abschnitt 11 des Jugendgesetzes ermächtigt den Fürsorgebeamten, noch bevor er sich an das Gericht wendet und selbst ohne das Einverständnis des für den Minderjährigen Verantwortlichen, Maßnahmen zu ergreifen, wenn er der Meinung ist, daß diesem akute Gefahr droht oder er einer unaufschiebbaren Maßnahme bedarf. Gemeint ist hier ein Ausnahmezustand, wenn der Minderjährige zu seinem Wohle eines sofortigen Eingreifens bedarf.

Die Einschränkung liegt darin, daß ein solcher Schritt nicht für einen Zeitraum unternommen wird, der über eine Woche hinausgeht. Der Gesetzgeber hielt es für notwendig die Rechte des Individuums zu schützen, und um von vornherein jeden selbst unabsichtlichen Mißbrauch zu verhüten, wurde in diesem Abschnitt bestimmt, daß der Fürsorgebeamte die Sache dem Gericht bis Ablauf einer Woche zur Entscheidung vorgelegt haben muß. Geschieht das nicht, hat die von dem Fürsorgebeamten ergriffene Maßnahme keine gesetzliche Geltung mehr.

Fürsorgebeamte wenden diesen Paragraphen nur in seltenen Fällen an.

Etwas anderes ist es, wenn der Fürsorgebeamte beantragt gemäß Abschnitt 12 des Gesetzes eine vorläufige Entscheidung zu treffen, „selbst vor Anhörung des Minderjährigen und des für ihn Verantwortlichen und vor Eingang eines Berichts, zeitweilige Maßnahmen gegenüber dem Minderjährigen . . . etc. anzuwenden.“ Auch hier handelt es sich um außerordentliche Maßnahmen, die vom Gericht erbeten werden. Wenn das Gericht von einem solchen Schritt überzeugt ist, gilt gleichzeitig die Bestimmung, daß eine Zwischenentscheidung nicht an die Stelle gewöhnlicher Prozeßverhandlungen treten kann und daher wurde auch das Gericht im Falle einer solchen Entscheidung auf eine Periode von dreißig Tagen beschränkt. Dieser Paragraph wird ziemlich häufig angewandt.

Die Zahlen in Tabelle 2 zeigen, daß unter den vom Gericht gefällten Entscheidungen 85 % durchschnittlich mit der Entfernung des Minderjährigen aus der Obhut des für ihn Verantwortlichen verbunden waren, das heißt mit allen jenen Fällen, in denen nach Paragraph 4 (3) oder nach Paragraph zwölf des Jugendgesetzes entschieden wurde. Auch wenn wir uns, wie schon oben erwähnt, die Tatsache nicht verhehlen können, daß das Charakteristische bei der Anwendung dieses Gesetzes in anomalen erzieherischen, gesellschaftlichen und wirtschaftlichen Bedingungen liegt, heischt dennoch ein so hoher Prozentsatz von außerhäuslichen Unterbringungen eine Erklärung. Ohne auch nur im geringsten die unbedingte Notwendigkeit schmälern zu wollen Minderjährige *zu ihrem Schutze außerhäuslich unterzubringen,* muß man sich mit dem akuten Problem befassen, ob es sich nicht vielleicht lohnt auf dem Gebiet der Sozialarbeit intensive Behandlungsmethoden zu entwickeln, die es den Jugendlichen — oder auch nur einigen von ihnen — ermöglichen würden bei ihren Familien zu verbleiben.

Das gilt besonders von Kindern im zarten Alter, deren normale Entwicklung durch eine außerhäusliche Unterbringung gefährdet werden kann. Es scheint mir, daß wir auf diesem Gebiet noch zurück sind und eine planmäßige und systematische Aktivität auf lange Sicht für alle Beteiligten zweifelsohne ein Segen sein könnte.

Wir müssen noch den in gewissem Sinn „regressiven" Charakter eines Gesetzes erörtern, das im Prinzip progressiver Natur ist. Paragraph 17 des Jugendgesetzes besagt, daß eine Gerichtsentscheidung erlischt, wenn der Jugendliche das achtzehnte Lebensjahr erreicht hat. Das bedeutet, daß es nicht eigentlich sinnvoll ist, einen Siebzehnjährigen vor Gericht zu bringen, da ja nach kurzer Zeit sowieso jeder Beschluß hinfällig wird. Niemand bestreitet, daß eine von Grund auf neue Erziehung, die zur Resozialisierung, zum richtigen Verhalten gegenüber dem Nebenmenschen, zur Auseinandersetzung mit den eigenen Problemen führen soll, in der Regel, auch unter einigermaßen günstigen Umständen, mehr als nur ein Jahr erfordert. Und wenn das Jugendgesetz angewandt werden muß, dann bedeutet das, daß die Umstände eben ganz und gar nicht zufriedenstellend sind. Die daraus zu ziehende Konsequenz ist klar.

Ferner sind bei Jugendlichen über vierzehn Jahren faktisch Mädchen betroffen, da Jungen dieses Alters nach dem Jugendrecht fast nie vor Gericht gelangen. Die Mädchen, die in diesem Alter vor Gericht kommen, fallen fast ausnahmslos in den Rahmen des Paragraphen 2 (2) unter Einschluß oder ohne Einschluß von Paragraph 2 (6). Gemeint ist hier eine Minderjährige, die auf Abwege geraten ist oder sittlich zu verkommen droht. Für Mädchen in dieser Situation stellt eine zweijährige Resozialisierungsperiode ein absolutes Minimum dar. Es nimmt daher wunder, daß unser Gesetzgeber gegenüber solchen Mädchen mit Strenge vorgeht, wenn doch ihre Lebensbedingungen gerade eine maximale Berücksichtigung ihrer Situation und eine Verlängerung der Behandlung über das achtzehnte Lebensjahr hinaus erfordern.

Dieser Teil des Paragraphen 17 wird noch merkwürdiger erscheinen, wenn wir ihn an dem Fortschritt messen, der sich im Gesetz über jugendliche Delinquenten vom Jahre 1922 gegenüber weiblichen Straftätern kundtat. In diesem Gesetz wurden schon damals den Mädchen gegenüber den Jungen Vorzugsbedingungen eingeräumt. Das Ziel der Bevorrechtung war es auch den über achtzehnjährigen Mädchen, die auf Abwege geraten waren, ein höheres Maß an Schutz und Rückhalt zu gewähren und deshalb bezog man sie unter jene Gruppe ein, die besondere Bedingungen in Anspruch nehmen durfte.

Paragraph 8 (1) der Verordnung vom Jahre 1922 bestimmte, daß Mädchen in eine Anstalt verbracht werden können, und nach Paragraph 9 (1) desselben Gesetzes bestand die Möglichkeit ein solches Mädchen bis zum zwanzigsten Lebensjahr in der Anstalt zu belassen. Die Jugendstrafgesetzordnung vom Jahre 1937 machte sich dieselbe Intention zu eigen und bestimmte ausdrücklich (im Paragraphen 18 (H) des Gesetzes, dem Schlußabsatz von Paragraph 18 der Jugendstrafgesetzordnung vom Jahre 1937) im Falle der Anstaltsunterbringung einer jugendlichen Rechtsbrecherin das Folgende: „Vorausgesetzt, daß es sich beim Straftäter um ein noch nicht achtzehnjähriges Mädchen handelt, kann man es in eine Besserungsanstalt für Jugendliche oder eine andere Anstalt schicken unter der Bedingung, daß der Straftäter in einer solchen Anstalt unter keinerlei Umständen bis nach Erreichung des zwanzigsten Lebensjahres festgehalten wird" . . . etc.

Es stellt sich also heraus, daß eine Minderjährige, die ein bis zwei Monate vor ihrem achtzehnten Lebensjahr bei dem Vergehen sich der Prostitution zu ergeben, festgenommen und im Sinne des einschlägigen Paragraphen der Strafrechtsordnung von 1936 unter Anklage gestellt wurde, vom Gericht bis zur Vollendung ihres zwanzigsten Lebensjahres in eine Anstalt geschickt werden kann; während eine Minderjährige, die ein bis zwei Monate vor ihrem achtzehnten Lebensjahr wegen ihres unsittlichen Lebenswandels vor ein Jugendgericht gestellt wird, mit praktisch keinerlei Maßnahmen zu rechnen hat, da ein Gerichtsbeschluß nach kurzer Zeit, das heißt, wenn sie achtzehn Jahre alt ist, aufgehoben wird.

Wie soll man es erklären, daß man sich vor Jahrzehnten über die besonderen Probleme gefährdeter Mädchen Gedanken machte und die gesetzliche Möglichkeit vorsah, sie bis zum zwanzigsten Lebensjahr in eine Anstalt, das heißt nicht ins Gefängnis, zu stecken, während man in unserem Gesetz vom Jahre 1960 eine solche Möglichkeit ausschließt? Man muß wissen, daß wir heute fast überall auf der Welt gegenüber Jugendlichen, die vor ein Jugendgericht gestellt werden, entsprechend dem Jugendgesetz größere Freizügigkeit walten lassen. Das Jugendgesetz sieht ausdrücklich vor, daß Jugendliche bis zum zwanzigsten oder einundzwanzigsten Jahr in den Genuß einer Sonderbehandlung kommen können. Die Situation ist also bei uns unverständlich und bedarf der Reform.

Im Zusammenhang mit dem Gesagten bleiben noch einige Punkte zu klären. Viele Eltern bangen um die Moral der Tochter, wenn diese in ihr dreizehntes Lebensjahr tritt, insbesonders, wenn sie körperlich entwickelt ist. In den meisten Fällen verläßt das Mädchen die Volksschule in der fünften oder sechsten Klasse und beginnt zu arbeiten. Die meisten Eltern sehen das mit Wohlgefallen, da die Schule in ihren Augen etwas Fremdes ist, mit dem man sich nur abfinden will, solange das Mädchen noch sehr jung ist. Wird es zwölf oder dreizehn, ändert sich das Verhältnis der Eltern zur Schule und das Mädchen, das im allgemeinen in der Schule nicht sehr glücklich war sieht sich durch diese Einstellung in seinem Wunsch, die Schule zu verlassen, unterstützt.

Häufig kann man eine Anzahl von Verhaltensmustern beobachten, manchmal sind sie zusammengesetzter Natur, gehen ineinander über und stellen dann eine Kombination von gelegentlich auch einseitig vorkommenden Reaktionsweisen des Erlaubens und Verbietens dar. Es ist bekannt, daß sich viele Eltern im allgemeinen schämen der Polizei oder Fürsorgestelle Mitteilung über das abwegige Verhalten ihrer Tochter zu machen, im Gegenteil, sie übersehen geflissentlich die ersten Anfänge, entweder weil sie sich vor der Konfrontation mit dem Problem fürchten oder sich eine Auseinandersetzung mit ihm erst gar nicht zutrauen. Das Mädchen setzt inzwischen seine Lebensweise fort und der Zustand wird immer schlimmer. Gewöhnt sich das Mädchen einmal an dieses Leben auf der Straße, so stößt dann erfahrungsgemäß jeder Resozialisierungsversuch auf beträchtliche Schwierigkeiten. Wenn die Eltern dann in einem fortgeschrittenen Stadium nicht mehr aus noch ein wissen und um Hilfe bitten, sind die Behandlungsaussichten nicht mehr sehr günstig. Es gibt freilich auch Eltern, die ganz anders reagieren. Stellen sie fest, daß ihre Tochter spät nach Hause zu kommen pflegt, erschweren sie ihr die Zusammenkünfte mit Freunden und Freundinnen und beschneiden ihre Bewegungsfreiheit. Es ist ihnen dann oft lieber, sie hört überhaupt zu arbeiten auf „und sitzt einfach zu Hause herum". Das Mädchen hat natürlich den Wunsch sich diesen Restriktionen, die im Widerspruch zu den Bedürfnissen einer Heranwachsenden stehen, zu entziehen und läuft davon, um so dem Druck und der Vereinsamung, den dauernden Kränkunge und Spannungen ihrer häuslichen Atmosphäre zu entfliehen. Zunächst läuft sie einmal auf einen oder zwei Tage fort, kehrt dann wieder nach Hause zurück oder wird nach Hause geholt. Dadurch wird ein noch größerer Widerstand und eine noch strengere Kontrolle aufgebaut. Das Fortlaufen wiederholt sich und die Eltern greifen nunmehr zu einem Mittel, das ihrer Ansicht nach als probat gilt: sie scheren dem Mädchen den Kopf kahl. Sie glauben nun, daß ihre Tochter jetzt ans Haus gefesselt sein würde und dem Umgang mit ihren Freunden mit ihrem schlechten Einfluß bis das Haar nachgewachsen ist, ein Ende bereitet werden würde. Die Eltern versprechen sich von ihrer Maßnahme eine nachhaltige Schockwirkung.

Es braucht nicht gesagt zu werden, daß diese Methode nicht nur grausam und verletzend, sondern auch völlig nutzlos ist. Eine andere Lösung der Schwierigkeit glauben manche Eltern in einer Eheschließung zu erblicken. Das Mädchen soll heiraten, egal wen. Bei einem Mädchen, selbst wenn es erst 15 oder 16 Jahre alt ist, würden sich alle Probleme, wenn sie einmal verheiratet ist, von selbst lösen! Damit laden die Eltern natürlich die Verantwortung auf einen Dritten ab, eben auf den Rücken des gesetzlichen Ehemannes. Eine Ehe rettet allerdings mitunter das erschütterte Prestige der Familie und die Tochter gewinnt ihre verlorene Position in der Familie wieder.

Nach Paragraph 5[4] (A) des Gesetzes über das Heiratsalter vom Jahre 1950 ist eine Eheschließung unter 17 Jahren möglich. Seltsam und „unmodern" wie es klingen mag, diese Einstellung der Eltern ist keinesfalls zu verwerfen. Man kann natürlich nicht mit Sicherheit das Gelingen einer solchen Ehe voraussagen, aber das sollte nicht das Kriterium sein. Der Maßstab ist ein anderer. Würde denn eine solche Eheschließung unter anderen Umständen eine glücklichere Wahl bedeuten? Die Frage ist hypothetisch und läßt sich nicht beantworten. Andererseits, ist das Mädchen überhaupt in der Lage mit vollem Bedacht einen Ehepartner zu wählen? Das darf bezweifelt werden. Daher darf man den Wunsch der Eltern nicht nur negativ abqualifizieren.

Zu diesem Bild gesellt sich noch ein entscheidender Faktor: der Kuppler. Diese Kuppler finden schnell heraus, wenn sich ein Mädchen ziellos auf der Straße herumtreibt und sich in einem Zustand seelischer Spannung und zorniger Erregung befindet. Sie erscheinen wie die Aasgeier und stets im Gewand des Retters. Ihre erprobte Methode das Mädchen an sie zu binden ist das Heiratsversprechen. Ihre wirkliche Absicht lassen die Kuppler meistens nicht von Anfang an durchblicken. Manche von ihnen bringen das Mädchen in einen Kreis anderer Gefährdeter und von hier aus führt der Weg schnell auf die Straße. Die neuen Freundinnen bestärken das Mädchen in ihrem Vorsatz nicht mehr nach Hause zu kehren.

In vielen Fällen bedarf es dieser Ermunterung gar nicht mehr, sei es weil das Mädchen Angst hat oder weil es den Versicherungen des Kupplers unverbrüchlichen Glauben schenkt. Die Bindung an den Kuppler wird dadurch verstärkt und obgleich er das Mädchen hemmungslos ausnützt und selbst grausam behandelt, prostituiert sie sich für ihn und seine Freunde. Ein Faktor, der die Macht des Kupplers über das Mädchen bestärkt, liegt darin, daß sich das Mädchen das Gefühl seiner Niederlage eingesteht und darunter leidet. Die negative Selbsteinschätzung wird dann wiederum durch den Drang nach Zerstreuung wettgemacht. Im allgemeinen haben diese Mädchen nicht die Fähigkeit zu Gefühlsbindungen an den Nebenmenschen, im Kuppler vermögen sie jedoch wenigstens zum Teil ihren Bundesgenossen zu erblicken. Es handelt sich um ein psychologisch sehr interessantes Phänomen, um dessen Erklärung eine Anzahl verschiedener Theorien bemüht ist.

In Israel beginnen bereits Dreizehnjährige auf die Straße zu gehen.

Ihre Zahl steigt dann wesentlich in den Altersgruppen von 14 und 15 Jahren und dann erfolgt nochmals eine Steigerung im Alter von 16—17. Im Laufe der letzten Jahre nahm auch die Zahl der rauschgiftsüchtigen Mädchen zu. Diesem Begleitphänomen kommt große Bedeutung zu, insofern dadurch zahlreiche Resozialisierungsversuche vereitelt werden. Eine wirkliche Entwöhnungschance besteht bei solchen Fällen de facto nicht.

---

[4] Siehe: Marriage Age Law, 5700—1950 in: Laws of the State of Israel, Vol. 4, p. 158 (Englische Übersetzung).

Das häufigste und auffälligste Vergehen, das Mädchen über 13—14 Jahren vor die Jugendgerichte Israels brachte, bestand, wie man gemeinhin sagen könnte, in einem „sexuellen Fehlverhalten." Manche wurden strafrechtlich verfolgt, während andere im Sinne des hier in Rede stehenden Gesetzes als Minderjährige vom Gericht als aufsichts- und behandlungswürdig angesehen wurden.

Einige der strafrechtlich verfolgten Mädchen waren angeklagt, Männer zum Zwecke eines Geschlechtsverkehrs angesprochen oder sich in der Öffentlichkeit ungebührlich verhalten zu haben. Eine Anklage wegen Prostitution gibt es nicht, weil Prostitution in Israel nicht strafbar ist. Andere wurden wegen Diebstahls, Störung der öffentlichen Ordnung oder Körperverletzung angeklagt, doch konnte sich im Laufe des Prozesses ergeben, daß ein Sexualdelikt die Hauptsache war. Selbst in jenen Fällen, in denen die Anklageschrift ein Sexualdelikt unerwähnt läßt, ist es jedoch von größter Bedeutung ihm auf den Grund zu gehen, wenn es vor Gericht zur Sprache kommt. Meiner Ansicht nach kann sich ein Jugendgericht keine Vogel-Strauß-Politik leisten und sich hinter Formalitäten verschanzen. Natürlich heißt das nicht, daß das Mädchen nun für ein Vergehen bestraft werden soll, von dem nichts in der Anklageschrift stand.

Die meisten waren jedoch angeklagt, sich zu gesetzeswidrigen Zwecken auf der Straße herumgetrieben zu haben. Hier handelt es sich um Mädchen, manchmal sogar um solche, die unter 14 Jahre alt sind, die sich zum ausschließlichen Zweck der Prostitution auf Straßen und Verkehrswegen herumtreiben. Sie stellen, um einmal von allem anderen abzusehen, eine Belästigung der Öffentlichkeit in den für ihre Streifzüge bevorzugten Straßen dar. Von Zeit zu Zeit werden sie von der Polizei festgenommen, was ebenfalls oft öffentliches Ärgernis hervorruft. Viele von ihnen haben ihre festen Standorte und finden sich dort zu bestimmten Stunden ein, andere streunen in verschiedenen Straßen herum oder ziehen von einer Stadt zur anderen, nur um wieder an ihrem Ausgangspunkt aufzutauchen. Sie stehen fast ausnahmslos mit einem Zuhälter in Verbindung, der von ihren Einkünften lebt. Der Zuhälter spielt häufig auch die Rolle eines Vermittlers. Die Mädchen werden gewöhnlich von ihrem Zuhälter streng beaufsichtigt und vor Verunglimpfung und Beeinträchtigung durch die Konkurrenz geschützt. Der Zuhälter verspricht im Falle einer polizeilichen Festnahme eine Bürgschaft zu stellen oder die vom Gericht verhängten Geldstrafen zu bezahlen. In bezug auf diese Erwartungen sehen sich jedoch viele Mädchen bitter enttäuscht, da sich Zuhälter nicht an ihre Versprechen halten.

Andererseits paßt er genau darauf auf, daß ihm das Mädchen alle Einnahmen abliefert und nichts für sich selbst zurückbehält. Es ist sozusagen ein Spiel mit offenen Karten, bei dem die Beteiligten den Versuch machen, die ausdrücklich oder stillschweigend akzeptierten Regeln zu brechen.

Viele der Mädchen, besonders die jüngeren, nehmen im Gegensatz zu den ihnen gemachten Versprechungen, die elendsten Bedingungen hin. Meistens verschwendet der Zuhälter das von ihnen verdiente Geld für seine eigenen Bedürfnisse. Und dennoch vermögen diese entwürdigenden Situationen an der Abhängigkeit der Mädchen von ihrem Zuhälter nichts zu ändern.

Die Mehrheit der Mädchen stehen jedoch nicht als Straffällige, sondern Minderjährige vor Gericht, die aufsichts- und pflegebedürftig sind. Dieses Verfahren erweist sich als tunlicher, da es oft schwierig ist eine Straftat vom geschilderten Typus nachzuweisen. Man schlägt daher ein Verfahren ein, das nicht an die Vorschriften und Prozeduren eines Strafprozesses gebunden ist. Obgleich in diesen Fällen ein Jugendfürsorger dem Gericht, soll es einschreiten, Beweismaterial vorlegen muß und sich das Gericht davon überzeugen muß, die Minderjährige tatsächlich auf sein Einschreiten angewiesen ist, entfällt eine strenge Prozedur. Entscheidend bleibt freilich, daß bewiesen werden muß, daß eine solche Minderjährige auf die Intervention des Gerichts angewiesen ist. Wir haben es hier mit der Auffassung zu tun, daß die Gesellschaft sich um das Wohl von Minderjährigen kümmern muß, die dazu nicht aus eigenen Kräften in der Lage sind oder die von ihren Eltern vernachlässigt werden. Sie sehen sich auf diese Weise Mißhandlungen und Verunglimpfungen durch andere ausgesetzt. In allen diesen Fällen muß die Gesellschaft mit Hilfe des Gerichts für ihre Wohlfahrt eintreten, gleichgültig ob die Minderjährige um gerichtliche Hilfe nachgesucht hat oder nicht.

Für die Erklärung von Sexualdelikten junger Mädchen müssen zahlreiche Umstände und Beweggründe herangezogen werden. Erwähnen wir nur einige von ihnen: Desorganisation der Familie, Mangel an elterlicher Kontrolle, die Problematik einer unvollständigen Familie, dauernde Familienstreitigkeiten, Lernschwierigkeiten in der Schule, häufiger Wechsel der Arbeitsstelle, Unfähigkeit der Einordnung in die Altersgruppe, Verlust der Selbstachtung, Rachegefühle gegen Eltern oder andere Familienangehörige, ungenügende Selbstbeherrschung aber starke Neigung zu disziplinlosem Verhalten, schlechte Gesellschaft etc. Die Erfahrung zeigt, daß in den meisten Fällen mehrere dieser Faktoren auf das Verhaltensmuster der Mädchen Einfluß nahmen. Meine eigenen Beobachtungen lehrten mich jedoch nicht nur, daß nicht alle diese Faktoren von gleicher Bedeutung für ein bestimmtes Verhaltensmuster sind, sondern, daß die Bedeutung des einen oder anderen Faktors an Signifikanz je nach der totalen Situation während einer bestimmten Zeitperiode steigt oder sinkt.

Es gibt Hunderte von jungen Mädchen, die alljährlich die Reihen junger Prostituierter füllen. Die meisten geraten durch Zufall hinein und man kann den Prozeß wahrnehmen, der schließlich dazu führt, daß sie auf der Stufe der sozialen Parias landen. Ein solcher Prozeß beginnt oft damit, daß sie die Schule schwänzen, häufig die Arbeitsstelle wechseln, mehr und mehr mit Eltern und anderen Familienmitgliedern in Widerstreit leben, öfters spät nachts nach Hause kommen, wenn sie nicht gar außer Haus übernachten und schließlich auf kurze oder lange Perioden von zu Hause fortlaufen. Oft ist es die Unfähigkeit der Eltern oder der Fürsorgestellen im entscheidenden Stadium eines solchen Prozesses die geeigneten Maßnahmen zu ergreifen, die falls sie rechtzeitig genug unternommen worden wären, ein weiteres Absinken hätten vermeiden können.

Die folgenden Zahlen gestatten uns Einblick in die Zunahme der Zahl junger Prostituierter während der letzten Jahre zu nehmen. Diese Zahlen registrieren Fälle, in denen die Eltern der Polizei meldeten, daß ihre Tochter von zu Hause fotgelaufen sei. Die Zahlen betreffen nur die Altersgruppen der 15—17jährigen. Im Jahre 1966 waren es 302 Mädchen, eine Zahl, die 1967 auf 380 und 1968 auf 462 gestiegen war. 1969 sank die Zahl auf 428 ab, stieg aber im Laufe des Jahres 1970 bis auf 699 an[5].

Es ist überflüssig zu betonen, daß es viele Mädchen dieses Alters und noch darunter gibt, deren Eltern nicht zur Polizei gehen, selbst wenn sie dem Elternhaus eine recht lange Zeit fernbleiben. Diese Zurückhaltung kann ihren Grund in Gefühlen der Scham, des Ressentiments, der Wut, Rache, Furcht etc. haben. Viele finden es schwierig auf diese Weise ihr Versagen offenbaren zu müssen, andere hoffen verzweifelt, daß ihre Tochter am Ende doch wieder nach Hause kommen werde. Manche Eltern befürchtne, daß eine Meldung bei der Polizei das Mädchen vollends in die Arme eines Zuhälters oder Verbrechers treiben könnte und sie so die prekäre Situation ihrer Tochter nur noch gefährden würden.

Eine in Israel über Kinder, die von zu Hause durchbrannten, unternommene Studie zeigte[6] schlüssig, daß ein sehr hoher Prozentsatz von Mädchen, die von zu Hause fortliefen, schließlich in die Gesellschaft von Verbrechern geraten, am Rande der Gesellschaft leben und vielfach als Prostituierte enden.

Es gibt kein Allheilmittel einem solchen Prozeß Einhalt zu gebieten, außer daß es des Mutes bedarf, sich mit ihm von Beginn an auseinanderzusetzen. Wenn die ersten Symptome auftreten, kommt es darauf an, daß man nicht auf Wunder wartet, sondern sich um Maßnahmen oder Behandlungsmethoden kümmert, um einer Verschlimmerung der Lage vorzubeugen. Das Ausbleiben eines ernsthaften und andauernden Versuchs der Eltern ein solches Verhalten abzustellen, wird von diesen Mädchen oft als Gleichgültigkeit und Schwäche ausgelegt. Ich war immer wieder über das Ausmaß der Enttäuschung und Verbitterung erstaunt, das Mädchen bei einer Gerichtsverhandlung über ihre Eltern äußerten. Gleichzeitig und fast unweigerlich konnte man den deutlichen Wunsch heraushören, wieder in den Kreis der Familie aufgenommen zu werden. Viele der Mädchen gestanden, daß sie selbst über ihr Verhalten enttäuscht waren, das oft als nicht erstrebenswert bezeichnet wurde.

---

[5] Siehe: „Jedioth", Nr. 2, Juni 1970, Wohlfahrtsministerium, Jerusalem (Hebräisch).
[6] Kinder, die von zu Hause weglaufen, 1969, Israelische Polizei (Hebräisch).

SIEBENUNDZWANZIGSTES KAPITEL

Juristische Probleme

Welches Verfahren findet beim Jugendgericht bezüglich der Anwendung des Jugendgesetzes (Pflege und Aufsicht) vom Jahre 1960 statt und wie sind die üblichen Regeln? Auf dem Gebiet der strafgesetzlichen Rechtsprechung gibt es gewisse Regeln, die sich im Laufe der Zeit entwickelt haben und heute zu unserem unveräußerlichen Eigentum gehören. So muß zum Beispiel der Beweis über jeden Zweifel erhaben sein; man akzeptiert keine auf Hörensagen beruhende Zeugenaussage, die nicht durch ein unabhängiges Zeugnis gestützt ist; die Verhandlung erfolgt nur in Anwesenheit des Beklagten etc. Das ist bei einer Prozeßverhandlung nach dem Jugendgesetz anders. Niemand bestreitet, daß der Beweis im Prozeß fundamental und wesentlich ist und zahlreiche Kommentare und Bestimmungen drehen sich um dieses Thema. Im Paragraph drei des Jugendgesetzes wird dieses Thema jedoch nur so beiläufig erwähnt. Es heißt dort unter anderem: „Wenn sich das Gericht davon überzeugt hat, daß der Minderjährige hilfsbedürftig ist, ist es berechtigt" . . . etc. Unterliegt diese Überzeugung der Beweisführung dem Kriminal- oder Zivilrecht? Es ist klar, daß es sich bei Angelegenheiten des Jugendgesetzes nicht um einen Kriminalprozeß handelt, andererseits fallen sie auch nicht in den Rahmen des üblichen Zivilverfahrens. Richter Kister, der im Bezirksgericht über einen Berufungsantrag in einer Sache des Jugendrechts zu befinden hatte, sagte darüber u. a. das folgende: „Was die Prozeßordnungen in den Angelegenheiten Minderjähriger betrifft, so ist hier das Gericht weniger an die im Zivilrecht üblichen Regeln gebunden als das gewöhnliche Zivilgericht" (Betrifft: 359/64, „Urteile", Band M, Heft 13/15, Blatt 414). Im Verlauf seiner Ausführungen zitierte Richter Kister eine Entscheidung im englischen Oberhaus vom Jahre 1963 im Zusammenhang mit einem Bericht über Angelegenheiten von Minderjährigen, in den man die Mutter nicht Einsicht nehmen ließ. In England ist es üblich den Bericht oder Teile desselben den Parteien zu zeigen und man weicht nicht leichthin von diesem Brauch ab. Richter Kister sagte: „Das Gericht kann also in Angelegenheiten Minderjähriger von den üblichen Regeln abweichen und das gilt sogar, wenn Grundsätze der ntürlichen Gerechtigkeit auf dem Spiele stehen, etwa daß jeder Partei unmittelbarer Zugang zu den Beweisstücken gewährt wird" (Ibid.).

Dabei ist noch nichts darüber gesagt wie der Beweis beschaffen sein muß, die das Gericht zu überzeugen geeignet ist, daß es sich bei dem Minderjährigen um einen „hilfsbedürftigen Minderjährigen" handelt. Es gibt auch keine Anweisungen in bezug auf die Zulässigkeit oder Unzulässigkeit der dem Gericht im Rahmen dieses Gesetzes unterbreiteten Zeugnisse. Wenn wir uns an den in England herrschenden Brauch halten, sehen wir, daß dort eine ähnliche Situation herrscht. Professor G. L. Williams behandelt in seinem Buch Criminal Law einen Aspekt dieses Problems und schreibt (Ausgabe 1953, pp. 644—5):

„Obgleich die Beweisführung des Zivilrechts gilt, hat sie nicht dieselbe restriktive Wirkung wie die Regeln der kriminalrechtlichen Beweisführung, die im Falle einer Anklage gelten. Der Umfang der Untersuchung ist viel größer als die Frage, ob eine bestimmte Person ein Verbrechen begangen hat, infolgedessen kann eine Menge Beweismaterial zulässig sein, das in einem Kriminalprozeß als irrelevant ausgeschlossen werden würde. Da das Gericht das Verhalten des Kindes und seiner Eltern untersucht, kann es Beweise für früheres Verhalten und Verurteilungen zulassen, die bei Anklage wegen eines Verbrechens bis nach dem Schuldspruch im allgemeinen unzulässig wären. Auch sind sowohl Eltern als auch Kind verpflichtet auszusagen, obgleich sie nicht gezwungen werden können, eine Frage zu beantworten, die sie selbst belasten würde. Liegt eine Anklage wegen eines Verbrechens gegen einen Elternteil oder ein Kind vor, so kann keiner gezwungen werden überhaupt auszusagen und der Ehepartner würde gewöhnlich denselben Schutz genießen. Das Resultat dieser Unterschiede ist, daß ein Gericht oft in der Lage sein kann zum Schutze eines Kindes in Vormundschaftsverhandlungen einzugreifen, wenn es infolge mangelnder juristischer Beweise gegen die Eltern auf Grund einer Anklage nicht einschreiten könnte."

In diesem Sinn läßt sich ein anderer bekannter Fachmann, F. T. Giles, in seinem Buch The Juvenile Courts vernehmen (erschienen 1945, pp. 75/6): „Verfahren unter Abschnitten 61 und 62 sind zivilrechtlicher und nicht kriminalrechtlicher Natur und daher sind die Gerichte bei der Entgegennahme von Beweisen, die im Strafprozeß nicht zulässig wären, nicht beschränkt, was oft die Erhebung einer Klage wegen eines gegen ein Kind begangenes Sexualdelikt unmöglich macht, obgleich an der Verübung eines solchen Sexualdelikts wenig Zweifel bestehen kann."

Die bekannten Kommentatoren Clarke Hall und Morrison äußern sich zu diesem Punkt in ihrem Buch wie folgt:

„Beweisaufnahme. Das Verfahren ist nicht strafrechtlicher Art und daher sind Jugendliche und Eltern kompetente Zeugen, die zur Aussage gezwungen werden können. Schriftliche Erklärungen dürfen unter gewissen Umständen aufgrund des Beweisaufnahmeaktes von 1938; 31 Halsburys Statut 145 zum Beweis zugelassen werden, doch sollte eine mündliche Zeugenaussage entgegengenommen werden, wenn das sinnvoll praktizierbar ist. Es ist daran zu erinnern, daß schriftliche Ausagen nicht enthalten dürfen, was bei der mündlichen Bekundung unzulässig wäre." (Clarke Hall and Morrison's Law Relating to Children and Young Persons, Butterworth & Co. Ltd., 1947, S. 67).

Das bedeutet, daß das Gericht manchmal beschließt, daß ein Minderjähriger „hilfsbedürftig" ist und sich entscheidet, aktiv einzugreifen, und ihn um seines Wohlergehens willen seiner Familie entzieht. Solche weitgehenden Entscheidungen beruhen manchmal auf einem Beweismaterial, das bei einem Strafprozeß weder zur Gänze noch teilweise akzeptiert worden wäre und ganz gewiß nicht zur Schuldigsprechung einer Person herangezogen worden wäre. Nicht ein einziger Paragraph unseres Jugendgesetzes erlaubt die „Schuldigsprechung" des für den Minderjährigen Verantwortlichen, selbst wenn er an dem Kind verbrecherisch gehandelt hat. Handelte er verbrecherisch, so kann man natürlich strafprozessual gegen den Verantwortlichen vorgehen. Das heißt, dieses besondere Gesetz ist ein Gesetz über die Behandlung und Aufsicht und dient naturgemäß lediglich dem Schutze Minderjähriger. Das gilt auch für die Bestimmung von Paragraph 25 des Jugendgesetzes, der lautet: „Wer die Fürsorgebehörde, den Fürsorger, den Betreuer oder jeden anderen nach diesem Gesetz Beauftragten an der Ausführung ihrer Pflichten hindert, wird mit sechs Monaten Gefängnis bestraft." Daraus geht also hervor, daß der Grund zur Einleitung eines Strafprozesses in der Entscheidung liegt, die nach dem Jugendgesetz erfolgte, und wer die Ausführung des Beschlusses stört, macht sich strafbar. Meiner Ansicht nach liegt in diesem Abschnitt ein wichtiger Wesensunterschied zwischen einem Strafprozeß und einer Prozeßverhandlung nach dem Jugendrecht vor.

Die Unklarheit dieser Kategorie beruht in hohem Maß auf der Tatsache, daß nur wenige Angelegenheiten zur Entscheidung durch die Berufungsinstanz des Obersten Gerichts gelangen, dessen Feststellungen andere Gerichte verpflichten (Paragraph 33 (B) des Gesetzes über die Gerichte vom Jahre 1957). Eine solche Revision könnte der Absteckung eines Rahmens dienen, wie das schon auf der Ebene des Strafprozesses geschieht. Die gewöhnliche Berufung, die nach diesem Gesetz eingelegt wird, kommt vor einem Bezirksgericht unter Beisein eines einzigen Richters zur Verhandlung (Paragraph 16). In der Tat waren in den wenigen Fällen, in denen juristische Probleme vor das Oberste Gericht gelangten, die Kommentare überaus interessant, wofür wir hier ein Beispiel geben wollen.

Eine Fürsorgerin wandte sich an das Jugendgericht mit dem Ersuchen zugunsten eines etwa zwölfjährigen Mädchens einzugreifen. Sie brachte vor, daß der für das Mädchen Verantwortliche zu seiner Pflege und Beaufsichtigung nicht geeignet sei (Paragraph 2 (2) und das seelische oder körperliche Wohlergehen des Mädchens dadurch beeinträchtigt werde (Paragraph 2 (6). Sie stützte ihr Ersuchen auf die folgenden Dinge:

„Die häusliche Atmosphäre ist ungewöhnlich. Das merkwürdige Verhalten des Vaters gegenüber seiner minderjährigen Tochter, Sexualspiele und dergleichen, die ungenügende Ernährung, die das Mädchen erhält und die Vernachlässigung der Hygiene und der Schule gefährden das körperliche, soziale und seelische Wohlergehen des Mädchens."

Zur Erklärung der Situation sei hier gesagt, daß die Eltern des Mädchens seit vielen Jahren getrennt voneinander leben. Zur Zeit des Prozeßbeginns befand sich das Mädchen seit ungefähr sechs Jahren bei ihrem Vater, während die Mutter während dieser Zeit im Ausland weilte.

Das Mädchen hatte sich seinerzeit bei der Polizei über eine von ihrem Vater an ihr vorgenommene unzüchtige Handlung beklagt und im Sinne der Novellierung des Gesetzes über Beweisvorschriften (Kinderschutz) vom Jahre 1955 wurde das Mädchen von einer Untersuchungsbeamtin für Jugendliche verhört, die ein Protokoll anfertigte und es der Polizei übergab. Das Mädchen erzählte dieselben Dinge auch der Fürsorgerin und noch einer Frau, die einige Tage in ihrem Haus zugebracht hatte. Sie sagten darüber vor Gericht aus, aber ihre Aussagen wurden nach den strafprozessualen Bestimmungen als Bekundungen auf Grund von Hörensagen bewertet. Als der Vater von der Beschwerde seiner Tochter erfuhr, ging er mit ihr zur Polizei und nun gab sie einen Bericht, der nicht mit dem übereinstimmte, was sie früher — ihren Worten zufolge auf Druck der Nachbarn — gesagt hatte. Es ist klar, daß die Beschwerde des Mädchens über ihren Vater in den Rahmen eines strafrechtlich gegen die guten Sitten verstoßenden Vergehens fiel und zusätzlicher Zeugenbekundung bedarf. Paragraph 11 des Gesetzes über Beweisaussagen (Kinderschutz) vom Jahre 1955 bestimmt ausdrücklich, daß in diesem Fall niemand ohne Zeugenbekundung angeklagt werden kann. Aber da wir es hier nicht mit einem Vater zu tun haben, der eines Verbrechens angeklagt ist, treffen für diesen Fall die Beweiserhebungsgesetze nicht zu. Das Jugendgesetz dient dem Schutze von Kindern, die unter gewissen Bedingungen leben und das Gericht, das um seine Intervention bemüht wird, ist nicht verpflichtet auch gegenüber den für die Kinder Verantwortlichen Folgerungen zu ziehen. Das heißt, selbst wenn sich im Verlauf eines derartigen Prozesses herausstellt, daß der für den Minderjährigen Verantwortliche ein Verbrechen beging, steht die Frage der Beweisunterstützung ganz und gar nicht zur Diskussion. (Siehe darüber Williams und Giles).

Das Ersuchen des Vaters an das Jugendgericht seine Tochter als Zeugin zu vernehmen, diente dazu die Beschuldigung, er habe eine unzüchtige Handlung begangen, als brüchig darzustellen und die diesbezüglichen Aussagen der Zeugin sowie die von der Fürsorgerin schriftlich vorgebrachten Behauptungen gegenstandslos zu machen. Das Ansuchen des Vaters wurde abgelehnt, aber die Aussagen des Mädchens wurden in meinem Amtszimmer ohne Anwesenheit Dritter protokolliert. Die Aussage wurde in einen verschlossenen Umschlag gelegt mit der ausdrücklichen Anweisung, daß nur ein Richter den Umschlag öffnen und das Geschriebene lesen dürfe. Auf Ersuchen des Vertreters des Antragstellers und des Vertreters des Beklagten wurden ihnen die Aussagen des Mädchens zur Kenntnis gebracht, nachdem sie ausdrücklich versprochen hatten den Inhalt des Gesagten niemand mitzuteilen. Es ist klar, daß hier eine Abweichung vom üblichen Brauch vorliegt, aber in der Schlußrevision vor dem Obersten Gericht wurde dieses

Vorgehen bestätigt und bildet seither ein wichtiges Präzedens in der Anwendung des Jugendgesetzes. Unter Bezugnummer 344/65 wird vom Obersten Gericht gesagt:

„Nach Paragraph 8 des Gesetzes muß das Gericht dem Minderjährigen Gelegenheit geben seine Beschwerden und seine Vorschläge vorzubringen. Aber Paragraph 9 schränkt diese Bestimmung sogleich ein, insofern er bestimmt, daß „das Gericht trotz des in Paragraph 8 Gesagten berechtigt ist von der Vorladung eines Minderjährigen abzusehen, wenn es der Meinung ist, daß der Minderjährige die Angelegenheit nicht verstehen kann oder wenn seine Vorladung sein Wohlergehen gefährden kann." Hier ist auch Zusatz 4 der Novellierung betreffend die oben genannten Verfahrensordnungen vom Jahre 1962 zu erwähnen, wonach ein Minderjähriger sich verantworten muß, wenn „er in der Lage zu sein scheint, die Sache zu verstehen". Selbstverständlich muß diese Bestimmung im Einklang mit dem im Hauptgesetz Gesagten stehen". Ich fand im Protokoll keine Entscheidung darüber, daß das Erscheinen der Minderjährigen vor Gericht im Sinne des Paragraphen 9, Schlußabsatz des Gesetzes, ihr Wohlergehen gefährden könne, es ist jedoch klar, daß das die Intention des Richters war. In seinem Urteil begründet der Richter, warum es nicht gestattet war die Minderjährige als Zeugin zu laden. Er sagte darüber (S. 7 des Urteils) das Folgende:

„In einem gewöhnlichen Strafprozeß würde man diese Zeugenaussagen (zur Klage der Minderjährigen) nur zugelassen haben, wenn der Kläger selbst in den Zeugenstand getreten wäre. Daraus ist der Analogieschluß zu ziehen, daß man die Minderjährige hätte vorladen und über das von ihr zu anderen Gesagte aussagen lassen müssen. Das bedeutet, daß sie ihrem Vater unter einem unbeschreiblichen seelischen Druck entgegengetreten wäre und das brennende Feuer eines Kreuzverhörs über sich hätte ergehen lassen müssen. Ich hege keinen Zweifel daran, daß ich, wenn ich das zugelassen hätte, gegen den Geist des Gesetzes verstoßen haben würde."

„Zwar ist hier die Rede von der Ladung der Minderjährigen als Zeugin, aber hätte es sich um ihre Ladung als Partei gehandelt (und im Protokoll fand ich nichts darüber, daß der Beklagte darauf bestand) hätte der Richter, wie aus seinen Worten hervorgeht, sicherlich auch diese Forderung abgelehnt. Was die Sache selbst angeht, so war diese Einstellung richtig und vernünftig, denn es ist klar, daß ein zwölfjähriges Mädchen, das man der Aufsicht ihres Vaters entziehen will, nachdem sie sich jahrelang in seiner Obhut befunden hatte, unter dem schweren Konflikt, dem sie bei Gericht in Anwesenheit ihres Vaters ausgesetzt gewesen wäre, seelischen Schaden hätte nehmen müssen. Die praktische Lösung, die der Richter für die Ladung des Mädchens fand fixierte er schriftlich und ermöglichte dann den Vertretern der Parteien (nicht dem Beklagten selbst) Einsicht in die Niederschrift (Siehe S. 134 des Protokolls). Unter den Gegebenheiten des Falles erscheint mir das Verfahren des Richters akzeptabel."

Damit bin ich praktisch bereits dem Einwand begegnet, daß das Mädchen im Gegensatz zu ihrer Ladung als Partei als Zeugin geladen werden hätte müssen. Frau Albeck als Vertreterin der Fürsorgebehörde, stützte sich auf die Novelle zum Beweiserhebungsgesetz (Kinderschutz) von 1955 die das Verhör einer Minderjährigen bei Vergehen gegen die Sittlichkeit durch einen Jugenduntersuchungsbeamten ermöglicht und ihre Zeugenaussage vor Gericht nur mit seiner Erlaubnis gestattet. In unserem Fall vernahm eine Jugenduntersuchungsbeamtin das Mädchen über die gegen ihren Vater vorgebrachten Klagen und gelangte dann zu der Ansicht, daß das Erscheinen des Mädchens vor Gericht nicht wünschenswert sei (Beleg N/5). Meiner Meinung nach ist jedoch hier nicht die Bestimmung des Gesetzes vom Jahre 1955 anzuwenden, denn hier geht es nicht um ein Vergehen gegen die Sittlichkeit, sondern um einen Antrag nach Paragraph drei des Gesetzes von 1960. Das Gesetz von 1955 konnte höchstens die Zeugnisbekundung des Mädchens insofern verhindern, als seine Aussage ein Vergehen gegen die Sittlichkeit offenbar gemacht hätte, aber nicht mehr.

Es scheint mir, daß der Gesetzestext von 1960 mit einem Mangel behaftet ist, insofern er keine ausdrückliche Bestimmung über die Möglichkeit enthält das Erscheinen eines Minderjährigen als Zeuge zu verhindern. Doch versteht sich das klar aus Paragraph neun des Gesetzes. Wenn es möglich war die Ladung des Mädchens als Klägerin zu verhindern, weil dadurch eine Gefährdung ihres Wohlergehens zu befürchten war, dann muß das erst recht bei ihrer Ladung als Zeugin der Fall sein, bei der sie einem Kreuzverhör ausgesetzt gewesen wäre. Es ergibt sich nach Zweck und Sinn des Gesetzes zwingend, daß diese Angelegenheit im Ermessen des Richters liegt. Im vorliegenden Fall hatte der Richter mit seinen im Urteil formulierten Gründen für die Nichtladung des Mädchens als Zeugin recht gehabt."

Im Zusammenhang mit dem hier über die Oberste Berufungsinstanz Gesagten verdient eine Novelle zum Paragraph neun des Gesetzes, die kürzlich in Kraft trat, unsere Aufmerksamkeit.

Paragraph eins des Jugendgesetzes (Pflege und Aufsicht) vom Jahre 1971, Nr. 638 besagt: 9A „Das Gericht kann nach diesem Gesetz von der Ladung eines Minderjährigen als Prozeßzeugen absehen oder seine Zeugenaussage unterbrechen, wenn es meint, daß die Zeugenaussage das Wohl des Minderjährigen gefährden könne; in diesem Fall kann es als Beweis Aussagen annehmen, die ein Jugenduntersuchungsbeamter ermittelte und protokollierte nach dem Beweisaufnahmegesetz (Kinderschutz) von 1955, oder Erinnerungen, oder Berichte, die ein Jugendermittler während der Vernehmung oder nachher aufzeichnete.
9B Wenn das Gericht über die Frage entscheidet, ob ein Minderjähriger gemäß Paragraph 2 (2) (5) als hilfsbedürftig anzusehen ist, kann es als Beweis Aussagen annehmen, die über diese Sache gegenüber den Geschwistern des Minderjährigen geäußert wurden, nur daß es nicht auf Grund dieser Aussagen allein entscheiden darf; das Gericht soll die Aussagen von neuem anhören, wenn eine der Parteien das wünscht."

Mitunter entsteht ein juridisches Problem um den Paragraphen 12 des Gesetzes. In diesem Abschnitt sind eine Anzahl verschiedener Dinge von großer Bedeutung miteinander verbunden. Nach diesem Abschnitt „kann der Richter eine Interimsentscheidung fällen, bevor er noch den Minderjährigen oder den für ihn Verantwortlichen angehört und bevor er einen Bericht erhalten hat, um zeitweilige Maßnahmen für den Minderjährigen anordnen zu lassen sowie von der Fürsorgebehörde getroffene Sondermaßnahmen zu bestätigen. Eine solche Interimsentscheidung verliert nach dreißig Tagen ihre Gültigkeit, wenn ihre Geltungsdauer nicht im Einklang mit Paragraph 14 verlängert wird."

Nach Absicht und Sinn des Gesetzes ist die Möglichkeit einer Interimsentscheidung auch vor Anhörung des Minderjährigen oder des für ihn Verantwortlichen und vor Eingang eines Sozialberichts nichts Neues. Die Lebensbedingungen Minderjähriger machen es mitunter notwendig, so rasch wie möglich einzugreifen.

Wir haben oben schon erwähnt, daß der Fürsorgebeamte es manchmal für notwendig erachtet im Falle der Gefahr für den Minderjährigen Sofortmaßnahmen zu ergreifen. Die Geltungsdauer der Maßnahmen des Fürsorgers beträgt sieben Tage, und wenn diese Maßnahmen fortgesetzt werden müssen, eine Gerichtsverhandlung oder die Berichtsanfertigung jedoch noch nicht möglich ist, kann das Gericht diese Maßnahmen gutheißen und eine zusätzliche auf dreißig Tage befristete Verlängerung erteilen. Das heißt, daß der Gesetzgeber von der grundsätzlichen Annahme ausging, daß es Fälle gibt, in denen zugunsten des Minderjährigen Sondermaßnahmen ergriffen werden müssen, diese jedoch auf eine gewisse Periode begrenzt werden müssen, da sie sonst zu einem Dauerzustand werden könnten.

Indem der Gesetzgeber den Zeitraum begrenzte, wollte er die Rechte des Individuums in jenen Fällen wahren, in denen die Notwendigkeit besteht außerordentliche Maßnahmen zu ergreifen.

Bezüglich des Schlußteils des Paragraphen wurde einmal vor dem Bezirksgericht Jerusalem Berufung eingelegt und die dieserhalb ergangene Entscheidung bedarf vielleicht einer Aufhellung. Es handelte sich um den folgenden Fall: Eine Fürsorgebeamtin wandte den Paragraphen 11 des Gesetzes an, das „die Berechtigung zur Ergreifung aller Maßnahmen ausspricht, die zur Vermeidung von Gefahr oder pfleglicher Hilfeleistung auch ohne Einwilligung des für den Minderjährigen Verantwortlichen erforderlich sind."

Innerhalb der vom Gesetz vorgeschriebenen Frist wandte sich die Fürsorgebeamtin an das Gericht und erhielt gemäß Paragraph 12 eine Interimsentscheidung für die Dauer von 30 Tagen. Es vergingen jedoch noch nicht 30 Tage, da ersuchte die Fürsorgebeamtin um eine Verlängerung der Anordnung gemäß Paragraph 12, um dadurch die Unterbringung der Minderjährigen entgegen der Zuständigkeit des Erziehungsverantwortlichen zu erwirken, denn es war unmöglich den Prozeß innerhalb von 30 Tagen abzuschließen. Zusammen mit ihrem Antrag reichte die Fürsorgerin Memoranda über die Situation der Minderjährigen ein. Das Gericht verfügte die Verlängerung der Anordnung und dagegen legte der Vater des Mädchens Berufung ein. Richter J. Cohen wies die Berufung ab und schrieb dazu in der Akte betr. 85/64 das Folgende: Als Gericht, das in zweiter Instanz zu entscheiden hatte, mußte ich prüfen, ob dem Gericht der ersten Instanz Material vorlag, das eine Interimsentscheidung gegen die Berufungspartei Nr. 1 rechtfertigte.

Dieser Prozeß ist nicht der Ort die Wahrhaftigkeit der Beweise zu prüfen und Tatsachen festzustellen. Es genügt, wenn augenscheinliche Beweise vorlagen, die, wenn sie vom ersten Gericht als glaubwürdig angesehen wurden, als Grundlage einer Interimsentscheidung hätten dienen können. Meiner Ansicht nach liegen unter dem oben genannten Material Beweise in reichlichem Maß über die ernste pflegliche Lage vor, in die der Berufungskläger Nr. 1 seine minderjährige Tochter, Berufungspartei Nr. 2 gebracht hatte. Ich bin bereit so weit zu gehen, um zu sagen, daß die sich in dem obigen Beweismaterial spiegelnde Situation nach dem vom Vertreter der Berufung Einlegenden unterbreiteten Maßstab „eine ernste, eindeutige und sofortige Gefahr" darstellt, trotz der Tatsache, daß der Ausdruck „Gefahr" im Beweismaterial nicht genannt wurde. Ich bin nicht der Meinung, daß „Gefahr" unbedingt Lebensgefahr oder die Befürchtung eines körperlichen Schadens beinhalten muß. Eine seelische Gefahr kann in demselben Maß ernst sein wie eine augenscheinliche Schädigung und ihre Folgen können sich in der Seele des Minderjährigen für das ganze Leben niederschlagen. Letztlich ist das Interesse des Minderjährigen der entscheidende Erwägungsgrund (Betr. 63/86, Gerichtsakten 17, 1425).

Daher bin ich nicht bereit, in die weitreichenden Entscheidungen der Richter einzugreifen, die sich mit dieser Angelegenheit befaßten und beschlossen die Berufungspartei Nr. 2 der Obhut der Berufungspartei Nr. 1 zu entziehen, denn ihre Folgerungen gründeten sich auf das Beweismaterial.

Was den Einwand gegen das begründende Material betrifft, so gilt er nicht für die Entscheidung von Richter Simcha vom 17. 8. 64, da in dieser Entscheidung einige der Tatsachen aufgeführt werden, die als Grundlage der Interimsentscheidung dienten, und was die Entscheidung von Richter Levi betrifft, so bestand keine Notwendigkeit einer besonderen Begründung, da sie die Interimsentscheidung zu verlängern bestimmt war und klar war, daß diese Verlängerung erfolgte, weil sich die Voraussetzung der ursprünglichen Anordnung nicht geändert hatte.

Was die Dauer betrifft, um die die Interimsentscheidung verlängert wurde, so bin ich der Ansicht, daß die Verlängerung bis zur Fällung der Schlußentscheidung rechtens erfolgte. Im Paragraph 12 des oben erwähnten Gesetzes heißt es, daß eine Zwischenentscheidung 30 Tage von ihrem Erlaß an erlösche, wenn sie nicht periodenweise wie im Paragraphen 14 ausgeführt, verlängert wird.

Wenn man sich Paragraph 14 zuwendet, sieht man, daß dieser Paragraph nicht nur für eine Interimsentscheidung gilt, sondern auch für jede Entscheidung, die nach dem obigen Gesetz gefällt wird.

Zweifelsohne bestand nicht die Absicht an einer Begrenzung der auf zwei Jahre Gültigkeit berechneten Entscheidung auf, sagen wir, dreißig Tage. Der Wortlaut des Paragraphen verweist auf keinerlei Beschränkung der Kompetenzen des Gerichts, außer dem im Schlußabsatz Gesagten, der nicht zu unserer Sache gehört" (Veröffentlicht in „Saad", Heft 2, März 1965, Blatt 43/44).

Es will mir scheinen, daß man zwischen Paragraph 12 und Paragraph 14 unterscheiden muß. Paragraph 12 ist der Paragraph, der uns nützen kann, wenn wir uns veranlaßt sehen, „Anordnungen über *„zeitweilige Maßnahmen* gegenüber einem Minderjährigen ergehen zu lassen". Daher beginnt der Paragraph mit den Worten „Das Gericht ist zur Fällung einer Interimsentscheidung berechtigt etc.", das heißt, unter bestimmten Bedingungen, wenn noch kein Sozialbericht vorliegt, „selbst vor Anhören des Minderjährigen oder des für ihn Verantwortlichen", lassen sich Maßnahmen ergreifen, die als Notmaßnahmen gelten. Andererseits gibt uns Paragraph 14 die Möglichkeit nach prinzipieller Entscheidung über eine vorliegende Hilfsbedürftigkeit, „eine nach diesem Gesetz erlassene Entscheidung zu ändern, die Dauer ihrer Gültigkeit zu verlängern oder zu verkürzen, sie zu annullieren oder Anweisungen zu ihrer Durchführung zu erteilen" etc. Und um zu gewährleisten, daß man sich nicht zu häufig an das Gericht mit Änderungsanträgen wendet, heißt es im Schlußteil von Paragraph 14 „das Gericht braucht solche Anträge nur einmal innerhalb von drei Monaten entgegenzunehmen".

Es ist eine Frage, ob im Paragraph 12 des Gesetzes der Gesetzgeber ausdrücklich meinte, daß eine Zwischenentscheidung nach dreißig Tagen erlösche. Wie kann nach diesem Paragraphen eine Entscheidung bis zum Ende des Prozesses ergehen, der Wochen, Monate, ja selbst Jahre lang dauern kann? In gewisser Hinsicht liegt da bereits eine Tatsachenfeststellung vor, noch bevor das Gericht aufgrund des zur Sache gehörigen Beweismaterials eine Entscheidung gefällt hat und es besteht eine theoretische oder gar nicht so theoretische Möglichkeit, daß der Fürsorgebeamte seinen Antrag nicht weiter verfolgt, auch keine weiteren Beweise vorlegt, denn er hat, indem der Minderjährige der Obhut des für ihn Verantwortlichen entzogen ist, sein Ziel erreicht. Das Gericht kann ja nicht der Arbeit des Fürsorgers nachgehen und hat keine Möglichkeit von ihm Beweise für diesen oder jenen Aktenfall zu fordern. Das Gericht tritt nur in Aktion, wenn sich der Fürsorger an es wendet.

Andererseits ist es eine Tatsache, daß man einen Prozeß nicht immer innerhalb von dreißig Tagen beenden kann und wenn die Zwischenentscheidung vor Abschluß der Verhandlung erlischt, geschieht dadurch dem Minderjährigen möglicherweise unrecht. In solchen Fällen besteht die Möglichkeit, sich auf Paragraph 14 zu stützen und um Verlängerung der Zwischenentscheidung einzukommen, die meiner Ansicht nach immer nur auf dreißig Tage gewährt werden kann. Auf diese Weise wird auch die Bedeutung des Paragraphen gewahrt, der von der „Anweisung zeitweiliger Mittel" spricht, und gleichzeitig wird das körperliche und seelische Wohlergehen des Minderjährigen gewährleistet.

Ein Problem anderer Natur ergibt sich meiner Meinung nach, wenn man sich Paragraph drei des Gesetzes zuwendet. Noch zu Beginn dieses Kapitels wurde davon gesprochen, daß mit der Unterbringung von Minderjährigen im allgemeinen die Fürsorgestationen oder die städtischen Abteilungen für Sozialarbeit befaßt sind. Es kommt vor, daß — aus verschiedenen Gründen — von den Eltern selbst Antrag auf die Unterbringung des Minderjährigen gestellt wird und daß die sich damit befassenden Einrichtungen sich an die Eltern wenden und eine Unterbringung des Kindes vorschlagen. Gelangt man zu dem Beschluß, daß die Unterbringung des Kindes erwünscht oder wichtig ist, entsteht eine Art Vertrag auf der Grundlage eines gegenseitigen Einvernehmens zum Zwecke der Unterbringung. Dieser Weg ist richtig und wird auch in der Tat von allen Staaten beschritten, in denen es eine Fürsorge für Kinder gibt.

Die Situation ist anders, wenn der für den Minderjährigen Verantwortliche im Gegensatz zur Fürsorgestation oder Sozialabteilung nicht mit der Unterbringung des Minderjährigen als in seinem Interesse liegend einverstanden ist. Eine Situation ist denkbar, in der der Verantwortliche einverstanden war und das Kind untergebracht wurde, das Arrangement aber nach einer gewissen Zeit vom Verantwortlichen wieder aufgehoben wurde, die Erzieher des Kindes aber diesen Schritt jedoch in dessen Interesse nicht billigen. Denkbar ist auch eine Identität der Interessen zwischen dem für das Kind Verantwortlichen und den Pflegeinstitutionen, das Kind jedoch gegen eine Unterbringung ist. In Rede steht hier fast durchweg der Fall eines „aufsässigen Minderjährigen".

Da offensichtlich die Notwendigkeit einer Einmischung im Interesse des Minderjährigen trotz seiner Nichteinwilligung oder seines Ungehorsams besteht, heißt es in Paragraph 3: „Wenn der Fürsorgebeamte der Meinung ist, daß ein Minderjähriger als hilfsbedürftig anzusehen ist und um seiner Pflege und Obhut willen eine Gerichtsentscheidung notwendig ist, weil der für den Minderjährigen Verantwortliche seine Zustimmung verweigert, oder, im Falle seiner Zustimmung, der Minderjährige ihm den Gehorsam verweigerte, dann ist er berechtigt sich an das Gericht zu wenden, damit dieses eine oder einige der Maßnahmen gemäß diesem Paragraphen ergreife, und wenn sich das Gericht überzeugt hat, daß der Minderjährige hilfsbedürftig ist, dann ist es ermächtigt etc. . .".

Das heißt, daß der Fürsorger die Aufgabe hat, zu verifizieren, ob der Minderjährige tatsächlich hilfsbedürftig ist und ob der für den Minderjährigen Verantwortliche oder der Minderjährige selbst den Unterbringungsvorschlag ablehnen. In diesem Fall besteht die Notwendigkeit, sich an das Gericht zu wenden, damit es entscheide, ob der Minderjährige wirklich so hilfsbedürftig ist, wie der Fürsorger glaubt. Darüber heißt es im Schlußteil von Paragraph drei: „Und wenn sich das Gericht davon überzeugt hat, daß der Minderjährige hilfsbedürftig ist."

Das heißt, es besteht die Notwendigkeit dem Gericht zu beweisen, daß der Minderjährige tatsächlich hilfsbedürftig ist etc. und Nichteinverständnis oder Ungehorsam vorliegen, weshalb das Gericht zu einem entscheidungsträchtigen Beschluß bewogen werden muß.

Niemand bestreitet, daß der Fürsorger berechtigt ist sich an das Gericht im Falle einer Nichteinwilligung oder Ungehorsams wenden kann, um sein Einschreiten zu fordern. In dieser Ansicht des Fürsorgers steckt ein zwingendes Prinzip und der Nachweis der beiden Dinge — Ablehnung und Bedürftigkeit scheint mir unvermeidlich. Aus der Erfahrung wissen wir, daß es zwar Fälle von Ablehnung und Ungehorsam gibt, die den Fürsorger nötigten, sich an das Gericht zu wenden. Es gibt aber auch Fälle, in denen der Antrag an das Gericht und die gerichtliche Ladung genügen, um noch vor Beginn des Prozesses oder während seines Verlaufs eine Einstellungsänderung im Sinne einer Billigung herbeizuführen. Wenn sich das so verhält, dann wird dem Antrag an das Gericht der Boden entzogen, auf dem er beruht. Man kann nun einwenden, daß die Einwilligung bei Gericht nicht aufrichtig und ernst gemeint ist, aber die Realität bestätigt diese Version nicht immer. Manchmal machen die Eltern ihr Einverständnis oder Nichteinverständnis mit einer Unterbringung von einem für sie oder ihre Angehörigen berechnetem Vorteil abhängig, etwa, indem sie die Forderung nach einer Wohnung oder einem ständigen Arbeitsplatz etc. stellen, nachdem sie sehen wie interessiert man an der Unterbringung ihres Sohnes oder ihrer Tochter ist. Unter diesen Umständen glauben sie, daß sie aus ihrer Einwilligung einen Nutzen für sich selbst ziehen könnten, indem sie Bedingungen stellen.

Diese Faktoren werden auch in jenen Fällen wirksam, in denen Eltern ihre Kinder der christlichen Mission überlassen.

Unter diesen Eltern gibt es solche, die ihr Handeln mit dem Mantel religiöser Skrupel und kultischer Überzeugungen umhüllen, während andere den ihnen vor Augen liegenden Vorteil gar nicht bestreiten. Natürlich muß das Interesse des Kindes obenan stehen und darf man den Vorstellungen der Eltern, die ihre Kinder zu egoistischen Zwecken ausnützen, nicht nachgeben. Man kann eine Änderung der Einstellung des Verantwortlichen oder Minderjährigen nach einiger Zeit nicht ausschließen, aber dann muß sich das noch immer nicht zum Schaden auswirken. Wenn dieser Fall aber eintrifft, kann diese Tatsache dem Gericht als Beweis dienen, daß auf die gegebenen Zusicherungen kein Verlaß ist. Es ist jedoch eine Tatsache, daß die meisten Menschen Versprechen vor Gericht eine besondere Bedeutung beimessen, wenigstens im Rahmen solcher Prozesse — und ihre Einwilligung nicht zurückzuziehen pflegen. Damit das Gericht sicher sein kann, daß die vor ihm abgegebenen Versprechen auch eingehalten werden, beschließt es die Verhandlung auf eine Zeit lang zu vertagen. Dieser Aufschub ermöglicht es, der Entwicklung der Dinge nachzugehen. Auch hier muß das Jugendgericht wie bei der Behandlung jugendlicher Straftäter die Dynamik im Verhalten der Menschen in Betracht ziehen, die durch das Gericht in Gang gesetzt wird.

Von hier aus muß dem Gesagten in Paragraph drei eine viel umfangreichere Deutung gegeben werden und das Gericht muß klären, ob tatsächlich eine Situation der Ablehnung und des Ungehorsams besteht. Ein Verzicht auf dieses wichtige Element bringt die Gefahr einer Verdrehung des Rechts bis zur Verletzung der bürgerlichen Grundrechte mit sich.

Eine andere Einstellung kommt im Fall 64/79 Jerusalem zum Ausdruck. Der dem Gericht in Jerusalem unterbreitete Antrag stützte sich auf das Jugendgesetz (Pflege und Aufsicht) vom Jahre 1960, wonach dem Vater eines Minderjährigen zu gebieten ist, seinen Sohn zum Zwecke ärztlicher Behandlung in ein Krankenhaus zu bringen. Der Vater verweigerte zu Beginn das Ersuchen, brachte aber dann im Verlauf des Prozesses dem Fürsorger gegenüber seine Einwilligung zum Ausdruck. Der Vertreter der Fürsorge ersuchte nach Paragraph 12 des Gesetzes um eine Zwischenentscheidung, um sicherzustellen, daß der Vater sein Versprechen nicht rückgängig mache. Sein Ersuchen wurde abgelehnt, weil das Gericht der Meinung war, daß es nachdem der Vater seine Einwilligung erteilte, nicht mehr kompetent sei. Gegen diese Entscheidung des Gerichts wurde Berufung eingelegt. Die Berufung hatte Erfolg. Im Einklang mit Paragraph drei sagte die Berufungsinstanz: „Vom Vertreter der Berufungspartei wurde geltend gemacht, daß die in Paragraph drei des Gesetzes erwähnte Einwilligung in keinerlei Zusammenhang mit Paragraph zwölf des oben erwähnten Gesetzes stände und daß sich der Richter irrte, wenn er sich, als er auf diesen Faktor bei der Verhandlung um die Fällung einer Interimsentscheidung nach Paragraph zwölf stützte.

Ich habe nicht die Absicht über die Art der Einwilligung und die Form ihrer Abgabe sowie über die Frage, ob die in Paragraph drei erwähnte Einwilligung eine Bewandtnis mit dem Antrag nach Paragraph drei des Gesetzes hat, eine Meinung zu äußern, da ich bezüglich der richtigen Interpretation des Paragraphen drei des genannten Gesetzes der Meinung des Vertreters der Berufungspartei bin.

Gemäß dem Einwand des Vertreters der Berufungspartei ist die Einwilligung oder Nichteinwilligung des für den Minderjährigen Verantwortlichen nach Paragraph drei des Gesetzes relevant für das Recht des Fürsorgers, sich an das Gericht zu wenden. Der Einwand lautet, daß wenn der Fürsorger der Meinung ist, daß aus den zu Beginn des fraglichen Paragraphen erwähnten Gründen die Notwendigkeit einer Gerichtsentscheidung vorliegt, „weil das Einverständnis des für den Minderjährigen Verantwortlichen nicht gegeben ist“, dann verliert der Faktor des Einverständnisses oder

Nichteinverständnisses seine Aktualität und ist man nicht mehr auf ihn angewiesen. Daher macht Herr Blum weiterhin geltend, daß die Erteilung der Einwilligung durch den für den Minderjährigen Verantwortlichen im Stadium der Klärung des Antrags keinerlei Bedeutung bezüglich der Kompetenz des Gerichts habe, über diesen Antrag zu entscheiden.

Der Einwand des Vertreters der Gegenseite besteht darin, daß angesichts der Tatsache, daß der Antrag des Fürsorgers an das Gericht nach der in Paragraph drei getroffenen Bestimmung in der Hauptsache darauf beruht, daß der für den Minderjährigen Verantwortliche nicht der erforderlichen Pflege zustimmt, ja dann kein Sinn in der Fortsetzung der Verhandlung zu sehen ist, wenn der für das Kind Verantwortliche seine Einstellung ändert. Daher behauptet Herr Froman, daß die Absicht des Gesetzgebers, wie sie sich aus dem fraglichen Paragraphen ergibt, darin zu sehen ist, daß bei einer Einwilligung des Verantwortlichen das Gericht nicht zuständig ist. Herr Froman verwies besonders auf den Zusammenhang, der im fraglichen Paragraphen zwischen der Notwendigkeit eines Gerichtsbeschlusses und dem Fehlen einer Einwilligung des für das Kind Verantwortlichen besteht — ein Faktor, der nach Ansicht des Vertreters des Beklagten nicht nur den logischen Gehalt der Ansicht des Fürsorgers berührt, sondern auch den Kern der gerichtlichen Kompetenz betrifft. Natürlich versteht man die Absicht des Gesetzgebers vor allem aus dem Wortlaut des Gesetzes selbst und ich finde in dem fraglichen Paragraphen keine Stütze für die Version des Vertreters des Beklagten. Nach dem schlichten Wortlaut des fraglichen Paragraphen ist der Fürsorger berechtigt sich an das Gericht zu wenden, wenn er „. . . der Meinung ist, daß der Minderjährige hilfsbedürftig ist und für seine Pflege und Obhut ein Gerichtsbeschluß notwendig ist, weil keine Einwilligung des für den Minderjährigen Verantwortlichen vorliegt, oder weil der Minderjährige bei Einwilligung des Verantwortlichen diesem den Gehorsam verweigert. . .“ Daraus geht hervor, daß die Einwilligung oder Nichteinwilligung des Verantwortlichen für den Minderjährigen Bezug auf die Ansicht des Fürsorgers hat, wenn dieser erwägt, ob er sich an das Gericht wenden soll oder nicht. Wenn die Einwilligung des Verantwortlichen nicht vorliegt, oder wenn er einverstanden ist, aber das Kind ihm nicht gehorcht — dann ist der Fürsorger berechtigt seinen Antrag einzureichen.

Die Aufgabe des Gerichts bei der Beurteilung des fraglichen Antrags wird von der Fortsetzung des Paragraphen festgelegt, in dem es heißt: „Und wenn sich das Gericht davon überzeugt, daß der Minderjährige hilfsbedürftig ist, kann es eine der dort erwähnten Maßnahmen ergreifen“. Daraus geht hervor, daß die Aufgabe des Gerichts in der Beurteilung und Entscheidung der Frage besteht, ob der Minderjährige hilfsbedürftig ist oder nicht, doch wird in dem fraglichen Paragraphen gesagt, daß die Kompetenz des Gerichts erlischt, wenn der für den Minderjährigen Verantwortliche seine Einstellung ändert.

Angesichts der oben erwähnten Entscheidung, die wie gesagt auf dem Wortlaut des Paragraphen selbst beruht, besteht kein Grund den Einwänden der Vertreter der Rechtsparteien bezüglich der Logik und Stichhaltigkeit der beiden von ihnen vorgetragenen Versionen zu entgegnen. Doch bringe ich die Meinung zum Ausdruck daß die Logik und Plausibilität gerade die Version stützen, daß das Gericht weiterhin die Kompetenz behalte die erbetene Anordnung zu erlassen, auch wenn sich die Einstellung des Verantwortlichen für den Minderjährigen geändert hat, wenn sich das so verhält.

Ich muß darauf hinweisen, daß sich obige Folgerung auf die Frage des Einflusses der veränderten Einstellung des Verantwortlichen für den Minderjährigen bezieht, auf die Kompetenz des Gerichts den Antrag gemäß Paragraph drei des genannten Gesetzes zu behandeln und sie nicht angetan ist den Faktor der Einwilligung des für den Minderjährigen verantwortlichen von den Erwägungen des mit dem Antrag befaßten Gerichts auszuschließen. Wie vom Vertreter der Berufungspartei gesagt wurde, ist das Gericht berechtigt mit der Tatsache zu rechnen, daß der Verantwortliche für den Minderjährigen der vorgeschlagenen Pflege zustimmt und darf daher die erbetene Anordnung geben, wenn es seiner Ansicht nach angesichts aller Umstände des Falles wünschenswert ist das zu tun, es kann aber auch in Berücksichtigung der Einstellung des für den Minderjährigen Verantwortlichen die Anordnung verweigern. Die Kompetenz des Gerichts die Sache weiter zu verhandeln wird also nicht im mindesten durch die Einstellung des Verantwortlichen für das Kind oder eine Änderung seiner Einstellung beeinflußt.
(Veröffentlicht im Heft 2, „Saad", März 1955, Blatt 47/48)

Interessant ist, daß die Einwilligung des Vaters im Gericht andauerte und ich nach Verlauf einer kurzen Periode vom Vertreter der Fürsorge gebeten wurde den Antrag zu annullieren, weil „sich das Kind inzwischen im Krankenhaus befände, sein Zustand gut sei und der Vater kooperiere und nicht störe".

Wie wir gesehen haben, nimmt der „Fürsorgebeamte" in diesem Gesetz eine Schlüsselstellung ein. Ein Fürsorgebeamter kann faktisch nur handeln, wenn der Minderjährige ein Elternteil oder beide mit der Befolgung der Entscheidung des Jugendgerichts einverstanden sind, auch wenn ihnen keine andere Wahl bleibt. Es ist überflüssig zu betonen, daß sie oft auf ihrer Weigerung beharren, auch nachdem das Gericht gemäß dem Antrag des Fürsorgers entschieden hat. Es fragt sich natürlich, wie und durch wen die vom Gericht erlassene Entscheidung ausgeführt wird. Bei der Formulierung des Gesetzes intendierte der Gesetzgeber die Durchführung und bestimmte im Paragraphen 18 des Gesetzes wie folgt: „Eine Entscheidung nach diesem Gesetz wird durch den Fürsorgebeamten ausgeführt, wenn das Gericht keine andere Ausführungsweise angeordnet hat"[1].

Im Laufe kurzer Zeit nach Inkrafttreten des Gesetzes wurde den Fürsorgern und auch dem Jugendgericht klar, daß dieser Paragraph mangelhaft

[1] Jugendgesetz 1971.

war, denn in den Fällen einer Nichtbefolgung des Gerichtsbeschlusses hatte der Fürsorger keine Möglichkeit die Ausführung der Gerichtsentscheidung zu erzwingen. Die Sache war besonders ernst in jenen Fällen, in denen die Umstände und Situationen des Minderjährigen um seiner seelischen und körperlichen Gesundheit willen die Ausführung des Gerichtsbeschlusses ohne Aufschub und Verzug erforderlich machten.

Wenn sich die Fürsorger an die Polizei wandten und um ihre Hilfe bei der Durchführung des Gerichtsbeschlusses baten, fanden sie im allgemeinen für ihren Antrag kein geneigtes Ohr, denn Paragraph 18 sagt nichts von der Polizei als Ausführungsorgan und erwähnt auch nicht die Möglichkeit der Inhaftierung unter diesen Umständen. Die Polizei machte ferner geltend, daß eben die Tatsache, daß der Polizei im Rahmen dieses Gesetzes keine Kompetenz als Ausführungsorgan zukommt, weise darauf hin, daß der Gesetzgeber die Einmischung der Polizei bei der Ausführung dieses Gesetzes nicht gewünscht habe.

Nach mühevoller Verhandlung wurde zwischen den Parteien vereinbart, daß das Jugendgericht in jenen Fällen, in denen ausdrücklich die Ausführung der Anordnung durch die Polizei vermerkt, die Polizei den Fürsorgebeamten bei der Ausführung der Gerichtsentscheidung begleitet. Es schien, als ob allein die Tatsache polizeilicher Begleitung genügen werde, um die gesetzliche Autorität zu erwirken, daß die Anordnung tatsächlich ausgeführt wird.

Außer diesem Manko stellte sich noch heraus, daß das Jugendgericht nach diesem Gesetz gesetzlich nicht ermächtigt war, Anordnungen zur gerichtlichen Ladung oder Inhaftierung eines Minderjährigen in den vielen Fällen zu erlassen, in denen es schwer ist, das Gericht im Interesse des Minderjährigen einzuschalten. Das gilt besonders von Mädchen, die aus dem Elternhaus entwichen und sich Tage und Wochen lang, oft ohne klares Ziel in schlechter Gesellschaft herumtrieben und sich noch öfter der Prostitution ergaben und auch in die Fänge von Zuhältern und Mädchenhändlern fielen. Da sie sich nicht im Elternhaus befanden, gelangte die Ladung vor das Gericht nicht in ihre Hände und es war unmöglich ihre Vorladung zuwege zu bringen. Andererseits war klar, daß es gerade in diesen Fällen überaus wichtig war, die Befugnisse des Jugendgerichts so schnell wie möglich in die Praxis umzusetzen, um mit ihrer Resozialisation zu beginnen.

Die übliche Regel, daß das Gericht die Vorladung nur durchführen lassen kann, nachdem feststeht, daß der Minderjährige die Vorladung vor Gericht tatsächlich erhalten hat, gilt auch für das Jugendgesetz (Pflege und Aufsicht von 1960), und so entsteht bei der Durchführung des Gesetzes eine Situation der Machtlosigkeit. Allen Beteiligten ist klar, daß ohne die Anwendung gewisser Zwangsmaßnahmen keinerlei Möglichkeit gerichtlichen Eingreifens in die Lage dieser Mädchen bestehe.

Diese Mängel fanden jetzt ihre Lösung in einem anderen Zusammenhang in der obenerwähnten Novellierung zum Jugendgesetz. Die Novelle besagt, daß der bestehende Paragraph 18 von jetzt ab als Paragraph 18 (A) bezeichnet wird und ihm drei neue Nebenparagraphen folgen: (B) „Das Gericht ist berechtigt zur Ausführung dieses Gesetzes die Vorladung eines Minderjährigen vor das Gericht oder eine andere in der Entscheidung genannte Institution zu erzwingen. (C) Zur Ausführung von Notstandsanordnungen nach Paragraph 11 ist der Fürsorgebeamte falls notwendig berechtigt, geeignete Hilfe von der Polizei zu erhalten. (D) Im Falle eines Minderjährigen, der ohne Erlaubnis einen ihm durch dieses Gesetz bestimmten Bewahrungsort verlassen hat, ist der Fürsorgebeamte berechtigt zwecks Erfüllung seiner in der oben genannten Zusatzregelung (A), wenn nötig, entsprechende Hilfe von der Polizei zu erhalten und die Polizei ist ermächtigt den Minderjährigen festzunehmen und ihn an den Ort seiner Unterbringung zurückzubringen"[2].

Es ist offenkundig, daß die Zusätze zum obenerwähnten Paragraph 18 überaus wichtig für eine geordnete Durchführung der verschiedenen Bestimmungen des Gesetzes und in vielen Fällen sogar für das Gesetz in seiner Gesamtheit sind. Es läßt sich mit Gewißheit sagen, daß diese Novellierung in der Praxis überflüssig ist, ein sonderbarer Zustand, daß man es einerseits für notwendig hielt das Gericht in Bewegung zu setzen und es andererseits dem Fürsorgebeamten verwehrt ist die Entscheidung des Gerichts wegen prozeduraler Mängel durchzuführen.

---

[2] Ibid.

ACHTUNDZWANZIGSTES KAPITEL

Fallbeispiele

Da die Bemühungen zur Einschaltung des Gerichts auf ernsten Problemen familiärer, erzieherischer und sozialer Natur beruhen, versteht sich von selbst, warum bei einem so großen Prozentsatz dieser an das Gericht verwiesenen Fälle die außerhäusliche Unterbringung des Minderjährigen der einzige Ausweg zu sein scheint. Das in diesem Teil bis jetzt Geschilderte verweist uns auf einen Strom von Situationen und Ereignissen, die untereinander völlig verschieden sind. Den gemeinsamen Nenner kann man in der großen Problematik erkennen, die sich bei allen findet, im Verhalten zum eigenen Ich und zum Mitmenschen. In diesen Situationen kann manchmal nur ein äußerlicher Faktor von zwingender Kraft eine Änderung herbeiführen. Schon aus diesem Grund kommt der Redensart, daß „die beste Anstalt kein Ersatz für selbst das schlechteste Elternhaus ist", meiner Ansicht nach kein großer Wahrheitsgehalt zu. Das geflügelte Wort mahnt uns lediglich daran, daß man bei der Unterbringung eines Kindes außerhalb der Familie mit Vorsicht verfahren muß. Es dient gerade dem Interesse und körperlichen und seelischen Wohlergehen der Minderjährigen, daß man sich zu diesem radikalen Schritt entschließt. Die bittere Wahrheit ist, daß die Lebensbedingungen eines erheblichen Prozentsatzes der Minderjährigen das Gericht zwingen sie außerhalb ihres Elternhauses unterzubringen, da ihr Verbleib einer Leugnung ihrer Grundbedürfnisse gleichkäme.

Trotz des oben Gesagten, und ohne auch nur im mindestens seine Bedeutung verringern zu wollen, kann man sich des Eindrucks nicht erwehren, daß wir noch nicht alle Behandlungsmöglichkeiten Minderjähriger im Schoße ihrer Familie erschöpft haben. Selbst wenn sich nach einiger Zeit herausstellt, daß trotz intensiver Behandlung eine Unterbringung des Minderjährigen außer Haus nicht zu vermeiden ist, ist es dennoch möglich, daß die gegenseitigen Beziehungen der Familienangehörigen infolge der Behandlung so gestärkt werden, daß sie in der Zukunft die Grundlage für normalere Verhältnisse abgeben könnten. In diesem Zusammenhang ist es wünschenswert nochmals auf die Bestimmung im Paragraph 13 des Jugendgesetzes zu verweisen, die besagt, daß „die Entscheidung des Gerichts nach diesem Gesetz nicht für eine drei Jahre übersteigende Periode ergeht". Diese Bestimmung nötigt uns die Situation nach Ablauf von drei Jahren erneut zu überprüfen, um festzustellen, ob noch das Bedürfnis besteht die zuvor ergangene Anordnung fortzusetzen.

Auf dieser Ebene kommt dem Gericht eine wichtige Aufgabe zu. Unter bestimmten Umständen werden im Menschen bei seinem Erscheinen vor Ge-

durch die Einführung von Besuchern Beihilfe leistete. Auch nach der Scheidung von seiner Frau sah man ihn häufig zu allen Tages- und Nachtzeiten in der Nähe der Wohnung. Vor dem Jugendgericht erklärte der Ehemann: „Ich habe die Wohnung verlassen und weiß nicht, was dort geschieht; ich komme lediglich dorthin, um nach meinen Kindern zu sehen." Man spürte die klare Absicht, sich schützend vor die Aktivitäten seiner früheren Frau zu stellen, er erklärte auch immer wieder, wie zufrieden er über die Pflege sei, die seine Frau den Kindern angedeihen lasse. Die Zwistigkeiten zwischen den Eheleuten waren, wie er sagte, rein persönlicher Natur, jetzt hätten sie ihren Frieden miteinander gemacht und er hätte nichts mehr gegen sie. Es war klar, daß er und seine frühere Frau vor Gericht eine einzige Front bildeten.

Die Mutter brachte stets ihre zwei Kinder ins Gericht und betonte ostentativ ihr herzliches Verhältnis zu ihnen. Das zeigte sich besonders an der Tatsache, daß sie hübsch gekleidet und gepflegt wirkten. In einer bestimmten Phase der Verhandlung, als eine Untermieterin ihrer Wohnung über die dortigen Vorgänge aussagte und dabei auch die Anwesenheit des älteren Mädchens erwähnte, versuchte die Mutter diese Aussage zu bestreiten und brachte sogar ein ärztliches Zeugnis über die gute und hingebungsvolle Pflege ihrer Kinder bei. Die Mutter sagte:

„Ich gehe mit meinen zwei Kindern alle vierzehn Tage zum Arzt und zwar als Privatpatientin und nicht wie die andern zum Kassenarzt". Und als ihre Vorstrafen erwähnt wurden, darunter auch eine Verurteilung wegen der Führung eines Bordells, meinte die Mutter, da hätte sich das Gericht geirrt, weil es einem Mädchen Glauben schenkte, das sich an ihr hätte rächen wollen.

Es war klar, daß die Mutter sich an ihre Kinder gebunden fühlte und das mit allen Kräften zu beweisen versuchte. Sie gab nicht zu, daß den Kindern ein seelischer Schaden erwachsen könnte und verwunderte sich, daß wir den kleinen Kindern Verständnis auf dem Gebiet des Sexuellen zuschrieben. Sie lehnte jegliche Aufklärung darüber ab und verdächtigte das Gericht die Geschäfte der Polizei zu besorgen. Dabei erklärte sie, daß sie um keinen Preis auf ihre Kinder verzichte und nicht damit einverstanden wäre, sie zum Zwecke der Erziehung Fremden zu überlassen. Sie ereiferte sich und versprach eine Geldsumme zu deponieren, wenn man das von ihr fordere.

Wir hatten das Interesse uns dieses positiven Verhältnisses zu bedienen, um sie zu einem Wechsel ihrer Beschäftigung zu bewegen. Wir gewannen den Eindruck, daß die Beziehungen dieser Mutter zu den Mitmenschen, einschließlich der Familienangehörigen und Verwandten, überaus gestört waren. Das kam in der Aggressivität und dem Mißtrauen gegenüber ihrer ganzen Umwelt zum Ausdruck. Nur zu ihren Kindern empfand sie das Gefühl der Sicherheit und seelischer Nähe und nur von ihnen erwartete sie dieselbe Beziehung. Es war daher leicht, ihre Einstellung bei Gericht und ihre Ängste um den Ausgang der Verhandlungen zu verstehen. Aber in der Tatsache, daß sie gegen ihren Willen wegen ihrer Kinder vor Gericht stand, war der erste Schritt zur Gesundung der Familie zu erblicken. Daher hielten wir ihr wegen ihres Verhaltens keine Moralpredigten, sondern betonten die große Wichtigkeit, die der normalen Entwicklung der Kinder zukäme. Wir deuteten an, daß prinzipiell keine Bedenken bestünden, ihr die Kinder zu belassen, und damit nahmen wir ihren Ängsten den Stachel. Natürlich sagten wir ihr gleichzeitig ganz unzweideutig, daß es verboten sei, Kinder in einer solchen Umgebung zu belassen und versprachen ihr Hilfe bei der Einordnung in eine passende Arbeit und eine andere Umgebung. In der achten Sitzung kam es zur entscheidenden Probe. Die Mutter setzte noch immer ihren hartnäckigen Kampf fort und glaubte praktisch nicht daran, daß wir wirklich vorhätten, ihr die Kinder zu nehmen. In dieser Sitzung reichte der Bewährungshelfer die Bestätigung für die Unterbringung der Kinder bei Pflegeeltern ein. Angesichts dieser neuen Realität zog die Mutter es vor, sich der Forderung des Gerichts zu beugen und zog noch am selben Tag in ein Hotel um, wo sie zeitweilig Unterkunft finden wollte. Bis zu diesem Augenblick hatte sie sich die Illusion gemacht, der Prozeß finde nur zum Schein statt, um einen Druck auf sie auszuüben, damit sie von ihren Geschäften lasse. Plötzlich begriff sie die ihr drohende Gefahr, wenn sie nicht augenblicklich ihre Haltung ändern würde. Sie begann zu schreien und zu fluchen und reagierte damit ihre große Enttäuschung ab.

Die Kinder wurden der Aufsicht des Bewährungshelfers unterstellt, damit ihre normale Entwicklung gewährleistet werde. Es war von Anfang an zu vermuten, daß es der Mutter sehr schwer fallen würde zu einem geregelten Leben überzugehen, und während vieler Monate bestand ein fast täglicher Kontakt zwischen Bewährungshelfer und Mutter. Zuerst lautete ihre einzige Bitte ihr zu erlauben mit ihren Kindern in ihre Wohnung zurückzukehren, und erst als sie überzeugt war, daß das Gericht sein Einverständnis dazu nicht geben würde, begann sie mit Energie nach positiveren Möglichkeiten Ausschau zu halten. Nach etwa einem halben Jahr heirateten die Eltern einander zum zweiten Mal. Der Vater erhielt in seinem Beruf eine Arbeit, der er ständig nachgeht. Auch die Mutter erhielt eine Stelle und trägt zum Unterhalt der Familie bei. Der intensive Kontakt mit dem Bewährungshelfer verringerte sich, aber die Beaufsichtigung der Kinder dauert an und auch die Anordnung des Gerichts bleibt weiterhin in Kraft. Seither vergingen bereits zwei Jahre und die Lage blieb geordnet.

Die Behandlung war von Erfolg gekrönt, weil die Mutter den starken Willen hatte sich selbst und ihre Kinder zu erziehen, wäre das nicht der Fall gewesen, hätte das Gericht die Kinder in einer Anstalt oder bei einer Pflegefamilie unterbringen müssen, und äußerlich betrachtet, hätte damit alles seine Ordnung gehabt. Als wir vor uns die an ihren Kindern so interessierte Mutter sahen, hatten wir Veranlassung die in ihr schlummernden Kräfte zu aktivieren, um so eine Lösung zu erzielen, die es den Kindern bei

Wahrung aller Schutzmaßnahmen für ihre gesunde Entwicklung ermöglichte bei ihrer Mutter zu bleiben.

Zweiter Fall

Das Mädchen Mirjam, 14jährig, wurde vor Gericht gebracht, weil sie sich auf der Straße herumtrieb, im Freien nächtigte und keine Mittel zu ihrem Lebensunterhalt nachweisen konnte. Eine Nachbarin, die sie in dieser Situation antraf und sich um ihr Schicksal Befürchtungen machte, hatte sich an die Bewährungshilfe gewandt. Im Verfolg dieses Antrags kam es zwecks Klärung der Dinge zur Gerichtsverhandlung.

Das war der Beginn stürmischer Verhandlungen, an denen sämtliche Familienangehörigen teilnahmen. Vor unseren Augen enthüllte sich eine ernste Familienspaltung, die Jahre zuvor begonnen hatte und die mit der Einschaltung des Gerichts ihren Höhepunkt erreichte. Außer Mirjam beklagten sich alle Familienangehörigen über den Antrag bei Gericht, da sie darin eine Verletzung ihrer Ehre erblickten. Sie behaupteten, daß für diese Einmischung keinerlei Grund bestand. Würde Mirjam ihre Pflichten erfüllen und den Familienangehörigen gehorchen, dann wäre alles in Ordnung. Da sie sich nicht fügt, sind sie gezwungen, sie sich selbst zu überlassen und sich nicht mehr für sie verantwortlich erklären.

Bei Gericht bekundeten die Mutter und die Brüder Mirjams dem Mädchen gegenüber Verachtung und Feindseligkeit, Gefühle, die bei Mirjam, namentlich gegenüber ihrer Mutter, noch in verstärktem Maß zum Ausbruch kamen. Die Mutter sagte: Sie war immer ein schlimmes Kind. Ich litt zehn Jahre lang unter ihr. Es war so schwer mit ihr, daß ich sie schließlich in einem Heim unterbrachte. Und dort lief sie fort und kam nach Hause." Und einer ihrer Brüder setzte hinzu: „Nur eine geschlossene Anstalt kommt in Frage, es gibt keinen anderen Weg. Wir haben es mit Gewalt bei ihr versucht, es nützte nichts. Sie kann nach Hause kommen, aber dann wird das entweder ihren Tod oder den Tod der Mutter bedeuten." Mirjam erwiderte: „Alle prügeln sie mich mörderisch. Wenn ich nicht arbeitete, erhielt ich nichts zu essen. Meine Mutter versteckte das Essen vor mir. Ich fürchtete mich nach Hause zu gehen, weil man mich bedrohte." Von ihrer Mutter sprach Mirjam bei Gericht in der dritten Person, „sie sagte" u. ä. Während der Verhandlung saßen Mutter und Tochter auf einer Bank, wahrten jedoch Abstand voneinander. Von Mal zu Mal unterbrach ich den Bericht Mirjams mit der Frage: „Wer"? Mirjam wandte den Kopf in Richtung ihrer Mutter und fuhr fort von ihr als „sie" zu reden. Ich ließ nicht locker und fragte: „Von wem sprichst du?" Und Mirjam erwiderte: „Meine Mutter hat das getan". Das wiederholte sich in dieser Sitzung fünfmal und beim sechsten Mal lächelte Mirjam plötzlich, senkte den Kopf und sagte: „Meine Mutter sagte".

Es war schwierig das Verhalten der Parteien vorauszusehen und anzuhören, wie sie gegeneinander ausfällig wurden und einer den anderen beschuldigte. Aber bei den Zusammenstößen wurde doch klar, daß dieses betrübliche Schauspiel auch seine positive Seite hatte. Eben die Tatsache, daß sie nun vor Gericht die Möglichkeit hatten ihren aufgestauten Groll zu äußern, brachte eine gewisse Reinigung der Atmosphäre mit sich. Zum Schluß schien es, als ob keine weiteren Vorwürfe mehr übrig geblieben wären, in der Tat waren sie nach jeder Sitzung völlig erschöpft.

Über die Entwicklung Mirjams wurden uns die folgenden Einzelheiten bekannt. Sie ist die jüngste von fünf Kindern. Die Familie hatte ihren Lebensunterhalt und alle Kinder erhielten eine gute Erziehung. Drei von ihnen hatten bereits selbst Familien gegründet. Doch Mirjam war stets ein überaus schwieriges Mädchen gewesen. Als sie acht Jahre alt war, starb ihr Vater. Infolge der Schwierigkeiten, die sich bei ihrer Erziehung einstellten und der gespannten Beziehungen zur Mutter, beschloß die Familie sie in ein Heim zu bringen. Sie glaubten, daß sie im Heim Interesse an der Schule zeigen und auch ein geselligeres Wesen erhalten würde. Aber die außerhäusliche Unterbringung verstärkte noch die Spannung zwischen ihr und der Familie und sie lebte sich auch in dem Heim nicht ein. Mirjam pflegte von dort oft auszureißen und nach Hause zu kehren und es bedurfte jedesmal großer Anstrengungen, um sie zur Rückkehr ins Heim zu bewegen. Mirjam hatte Angst, daß die Familie sie verstoßen wollte, denn sie mußte fort, während die anderen alle blieben. Diese Situation dauerte vier Jahre, bis das Heim beschloß, sie nicht mehr aufzunehmen. Seit ihrer Rückkehr nach Hause erlebte das Mädchen eine Niederlage nach der anderen. Trotz der Tatsache, daß ihre Verbringung ins Heim damals für Mirjam ein überaus schweres Erlebnis war, war es um ihres Wohlergehens willen notwendig sie von ihrer Familie fernzuhalten. Es bestand kein Zweifel daran, daß man Mirjam nicht helfen könnte, solange sich die Beziehungen zwischen ihr und den Familienangehörigen nicht bessern würden. Das Ziel war es also während ihrer Abwesenheit von der Familie eine Normalisierung dieser Beziehungen anzustreben. Als ich diese meine Absicht Mirjam und den Familienmitgliedern andeutete, bestritten sie alle energisch die Möglichkeit ihrer Realisierung. Andererseits erklärte sich die Familie bereit an den für die mit der Unterbringung Mirjams verbundenen finanziellen Kosten das Ihrige beitragen zu wollen. Um diese Bereitschaft auszuschöpfen und sie auch auf andere Aspekte familialer Verantwortung zu lenken, wurde im Urteil festgelegt, daß der älteste Bruder für Mirjam weiterhin verantwortlich sein würde und der Bewährungshelfer ihn an allen Phasen der Behandlung des Mädchens beteiligen müsse.

Es verging ein halbes Jahr nach Verkündung des Urteils und noch immer zeigte sich keinerlei Fortschritt. Zweimal wurde dem Bruder die Gelegenheit gegeben, vor Gericht zu erscheinen und seine Sorgen um die Situation Mirjams zu besprechen. Auch der Bewährungshelfer bestätigte, daß die Situation des Mädchens überaus schwer war. Es gab keinerlei Kooperation von ihrer Seite, sie war völlig unberechenbar und voller Ressentiments. Aber die aufrichtige Besorgnis des Bruders ließ auf Erfolgsaussichten der vom Gericht in Zusammenarbeit mit dem Bewährungshelfer eingeschlagenen Maßnahme hoffen.

Es vergingen weitere zwei Monate und ich lud wieder die beiden Brüder Mirjams zu mir. Ich hatte die Absicht zusammen mit ihnen eine Anzahl Behandlungsvorschläge des Bewährungshelfers zu besprechen. Es stellte sich heraus, daß Mirjam seit längerem erkrankt war und im Krankenhaus lag. Gesprächsweise fragte ich den ältesten Bruder, ob er seine Schwester besucht hatte und er bejahte. Auf meine Frage, ob auch die Mutter ihre kranke Tochter besucht hatte, erwiderte er verneinend und fügte hinzu: „Würde meine Mutter sie besuchen, käme es sofort zu Geschrei und Streit zwischen ihnen und daher riet ich meiner Mutter, einen Besuch zu unterlassen. Auch ich besuchte sie nur einmal und werde sie nicht mehr besuchen. Ihr Benehmen ist unter aller Kritik. Sie ist unerträglich." Ich sagte: „Ich weiß, daß die Situation Mirjams sehr schwierig ist und sie unerträglich ist. Dennoch würde sie sich gewiß freuen, wenn ihre Mutter zu Besuch käme, auch wenn sie ihre Freude nicht zeigen kann. Er verwarf diese Vermutung und dabei äußerten wir uns über verschiedene Formen des Reagierens und ihre wirkliche Bedeutung. Ich meinte, daß die Menschen oft ihre Gefühle verheimlichten, weil sie Angst hätten sie vor aller Augen zu zeigen. Auch von dieser Ansicht zeigte sich der Bruder nicht überzeugt. Er meinte, daß es sich bei seiner Schwester „recht einfach" verhielte, sie hasse ihre Familie, der Beweis dafür sei eben, daß die Familie sie mit ihrer ganzen Kraft nicht ändern konnte. Ich erwiderte: Ich weiß, daß Sie große Mühe darauf verwandten Mirjam zu helfen, und ich begreife Ihre Enttäuschung über ihre Undankbarkeit. Aber sie hatte zu schwere Erlebnisse und besonders erlebte sie eine ernste Krise, als sie nach dem Tod ihres Vaters in ein Heim kam. Ihr bliebt zu Hause, während sie fort mußte. Sie lief aus dem Heim davon und kehrte zu euch zurück, aber es fiel euch gar nicht ein, daran zu denken, daß sie sich danach sehnte im Schoße der Familie zu leben. Ich hege nicht den geringsten Zweifel daran, daß sie normale Beziehungen zu ihrer Familie unterhalten möchte, obwohl sie sich euch gegenüber sehr verletzend benimmt. Der Bruder war in Gedanken versunken und man konnte sehen, daß ihn die Sache beschäftigte. Zum Schluß erwähnte ich die Kostenrechnung im Zusammenhang mit der Erkrankung und der Bruder sagte: „Meine Brüder können nicht mehr bezahlen, aber ich kann noch fünf Lira im Monat dazugeben."

Noch am selben Tag besuchten die zwei Brüder ihre kranke Schwester und seither erfolgten solche Besuche regelmäßig. Wie mir bekannt wurde, waren die Beziehungen zwischen ihnen normal und auch die Atmosphäre gelockerter als früher. Die Unbeständigkeit Mirjams machte dem Bewährungshelfer noch immer die größten Sorgen und beschäftigte das Gericht und auch die Familienangehörigen. Sie wurde einige Male aufs Gericht bestellt, wo über ihre Lage und ihr Schicksal gesprochen werden sollte. Ihr Verhalten war provozierend und stellte alle Beteiligten auf die Probe.

Zwei Jahre nach Eröffnung der Gerichtsverhandlung sagte der Bruder vor Gericht: „Die Entwicklung Mirjams verläuft sehr zufriedenstellend. Sie ist bei mir regelmäßig zu Besuch und es bestehen mit allen Familienmitgliedern gute freundschaftliche Beziehungen. Sie ist auch bei der Arbeit beständig (sie arbeitet bereits ein Jahr als Verkäuferin in einem Geschäft). Ich bin über ihr Verhalten sehr glücklich. Vorläufig ist es noch zu früh sie ständig im Hause zu behalten, denn meine Frau ist dagegen. Das Gespräch, das Sie mit meiner Frau bei Gericht führten, tat seine Wirkung. Ich glaube, daß sie bald damit einverstanden ist, daß Mirjam bei uns wohnt." Der Bewährungshelfer resumierte die Behandlung Mirjams u. a. mit folgenden Worten: „Trotz der zahlreichen Auf und Ab während der Behandlung hat Mirjam ein Minimum an Vertrauen zu den Menschen wiedergewonnen, was sich auch in einem festeren Kontakt mit ihr ausdrückte. Sie ist ein bißchen selbständiger geworden. Jetzt hat sie vor zum Militär zu gehen. Sie ist jetzt auch in der Lage die Realität auch im Lichte ihrer eigenen Probleme zu sehen und zu beurteilen."

Dritter Fall

Der Vater Abrahams und Jakobs war 24 und ihre Mutter 22 Jahre alt, als sich der Bewährungshelfer an das Jugendgericht mit der Bitte um dessen Eingreifen zum Schutze des fünfjährigen Abrahams und des anderthalbjährigen Jakobs wandte. Der Antrag gründete sich auf die Behauptung, daß sich die Eltern nicht ausreichend um ihre Kinder kümmern. Sie waren vorbestraft und zuletzt saßen die beiden wegen Diebstahls im Gefängnis. Noch zuvor hatte die Mutter die Kinder einige Wochen lang allein gelassen, da sie sich mit ihrem Manne gestritten hatte. Abraham und Jakob waren volle drei Tage ohne Pflege geblieben und hingen vom Mitleid der Nachbarn ab. Schließlich kamen sie in das Haus ihrer väterlichen Großmutter, die jedoch die Fortsetzung der Pflege energisch ablehnte. Vor Gericht sagte sie: Ich werde ihre Kinder nicht großziehen. Mein Mann gibt mir kein Geld und streitet ihretwegen die ganze Zeit mit mir. Ich werde sie fortjagen."

Bei der Gerichtsverhandlung waren auch die Eltern der Kinder zugegen, die inzwischen aus dem Gefängnis entlassen waren. Von ihnen hörten wir, daß sie sich scheiden lassen wollten, aber noch gelegentlich dieselbe Wohnung teilten. Die Mutter behauptete, daß sie ihren Mann liebe, aber er habe keinerlei Interesse an der Familie und ernähre seine Kinder nicht. Wenn man die Kinder in einem Heim unterbringe, werde sie nochmals heiraten. Ihrer Meinung nach beeinflusse die Heimerziehung die Kinder zum Guten, denn dort weiß man, wie man zu erziehen hat. Dabei äußerte sie sich zärtlich über ihre Kinder, betonte immer wieder, daß sie selbst erziehen möchte und bat, daß man sie in der Nähe ihres Wohnortes unterbringe, damit sie sie häufig sehen könne.

Über die Vergangenheit der Mutter waren die folgenden Dinge bekannt: Ihre Eltern schieden sich, als sie etwa ein Jahr alt war. Sie wurde bei den Eltern ihres Vaters erzogen, der bei ihnen eine gewisse Zeit lang wohnte.

Man hatte ihr gesagt, daß ihre Mutter bei ihrer Geburt gestorben sei. Als sie 15 Jahre alt war, starb ihr Vater. Kurze Zeit darauf erschien eine Frau und offenbarte ihr, daß sie ihre Mutter sei und daß sie nach der Scheidung von ihrem Vater ein zweites Mal geheiratet hätte. Das Mädchen beschloß auf der Stelle zu ihrer Mutter zu ziehen, aber ihr Stiefvater war dagegen. Es scheint, daß die Mutter ihrerseits nicht viele Anstalten traf an dieser Lage etwas zu verändern. Seither wechselte das Mädchen oft seinen Aufenthaltsort und mit 16 heiratete sie.

Der Vater der Kinder bekundete eine große Gleichgültigkeit gegenüber den Vorgängen bei Gericht und gegenüber seiner Frau und seinen Kindern überhaupt. Er beklagte sich über seine Eltern, die seiner Meinung nach die Schuld trügen, daß er keinen Beruf erlernt habe. Sein Vater war daran interessiert, daß er Geld verdiene und als er noch viel zu jung dafür war, spannte er ihn schon zu allerlei Arbeiten ein. Jetzt wolle er nicht mehr arbeiten. Er behauptete auch, daß man ihn noch als Jungen gezwungen habe zu heiraten und ihm die Sorge um die Ernährung der Familie aufgebürdet habe. Jetzt sei er deprimiert und verzweifelt und er habe an nichts mehr Interesse. Er sei völlig im Leben gescheitert. Und er sei mit jeder Art Unterbringung seiner Kinder einverstanden, vorausgesetzt, daß man ihn von jeder Verantwortung für sie befreie.

Es hatte sich schon bei den ersten zwei Sitzungen des Gerichts herausgestellt, daß man sich auf den Vater ganz und gar nicht verlassen konnte. Darüber hinaus bewies die Gleichgültigkeit, die er gegen sich selbst und andere zeigte, daß in ihm keine Kraft steckte, die man aktivieren könnte. Wenn es ihm völlig egal war, was mit ihm geschähe, würde es ihm auch egal sein, was andern geschähe.

Das Bild der Mutter war etwas anders. Wenngleich man sich ihre Unbeständigkeit nicht verhehlen konnte, und trotz der Tatsache, daß sie ihre Kinder im Stich gelassen und sich völlig verantwortungslos benommen hatte, wiesen einige Anzeichen doch auf ihre Liebe zu ihnen hin. Sie klang aufrichtig, als sie sagte: „Ich will meine Kinder erziehen, aber ich habe nicht die Möglichkeit dazu. Wenn meine Kinder bei mir sind, wird es mir schwerer sein nochmals zu heiraten. Wenn mein zweiter Mann damit einverstanden sein wird, will ich die Kinder zu mir nehmen."

Dieser innere Kampf der Mutter war entscheidend. Zwar waren die Eltern in ihrer gegenwärtigen Situation nicht fähig ihre Kinder großzuziehen und daher mußte das Gericht zu ihren Gunsten und ihrem Schutz eingreifen. Es bestand jedoch Grund zur Annahme, daß die Mutter im Laufe der Zeit die Kinder zu sich nehmen könne. Daher beschlossen wir die Zeit der Anstaltsunterbringung der Kinder zu beschränken und trugen der Mutter inzwischen auf, sich regelmäßig mit dem Bewährungshelfer zu folgenden zwei Zwecken zu treffen: 1. Um seine Hilfe für praktische Maßnahmen, wie Wohnung, Arbeit zu haben und um allmählich die Aufgabe der Erziehung ihrer Kinder zu übernehmen, sowie 2. um ihre Bindungen an ihre Kinder zu stärken, damit sie ordnungsgemäß einmal wieder zu ihr zurückkehren könnten.

Der Bewährungshelfer bezweifelte die Möglichkeiten, diese Forderungen einzuhalten, doch war er bereit die Aufgabe zu übernehmen. Wir arbeiteten zusammen einen detaillierten Plan von Methoden und Mitteln aus, die angewandt werden sollten. Das Gericht wurde nur im Notfall in Anspruch genommen, während der Bewährungshelfer in dauernder Beratung mit dem Gericht die Hauptlast der Behandlung auf sich nahm.

Nach einem halben Jahr wurde die Mutter zu einer weiteren Verhandlung vor Gericht geladen. Bei dieser Sitzung zeigte sich ohne den geringsten Zweifel, daß sie wirkliche Anstrengungen unternahm, um die Kinder zu sich nach Hause zu nehmen. Sie begann zu arbeiten, kümmerte sich um ihre Wohnung, besuchte regelmäßig ihre Kinder und begann auch, sich am Unterhalt eines der Kinder zu beteiligen. Sie unternahm auch praktische Schritte, um sich von ihrem Mann scheiden zu lassen. Der Bewährungshelfer bemerkte, daß sie redlich zur Zusammenarbeit bemüht sei, trotz der vielen, nicht immer von ihr abhängigen Schwierigkeiten. Nach einem mit ihr zusammen ausgearbeiteten Plan war vereinbart worden, daß sie bald versuchsweise ein Kind zu sich nehmen könnte.

Ein Jahr nach der ersten Sitzung des Jugendgerichts, befanden sich schon beide Kinder bei ihrer Mutter. Sie war von ihrem Mann geschieden, arbeitete teilweise und wurde von der Sozialstation unterstützt. Es gelang uns die Sozialstation zu überzeugen, daß es besser sei einer Mutter Kostgeld zu zahlen als für die Unterbringung der Kinder in einer Anstalt zu zahlen. Kein Zweifel, daß die Mutter eine große Befriedigung darüber verspürt, daß sich die Kinder bei ihr befinden und sie selbst für sie sorgt. Jetzt kann sie sich selbst und anderen beweisen, daß sie eben doch eine Mutter ist. Dabei hatten sich ihre persönlichen Probleme noch nicht gelöst und ihre Unbeständigkeit machte dem Bewährungshelfer noch Sorgen. Ihre Stimmung wechselte häufig. Manchmal hatte man die Befürchtung daß die Arbeit an ihrer Wiederherstellung noch nicht getan sei und sie noch auf lange Zeit der Ermunterung und Hilfe bedürfe.

Es ist möglich, daß die in der Mutter schlummernden Kräfte stärker werden und sie auch weiterhin ihre Kinder erziehen kann. Möglicherweise wird sie zum zweiten Male heiraten und die Kinder müssen nicht in einem Heim untergebracht werden. Aber auch wenn sich herausstellt, daß eine neuerliche Unterbringung wichtig ist, so wird sich doch ein normaler Aufenthalt bei ihrer Mutter segensreich für sie auswirken. In dieser Zeit verfestigten sich die Beziehungen zwischen Mutter und Kindern und vertieften sich und das würde zur gegebenen Zeit sein Gutes haben. In einer der kritischen Situationen sagte die Mutter vor Gericht: Ich gab ihnen viel zu essen und habe gut für sie gesorgt. Wenn man mir die Kinder nimmt, fühle ich mich auf die Straße geworfen." Sie sagte ferner: „Ich möchte nicht, daß es ihnen so geht wie mir bei meiner Mutter, als man mich mit acht Tagen hinauswarf. Wir haben keine Beziehungen zueinander. Wenn ich meine Kinder großziehen kann, werden sie spüren, daß ich ihre Mutter bin."

Vierter Fall

Der Fürsorger wandte sich an das Jugendgericht in der Sache von sechs Minderjährigen, Geschwistern im Alter bis zu zehn Jahren. Das Problem wurde wie folgt dargestellt:

Die Eltern vernachlässigen die Kinder. Tagelang gehen sie barfuß und ohne Essen und Aufsicht herum. Die Kinder stillen ihren Hunger mit Nahrungsmittelresten, die sie in Abfalleimern finden, oder sie halten sich in der Nähe der Poliklinik auf und warten bis sich jemand ihrer erbarmt und ihnen etwas zu essen schenkt.

Der Vater arbeitet nicht, die Mutter arbeitet mitunter als Dienstmädchen. Das von ihr verdiente Geld wird von dem Paar für Alkohol und ihre eigene Ernährung ausgegeben. Wenn die beiden am Abend betrunken heimkommen, verprügeln sie ihre Kinder. Die Bezirksfürsorgerin bezeugte, daß die Familie vor einem halben Jahr von ihrem Bezirk in einen anderen Bezirk für Obdachlose zog. Im früheren Bezirk wurde sie mit dreißig Lira im Monat unterstützt. Die Unterstützung wurde sogleich nach dem Umzug gestrichen, weil sich herausstellte, daß der Vater nicht bereit war auch nur einen Finger zu rühren, obgleich er arbeitsfähig war. Die Eltern wandten sich einige Male an die Fürsorgestation mit der Bitte um Erneuerung der Unterstützung, wurden jedoch negativ beschieden.

Die Fürsorgerin des Bezirks und die Schwestern des Gesundheitszentrums waren ratlos. Die Eltern zeigten keinerlei Zeichen der Kooperation, verschlossen der Krankenschwester und Sozialarbeiterin ihr Haus und verbaten sich jegliche Einmischung. Andererseits war es um die Kinder auf das schlechteste bestellt und schien es geboten sofort einzugreifen, selbst auf die Möglichkeit hin, die Kinder aus dem Hause zu entfernen.

Der Fürsorger meldete u. a.: Der Vater liest und schreibt Hebräisch und Französisch und spickt seine Rede sogar mit Bibelversen. Er zeigte Bilder und Zeugnisse vor, die auf seine Position in seinem Herkunftsland verwiesen.

Ich hatte den Eindruck, daß die Ehegatten fest miteinander verbunden waren, meistens zusammen auftraten. Die Frau beklagte sich nicht über ihren Mann, daß er die Familie vernachlässige, im Gegenteil, sie verteidigt ihn noch: ‚Er ist krank und nicht arbeitsfähig'.

Die Lage der Kinder war wie folgt:

Die älteste, zehnjährige Tochter besuchte gelegentlich die Schule. Die zweite Tochter ging nicht zur Schule. Sie machte den Eindruck eines verwilderten, trotzigen und aufsässigen Kindes.

Der achtjährige Junge war noch nie zur Schule gegangen, er war völlig verwahrlost.

Das fünfjährige Mädchen befindet sich zu Hause, besucht keinen Kindergarten.

Der vierjährige Junge kann nicht sprechen, obgleich sein Gehör normal ist. Er geht nicht in den Kindergarten.

Das einjährige Mädchen ist überaus vernachlässigt. Sie liegt den ganzen Tag nackt und verschmutzt im Bett mit einer Flasche im Mund. Gelegentlich erbarmt sich ihrer eine der Nachbarinnen, gibt ihr Milch zu trinken und wäscht sie.

Es muß gesagt werden, daß alle Kinder trotz der mangelnden Pflege reizend sind, gesund aussehen und auch geistig nicht zurückgeblieben wirken.

Die Familie bewohnt eine grauenhaft verschmutzte Zweizimmerwohnung. Im Haus gibt es keine Decken, keine Kleider für die Kinder (nur ungefähr dreißig Krawatten des Vaters).

Beim Antrag an das Gericht wurde dargelegt, daß alle Kinder minderjährig und nach Paragraph 2 (2) (6) des Jugendgesetzes hilfsbedürftig sind. Es wurde um eine Entscheidung nach Paragraph 3 (1) (3) im Sinne jenes Gesetzes ersucht. Das bedeutet, daß das Gericht *den Eltern Anordnung zu geben* habe für den regelmäßigen Schul- und Kindergartenbesuch der Kinder Sorge zu tragen und sie ordentlich und sauber zu kleiden. Die Eltern müssen die Kinder ernähren, ihnen ärztliche Hilfe zuteil werden lassen und dürfen sie nicht ohne geeignete Aufsicht lassen.

Schon in der ersten Sitzung bei Gericht, bei der Vernehmung des Leiters der Schule, zu der die Kinder gehören, und der Krankenschwester, die die Kinder behandelte, war Sympathie für die Eltern zu verspüren. Auch die Fürsorgerin zeigte sich ganz und gar nicht feindselig ihnen gegenüber. Das war angesichts der betrüblichen Umstände und im Vergleich zu ähnlichen Fällen in der Vergangenheit verwunderlich. Die Fürsorgerin kann keineswegs um eine sofortige Unterbringung der Kinder ein, sondern betonte mehrere Male vor dem Gericht und in Gegenwart der Eltern, daß sie an die Fähigkeit der Eltern ihre Kinder zu erziehen, glaube, und bot ihnen ihre Hilfe an.

Ich willigte ein, die Verhandlung auf zwei Monate zu vertagen, um der Fürsorgerin die Möglichkeit zu geben der Familie inzwischen eine intensive Pflege angedeihen zu lassen. Den Eltern wurde erklärt, daß sie mit der Fürsorgerin zusammenarbeiten müßten und nach Maßgabe ihrer Kooperation würde dann am Schluß entschieden werden, ob die Kinder bei ihnen bleiben könnten.

Die Verhandlung vollzog sich in einer Atmosphäre interessierter Bereitwilligkeit und trotz der schweren Vorwürfe, die gegen die Eltern erhoben werden mußten, schieden sie mit dem ermutigenden Gefühl, daß ihnen sowohl die Fürsorgerin als auch das Gericht ihr Vertrauen geschenkt hatten.

Nach zwei Monaten, am festgesetzten Datum, erschien wieder die ganze Familie vor Gericht. Die Verhandlung vollzog sich ohne alle Gespanntheit und Erregtheit der Eltern. Die düstere Atmosphäre der ersten Verhandlung

richt schlummernde und unbewußte Kräfte wach, die von großer Bedeutung für ihn sein können. Hier tut sich ein weites Tor für eine sinnvolle Tätigkeit auf, vorausgesetzt, daß die sozialen Dienste auf eine tiefgehende Behandlung abgestellt sind und außerhalb des bürokratischen Rahmens wirksam werden können.

Die folgenden Beispiele zeigen verschiedene Aspekte der Behandlung Minderjähriger, in der dem Jugendgericht eine zentrale Rolle für die Aktivierung leistungsorientierter Kräfte und neuer Verhaltensweisen zukommt. Bereits die Ingangsetzung dieser Kräfte bedeutet eine wichtige Errungenschaft.

Eine wechselseitige Beeinflussung tritt auf den folgenden Ebenen auf:

a) Bedeutung des Erscheinens vor Gericht;
b) die zentrale pflegerische Aufgabe des Gerichts;
c) Behandlungsmöglichkeiten des Fürsorgers;
d) die Reklamation der Behandelten auf die neue Herausforderung.

Zahlenmäßig haben wir es nur mit wenigen Fällen zu tun, aber Quantität ist auch auf dieser Ebene kein absoluter Maßstab.

Erster Fall

Das Jugendgericht wurde in der Angelegenheit des Mädchens G. L., zweieinhalbjährig und ihrer Schwester M. L., sieben Monate alt, um Intervention angerufen, da sich die Kinder in Gesellschaft einer Prostituierten befanden und in einem als Bordell dienenden Hause wohnten. Unter den sieben Zeugen, die der Bewährungshelfer zur Begründung seines Antrags laden ließ, befanden sich auch die Eltern der Kinder. Die Eltern waren bei den Verhandlungen, die acht Sitzungen in Anspruch nahmen, anwesend, und sie erhielten gleich ihrem Rechtsanwalt die Möglichkeit jeden Zeugen zu befragen, um die Richtigkeit der Aussage erschüttern zu können. Die Tatsachen, wie sie vom Gericht auf Grund der Zeugenaussagen festgestellt wurden, waren: die Mutter der Mädchen unterhält ein Bordell und ergibt sich selbst in der Dreizimmerwohnung der Prostitution. Die beiden Kinder bewohnen die geschlossene Veranda, die zur Wohnung gehört. Das große Mädchen bewegt sich frei in allen Räumen der Wohnung und wird Zeugin dessen, was sich dort abspielt.

Die Polizei erscheint von Zeit zu Zeit unangemeldet im Hause, aber ein perfekter Warndienst vereitelt ihre Bemühungen. Auch in jenen Fällen, in denen sich offenkundiges Material fand, das die Mutter vor Gericht bringen könnte, blieb die Polizei machtlos, da die Mutter sogleich erklärte, daß sie wegen der Pflege der beiden Kinder unabkömmlich sei. Sie begriff, daß die Polizei zögern werde, gegen sie einzuschreiten und nützte das zu ihrem Vorteil aus.

Bei der Verhandlung stellte sich heraus, daß sich die Eltern kurze Zeit vor der Geburt des zweiten Kindes infolge Streitigkeiten, die sie auch vor Gericht führten, getrennt hatten. Der Vater der Mädchen wußte um die Tätigkeiten seiner Frau, doch gab es keine konkreten Beweise dafür, daß er

war wie weggewischt. Sie behaupteten zwar, daß noch immer nicht alles in bester Ordnung sei und sie noch unerfüllte Forderungen hätten, dennoch sähen sie bereits einige wesentliche Fortschritte. Die Fürsorgerin betonte, daß die Eltern begonnen hätten, sich mit ihren Problemen auseinanderzusetzen und sich Zeichen einer wirklichen Änderung gezeigt hätten.

Dennoch war klar, daß eine Beendigung der Gerichtsverhandlung noch nicht wünschenswert sei. Eine neuerliche Vertagung zum Zwecke einer Bewährungsperiode und der Berichterstattung vor Gericht in Gegenwart der Eltern über den Fortgang der Dinge schien von Nutzen zu sein.

Die Behandlungsstrategie der Fürsorgerin geht aus ihrem internen Bericht hervor, in dem es u. a. heißt: „Sogleich nach der ersten Entscheidung des Richters, hatten wir einen Plan zur Behandlung der Familie auszuarbeiten. Es ist zu vermerken, daß die Entfernung zwischen meinem Büro und der Wohnung der Familie groß ist und eine Autobusfahrt mit zwei Linien sowie ein Stück Wegs zu Fuß erfordert. Auf diese Weise konnte ich mit der Familie keinen ständigen und häufigen Kontakt unterhalten.

Mit der Bezirksfürsorgerin hatte ich bezüglich der Behandlung Meinungsdifferenzen, da ich der Meinung war, daß man die Familie nehmen müßte, wie sie sei und erst ihre unmittelbaren Bedürfnisse zu befriedigen seien, während die Fürsorgerin glaubte, daß die Familie nur die übliche Betreuung verdiene. Vor allem müßten die Eltern einmal beweisen, daß sie zur Kooperation bereit wären, indem sie auf den Rat der Sozialarbeiterin hörten, zur Arbeit gingen und zu trinken aufhörten.

Die Begründung der Sozialarbeiterin lautete, daß sie nicht bereit wäre einen Präzedenzfall zu schaffen, so daß die Nachbarn sähen, daß man einer Familie helfe, obgleich sie von ihren Gewohnheiten nicht lasse. Sie war der Meinung, daß eine solche Situation dazu führe, daß sich andere Familien nun ebenfalls ihren Verpflichtungen entziehen und mit ihren Forderungen auf die Fürsorgeabteilung Druck ausüben würden."

Angesichts der Meinungsdifferenzen ersuchte die Fürsorgerin um eine Besprechung mit der Abteilungsleitung, um ein einheitliches Vorgehen festzulegen.

Bei dieser Besprechung wurde beschlossen:

1. Erneuerung der Unterstützung und Erhöhung auf 75 Lira im Monat.

2. Einordnung der Kinder in einem Tageshort, um der Mutter zu ermöglichen zur Arbeit zu gehen.

3. Übernahme des Vaters in eine psychiatrische Behandlung und Klärung vor einer Kommission des Arbeitsamtes für welche Arbeiten er geeignet sei.

Zu dieser Zeit wechselten die Bezirksfürsorgerinnen und mit der neuen Sozialarbeiterin fand ich bezüglich der Behandlungsstrategie eine gemeinsame Sprache.

Die Fürsorgerin nahm die Familie zu einer intensiven Behandlung an und es gelang ihr nach kurzer Zeit ihr Vertrauen zu erwerben. (Etwa um diese Zeit fand die zweite Verhandlung vor Gericht statt). Die Mädchen begannen die Schule zu besuchen. Die Fürsorgerin ging mit den Eltern zum Arbeitsamt und dort schlug man den beiden eine Tätigkeit als Geschirrwäscher in einem Kinderheim vor, die in den Abendstunden in der Nähe ihrer Wohnung ausgeübt werden konnte. Die Sozialarbeiterin begleitete sie bei den ersten Schritten ihrer neuen Tätigkeit und unterhielt mit dem Leiter der Anstalt einen ständigen Kontakt und bat ihn, daß er sich, sollte es Schwierigkeiten geben, sich zuerst an sie wende.

Die Anpassungsschwierigkeiten an die Arbeit waren zuerst beträchtlich. Doch kamen ihnen einige Umstände zunutze:

1. Die Tatsache, daß sie beide dieselbe Arbeit leisteten.

2. Der Umstand, daß sie der Anstaltsleiter benötigte und sie akzeptierte, wie sie waren. (Der Leiter wußte, daß der Mann Alkoholiker war und hielt ihm stets eine Flasche Wein bereit).

3. Die therapeutische Verbindung zwischen Fürsorgerin und Ehepaar und die Zusammenarbeit mit dem Anstaltsleiter zwecks Resozialisierung der Familie.

Allmählich ordneten sie sich an ihrem Arbeitsplatz ein und heute betrachten sie sich als wichtigen Faktor in der Anstalt („Ohne uns wäre niemand da, das zu tun . . . als wir einmal nicht erschienen, kam der Leiter zu uns und bat uns doch zu kommen").

In diese Periode fällt auch die veränderte Einstellung der Eltern gegenüber ihren Kindern. Im Hause gab es nun zu essen und herrschte nicht mehr der Hunger. Die großen Mädchen besuchten regelmäßig die Schule. Sie zeigten sich äußerlich zu ihrem Vorteil verändert, sie waren gekämmt, sauber und brachten Essen zur Schule mit. Das kleine Mädchen ging in den Kindergarten. Der Junge, für den sich kein geeigneter Rahmen fand (er benötigte eine Sonderschule) bat darum, daß man ihn zur Schule schicke. Im Hause kehrte eine Atmosphäre des Familienlebens ein. Die Mutter kochte zu Mittag, wusch Wäsche für die Kinder und backte Kuchen für sie.

Ihr erstes verdientes Geld gaben sie für den Kauf von Decken aus, das zweite Gehalt wurde auf Kleider für die Kinder verwandt. Sie richteten auch für die Fürsorgerinnen eine Feier mit Torte und Wermutwein aus, um die glückliche Wende zu feiern. Im dritten Monat ihrer Tätigkeit kauften sie Kleider für sich und auch ein Bett.

Nach der dritten Sitzung, die etwa ein halbes Jahr seit Eröffnung der Verhandlung stattfand, fällte das Gericht die endgültige Entscheidung, in der es bestimmte, daß in dieser Phase die Kinder bei den Eltern blieben, sie sich jedoch der Aufsicht der Fürsorgerin zu unterstellen hätten. Die Eltern wurden verpflichtet mit der Fürsorgerin auch weiterhin zu kooperieren. Die Fürsorgerin beurteilt die mit der Familie vorgegangene Veränderung wie folgt:

„Die Wendung, zu der es mit der Familie kam, als sie regelmäßig zu arbeiten begann, äußerte sich zunächst darin, daß im Hause nicht mehr gehungert wurde. Die Kinder hörten auf sich auf der Straße herumzutreiben, um in den Mülltonnen etwas zu ergattern und auf die Wohltaten der Nachbarn zu warten.

Zweitens begannen die Eltern sich selbst um die Erziehung ihrer Kinder zu kümmern. Sie begannen auf die Forderungen der Schule und des Kindergartens hinsichtlich eines regelmäßigen Besuchs, reinlicher Kleidung und mitzubringendem Frühstück etc. zu reagieren. Ich sagte, daß die Eltern *begannen zu reagieren*, da ich ihre Mitwirkung noch nicht für ausreichend erachte. Die Veränderung, die mit dieser Familie vorging, ist noch äußerlicher Natur und das zeigt sich besonders, wenn wir sehen, wofür und wie die Eltern ihr verdientes Geld ausgeben. Zuerst sorgen sie für sich selbst, für warme Kleidung. gutes Essen. Danach begann eine Reihe von Festveranstaltungen und eine aufwendige Geburtstagsfeier für eines der Mädchen im Kindergarten, die Feier des eigenen Geburtstages, die Einsegnungsfeier für den Sohn etc. Eines Tages kaufen sie sich sogar einen großartigen Teppich, für den sie in ihrer Wohnung keinen Platz haben. Andererseits geschieht all das nunmehr innerhalb der Familie und mit den Kindern zusammen und es gibt ja nichts Fröhlicheres für die Kinder als ein Fest im Hause, selbst wenn ihre Zehen noch aus den Löchern ihrer Schuhe hervorgucken."

Die Fürsorgerin analysierte, was es bedeutete, daß die Eltern vor Gericht gestellt wurden und welche Veränderungen sich daraus ergaben, mit folgenden Worten:

„Nach Jahren, in denen sich keiner für sie interessierte und ihr Leben immer im selben Trott verlief, kam da plötzlich die Warnung, daß es wichtig und wesentlich ist, wie man für seine Kinder sorgt. Das war für das Paar ein ernster Schock und besonders für das Familienoberhaupt. Er, der sich fürchtete mit dem Gesetz zusammenzustoßen, (er diente beim Militär) und sich stets gehorsam zeigte, wird vor Gericht gestellt, wo nun *er* und seine Beziehung zu den Kindern und zur Familie im Mittelpunkt stehen. Und er erfährt, daß sich Menschen, die in seinen Augen wichtige Stellungen bekleiden, Richter, Fürsorger, Krankenschwester, Schulrektor, um sein Leben und sein Familienleben bekümmert zeigen. (Kurze Zeit danach erzählte der Vater in einem Privatgespräch unter Lachen von seinen Plänen für die Zukunft: Kauf eines Kühlschrankes, Umzug in das schöne Wohnviertel Rehavia und danach Eheschließung mit noch zwei Frauen: einer Fürsorgerin und einer Krankenschwester). Es scheint mir, daß diese Konfrontation den Mann einigermaßen erschütterte. Ich sage nicht, daß es sein Gewissen war, aber es bestand bei ihm das Bedürfnis mit der Gesellschaft in Ordnung zu kommen, das Gesetz zu achten, Wohlgefallen in den Augen „angesehener" Menschen zu finden. Und in dieser Lage begann sich bei ihm das Bedürfnis zu regen, selbst zu zeigen, daß auch er wie jeder andere sein kann, wenn er nur den Willen zeige und andere ihm dabei behilflich wären.

Hier möchte ich auf die Taktik eingehen, die der Richter bei dem Prozeß einschlug, indem er die Beschlußfassung einige Male vertagte. Auf diese Weise gab er dem Paar die Möglichkeit die Bedeutung ihres Auftritts vor dem Gericht zu verarbeiten. Das verwandelte das Gericht zu einem familientherapeutischen Instrument. Wir sahen, daß von Mal zu Mal (das Paar vergaß kein einziges Mal das Datum der Vorladung) ein Fortschritt erzielt wurde und man spürte die Konsolidierung des Willens die Beurteilung des Gerichts zu verbessern. Der Richter erließ sein Urteil erst, nachdem ich ihm berichtet hatte, daß die Eheleute zu arbeiten begonnen hatten und in ihrer Einstellung zu ihren elterlichen Pflichten eine Wendung eingetreten war."

Was die Tätigkeit der Fürsorgerin, ihre Position und Funktion betrifft, so fanden wir in dem Bericht die folgenden Bemerkungen:

„Der Richter definierte in seinem Urteil die Aufgabe der Fürsorgerin wie folgt: Sie muß die Kinder der Familie betreuen und sie trägt vor dem Gericht die Verantwortung dafür. Das heißt, wenn es ihr angezeigt erscheint, kann sie erneut Antrag auf die Einschaltung des Gerichts stellen.

Das verlieh meinen Aufgaben als Fürsorgerin Autorität, und unterschied mich von einer gewöhnlichen Fürsorgerin. Praktisch lag die Behandlung der Familie in den Händen der Bezirksfürsorgerin. Ich war als Fürsorgerin in ständigem Kontakt mit der Familie und bemühte mich sie am Anfang jede Woche und danach alle zwei oder drei Wochen aufzusuchen. Sie wiesen in meiner Anwesenheit erfreut auf die jeweiligen neuen Fortschritte hin (wie der Vater sagte, „wandte sich das Blatt vom Unglück zum Glück"). Es war die Bezirksfürsorgerin, die sich mit der Überführung des großen Sohnes in ein Heim befaßte. Als mir klar wurde, daß ich die Entscheidung des Gerichts nicht ausführen konnte, da sich der Junge gegen das Heim sträubte, wußten die Eltern, daß ich den Überweisungsbefehl durch die Polizei in Gang gesetzt hatte. Dadurch bekräftigte ich realistisch die Stellung und Kompetenz, die mir vom Gericht zugeschrieben wurden.

Zum Schluß möchte ich noch etwas über die *Bedeutung der Antragsstellung nach* dem Jugendgesetz für unseren Fall sagen. Kompetenz und Verantwortung, die uns vom Gericht zugeschrieben werden, nötigen uns zunächst einmal unsere Behandlungsmethode zu überprüfen. Wir müssen uns von vorgefaßten Meinungen freimachen und die Familie akzeptieren wie sie ist, zu allererst ihre sofortigen Bedürfnisse befriedigen, ihr Vertrauen gewinnen, ihnen das Bedürfnis nehmen, sich dauernd zu verteidigen und dadurch Energie und Willenskraft freisetzen, um sie so zur Mitarbeit an der Verbesserung ihrer Lage zu gewinnen. Diese Methode erfordert eine professionale Einstellung und eine intensive Behandlung."

Zusammenfassend läßt sich sagen, daß der gemeinsame Nenner aller dieser Fälle, trotz der großen Verschiedenheit in der Situation und Verhaltensmotivation darin zu sehen ist, daß die Eltern eine große Bereitwilligkeit zeigten, trotz der großen Schwierigkeiten, die Forderungen des Gerichts und der Fürsorge zu erfüllen. Ihre Betreuer spürten, daß sie vor dem Problem standen, sich mit ziemlich komplizierten Verhältnissen auseinanderzusetzen. Zu unserer Verwunderung nahmen die Betreuer die Herausforderung an und dadurch wurden Kräfte freigelegt, die sich auf positive Ziele hin kanalisieren ließen.

Die Prozeßverhandlung und die ihr folgenden Behandlungsmaßnahmen beruhten auf diesen drei Grundfaktoren:

1. Der Reaktivierung einer positiven Grundbeziehung, die in der Mutterschaft ruht;

2. der konkreten Hilfeleistung in verschiedenen Formen, begleitet von dauernder und intensiver Unterweisung;

3. das Gefühl der Familie, daß die beiden Institutionen — das Gericht und die Fürsorge — ihnen trotz ihres Lebenswandels wohlwollend gesinnt waren. Es war für sie ein Erlebnis, daß gerade sie an ihre Kraft glaubten und ihnen moralische Hilfe darreichten und sie ermutigten ihrer Schwierigkeiten Herr zu werden.

Man soll in den geschilderten Fällen nicht gerade Musterbeispiele für eine „geglückte" Behandlung erblicken. Die Ungefestigtheit hält an, verschiedene Einflüsse, ein Auf und Ab können die mit so großer Mühe erreichten Resultate ins Wanken bringen und zunichte machen. Andererseits lag hier ein wirklicher Erfolg bezüglich der Herstellung von Familienbindungen vor, eine Tatsache, die als Grundlage weiterer Entwicklungen dienen muß.

Auch wenn man sich die Tatsache nicht verhehlen kann, daß sich zu unserem Bedauern nur wenige Fälle wirklich gut lösen lassen, müssen wir anerkennen, daß diese Behandlungsweise für viele andere Fälle angezeigt ist.

Auch in jenen schweren Fällen, die vor das Jugendgericht gebracht werden, besteht die Möglichkeit mehr zu tun als nur den äußeren Schutz des Kindes zu gewährleisten. Unter den Maßnahmen, die das Gericht ergreift, um diesen Schutz zu ermöglichen, fällt auch die außerhäusliche Unterbringung des Kindes. Dabei muß das Gericht jedoch den Boden für die Gesundung der familialen Situation vorbereiten, die den Grund für sein Einschreiten bildete. In der gerichtlichen Intervention liegt auch eine positive Bedeutung.

ZUSAMMENFASSUNG

In diesem Buch wollte ich einige der juristischen, sozialen und pädagogischen Probleme aufzeigen, mit denen es das Jugendgericht zu tun hat. Ich verfolgte das Ziel, in knapper Form den gesellschaftlichen und erzieherischen Hintergrund jener aufzuzeigen, die vor ein solches Gericht gestellt werden. Das Jugendgericht ist einer jener Orte, an dem sich vor unseren Augen ein buntes Panorama menschlichen Verhaltens offenbart, in dem sich der Mensch in seiner Nacktheit zeigt, ein Bild von großer Bedeutung für den Einzelnen und die Gesellschaft. Es liegt in der Natur der Dinge, daß das Jugendgericht häufig zur Bühne geheimer oder offener Konflikte wird, auf der man widersprüchliche, bewußte und unbewußte Regungen, innere Unsicherheit und seelische Verwirrung samt allen ihren negativen Folgen für die Erziehung von Kindern und Jugendlichen gewahren kann.

Der Brennpunkt des Buches ist das Jugendgericht und die gesellschaftliche und erzieherische Aufgabe, die dieses Gericht charakterisieren. Das Buch handelt nicht von den verschiedenen Faktoren, die heute im Hinblick auf die Straffälligkeit der Jugendlichen als entscheidend oder mitwirkend betrachtet werden. Darüber wäre ein anderes Buch zu schreiben, denn das Problem ist umfangreich und verwickelt.

Auf den Seiten dieses Buches verwies ich auf die besondere pädagogische und soziale Bedeutung, die mit der richterlichen Behandlung am Jugendgericht verknüpft ist, eine Bedeutung, die sowohl für den Jugendlichen als auch seine Eltern Geltung hat. Die Annahme ist begründet, daß die vor Gericht mit den Eltern in Gegenwart des Jugendlichen geführten Gespräche über bedrückende Probleme häufig die düstere Atmosphäre reinigen, die zwischen Eltern und Kind herrscht.

Infolge der besonderen Bedeutung des jugendgerichtlichen Rahmens wird praktisch die Möglichkeit geschaffen Gegensätze zu überbrücken und sie, gerade in einem Land der Einwandererabsorption und -einschmelzung, in die herkömmlichen und anerkannten Richtungen zu lenken. In dem Stück, das auf der Bühne des Jugendgerichts aufgeführt wird, — ob es sich nun um jugendliche Straftäter oder um pflege- und aufsichtsbedürftige Minderjährige handelt — haben die Eltern Position und Verantwortung. Das Jugendgericht ist bestrebt die Familienbande zu verbessern und zu stärken, denn geordnete Familienbeziehungen bilden die sicherste Gewähr für eine geeignete Erziehung und die charakterliche Prägung der Minderjährigen.

Das Buch behandelt auch gesetzliche und prozedurale Dinge, die Entwicklung der Gesetzgebung zum Schutze Minderjähriger, sowie Wandlungen und Tendenzen im Verhalten der israelischen Jugend, wie sie sich den Augen eines Jugendrichters offenbaren. Es will mir scheinen, daß eine eindeutige Schlußfolgerung zu ziehen ist, nämlich: Wir benötigen entwickelte, umfangreiche und vielfältige erzieherische und soziale Einrichtungen, um einer gewissen Bevölkerung, die im allgemeinen von den normalen Einrichtungen nicht profitieren kann, zu Hilfe zu eilen. Diese Bevölkerungsgruppe bedarf vermehrter Behandlung und Aufmerksamkeit, was im allgemeinen Rahmen nicht zu leisten ist. Man darf vermuten, daß damit die Jugendkriminalität noch nicht aus unserer Welt geschaffen wird, dennoch können solche Dienstleistungen die Zahl der jugendlichen Straftäter verringern, auch sind sie dazu angetan den Massen der Kinder, die in Not und Betrübnis leben, eine Glückschance zu geben. In diesem Zusammenhang ist es notwendig die auffällige und betrübliche Tatsache zu betonen, daß alles, was mit der Anstaltsbehandlung jugendlicher Straftäter zusammenhängt, bei uns an Mängeln krankt. Juridisch gesprochen handelt es sich hier angesichts der großen Diskrepanz zwischen Bedürfnis und Erfüllung um eine schwere Anklage.

Es scheint, daß wir uns inmitten einer Periode befinden, deren Folgen für den einzelnen Menschen und das Individuum als gesellschaftlichem Kettenglied zukünftig von größter Entscheidung sein werden. In dieser Hinsicht gleicht unsere Zeit den ersten Tagen der industriellen Revolution. Aber die Entwicklung verläuft heute in einem viel rascheren Tempo und sie erstreckt ihre Einflüsse auf viel zahlreichere Lebensgebiete.

Jeder weiß, daß sich bei uns ein Wandel der Werte vollzieht. Unsere gesellschaftliche Struktur ändert sich dauernd und in vielen Richtungen. In einem solchen Schmelztiegel darf man sich nicht auf die Zeit als einen allvermögenden Faktor verlassen, sondern muß geplant und gehandelt werden, da die Zeit als ein die Entwicklung hemmender und beschränkender Faktor wirken kann.

Soziale Umwälzungen von dieser Art berühren nicht nur den äußeren gesellschaftlichen Rahmen, sie üben vielmehr auch Einfluß auf das Verhalten der Menschen aus und auf diese Weise auch auf die Vermehrung der Delinquenz. Große soziale Veränderungen, wie wir sie infolge der wissenschaftlichen und technischen Entwicklung beobachten, ereignen sich nicht im luftleeren Raum. Immer erhebt sich die Frage, wo dabei der gewöhnliche Mensch bleibt. Es ist logisch, daß viele Menschen es schwer finden, mit diesem gewaltigen Tempo Schritt zu halten und man kann als eines der Ergebnisse voraussehen, daß viele straucheln und zurückbleiben werden. In der Industriegesellschaft kommt den vergeblichen und mißlungenen Bemühungen im Leben eine große Bedeutung zu, die das Gefühl der Vereinsamung und Verlassenheit, das Erlebnis der Niederlage verschärfen, da sie eine breite Basis für die Vermehrung der Kriminalität bilden. Mit anderen Worten: Die Gesellschaft muß für die riesige Entwicklung ihrer organisatorischen Struktur bezahlen, aber jede Gesellschaft bemüht sich, diesen Preis so niedrig wie möglich zu halten.

Die Reaktion des Einzelnen und der Gesellschaft gegenüber den Schwachen und Gescheiterten war Jahrhunderte lang monoton. Früher vertrat man die Ansicht, daß eine schwere Strafe für selbst ein leichtes Vergehen das Problem der Kriminalität zu lösen geeignet sei. Aber die Erfahrung, die man in allen Gesellschaften machte, lehrte überzeugend, daß die Strafe an sich nicht gefürchtet wird und nicht abschreckend wirkt. Das heißt, daß man das Moment der Abschreckung überschätzte. Und wenn es noch immer Anhänger dieser Einstellung gibt, so muß man sie vielleicht daran erinnern, was in England nicht selten geschah, wenn man einen Taschendieb öffentlich hinrichtete: Vor dem Blutgerüst gingen andere Taschendiebe in der Menge der Zuschauer ihrem alltäglichen Gewerbe nach.

Man muß sich überhaupt fragen, nach welchem Maßstab der Straftäter die Strafe bewertet, die ihm droht, während er seine Verbrechen plant und ausführt. Es liegt in der Natur der Dinge, daß sich der Straftäter die Illusion macht, daß er dank seiner guten Planung überhaupt nicht erwischt und daher auch nicht bestraft wird.

Es gibt immer noch viele, die glauben, daß das System der starken Hand der einzige und nützliche Weg ist, der am sichersten zur Resozialisierung der Straftäter führt, ganz besonders im Falle jugendlicher Straftäter. Aber die Erfahrung lehrte, daß die Resozialisierung jugendlicher Straftäter mitunter sehr beschwerlich ist. Der Weg ist voller Hindernisse und Enttäuschungen und es gibt keine Abstecher dabei. Es ist weder dem Einzelnen noch der Gesellschaft damit gedient, wenn man dem impulsiven Drängen jener nachgibt, die nach drastischen Mitteln rufen, um gewisse Erscheinungen der Kriminalität abzustellen. Die Behauptung, daß die Methoden der Resozialisation und Toleranz bankrott gemacht hätten, entbehrt jedes konkreten Beweises. Natürlich ist es möglich einen jugendlichen Straftäter seelisch, geistig und körperlich „zu zermürben", aber wir haben erfahren, daß gerade diese Zermürbung die sicherste Gewähr dafür ist, daß er seine Straftaten fortsetzt.

Dennoch muß eindeutig betont werden, daß die Suche nach Methoden der Besserung, Heilung und Resozialisation nicht die Anwendung der Strafe aufheben kann. Aber die Anwendung der Strafe muß auf Grund der individuellen Kenntnis des Straftäters erfolgen. Umfangreiche Kenntnisse über ihn und eine Beurteilung seiner Fähigkeiten und Eigenschaften, der positiven wie negativen, sind, was die Erziehung des Straftäters und seine Bestrafung betrifft, von Nutzen für ihn.

Mit anderen Worten, die Folgerung, die man ziehen muß, ist, daß die Lehre von der Bestrafung oder die Bestrafungspolitik von höchster Bedeutung ist. Man muß die Lehre von den Behandlungsmethoden oder Strafmethoden als integralen Teil der juristischen und strafprozessualen Ausbildung ansehen, denn man kann sich nicht der Folgerung entziehen, daß die Wirksamkeit des Mittels, dessen sich das Gericht bedient, in hohem Maß von der getroffenen Auswahl abhängt.

Was unsere Kenntnis vom Straftäter, die Erkenntnis der in ihm wirksamen Dynamik und die Beurteilung der sozialen Bedingungen betrifft, so muß man die großen Errungenschaften in Betracht ziehen, die innerhalb der letzten Jahrzehnte auf dem Gebiet der Sozialarbeit, der Psychologie und Psychiatrie, gemacht worden sind. Ein fortschrittlicher Staat, der aufrichtig an der Resozialisation des Straftäters interessiert ist, kann sich eine Geringschätzung der Leistungen dieser Wissenschaften nicht erlauben. Andererseits obliegt den Fachleuten dieser Gebiete die Pflicht — in dem Maß, in dem sie mit Gerichten in Verbindung stehen — die Richter darüber aufzuklären, was ihren Expertisen zugrunde liegt. Sie müssen daran interessiert sein die Kenntnisse der Richter auf diesen Gebieten zu vertiefen und zu bereichern, damit dem Individuum und der Gesellschaft Gerechtigkeit widerfahre.

Das Ziel, dem das Jugendgericht zustrebt ist: die Bestimmung der juridischen Seite jedes einzelnen Falles und die Beurteilung der Prozesse, die sich innerhalb der Wände des Gerichts abspielen, aber auch die Würdigung all dessen, was über diesen Rahmen hinausführt. Das Gericht muß begreifen, was all das für die Betroffenen für eine Bedeutung hat und es muß die auf diesem Gebiet wirksamen inneren Faktoren kennen.

Während das Jugendgericht seine Maßnahmen ergreift, um die Resozialisation des Jugendlichen zu sichern oder um einem Minderjährigen Schutz und Behandlung angedeihen zu lassen, kann und muß es auch Anstalten zur Gesundung der Familie treffen, deren Situation sein Eingreifen notwendig machte.

SACHVERZEICHNIS